銀行內部控制與內部稽核測驗
應試説明

◈ **壹、報名資格**

凡金融從業人員或對銀行內部控制與內部稽核相關工作具有興趣者,均歡迎報名參加。

◈ **貳、報名方式**

一律採個人網路報名方式辦理,恕不受理現場報名。

◈ **參、測驗科目及內容**

一、銀行內部控制與內部稽核法規
 1.基本法令及行政規章。
 2.相關函令。
二、銀行內部控制與內部稽核
 1.內部控制與內部稽核制度。
 2.金融機構各項業務查核(含出納、存匯、徵授信暨逾期放款、外匯、投資、信託、財富管理、票券及證券、消費金融、資訊、衍生性金融商品等業務)。
 註:「一般金融類」與「消費金融類」之測驗範圍與內容相同,惟「消費金融類」試題中有關消費金融命題比例較高,約佔40%。
三、測驗題型及時間
 1.銀行內控法規,測驗題目50題4選1單選選擇題;測驗時間為60分鐘。
 2.銀行內控制度,測驗題目80題4選1單選選擇題;測驗時間為90分鐘。

◈ **肆、測驗結果**

一、合格標準本項測驗以每科成績均達70分為合格。
二、測驗合格者,由本院發給測驗合格證明書。

※各項考試資訊,以台灣金融研訓院正式公告為準。

千華數位文化股份有限公司
新北市中和區中山路三段136巷10弄17號
TEL: 02-22289070　FAX: 02-22289076

目次

高分上榜準備法

內部控制一向是政府與金融機構相當重視的一環，本書根據最新銀行內部控制相關法規精心編寫而成，以期幫助順利通過銀行內部控制與內部稽核測驗。「銀行內部控制」是促進銀行健全經營、減少錯誤、避免舞弊、提高銀行經營效率的管理工具，更是升任管理階層主管之必備知識。

若欲獲取高分，最理想的狀況是將全書內容及相關法規熟讀。每唸到一個章節時，先閱讀各章的課前導讀，如此對於各章的重點有一概略性的瞭解，再精讀內文。待全書閱畢後，再回頭思考相關重點是否均完整吸收，如此便可事半功倍。本書各章均附精選試題觀摩，若能善加利用，必可在短時間內實力大增，則通過考試，指日可待。

編者　謹誌

試題分析

歷屆銀行內部控制與內部稽核資格測驗主要考兩大科目:「銀行內部控制與內部稽核法規(共50題)」和「銀行內部控制與內部稽核(共80題)」,這兩項測驗合計總共130題。我們把最新一期的試題,依照在本書各單元出現的命題數做一個統整分析,大致可得出以下的統計圖表:

第44期命題分析表

章節	法規 (一般、消費)	實務 (一般)	實務 (消費)	合計
第一章 銀行法及授信、徵信	3	2	4	9
第二章 金融控股公司法概要	2	2	3	7
第三章 銀行業內部控制及 稽核制度實施辦法	9	6	2	17
第四章 銀行安全管理與實務	9	5	2	16
第五章 營運風險、 信用風險與市場紀律	0	0	0	0
第六章 空白單據、 票券與保管業務	1	3	2	6
第七章 存款保全業務	0	0	0	0

(6) 試題分析

章節	法規 (一般、消費)	實務 (一般)	實務 (消費)	合計
第八章 金融機構委外 作業處理事項	4	0	1	5
第九章 歹徒詐騙之防止	2	0	0	2
第十章 資產品質管理	2	4	2	8
第十一章 重大偶發事件	0	0	0	0
第十二章 信用卡、現金卡業務	5	5	8	18
第十三章 洗錢防制	0	0	0	0
第十四章 電子銀行與 國際化業務	3	4	3	10
第十五章 財富管理業務	0	8	4	12
第十六章 外匯作業管理	1	9	5	15
第十七章 票券與證券業務	5	17	10	32
其他	4	15	34	53
合計	50	80	80	210

銀行法及授信、徵信

頻出度 **A** 依據出題頻率分為：A頻率高 B頻率中 C頻率低

> **章前導引**
> - 探討授信與徵信業務對金融業的重要性。
> - 授信相關規定及授信之區分。
> - 擔保品種類及管理。
> - 銀行、商業銀行與工業銀行之規定。
> - 信用主體與銀行評估信用之原則。

章節架構

```
          ┌─ 銀行：商業銀行、儲蓄銀行、專業銀行
          │
          │                      ┌─ 信用評估
          │              ┌─ 徵信 ─┤
          │              │        └─ 資金運用
          └─ 銀行主要活動 ─┤
                         │        ┌─ 擔保授信
                         └─ 授信 ─┤
                                  └─ 無擔保授信
```

重點精華

壹、金融（Finance）範圍

金融活動由三個部分組成：

一、政府金融

包括**公共收入與公共支出、支出預算、審計考核**等。以政府為主體的一切金融性活動，通稱國家金融或公共金融。被歸入財政學的研究範圍。

二、企業金融

包括**企業資金的籌措、運用、調節與融通，是以工商企業為主體的金融性活動。**被歸入財務管理學的研究範圍。

三、個人金融

包括家庭生活中的各種消費支出、信用貸款、儲蓄理財、證券投資等活動，以家庭個人為主體，通常被歸入投資學的研究範圍。

貳、授信 ☆☆☆

一、授信之意義

銀行辦理放款、透支、貼現、保證、承兌及其他經中央主管機關指定之業務項目。

二、授信種類

(一) **依期限區分**：其期限在一年以內者，為短期信用；超過一年而在七年以內者，為中期信用；超過七年者，為長期信用。

(二) **依有無擔保區分**

　1. 擔保授信，謂對銀行之授信，提供下列之一為擔保者：

　　(1)不動產或動產抵押權。

　　(2)動產或權利質權。

　　(3)借款人營業交易所發生之應收票據。

　　(4)各級政府公庫主管機關、銀行或經政府核准設立之信用保證機構之保證。（銀行法第12條）

　2. 無擔保授信，謂無前條各款擔保之授信。

法規一點靈

銀行法

(三) **依銀行是否有撥貸資金來區分**

　銀行公會會員授信準則將銀行辦理授信業務分為：

直接授信	謂銀行以直接撥貸資金之方式，貸放予借款人之融資業務。
間接授信	謂銀行以受託擔任客戶之債務保證人、匯票承兌人、開發國內、外信用狀或其他方式，授予信用，承擔風險，而不直接撥貸資金之授信行為。
一般營運週轉金貸款	謂銀行提供借款人於正常營運週期內所需週轉資金之融通方式。
墊付國內、外應收款項	謂銀行就借款人因國內、外商品交易或勞務提供所取得之債權先予墊付，俟借款人收回該項債權時償還墊款之融通方式。

1. **直接授信種類：**
   (1) **貼現：**謂借款人以其因交易而持有之未到期承兌匯票或本票讓與銀行，由銀行以預收利息方式先予墊付，俟本票或匯票到期時收取票款並償還墊款之融通方式。
   (2) **透支：**謂銀行准許借款人於其支票存款戶無存款餘額或餘額不足支付時，由銀行先予墊付之融通方式。透支係專為業務財務優良且具商業自律精神之借款人，能在資金調度方面得到便利而設。
   (3) **出口押匯：**謂出口商因出口貨品或輸出勞務，而得向國外收取之信用狀款項，由銀行先予墊付，同時將該信用狀項下之押匯單據讓與銀行供作擔保，委託銀行向國外開狀銀行收取款項並償還墊款之融通方式。

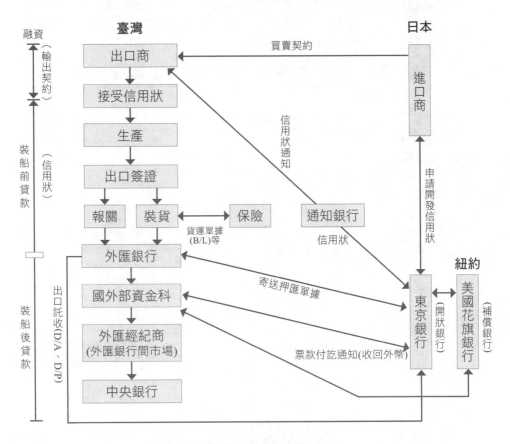

外銷貸款及出口押匯流程圖

(4) **進口押匯**：謂銀行接受借款人委託，對其國外賣方先行墊付信用狀項
　　下單據之款項，再通知借款人在約定期限內備款贖領進口單據之融通
　　方式。

2. **間接授信種類**：

　(1) **保證**

商業本票及公司債保證	謂銀行接受授信戶委託，對其發行之商業本票、公司債，由銀行予以保證，以增強該商業本票及公司債之流通性，俾利授信戶獲得融資之授信方式。
工程相關保證	謂銀行接受授信戶委託，對其參與工程招標所需之押標金、承攬工程所需之預付款保證金、履約保證金、保固保證金、保留款保證金等工程相關保證金，由銀行簽發保證書予以保證之授信方式。
其他保證	如關稅記帳稅款、分期付款信用等，得委託銀行予以保證。

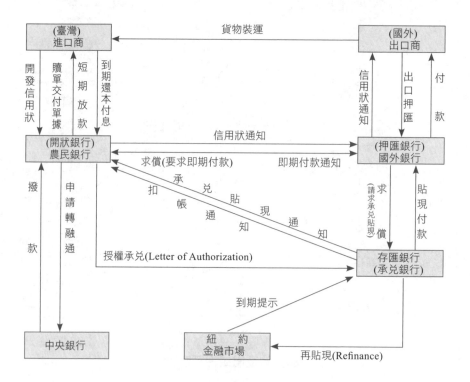

進口融資流程圖

(2) **承兌**

買方委託承兌	謂銀行接受買方之委託，為買、賣方所簽發之匯票擔任付款人而予承兌。辦理買方委託承兌，對買方（委託人）而言，係助其獲得賣方之信用，對賣方而言，係助其獲得可在貨幣市場流通之銀行承兌匯票。
賣方委託承兌	謂賣方憑交易憑證供銀行核驗，在交易憑證之金額內簽發定期付款匯票，由銀行為付款人而予承兌。辦理賣方委託承兌，係協助賣方（委託人）取得銀行承兌匯票，以便向貨幣市場獲得融資。

(3) **開發國內、外信用狀**：謂銀行接受借款人（買方）委託簽發信用文書，通知並授權指定受益人（賣方），在其履行約定條件後，依照一定條件，開發一定金額以內之匯票或其他憑證，由該銀行或其指定銀行負責承兌或付款之授信方式。

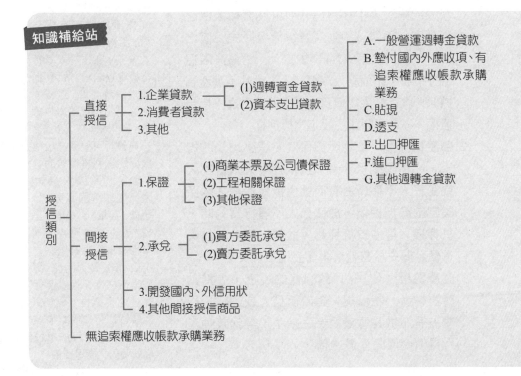

三、授信與擔保

(一) 授信的基本原則

安全性	係在確保存款戶及股東之權益。
流動性	應避免資金的呆滯，維持適度之流動性。
公益性	能促進經濟發展。
收益性	應顧及合理收益，銀行才能永續經營。
成長性	能促進業務成長，追求永續經營。

(二) 擔保品種類與管理

1. 擔保品種類

　(1) **不動產抵押權：不動產抵押權可分為普通抵押權及最高限額抵押權二種**，依民法第860條的規定，「稱普通抵押權者，謂債權人對於債務人或第三人不移轉占有而供其債權擔保之不動產，得就該不動產賣得價金優先受償之權」。依民法第881-1條規定，「稱最高限額抵押權者，謂債務人或第三人提供其不動產為擔保，就債權人對債務人一定範圍內之不特定債權，在最高限額內設定之抵押權。」

　(2) **動產抵押權**：依動產擔保交易法第15條的規定，「**稱動產抵押者，謂抵押權人對債務人或第三人不移轉占有而就供擔保債權之動產設定動產抵押權，於債務人不履行契約時，抵押權人得占有抵押物，並得出賣，就其賣得價金優先於其他債權而受清償之交易**」。

　(3) **動產質權**：依民法第884條的規定，「稱動產質權者，謂債權人對於債務人或第三人移轉占有而供其債權擔保之動產，得就該動產賣得價金優先受償之權。」

考 點速攻

1. 不動產抵押權之設定，除應以書面作成契約記載雙方設定抵押權之意思表示外，並須經過地政機關之登記始生效力。承辦不動產抵押貸款業務，應先辦妥抵押權設定登記，於領到「他項權利證明書」並核對土地建物登記謄本無訛後，始得辦理貸放手續。

2. 一般銀行可接受為授信擔保之權利質權標的物有：股份（以股票為限）、公債、國庫券、公司債、存單、倉單等。至於授信戶提供應收帳款債權讓與銀行為擔保之授信，依財政部函釋，衡酌其債權確保性及債權評估之客觀性，不宜列入銀行法第12條之擔保授信，故非銀行法第12條所明列之擔保授信。

(4) **權利質權**：依民法第900條規定，「**稱權利質權者，謂以可讓與之債權或其他權利為標的物之質權**」。所謂可讓與之債權包括金錢債權、證券債權；而其他權利，乃指無體財產權而言，如商標權、著作權、專利權等。此種質權與動產質權之不同點，即在於前者之標的物為權利，後者之標的物為有體物。

(5) **借款人營業交易所發生之應收票據**

A. 依銀行法第15條，所稱「**商業票據**」，**係依國內商品交易或勞務提供而產生之匯票或本票。至於占交易客票相當大比例之遠期支票，由於其性質屬於支付工具而非信用憑證，因此遠期支票不得成為銀行法所稱之擔保。**

B. 申請貼現或墊付國內票款之匯票、本票，應以基於商品在國內之銷售，或在國內提供服務等實際交易行為所得，且票信良好者為限。凡無實際交易為基礎之票據，或票據之票信不佳者，銀行均應不予受理。

(6) **各級政府公庫主管機關、銀行或經政府核准設立之信用保證機構之保證**

A. 依財政部規定，得任保證之公庫主管機關，中央限由主管院、部、會、署、局為之。地方限由省（市）、縣（市）政府為之。

B. 銀行之保證，係指授信銀行以外之本國銀行、信託投資公司、外國銀行在台分行或經財政部認可之其他國內外金融機構之保證。此外國銀行不包括大陸地區金融機構及其海外分行。

C. 所謂經政府核准設立之信用保證機構，係指財團法人中小企業信用保證基金、財團法人農業信用保證基金、財團法人華僑貸款信用保證基金或其他經財政部核准設立或認可之信用保證機構。

　　a. 經中小企業信用保證基金保證，並對未獲保證之成數部分已另提供足夠擔保者，應視為擔保授信。

　　b. 金融機構依憑經政府機關核准設立之保險公司所為信用保證保險辦理授信，可比照銀行法第12條第4款所稱「經政府核准設立之信用保證機構之保證」，視為擔保授信。

2. **擔保品管理**

(1)擔保品之選擇除法令明文禁止外，尚應具有市場性、價格變動較少、易於處分之特性。

(2)辦理不動產最高限額抵押權設定，一般以借款金額加二成為設定金額。

(3)除土地、有價證券外，應由借款人（或提供人）投保適當之保險（如火險、地震險），並以銀行（或抵押權人）為受益人。

(4)應定期或不定期查看擔保品之保管、使用情形，不動產擔保品並與登記謄本核對。

四、授信之限制 ☆☆☆

(一) 無擔保授信之限制

1. **立法意旨**：內部人、利害關係者無擔保授信之禁止及例外。

2. **條文意涵**：

(1)凡非擔保授信皆屬之。

(2)俗稱信用貸款。

(3)消費性貸款即為常見之一種。

考點速攻

注意此與第33-3條「大額授信」之意旨有別。

3. **對象有三**：

(1)銀行對其持實收資本額3%以上之企業。

(2)本行負責人、職員、主要股東。

(3)與本行負責人或辦理授信之職員「有利害關係者」。

4. **主要立法精神**：避免「利益輸送」。

5. **例外情形**：

消費者貸款	房屋修繕、支付學費、耐久性消費財、個人小額貸款。
對政府貸款	為普遍性且小額。亦無特別理由對內部人等加以限制，且亦無利益輸送之虞。為政府貸款，自亦無利益輸送之可能。

6. **主要股東**：依據已發行股份總數來計算
  (1)持有銀行股份1%以上者。
  (2)主要股東如為自然人時，本人之配偶與其未成年子女之持股應計入本人之
     持股。
7. **罰則**：依據第127-1條，行為負責人將
  (1)處三年以下有期徒刑、拘役。
  (2)科或併科500萬元～2500萬元罰金。

> **考 點速攻**
> 配偶、未成年子女應計入本人持股。

(二) **銀行法第33-3條授權規定事項辦法**
1. **界定**：銀行對同一人、同一關係人或同一關係
   企業之授信限額規定如下：
  (1)銀行對同一自然人之授信總餘額，不得超過該銀行淨值百分之三，其
     中無擔保授信總餘額不得超過該銀行淨值百分之一。
  (2)銀行對同一法人之授信總餘額，不得超過該銀行淨值百分之十五，其
     中無擔保授信總餘額不得超過該銀行淨值百分之五。
  (3)銀行對同一公營事業之授信總餘額，不受前項規定比率之限制，但不
     得超過該銀行之淨值。
  (4)銀行對同一關係人之授信總餘額，不得超過該銀行淨值百分之四十，其
     中對自然人之授信，不得超過該銀行淨值百分之六；對同一關係人之無
     擔保授信總餘額不得超過該銀行淨值百分之十，其中對自然人之無擔保
     授信，不得超過該銀行淨值百分之二。但對公營事業之授信不予併計。
  (5)銀行對同一關係企業之授信總餘額不得超過該銀行淨值百分之四十，
     其中無擔保授信總餘額不得超過該銀行淨值之百分之十五。但對公營
     事業之授信不予併計。
2. **不計入授信總餘額**：
  (1)配合政府政策，經主管機關專案核准之專案授信或經中央銀行專案轉
     融通之授信。
  (2)對政府機關之授信。
  (3)以公債、國庫券、中央銀行儲蓄券、中央銀行可轉讓定期存單、本行
     存單或本行金融債券為擔保品授信。
  (4)依加強推動銀行辦理小額放款業務要點辦理之新台幣一百萬元以下之
     授信。

3. 公司因合併、收購或分割致銀行對其授信額度總額超逾本辦法之限額者，於經目的事業主管機關或經濟部就其資金需求計畫是否符合產業發展必要出具意見，並經銀行依授信風險評估核貸後，自合併、收購或分割基準日起算五年內，該銀行得以原授信額度總額為其授信限額。但企業併購法另有規定者，從其規定。

4. **淨值**：係指上一會計年度決算後淨值。銀行年度中之現金增資，准予計入淨值計算，並以取得驗資證明書日為計算基準日。

5. 本辦法適用之金融機構為本國銀行。

(三) **擔保授信之限制**

1. 銀行對其持有實收資本總額百分之五以上之企業，或本行負責人、職員、或主要股東，或對與本行負責人或辦理授信之職員有利害關係者為擔保授信，應有十足擔保，其條件不得優於其他同類授信對象，如授信達中央主管機關規定金額以上者，並應經三分之二以上董事之出席及出席董事四分之三以上同意（銀行法第33條）。

$$\rightarrow \frac{2}{3} \times \frac{3}{4}$$（三分之二以上董事出席及出席董事四分之三以上同意）

2. 授信（擔保）之條件：
   (1) 十足擔保。
   (2) 條件不得優於其他同類授信。

3. 精神：避免利益輸送。

(四) **授信限額、授信總餘額、授信條件、同類授信對象**

1. 銀行法第33條授權規定事項辦法規定，銀行法第33條第1項所稱「授信達一定金額」：係指對同一授信戶每筆或累計金額一定金額之最小值Min {1億，銀行淨值1% }

點速攻

依銀行法第33條第2項：授信限額、授信總餘額、授信條件、同類授信對象，由金管會洽「央行」定之。

2. 授信限額：
   (1) **同一法人**：≤銀行淨值10%
   (2) **同一自然人**：≤銀行淨值2%

3. 授信總餘額：≤銀行淨值1.5倍

4. 不計入授信限額及總餘額之內容

　(1)配合政府政策，經金管會專案核准之專案授信或經央行專案轉融通之授信。

　(2)對政府機關或公營事業之授信。

　(3)以公債、國庫券、中央銀行儲蓄券、中央銀行NCD、本行存單、本行金融債券為擔保品之授信。

5. 授信條件：

　(1)利率。

　(2)擔保品及估價。

　(3)保證人之有無。

　(4)貸款期限。

　(5)本息償還方式。

　(6)同類授信對象：同一銀行、同一基本放款利率期間、同一貸款用途、同一會計科目項下之授信客戶。

　(7)「淨值」上一會計年度經股東會承認之盈餘分配後淨值，如為年度中現金增資亦准計入（應取得央行的驗資證明）。

　(8)罰則：同銀行法第32條。

(五) **有利害關係之授信**（銀行法第33-1條）

1. 銀行負責人或辦理授信之職員之配偶、三親等以內之血親或二親等以內之姻親（第一款）。

2. 銀行負責人、辦理授信之職員或前款有利害關係者獨資、合夥經營之事業。

3. 銀行負責人、辦理授信之職員或第1款有利害關係者單獨或合計持有超過公司已發行股份總數或資本總額百分之十之企業。

4. 銀行負責人、辦理授信之職員或第1款有利害關係者為董事、監察人或經理人之企業。但其董事、監察人或經理人係因投資關係，經中央主管機關核准而兼任者，不在此限。

5. 銀行負責人、辦理授信之職員或第1款有利害關係者為代表人、管理人之法人或其他團體。

6. 立法精義：明定利害關係者之定義（第32、33條）。

7. 條文意涵：分為五大類：
   (1)配偶、親屬（3血親、2姻親）。
   (2)A.負責人、B.辦理授信之職員、C.前款獨資、合夥之事業三者（以下簡稱三者）。
   (3)三者（同上）單獨或合計持股≧10%之企業。
   (4)三者為董事、監察人、經理人之企業→但因投資關係，經金管會核准兼任者，除外。
   (5)三者為代表人、管理人之法人或其他團體。
8. 銀行不得交互對特定人士無擔保授信
   (1)避免交互利益輸送。
   (2)對象：銀行負責人、主要股東。

考點速攻

8.(2)對象必須符合
1. 無擔保授信之禁止。
2. 依第33條擔保授信。
3. 違反者罰則同第32條。

參、銀行存款來源之不同 ☆☆

一、種類

(一) 可分為原始存款（primary deposit）與引申存款（derivative deposit）二種。

(二) 以上兩者屬於存款貨幣，只是存款來源不同而已。
   1. 所謂**原始存款係指客戶以現金或支票存入銀行所產生之存款，原始存款是由客戶主動存入，銀行居於被動地位，屬於消極性產生的存款。**
   2. **引申存款是指銀行透過放款、貼現與投資等方式所創造出來之存款。**當銀行放款給客戶時，通常直接地將款項轉入客戶之存款戶頭，因此銀行帳面上即創造出另一種存款此即稱之為引申存款。
   3. 引申存款增加，表示存款貨幣增加，全社會之貨幣供給量也因而增加。

二、原始存款與引申存款之比較

原始存款	引申存款
因客戶存款而產生	因放款、貼現、投資活動而產生
消極地產生，銀行處於被動接受的狀態	積極地被創造，銀行位居主動地位
對貨幣供給量無直接影響	使貨幣供給量增加

三、有組織之金融管理機構

1	中央銀行	金融業務之主管機關。
2	金融監督管理委員會（簡稱「金管會」）	負責金融行政與業務之監督。
3	貨幣機構	能同時吸收存款且從事放款的機構。

四、銀行之分類

(一) **商業銀行**
　1. 以吸收短期存款及放款為主要業務者。
　2. 另可承辦之業務：承兌、保證、承銷、保管金庫、公債買賣、國庫券出售。
　3. 商業銀行如：臺銀、國泰世華、北市銀、高市銀、華南銀行。

(二) **儲蓄銀行**
　1. 以吸收中長期存款，從事中長期放款為主要業務者。
　2. 另可承辦之業務：支票存款、活儲、定存等業務。
　3. 儲蓄銀行如：上海銀行。

(三) **專業銀行**
　1. 以輔導農、工、礦、公共事業為主要業務之銀行。
　2. 專業銀行如：農銀、中小企銀、交銀、土銀、輸出入銀行。
　3. 專銀主要在便利專業信用的供給，以利提供經濟發展及工業升級所需之資金。

考 點速攻

金管銀(四)字第0944000883號令，「對中小企業之授信不得低於其授信總餘額之60%」

(四) **基層合作金融機構**：包括信用合作社、農會信用部及漁會信用部，皆可經營支票存款、活期存款。

知識補給站

一、商業銀行與工業銀行之業務性質：

商業銀行	工業銀行
(一)收受支票存款。	(一)收受支票存款及其他各種存款。
(二)收受活期存款。	(二)發行金融債券。
(三)收受定期存款。	(三)辦理放款。
(四)發行金融債券。	(四)投資有價證券。
(五)辦理短期、中期及長期放款。	(五)辦理直接投資生產事業、金融相關事業及創業投資事業。
(六)辦理票據貼現。	(六)辦理國內外匯兌。
(七)投資公債、短期票券、公司債券、金融債券及公司股票。	(七)辦理國內外保證業務。
(八)辦理國內外匯兌。	(八)簽發國內外信用狀。
(九)辦理商業匯票之承兌。	(九)代理收付款項。
(十)簽發國內外信用狀。	(十)承銷有價證券。
(十一)保證發行公司債券。	(十一)辦理政府債券自行買賣業務。
(十二)辦理國內外保證業務。	(十二)擔任股票及債券發行簽證人。
(十三)代理收付款項。	(十三)辦理與前列各款業務有關之倉庫、保管及各種代理服務事項。
(十四)代銷公債、國庫券、公司債券及公司股票。	(十四)經財政部核准辦理之其他有關業務。
(十五)辦理與前十四項業務相關之倉庫、保管及代理服務業務。	
(十六)經主管機關核准辦理之其他有關業務。	

二、商業銀行之存款業務的種類：

支票存款	活期存款	定期存款
謂依約定憑存款人簽發支票，或利用自動化設備提取不計利息之存款。	謂存款人憑存摺或依約定方式，隨時提取之存款。	有一定時期之限制，存款人憑存單或依約定方式提取之存款，定期存款到期前不得提取。但存款人得以之質借，或於七日以前通知銀行中途解約。

五、商業銀行投資其利害關係人發行之金融債券

(一) 就發行主體言之，由於金融債券發行者為銀行，其債信較高、違約風險相對較小、有較高安全性之特點。

(二) 自發行標的觀之，銀行發行之可轉讓定期存單與金融債券同屬金融機構發行之負債證券之一種，而「商業銀行投資有價證券之種類及限額」規定中已將銀行發行之可轉讓定期存單例外允許為商業銀行得投資其利害關係人所發行有價證券種類之一，金融債券亦應為相同規定。

(三) 基於授信與投資為一致性管理之考量，由於銀行法對利害關係人之授信並非全面禁止，而係以資產品質及風險是否集中為考量，爰將金融債券與經其他銀行保證之公司債及短期票券等同以資產品質較具保障之考量而為例外規定。

(四) 利害關係人發行之次順位金融債券，是否亦可以投資，宜以發行主體之信用為主要考量，不宜單以債權求償順次是否為次順位為判斷標準。故發行主體同為銀行之次順位金融債券與一般順位金融債券，亦可類同，不受利害關係人發行之限制。

(五) 另財政部強調，雖然商業銀行可投資其利害關係人所發行之金融債券（含次順位之金融債券），惟銀行投資上述金融債券，仍應注意發行人之信用能力，確保投資標的之品質，以妥善控制投資風險。

六、銀行之業務

商業銀行

定義	依銀行法組織登記，經營銀行業務之機構。銀行分為下列三種：商業銀行、專業銀行及信託投資公司。	
業務範圍	1.收受支票存款。	2. 收受活期存款。
	3.收受定期存款。	4. 發行金融債券。
	5.辦理短期、中期及長期放款。	6. 辦理票據貼現。
	7.投資公債、短期票券、公司債券、金融債券及公司股票。	
	8.辦理國內外匯兌。	9. 辦理商業匯票之承兌。
	10.簽發國內外信用狀。	11. 保證發行公司債券。

業務範圍	12.辦理國內外保證業務。　　　　　13. 代理收付款項。 14.代銷公債、國庫券、公司債券及公司股票。 15.辦理與前十四項業務相關之倉庫、保管及代理服務業務。 16.經主管機關核准辦理之其他有關業務。
存款種類	支票存款、活期存款及定期存款。
匯兌業務	1.國內匯兌：即在一國本土之內，銀行利用與外地同業相互劃撥款項之方式，以便利客戶異地交付款項之行為而收取匯費，並可得無息資金運用的一種服務性業務。 2.國外匯兌：即在不同國家的貨幣制度及票據法支配下，以銀行為中心，代貨幣現金輸送，解決國內與其他國家或屬地間的清算方法。
貨款結算的付款方式	1.匯付：計有電匯（T/T）、信匯（M/T）及票匯（D/D）。其中以電匯最為迅速，目前電匯多以SWIFT Tansfer方式來進行。 2.託收：即由委託人委託受託人，同第三者收取貨款的行為。 3.信用狀付款。

七、專業銀行

(一) 專業信用

1. 為便利專業信用之供給，中央主管機關得許可設立專業銀行，或指定現有銀行，擔任該項信用之供給。

2. 分為下列各類：
   (1)工業信用。　　　　(2)農業信用。　　　　(3)輸出入信用。
   (4)中小企業信用。　　(5)不動產信用。　　　(6)地方性信用。

3. 供給工業信用之專業銀行為工業銀行。工業銀行以供給工、礦、交通及其他公用事業所需中、長期信用為主要任務。

4. 供給農業信用之專業銀行為農業銀行。農業銀行以調劑農村金融，及供應農、林、漁、牧之生產及有關事業所需信用為主要任務。為加強農業信用調節功能，農業銀行得透過農會組織吸收農村資金，供應農業信用及辦理有關農民家計金融業務。

5. 供給輸出入信用之專業銀行為輸出入銀行。輸出入銀行以供給中、長期信用，協助拓展外銷及輸入國內工業所必需之設備與原料為主要任務。

6. 企業銀行以供給中小企業中、長期信用，協助其改善生產設備及財務結構，暨健全經營管理為主要任務。

7. 供給不動產信用之專業銀行為不動產信用銀行。

(二) **信用主體不同下之信用分類**

1. **商業信用：如商品賒銷、分期付款等，凡企業間相互提供，與商品交易有直接關連的信用活動稱為商業信用。**

2. **銀行信用：凡銀行和各種金融機構以貨幣形式向企業或個人所提供的信用稱為銀行信用。**

3. **國家信用**：以國家為債務人或債權人的信用活動稱為國家信用，它最主要的形式是公開發行政府債券，藉以籌措或吸收資金，因此國家信用兼具財政與信貸兩種特性。

考 點速攻

銀行信用通常包括存款和貸款兩方面，它可以廣泛吸收各層面的閒置資金，不受個別資本數量的限制。它以貨幣形式提供信用，不受商品流通方向限制。

4. **消費信用**：包括賒銷、分期付款、信用卡消費、消費性貸款等，凡是金融機構對消費者提供的信用通稱消費信用，不過它們也分別屬於商業信用（賒銷及分期付款）及銀行信用（信用卡消費及消費性貸款）的範疇。

5. **民間信用。**

八、銀行之股份

(一) **銀行股票應為記名式**（銀行法第25條）

1. 同一人或同一關係人單獨、共同或合計持有同一銀行已發行有表決權股份總數超過百分之五者，自持有之日起十日內，應向主管機關申報；持股超過百分之五後累積增減逾一個百分點者，亦同。

2. 同一人或同一關係人擬單獨、共同或合計持有同一銀行已發行有表決權股份總數超過百分之十、百分之二十五或百分之五十者，均應分別事先向主管機關申請核准。

3. 第三人為同一人或同一關係人以信託、委任或其他契約、協議、授權等方法持有股份者，應併計入同一關係人範圍。

4. 本法中華民國九十七年十二月九日修正之條文施行前，同一人或同一關係人單獨、共同或合計持有同一銀行已發行有表決權股份總數超過百分之五而未超過百分之十五者，應自修正施行之日起六個月內向主管機關申報，

於該期限內向主管機關申報者，得維持申報時之持股比率。但原持股比率超過百分之十者，於第一次擬增加持股時，應事先向主管機關申請核准。

5. 同一人或同一關係人依第3項或前項但書規定申請核准應具備之適格條件、應檢附之書件、擬取得股份之股數、目的、資金來源及其他應遵行事項之辦法，由主管機關定之。

6. 未依第2項、第3項或第5項規定向主管機關申報或經核准而持有銀行已發行有表決權之股份者，其超過部分無表決權，並由主管機關命其於限期內處分。

7. 同一人或本人與配偶、未成年子女合計持有同一銀行已發行有表決權股份總數百分之一以上者，應由本人通知銀行。

(二) **同一人之解釋**（銀行法第25-1條）

1. 同一人，指同一自然人或同一法人。

2. 同一關係人，指同一自然人或同一法人之關係人，其範圍如下：

   (1)同一自然人之關係人：

   　A.同一自然人與其配偶及二親等以內血親。

   　B.前目之人持有已發行有表決權股份或資本額合計超過三分之一之企業。

   　C.第一目之人擔任董事長、總經理或過半數董事之企業或財團法人。

   (2)同一法人之關係人：

   　A.同一法人與其董事長、總經理，及該董事長、總經理之配偶與二親等以內血親。

   　B.同一法人及前目之自然人持有已發行有表決權股份或資本額合計超過三分之一之企業，或擔任董事長、總經理或過半數董事之企業或財團法人。

   　C.同一法人之關係企業。關係企業適用公司法第369-1條至第369-3條、第369-9條及第369-11條之規定。

3. 計算同一人或同一關係人持有銀行之股份，不包括下列各款情形所持有之股份：

   (1)證券商於承銷有價證券期間所取得，且於主管機關規定期間內處分之股份。

   (2)金融機構因承受擔保品所取得，且自取得日起未滿四年之股份。

   (3)因繼承或遺贈所取得，且自繼承或受贈日起未滿二年之股份。

肆、銀行評估信用之五項原則（授信5P）☆☆☆

一、借款戶（People）

(一) 評估借款戶之責任感與經營成效所需瞭解事項包括：

1. 營業歷史（創立時間、企業生命週期及營業項目）。
2. 經營能力（營業金額增減趨勢、獲利能力）。
3. 誠實信用（過去對承諾之履行、財務報表之可靠性）。
4. 關係企業情況。

(二) 評估與銀行之往來情形則需瞭解其存款、外匯之往來佔有率與放款是否相稱，及是否主動提供徵信資金。

> **考 點速攻**
>
> 1. 借款資金的運用計畫，是作為決定授信案件的基本因素。
> 2. 健全的授信業務，應該在事前重視其資金的運用計畫是否合法、合理、合情以及是否與銀行放款政策一致。
> 3. 貸款後確實追蹤查核是否依照原訂計畫運用。

二、資金用途（Purpose）

(一) **購買資產**：

1. 包括購買流動資產（週轉資金貸款）、固定資產（中長期性之設備資金貸款）。
2. 週轉資金貸款又分旺季需增加之臨時性週轉金，及創業或淡季時需要之經常性週轉資金。

(二) **償還既存債務**：指融通借款戶，以償還其對其他銀行或民間所負之債務，即「以債還債」的意思，債權銀行需負較大之風險。

(三) **替代股權**：以銀行的融資，替代原本應由股東提供之股款，無疑要承擔最高之風險。

> **考 點速攻**
>
> 左述三項用途中，以「購買資產」為最佳用途，「償還既存債務」次之，至於「替代股權」之用途則屬最差。

三、還款來源（Payment）

還款來源是確保授信債權，收回本利的要件。因此分析借款人償還授信的資金來源，是銀行評估信用的核心。

四、債權保障（Protection）

(一) 借款人的財務結構。

(二) 擔保品：應注意非為法令所禁止，並具有整體性、可靠性及變現性，估價時並應注意其運用狀況，重置價值及市場價值。

(三) 放款契約的限制條件：銀行為確保授信債權，可於契約中訂明若干限制條件要求借款戶確實履行。如，維持最低限度的流動比率，禁止分配盈餘或發放現金股息，以及其他各種承諾或切結。

五、授信展望（Perspective）

(一) **預估授信的基本風險**：資金的凍結、套牢，及本金的損失。

(二) **預期利益**：利息、手續費收入，以及因而衍生的存款、外匯等業務的成長。

(三) **借款人事業的展望**：亦即就借款人的行業別前景以及借款人本身將來的展望性。

伍、徵信 ☆☆☆

一、徵信工作的步驟

徵信工作之步驟，首須擬訂調查計畫，決定實施調查步驟，進而蒐集資料，並加以調查驗證、整理比較、分析，去蕪存菁，給與適當的研判，而撰寫調查報告。茲依徵信之工作及方法分項說明如下：

(一) **擬訂計畫**

因徵信調查之目的或授信之性質、期間之長短、金額之大小，各有不同，故徵信範圍及重點亦有所差異，在正式辦理前宜有一計劃，俾利遵循漸進以免漫無頭緒，浪費有限之人力、時間與物力，而收事半功倍之效。擬訂計劃之方法為：

1. **確定調查重點**：徵信範圍及重點，因調查目的及授信之性質、期間、金額及客戶新舊有所差別，應依實際需要確定調查重點。

2. **選定調查事項**：根據調查重點，選定調查事項，確立調查範圍。按銀行徵信準則之規定，銀行對企業授信分為短期授信與中長期授信二種，並分別列舉有關調查事項如：

(1)短期授信包括企業之組織沿革、企業及其主要負責人一般信譽、企業之設備規模概況、業務狀況、存借款及保證往來、財務狀況、關係企業及集團企業資料表、關係企業三書表。

(2)中長期授信之週轉資金授信另加徵提營運計劃、現金流量預估表、預估資產負債表、預估損益表，中長期其他專案授信則再加徵提個案資金來源去路表、建廠進度表。

3. **實施調查計劃**：決定如何蒐集資料、如何連繫查證有關單位、如何安排時間，用以實施調查計劃。

> **考點速攻**
>
> 擬訂之調查計畫應具彈性，在辦理徵信工作時，如有新的調查事項發生或應改變調查內容者，得將原計畫作適當的調整。

(二) **蒐集資料**

資料蒐集依調查對象之不同分為企業及個人，企業資料主要內容概分為下列三種：

1. **個別企業的資料**：這是資料蒐集的主體，但也因企業大小而有其不同的蒐集方式。

大型企業	公開資料較易取得，但需注意時間點及資料異動的頻繁性，資料需隨時更新、維護。
中小型企業	資料異動頻繁性低，屬家族企業模式居多，但資料的公開性較少。
商號	獨資或合夥的非公司組織，資料取得不易。

2. **產業別景氣動向的資料**：產業的榮枯，對從事該行業的企業有絕對的影響。

3. **國家政經情勢的資料**：國家政經情勢的不穩定，發生戰爭、恐怖攻擊、政變，或是幣值升貶，也會影響到企業的經營。

知識補給站

一般而言，我們將上述資料整理成基本資料、財務資料、產業資料（含總體經濟情勢）三大部分，該等資料蒐集來源歸納如下：

1. **基本資料**
   (1) 來自政府官方
      A. 經濟部商業司　　　　　　　　B. 經濟部工業局工廠登記
      C. 金管會　　　　　　　　　　　D. 外貿協會
      E. 國貿局　　　　　　　　　　　F. 公營銀行
      G. 票據交換所
   (2) 來自非官方機構
      A. 國內外相關電腦網站　　　　　B. 同業工會名錄
      C. 公司年報　　　　　　　　　　D. 公司名片、目錄、簡介
      E. 剪報、企業家自傳、雜誌、刊物
      F. 專業書籍：中華徵信所「臺灣地區企業名錄」、「臺灣地區經理人名錄」。
      G. 民營銀行、往來供應商、客戶及同行業者。
      H. 該企業辦公室／工廠之左鄰右舍、大樓管理員／守衛

2. **財務資料**
   (1) 公司年報。
   (2) 上市、上櫃、興櫃企業公開說明書。
   (3) 公開發行企業發佈的財務報表。
   (4) 公開發行企業每月公佈資料。
   (5) 證券交易所「公開資訊觀測站」。
   (6) 專業書籍：中華徵信所著「臺灣地區大型企業排名」、「臺灣地區集團企業排名」。

3. **產業資料**
   (1) 剪報、雜誌（專業刊物）。
   (2) 金管會、工業局、主計總處、資策會。
   (3) 國內外相關電腦網站。
   (4) 國內銀行相關研究室。
   (5) 我國駐外單位或外國駐我使領館／商務代表處／經濟文化中心。
   (6) 國外相關研究機構。
   (7) 專業書籍：中華徵信所「臺灣地區工商業財務總分析」。

(三) **調查驗證**

　1. **直接調查**：即由徵信人員以訪問面詢及實地調查等方式，洽訪客戶負責人與部門主管，查勘工地廠房，藉晤談、交換意見與查證，及赴廠地實地觀察之便，以了解客戶實際狀況。直接調查之主要對象為經營者、各部門經理主管與財務會計人員。調查之處所則以總公司、分公司、營業處所以及工廠為主。

　2. **間接調查：乃指藉蒐集客戶外部經營環境有關之一般經濟情勢、產業動向等情報，以及由客戶經常往來之進貨及銷貨廠商、消費者與往來銀行或徵信機構等處搜取資料，與原蒐集資料相互印證、比較分析，俾作客觀判斷之依據。**

(四) **資料分析**

　經上述各種資料蒐集歸類後，進而將各種資料予以分析，研判其可能變化之前因後果，求得較邏輯之結論，其分析方向為：1.組織管理分析；2.業務情形分析；3.財務狀況分析（含預估財務報表分析）；4.經營環境分析。

(五) **綜合研判**

　自擬訂計畫開始，經蒐集資料、調查分析，最後必須作全盤綜合研判，下定結論。徵信係一綜合性工作，其研判之對象，乃針對客戶經營環境、組織與管理、業務情形及財務狀況綜合研討，判斷其信用狀況，展望其未來演變。

(六) **撰寫報告**

　1. 徵信人員於資料蒐集齊全，並加整理、查證、研判後，應即著手撰寫報告。徵信報告是授信之主要依據，閱覽徵信報告，可知曉客戶資料與徵信工作之概貌，不必就全部信用資料檔卷一一詳閱，並且徵信人員調查心得與見解、藉報告文書之表達，使任何人在任何時間均可利用。

考點速攻

實施直接調查有下列諸點應加注意，俾使工作圓滿達成。

1. 調查人員以二人辦理為原則，如由一人辦理，則難以面面俱到，人多則話題散漫，易失重心，費時費力。

2. 調查前應根據蒐集之資料先行檢討，臚列重點、疑問與欲查證確認事項，並由調查人員先行交換意見，磋商調查重點，以免各自為政。

3. 交談時之氣氛宜保持自然融洽，詢問應有系統，並作扼要摘錄。

4. 因時間有限，宜採重點式詢問，語氣委婉，客戶不願回答之問題，可運用側面調查，切忌急於揭發，咄咄逼人。

5. 盡量聽取對方說明，少作評論。不同場合以相同問題向不同人員詢問，從而可測知問題之真實性。

2. 徵信報告之種類多，應視調查重點或實際需要，酌情採用簡易或詳細報告方式，以案別需要不同，報告內容繁簡自有不同。

3. 有關各項徵信結果做成的徵信報告如下（由各行庫自行訂定，以下僅供參考）：

(1)授信總額包括歸戶及申請金額3000萬元以上企業用「企業用徵信調查報告」。

(2)授信總額包括歸戶及申請金額3000萬（含）以下之企業用「簡易徵信調查報告」。

(3)小規模商業用「小規模商業徵信報告」。

(4)辦理建築融資者用「建築融資專用徵信調查報告」。

(5)購置房屋貸款用「購置房屋貸款調查報告及授信審核書」。

(6)個人貸款用「個人徵信調查報告」。

4. 撰寫徵信報告時宜注意下列事項：

(1)宜力求公正、忠實，並以簡明扼要為主。

(2)內容必須一致，以免前後矛盾。

(3)對徵信資料應負保密義務。

(4)避免過份運用不必要之財務比率及數字。

(5)徵信未滿1年再辦徵信時，得僅就其變動部分作補充徵信報告。

二、商業銀行投資有價證券之種類及限額規定

105.12.22金管銀法字第10510005390號令修正

(一) 商業銀行投資境內及境外有價證券之種類如下：

1. 公債。

2. 短期票券。

3. 金融債券。

4. 國際性或區域性金融組織發行之債券。

5. 集中交易市場與店頭市場交易之股票（其中國內股票部分，包括上市股票、上櫃股票、主管機關認可之信用評等機構評等達一定等級以上之發行人發行之興櫃股票及辦理受託承銷案件時，以特定人身分，參與認購上市、上櫃企業原股東與員工放棄認購之增資股份及核准上市、上櫃公司之承銷中股票）、新股權利證書、債券換股權利證書及公司債。但本規定

一百零一年十月二十六日修正施行前，已投資未於集中交易市場與店頭市場交易之固定收益特別股，不在此限。

6. 依各國法令規定發行之基金受益憑證、認股權憑證及認購（售）權證。

7. 中央銀行可轉讓定期存單及中央銀行儲蓄券。

8. 受益證券及資產基礎證券。

9. 發行人之信用評等經主管機關認可之信用評等機構評等達一定等級以上之私募股票、私募公司債，或主管機關認可之信用評等機構評等達一定等級以上之私募公司債。

10. 經主管機關核准之其他有價證券。

前項第5款股票不包括依據臺灣證券交易所股份有限公司營業細則、財團法人中華民國證券櫃檯買賣中心證券商營業處所買賣有價證券業務規則之規定列為變更交易方法有價證券者或依據財團法人中華民國證券櫃檯買賣中心證券商營業處所買賣有價證券審查準則規定列為櫃檯買賣管理股票者。

三、中華民國銀行公會會員徵信準則（節錄）

本會112.07.18全授字第1120001231號函修訂

壹、總則

第5條　本準則所稱徵信單位，係指總分支機構專責辦理徵信之單位，所稱徵信人員，係指徵信單位及營業單位辦理徵信之人員。

貳、工作守則

第6條　徵信人員對徵信資料應依法嚴守秘密。

參、徵信程序

第10條　為爭取優良廠商，徵信單位亦得主動蒐集資料辦理徵信，並將結果通知相關單位參考。

第11條　參貸行辦理聯合授信（以下簡稱聯貸）案件之徵信工作，倘經自行評估認主辦行提供之聯貸說明書具參考價值者，得作為徵信報告之參考資料，惟參貸行仍應進行盡職調查及信用風險分析，不得僅以主辦行提供之聯貸說明書作為徵信報告。

第12條　徵信單位辦理徵信，除另有規定外，應以直接調查為主，間接調查為輔。

第13條　授信客戶發生突發事件，徵信單位得配合營業單位派員實地調查。

肆、徵信資料

第15條　徵信工作所需資料，由營業單位於接受客戶申請時一併索齊，資料不齊而未依限補齊者，不予辦理徵信。

第16條　企業授信案件應索取基本資料如下：

(一)授信業務

1. 短期授信：
   (1) 授信戶資料表。
   (2) 登記證件影本。
   (3) 章程或合夥契約影本。
   (4) 董監事名冊影本。
   (5) 股東名簿或合夥名冊或公開發行公司變更登記表影本。
   (6) 主要負責人、保證人之資料表。
   (7) 最近三年之資產負債表、損益表或會計師財務報表查核報告。
   (8) 最近稅捐機關納稅證明影本。
   (9) 同一關係企業及集團企業資料表。
   (10) 有關係企業之公開發行公司最近年度之關係企業三書表。

2. 中長期授信：
   (1) 週轉資金授信（包括短期授信展期續約超過一年以上者）：除第1目規定資料外，總授信金額（包含財團法人金融聯合徵信中心歸戶餘額及本次申貸金額，其中存單質借、出口押匯及進口押匯之金額得予扣除，下同）達新台幣二億元者，另加送營運計畫、現金流量預估表、預估資產負債表及預估損益表。
   (2) 其他中長期授信：除第1目規定資料外，總授信金額達新台幣二億元者，另加送個案預計資金來源去路表、建廠進度表、營運計畫、現金流量預估表、預估資產負債表及預估損益表。

3. 其他授信：依有關規定辦理。

(二)無追索權應收帳款承購業務：

1. 賣方：為充分瞭解申請客戶之概況，仍應索取上述相關之基本資料，惟：
   (1) 作無預支價金業務時，得不索取。
   (2) 買方有承諾付款時，得酌情索取。

2. 買方：
   (1) 買方風險未經應收帳款承購商（Import Factor：IF）或信用保證機構移轉風險者：應取得買方之相關資訊或外部評等報告。
   (2) 買方風險經應收帳款承購商（Import Factor：IF）或信用保證機構移轉風險者：應蒐集應收帳款承購商或信用保證機構之相關資訊或外部評等報告。

會員對已取得在臺登記證照之大陸地區企業在臺子公司授信，其應索取基本資料，比照前項規定辦理。

會員對已取得在臺登記證照之大陸地區企業在臺分公司或辦事處授信，其應索取基本資料，除比照第1項規定辦理外，另為瞭解大陸地區總公司之營運情形，必要時得另徵提其大陸總公司之財務、金融機構授信往來等相關資訊，作為徵信評估之參考。

第17條　前條所列資料，會員銀行、政府機關、公營事業、政府計畫性授信

案件及已提供本行定存單十足擔保之授信案件，得酌情免辦徵信及酌情免予索取。

海外分行之授信案件及國際金融業務分行之國際聯貸案件，得依海外分行當地之法令規定與實務慣例或國際聯貸之特性，酌情索取相關資料以配合辦理徵信工作。

國際金融業務分行之非國際聯貸案件，如授信戶之財務、業務實際上由國內、外企業負責運作，且符合下列條件之一者，其財務資料得以「國內、外企業合併報表」或「國內、外企業之會計師財務報表查核報告（查核報告須有揭露國內、外企業與授信戶之投資關係或另由國內、外企業出具與該授信戶關係之聲明書）及授信戶之所得稅報表（如設立於免稅地，得改徵提自編報表及最近年度政府規費繳訖證明單據影本）」替代：

(一)由授信戶提供十足之外幣定存單或其他合格外幣資產為擔保品者。

(二)由授信戶之國內、外關係企業擔任連帶保證人或由國內、外關係企業開立本票經授信戶背書或由授信戶與國內、外關係企業擔任本票共同發票人者。

依本會所訂「中華民國銀行公會會員銀行辦理在臺無住所外國人新臺幣授信業務要點」規定對在臺無住所外國人辦理之新臺幣授信業務，如該在臺無住所外國人有經國際信用評等機構（如Moody's、S&P或Fitch）評等在BBB－以上等級，得比照本條第二項規定酌情索取相關資料，以配合辦理徵信。但金管會104年5月8日金管銀法字第10400077630號令規定之文件、外國法人之董監事名冊、最近三年度之財務報表、股權分配資料、信評資料及借款用於國內從事投資之交易證明文件仍應徵提。上述交易證明文件於借款用於投資證券時，得以先徵提「外國人投資證券之完成登記證明文件」，並於事後再補徵提相關交易資料之方式替代；如為來台上市（櫃）公司募集與發行公司債之保證業務時，得先以徵提公開說明書、發行計畫及中央銀行同意函，並於事後再補徵提金融監督管理委員會核准文件之方式替代。

第18條　會員對授信戶提供之財務報表或資料，應依下列規定辦理：

(一)上述財務報表或資料以經會計師查核簽證，或加蓋稅捐機關收件章之申報所得稅報表（或印有稅捐機關收件章戳記之網路申報所得稅報表），或附聲明書之自編報表者為準。但辦理本票保證依法須取得會計師查核簽證之財務報表，及企業總授信金額達新台幣三千萬元以上者，仍應徵提會計師財務報表查核報告。公開發行公司並應徵提金融監督管理委員會規定之會計師財務報表查核報告（即長式報告），上述報告亦得自財團法人中華民國證券暨期貨市場發展基金會網站或臺灣證券交易所股份有限公司公開資訊觀測站下載。

(二)海外分行之授信案件，得依海外分行當地之法令規定與實務慣例，作為是否徵提會計師財務報表查核報告之依據，不受前款規定之限制。惟授信戶如未出具會計師財務報表查核報告者，仍應出具其向所在地國家稅捐機關申報之所得稅報表。

(三)最近一年內新設立之授信戶總授信金額達新台幣三千萬元以上者，得以會計師驗資簽證及已附聲明書之自編財務報表代替。

(四)授信戶新年度會計師財務報表查核報告及關係企業三書表如未能於會計年度結束五個月內提出，遇有授信案展期、續約或申請新案時，得先依據其提供之暫結報表或決算報表予以分析，惟授信戶應提出由會計師具名於規定期限內完成財務報表查核報告及關係企業三書表之承諾書。會員以授信戶自行提供之暫結報表或決算報表辦理徵信時，應徵取其聲明書，並責成授信戶限期補送會計師財務報表查核報告；另基於企業新授信戶財務報表未經會計師查核簽證，即據以辦理授信，風險較大，各會員宜自行訂定受理此類授信案件之相關規定，以資規範。

(五)對授信戶依前述規定提供之財務報表應注意其內容之正確性及合理性，如發現其財務報表所列資料與其他相關徵信資料有不一致之情形，應向授信戶查證或請其提出說明，並於徵信報告中詳實列示。

(六)會員應於授信契約中約定，請授信戶要求受託查核簽證之會計師將財務報表查核報告副本送達財團法人金融聯合徵信中心。

(七)會計師依會計師法或證券交易法（以下同）受處分警告或申誡者，其簽發之財務報表查核報告自處分日起一年內如准予採用，應註明採用之原因並審慎評估；受處分停止執行業務或停止辦理公開發行公司之查核簽證者，其簽發之財務報表查核報告自處分日起於受處分停止執行業務期間之期間內不予採用；受處分除名或撤銷公開發行公司查核簽證之核准者，其簽發之財務報表查核報告自處分日起不予採用。

(八)辦理應收帳款承購業務之買方，該買方額度免計入授信金額達新台幣三千萬元，應徵提會計師財務報表查核報告之金額中。

第19條　個人授信應檢送授信戶及保證人之個人資料表及(或)其他有關文件。

第20條　徵信單位對於徵信資料之修正或補充，得通知營業單位或逕洽客戶辦理。

第21條　企業授信戶得由營業單位洽索其各關係企業之有關資料，併送徵信單位參考。

伍、徵信範圍

第22條　企業授信案件之徵信範圍如下：

(一)授信業務

　1.短期授信：

　　(1) 企業之組織沿革。

　　(2) 企業及其主要負責人一般信譽（含票信及債信紀錄）。

　　(3) 企業之設備規模概況。

　　(4) 業務概況（附產銷量值表）。

　　(5) 存款及授信往來情形（含本行及他行）。

　　(6) 保證人一般信譽（含票信及債信紀錄）。

　　(7) 財務狀況。

　　(8) 產業概況。

　2.中長期授信：

　　(1) 週轉資金授信（包括短期授信展期續約超過一年以上者）：除第1目規定外，總授信金額達新台幣二億元者，另增加償還能力分析。

　　(2) 其他中長期授信：除第1目規定外，另增加建廠或擴充計畫（含營運及資金計畫）與分期償還能力分析。

　3.中小企業總授信金額在新台幣六百萬元以下；或新台幣一千五百萬元以下且具有十足擔保者，其徵信範圍簡化如下：

　　(1) 短期授信：

　　　A.企業之組織沿革。

　　　B.企業及其主要負責人一般信譽（含票信及債信紀錄）。

　　　C.產銷及損益概況。

　　　D.存款及授信往來情形（含本行及他行）。

　　　E. 保證人一般信譽（含票信及債信紀錄）。

　　(2) 中長期授信：除第3目第(1)細目的規定外，另增加F.行業展望。G.建廠或擴充計畫（含營運計畫）。

(二)無追索權應收帳款承購業務

　1.賣方：如有預支價金時，比照前款規定辦理；但如屬無預支價金或買方有承諾付款時，得酌情辦理。

　2.買方：

　　(1) 買方風險未經應收帳款承購商（Import Factor：IF）或信用保證機構移轉風險者：法令規範許可及資料可搜集之狀況下，應盡量依前款短期授信之徵信範圍及交易付款習慣等，對買方進行評估。

　　(2) 買方風險經應收帳款承購商（Import Factor：IF）或信用保證機構移轉風險者：應蒐集IF及信用保證機構之公開資訊或信用評等報告，評估其財務結構及可承擔風險之程度。

(三)海外及大陸地區授信

　　除依本條第(一)及(二)款徵信範圍辦理外，並視授信個案風險情形，辦理實地訪查、公司主管訪談等相關徵信作業，其相關管理規定由會員自行訂定。

第23條　前條所列範圍各會員仍得依其業務需要或個案情形酌予增減。

第24條　辦理財務分析前，如個別企業會計科目依其內容性質而有修正之必要者，得依一般公認會計準則予以調整重編。

第25條　個人授信應辦理徵信事項如下：
(一)徵信單位對於個人資料表所填經營事業，及土地、建物欄內容，應逐項與其有關資料核對，並應查明授信戶財產設定他項權利及租賃情形，必要時並將其證件資料影印存卷。
(二)徵信單位對於個人授信案件，應查詢授信戶及保證人存借（含保證）往來情形、餘額及有無不良紀錄。
(三)個人年度收入，應根據有關資料酌予匡計，其在金融機構總授信金額達新台幣二千萬元者，應與下列文件之一進行核對：
 1.最近年度綜合所得稅結算申報書影本或綜合所得稅結算申報試算稅額通知書影本加附繳稅取款委託書或申報繳款書或扣繳憑單影本。
 2.附回執聯之二維條碼申報或網路申報所得稅資料。
 3.附信用卡繳稅對帳單之申報所得稅資料。
 4.稅捐機關核發之綜合所得稅納稅證明書或各類所得歸戶清單。
　前述各項文件資料，授信申請人如屬依法免納所得稅者，得以給付薪資單位所核發之薪資證明及

其他扣繳憑單替代。個人所得來自境外者，得以其所得來源地區所屬稅捐稽徵機關發給之最近年度納稅相關資料、給付單位核發之薪資證明或其他足資證明財力之文件替代。
(四)個人授信戶，其填送個人收入情形，與綜合所得稅申報書內容有出入時，以申報書內容為準，作為其償還能力與還款財源之參考。
(五)辦理個人授信，應依據授信戶借款用途，確實匡計資金實際需求及評估償還能力。
　對在臺有住所之大陸地區人民授信，應辦理徵信事項，除比照前項規定辦理外，應徵提在臺長期居留證或在臺依親居留證。
　對在臺無住所之大陸地區人民授信，應辦理徵信事項，除比照第1項規定辦理外，應徵提下列文件：
(一)合法入境簽證之大陸地區護照，及領有內政部入出國及移民署核發之「中華民國統一證號基資表」等。
(二)內政部入出國及移民署所核發之「臺灣地區入出境許可證」。
(三)大陸地區居民證或大陸地區往來臺灣通行證。
(四)大陸地區薪資證明或所得稅報稅資料等收入文件。
(五)內政部許可在臺灣地區取得、設定不動產物權文件。
　第3項所稱「在臺無住所之大陸地區人民」係指未持有在臺長期居留證或在臺依親居留證之大陸地區人民。

陸、追蹤徵信

第26條　對於授信戶之追蹤徵信依各會員之有關規定辦理。

第27條　辦理追蹤徵信之結果應即通知相關單位，授信客戶發生還本付息逾期、催收或未履行合約等不良紀錄或知悉有其他突發事件發生者，營業單位應即通知徵信單位，徵信單位知悉客戶有不良紀錄或突發事件發生者，亦應通知營業單位。

柒、徵信報告

第28條　徵信之結果應彙集整理，充分檢討，並把握重點，以客觀立場公正分析。
　　徵信報告為授信審核主要參考依據之一，除法令另有規定外，授信案件於核貸前應先辦理徵信。但客戶同一性質授信（如同屬短期性），其徵信報告完成日在一年以內者，營業單位簽報授信案時，如該企業經營情形無重大變動，得逕行引用原徵信報告，不再移送徵信單位重行辦理徵信。

第29條　徵信報告內容必須簡潔明晰前後一致。

第30條　徵信報告篇幅較長者，應於首端另備提要。

第31條　徵信報告一經核定，除係筆誤或繕校錯誤者外，不得更改，其有再加說明之必要時，得另補充說明之。
　　徵信報告專供內部授信有關人員參考，不得提示客戶或作為拒貸之藉口。

捌、徵信檔案

第32條　徵信資料應加整理，保持完整。

第33條　徵信資料應依客戶別單獨設卷，並應依資料先後及資料性質整理歸檔。

第34條　徵信檔案為機密文件，管理檔案人員應負責妥善管理，除經辦工作人員外，非經主管核准，不得借閱。授信戶已清償銷戶者，其徵信檔案仍應妥予整理保管，並訂定適當之保存期限。

玖、徵信表格

第35條　授信戶資料表及其他徵信表格由本會訂定統一格式。但會員如另有需要，得自行訂定。

拾、權責範圍

第36條　徵信人員應對所作之徵信報告，就徵信當時狀況及其所能知悉之事項負其責任。

第37條　凡依本準則、各會員有關規定及一般慣例所作之徵信報告，事後雖發現瑕疵，應免除其責任。

拾壹、附則

第38條　本準則未規定事項，悉依有關法令、各會員有關規定及一般慣例辦理。

第39條　本準則經本會理事會通過並報金融監督管理委員會核備後施行；修正時，亦同。

四、信用審查要領 ☆☆

(一) 擔保人之法定資格

1. **自然人**：法律行為之能否發生法律上之效力，以行為人是否具有行為能力為斷。

   (1)**完全行為能力人**：係指能以獨立之意思，為有效法律行為者。可分為二種：A.成年人（滿十八歲為成年人）；B.未成年人已結婚者。

   (2)**限制行為能力人**：所謂限制行為能力人，乃指其法律行為能力受到限制之人。具體而言，係指滿七歲以上，但未滿十八歲之未成年人。

   (3)**無行為能力人**：所謂無行為能力人係指完全無法律行為能力之人，通常指：未滿七歲之未成年人及受監護宣告人。

法律行為無效	無行為能力人（未滿七成之未成年人及受監護宣告人）所為之法律行為，無效，但事實行為（如遺失物、漂流物之拾得）仍發生法律效果。
法律行為須法定代理人代理	無行為能力人，由法定代理人代為意思表示，並代受意思表示。

2. **獨資**：未具法人資格應視同負責之自然人借款。
3. **合夥**：應由具有代表合夥權限之合夥人合法代表。
4. **公司**：為營利社團法人，應依公司法規定聲請設立，經主管機關核准。
5. **非營利法人**：應經主管機關核准設立。

(二) 信用評估的要素

1. **5C評估要素**：早在1910年，**美國銀行家波士特（William Post）首先提出構成企業信用的四項要素：品格（Character）、能力（Capacity）、資本（Capital）、擔保品（Collateral），引起各方注目。後來，銀行家基（Edward F. Gee）主張加上企業環境（Condition of Business），改稱5C信用要素。其中擔保品和環境為外部因素，品格、能力、資本為內部因素。**

2. **4F評估要素**：羅勃特摩利斯協會（Robert Moris Associates）又把信用五要素改為三要素，將品格、能力合稱為個人要素（Personal Factor），將資本、擔保品合稱為財務要素（Financial Factor），將企業環境改為經濟要素（Economic Factor）。1955年，德類克（Milton Drake）又把個人要素改為管理要素，形成目前企業信用三要素（管理、財務、經濟）。後來，歐、美、日本等國在信用分析中發現工商企業成敗都與內部組織管理

有關，主張增加組織要素（Organization Factor），連同以上三要素，稱為4F要素。

3. **信用方程式**：貝克曼和巴特爾（Theodore N. Beckman & Robert Bartels）兩位教授後來又把信用5C要素中品格、能力和資本三個內在要素形成不同組合，組成下列信用方程式：

(1)良好的信用＝品格＋能力＋資本

(2)基本的信用＝品格＋能力＋資本不足

　　或＝品格＋資本＋能力不足

(3)低劣的信用＝品格－能力－資本

　　或＝資本－品格－能力

(4)欺詐的信用＝能力－品格－資本

> **考 點速攻**
>
> 企業具有良好的信用，必須具備品格、資本和能力等三項要素，如果資本不足或者能力不足，就不能說是良好的信用，只能算是基本的信用。如果只有品格，沒有能力和資本；或者只有資本，沒有品格和能力，那就屬於低劣的信用。如果只有能力，沒有品格和資本，這就可能成為欺詐的信用，十分危險。

4. **六「C」學說：有些學者在原來的Character（品格）、Capacity（能力）、Capital（資本）、Collateral（擔保品）、Condition（環境狀況）這五「C」外，又增加了Control（控制）或Computerize（電腦化）一項。**

5. **六「A」學說**：美國國際復興開發銀行將企業要素歸納為以下六項，即：經濟因素（Economic Aspects）、技術因素（Technical Aspects）、管理因素（Managerial Aspects）、組織因素（Organizational Aspects）、商業因素（Commercial Aspects）和財務因素（Financial Aspects）。

(1)**經濟因素**：主要考察市場經濟大環境是否有利於授信企業的經營和發展。

(2)**技術因素**：主要考察授信企業在技術先進程度、生產能力、獲利能力上是否有利於還款。

(3)**管理因素**：主要考察授信企業內部各項管理措施是否完善，管理者經營作風和信譽狀況的優劣。

(4)**組織因素**：主要考察授信企業內部組織、結構是否健全。

(5)**商業因素**：主要考察授信企業原材料、動力、勞力、設備是否充分，產品銷售市場和價格競爭力等是否優良。

(6)**財務因素**：主要從財務角度考察授信企業資金運用、資本結構、償債能力、流動性、獲利能力等水準高低。

知識補給站

相關授信5P原則（People）

1. **借款戶（People）**：是指對借款戶之營業歷史、經營能力、誠實信用、關係企業情況進行瞭解。
2. **資金用途（Purpose）**：指事前瞭解借款戶的資金用途是否正當，並在貸款後追蹤是否依照原定計畫運用。資金用途依銀行承擔之風險由低至高依序如下：(1)購買流動資產；(2)購置固定資產；(3)償還既存債務；(4)替代股權。
3. **還款財源（Payment）**：還款財源是確保債權本利回收的先決條件。分析借款人償還貸款的資金來源，應是銀行評估授信的核心。
4. **債權保障（Protection）**：債權保障為銀行收回貸款之第二道保障，以防原有之還款來源不能實現；債權保障又分為：
   (1) 內部保障：包括A.借戶有良好之財務結構；B.周全的放款契約條款；C.借戶之資產作擔保。
   (2) 外部保障：包括A.保證人（含信用保證機構之保證）；B.背書保證；C.第三者之資產提供擔保。
5. **授信展望（Perspective）**：銀行承作授信案件可獲得利息、手續費收入等利益，但也必須承擔債權無法收回等風險，因此銀行必須注意借款人事業展望、未來發展性，在收益與風險輕重的考量下，作出正確的抉擇。

五、徵信之基本規範

(一) 徵信準則

銀行公會為提高各銀行之徵信水準，加強徵信工作，發揮徵信功能，並求銀行間徵信作業之一致性與合理化，特訂定徵信準則。重點如下：

1. **工作守則**
   (1)徵信人員對徵信資料應依法嚴守秘密。
   (2)徵信人員應依誠信公正原則，辦理徵信工作。

2. **徵信程序**
   (1)客戶申請授信時，由營業單位索齊資料後，移送徵信單位辦理徵信。
   (2)為謀徵信工作迅速完成，徵信單位對於經常往來客戶，得事前主動索齊資料，辦理徵信。

(3)為爭取優良廠商，徵信單位亦得主動蒐集資料辦理徵信，並將結果通知相關單位參考。

(4)聯合授信案件之徵信工作，倘經參加銀行自行評估主辦銀行提供之聯合授信說明書內容，認已涵蓋其所需之徵信資料及徵信範圍者，得將聯合授信說明書作為徵信報告，或依其自行評估結果酌予修正後採用之。

(5)徵信單位辦理徵信，應以直接調查為主，間接調查為輔。

(6)授信客戶發生突發事件，徵信單位得配合營業單位派員實地調查。

(7)各銀行間宜加強聯繫，以掌握客戶營運動態，必要時得與較具規模之專業徵信機構密切聯繫。

3. **徵信檔案之管理**

(1)徵信資料應加以整理，保持完整。

(2)徵信資料應依客戶別單獨設卷，並應依資料先後及資料性質整理歸檔。

(3)徵信檔案為機密文件，管理檔案人員應負責妥善管理，除經辦工作人員外，非經主管核准，不得借閱。授信戶已清償銷戶者，其徵信檔案仍應妥予整理保管，並訂定適當之保存期限。

4. **徵信員之權責**

(1)徵信人員應對所作之徵信報告，就徵信當時狀況及其所能知悉之事項負其責任。

(2)凡依徵信準則、各銀行有關規定及一般慣例所作之徵信報告，事後雖發現瑕疵，應免除其責任。

5. **徵信資料**

(1)徵信工作所需資料，由營業單位於接受客戶申請時一併索齊，資料不齊而未依限補齊者，不予辦理徵信。

(2)對企業辦理授信業務應索取基本資料如下：

　A.**短期授信：**

　　a. 授信戶資料表。

　　b. 登記證件影本。

　　c. 章程或合夥契約影本。

　　d. 董監事名冊影本。

　　e. 股東名簿或合夥名冊或公開發行公司變更登記表影本。

　　f. 主要負責人、保證人之資料表。

  g. 最近三年之資產負債表、損益表或會計師財務報表查核報告。

  h. 最近稅捐機關納稅證明影本。

  i. 同一關係企業及集團企業資料表。

  j. 有關係企業之公開發行公司最近年度之關係企業三書表。

 B.**中長期授信：**

  a. **週轉資金授信（包括短期授信展期續約超過一年以上者）**：除第A目規定資料外，總授信金額（包含財團法人金融聯合徵信中心歸戶餘額及本次申貸金額，其中存單質借、出口押匯及進口押匯之金額得予扣除，下同）達**新台幣二億元者**，另加送**營運計畫、現金流量預估表、預估資產負債表及預估損益表**。

  b. **其他中長期授信**：除第A目規定資料外，總授信金額達**新台幣二億元者**，另加送**個案預計資金來源去路表、建廠進度表、營運計畫、現金流量預估表、預估資產負債表及預估損益表**。

  c. **其他授信**：依有關規定辦理。

 （※第(2)點所列資料，會員銀行、政府機關、公營事業、政府計畫性授信案件及已提供本行定存單十足擔保之授信案件得酌情免予索取。）

 (3)個人授信應檢送授信戶及保證人之個人資料表及（或）其他有關文件。

6. **徵信範圍**

 (1)**企業授信業務之徵信範圍如下：**

  A.**短期授信**

   a. 企業之組織沿革。

   b. 企業及其主要負責人一般信譽（含票信及債信紀錄）。

   c. 企業之設備規模概況。

   d. 業務概況（附產銷量值表）。

   e. 存款及授信往來情形（含本行及他行）。

   f. 保證人一般信譽（含票信及債信紀錄）。

   g. 財務狀況。

   h. 產業概況。

B. **中長期授信**

週轉資金授信 （包括短期授信展期續 約超過一年以上者）	除第A目規定外，**總授信金額達新台幣二億元者**，另增加償還能力分析。
其他中長期授信	除第A目規定外，另增加建廠或擴充計畫（含營運及資金計畫）與分期償還能力分析。

C. 中小企業總授信金額在**新台幣六百萬元以下；或新台幣一千五百萬元以下**且具有十足擔保者，其徵信範圍簡化如下：

a. **短期授信：**

(a) 企業之組織沿革。

(b) 企業及其主要負責人一般信譽（含票信及債信紀錄）。

(c) 產銷及損益概況。

(d) 存款及授信往來情形（含本行及他行）。

(e) 保證人一般信譽（含票信及債信紀錄）。

b. **中長期授信**：除上述規定外，另增加：

(f) 行業展望。

(g) 建廠或擴充計畫（含營運計畫）。

(2) **個人授信應辦理徵信事項如下：**

A. 徵信單位對於個人資料表所填經營事業，及土地、建物欄內容，應逐項與其有關資料核對，並應查明授信戶財產設定他項權利及租賃情形，必要時並將其證件資料影印存卷。

B. 徵信單位對於個人授信案件，應查詢授信戶及保證人存借（含保證）往來情形、餘額及有無不良紀錄。

C. 個人年度收入，應根據有關資料酌予匡計，其在金融機構總授信金額達新台幣二千萬元者，應與其申報所得稅相關資料進行核對。

D. 個人授信戶，其填送個人收入情形，與綜合所得稅申報書內容有出入時，以申報書內容為準，作為其償還能力與還款財源之參考。

E. 辦理個人授信，應依據授信戶借款用途，確實匡計資金實際需求及評估償還能力。

(二) 徵信調查

1. 信用調查之資訊來源主要有：借保戶往來廠商、銀行同業、實地調查、財團法人金融聯合徵信中心、票據交換所。

2. 票據信用查詢新制第二類比第一類多列退票明細資料，故以第二類查詢為宜。

3. 金融聯合徵信中心有關授信戶資料之揭露期間如下：

   (1)逾期、催收紀錄自清償日起揭露三年。

   (2)呆帳紀錄自轉銷日起揭露五年。

   (3)退票紀錄自退票日起揭露三年。但對於退票已清償並辦妥註記者，自辦妥清償註記之日起揭露六個月；拒絕往來提前解除者，自拒絕往來提前解除之日起揭露六個月。

   (4)拒絕往來紀錄自通報日起揭露三年。

   (5)破產宣告紀錄，自宣告日起揭露十年。

考前焦點速記

1. 由有餘單位直接融通資金給赤字單位稱為**直接外部融通**。

2. 外部融通若是透過間接的方式來進行，則稱為**間接外部融通**。

3. 銀行從事中長期授信，對授信額度超過規定金額，目前規定為新台幣二億元之大額授信戶，必須徵提現金流量預估表，分析資金流向及還本付息能力。

4. 個人在金融機構總授信金額達二千萬元以上者，銀行必須徵提個人報稅資料（經稽徵機關證明與正本相符之年度綜合所得稅結算申報書影本，或未經稽徵機關證明之年度綜合所得稅結算申報書影本，並加附相關之綜合所得稅結算申報繳款書或扣繳憑單影本），並核驗資料是否齊全。

5. 短期授信期限在**一年以內**；中期授信期限在**一年以上**，**七年以內**；長期授信期限在**七年以上**。

6. 銀行與客戶訂立透支契約，透支契約期限不得超過一年。

7. 中小企業信用保證之授信案，首筆授信應在保證書簽發後三個月內辦妥授信。

8. 貨幣收支、資金借貸、票據轉讓、匯兌往來、證券流通、外匯買賣、信託保險、投資租賃等等，均可列入金融的範疇。

9. 土地銀行的主要任務為土地金融業務，其它任務為協助政府完成土地改革、都市改良，並提供中、長期資金以供使用。

10. 目前不動產之實際放款期限，最長可承作至四十年。

11. 土地銀行長期資金來源需要發行**金融債券**，或是由政府指撥之**專款**（例如：轉存於央行之郵政儲金）以支應之。

12. 銀行轉投資企業總額，不得超過投資時銀行實收資本總額扣除累積虧損之40%，其中投資非金融相關事業之總額不得超過投資時銀行實收資本額扣除累積虧損之10%。又銀行轉投資非金融相關事業，對於每一事業之投資金額不得超過該被投資事業實收資本總額或已發行股份總數之5%。

13. 信用合作社之資金來源主要為社員之**入社股金**、**社員與準社員之存款**與**來自合作金庫之融資**。

14. 信用合作社資金之運用，主要是承作放款業務，次為存放**合作金庫**與投資有價證券。

15. 銀行為企業授信應徵取財務報表，當授信歸戶總額達新台幣三千萬元者，此作為財務分析之財務報表應經會計師財務簽證。

精選試題

(　)　**1** 依金融控股公司法規定，下列何者與甲非同一關係人？
(A)甲之配偶乙　　　　　　(B)甲擔任董事長的A公司
(C)甲之舅舅丙　　　　　　(D)由甲之配偶乙擔任董事長之B公司。

(　)　**2** 某商業銀行之主要股東甲，其家族成員包括甲之父親、甲妻及未成年子女乙、丙均持有該銀行之股份，則在計算主要股東持股時，下列何者之持股不必與甲之持股合併計算？　(A)甲之父親 (B)乙　(C)丙　(D)甲妻。

（　　）　**3** 依銀行法規定，銀行對與本行負責人或辦理授信之職員有利害關係者辦理擔保授信，而其金額已達中央主管機關之規定以上者，並應依下列何種程序辦理？
(A)經四分之三以上董事之出席及出席董事過半數以上同意
(B)經三分之二以上董事之出席及出席董事過半數以上同意
(C)經四分之三以上董事之出席及出席董事三分之二以上同意
(D)經三分之二以上董事之出席及出席董事四分之三以上同意。

（　　）　**4** 給付大陸地區人民利息時，如其於一課稅年度內在臺灣地區居留、停留合計未滿183天者，應按利息給付總額扣繳多少稅率？
(A)6%　　　　　　　　　　　(B)10%
(C)15%　　　　　　　　　　(D)20%。

（　　）　**5** 拒絕往來戶申請撤銷付款委託，銀行應如何辦理？　(A)得隨時辦理　(B)於提示期限內辦理　(C)於提示期限經過後辦理　(D)不予受理。

（　　）　**6** 有關票據掛失止付，下列敘述何者錯誤？　(A)止付通知人應於申請後五個營業日內，提出已為聲請公示催告之證明始為有效　(B)掛失未屆發票日之支票，申請掛失當日毋須提存止付票款　(C)申請人通知止付時雖未檢附公示催告文件，如該止付支票已屆發票日，仍應即辦理提存止付票款　(D)止付通知人撤銷止付通知時，應填載「撤銷票據掛失止付申請書」。

（　　）　**7** 依主管機關規定，下列何者應計入銀行法第33條規定之授信限額及授信總餘額內？
(A)配合政府政策，經主管機關專案核准之專案授信
(B)對政府機關或公營事業之授信
(C)以非屬授信銀行之存單為擔保品之授信
(D)經中央銀行專案轉融通之授信。

（　　）　**8** 匯票、本票之背書人，對前手之追索權自為清償之日或被訴之日起算多久期間不行使，因時效而消滅？
(A)二個月　　　　　　　　　(B)四個月
(C)六個月　　　　　　　　　(D)一年。

( )　**9** 銀行對其持有實收資本總額若干百分比以上之企業為擔保授信，
應有十足擔保，且其條件不得優於其他同類授信對象？
(A)百分之一　　　　　　　　　　(B)百分之二
(C)百分之三　　　　　　　　　　(D)百分之五。

( )　**10** 有關銀行逾期放款及催收款之轉銷，下列何者非屬轉銷時應檢附
之證明文件？　(A)解散者：政府有關機關之證明　(B)經和解
者：和解筆錄或裁定書　(C)逾清償期一定期間之放款者：存款證
明書　(D)受破產之宣告者：裁定書。

( )　**11** 依銀行法及主管機關之規範，銀行對於利害關係人之消費者貸
款，下列敘述何者錯誤？
(A)得為無擔保授信
(B)信用卡循環信用係以其循環信用餘額計算其額度
(C)每一消費者以不超過新台幣一百五十萬元為限
(D)消費者貸款係指房屋修繕、耐久消費品、支付學費、信用卡循
環信用等授信。

( )　**12** 依銀行法第33條第2項之授信限額規定，銀行對利害關係人為擔保
授信，其中對同一法人之擔保授信總餘額，不得超過各該銀行淨
值百分之多少？　(A)百分之二　(B)百分之五　(C)百分之十　(D)
百分之二十。

( )　**13** 銀行法第33條第2項之授信限額，指銀行對其持有實收資本總額
百分之五以上之企業，或本行負責人、職員或主要股東，或對與
本行負責人或辦理授信之職員有利害關係者為擔保授信，其中對
同一自然人之擔保授信總餘額至多不得超過各該銀行淨值百分之
多少？　(A)百分之二　(B)百分之五　(C)百分之十　(D)百分之
二十。

( )　**14** 下列何者非屬銀行法第33條第2項所規定之「授信條件」？
(A)匯率　　　　　　　　　　　　(B)擔保品及其估價
(C)貸款期限　　　　　　　　　　(D)本息償還方式。

(　)　**15** 有關銀行對利害關係人辦理授信業務之規定，下列敘述何者錯誤？　(A)為擔保授信時，應有十足擔保　(B)授信條件不得優於其他所有授信對象　(C)不得為無擔保授信，但消費者貸款及對政府貸款不在此限　(D)擔保授信金額如達中央主管機關規定金額以上者，應經銀行董事會三分之二以上董事之出席及出席董事四分之三以上之同意。

(　)　**16** 依「中華民國銀行公會會員授信準則」規定，有關授信業務之分類，下列敘述何者錯誤？　(A)進口押匯屬企業貸款　(B)墊付國內外應收款項屬企業貸款　(C)貼現、透支屬消費者貸款　(D)開發國內外信用狀屬間接授信。

▍解答及解析

1 (C)。同一關係人之範圍包括本人、配偶、二親等以內之血親及以本人或配偶為負責人之企業。甲之舅舅為甲之三等血親。

2 (A)。同一人或本人與配偶、未成年子女合計持有同一銀行已發行有表決權股份總數百分之一以上者，應由本人通知銀行，未包含甲之父親，故選(A)。

3 (D)。依銀行法第33條規定：「銀行對其持有實收資本總額百分之五以上之企業，或本行負責人、職員、或主要股東……並應經三分之二以上董事之出席及出席董事四分之三以上同意。」

4 (D)。給付大陸地區人民利息時，如於一課稅年度內在臺灣地區居留、停留合計滿183天者，按給付總額扣繳百分之十利息所得稅款；如

於一課稅年度內在臺灣地區居留、停留合計未滿183天者，則按給付總額扣繳百分之二十利息所得稅款。

5 (D)。依票據掛失止付資訊處理須知記載，拒絕往來戶有下列情事之一者，經金融業者同意後，得恢復往來並重新開戶：
(1) 拒絕往來期間屆滿。
(2) 構成拒絕往來及其後發生之全部退票均已辦妥清償贖回、提存備付或重提付訖之註記。
發票人在各地金融業者所設支票存款戶，因簽發以金融業者為擔當付款人之本票，在提示期限經過前撤銷付款委託，經執票人提示所發生的退票，未辦妥清償註記，一年內達三張者，金融業者得自票據交換所通報之日起算，終止擔當付款人之委託三年。

6 (A)。
(1) 依票據簽發、收受及退票之處理應注意事項記載：「業經掛失止付之票據提示時，付款之金融業者應將『掛失止付通知書』副本一份及『遺失票據申報書』正本一份、副本二份連同退票理由單第一聯送當地本所總（分）所；提出交換之金融業者應填具『掛失止付票據提示人資料查報表』正副本各一份，連同掛失止付票據正、反面影本，送交付款之金融業者所轄當地本所總（分）所，正本由本所總（分）所留存，副本另送付款之金融業者備查，並將『遺失票據申報書』及上開相關資料，依掛失止付通知書所載之票據喪失事由，將以遺失為由掛失止付票據經提示之案件，送請提示人住所所在地警察機關偵查；以被竊、搶奪等為由掛失止付票據經提示之案件，送請發生地之管轄警察機關偵查，本所總（分）所並應函詢該管警察機關查告結果。」
(2) 又票據法第18條：「票據喪失時，票據權利人得為止付之通知。但應於提出止付通知後五日內，向付款人提出已為聲請公示催告之證明。」

7 (C)。授信限制對象及一般授信對象之授信限額及授信總餘額之「除外」規定（財政部82.9.22.台財融第821153859及821153840號函）

(1) 配合政府政策，經財政部專案核准之專案授信，或經中央銀行專案轉融通之授信。
(2) 對政府機關或公營事業之授信。
(3) 以公債、國庫券、中央銀行儲蓄券、中央銀行可轉讓定期存單、本國銀行存單或金融債券為擔保品之授信。

8 (C)。
(1) 匯票、本票之執票人，對前手之追索權，自作成拒絕證書起算一年間不行使，因時效而消滅。
(2) 匯票、本票之背書人，對前手之追索權，自為清償之日或被訴之日起算，六個月間不行使，因時效而消滅。

9 (D)。銀行法第33條：「銀行對其持有實收資本總額百分之五以上之企業，或本行負責人、職員、或主要股東，或對與本行負責人或辦理授信之職員有利害關係者為擔保授信，應有十足擔保。」

10 (C)。逾期放款及催收款之轉銷，應經董（理）事會之決議通過，並通知監察人；轉銷應檢附之證明文件如下：「
一、解散、逃匿者，政府有關機關之證明。
二、經和解者，和解筆錄或裁定書。
三、受破產之宣告者，裁定書。
四、逾清償期一定期間之放款者，催收之證明文件。
五、其他原因者，依事實經過取具合適之證明。」

11 (C)。消費者貸款，係指對於房屋修繕、耐久性消費品（包括汽車）、支付學費及其他個人之小額貸款及信用卡循環信用，每一消費者不超過新台幣一百萬元為限。

12 (C)。所稱授信限額，指銀行對其持有實收資本總額百分之五以上之企業，或本行負責人、職員或主要股東，或對與本行負責人或辦理授信之職員有利害關係者為擔保授信，其中對同一法人之擔保授信總額不得超過各該銀行淨值百分之十；對同一自然人之擔保授信總餘額不得超過各該銀行淨值百分之二。

13 (A)。所稱授信限額，指銀行對其持有實收資本總額百分之五以上之企業，或本行負責人、職員或主要股東，或對與本行負責人或辦理授信之職員有利害關係者為擔保授信，其中對同一法人之擔保授信總額不得超過各該銀行淨值百分之十；對同一自然人之擔保授信總餘額不得超過各該銀行淨值百分之二。

14 (A)。授信條件是指包括利率、擔保品及其估價、保證人之有無、貸款期限、本息償還方式。

15 (B)。銀行法第32條規定：銀行不得對其持有實收資本總額百分之三以上之企業，或本行負責人、職員、或主要股東，或對與本行負責人或辦理授信之職員有利害關係者，為無擔保授信。

16 (C)。
(1) 直接授信：
    A. 企業貸款：(a)週轉資金貸款。(b)資本支出貸款。
    B. 消費者貸款。
    C. 其他：如政府機關、團體之貸款或其他新種授信商品。
(2) 間接授信：
    A. 保證：(a)商業本票及公司債保證。(b)工程相關保證。(c)其他保證。
    B. 承兌：(a)買方委託承兌。(b)賣方委託承兌。
    C. 開發國、內外信用狀。
    D. 其他間接授信商品。
(3) 無追索權應收帳款承購業務。

> **章前導引**
> - 金融控股公司之意義與營業讓與、股份轉換。
> - 金融控股公司之股權結構、負責人及大股東。
> - 金融控股公司之擔保授信。
> - 金融控股公司股權之轉讓與調整。
> - 金融控股公司之投資範圍。

章節架構

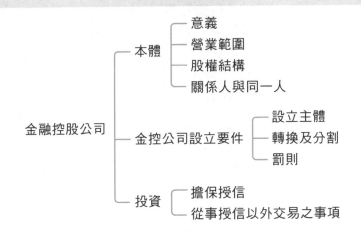

金融控股公司
- 本體
  - 意義
  - 營業範圍
  - 股權結構
  - 關係人與同一人
- 金控公司設立要件
  - 設立主體
  - 轉換及分割
  - 罰則
- 投資
  - 擔保授信
  - 從事授信以外交易之事項

重點精華

壹、金融機構 ☆

一、金融機構之範圍

依據金融機構合併法的定義，金融機構是指「銀行業、證券及期貨業、保險業所包括之機構，及其他經主管機關核定之機構」。金融機構主管機關為金融監督管理委員會。

(一) **銀行業**：包括銀行、信用合作社、農會信用部、漁會信用部、票券金融公司、信用卡業務機構及郵政儲金匯業局。

(二) **證券及期貨業**：包括證券商、證券投資信託事業、證券投資顧問事業、證券金融事業、期貨商、槓桿交易商、期貨信託事業、期貨經理事業及期貨顧問事業。

(三) **保險業**：包括保險公司及保險合作社。

(四) **信託業等。**

二、金融控股公司法與金融合併

金融控股公司法的最大意義在使金融機構得依其經營目標直接投資或收購子公司跨業經營以擴大金融版圖，同時，本法意在提供營業讓與、股份轉換的機制，並針對相關登記規費、租稅給予適度優惠，有利於銀行、保險公司及證券商轉換為金融控股公司之誘因。

法規一點靈

金融控股
公司法

(一) **金融控股公司之作用**：以異業結合的方式，透過跨業經營及資源共享，降低經營成本並發揮綜效。

(二) **金控公司與單一金融機構之比較**

比較項目	金控公司	單一金融機構
資本額限制	投資額度不受淨值40%限制	銀行轉投資上限為淨值40%
創業投資事業持股	可達100%	不能逾5%
非金融相關事業投資額度	淨值15%	淨值10%

（註：依照銀行法第74條的規定，商業銀行投資非金融相關事業，對每一事業的投資持股比率不得超過5%。但金管會自2017年12月放寬銀行申請轉投資創投事業規定，銀行在申請後，對創投事業的持股比率上限可由5%提高至100%後。）

(三) **金融同業合併租稅之誘因**

金融機構經主管機關許可合併者，其存續機構或新設機構於申請對消滅機構所有不動產、應登記之動產及各項擔保物權之變更登記時，得憑主管機關證明逕行辦理登記，免繳納登記規費（金融機構合併法第13條）。

法規一點靈

金融機構
合併法

1. **有關因合併所生之稅費優惠規定如下：**

稅費	優惠
印花稅及契稅	一律免徵
土地增值稅	記存，由該存續機構或新設機構於該項土地再移轉時一併繳納之
土地增值稅	消滅機構依銀行法第七十六條規定承受之土地，因合併而隨同移轉予存續機構或新設機構時，免徵
商譽	十五年內攤銷
費用	十年內攤銷
出售不良債權所受之損失	十五年內認列損失

2. **金融機構合併之意義：**
   (1) **合併**：指二家或二家以上之金融機構合為一家金融機構。
   (2) **消滅機構**：指因合併而消滅之金融機構。
   (3) **存續機構**：指因合併而存續之金融機構。
   (4) **新設機構**：指因合併而另立之金融機構。

(四) **金融重建基金** 重要

1. 金融重建基金三法是金融改革六大法案其中之一、包括「金融重建基金設置及管理條例」、「存保條例修正案」、「營業稅法修正案」。
2. 設置目的：為了處理問題金融機構，目的在於穩定金融信用秩序，處理經營不善的金融機構，協助經營不善的金融機構退出市場，預防爆發金融機構連鎖危機，以期成立預防金融風暴的規避機制。
3. 主管機關：金融監督管理委員會。

4. 金融重建基金適用的對象：問題基層金融機構（含農、漁會及信合社）、淨值為負的金融機構。

金融重建三法主要在於建立一套不良金融機構退出的機制，使基層金融可以獲得體質改善。

(五) **重要金融名詞釋義**

1. **控制性持股**：指持有一銀行、保險公司或證券商已發行有表決權股份總數或**資本總額超過百分之二十五**，或直接、間接選任或指派一銀行、保險公司或證券商**過半數之董事**。

2. **金融控股公司**：指對一銀行、保險公司或證券商有**控制性持股**，並依本法設立之公司。

3. **金融機構**：指下列之銀行、保險公司及證券商：

   (1) **銀行**：指**銀行法**所稱之銀行與票券金融公司及其他經主管機關指定之機構。

   (2) **保險公司**：指依**保險法**以股份有限公司組織設立之保險業。

   (3) **證券商**：指綜合經營證券承銷、自營及經紀業務之證券商，與經營證券金融業務之證券金融公司。

4. **子公司**：指下列公司：

   (1) **銀行子公司**：指金融控股公司有控制性持股之銀行。

   (2) **保險子公司**：指金融控股公司有控制性持股之保險公司。

   (3) **證券子公司**：指金融控股公司有控制性持股之證券商。

   (4) 金融控股公司持有已發行有表決權股份總數或資本總額超過百分之五十，或其過半數之董事由金融控股公司直接、間接選任或指派之其他公司。

5. **轉換**：指營業讓與及股份轉換。

6. **外國金融控股公司**：指依外國法律組織登記，並對一銀行、保險公司或證券商有控制性持股之公司。

 點速攻

銀行法第25-1條：同一關係人

1. 同一自然人之關係人，其範圍如下：

   (1) 同一自然人與其配偶及二親等以內血親。

   (2) 前款之人持有已發行有表決權股份或資本額合計超過三分之一之企業。

   (3) 第1目之人擔任董事長、總經理或過半數董事之企業或財團法人。

2. 同一法人之關係人，其範圍如下：

   (1) 同一法人與其董事長、總經理，及該董事長、總經理之配偶與二親等以內血親。

   (2) 同一法人及前款之自然人持有已發行有表決權股份或資本額合計超過三分之一之企業，或擔任董事長、總經理或過半數董事之企業或財團法人。

   (3) 同一法人之關係企業。

7. **同一人**：指同一自然人或同一法人。
8. **同一關係人**：指同一自然人或同一法人之關係人。

> 註 1. 同一自然人之關係人，其範圍如下：
> (1) 同一自然人與其配偶及二親等以內血親。
> (2) 前款之人持有已發行有表決權股份或資本額合計超過三分之一之企業。
> (3) 第一款之人擔任董事長、總經理或過半數董事之企業或財團法人。
> 2. 同一法人之關係人，其範圍如下：
> (1) 同一法人與其董事長、總經理，及該董事長、總經理之配偶與二親等以內血親。
> (2) 同一法人及前款之自然人持有已發行有表決權股份或資本額合計超過三分之一之企業，或擔任董事長、總經理或過半數董事之企業或財團法人。
> (3) 同一法人之關係企業。

9. **關係企業**：指適用公司法第三百六十九條之一至第三百六十九條之三、第三百六十九條之九及第三百六十九條之十一規定之企業。
10. **大股東**：指持有金融控股公司或其子公司已發行有表決權股份總數或資本總額百分之五以上者；股東為自然人時，其配偶及未成年子女之持股數應一併計入本人之持股計算。

貳、金控公司之設立

一、持有股份及資本額之計算（金融控股公司法第5條）

計算同一人或同一關係人持有金融控股公司、銀行、保險公司或證券商之股份或資本額時，不包含下列各款情形所持有之股份或資本額：

(一) 證券商於承銷有價證券期間所取得，且於證券主管機關規定期間內處分之股份。
(二) 金融機構因承受擔保品所取得，且自取得日起未滿四年之股份或資本額。
(三) 因繼承或遺贈所取得，且自繼承或受贈日起未滿二年之股份或資本額。

二、金控公司設立之要件（金融控股公司法第6條）

(一) 同一人或同一關係人對一銀行、保險公司或證券商有控股性持股者，除政府持股及為處理問題金融機構之需要，經主管機關核准者外，應向主管機關申請許可設立金融控股公司。

(二) 前項所定之同一人或同一關係人，未同時持有銀行、保險公司或證券商二業別以上之股份或資本額，或有控制性持股之銀行、保險公司或證券商之資產總額未達一定金額以上者，得不設立金融控股公司。

(三) 前項所定之一定金額，由主管機關另定之。（依據90.10.26台財融(一)字第0901000118號令，資產總額訂為新台幣3,000億元）

(四) 違反規定，未申請設立金融控股公司處新台幣二百萬元以上五千萬元以下罰鍰。（金融控股公司法第60條）

三、申請設立之主體（金融控股公司法第7條）

(一) 所定之同一關係人向主管機關申請許可設立金融控股公司時，應由對各金融機構之投資總額最高者，代表申請，並應共同設立。

(二) 非屬同一關係人，各持有一銀行、保險公司或證券商已發行有表決權股份總數或資本總額超過**百分之二十五**者，應由**投資總額最高者**申請設立金融控股公司。

(三) 投資總額有二人以上相同者，應報**請主管機關核定由其中一人申請設立**金融控股公司。

參、轉換及分割

一、轉換指營業讓與與股份轉換

(一) 營業讓與

金融機構經主管機關許可者，得依營業讓與之方式轉換為金融控股公司。

1. **營業讓與**，指金融機構經其股東會決議，讓與全部營業及主要資產負債予他公司，以**所讓與之資產負債淨值**為對價，繳足承購他公司發行新股所需股款，並於取得發行新股時轉換為金融控股公司，同時他公司轉換為其子公司之行為。

法規一點靈

公司法

2. 金融機構股東會決議方法、少數股東收買股份請求權、收買股份之價格及股份收買請求權之失效，準用**公司法第185條至第188條**之規定。

(二) **公司法第185條（營業政策重大變更）**

1. 公司為左列行為，應有代表已發行股份總數三分之二以上股東出席之股東會，以出席股東表決權過半數之同意行之：

   (1)締結、變更或終止關於出租全部營業，委託經營或與他人經常共同經營之契約。

   (2)讓與全部或主要部分之營業或財產。

   (3)受讓他人全部營業或財產，對公司營運有重大影響者。

2. 公開發行股票之公司，出席股東之股份總數不足前項定額者，得以有代表已發行股份總數過半數股東之出席，出席股東表決權三分之二以上之同意行之。

3. 前二項出席股東股份總數及表決權數，章程有較高之規定者，從其規定。

4. 第1項之議案，應由有三分之二以上董事出席之董事會，以出席董事過半數之決議提出之。

(三) **第186條（少數股東請求收買權）**

股東於股東會為前條（第185條）決議前，已以書面通知公司反對該項行為之意思表示，並於股東會已為反對者，得請求公司以當時公平價格，收買其所有之股份。但股東會為前條第1項第2款之決議，同時決議解散時，不在此限。

(四) **第187條（收買股份之價格）**

1. 前條（第186條）之請求，應自第185條決議日起二十日內，提出記載股份種類及數額之書面為之。

2. 股東與公司間協議決定股份價格者，公司應自決議日起九十日內支付價款，自第185條決議日起六十日內未達協議者，股東應於此期間經過後三十日內，聲請法院為價格之裁定。

3. 公司對法院裁定之價格，自第2項之期間屆滿日起，應支付法定利息，股份價款之支付，應與股票之交付同時為之，股份之移轉於價款支付時生效。

(五) **第188條（股份收買請求權之失效）**

第186條股東之請求，於公司取銷第185條第1項所列之行為時，失其效力。股東於前條第1項及第2項之期間內，不為同項之請求時亦同。

(六) **第172條（股東會召集之程序）**

1. 股東常會之召集，應於二十日前通知各股東。

2. 股東臨時會之召集，應於十日前通知各股東。

3. 公開發行股票之公司股東常會之召集，應於三十日前通知各股東；股東臨時會之召集，應於十五日前通知各股東。

4. 通知及公告應載明召集事由；其通知經相對人同意者，得以電子方式為之。

5. 選任或解任董事、監察人、變更章程、減資、申請停止公開發行、董事競業許可、盈餘轉增資、公積轉增資、公司解散、合併、分割或第185條第1項各款之事項，應在召集事由中列舉並說明主要內容，不得以臨時動議提出；其主要內容得置於證券主管機關或公司指定之網站，並應將網址載明於通知。

6. 代表公司之董事，違反第1項至第3項或前項規定者，處新臺幣一萬元以上五萬元以下罰鍰。但公開發行股票之公司，由證券主管機關處代表公司之董事新臺幣二十四萬元以上二百四十萬元以下罰鍰。

(七) **公司法第156條第2項、第6項、第163條第2項、第267條第1項至第3項、第272條及證券交易法第22-1條第1項之規定，不適用之。**（註：公司法於民國107年8月1日修正，但金融控股公司法尚未隨同修正，下附條文為公司法條文和修正後之項次。）

1. **公司法第156-2條：**公司得依董事會之決議，向證券主管機關申請辦理公開發行程序；申請停止公開發行者，應有代表已發行股份總數三分之二以上股東出席之股東會，以出席股東表決權過半數之同意行之。

2. **公司法第156條第5項：**股東之出資除現金外，得以對公司所有之貨幣債權，或公司所需之技術抵充之；其抵充之數額需經董事會通過，不受第272條之限制。

3. **第163條（股份轉讓）：**公司股份之轉讓，不得以章程禁止或限制之。但非於公司設立登記後，不得轉讓。（第2項已刪除）

4. **第267條（發行新股與認股之程序）：**
第1項：公司發行新股時，除經目的事業中央主管機關專案核定者外，應保留發行新股總數百分之十至十五之股份由公司員工承購。
第2項：公營事業經該公營事業之主管機關專案核定者，得保留發行新股由員工承購；其保留股份，不得超過發行新股總數百分之十。

第3項：公司發行新股時，除依前二項保留者外，應公告及通知原有股東，按照原有股份比例儘先分認，並聲明逾期不認購者，喪失其權利；原有股東持有股份按比例不足分認一新股者，得合併共同認購或歸併一人認購；原有股東未認購者，得公開發行或洽由特定人認購。

前三項新股認購權利，除保留由員工承購者外，得與原有股份分離而獨立轉讓。

第1項、第2項所定保留員工承購股份之規定，於以公積抵充，核發新股予原有股東者，不適用之。

公司對員工依第1項、第2項承購之股份，得限制在一定期間內不得轉讓。但其期間最長不得超過二年。

5. **第272條（出資之種類）**：公司公開發行新股時，應以現金為股款。但由原有股東認購或由特定人協議認購，而不公開發行者，得以公司事業所需之財產為出資。

6. **證券交易法第22-1條第1項（限定股權分散標準）**：已依本法發行股票之公司，於增資發行新股時，主管機關得規定其股權分散標準。

(八) **債權讓與之通知，得以公告方式代之；他公司承擔債務時，免經債權人之承認，不適用民法第297條及第301條之規定：**（金融控股公司法第24條第2項第3款）

1. **民法第297條（債權讓與之通知）**

(1)債權之讓與非經讓與人或受讓人通知債務人，對於債務人不生效力。但法律另有規定者，不在此限。

(2)受讓人將讓與人所立之讓與字據提示於債務人者，與通知有同一之效力。

2. **民法第301條**：第三人與債務人訂立契約承擔其債務者，非經債權人承認，對於債權人不生效力。

(九) **金融機構合併概括承受或概括讓與**

1. 金融機構概括承受或概括讓與者，準用本法（金融機構合併法）之規定。外國金融機構與本國金融機構合併、概括承受或概括讓與者，亦同。但外國金融機構於合併、概括承受或概括讓與前，於中華民國境外所發生之損失，不得依前條第2項規定辦理扣除。

2. 金融機構依其他法律規定，由接管人或清理人為概括承受、概括讓與、分次讓與或讓與主要部分之營業及資產負債者，除優先適用各該法律之規定外，準用本法之規定。

3. 金融機構為概括承受、概括讓與、分次讓與或讓與主要部分之營業及資產負債，債權讓與之通知得以公告方式代之，承擔債務時免經債權人之承認，不適用民法第297條及第301條之規定（金融機構合併法第14條）。

二、金控公司之規範

(一) 他公司為新設公司者，金融機構之股東會會議視為他公司之發起人會議，得同時選舉他公司之董事、監察人，亦不適用公司法第128條至第139條、第141條至第155條之規定。

(二) **第128-1條（發起人之限制）**

股份有限公司應有二人以上為發起人。

無行為能力人、限制行為能力人或受輔助宣告尚未撤銷之人，不得為發起人。

政府或法人均得為發起人。但法人為發起人者，以下列情形為限：

一、公司或有限合夥。

二、以其自行研發之專門技術或智慧財產權作價投資之法人。

三、經目的事業主管機關認屬與其創設目的相關而予核准之法人。

(三) **第128-1條（政府或法人股東）**

政府或法人股東一人所組織之股份有限公司，不受前條第一項之限制。該公司之股東會職權由董事會行使，不適用本法有關股東會之規定。

前項公司，得依章程規定不設董事會，置董事一人或二人；置董事一人者，以其為董事長，董事會之職權由該董事行使，不適用本法有關董事會之規定；置董事二人者，準用本法有關董事會之規定。

第一項公司，得依章程規定不置監察人；未置監察人者，不適用本法有關監察人之規定。第一項公司之董事、監察人，由政府或法人股東指派。

(四) **第129條（章程之絕對應載事項）**

發起人應以全體之同意訂立章程，載明下列各款事項，並簽名或蓋章：

一、公司名稱。

二、所營事業。

三、採行票面金額股者，股份總數及每股金額；採行無票面金額股者，股份總數。

四、本公司所在地。

　　五、董事及監察人之人數及任期。

　　六、訂立章程之年、月、日。

(五) **第130條（章程之相對應記載事項）**

　　下列各款事項，非經載明於章程者，不生效力：

　　一、分公司之設立。

　　二、解散之事由。

　　三、特別股之種類及其權利義務。

　　四、發起人所得受之特別利益及受益者之姓名。

　　前項第四款發起人所得受之特別利益，股東會得修改或撤銷之。但不得侵
　　及發起人既得之利益。

(六) **第131條（發起設立）**

　　發起人認足第一次應發行之股份時，應即按股繳足股款並選任董事及監察
　　人。前項選任方法，準用第198條之規定。發起人之出資，除現金外，得
　　以公司事業所需之財產、技術抵充之。

(七) **第132條（募集設立）**

　　發起人不認足第一次發行之股份時，應募足之。

　　前項股份招募時，得依第157條之規定發行特別股。

(八) **第133條（公開募股之申請）**

　　發起人公開招募股份時，應先具備左列事項，申請證券管理機關審核：

　　一、營業計畫書。

　　二、發起人姓名、經歷、認股數目及出資種類。

　　三、招股章程。

　　四、代收股款之銀行或郵局名稱及地址。

　　五、有承銷或代銷機構者，其名稱及約定事項。

　　六、證券管理機關規定之其他事項。

　　前項發起人所認股份，不得少於第一次發行股份四分之一。

　　第1項各款，應於證券管理機關通知到達之日起三十日內，加記核准文號
　　及年、月、日公告招募之。但第五款約定事項，得免予公告。

(九) **第134條（代收股款之證明）**

　　代收股款之銀行或郵局，對於代收之股款，有證明其已收金額之義務，其
　　證明之已收金額，即認為已收股款之金額。

（十）第135條（不予或撤銷核准之情形）

現行條文	90年11月12日修正公布前原條文
申請公開招募股份有左列情形之一者，證券管理機關得不予核准或撤銷核准： 一、申請事項有違反法令或虛偽者。 二、申請事項有變更，經限期補正而未補正者。 發起人有前項第2款情事時，由證券管理機關各處新臺幣二萬元以上十萬元以下罰鍰。	申請公開招募股份有左列情形之一者，證券管理機關得不予核准或撤銷核准： 一、申請事項有違反法令或虛偽者。 二、申請事項有變更，經限期補正而未補正者。 發起人有前項第1款情事時，除虛偽部分依刑法或特別刑法有關規定處罰外，各處一年以下有期徒刑、拘役或科或併科新臺幣六萬元以下罰金；有前項第2款情事時，由證券管理機關各處新臺幣六千元以上三萬元以下罰鍰。

（十一）第136條（撤銷核准之效力）

前條撤銷核准，未招募者，停止招募，已招募者，應募人得依股份原發行金額，加算法定利息，請求返還。

（十二）第137條（招股章程）

招股章程應載明下列各款事項：

一、第129條及第130條所列各款事項。

二、各發起人所認之股數。

三、股票超過票面金額發行者，其金額。

四、招募股份總數募足之期限，及逾期未募足時，得由認股人撤回所認股份之聲明。

五、發行特別股者，其總額及第157條第1項各款之規定。

（十三）第138條（認股書之備置）

發起人應備認股書，載明第133條第1項各款事項，並加記證券管理機關核准文號及年、月、日，由認股人填寫所認股數、金額及其住所或居所，簽名或蓋章。

以超過票面金額發行股票者，認股人應於認股書註明認繳之金額。

發起人違反第1項規定，不備認股書者，由證券管理機關各處新臺幣一萬元以上五萬元以下罰鍰。

(十四) **第139條（繳款義務）**

認股人有照所填認股書繳納股款之義務。

(十五) **第141條（催繳股款）**

第一次發行股份總數募足時，發起人應即向各認股人催繳股款，以超過票面金額發行股票時，其溢額應與股款同時繳納。

(十六) **第142條（延欠股款）**

認股人延欠前條應繳之股款時，發起人應定一個月以上之期限催告該認股人照繳，並聲明逾期不繳失其權利。

發起人已為前項之催告，認股人不照繳者，即失其權利，所認股份另行募集。

前項情形，如有損害，仍得向認股人請求賠償。

(十七) **第143條（創立會之召集）**

前條股款繳足後，發起人應於二個月內召開創立會。

(十八) **第144條（創立會之決議及程序）**

創立會之程序及決議，準用第172條第1項、第4項、第5項、第174條、第175條、第177條、第178條、第179條、第181條、第183條第1項、第2項、第4項、第5項及第189條至第191條之規定。但關於董事及監察人之選任，準用第198條之規定。

發起人違反前項準用第172條第1項、第5項規定，或違反前項準用第183條第1項、第4項、第5項規定者，處新臺幣一萬元以上五萬元以下罰鍰。

(十九) **第145條（發起人之報告義務）**

發起人應就下列各款事項報告於創立會：

一、公司章程。

二、股東名簿。

三、已發行之股份總數。

四、以現金以外之財產、技術抵繳股款者，其姓名及其財產、技術之種類、數量、價格或估價之標準及公司核給之股數。

五、應歸公司負擔之設立費用，及發起人得受報酬。

六、發行特別股者，其股份總數。

七、董事、監察人名單，並註明其住所或居所、國民身分證統一編號或其他經政府核發之身分證明文件字號。

發起人對於前項報告有虛偽情事時，各科新臺幣六萬元以下罰金。

(二十) **第146條（選任董、監事及檢查人）**

創立會應選任董事、監察人。董事、監察人經選任後，應即就前條所列事項，為確實之調查並向創立會報告。

董事、監察人如有由發起人當選，且與自身有利害關係者，前項調查，創立會得另選檢查人為之。

前二項所定調查，如有冒濫或虛偽者，由創立會裁減之。

發起人如有妨礙調查之行為或董事、監察人、檢查人報告有虛偽者，各科新臺幣六萬元以下罰金。

第1項、第2項之調查報告，經董事、監察人或檢查人之請求延期提出時，創立會應準用第182條之規定，延期或續行集會。

(二一) **第147條（創立會之裁減權）**

發起人所得受之報酬或特別利益及公司所負擔之設立費用有冒濫者，創立會均得裁減之，用以抵作股款之財產，如估價過高者，創立會得減少其所給股數或責令補足。

(二二) **第148條（連帶認繳義務）**

未認足之第一次發行股份，及已認而未繳股款者，應由發起人連帶認繳；其已認而經撤回者亦同。

(二三) **第149條（公司損害賠償請求權）**

因第147條及第148條情形，公司受有損害時，得向發起人請求賠償。

(二四) **第150條（公司不能成立時發起人之責任）**

公司不能成立時，發起人關於公司設立所為之行為，及設立所需之費用，均應負連帶責任，其因冒濫經裁減者亦同。

(二五) **第151條（創立會之權限）**

創立會得修改章程或為公司不設立之決議。

第277條第2項至第四項之規定，於前項修改章程準用之；第316條之規定，於前項公司不設立之決議準用之。

(二六) **第152條（撤回認股）**

第一次發行股份募足後，逾三個月而股款尚未繳足，或已繳納而發起人不於二個月內召集創立會者，認股人得撤回其所認之股。

(二七) **第153條（股份撤回之限制）**

創立會結束後，認股人不得將股份撤回。

(二八) **第154條（股東之有限責任）**

股東對於公司之責任，除第2項規定外，以繳清其股份之金額為限。

股東濫用公司之法人地位，致公司負擔特定債務且清償顯有困難，其情節重大而有必要者，該股東應負清償之責。

(二九) **第155條（發起人之連帶賠償責任）**

發起人對於公司設立事項，如有怠忽其任務致公司受損害時，應對公司負連帶賠償責任。

發起人對於公司在設立登記前所負債務，在登記後亦負連帶責任。

三、金融控股公司法第24條第4項規定，就金融機構於本法施行前已召集之股東會，亦適用之。

(一) **他公司轉換為金融控股公司之子公司時，各目的事業主管機關得逕發營業執照，不適用銀行法、保險法及證券交易法有關銀行、保險公司及證券商設立之規定。**

(二) 金融機構依第2項第1款買回之股份，自買回之日起**六個月**內未賣出者，金融機構得經董事會**三分之二**以上出席及出席董事超過**二分之一**同意後，辦理變更章程及註銷股份登記，不受**公司法第277條**規定之限制。

肆、讓與契約與決議 ✩

金融機構依前條規定辦理營業讓與時，他公司為既存公司者，該金融機構與該他公司之董事會應作成讓與契約；他公司為新設公司者，該金融機構之董事會應作成讓與決議；並均應提出於股東會。

一、應記載事項（金融控股公司法第25條）

於發送股東會之召集通知時，一併發送各股東，並準用公司法第172條第4項但書（通知及公告應載明召集事由；其通知經相對人同意者，得以電子方式為之）之規定：

(一) 既存公司章程需變更事項或新設公司章程。

(二) 既存公司發行新股或新設公司發行股份之總數、種類及數量。

(三) 金融機構讓與既存公司或新設公司之全部營業及主要資產負債之種類及數額。

(四) 對金融機構股東配發之股份不滿一股應支付現金者，其有關規定。

(五) 召開股東會決議之預定日期。

(六) 營業讓與基準日。

(七) 金融機構於營業讓與基準日前發放股利者，其股利發放限額。

(八) 讓與契約應記載金融機構原任董事及監察人於營業讓與時任期未屆滿者，繼續其任期至屆滿之有關事項；讓與決議應記載新設公司之董事及監察人名冊。

(九) 與他金融機構共同為營業讓與設立金融控股公司者，讓與決議應記載其共同讓與有關事項。

二、股份轉換

(一) 金融機構經主管機關許可者，得依股份轉換之方式轉換為金融控股公司之子公司。

(二) 前項所稱股份轉換，指金融機構經其股東會決議，讓與全部已發行股份予預定之金融控股公司作為對價，以繳足原金融機構股東承購金融控股公司所發行之新股或發起設立所需股款之行為；其辦理依下列各款之規定：

1. 金融機構股東會之決議，應有代表已發行股份總數三分之二以上股東之出席，以出席股東過半數表決權之同意行之。預定之金融控股公司為既存公司者，亦同。

2. 金融機構異議股東之股份收買請求權，準用公司法第317條第1項後段及第2項之規定。（金融控股公司法第26條）

3. 公司法第156條第1項、第2項、第6項、第163條第2項、第197條第1項及第227條、第267條第1項至第3項、第272條、證券交易法第22-1條第1項、第22-2條及第26條之規定，不適用之。（金融控股公司法第26條第2項第3款）

   (1) **公司法第156條（股份與資本）**

   股份有限公司之資本，應分為股份，每股金額應歸一律，一部分得為特別股；其種類，由章程定之。

   前項股份總數，得分次發行。

   公營事業之申請辦理公開發行及停止公開發行，應先經該公營事業之主管機關專案核定。

   (2) **第163條（股份轉讓）**

   公司股份之轉讓，不得以章程禁止或限制之。但非於公司設立登記後，不得轉讓。

發起人之股份非於公司設立登記一年後，不得轉讓。但公司因合併或
分割後，新設公司發起人之股份得轉讓。

(3) **第197條（董事股份轉讓限制）**

董事經選任後，應向主管機關申報，其選任當時所持有之公司股份數
額；公開發行股票之公司董事在任期中轉讓超過選任當時所持有之公
司股份數額二分之一時，其董事當然解任。

(4) **第272條（出資之種類）**

公司公開發行新股時，應以現金為股款。但由原有股東認購或由特定
人協議認購，而不公開發行者，得以公司事業所需之財產為出資。

(5) **證券交易法第22-1條第1項**：已依本法發行股票之公司，於增資發行新
股時，主管機關得規定其股權分散標準。

(6) **第22-2條**：

已依本法發行股票公司之董事、監察人、經理人或持有公司股份超過
股份總額百分之十之股東，其股票之轉讓，應依左列方式之一為之：

一、經主管機關核准或自申報主管機關生效日後，向非特定人為之。

二、依主管機關所定持有期間及每一交易日得轉讓數量比例，於向主
管機關申報之日起三日後，在集中交易市場或證券商營業處所為
之。但每一交易日轉讓股數未超過一萬股者，免予申報。

三、於向主管機關申報之日起三日內，向符合主管機關所定條件之特
定人為之。經由前項第三款受讓之股票，受讓人在一年內欲轉讓
其股票，仍須依前項各款所列方式之一為之。第一項之人持有之
股票，包括其配偶、未成年子女及利用他人名義持有者。

(7) **第26條**：凡依本法公開募集及發行有價證券之公司，其全體董事及監
察人二者所持有記名股票之股份總額，各不得少於公司已發行股份總
額一定之成數。前項董事、監察人股權成數及查核實施規則，由主管
機關以命令定之。

(三) **他公司為新設公司者，金融機構之股東會會議視為預定金融控股公司之發
起人會議，得同時選舉金融控股公司之董事、監察人，亦不適用公司法第
128條至第139條、第141條至第155條及第163條第2項規定。**

1. 前項規定，就金融機構於本法施行前已召集之股東會，亦適用之。

2. 公開發行股票之公司，出席股東之股份總數不足第2項第1款定額者，得
以有代表已發行股份總數過半數股東之出席，出席股東表決權三分之二以
上之同意行之。但章程有較高之規定者，從其規定。

3. 金融控股公司經主管機關許可設立後，其全數董事或監察人於選任當時所持有記名股票之股份總額不足證券管理機關依證券交易法第26條第2項所定董事、監察人股權成數者，應由全數董事或監察人於就任後一個月內補足之。

4. 金融機構依金融控股公司法第26條第2項第2款買回之股份，自買回之日起六個月內未賣出者，金融機構得經董事會三分之二以上出席及出席董事超過二分之一同意後，辦理變更章程及註銷股份登記，不受公司法第277條規定之限制。

(四) **轉換契約與決議**（金融控股公司法第27條）

金融機構與他公司依前條規定辦理股份轉換時，預定之金融控股公司為既存公司者，該金融機構與該既存公司之董事會應作成轉換契約；預定之金融控股公司為新設公司者，該金融機構之董事會應作成轉換決議；並均應提出於股東會。

前項轉換契約或轉換決議應記載下列事項，於發送股東會之召集通知時，一併發送各股東，並準用公司法第172條第4項但書之規定：

1. 既存公司章程需變更事項或新設公司章程。

2. 既存公司發行新股或新設公司發行股份之總數、種類及數量。

3. 金融機構股東轉讓予既存公司或新設公司之股份總數、種類及數量。

4. 對金融機構股東配發之股份不滿一股應支付現金者，其有關規定。

5. 召開股東會決議之預定日期。

6. 股份轉換基準日。

7. 金融機構於股份轉換基準日前發放股利者，其股利發放限額。

8. 轉換契約應記載金融機構原任董事及監察人於股份轉換時任期未屆滿者，繼續其任期至屆滿之有關事項；轉換決議應記載新設公司之董事及監察人名冊。

9. 與他金融機構共同為股份轉換設立金融控股公司者，轉換決議應記載其共同轉換股份有關事項。

(五) 百分之百股權轉換（金融控股公司法第29條）

1. **轉換為金融控股公司之金融機構，應以百分之百之股份轉換之。**

2. 轉換為金融控股公司之金融機構為上市（櫃）公司者，於股份轉換基準日終止上市（櫃），並由該金融控股公司上市（櫃）。

3. 金融機構轉換為金融控股公司後，金融控股公司除其董事、監察人應依第26條第6項規定辦理外，並應符合證券交易法及公司法有關規定。

4. 依本法規定轉換完成後，金融控股公司之銀行子公司、保險子公司及證券子公司原為公開發行公司者，除本法另有規定外，仍應準用證券交易法有關公開發行之規定。

(六) 金融機構轉換為金融控股公司之準用（金融控股公司法第31條）

1. 金融機構辦理轉換為金融控股公司時，原投資事業成為金融控股公司之投資事業者，其組織或股權之調整，得準用第24條至第28條規定。

2. 依前項規定轉換而持有金融控股公司之股份者，得於三年內轉讓所持有股份予金融控股公司或其子公司之員工，或準用證券交易法第28-2條第1項第2款作為股權轉換之用，或於證券集中市場或證券商營業處所賣出，不受第38條規定之限制。屆期未轉讓或未賣出者，視為金融控股公司未發行股份，並應辦理變更登記。

(七) 第12項規定：（證券交易法第28-2條）

股票已在證券交易所上市或於證券商營業處所買賣之公司，有下列情事之一者，得經董事會三分之二以上董事之出席及出席董事超過二分之一同意，於有價證券集中交易市場或證券商營業處所或依第43-1條第2項規定買回其股份，不受公司法第167條第1項規定之限制：

1. 轉讓股份予員工。

2. 配合附認股權公司債、附認股權特別股、可轉換公司債、可轉換特別股或認股權憑證之發行，**作為股權轉換之用**。

3. 為維護公司信用及股東權益所必要而買回，並辦理銷除股份。

(八) 金融機構辦理股份轉換時，預定之金融控股公司為既存公司者，該既存公司之投資事業準用金融控股公司法第31條第1～2項規定。

金融機構依金融控股公司法第31條前3項規定持有金融控股公司之股份，除分派盈餘、法定盈餘公積或資本公積撥充資本外，不得享有其他股東權利。

三、分割契約與決議

被分割公司與他子公司依前條規定辦理公司分割時，他子公司為既存公司者，被分割公司與他子公司之董事會應作成分割契約；他子公司為新設公司者，被分割公司董事會應作成分割決議；並均應提出於股東會。

(一) **分割契約或分割決議應記載下列事項，並於發送股東會之召集通知時，一併發送各股東：**（金融控股公司法第34條）

1. 承受營業之既存公司章程需變更事項或新設公司章程。

2. 承受營業之既存公司發行新股或新設公司發行股份之總數、種類及數量。

3. 被分割公司或其股東所取得股份之總數、種類及數量。

4. 對被分割公司或其股東配發之股份不滿一股應支付現金者，其有關規定。

5. 承受被分割公司權利義務之相關事項。

6. 被分割公司債權人、客戶權益之保障及被分割公司受僱人權益之處理事項。

7. 被分割公司之資本減少時，其資本減少有關事項。

8. 被分割公司之股份銷除或股份合併時，其股份銷除或股份合併所需辦理事項。

9. 分割基準日。

10. 被分割公司於分割基準日前發放股利者，其股利發放限額。

11. 承受營業之新設公司之董事及監察人名冊。

12. 與他公司共同為公司分割而新設公司者，分割決議應記載其共同為公司分割有關事項。

(二) **被分割公司債務之處理**（金融控股公司法第35條）

分割後受讓業務之公司，除被分割業務所生之債務與分割前公司之債務為可分者外，就分割前公司所負債務於受讓業務出資之財產範圍內負連帶清償責任。但其連帶責任請求權自分割基準日起算二年內不行使而消滅。

伍、投資之範圍

一、 金融控股公司應確保其子公司業務之健全經營，其業務以投資及對被投資事業之管理為限（金融控股公司法第36條）。

二、 金融控股公司得向主管機關申請核准投資之事業如下：

(一)金融控股公司。　　　　(二)銀行業。　　　　(三)票券金融業。

(四)信用卡業。　　　　　(五)信託業。　　　　(六)保險業。

(七)證券業。　　　　　　(八)期貨業。　　　　(九)創業投資事業。

(十)經主管機關核准投資之外國金融機構。

(十一)其他經主管機關認定與金融業務相關之事業。

三、 前項第2款所定銀行業，包括商業銀行、專業銀行及信託投資公司；第6款所定保險業，包括財產保險業、人身保險業、再保險公司、保險代理人及經紀人；第7款所定證券業，包括證券商、證券投資信託事業、證券投資顧問事業；第8款所定期貨業，包括期貨商、槓桿交易商、期貨信託事業、期貨經理事業及期貨顧問事業。

四、金融控股公司之短期資金運用以下列各款項目為限：

(一) 存款或信託資金。

(二) 購買政府債券或金融債券。

(三) 購買國庫券或銀行可轉讓定期存單。

(四) 購買經主管機關規定一定評等等級以上之銀行保證、承兌或經一定等級以上信用評等之商業票據。

(五) 1. 購買其他經主管機關核准與前四款有關之金融商品。

　　2. 金融控股公司投資不動產，應事先經主管機關核准，並以自用為限。

五、金融控股公司投資第2項第1款至第9款之事業，或第10款及第11款之事業時，主管機關自申請書件送達之次日起，分別於十五個營業日內或三十個營業日內，未表示反對者，視為已核准。金融控股公司及其直接或間接控制之關係企業未經核准，除金融事業依各業法之規定辦理外，不得進行所申請之投資行為。違反本項規定者，除應以第62條除以罰鍰外，其取得之股份，不論於本法修正前或修正後，應經核准而未申請核准者，無表決權，且不算入已發行股份之總數，主管機關並應限令金融控股公司處分違規投資。

六、因設立金融控股公司而致其子公司業務或投資逾越法令規定範圍者，或金融機構轉換為金融控股公司之子公司而致其業務或投資逾越法令規定範圍者，主管機關應限期命其調整。

七、前項調整期限最長為三年。必要時，得申請延長二次，每次以二年為限。

八、金融控股公司之負責人或職員，不得擔任該公司之創業投資事業所投資事業之經理人。

九、金融控股公司之子公司減資，應事先向主管機關申請核准；其申請應檢附之書件、申請程序、審查條件及其他應遵行事項之辦法，由主管機關定之。

一、股東適格性審查（金融控股公司法第16條）

(一) **主動申報**

1. 金融機構轉換為金融控股公司時，**同一人或同一關係人單獨、共同或合計持有金融控股公司已發行有表決權股份總數超過百分之十者，應向主管機關申報。**

2. 第三人為同一人或同一關係人以信託、委任或其他契約、協議、授權等方法持有股份者，應併計入同一關係人範圍。

3. 同一人或同一關係人依金融控股公司法第16條第3項規定,「金融控股公司設立後,同一人或同一關係人單獨、共同或合計持有該金融控股公司已發行有表決權股份總數超過百分之十、百分之二十五或百分之五十者,均應分別事先向主管機關申請核准。」申請核准應具備之適格條件、應檢附之書件、擬取得股份之股數、目的、資金來源、持有股票之出質情形、持股數與其他重要事項變動之申報、公告及其他應遵行事項之辦法,由主管機關定之。

4. 同一人或同一關係人持有金融控股公司已發行有表決權股份總數超過百分之十者,不得將其股票設定質權予金融控股公司之子公司。但於金融機構轉換為金融控股公司之子公司前,所取得該金融控股公司股票之質權,在原質權存續期限內,不在此限。

5. 同一人或同一關係人,與第(一)1.項辦法所定之適格條件不符者,得繼續持有該公司股份,但不得增加持股。

6. 主管機關自申請書送達**次日起十五個營業日**內,未表示反對者,視為已核准。

(二) 違反規定之處罰

1. 未依規定向主管機關申報或未依第(一)3.項規定經核准而持有金融控股公司已發行有表決權之股份者,其**超過部分無表決權**,並由主管機關命其於**限期內處分**。

2. 未經主管機關核准而持有股份,或未向主管機關申報,或違反規定增加持股,未依主管機關所定期限處分,違反主管機關依所定辦法中有關申報或公告之規定,**違反為質權設定之規定,處新台幣二百萬元以上五千萬元以下罰鍰**。(金融控股公司法第60條)

二、擔保授信之限制及準用（金融控股公司法第44條）

金融控股公司之銀行子公司及保險子公司對下列之人辦理授信時,不得為無擔保授信;為擔保授信時,**準用銀行法第33條規定**:

(一) 該金融控股公司之負責人及大股東。

(二) 該金融控股公司之負責人及大股東為獨資、合夥經營之事業,或擔任負責人之企業,或為代表人之團體。

(三) 有半數以上董事與金融控股公司或其子公司相同之公司。

(四) 該金融控股公司之子公司與該子公司負責人及大股東。

　　金融控股公司之銀行子公司或保險子公司對以上四點所列之人為無擔保授信,或為擔保授信而無十足擔保或其條件優於其他同類授信對象者,其行

為負責人，處三年以下有期徒刑、拘役或科或併科新台幣五百萬元以上二千五百萬元以下罰金。

金融控股公司之銀行子公司或保險子公司對以上四點所列之人辦理擔保授信達主管機關規定金額以上，未經董事會三分之二以上董事之出席及出席董事四分之三以上之同意，或違反主管機關所定有關授信限額、授信總餘額之規定者，其行為負責人，處新台幣二百萬元以上五千萬元以下罰鍰。（金融控股公司法第58條）

銀行對其持有實收資本總額百分之五以上之企業，或本行負責人、職員、或主要股東，或對與本行負責人或辦理授信之職員有利害關係者為擔保授信，應有十足擔保，其條件不得優於其他同類授信對象，如授信達中央主管機關規定金額以上者，並應經三分之二以上董事之出席及出席董事四分之三以上同意。

前項授信限額、授信總餘額、授信條件及同類授信對象，由中央主管機關洽商中央銀行定之。（參照金管會所制定之「銀行法第三十三條授權規定事項辦法」）

三、從事授信以外交易之對象及限制（金融控股公司法第45條第1項）

金融控股公司或其子公司與下列對象為授信以外之交易時，其條件不得優於其他同類對象，並應經公司三分之二以上董事出席及出席董事四分之三以上之決議後為之：

(一) 該金融控股公司與其負責人及大股東。

(二) 該金融控股公司之負責人及大股東為獨資、合夥經營之事業，或擔任負責人之企業，或為代表人之團體。

(三) 該金融控股公司之關係企業與其負責人及大股東。

(四) 該金融控股公司之銀行子公司、保險子公司、證券子公司及該等子公司負責人。

四、授信以外之交易行為（金融控股公司法第45條第2項）

(一) 投資或購買前項各款對象為發行人之有價證券。

(二) 購買前項各款對象之不動產或其他資產。

(三) 出售有價證券、不動產或其他資產予前項各款對象。

(四) 與前項各款對象簽訂給付金錢或提供勞務之契約。

(五) 前項各款對象擔任金融控股公司或其子公司之代理人、經紀人或提供其他收取佣金或費用之服務行為。

(六) 與前項各款對象有利害關係之第三人進行交易或與第三人進行有前項各款對象參與之交易。

前項第(一)款及第(三)款之有價證券，不包括銀行子公司發行之可轉讓定期存單在內。

違反交易條件之限制或董事會之決議方法，處新台幣二百萬元以上五千萬元以下罰鍰。

(七) 對外揭露（金融控股公司法第46條）

金融控股公司所有子公司對下列對象為交易行為合計達一定金額或比率者，應於每營業年度各季終了三十日內，向主管機關申報，並以公告、網際網路或主管機關指定之方式對外揭露：

1. 同一自然人或同一法人。

2. 同一自然人與其配偶、二親等以內之血親，及以本人或配偶為負責人之企業。

3. 同一關係企業。

(八) 交易行為之範圍如下：

1. 授信。

2. 短期票券之保證或背書。

3. 票券或債券之附賣回交易。

4. 投資或購買前項各款對象為發行人之有價證券。

5. 衍生性金融商品交易。

6. 其他經主管機關規定之交易。

第1項所定之一定金額、比率、申報與揭露之內容、格式及其他應遵行事項之辦法，由主管機關定之。

未向主管機關申報或揭露，處新台幣二百萬元以上五千萬元以下罰鍰。

考前焦點速記

1. 銀行轉投資企業，如投資總額達銀行實收資本額20%或**新台幣三億元以上**者，應依據「公開發行公司取得或處分資產要點」及公司自訂之處理程序，於事實發生日起二日內公告，並向金管會辦理申報事宜。

2. 金融控股公司及銀行業應訂定適當之風險管理政策與程序，建立獨立有效風險管理機制，風險管理政策與程序應經董（理）事會通過並適時檢討修訂。

3. 金融控股公司及銀行業為符合法令之遵循，應指定一隸屬於總經理之總行管理單位，負責法令遵循主管制度之規劃、管理及執行，並指派高階主管一人擔任總機構法令遵循主管，綜理法令遵循事務，至少每半年向董（理）事會及監察人（監事、監事會）或審計委員會報告。

4. 金融控股公司各單位及子公司每年至少須辦理一次內部控制制度自行查核，以及每半年至少須辦理一次法令遵循作業自行查核。

5. 金融控股公司之銀行子公司與該金融控股公司與其負責人及大股東為**購買不動產或其他資產之交易**時，其與單一關係人交易金額不得超過銀行子公司淨值之百分之十，與**所有利害關係人之交易總額不得超過銀行子公司淨值之百分之二十**。

6. 金融控股公司設立後，同一人或同一關係人擬單獨、共同或合計持有該金融控股公司已發行有表決權股份總數超過百分之十、百分之二十五或百分之五十者，均應分別事先向主管機關申請核准。

7. 金融控股公司設立後，同一人或同一關係人單獨、共同或合計持有該金融控股公司已發行有表決權股份總數超過百分之五者，應自持有之日起十日內，向主管機關申報；持股超過百分之五後累積增減逾一個百分點者，亦同。

8. 同一人或同一關係人單獨、共同或合計持有同一金融控股公司已發行有表決權股份總數超過百分之五而未超過百分之十者，應自修正施行之日起六個月內向主管機關申報。

精選試題

( )　**1** 依「金融控股公司及銀行業內部控制及稽核制度實施辦法」規定，下列敘述何者錯誤？　(A)銀行之內部控制制度應涵蓋所有營運活動　(B)銀行不論其業務性質及規模，應有一體適用之內部控制制度　(C)銀行應訂定適當之政策及作業程序、相關業務規範及處理手冊　(D)銀行之內部控制制度應適時檢討，必要時應有遵守法令單位、內部稽核單位等相關單位之參與。

( )　**2** 依金融控股公司法規定，持有一銀行、保險公司或證券商已發行有表決權股份總數或資本總額超過多少百分比者，即所謂「控制性持股」？　(A)百分之三　(B)百分之十　(C)百分之十五　(D)百分之二十五。

解答及解析

1 (B)。內部控制制度應涵蓋所有營運活動，並應訂定下列適當之政策及作業程序，且應適時檢討修訂：
一、組織規程或管理章則，應包括訂定明確之組織系統、單位職掌、業務範圍與明確之授權及分層負責辦法。
二、相關業務規範及處理手冊，包括：
(一)投資準則。
(二)客戶資料保密。
(三)利害關係人交易規範。
(四)股權管理。
(五)財務報表編製流程之管理，包括適用國際財務報導準則之管理、會計專業判斷程序、會計政策與估計變動之流程等。
(六)總務、資訊、人事管理（銀行業應含輪調及休假規定）。

(七)對外資訊揭露作業管理。
(八)金融檢查報告之管理。
(九)金融消費者保護之管理。
(十)重大偶發事件之處理機制。
(十一)防制洗錢及打擊資恐機制及相關法令之遵循管理，包括辨識、衡量、監控洗錢及資恐風險之管理機制。
(十二)其他業務之規範及作業程序。
金融控股公司業務規範及處理手冊應另包括子公司之管理及共同行銷管理。

2 (D)。所謂「控制性持股」是指持有一銀行、保險公司或證券商已發行有表決權股份總數或資本總額超過「百分之二十五」或直接、間接選任或指派一銀行、保險公司或證券商「過半數」之董事。

金融控股公司及銀行業內部控制及稽核制度實施辦法

頻出度 **A** 依據出題頻率分為：A頻率高 B頻率中 C頻率低

章前導引
- 內部控制制度之基本目的與制定原則。
- 內部稽核制度之目的與作業程序。
- 內部稽核之主要審查項目。
- 金融控股公司風險管理機制。

章節架構

```
                    ┌─ 目的
        內部控制制度 ─┼─ 作業程序
                    └─ 金融控股公司與銀行業實施原則
  ─┤
                    ┌─ 稽核單位之設置
                    ├─ 稽核人員應具備之條件
        內部稽核 ───┼─ 應辦理事項
                    └─ 應揭露事項
```

重點精華

壹、概說

金融控股公司及銀行業應建立內部控制制度，並確保該制度得以持續有效執行，以健全金融控股公司（含子公司）與銀行業經營。

金融控股公司（含子公司）與銀行業應規劃整體經營策略、風險管理政策與指導準則，並擬定經營計畫、風險管理程序及執行準則。（金融控股公司及銀行業內部控制及稽核制度實施辦法第3條）

法規一點靈

金融控股公司及銀行業內部控制及稽核制度實施辦法

一、內部控制之基本目的 ☆☆☆

在於促進金融控股公司及銀行業健全經營，並應由其董（理）事會、管理階層及所有從業人員共同遵行，以合理確保達成下列目標：

(一) **營運之效果及效率**：營運之效果及效率目標，包括**獲利、績效及保障資產安全**等目標。

(二) **報導具可靠性、及時性、透明性及符合相關規範**：確保對外之財務報表係**依照一般公認會計原則編製，交易經適當核准**等目標。

(三) **相關法令規章之遵循**（第4條）

　　金融控股公司及銀行業之內部控制制度，應經董（理）事會通過，如有董（理）事表示反對意見或保留意見者，應將其意見及理由於董（理）事會議紀錄載明，連同經董（理）事會通過之內部控制制度送各監察人（監事、監事會）或審計委員會；修正時，亦同（第5條）。

二、金融控股公司（含子公司）與銀行業之內部控制制度應包含之原則

(一) **控制環境**：係金融控股公司及銀行業設計及執行內部控制制度之基礎。控制環境包括金融控股公司及銀行業之誠信與道德價值、董（理）事會及監察人（監事、監事會）或審計委員會治理監督責任、組織結構、權責分派、人力資源政策、績效衡量及獎懲等。董事會與經理人應建立內部行為準則，包括訂定董事行為準則、員工行為準則等事項。

(二) **風險評估**：風險評估之先決條件為確立各項目標，並與金融控股公司及銀行業不同層級單位相連結，同時需考慮金融控股公司及銀行業目標之適合性。管理階層應考量金融控股公司及銀行業外部環境與商業模式改變之影響，以及可能發生之舞弊情事。其評估結果，可協助金融控股公司及銀行業及時設計、修正及執行必要之控制作業。

(三) **控制作業**：係指金融控股公司及銀行業依據風險評估結果，採用適當政策與程序之行動，將風險控制在可承受範圍之內。控制作業之執行應包括金融控股公司及銀行業所有層級、業務流程內之各個階段、所有科技環境等範圍、對子公司之監督與管理、適當之職務分工，且管理階層及員工不應擔任責任相衝突之工作。

(四) **資訊與溝通**：係指金融控股公司及銀行業蒐集、產生及使用來自內部與外部之攸關、具品質之資訊，以支持內部控制其他組成要素之持續運作，並

確保資訊在金融控股公司及銀行業內部與外部之間皆能進行有效溝通。內部控制制度須具備產生規劃、執行、監督等所需資訊及提供資訊需求者適時取得資訊之機制，並保有完整之財務、營運及遵循資訊。有效之內部控制制度應建立有效之溝通管道。

(五) **監督作業**：係指金融控股公司及銀行業進行持續性評估、個別評估或兩者併行，以確定內部控制制度之各組成要素是否已經存在及持續運作。持續性評估係指不同層級營運過程中之例行評估；個別評估係由內部稽核人員、監察人（監事、監事會）或審計委員會、董事會等其他人員進行評估。對於所發現之內部控制制度缺失，應向適當層級之管理階層、董事會及監察人（監事、監事會）或審計委員會溝通，並及時改善。

三、內部控制制度之政策及作業程序

(一) 內部控制制度應涵蓋所有營運活動，並應訂定下列適當之政策及作業程序，且應適時檢討修訂：

1. 組織規程或管理章則，應包括訂定明確之組織系統、單位職掌、業務範圍與明確之授權及分層負責辦法。

2. 相關業務規範及處理手冊，包括：
   (1) 投資準則。　　　　　　　　　(2) 客戶資料保密。
   (3) 利害關係人交易規範。　　　　(4) 股權管理。
   (5) 財務報表編製流程之管理，包括適用國際財務報導準則之管理、會計專業判斷程序、會計政策與估計變動之流程等。
   (6) 總務、資訊、人事管理（銀行業應含輪調及休假規定）。
   (7) 對外資訊揭露作業管理。　　　(8) 金融檢查報告之管理。
   (9) 金融消費者保護之管理。　　　(10) 重大偶發事件之處理機制。
   (11) 防制洗錢及打擊資恐機制及相關法令之遵循管理，包括辨識、衡量、監控洗錢及資恐風險之管理機制。
   (12) 其他業務之規範及作業程序。

(二) 金融控股公司業務規範及處理手冊應另包括子公司之管理及共同行銷管理。

(三) 銀行業務規範及處理手冊應另包括出納、存款、匯兌、授信、外匯、新種金融商品及委外作業管理。

(四) 信用合作社業務規範及處理手冊應另包括出納、存款、授信、匯兌及委外作業管理。

(五) 票券商業務規範及處理手冊應另包括票券、債券及新種金融商品等業務。

(六) 信託業作業手冊之範本由信託業商業同業公會訂定，其內容應區分業務作業流程、會計作業流程、電腦作業規範、人事管理制度等項。信託業應參考範本訂定作業手冊，並配合法規、業務項目、作業流程等之變更，定期修訂。

(七) 股票已在證券交易所上市或於證券商營業處所買賣之金融控股公司及銀行業，應將薪資報酬委員會運作之管理納入內部控制制度。

(八) 金融控股公司及銀行業設置審計委員會者，其內部控制制度，應包括審計委員會議事運作之管理。

(九) 金融控股公司及銀行業應於內部控制制度中，訂定對子公司必要之控制作業，其為國外子公司者，並應考量該子公司所在地政府法令之規定及實際營運之性質，督促其子公司建立內部控制制度。

(十) 金融控股公司及銀行業應建立集團整體性防制洗錢及打擊資恐計畫，包括在符合國外分公司（或子公司）當地法令下，以防制洗錢及打擊資恐為目的之集團內資訊分享政策及程序。

(十一) 前十項各種作業及管理規章之訂定、修訂或廢止，必要時應有法令遵循、內部稽核及風險管理單位等相關單位之參與（第8條）。

貳、內部稽核 ☆☆

一、內部稽核制度之目的

協助董（理）事會及管理階層查核及評估內部控制制度是否有效運作，並適時提供改進建議，以合理確保內部控制制度得以持續有效實施及作為檢討修正內部控制制度之依據（第9條）。

(一) 內部稽核單位之設置

1. 金融控股公司及銀行業應設立隸屬董（理）事會之內部稽核單位，以獨立超然之精神，執行稽核業務，並應至少每半年向董（理）事會及監察人（監事、監事會）或審計委員會報告稽核業務。

2. 金融控股公司及銀行業應建立總稽核制，綜理稽核業務。總稽核應具備領導及有效督導稽核工作之能力，其資格應符合各業別負責人應具備資格條

件規定，職位應等同於副總經理，且不得兼任與稽核工作有相互衝突或牽制之職務。

3. 總稽核之聘任、解聘或調職，應經審計委員會全體成員二分之一以上同意及提董（理）事會全體董（理）事三分之二以上之同意，並報請主管機關核准後為之。

4. 前項未經審計委員會全體成員二分之一以上同意者，應於董事會議事錄載明審計委員會之決議，未設審計委員會而設有獨立董事者，如有反對意見或保留意見，亦應於董事會議事錄載明。

5. 內部稽核單位之人事任用、免職、升遷、獎懲、輪調及考核等，應由總稽核簽報，報經董（理）事長（主席）核定後辦理。但涉及其他管理、營業單位人事者，應事先洽商人事單位轉報總經理同意後，再行簽報董（理）事長（主席）核定。

6. 銀行業以外之金融業兼營信託業務者，不適用(一)1～5之規定。

7. 金融控股公司總稽核得視業務需要，調動各子公司之內部稽核人員辦理金融控股公司及其子公司之內部稽核工作，並對確保金融控股公司及其子公司維持適當有效之內部稽核制度負最終之責任（第10條）。

(二) **總稽核職務之解除**

　總稽核有下列情形之一者，主管機關得視情節之輕重，予以糾正、命其限期改善或命令金融控股公司或銀行業解除其總稽核職務：

1. 有事實證明曾有從事不當授信案件或涉及嚴重違反授信原則或與客戶不當資金往來之行為。

2. 濫用職權，有事實證明從事不正當之活動，或意圖為自己或第三人不法之利益，或圖謀損害所屬金融控股公司（含子公司）或銀行業之利益，而為違背其職務之行為，致生損害於所屬金融控股公司及其子公司或銀行業或第三人。

3. 未經主管機關同意，對執行職務無關之人員洩漏、交付或公開金融檢查報告全部或其中任一部分內容。

4. 因所屬金融控股公司（含子公司）或銀行業內部管理不善，發生重大舞弊案件，未通報主管機關。

5. 對所屬金融控股公司（含子公司）或銀行業財務與業務之嚴重缺失，未於內部稽核報告揭露。

6. 辦理內部稽核工作，出具不實內部稽核報告。

7. 因所屬金融控股公司（含子公司）或銀行業配置之內部稽核人員顯有不足或不適任，未能發現財務及業務有嚴重缺失。

8. 未配合主管機關指示事項辦理查核工作或提供相關資料。

9. 其他有損害所屬金融控股公司（含子公司）或銀行業信譽或利益之行為者（第11條）。

(三) **金融控股公司及銀行業內部稽核人員應具備條件**

1. 具有**二年以上之金融檢查經驗**；或大專院校畢業、高等考試或相當於高等考試、國際內部稽核師之考試及格並具有**二年以上之金融業務經驗**；或具有**五年以上之金融業務經驗**。曾任會計師事務所查帳員、電腦公司程式設計師或系統分析師等專業人員二年以上，經施**以三個月以上之金融業務及管理訓練**，視同符合規定，惟其員額不得逾稽核人員總員額之**三分之一**。

2. **最近三年內應無記過以上之不良紀錄**，但其因他人違規或違法所致之連帶處分，已功過相抵者，不在此限。

3. 內部稽核人員充任領隊時，應有**三年以上之稽核或金融檢查經驗，或一年以上之稽核經驗及五年以上之金融業務經驗**（第12條）。

考 **點速攻**

金融控股公司及銀行業應依據投資規模、業務情況（分支機構之多寡及其業務量）、管理需要及其他相關法令之規定，配置適任及適當人數之專任內部稽核人員，以超然獨立、客觀公正之立場，執行其職務。職務代理，應由內部稽核人員互為代理。

考 **點速攻**

金融控股公司及銀行業應隨時檢查內部稽核人員有無違反前二項之規定，如有違反規定者，應於發現之日起二個月內改善，若逾期未予改善，應立即調整其職務。

二、內部稽核人員執行業務應本誠實信用原則，並不得有下列情事：

(一) 明知所屬金融控股公司（含子公司）或銀行業之營運活動、財務報導及相關法令規章遵循情況有直接損害利害關係人之情事，而予以隱飾或作不實、不當之揭露。

(二) 逾越稽核職權範圍以外之行為或有其他不正當情事，對於所取得之資訊，對外洩漏或為己圖利或侵害所屬金融控股公司（含子公司）或銀行業之利益。

(三)因職務上之廢弛，致有損及所屬金融控股公司（含子公司）或銀行業或利害關係人之權益等情事。

(四)對於以前曾服務之部門，於一年內進行稽核作業。

(五)對於以前執行之業務或與自身有利害關係案件未予迴避，而辦理該等案件或業務之稽核工作。

(六)直接或間接提供、承諾、要求或收受所屬金融控股公司（含子公司）或銀行業從業人員或客戶不合理禮物、款待或其他任何形式之不正當利益。

(七)未配合辦理主管機關指示查核事項或提供相關資料。

(八)其他違反法令規章或經主管機關規定不得為之行為（第13條）。

考 點速攻

金融控股公司及銀行業應隨時檢查內部稽核人員有無違反第13條之規定，如有違反規定者，應於發現之日起一個月內調整其職務。

三、內部稽核事項

(一) 內部稽核單位應辦理事項

1. 規劃內部稽核之組織、編制與職掌，並編撰內部稽核工作手冊及工作底稿，其內容至少應包括對內部控制制度各項規定與業務流程進行評估，以判斷現行規定、程序是否已具有適當之內部控制，管理單位與營業單位是否切實執行內部控制及執行內部控制之效益是否合理等，並隨時提出改進意見。

2. 督導業務管理單位訂定自行查核內容與程序，並督導各單位自行查核之執行情形。

3. 擬訂年度稽核計畫，並依子公司或各單位業務風險特性及其內部稽核執行情形，訂定對子公司或各單位之查核計畫（第14條）。

4. 銀行業內部稽核單位對**國內營業、財務、資產保管及資訊單位每年至少應辦理一次一般查核及一次專案查核，對其他管理單位每年至少應辦理一次專案查核；對各種作業中心、國外營業單位及國外子行每年至少辦理一次一般查核**；對國外辦事處之查核方式可以表報稽核替代或彈性調整實地查核頻率。

考 點速攻

金融控股公司及銀行業應督促各單位（金融控股公司含子公司）辦理自行查核，並由內部稽核單位覆核各單位（金融控股公司含子公司）之內部控制制度自行查核報告，併同內部稽核單位所發現之內部控制缺失及異常事項改善情形，以作為董（理）事會、總經理、總稽核及法令遵循主管評估整體內部控制制度有效性及出具內部控制制度聲明書之依據。

5. 銀行業稽核單位應將營業單位辦理信託業務、財富管理及金融商品銷售業務有無不當行銷、商品內容是否充分揭露、相關風險是否充分告知、契約是否公平及其他依法令或自律規範應負之義務之執行情形，併入對營業單位之一般查核或專案查核辦理。

6. 金融控股公司內部稽核單位每年至少應辦理一次一般業務查核；每半年至少應對金融控股公司之財務、風險管理及法令遵循辦理一次專案業務查核；另辦理一般業務查核如已涵蓋專案業務查核之項目及範圍，且查核結果無重大缺失事項並於內部稽核報告敘明者，該半年度得免辦理專案業務查核。

7. 內部稽核單位應將法令遵循主管制度之執行情形，併入對業務及管理單位之一般查核或專案查核辦理。（第15條）

8. 本國銀行得向主管機關申請核准採行風險導向內部稽核制度，如第十六條第二項所列子公司經評估有未予納入該制度實施者，應提供評估文件。主管機關得視銀行之資產規模、業務風險及其他必要情況，請本國銀行申請採行風險導向內部稽核制度。

   本國銀行申請採行風險導向內部稽核制度，應符合下列條件：

   (1)最近一次申報自有資本與風險性資產比率，符合銀行資本適足性及資本等級管理辦法第五條之規定。

   (2)以最近一次金融檢查及最近一期經會計師查核簽證之財務報表為基準，均無備抵呆帳及各項準備提列不足。

   (3)最近一季逾期放款比率未超過百分之一。

   (4)已具備有效之內部控制制度。

   本國銀行經採行風險導向內部稽核制度者，不適用前條第一項及第十六條第二項查核頻率之規定。（第15-1條）

9. 金融控股公司及銀行業應依子公司業務風險特性及其內部稽核執行情形，於年度稽核計畫中訂定對子公司之查核計畫。

10. 金融控股公司及銀行業除銀行業之國外子行及其他經主管機關核准者外，其內部稽核單位應每半年對子公司之財務、風險管理及法令遵循辦理一次專案業務查核，並納入年度稽核計畫。

11. 金融控股公司及銀行業之子公司，應向母公司呈報董（理）事會議紀錄、會計師查核報告、金融檢查機關檢查報告或其他有關資料，已設置內部稽核單位之子公司，並應將稽核計畫、內部稽核報告所提重大缺失事項及改善辦理情形併同陳報，由母公司予以審核，並督導子公司改善辦理。

12. 金融控股公司及銀行業總稽核應定期對子公司內部稽核作業之成效加以考核，經報告董（理）事會考核結果後，將其結果送子公司董（理）事會作為人事考評之依據。（第16條）

(二) **查核應揭露項目**

內部稽核單位辦理一般查核，其內部稽核報告內容應依受檢單位之性質，分別應揭露下列項目：

1. 查核範圍、綜合評述、財務狀況、資本適足性、經營績效、資產品質、股權管理、董（理）事會及審計委員會議事運作之管理、法令遵循、內部控制、利害關係人交易、各項業務作業控制與內部管理、客戶資料保密管理、資訊管理、員工保密教育、消費者及投資人權益保護措施及自行查核辦理情形，並加以評估。

2. 對各單位發生重大違法、缺失或弊端之檢查意見及對失職人員之懲處建議。

3. 金融檢查機關、會計師、內部稽核單位（含母公司內部稽核單位）、自行查核人員所提列檢查意見或查核缺失，及內部控制制度聲明書所列應加強辦理改善事項之未改善情形。（第17條）

4. 金融控股公司及銀行業因內部管理不善、內部控制欠佳、內部稽核制度及法令遵循主管制度未落實、對金融檢查機關檢查意見覆查追蹤之缺失改善辦理情形或內部稽核單位（含母公司內部稽核單位）對查核結果有隱匿未予揭露，而肇致重大弊端時，相關人員應負失職責任。內部稽核人員發現重大弊端或疏失，並使所屬金融控股公司（含子公司）或銀行業免於重大損失，應予獎勵。

5. 金融控股公司及銀行業管理單位及營業單位發生重大缺失或弊端時，內部稽核單位應有懲處建議權，並應於內部稽核報告中充分揭露對重大缺失應負責之失職人員。（第18條）

6. 金融控股公司及銀行業應將內部稽核報告交付監察人（監事、監事會）或審計委員會查閱，除主管機關另有規定外，並於查核結束日起二個月內報主管機關，設有獨立董事者，應一併交付。（第19條）

(三) **稽核人員之在職訓練**

內部稽核單位之稽核人員於充任前均應分別參加主管機關認定機構所舉辦之下列訓練，並取得結業證書：

1. **初任稽核人員應參加稽核人員研習班、電腦稽核研習班或票券稽核研習班六十小時以上課程，並經考試及格且取得結業證書。**

2. 領隊稽核人員應參加領隊稽核研習班十九小時以上課程。

3. 總稽核及正副主管應參加稽核主管研習班十二小時以上課程。

4. 參加主管機關認定機構所舉辦之金融相關業務專業訓練時數不得低於前項應達訓練時數二分之一。

5. 派駐國外或國外營業單位自當地聘任之內部稽核人員，每年在職訓練時數應符合當地法令規定，不適用考點速攻第1.項及(三)4.規定。但當地法令無規定者，應比照本國總行內部稽核單位主管及人員每年在職訓練時數，並得以參加符合當地法令規定所設立之金融專業訓練機構之訓練課程時數進行認定。

6. 金融控股公司及銀行業應每年訂定自行查核訓練計畫，依各單位之業務性質對於自行查核人員應持續施以適當查核訓練。

7. 金融控股公司及銀行業應確認內部稽核人員之資格條件符合本辦法規定，該等確認文件及紀錄應建立專卷留存備查。（第20條）

8. 金融控股公司及銀行業應將內部稽核人員之及服務年資等資料，於每年一月底前依主管機關規定格式以網際網路資訊系統申報主管機關備查。

9. 金融控股公司及銀行業依第(三)8.項規定申報內部稽核人員之基本資料時，應檢查內部稽核人員是否符合金融控股公司及銀行業內部控制及稽核制度實施辦法第12條第2、3項及第20條規定，如有違反者，應於二個月內改善，若逾期未予改善，應立即調整其職務。

(四) 依規定備查

1. 金融控股公司及銀行業應於每會計年度終了前將次一年度稽核計畫及每會計年度終了後二個

考 點速攻

1. 銀行業國外營業單位自當地聘任之內部稽核人員充任前應參加之相關訓練，不適用(三)第1.～3.項規定。但當地主管機關另有規定者，從其規定。

2. 內部稽核人員（含正副主管及總稽核）每年應參加主管機關認定機構所舉辦或稽核人員所屬金融控股公司（含子公司）或銀行業機構（含母公司）自行舉辦之金融相關業務專業訓練，其最低訓練時數，正副主管及總稽核應達二十小時以上，其餘內部稽核人員應達三十小時以上。當年度取得國際內部稽核師證照者，得抵免當年度之訓練時數。

3. 國外營業單位具有業務或交易核准權限之各級主管，得參加國外專業機構舉辦之稽核專業訓練，或取得國外類似測驗證書，以取代第(五)第1項所列條件。

4. 首次擔任國內營業單位之經理，除應符合第(五)1項之規定外，其中符合第(五)2項或第(五)3項者，並應於就任前或就任後半年內參與內部稽核單位之查核實習四次以上，每次查核項目至少乙項，查核實習累計應至少查核

月內將上一年度之年度稽核計畫執行情形，依主管機關規定格式以網際網路資訊系統申報主管機關備查。

2. 金融控股公司及銀行業應於每會計年度終了前，將次一年度稽核計畫以書面交付監察人（監事、監事會）或審計委員會核議，並作成紀錄，如未設審計委員會者，並應先送獨立董事表示意見。年度稽核計畫並應經董（理）事會通過，修正時亦同。

3. 稽核計畫之提交：(1)計畫編列說明、(2)年度稽核重點項目、(3)計畫受檢單位、查核性質（一般檢查或專案檢查）、(4)查核頻次與主管機關規定是否相符等，如查核性質屬專案檢查者，應註明專案查核範圍。（第22條）

四項以上，並應撰寫實習查核心得報告，呈報總稽核核可後，由總稽核出具證明書併同留卷備查。

5. 外國銀行在臺分行具有業務或交易核准權限之各級主管，業完成外國銀行對該分行要求之內部稽核所提供之訓練者，如其訓練課程有不低於第1項之條件，得不適用本條之規定。

4. 金融控股公司及銀行業應於每會計年度終了後五個月內將上一年度內部控制制度缺失與異常事項及其改善情形，依主管機關規定格式以網際網路資訊系統申報主管機關備查。（第23條）

(五) **銀行業具有業務或交易核准權限之各級主管，應於就任前具備之條件：**

1. 曾擔任內部稽核單位之稽核人員實際辦理內部稽核工作一年以上者。

2. 參加主管機關認定機構所舉辦之稽核人員研習班或電腦稽核研習班，經前述訓練機構考試及格且取得結業證書。

3. 取得主管機關認定機構舉辦之銀行內部控制與內部稽核測驗考試合格證書，測驗內容應比照前款研習與考試內容。（第24條）

參、自行查核檢查及內部控制制度聲明書 ☆

一、內部控制制度

(一) 銀行業應建立自行查核制度。各營業、財務、資產保管、資訊單位及國外營業單位應每半年至少辦理一次一般自行查核，每月至少辦理一次專案自行查核。但已辦理一般自行查核、內部稽核單位（含母公司內部稽核單位）已辦理一般業務查核、金融檢查機關已辦理一般業務檢查或法令遵循事項自行評估之月份，該月得免辦理專案自行查核。

(二) 自行查核報告應作成工作底稿，併同自行查核報告及相關資料至少留存五年備查（第25條）。

(三) 內部稽核單位對金融檢查機關、會計師、內部稽核單位（含母公司內部稽核單位）與內部單位自行查核所提列檢查意見或查核缺失及內部控制制度聲明書所列應加強辦理改善事項，應持續追蹤覆查，並將其追蹤考核改善情形，以書面提報董（理）事會及交付監察人（監事、監事會）或審計委員會，並列為對各單位獎懲及績效考核之重要項目。

(四) 金融控股公司及銀行業稽核工作考核要點，由主管機關定之（第26條）。

(五) 金融控股公司及銀行業總經理應督導各單位（金融控股公司含子公司）審慎評估及檢討內部控制制度執行情形，由董（理）事長（主席）、總經理、總稽核及總機構法令遵循主管聯名出具內部控制制度聲明書（附表），並提報董（理）事會通過，於每會計年度終了後三個月內將內部控制制度聲明書內容揭露於金融控股公司及銀行業網站，並於主管機關指定網站辦理公告申報。

(六) 第(五)項內部控制制度聲明書應依規定刊登於年報、股票公開發行說明書及公開說明書。

(七) 第(五)項規定對於經主管機關依法接管之銀行業，不適用之（第27條）。

二、會計師對銀行業之查核

(一) 銀行業年度財務報表由會計師辦理查核簽證時，應委託會計師辦理內部控制制度之查核，並對銀行業申報主管機關表報資料正確性、內部控制制度及法令遵循主管制度執行情形、備抵呆帳提列政策之妥適性表示意見。

(二) 會計師之查核費用由銀行業與會計師自行議定，並由銀行業負擔會計師之查核費用。

(三) 第(一)項規定對於經主管機關依法接管之銀行業，不適用之（第28條）。

(四) 主管機關於必要時，得邀集銀行業及其委託之會計師就前條委託辦理查核相關事宜進行討論，主管機關若發現銀行業委託之會計師有未足以勝任委託查核工作之情事者，得令銀行業更換委託查核會計師重新辦理查核工作（第29條）。

三、會計師之查核

(一) 會計師辦理第28條規定之查核時，若遇受查銀行業有下列情況應立即通報主管機關：

1. 查核過程中，未提供會計師所需要之報表、憑證、帳冊及會議紀錄或對會計師之詢問事項拒絕提出說明，或受其他客觀環境限制，致使會計師無法繼續辦理查核工作。

2. 在會計或其他紀錄有虛偽、造假或缺漏，情節重大者。

3. 資產不足以抵償負債或財務狀況顯著惡化。

4. 有證據顯示交易對淨資產有重大減損之虞。

(二) 受查銀行業有第(一)項第2款至第4款情事者，會計師並應就查核結果先行向主管機關提出摘要報告（第30條）。

(三) 銀行業委託會計師辦理第28條規定之查核，應於每年四月底前出具上一年度會計師查核報告報主管機關備查，其查核報告至少應說明查核之範圍、依據、查核程序及查核結果。

(四) 信用合作社依第(三)項規定辦理時，應由直轄市政府財政局或縣（市）政府申報轉呈。

(五) 主管機關對於查核報告之內容提出詢問時，會計師應詳實提供相關資料與說明。（第31條）

四、法令遵循制度

金融控股公司及銀行業、國內外營業單位、資訊單位、財務保管單位及其他管理單位應指派人員擔任法令遵循主管，負責執行法令遵循事宜。（第32條）

金融控股公司及銀行業內部控制及稽核制度實施辦法第32條於民國107年3月31日修正施行，修法重點如下：

(一) **增加法遵主管設置的門檻**：法令遵循單位及總機構法令遵循主管之設置，規定如下：

1. 銀行業前一年度經會計師查核簽證之資產總額達新台幣一兆元以上者，應設置專責之法令遵循單位，得兼辦防制洗錢及打擊資恐相關事

 點速攻

銀行業設有國外分支機構者，法令遵循單位應督導國外分支機構遵守其所在地國家之法令。

法令遵循自行評估作業，每半年至少須辦理一次，其辦理結果應送法令遵循單位備查。各單位辦理自行評估作業，應由該單位主管指定專人辦理。

自行評估工作底稿及資料應至少保存五年。

項。但不得兼辦與法令遵循制度之規劃、管理及執行無關之法務或其他與職務有利益衝突之業務。其總機構法令遵循主管，得兼任防制洗錢及打擊資恐專責單位主管。但不得兼任法務單位主管或內部其他職務。

2. 金融控股公司及不適用前款規定之銀行業，其總機構法令遵循主管除兼任法務單位主管與防制洗錢及打擊資恐專責單位主管外，不得兼任內部其他職務。但主管機關對信用合作社及票券金融公司另有規定者，依其規定。

(二) **提升法遵主管之實際地位**：融控股公司及銀行機構之總機構法令遵循主管，職位應等同於副總經理。

(三) **增加專任職位之要求**：金融控股公司及銀行業總機構法令遵循單位、國內外營業單位、資訊單位、財務保管單位及其他管理單位應指派人員擔任法令遵循主管，負責執行法令遵循事宜。國外營業單位法令遵循主管之設置應符合當地法令規定及當地主管機關之要求，除有下列情事者外，應為專任：

1. 兼任防制洗錢及打擊資恐主管。
2. 依當地法令明定得兼任無職務衝突之其他職務。
3. 當地法令未明確規定，於與當地主管機關溝通並確認後，報經主管機關備查者，得兼任無職務衝突之其他職務。

(四) **法令遵循單位應辦理事項**

1. 建立清楚適當之法令規章傳達、諮詢、協調與溝通系統。
2. 確認各項作業及管理規章均配合相關法規適時更新，使各項營運活動符合法令規定。
3. 於銀行業推出各項新商品、服務及向主管機關申請開辦新種業務前，法令遵循主管應出具符合法令及內部規範之意見並簽署負責。
4. 訂定法令遵循之評估內容與程序，及督導各單位定期自行評估執行情形，並對各單位法令遵循自行評估作業成效加以考核，經簽報總經理後，作為單位考評之參考依據。
5. 對各單位人員施以適當合宜之法規訓練（第34條）。
6. 內部稽核單位得自行訂定所屬單位法令遵循之評估內容與程序，及自行評估所屬單位法令遵循執行，不適用第(一)4項規定。

(五) **風險管理機制**

　　金融控股公司之風險控管機制應包括下列事項：

1. 依金融控股公司及其子公司業務規模、信用風險、市場風險與作業風險狀況及未來營運趨勢，監控金融控股公司及其子公司資本適足性。

2. 訂定適當之長短期資金調度原則及管理規範，建立衡量及監控金融控股公司及其子公司流動性部位之管理機制，以衡量、監督、控管金融控股公司及其子公司之流動性風險。

3. 訂定金融控股公司及其子公司整體性之防制洗錢與打擊資助恐怖主義計畫，包括以防制洗錢與打擊資助恐怖主義為目的之集團內資訊分享政策與程序。

4. 考量金融控股公司整體曝險、自有資本及負債特性進行各項投資配置，建立各項投資風險之管理。

5. 建立金融控股公司及其各子公司一致性資產品質及分類之評估方法，計算及控管金融控股公司及其子公司之大額曝險，並定期檢視，覈實提列備抵損失或準備。

6. 對金融控股公司與其子公司及各子公司間業務或交易、資訊交互運用等建立資訊安全防護機制及緊急應變計畫（第37條）。

(六) **銀行業之風險控管機制五原則**

1. 應依其業務規模、信用風險、市場風險與作業風險狀況及未來營運趨勢，監控資本適足性。

2. 應建立衡量及監控流動性部位之管理機制，以衡量、監督、控管流動性風險。

3. 應建立辨識、衡量與監控洗錢及資助恐怖主義風險之管理機制，及遵循防制洗錢相關法令之標準作業程序，以降低其洗錢及資助恐怖主義風險。

4. 應考量整體暴險、自有資本及負債特性進行各項資產配置，建立各項業務風險之管理。

5. 應建立資產品質及分類之評估方法，計算及控管大額曝險，並定期檢視，覈實提列備抵損失。

6. 應對業務或交易、資訊交互運用等建立資訊安全防護機制及緊急應變計畫（第38條）。

肆、銀行稽核工作考核要點

為提升銀行內部稽核效能，爰依據「金融控股公司及銀行業內部控制及稽核制度實施辦法」第26條第2項訂定本要點。

一、考核方式及頻率

(一) 以實地查核為主，另參考單一申報窗口內部稽核陳報事項之審核情形。

(二) 原則每二年辦理一次。

(三) 由主管機關成立內部稽核考核審查小組，就全體銀行考核項目之標準及一致性，辦理審查及調整。

二、考核項目

(一) **內部稽核組織與制度**

　1. **人力配置及專業度**：內部稽核單位人力及人員資格及訓練。

　2. **獨立性**：

　　(1)稽核人力之獨立性。

　　(2)內部稽核單位之運作。

　3. **內部呈報機制**：內部稽核報告交付及稽核業務報告之完整性。

(二) **內部稽核查核工作**

　1. **查核範圍及深度**：

　　(1)內部稽核工作手冊之完整性。

　　(2)內部稽核查核頻率及稽核工作執行情形。

　2. **報告揭露之完整性**：

　　(1)內部稽核報告內容及稽核軌跡留存之妥適性。

　　(2)對主管機關要求查核事項之執行。

　　(3)自行查核督導。

(三) **稽核管理**

　1. **對子公司督導**：對子公司內部稽核追蹤及考核。

　2. **缺失追蹤**：

　　(1)內部稽核單位對金融檢查機關等單位所提缺失事項之追蹤覆查。

　　(2)內部稽核單位對各單位績效考核。

　　(3)內部稽核資料之申報作業。

　3. **通報機制**：涉嫌舞弊案件或重大偶發事件之通報及後續處理情形。

(四) **其他事項**

　　1. 對內部控制提供意見經採納。

　　2. 配合主管機關檢查提供資料並主動積極溝通。

(五) **重大及期後事項**

　　有前列考核項目以外或檢查後發生之重大事項，足以影響內部稽核執行成效之情事，將視情節輕重予以扣分。

三、評分標準

考核項目依重要性不同配分，各款評分係以基本分依情節加（扣）零點五分至一分。

四、考核結果之處理

(一) 邀集銀行舉辦內部稽核座談會，宣達考核結果。

(二) 考核結果為優良或有特殊稽核工作優良事蹟者，除適時予以表揚、請其分享經驗外，並得另請銀行對內部稽核單位有功人員予以獎勵。

(三) 考核結果欠佳者，若檢查缺失仍有多項迄未改善，將約見銀行董事長，請其督導確實改善並評估總稽核適任性。

(四) 考核結果作為主管機關調整檢查週期或金融監理之參考依據。

伍、銀行業公司治理實務守則 ☆

中華民國銀行商業同業公會全國聯合會為建立銀行業良好之公司治理制度，並以促進銀行業務之健全發展，特訂定本守則。銀行業關於公司治理制度之建立，應依本守則辦理。

一、原則

銀行業建立公司治理制度，除重視資本適足性、資產品質、經營管理能力、獲利能力、資產流動性及風險敏感性外，應遵守下列原則：

(一) 遵循法令並健全內部管理。　　　(二) 保障股東權益。

(三) 強化董事會職能。　　　　　　(四) 發揮監察人功能。

(五) 尊重利益相關者權益。　　　　(六) 提升資訊透明度。

二、遵循法令並健全內部管理

銀行業應建立遵守法令主管制度，指定單位負責該制度之規劃、管理及執行，建立諮詢、協調、溝通系統，對各單位施以法規訓練，並應指派人員擔任遵守法令主管，負責執行法令遵循事宜，以確保遵守法令主管制度之有效運行，並加強自律功能。

(一) **最終責任**

銀行業應建立完備之內部控制制度並有效執行，董事會對於確保建立並維持適當有效之內部控制制度負有最終之責任；高階管理階層應受董事會的指導和監督，並遵循董事會通過的業務策略、風險偏好、薪酬及其他政策，發展足以辨識、衡量、監督及控制銀行風險之程序，訂定適當有效之內部控制制度。高階管理階層的組織、程序及決策應清楚透明，其職位的角色、職權與責任應予明確化。

內部控制制度之訂定或修正應提董事會決議通過；已選任獨立董事之銀行，獨立董事如有反對意見或保留意見，應於董事會議事錄載明；已依證券交易法設置審計委員會者，應經審計委員會全體成員二分之一以上同意，並提董事會決議。

(二) **涵蓋範圍**

銀行業之內部控制制度應涵蓋銀行之營運活動，並就組織規程、公司章則、業務規範及處理手冊訂定適當之政策及作業程序，並應配合法規、業務項目及作業流程等之變更定期檢討修訂，必要時應有遵守法令單位、內部稽核單位等相關單位之參與。

(三) **內部稽核制度**

應評估內部控制制度是否有效運作及衡量營運效率，適時提供改進意見，以確保內部控制制度得以持續有效實施，協助董事會及管理階層確實履行其責任。銀行業應設隸屬董事會之稽核單位，以超然獨立之精神，執行內部稽核業務，並定期向董事會及監察人報告。銀行負責人（董事、監察人）就內部控制制度缺失檢討應定期與內部稽核人員座談並作成紀錄，該座談會議紀錄應提董事會報告。

(四) **審計委員會**

已依證券交易法設置審計委員會之銀行，內部控制制度有效性之考核應經審計委員會全體成員二分之一以上同意，並提董事會決議。

(五) 銀行業應建立自行查核制度、法令遵循制度與風險管理機制及內部稽核制度等內部控制三道防線，並遵循主管機關所訂執行程序，以維持有效適當之內部控制制度運作。

(六) **對股東責任**

銀行業應建立能確保股東對重大事項享有知悉、參與及決定等權利之公司治理制度，以保障股東權益並公平對待所有股東。銀行業應依照公司法及相關法令規定召集股東會，並訂定完備之議事規則（含1.會議通知；2.簽名簿等文件備置；3.確立股東會開會應於適當地點及時間召開之原則；4.股東會主席、列席人員；5.股東會開會過程錄音或錄影之存證；6.股東會召開、議案討論、股東發言、表決、監票及計票方式；7.會議紀錄及簽署事項；8.已公開發行公司應對外公告；9.關係人股東之迴避制度；10.股東會之授權原則；11.會場秩序之維護等）。對於應經由股東會決議之事項，須按議事規則確實執行。

(七) **股東會議題及程序**

股東會應就各議題之進行酌予合理之討論時間，並給予股東適當之發言機會。董事會所召集之股東會，董事長宜親自主持，且宜有董事會過半數董事，出席董事之成員，如就已選任獨立董事之銀行業，必須含至少一席獨立董事，如仍保有選任監察人之銀行業，則須含至少一席監察人，如有成立各類功能性委員會之銀行業，其各類功能性委員會成員也須至少一人代表出席，並將出席情形記載於股東會議紀錄。

(八) **股東會之召開**

銀行業應透過各種方式及途徑，並充分採用科技化之訊息揭露與投票方式，藉以提高股東出席股東會之比率，暨確保股東依法得於股東會行使其股東權。

(九) **股東會議事錄之記載**

股東對議案無異議部分，應記載「經主席徵詢全體出席股東無異議照案通過」，股東對議案有異議部分，應載明採票決方式及通過表決權數與權數比例。董事、監察人之選舉，應載明採票決方式及當選董事、監察人之當選權數。股東會議事錄在公司存續期間應永久妥善保存，並宜在公司網站上揭露。

(十)　**股東會議權益之保護**

為保障多數股東權益，遇有主席違反議事規則宣布散會者，出席股東得以出席股東表決權過半數之同意推選一人為主席，繼續開會。

(十一)　**資訊公告**

銀行業應重視股東知的權利，並確實遵守資訊公開之相關規定，將銀行財務、業務及內部人之持股情形，利用公開資訊觀測站之資訊系統或利用銀行之網站提供訊息予股東。

(十二)　**捐贈揭露**

對於捐贈應制訂相關內部規範送董事會決議，並將對政黨、利害關係人及公益團體所為之捐贈情形對外公開揭露。

三、股東會權益

(一)　**股東應有分享盈餘之權利**

1. 為確保股東之投資權益，股東會得選任檢查人查核董事會造具之表冊、監察人之報告，並決議盈餘分派或虧損撥補。
2. 董事會、監察人及經理人對於檢查人之查核應充分配合，不得拒絕、妨礙或規避。

(二)　**業外投資之提報**

銀行業從事業務以外之取得或處分資產等重大財務業務行為，應依相關法令規定訂定相關作業程序提報股東會，以維護股東權益。銀行業於執行投資時，宜考量被投資標的發行公司之公司治理情形，以為投資參考之規範。

(三)　銀行業之股東會、董事會決議違反法令或銀行章程，或其董事、監察人、經理人執行職務時違反法令或銀行章程之規定，致股東權益受損者，對於股東依法提起訴訟情事，銀行應客觀妥適處理。

(四)　對銀行業有控制能力之法人股東，應遵守事項：

1. 對其他股東應負有誠信義務，不得直接或間接使銀行為不合營業常規或其他不利益之經營。
2. 其代表人應遵循銀行業所訂定行使權利及參與議決之相關規範，於參加股東會時，本於誠信原則及所有股東最大利益，行使其投票權，或於擔任董事、監察人時，能踐行董事、監察人之忠實與注意義務。

3. 對董事及監察人之提名，應遵循相關法令及公司章程規定辦理，不得逾越股東會、董事會之職權範圍。

4. 不得不當干預銀行決策或妨礙經營活動。

5. 不得以不公平競爭之方式限制或妨礙銀行經營。

6. 對於因其當選董事或監察人而指派之法人代表，應符合公司所需之專業資格，不宜任意改派。

四、不當利益之避免

為避免不當利益輸送，致銀行或股東權益受有損害，銀行業與主要股東、投資之企業，或該銀行負責人、職員，或該銀行負責人之利害關係人為不動產交易時，應本於公平、公正、客觀之原則，合乎營業常規。

(一) 銀行業之經理人除法令另有規定外，不應與其關係企業之經理人互為兼任。銀行業負責人之兼任行為及兼職個數應確保本職及兼任職務之有效執行，不得有利益衝突或違反各兼職機構內部控制之情事。銀行業應依據其投資管理需要、風險管理政策，定期對負責人兼任職務之績效予以考核，考核結果作為繼續兼任及酌減兼任職務之重要參考。

1. 董事為自己或他人為屬於銀行營業範圍內之行為，應對股東會說明其行為之重要內容並取得其許可。

2. 銀行業應依照相關法令規範建立健全之財務、業務及會計管理制度。

3. 銀行業得視業務狀況，訂定大額曝險管理制度。

4. 銀行業與其關係企業間有業務往來者，應本於公平合理之原則，就相互間之財務業務相關作業訂定書面規範。對於簽約事項應明確訂定價格條件與支付方式，並杜絕非常規交易情事。

5. 銀行業宜隨時掌握股權比例達百分之一以上或股權比例占前十名之股東名單，但銀行得依其實際控制銀行之持股情形，訂定較低之股份比例。公開發行銀行業應定期揭露持有股份超過百分之十之股東有關質押、增加或減少銀行股份，或發生其他可能引起股份變動之重要事項，俾其他股東進行監督。

(二) 銀行業應建立管理階層發展計畫，董事會並應定期評估該計畫之發展與執行，以確保永續經營。（第23-1條）

五、強化董事會職能

(一) 董事會成員之條件

董事會成員應普遍具備執行職務所必須之知識、技能及素養。為達到銀行業公司治理之理想目標，董事會整體應具備之能力如下：

1. 營運判斷能力。
2. 會計及財務分析能力。
3. 經營管理能力。
4. 危機處理能力。
5. 產業知識。
6. 國際市場觀。
7. 領導能力。
8. 決策能力。

(二) 董事會應認知公司營運所面臨之風險，確認風險管理之有效性，並負風險管理最終責任。

1. 銀行業訂定之風險管理政策與作業程序應經董事會通過並適時檢討修訂。
2. 銀行應設置獨立於業務單位之專責風險控管單位，並定期向董事會提出風險控管報告，若發現重大曝險，危及財務或業務狀況或法令遵循者，應立即採取適當措施，並依內部規定向董事會報告。
3. 股東會選任董事時，應採用累積投票制度或其他章程所訂足以充分反應股東意見之選舉方式。
4. 銀行業之董事選舉，採候選人提名制度者，應載明於章程，股東應就董事候選人名單中選任之。
5. 董事長及總經理不宜由同一人或互為配偶擔任。

(三) 獨立董事席次

1. 公開發行銀行業獨立董事人數不得少於二人，且不得少於董事席次五分之一，由持有已發行股份總數百分之一以上股份之股東、董事會或其他經主管機關規定之方式推薦符合證券主管機關規定資格之自然人，經董事會或其他召集權人召集股東會者審查後，由股東會選舉產生。
2. 獨立董事應具備專業知識，其持股及兼職應予限制，除應依相關法令規定辦理外，不宜同時擔任超過四家上市上櫃公司之董事（含獨立董事）或監察人。公開發行銀行業之獨立董事兼任其他公開發行公司獨立董事不得逾三家，但所兼任之公開發行公司為其所屬金融控股公司，視為同一家，不計入兼任家數之計算。銀行業之獨立董事連續任期不宜逾三屆。
3. 獨立董事於執行業務範圍內應保持獨立性，不得與銀行有直接或間接之利害關係。

4. 獨立董事之專業資格、持股與兼職限制、獨立性之認定、提名方式及其他應遵循事項應依證券交易法、公開發行公司獨立董事設置及應遵循事項辦法及其他相關規定辦理。

(四) 銀行業董事會之主要任務

1. 訂定有效及適當之內部控制制度。
2. 選擇及監督經理人。
3. 審閱銀行之管理決策及營運計畫,並監督其執行情形。
4. 審閱銀行之財務目標,並監督其達成情況。
5. 監督銀行之營運結果。
6. 審定經理人及業務人員之績效考核標準及酬金標準,及董事之酬金結構與制度。
7. 監督銀行建立有效之風險管理機制。
8. 監督銀行遵循相關法規。
9. 規劃銀行未來發展方向。
10. 維護銀行形象。
11. 選任會計師等專家。

(五) 應提董事會討論事項

1. 銀行之營運計畫。
2. 年度財務報告及半年度財務報告。
3. 依證券交易法第14-1條規定訂定或修正內部控制制度及內部控制制度有效之考核。
4. 依證券交易法第36-1條規定訂定或修正取得或處分資產、從事衍生性商品交易、資金貸與他人、為他人背書或提供保證之重大財務業務行為之處理程序。
5. 募集、發行或私募具有股權性質之有價證券。
6. 財務、會計、風險管理、法令遵循及內部稽核主管之任免。
7. 經理人及業務人員之績效考核標準及酬金標準,及董事之酬金結構與制度。
8. 對關係人之捐贈或對非關係人之重大捐贈。但因重大天然災害所為急難救助之公益性質捐贈,得提下次董事會追認。
9. 依證券交易法第14-3條、其他依法令或章程規定應由股東會決議或提董事會之事項或主管機關規定之重大事項。

除銀行之營運計畫應提董事會討論事項外，在董事會休會期間，董事會依法令或公司章程規定，授權行使董事會職權者，其授權層級、內容或事項應具體明確，不得概括授權。

銀行業設有獨立董事者，應有至少一席獨立董事親自出席董事會；對於第一項應提董事會決議事項，應有全體獨立董事出席董事會，獨立董事如無法親自出席，應委由其他獨立董事代理出席。獨立董事如有反對或保留意見，應於董事會議事錄載明；如獨立董事不能親自出席董事會表達反對或保留意見者，除有正當理由外，應事先出具書面意見，並載明於董事會議事錄。

六、審計委員會

銀行業應自行擇一設置審計委員會或監察人。

銀行業設置審計委員會者，審計委員會應由全體獨立董事組成，其人數不得少於三人，其中一人為召集人，且至少一人應具備會計或財務專長。

(一) 審計委員會之成立

銀行業設置審計委員會者，下列事項應經審計委員會全體成員二分之一以上同意，並提董事會決議，不適用本守則第34-1條規定：

1. 依證券交易法第14-1條規定訂定或修正內部控制制度。
2. 內部控制制度有效性之考核。
3. 依證券交易法第36-1條規定訂定或修正取得或處分資產、從事衍生性商品交易、資金貸與他人、為他人背書或提供保證之重大財務業務行為之處理程序。
4. 涉及董事自身利害關係之事項。
5. 重大之資產或衍生性商品交易。
6. 重大之資金貸與、背書或提供保證。
7. 募集、發行或私募具有股權性質之有價證券。
8. 簽證會計師之委任、解任或報酬。
9. 財務、會計或內部稽核主管之任免。
10. 年度財務報告及半年度財務報告。
11. 其他銀行業或主管機關規定之重大事項。

前項各款事項除第10款外，如未經審計委員會全體成員二分之一以上同意者，得由全體董事三分之二以上同意行之，不受前項規定之限制，並應於董事會議事錄記載明審計委員會之決議。

審計委員會之議事，應作成議事紀錄，並於會後二十日內分送委員會之各獨立董事成員，並應列入公司重要檔案，於公司存續期間永久妥善保存。

銀行業設置審計委員會者，公司法、證券交易法、其他法令及本守則對於監察人之規定，於審計委員會準用之。

(二) 薪酬委員會

銀行業宜設置薪酬委員會或納入等同功能之其他委員，其主要職責為訂定經理人及業務人員之績效考核標準及酬金標準，及董事之酬金結構與制度，該等委員會成員應有獨立董事之參與，並宜由獨立董事擔任召集人。

銀行業經理人及業務人員之績效考核標準及酬金標準，及董事之酬金結構與制度，應依下列原則訂定之：

1. 應依據未來風險調整後之績效，並配合銀行業長期整體獲利及股東利益訂定績效考核標準及酬金標準或結構與制度。
2. 酬金獎勵制度不應引導董事、經理人及業務人員為追求酬金而從事逾越銀行業風險胃納之行為，並應定期審視酬金獎勵制度與績效表現，以確保其符合銀行業之風險胃納。
3. 酬金支付時間，應配合未來風險調整後之獲利，以避免銀行業於支付酬金後卻蒙受損失之不當情事，酬金獎勵應有顯著比例以遞延或股權相關方式支付。
4. 於評估董事、經理人及業務人員個人對銀行業獲利之貢獻時，應進行銀行業同業之整體分析，以釐清該等獲利是否因其運用銀行業較低資金成本等整體優勢所致，俾有效評估屬於個人之貢獻。
5. 銀行業與其董事、經理人及業務人員之離職金約定應依據已實現之績效予以訂定，以避免短期任職後卻領取大額離職金等不當情事。
6. 銀行業應將前揭訂定績效考核標準及酬金標準或結構與制度之原則、方法及目標對股東充分揭露。

(三) **內部檢舉管道銀行業宜設置並公告內部及外部人員檢舉管道,並建立檢舉人保護制度**

前述制度應訂定相關內部作業程序及納入內部控制制度控管。前項內容至少應涵蓋下列事項:

1. 建立並公告銀行內部檢舉信箱、專線或委託其他外部獨立機構提供檢舉信箱、專線,供銀行內部及外部人員使用。

2. 指派檢舉受理人員或專責單位。

3. 檢舉案件受理、處理過程、處理結果及相關文件製作之紀錄與保存。

4. 檢舉人身分及檢舉內容之保密。

5. 維護檢舉人權益,不因檢舉情事而遭不當處置之措施。對於不具真實姓名及地址、無具體內容之檢舉案件,銀行業得不予處理。檢舉案件經調查發現內容不實且涉及對銀行或銀行人員惡意攻訐者,不適用第二項第五款規定。

(四) **會計師之選任**

銀行業應定期(至少一年一次)評估聘任會計師之獨立性及適任性。如連續七年未更換會計師或其受有處分或有損及獨立性之情事者,應考量有無更換會計師之必要,並將結果提報董事會。

七、董事之自律

董事應秉持高度之自律,對董事會所列議案如涉有董事本身或其代表之法人利害關係,致損及銀行利益之虞時,即應自行迴避,不得加入討論及表決,亦不得代理其他董事行使其表決權。董事間亦應自律,不得不當相互支援。

董事自行迴避事項,宜明訂於董事會議事規範中。

(一) **獨立董事之自律**

銀行業設有獨立董事者,對於證券交易法第十四條之三應提董事會之事項,獨立董事應親自出席,不得委由非獨立董事代理。獨立董事如有反對或保留意見,應於董事會議事錄載明;如獨立董事不能親自出席董事會表達反對或保留意見者,除有正當理由外,應事先出具書面意見,並載明於董事會議事錄。

董事會之議決事項,如有下列情事之一者,除應於會議事錄載明外,並應依證券交易所或櫃檯買賣中心之相關規定辦理公告申報:

1. 獨立董事有反對或保留意見且有紀錄或書面聲明。
2. 設置審計委員會之公司，未經審計委員會通過之事項，如經全體董事三分之二以上同意。

   銀行業召開董事會，得視議案內容通知相關部門非擔任董事之經理人員列席會議，報告目前銀行業務概況及答覆董事提問事項。必要時，亦得邀請會計師、律師或其他專業人士列席會議，以協助董事瞭解銀行現況，作出適當決議。
3. 董事會議事錄須由會議主席和記錄人員簽名或蓋章，於會後二十日內分送各董事及監察人，董事會簽到簿為議事錄之一部分，並應列入銀行重要檔案，在銀行存續期間永久妥善保存。
4. 議事錄之製作、分發及保存，得以電子方式為之。
5. 銀行業應將董事會之開會過程全程錄音或錄影存證，並至少保存五年，其保存得以電子方式為之。

   前項保存期限未屆滿前，發生關於董事會相關議決事項之訴訟時，相關錄音或錄影存證資料應續予保存，不適用前項之規定。

   以視訊會議召開董事會者，其會議錄音、錄影資料為議事錄之一部分，應永久保存。

   董事會之決議違反法令、章程或股東會決議，致銀行受損害時，經表示異議之董事，有紀錄或書面聲明可證者，免其賠償之責任。

(二) **常務董事**

   銀行業得衡酌董事會之規模及需要，依公司法相關規定設置常務董事。設有獨立董事之銀行業，其董事會設有常務董事者，常務董事中獨立董事人數不得少於一人，且不得少於常務董事席次五分之一。

1. 董事會決議如違反法令、章程之規定，經繼續一年以上持之股東或獨立董事請求或監察人通知董事會停止其執行決議行為事項者，董事會成員應儘速妥適處理或停止執行相關決議。董事發現銀行業有受重大損害之虞時，應依前項規定辦理，並立即向審計委員會或審計委員會之獨立董事成員或監察人報告。
2. 銀行業全體董事合計持股比例應符合法令規定，各董事股份轉讓之限制、質權之設定或解除及變動情形均應依相關規定辦理，各項資訊並應充分揭露。

3. 銀行業之董事宜依證券交易所或櫃檯買賣中心規定於新任時或任期中持續參加上市上櫃公司董事、監察人進修推行要點所指定機構舉辦涵蓋公司治理主題相關之財務、風險管理、業務、商務、會計或法務等進修課程，並責成各階層員工加強專業及法律知識。

八、發揮監察人功能

銀行業設置監察人者，應依公司法規定制定公平、公正、公開之監察人選任程序，採用累積投票制度或其他章程所訂足以充分反應股東意見之選舉方式。

銀行業之監察人應符合「銀行負責人應具備資格條件準則」之規定。

(一) 銀行設有監察人者，應就股東或董事推薦之監察人候選人之資格條件、學經歷背景及有無公司法第30條及「銀行負責人應具備資格條件準則」第三條所列情事等事項事先審查暨整體評估後，將審查評估意見，提供股東參考，俾選任適任監察人。

(二) 銀行監察人之配偶、二親等以內之血親或一親等姻親，不得擔任同一銀行之董事、經理人。

(三) 公開發行銀行業除經主管機關核准者外，監察人間或監察人與董事間，應至少一席以上，不得具有配偶或二親等以內之親屬關係之一。

(四) 銀行業宜參考公開發行公司獨立董事設置及應遵循事項辦法有關獨立性之規定，選任適當之監察人，以加強銀行風險管理及財務、營運之控制。

(五) 銀行業設有監察人者，其監察人得隨時調查銀行業務及財務狀況，相關部門應配合提供查核所需之簿冊文件。監察人查核銀行財務、業務時得代表銀行委託律師或會計師審核之，惟銀行應告知相關人員負有保密義務。董事會或經理人應依監察人之請求提交報告，不得以任何理由妨礙、規避或拒絕監察人之檢查行為。監察人履行職責時，銀行業應提供必要之協助，其所需之合理費用應由銀行負擔。

(六) 各監察人分別行使其監察權時，基於銀行及股東權益之整體考量，認有交換意見之必要者，得定期或不定期召開會議。各次會議之議事錄並應永久妥善保管。

(七) 為發揮監察人之監察功能，銀行監察人行使其職權應具獨立性。各監察人分別於不同時間行使其監察權時，相關部門不得要求採取一致性之檢查動作或拒絕再次提供資料。

(八) 銀行業設有監察人者，宜為監察人就其執行業務範圍內依法應負之賠償責任，與保險業訂立責任保險契約。

(九) 銀行業設有監察人者，其監察人宜依證券交易所或櫃檯買賣中心有關規定，於新任時或任期中持續參加上市上櫃公司董事、監察人進修推行要點所指定機構舉辦涵蓋公司治理主題相關之財務、風險管理、業務、商務、會計或法律等進修課程。

(十) 銀行業設有監察人者，應於章程訂明或經股東會議定監察人之報酬。

九、尊重利益相關者權益

(一) 銀行業宜訂定消費者保護方針，內容至少包括事後消費申訴及突發性重大消費事件之處理機制。

(二) 提升資訊透明度
銀行業應建立公開資訊之網路申報作業系統，指定專人負責公司資訊之蒐集及揭露工作，並建立發言人制度，以確保可能影響股東及利益相關者決策之資訊，能夠及時允當揭露。

(三) 1.為提高重大訊息公開之正確性及時效性，銀行業應選派全盤瞭解銀行各項財務、業務或能協調各部門提供相關資料，並能單獨代表銀行對外發言者，擔任銀行發言人及代理發言人。
2.銀行業應設有一人以上之代理發言人，且任一代理發言人於發言人未能執行其發言職務時，應能單獨代理發言人對外發言，但應確認代理順序，以免發生混淆情形。
3.公開發行銀行業召開法人說明會，應依證券交易所或櫃檯買賣中心之規定辦理，並宜以錄音或錄影方式保存，另亦可透過銀行網站或其他適當管道提供查詢。

考前焦點速記

1. 內部稽核報告、工作底稿及相關資料應至少保存**五年**。

2. 金庫內外必須二十四小時全程監控錄影，監視錄影帶應依規定保存**二個月**。

3. 客戶辦理開戶時錄影之影像檔至少應保存六個月。

4. 銀行若接到法院命令扣押客戶之存款時，應依扣押命令辦理，若扣押存款不足額時，應於十日內向法院聲明異議。

5. 內部控制之五大要素包括：(1)控制環境；(2)風險評估；(3)控制作業；(4)資訊與溝通；(5)監督。其中「控制環境」為內部控制系統之基礎。

6. COSO報告內部控制分為八個構成要素：(1)內部環境；(2)目標設定；(3)事件辨識；(4)風險評估；(5)風險因應；(6)控制活動；(7)資訊與溝通；(8)監督。

7. 內部查核分為二種作業，一種是由稽核部門執行的「**內部稽核**」，一種是由各業務單位內部人員交互查核之「**自行查核**」。

8. 「自行查核」是各營業、財務保管及資訊單位就其本身經管之業務範圍及性質，自行指派非經辦各該項業務之人員，去查核其業務操作及經營管理是否遵守法令規章。

9. 信託業有下列情事之一者，應於事實發生之翌日起**二個營業日**內向主管機關申報並登報或依主管機關指定之方式公告：(1)存款不足之退票、拒絕往來或其他喪失債信情事者。(2)因訴訟、非訟、行政處分或行政爭訟事件，對公司財務或業務有重大影響者。(3)有公司法第一八五條第1項規定各款情事之一者。(4)董事長（理事主席）、總經理（局長）或三分之一以上董（理）事發生變動者。(5)簽訂重要契約或改變業務計畫之重要內容。(6)信託財產對信託事務處理之費用，有不能支付之情事者。(7)其他足以影響信託業營運或股東、受益人權益之重大情事者。

10. 法令遵循自行評估作業，**每半年至少須辦理一次**，其辦理結果應送遵守法令單位備查。各單位辦理自行評估作業，應由該單位主管指定專人辦理。自行評估工作底稿及資料應至少保存**五年**。

11. 銀行應於每會計年度終了前，將次一年度稽核計畫及每會計年度終了後**二個月**內，將上一年度之年度稽核計畫執行情形，依主管機關規定格式以網際網路資訊系統申報主管機關備查。

12. 稽核單位對國內營業、財務保管及資訊單位**每年至少應辦理一次一般查核及一次專案查核**，對其他管理單位**每年至少應辦理一次專案查核**；對各種作業中心及國外營業單位**每年至少辦理一次一般查核**，對國外辦事處之查核方式可以表報稽核替代或彈性調整實地查核頻率。

13. 稽核單位應將遵守法令主管制度之執行情形，併入對業務及管理單位之一般查核或專案查核辦理。內部稽核報告、工作底稿及相關資料應至少保存**五年**。

14. 銀行應檢查內部稽核人員是否符合規定，如有違反規定者，應於**二個月內**改善，若逾期未予改善，銀行應立即調整其職務。

15. 內部稽核人員每年應參加主管機關指定機構所舉辦或金融控股公司或稽核人員所屬銀行自行舉辦之金融相關業務專業訓練達**三十小時以上**。正副主管及總稽核應達二十小時以上。當年度取得國際內部稽核師證照者，得抵免當年度之訓練時數。參加主管機關指定機構所舉辦之金融相關業務專業訓練時數不得低於前項應達訓練時數**二分之一**。

16. 各銀行營業、財務保管及資訊單位應每**半年至少辦理一次一般自行查核，每月至少辦理一次專案自行查核**。已辦理一般自行查核、內部稽核單位或金融控股公司內部稽核單位已辦理一般業務查核、金融檢查機關已辦理一般業務檢查或遵守法令事項自行評估之月份，該月得免辦理專案自行查核。

17. 各銀行營業、財務保管及資訊單位辦理自行查核，應由該單位主管指定非原經辦人員辦理並事先保密。自行查核報告應作成工作底稿，併同自行查核報告及相關資料至少留存**五年**。

18. 銀行委託會計師辦理內部控制制度之查核，應於**每年四月底前**出具上一年度會計師查核報告報主管機關備查，其查核報告至少應說明查核之範圍、依據、查核程序及查核結果。

19. 金融控股公司及銀行業應於每會計年度終了後**五個月內**將上一年度內部稽核所見內部控制制度缺失及異常事項改善情形，依主管機關規定格式以網際網路資訊系統申報主管機關備查。

20. 稽核工作手冊（含電腦作業稽核規範）應於**每年三月底前**，配合業務參照上年度修正之有關法令規章及內規增修。

21. 銀行應建立**遵守法令主管制度、風險管理機制、內部稽核制度以及自行查核制度**，以維持有效適當之內部控制制度運作。而**董事會**應負責核准並定期覆核整體經營策略與重大政策。

22. **董事會**對於確保建立並維持適當有效之內部控制制度負有最終之責任。

23. **高階管理階層**應負責執行董事會核定之經營策略與政策，發展足以辨識、衡量、監督及控制銀行風險之程序，訂定適當之內部控制政策及監督其有效性與適切性。

24. 控制活動與職務分工：
    (1) 控制活動應是銀行每日整體營運之一部分。
    (2) 應設立完善之控制架構，及訂定各層級之內控程序。
    (3) 應有適當之職務分工，且管理階層及員工不應擔任責任相互衝突之工作。

25. 各種作業及管理規章之訂定、修訂或廢止，必要時應有**遵守法令單位、內部稽核單位**等相關單位之參與。

26. 銀行應指定一隸屬於**董事會或總經理**之總行管理單位，負責遵守法令主管制度之規劃、管理及執行，並指派高階主管一人擔任總機構遵守法令主管，綜理法令遵循事務，**至少每半年**向董事會及監察人報告。

27. 銀行應設立隸屬**董事會**之內部稽核單位，以獨立超然之精神，執行稽核業務，並應至少每半年向董事會及監察人報告。

28. 銀行應建立**總稽核制**，綜理稽核業務。總稽核應具備領導及有效督導稽核工作之能力，其資格應符合銀行負責人應具備資格條件準則規定，職位應等同於**副總經理**，且不得兼任與稽核工作有相互衝突或牽制之職務。

29. 內部稽核單位之人事任用、免職、升遷、獎懲、輪調及考核等，應由**總稽核**簽報，報經**董事長**核定後辦理。但涉及其他管理、營業單位人事者，應事先洽商人事單位轉報總經理同意後，再行簽報**董事長**核定。

30. 銀行管理單位及營業單位發生重大缺失或弊端時，內部稽核單位應有**懲處建議權**，並應於內部稽核報告中充分揭露對重大缺失應負責之失職人員。

31. 銀行內部稽核人員及遵守法令主管，對內部控制重大缺失或違法違規情事所提改進建議不為管理階層採納，將肇致銀行重大損失者，均應立即作成報告陳核，並通知**監察人**（監事）及通報**主管機關**。

32. 銀行總經理應督導各單位審慎評估及檢討內部控制制度執行情形，由**董（理）事長、總經理、總稽核及總機構遵守法令主管**聯名出具內部控制制度聲明書，並提報董（理）事會通過，於每會計年度終了後四個月內將內部控制制度聲明書內容揭露於銀行網站，並於主管機關指定網站辦理公告申報。內部控制度聲明書應依規定刊登於年報、股票公開發行說明書及公開說明書。

33. 金庫鑰匙、密碼應指定由二人以上分別控管，一人不得開啟，並嚴予保密。

34. **董事會**應該負責核准並定期評估整體營運策略及重要政策，瞭解銀行營運風險，據以訂定銀行可承擔的風險限額。

35. **董事會**必須督導高階管理階層採取必要措施，以辨識、衡量、監視及控管風險；核定銀行組織架構。

36. **董事會**必須督導高階管理階層監控所訂內部控制制度之有效運作。

37. **董事會**應對銀行建立並維持妥適有效的內部控制制度，負最後之責。

38. **高階管理階層**應該負責執行董事會所核准之營運策略及政策。

39. **高階管理階層**應負責研訂作業程序以辨識、衡量、監視及控管風險。

40. **高階管理階層**必須維持權責劃分及報告系統明確之組織架構；確保授權辦法得以有效執行。

41. **高階管理階層**必須制訂妥善之內部控制政策；監控內部控制制度之適足性及有效運作。

精選試題

( )　**1** 依COSO報告之八個構成要素於金融機構之運用，「權利及責任之分派 —— 權責劃分」屬於下列何者之影響因素？
(A)內部環境　　　　　　　　　(B)目標設定
(C)事件辨識　　　　　　　　　(D)監控。

( )　**2** 依「金融控股公司及銀行業內部控制及稽核制度實施辦法」規定，銀行管理單位及營業單位發生重大缺失或弊端時，內部稽核單位應有下列何種權限？
(A)法令解釋權　　　　　　　　(B)懲處權
(C)辯護權　　　　　　　　　　(D)懲處建議權。

( )　**3** 依「銀行稽核工作考核要點」規定，銀行對於涉嫌舞弊案件或重大偶發事件，應於多久期限內，將詳細資料及後續處理情形函報主管機關？
(A)一週　　　　　　　　　　　(B)三週
(C)三週　　　　　　　　　　　(D)四週。

( )　**4** 依「金融控股公司及銀行業內部控制及稽核制度實施辦法」規定，在銀行自行查核制度中，下列何項不符規定？
(A)各銀行資訊單位應每月至少辦理一次專案自行查核
(B)各銀行資訊單位應每年至少辦理一次一般自行查核
(C)各銀行營業及財務保管單位應每月至少辦理一次專案自行查核
(D)各銀行營業及財務保管單位應每半年至少辦理一次一般自行查核。

( )　**5** 依「金融控股公司及銀行業內部控制及稽核制度實施辦法」規定，有關內部控制制度，下列敘述何者錯誤？
(A)應保有適切完整之財務、營運及遵循資訊
(B)內部控制之基本目的在於促進銀行健全經營
(C)應由其董（理）事會、管理階層及所有從業人員共同遵行
(D)董（理）事會應訂定適當之內部控制政策及監督其有效性與適切性。

( )　**6** 銀行每年會計年度終了，應由哪些人員出具內部控制制度聲明書，於提報董（理）事會通過後，揭露於其網站，並辦理公告申報？
(A)董（理）事長（主席）、總經理與監察人
(B)董（理）事長（主席）、監察人、總稽核與總機構法令遵循主管
(C)董（理）事長（主席）、常務董事、總經理與監察人
(D)董（理）事長（主席）、總經理、總稽核與總機構法令遵循主管。

( )　**7** 會計師審查金融機構出具之內部控制制度聲明書所聲明之事項，其審查報告依審查意見分為幾類？　(A)三類　(B)四類　(C)五類 (D)六類。

( )　**8** 下列何者非屬授信「貸後管理」查核缺失事項？　(A)未按照規定期限完成期中覆審報告　(B)擔保品價值貶落，未補足擔保值或部分還款　(C)對大額個人授信戶之期中覆審報告所揭露之信用不良異常訊息，未予瞭解查明處理　(D)中長期授信戶未履行原核貸條件，但已另行取得核准變更條件或作適當處理。

( )　**9** 依主管機關規定，商業銀行投資於每一公司之股票、新股權利證書及債券換股權利證書之股份總額，至多不得超過該公司已發行股份總數之多少？　(A) 3%　(B) 5%　(C) 10%　(D) 15%。

( )　**10** 依銀行法規定，銀行轉投資企業總額，不得超過投資時銀行實收資本總額扣除累積虧損之多少？　(A)百分之五　(B)百分之十 (C)百分之二十五　(D)百分之四十。

( )　**11** 依銀行法規定，甲及其配偶乙持有A銀行已發行有表決權股份總數合計超過多少百分比時，應向主管機關申報？　(A)百分之一 (B)百分之二　(C)百分之三　(D)百分之五。

( )　**12** 依金融控股公司法規定，持有一銀行、保險公司或證券商已發行有表決權股份總數或資本總額至少超過多少百分比時，即屬對該等金融機構有控制性持股？　(A)百分之二十　(B)百分之二十五 (C)百分之四十　(D)百分之五十。

( ) **13** 依金融控股公司法規定，金融控股公司與該金融控股公司之銀行子公司為授信以外之交易時，其條件不得優於其他同類對象，並應經公司多少以上董事出席及出席董事多少以上之決議後為之？ (A)三分之二、四分之三 (B)三分之二、二分之一 (C)二分之一、三分之二 (D)四分之三、三分之二。

( ) **14** 依「銀行業公司治理實務守則」之規定，銀行業之獨立董事係由下列何者選舉符合證券主管機關規定資格之自然人而產生之？ (A)主管機關選任 (B)董事會之董事推選 (C)股東會選舉產生 (D)員工選舉產生。

( ) **15** 依「銀行業公司治理實務守則」之規定，銀行監察人之配偶、二親等以內之血親或一親等姻親，不得擔任同一銀行何項職務？ (A)董事或監察人 (B)稽核人員 (C)會計人員 (D)授信人員。

( ) **16** 依「金融控股公司及銀行業內部控制及稽核制度實施辦法」規定，銀行應指定一專責單位，負責法令遵循主管制度之規劃、管理及執行，該單位應隸屬於下列何者？ (A)股東會 (B)稽核室 (C)監察人會 (D)總經理。

( ) **17** 依「金融控股公司及銀行業內部控制及稽核制度實施辦法」規定，在銀行自行查核制度中，下列何項不符規定？ (A)各銀行資訊單位應每月至少辦理一次專案自行查核 (B)各銀行財務單位應每年至少辦理一次一般自行查核 (C)各銀行營業單位應每月至少辦理一次專案自行查核 (D)各銀行資產保管單位應每半年至少辦理一次一般自行查核。

( ) **18** 依「銀行業公司治理實務守則」規定，有關董事會之敘述，下列何者錯誤？ (A)董事會應確認風險管理之有效性 (B)董事會應負風險管理最終責任 (C)銀行應設置專屬於董事會之風險控管單位 (D)專責風險控管單位若發現重大曝險應向董事會報告。

( ) **19** 依「金融控股公司及銀行業內部控制及稽核制度實施辦法」規定，有關自行查核之實施方式，下列敘述何者錯誤？ (A)銀行各營業單位均應辦理自行查核 (B)資訊單位亦需辦理自行查核 (C)由單位主管指定非原經辦人員辦理 (D)由銀行內部稽核單位負責自行查核作業。

( )　**20** 依「金融控股公司及銀行業內部控制及稽核制度實施辦法」規定，下列何者非屬得對銀行業提列檢查意見或查核缺失之單位或人員？　(A)內部稽核單位　(B)委任之會計師　(C)金融聯合徵信中心　(D)金融檢查機關。

( )　**21** 依「金融控股公司及銀行業內部控制及稽核制度實施辦法」規定，內部稽核單位應獨立於經營管理部門，下列何種情況將損及稽核單位之獨立運作？　(A)稽核單位隸屬於董（理）事會　(B)總稽核之解聘須經全體董（理）事三分之二以上之同意　(C)稽核單位人員之任免由總稽核簽報董（理）事長核定　(D)內部稽核報告須先經總經理審閱。

解答及解析

1 (A)。美國COSO委員會所提出「企業風險管理－整合架構」（COSO ERM）的四大目標－策略、營運、報告、遵循；八大構成要素－內部環境、目標設定、事件辨識、風險評估、風險因應、控制活動、資訊與溝通、監督；風險偏好、風險容忍度等概念。

2 (D)。金融控股公司及銀行業因內部管理不善、內部控制欠佳、內部稽核制度及法令遵循主管制度未落實、對金融檢查機關檢查意見覆查追蹤之缺失改善辦理情形或內部稽核單位（含母公司內部稽核單位）對查核結果有隱匿未予揭露，而肇致重大弊端時，相關人員應負失職責任。內部稽核人員發現重大弊端或疏失，並使所屬金融控股公司（含子公司）或銀行業免於重大損失，應予獎勵。

金融控股公司及銀行業管理單位及營業單位發生重大缺失或弊端時，內部稽核單位應有懲處建議權，並應於內部稽核報告中充分揭露對重大缺失應負責之失職人員。

3 (A)。涉嫌舞弊案件或重大偶發事件，應依法令規定之方式儘速向主管機關報告，並於一週內函報詳細資料或後續處理情形。

4 (B)。各銀行營業、財務保管及資訊單位應每半年至少辦理一次一般自行查核，每月至少辦理一次專案自行查核。

5 (D)。高階管理階層應負責執行董事會核定之經營策略與政策，發展足以辨識、衡量、監督及控制銀行風險之程序，訂定適當之內部控制政策及監督其有效性與適切性。

6 (D)。銀行總經理應督導各單位審慎評估及檢討內部控制制度執行情形,由「董(理)事長、總經理、總稽核及總機構遵守法令主管」聯名出具內部控制制度聲明書(附表),並提報董(理)事會通過,於每會計年度終了後四個月內將內部控制制度聲明書內容揭露於銀行網站,並於主管機關指定網站辦理公告申報。內部控制度聲明書應依規定刊登於年報、股票公開發行說明書及公開說明書。

7 (C)。會計師審查受查公開發行公司內部控制之設計與執行及其所出具之內部控制制度聲明書所聲明之事項,其審查報告依審查意見分為下列五種:

一、無保留意見:當下列條件符合時,會計師應依規定格式出具無保留意見之審查報告:

　(一) 受查公司已針對相關內部控制制度設計及執行之有效性提出聲明。

　(二) 會計師已依本準則之審查準則及審查程序進行審查,並已蒐集到充分、適切之證據,認為受查公司所聲明之內部控制制度,無重大缺失。

　(三) 受查公司之聲明允當。

二、否定意見(一):當下列條件符合時,會計師應依規定格式出具否定意見(一)之審查報告:

　(一) 受查公司已針對相關內部控制制度設計及執行之有效性提出聲明。

　(二) 會計師已依本準則之審查準則及審查程序進行審查,並已蒐集到充分、適切之證據,認為受查公司所聲明之內部控制制度,有重大缺失。

　(三) 受查公司之聲明允當。

三、否定意見(二):當下列條件符合時,會計師應依規定格式出具否定意見(二)之審查報告:

　(一) 受查公司已針對相關內部控制制度設計及執行之有效性提出聲明。

　(二) 會計師已依本準則之審查準則及審查程序進行審查,並已蒐集到充分、適切之證據,認為受查公司所聲明之內部控制制度,有重大缺失。

　(三) 受查公司之聲明未能指出上述重大缺失,其聲明不允當。

四、保留意見:當下列條件符合時,會計師應依規定格式出具保留意見之審查報告:

　(一) 受查公司已針對相關內部控制制度設計及執行之有效性提出聲明。

　(二) 會計師之審查範圍受限,證據不足,致會計師不知受查公司所聲明內部控制制度之某特定部分是否有重大缺失。

(三) 會計師未執行之審查程序，尚未重大到令會計師須對受查公司所聲明之內部控制制度，出具無法表示意見之程度。亦即，會計師所蒐集之證據，就整體而言，係屬充分、適切，惟就該特定部分，則有不足。

五、無法表示意見：當下列條件符合時，會計師應依規定格式出具無法表示意見之審查報告：

(一) 受查公司已針對相關內部控制制度設計及執行之有效性提出聲明。

(二) 會計師審查範圍受限，致證據不足。

(三) 證據不足之程度已重大到使會計師不知受查公司所聲明之內部控制制度是否有重大缺失。亦即，會計師不知受查公司之聲明是否允當。

8 (D)。貸後管理是授信風險管理與內部控制的重要組成部分。為此，國有商業銀行應專門制定貸後管理制度和辦法，加強貸後管理和監控。貸後管理的內容應包括：透過授信信息系統等途徑，動態監控企業所處的經營環境和內部管理情況的變化，包括國家政策變化、行業發展變化、市場或產品生命週期變化、企業主要管理人員行為有無異常或不利變動、企業內部管理是否

出現混亂或不利消息、企業是否涉及大額不利訴訟、企業是否出現重大投資失算等。同時，對企業與銀行交易方面的情況也要動態監控，包括是否發生企業存款持續減少、票據拒付、多頭借貸或騙取貸款、銀行索要的財務報表等資料不能按時報送或迴避與銀行的接觸等。在此基礎上，判斷授信資產的風險狀況，採取相應措施，確保授信資產安全。

9 (B)。商業銀行投資於每一公司之股票、新股權利證書及債券換股權利證書之原始取得成本總餘額，不得超過該公司已發行股份總數之5%。

10 (D)。投資總額不得超過投資時銀行實收資本總額扣除累積虧損之百分之四十，其中投資非金融相關事業之總額不得超過投資時銀行實收資本總額扣除累積虧損之百分之十。

11 (D)。同一人或同一關係人單獨、共同或合計持有同一銀行已發行有表決權股份總數超過百分之五者，自持有之日起十日內，應向主管機關申報。

12 (B)。金控公司是指對一銀行、保險公司或證券商有控制性持股，並依金控法設立之公司（所謂控制性持股，是指持有被投資公司25%以上股權，或實質指派過半數董事而言）。

解答及解析

13 (A)。金融控股公司或其子公司為授信以外之交易時，其條件不得優於其他同類對象，並應經公司三分之二以上董事出席及出席董事四分之三以上之決議後為之。

14 (C)。銀行業得視其經營規模及業務需要，設置適當獨立董事席次，由股東推薦符合證券主管機關規定資格之自然人，由股東會選舉產生。

15 (A)。銀行業監察人之配偶、二親等以內之血親或一等姻親，不得擔任同一銀行之董事、監察人。

16 (D)。金融控股公司及銀行業內部控制及稽核制度實施辦法第32條第1項規定參照。

17 (B)。銀行業內部稽核單位對國內營業、財務、資產保管及資訊單位每年至少應辦理一次一般查核及一次專案查核，對其他管理單位每年至少應辦理一次專案查核；對各種作業中心、國外營業單位及國外子行每年至少辦理一次一般查核；對國外辦事處之查核方式可以表報稽核替代或彈性調整實地查核頻率。

18 (C)。「銀行業公司治理實務守則」第29-1條第3項規定：銀行應設置獨立於業務單位之專責風險控管單位。

19 (D)。銀行業應建立自行查核制度。營業、財務、資產保管、資訊單位及國外營業單位應每半年至少辦理一次一般自行查核，每月至少辦理一次專案自行查核。

20 (C)。內部稽核單位對金融檢查機關、會計師、內部稽核單位（含母公司內部稽核單位）與內部單位自行查核所提列檢查意見或查核缺失及內部控制制度聲明書所列應加強辦理改善事項，應持續追蹤覆查，並將其追蹤考核改善情形，以書面提報董（理）事會及交付監察人（監事、監事會）或審計委員會，並列為對各單位獎懲及績效考核之重要項目。故不包括金融聯合徵信中心。

21 (D)。金融控股公司及銀行業應設立隸屬董（理）事會之內部稽核單位，以獨立超然之精神，執行稽核業務，並應至少每半年向董（理）事會及監察人（監事、監事會）或審計委員會報告稽核業務。

銀行安全管理與實務

頻出度 **B** 依據出題頻率分為：A頻率高 B頻率中 C頻率低

章前導引 安全維護之法規包括「金融機構安全維護管理辦法」、「金融機構安全維護注意要點」、「金融機構安全設施設置基準」、「金融機構自動櫃員機安全防護準則」四項。

章節架構

```
                    ┌─ 營業廳安全維護
                    ├─ 金庫安全維護
        整體安全維護 ─┤
                    ├─ 自動櫃員機安全維護
                    └─ 閉路電視錄影監視系統
    ┤
                    ┌─ 補鈔安全
        安全措施 ────┤─ 運鈔安全
                    └─ 出租保管箱安全維護
```

重點精華

壹、整體安全維護 ☆☆

目前我國金融機構安全維護之依據法規包括「金融機構安全維護管理辦法」、「金融機構安全維護注意要點」、「金融機構安全設施設置基準」、「金融機構自動櫃員機安全防護準則」四項。

主管機關得於維安事故發生日起「一年內」不准該金融機構增設分支機構或新增業務。

一、安全維護作業規範

金融機構辦理安全維護作業，應報經董（理）事會（外國銀行在臺分行得由總行授權人員）通過後實施，並報主管機關備查。修正時，得提報常務董事會通過後實施，再報董事會及主管機關備查。

法規一點靈

金融機構
安全維護
管理辦法

(一) **安全維護作業規範，應載明事項：**
1. 一般安全維護措施。
2. 營業處所、金庫、出租保管箱（室）、自動櫃員機及運鈔業務之安全維護措施。
3. 安全維護督導小組之設置。
4. 影響安全維護重大事件之通報。
5. 金融機構對其營業處所、金庫、出租保管箱（室）、自動櫃員機及運鈔業務等執行安全維護，應依金融機構安全維護管理辦法辦理。
6. 金融機構辦理安全維護，應訂定安全維護作業規範，報經董（理）事會（外國銀行在臺分行得由總行授權人員）通過後實施，並報主管機關備查。修正時，得提報常務董事會通過後實施，再報董事會及主管機關備查。

(二) **安全維護措施**
1. 一般安全維護措施。
2. 營業處所、金庫、出租保管箱（室）、自動櫃員機及運鈔業務之安全維護措施。
3. 安全維護督導小組之設置。
4. 影響安全維護重大事件之通報。

(三) **營業廳安全維護**
1. 營業處所應裝置自動報案、警報系統、保全防護系統、監視錄影系統、消防安全設備及其他必要防護器材，指定專人負責操作、監控。
2. 營業處所應視需要增派（僱）警衛，加強巡邏查察，如有異常徵候，立即採取應變措施，嚴防有危害安全之事故發生。
3. 自動報案系統應直通警察機關或委託之保全業者，並定期查核測試。
4. 保全防護系統應設置多道防線，各防線應裝置妥適之警報感應器材。
5. 報案、警報或保全防護系統應加裝長時效蓄電池或不斷電設備，維持警訊功能正常，並注意該等系統電源開關與線路之隱密及安全性。

6. 監視錄影系統應以彩色為主，攝錄範圍應包括營業廳大門外入口處、騎樓走道、營業廳全部、金庫室及保管箱室內部及其進出口、自動櫃員機及其他重要處所，並注意攝影角度、光源、影像清晰度、時間準點顯示及設備之防潮、防塵、防熱。

7. 監視錄影系統應指定專人負責操作、監控及管理等工作，並設簿登記管制；所錄影像檔案應至少保存二個月（新開戶櫃檯、自動櫃員機及其週遭部分應至少保存六個月），標示錄影日期，並妥適保管備查。影像檔案內容有涉及交易糾紛或民刑事案件者，於案件未結前，應繼續保存。

8. 加強保密及安全維護教育，要求員工對各項作業程序保密。

9. 經常與轄區警分局密切聯繫，定期實施支援演練，並針對缺失，檢討改進。

10. 消防安全設備應依消防法規設置。

11. 營業處所等之使用應符合建築相關法規之規定。

12. 營業處所設置之大額出納櫃檯，應以堅固材質之柵欄或防彈玻璃加以區隔，裝置適當安全設施；現金收付櫃檯高度應適當，並設置自動鎖抽屜，經收現鈔應隨手置入抽屜並上鎖或送回大出納處。

13. 作業部門應嚴格管制非工作人員進入，並於出入口裝置門禁管制設施。

14. 各營業單位於營業時間應僱用駐衛警、保全人員或其他警衛人員專責擔任警戒工作。但有正當理由，且營業單位已建置適當安全維護措施者，得向主管機關申請免適用前項規定。

(四) **金庫安全維護**

1. 電子定時密碼鎖應裝在「金庫門」上，管制開啟時間。

2. 金庫密碼（password）、鑰匙（key）應由2人以上分別控管，單獨一人不得開啟，並予以保密。

3. 監視器應裝設在金庫外。

4. 金庫應設置於符合建築技術規則之建物內。

(五) **自動櫃員機安全維護**

1. 自動櫃員機裝置時，應詳確評估其安全性，慎選設置地點。對非設置於營業處所之行外自動櫃員機，須考量管轄單位是否方便監督管理，並優先選擇有保全設備或有警衛、值勤人員巡守之處所。

2. 自動櫃員機應裝置於明亮處所。

3. 對設置之自動化服務設備，應張貼進行交易應注意事項，設置防盜安全設備、防止他人窺視與使用者得察覺後方情況之設施、照明及必要之防火逃生設備等。

4. 金融機構應督導營業單位，加強派員巡查行內外設置之自動櫃員機使用情形、門禁及相關防護設施。

5. 建立自動櫃員機異常提領監控機制，指定專人負責。如查有異常情形，應儘速採取適當措施，妥善處理。指定專人平日不定時巡查自動櫃員機，防範歹徒之側錄及破壞（假日及非營業時間尤為重要），並予以記錄。

6. 裝置時應詳確評估其安全性，慎選設置地點（防恐）；應設置於明亮處所（防暗），以防歹徒覬覦；應選用堅固材質製作（防軟、防燒切、防震動），加裝不斷電系統（UPS）。

(六) **機體及周遭設備**

1. 自動櫃員機以選購堅固材質製作，並兼具防燒切、防震動等功能者為佳。

2. 於採購時，合約中應特別要求廠商保證沒有植入非法或足以損害正常作業與保密之功能，或於機器上作任何不正當作業之行為，以防惡意破壞。

3. 穿牆式自動櫃員機之置機室宜採用鋼筋混凝土或鋼板結構等堅固防火材質構造，並視需要週延裝設防盜感應系統，以確保機具之安全。

> **考 點速攻**
>
> 自動櫃員機設置時應考量使用人之隱密性，以免客戶之密碼或交易情形為他人窺知，並於適當位置裝置後視鏡，讓使用者得察覺身後動靜；四週並應加裝照明及必要之防火、逃生設施，以增使用客戶之安全。

(七) **自動化服務設備臺數之不准或酌減**

金融機構有下列情形之一者，主管機關得不准或酌減自動化服務設備臺數：

1. 最近一年度營業場所外自動化服務設備設置執行情形欠佳者。

2. 最近一年內自動化服務設備營運狀況、服務品質欠佳者。

3. 最近一年內自動化服務設備有安全維護重大缺失或人員舞弊案件，或有缺失、舞弊而未依規定通報者。

4. 最近一年內有未經核准而擅自設置、遷移或裁撤營業場所外自動化服務設備者。營業場所外自動化服務設備設置之地點有超逾核定業務區域者。

二、金融機構營業場所外自動化服務設備管理辦法

(一) 營業場所外自動化服務設備，指金融機構總分支機構營業場所外具帳務處理功能之自動化服務設備。申請辦法如下：

1. 金融機構設置自動化服務設備，應於每年十一月填具下年度設置之申請書。

2. 當年度擬設置臺數超過原申請臺數時，金融機構得事先填具增加設置申請書，向主管機關提出申請。但一年以一次為限。

3. 主管機關自申請書件送達之次日起十個工作日內，未表示反對者，視為已核准。

4. 當年度未能依第1項或第2項之申請設置完成者，視同放棄。

5. 金融機構遷移或裁撤營業場所外自動化服務設備，應於遷移或裁撤前事先填具申請書向主管機關申請。

(二) 金融機構應於其所設置之自動化服務設備上明顯標示：

1. 金融機構名稱。

2. 所屬營業單位。

3. 緊急連絡電話。

4. 服務項目及服務時間應張貼或於自動化服務設備螢幕顯示進行交易應注意事項。

(三) 金融機構應加強派員巡查行內外自動櫃員機，注意防範歹徒安裝側錄器盜錄客戶金融卡，或破壞自動櫃員機盜取客戶提領之現鈔情形：

1. 各金融機構應督導營業單位，加強派員巡查行內外設置之自動櫃員機使用情形、門禁及相關防護設施。自動櫃員機及門禁遭裝置不明物體或側錄器材，或自動櫃員機無法正常吐鈔及有異常人員出入等情形，應即調閱監視錄影帶等查明客戶金融卡及信用卡資料有否遭盜錄，或有否自動櫃員機吐鈔處異常，致客戶執行提領現鈔交易已扣帳而無法取得款項情形。如經查明疑有客戶金融卡及信用卡資料遭盜錄或自動櫃員機吐鈔異常致客戶提領之現鈔遭盜取情形，應即通報檢調單位或轄區警察機關處理。

2. 對可能被盜錄之金融卡或信用卡資料，屬本行客戶者，應即以電腦控管辦理停卡並通知客戶換卡；屬跨行客戶者，應即通知所屬金融機構及通報財金資訊公司轉知所屬金融機構辦理停卡及換卡作業，以避免客戶金融卡遭偽造盜領。

(四) 加強客戶宣導，正確使用金融卡於自動櫃員機。並注意下列事項：

　1. 金融機構自動櫃員機吐鈔處有遭破壞或黏貼等異常情況，且執行提領現鈔交易已扣帳而無法取得款項，應即通知該自動櫃員機所屬金融機構處理。

　2. 金融卡密碼設定應避免使用生日及身分證號碼等易被猜出之號碼，且金融卡及密碼不可輕易交予或告訴他人。如發現金融卡密碼為他人知悉或金融卡遺失，應即變更密碼或通知所屬金融機構辦理金融卡掛失，以避免存款遭他人盜領。

(五) 金融機構辦理出租保管箱業務安全維護工作應行注意事項：

　1. 加強各項進出管制設（措）施，並於營業時間外裝置定時密碼鎖，以管制人員進出。

　2. 保管箱室上下週邊之外牆應採強化之鋼筋混凝結構建造，有安全顧慮或其接鄰非屬自用行舍者，另應包覆厚鋼板，以防歹徒蓄意破壞侵入。

　3. 保管箱室內除為保護客戶隱私之區域（如整理室）外，應裝設能涵蓋各角落之錄影監視監視系統。並將隱密型攝影機及攝影光源之啟動開關、監視器設於保管箱室外隱密處，按時檢查維護，以期營業時間外仍可藉由在保管箱室外之監視器上觀察保管箱室內部動靜。

　4. 保管箱室應加裝可偵知異物侵入之自動報警、警報系統，或保全防盜系統，並定期檢測，以維系統之正常操作。

　5. 保管箱不得設置於未符合「建築技術規則」規定之建物內（如違章建物），以符安全。於租用之行舍內，原則上不經辦出租保管箱業務。

　6. 保管箱室應備符合消防法規之防火設備（含火警警報系統），並注意檢修電線管路，以防火災發生。

　7. 保管箱室如有淹水顧慮者，應裝置防水匣、抽水機等防、排水及其警報系統設備，並於客戶存放物品時，提醒客戶對怕受潮物品，妥加包裝或做防水、防霉處理，以防發生水災時遭受損失。

　8. 保管箱室可視需要配合保全業者或自行裝設遠程監控系統，俾於發生異狀時，藉視訊傳輸達到監控現場之要求。

　9. 平日應做好敦親睦鄰、守望相助工作，以切實掌握行舍週遭環境變化（尤其空屋、工地、地下停車場、巷道）對行舍之影響，如有安全之虞者應即與附近警政、消防單位保持密切良好連絡，並請警方增加行舍巡邏密度。

10. 加強與委保之保全業者配合連繫，並促其落實機動巡查及異常狀況之通知任務。另保全系統設定後如有異常狀況發生，金融機構被通知配合到現場處置狀況人員應保持警覺性，仔細查勘行舍上下週邊及保管箱室內有無異狀，並查明警訊來源，必要時應通知警察機關協助處理。

11. 落實行舍安全檢查工作。每日下班前，應責由專人仔細觀察是否尚有人員停留或可疑物品留置保管箱室並注意行舍內、外牆、天花板、地板是否有被破壞之跡象，慎防歹徒以逐漸侵蝕方式入侵作案。

貳、閉路電視錄影監視系統 ☆☆

一、自動櫃員機之裝置

自動櫃員機應裝置閉路電視錄影監視系統，影像以彩色為主，並應注意攝影角度、光源、影像清晰度、時間準點顯示，以及設備之防潮、防塵、防熱，以維正常功能。

(一) 有關規定

1. 閉路電視錄影監視系統應考慮裝置於隱密處，以防遭惡意破壞，影響監控作用，並視需要於不同點裝置多組攝影鏡頭，以求同時監控客戶之面貌、動作、機具運作情形，及攝錄各種機器維修、故障排除、鈔匣換裝等人員之動態。

2. 監視系統應指定專人負責操作、監控、管理、換帶等工作，並設簿登記管制，以確保攝錄作業之正常運作。

3. 所錄影像檔案應至少保存二個月，標示錄影日期，並妥適保管備查。影像檔案內容有涉及交易糾紛或民刑事案件者，於案件未結前，應繼續保存。

(二) 補鈔安全

1. 補鈔作業應有兩人以上共同執行，並宜有警衛人員隨行，以策安全。

2. 補鈔只更換鈔匣，不得在現場裝卸現金或點鈔。

3. 自動櫃員機之鈔匣換裝、故障排除、機器維修等過程均應在隱密安全之情況下進行，須嚴密戒備並防止陌生人靠近。

4. 設於營業處所外之自動櫃員機補鈔，其現鈔運送應依有關運鈔規定辦理，並得委由合格且信譽良好之專業運鈔保全業者協助辦理。

(三) 自動化服務設備春節及連續假期應注意事項

1. 金融機構申訴專線應提供二十四小時服務，專人受理申訴事宜。
2. 各自動櫃員機應清楚標示「緊急連絡電話」，俾有效保障消費者權益。
3. 加強自動櫃員機之巡視管理，每日不定期巡查行內外自動櫃員機、門禁及相關防護設施。並不定時進行自動櫃員機反偵測機制，並予以記錄。
4. 於連續放假期間（併同週休二日或補假形成連續放假3日以上），自動櫃員機可用率（指可提供服務且不缺鈔之自動櫃員機佔全部自動櫃員機比率）低於百分之九十五，且未能提供服務之自動櫃員機達5臺以上應依規定通報重大偶發事件。

(四) 運鈔安全維護

1. 嚴選專業合格信譽良好的運鈔保全業者。
2. 限「專業運鈔車」，禁使用普通車輛運鈔。
3. 運鈔人員不得知曉保險櫃的密碼鎖、密碼。
4. 運鈔路線應經常改變，彈性選用，大筆金額時，亦可申請警方護航。
5. 運鈔車非不得已絕不停車，非任務員不得搭乘。

(五) 出租保管箱安全維護

1. 保險箱應設置於符合建築技術規則之建物內。
2. 保險箱應設置於不易積水處，並裝設排水設備、抽水機、防水匣等。
3. 除設立顧客隱私區域（整理室）外，應裝置無死角之監視系統。（財政部86.2.19 台財融字第86605998號令訂定）
4. 加強各項進出管制設（措）施，並於營業時間外裝置定時密碼鎖，以管制人員進出。
5. 保管箱室上下週邊之外牆應採強化之鋼筋混凝結構建造，有安全顧慮或其接鄰非屬自用行舍者，另應包覆厚鋼板，以防歹徒蓄意破壞侵入。
6. 保管箱室內除為保護客戶隱私之區域（如整理室）外，應裝設能涵蓋各角落之錄影監視監視系統。並將隱密型攝影機及攝影光源之啟動開關、監視器設於保管箱室外隱密處，按時檢查維護，以期營業時間外仍可藉由在保管箱室外之監視器上觀察保管箱室內部動靜。
7. 保管箱室應加裝可偵知異物侵入之自動報警、警報系統，或保全防盜系統，並定期檢測，以維系統之正常操作。
8. 保管箱不得設置於未符合「建築技術規則」規定之建物內（如違章建物），以符安全。於租用之行舍內，原則上不經辦出租保管箱業務。

9. 保管箱室應備符合消防法規之防火設備（含火警警報系統），並注意檢修電線管路，以防火災發生。

10. 保管箱室可視需要配合保全業者或自行裝設遠程監控系統，俾於發生異狀時，藉視訊傳輸達到監控現場之要求。

11. 平日應做好敦親睦鄰、守望相助工作，以切實掌握行舍週遭環境變化（尤其空屋、工地、地下停車場、巷道）對行舍之影響，如有安全之虞者應即與附近警政、消防單位保持密切良好連絡，並請警方增加行舍巡邏密度。

12. 加強與委保之保全業者配合連繫，並促其落實機動巡查及異常狀況之通知任務。另保全系統設定後如有異常狀況發生，金融機構被通知配合到現場處置狀況人員應保持警覺性，仔細查勘行舍上下週邊及保管箱室內有無異狀，並查明警訊來源，必要時應通知警察機關協助處理。

13. 檢查是否有人員停留或可疑物品留置保管箱室，並注意行舍內、外牆、天花板、地板是否有被破壞之跡象，慎防歹徒以逐漸侵蝕方式入侵作案。

二、個人資料檔案安全維護

(一) 金融業應指定專人負責管理電腦或自動化設備，並加強安全防護措施。

(二) 金融業保有個人資料檔案，應依相關法令辦理安全維護事項，其安全維護措施並應能達成下列目的：

　1. 電腦或自動化機器設備之操作應確保個人資料能正確、合法之處理。

　2. 電腦或自動化機器設備之管理應防止外界不當侵入。

　3. 程式設計及管理應避免資料遭不當使用。

　4. 檔案管理應防止個人資料遭不當存取。

　5. 媒體保管及移轉應防止個人資料外洩。

　6. 金融業應建立個人資料檔案稽核制度，並得視需要設置稽核人員，定期或不定期稽核個人資料檔案管理情形。

　7. 稽核人員為實施稽核，得調閱有關資料，並請作業人員提供說明。

　8. 金融業對個人資料檔案之主機、週邊設備及相關設施等電腦設備，應加強天然災害及其他意外災害之防護。

　9. 金融業對電腦或自動化設備之操作，應加強管理措施，並應留存操作紀錄。

10. 金融業對電腦程式之新增、更正、刪除應加強管理措施。

11. 金融業對於儲藏個人資料檔案之磁碟、磁帶等媒體，應責成專人管理，並建立備援制度。

12. 金融業處理各項個人資料之建檔、更新、更正或刪除，應由專人管理。
13. 金融業應定期或不定期實施資料安全防護教育訓練及其他必要措施。

考前焦點速記

1. 有線警報按鈕應普遍裝設於營業櫃臺（最好每2人配置一個）。

2. 報警系統每月至少配合警方測試並檢查<u>2次</u>。

3. 報案系統應每月至少查核測試<u>2次</u>。

4. 監視影像檔案應保存<u>2個月</u>，新開戶影像檔應至少保存<u>6個月</u>。

5. 應僱用駐衛保全守衛，主動察覺可疑人事物。

6. 採用彩色監視系統，攝錄範圍達6處以上，ATM影像檔應至少保存<u>6個月</u>。

7. 如金融卡被ATM扣住時，應即通知所屬銀行，並於金融卡取回後，<u>立刻變更密碼</u>。農漁會信用部收現櫃檯之現鈔達一定金額（額度由各農漁會信用部視業務需要自行訂定，惟最高限額不得超過新台幣80萬元），應立即回送大出納保管，並嚴禁將現鈔任意置放於營業櫃檯桌面、周邊，以免引起歹徒覬覦或輕易作案。

8. 主管機關自申請書件送達之次日起<u>7個工作日</u>內，未表示反對者，金融機構即得進行自動櫃員機遷移或裁撤。

9. **金融業個人資料檔案安全維護計畫標準**依據電腦處理個人資料保護法第20條第5項規定訂定之。

10. 金融業對個人資料之輸出入，均應建立識別碼、通行碼之管理制度；對重要之個人資料，並應加設資料存取控制。識別碼及通行碼，應視其需要經常更新。

11. 不論是SSL、SET或Non-SET機制，其安全設計均應具備訊息隱密性、完整性、來源辨識性、不可重複性、無法否認傳送訊息及無法否認接收訊息等六大防護措施。

12. 電子金融交易之風險性：(1)高風險性之交易：係指該訊息執行結果，對客戶權益有重大影響之各類電子轉帳及交易指示，如非同戶名且非約定轉入帳戶之各類電子轉帳及交易指示。(2)低風險性之交易：係指該訊息執行結果之風險性低，如同戶名或約定轉入帳戶，或非約定轉入帳戶小金額之轉帳（以每戶每筆不超過五萬元、每天累計不超過十萬元、每月累計不超過二十萬元為限）之各類電子轉帳及交易指示。

13. 委外內部作業規範應載明下列事項：
    (1) 指定專責單位及其職權規範。
    (2) 委外事項範圍。
    (3) 客戶權益保障之內部作業及程序。
    (4) 風險管理原則及作業程序。
    (5) 內部控制原則及作業程序。
    (6) 其他委外作業事項及程序。

14. 信用卡發卡業務及車輛貸款以外之消費性貸款之行銷作業、應收債權催收作業之委外，應報經主管機關核准辦理。

15. 金融機構作業委外契約（包括複委任契約）至少應載明下列事項：
    (1) 委外事項範圍及受委託機構之權責。
    (2) 金融機構應要求受委託機構配合遵守之法規（包括銀行法、洗錢防制法、電腦處理個人資料保護法及其他法令之規定）。
    (3) 消費者權益保障，包括客戶資料保密及安全措施。
    (4) 受委託機構應依金融機構監督訂定之標準作業程序，執行消費者權益保障、風險管理、內部控制及內部稽核制度。
    (5) 消費者爭端解決機制，包括解決時程、程序及補救措施。
    (6) 受委託機構聘僱人員之管理，包括人員晉用、考核及處分等情事。
    (7) 與受委託機構終止委外契約之重大事由，包括主管機關通知依契約終止或解約之條款。
    (8) 受委託機構就受託事項範圍，同意主管機關及中央銀行得取得相關資料或報告，及進行金融檢查，或得命令其於限期內提供相關資料或報告。
    (9) 受委託機構對外不得以金融機構名義辦理受託處理事項，亦不得進行不實廣告或於辦理貸款行銷作業時向客戶收取任何費用。

(10) 受委託機構對委外事項若有重大異常或缺失應立即通知金融機構。

(11) 其他約定事項。

16. 閉路電視錄影監視系統應以彩色為主，攝錄範圍應包括營業廳大門外入口處、騎樓走道、營業廳全部、金庫室、及保管箱室內部及其進出口、自動付款機及其他重要處所。

17. 設有保全之單位，保全防盜設施應至少有三道防線，第一道防線以各保全標的之門窗為對象，第二道防線以行舍內各空間、金庫外圍死角為對象，第三道防線以金庫室內為對象，嚴防歹徒切鑽侵入金庫室內，上列各防線應責由各保全公司接裝適當警報感應器。

18. 金庫室及保管箱室應裝置自動錄影監視、自動報警、警報或保全防盜系統及自動定時鎖等設施，並強固週邊設備，以確保安全。

19. 應儘量購置專用運鈔車或租用合格保全公司之運鈔車或以普通車輛改裝之運鈔車。

20. 運鈔車保險櫃之密碼鎖、密碼應於出發前由專人設定後通知分行或總行出納人員開啟，並不得讓運鈔人員知悉，以防監守自盜，或歹徒開啟。

21. 一般代用運鈔車至少應備有牢固密碼鐵櫃或防盜運鈔箱、警報揚聲器、自動熄火開關（可直接控制或遙控熄火）、滅火器、通信設備。

22. 運鈔車運行中，非不得已，絕不停車；非工作人員不准搭載，並隨時注意車後是否有人跟蹤及有無故意接近之人、車。

23. 保管箱不得設置於未符合「建築技術規則」規定之建物內（如違章建物），以符安全。

24. 於租用之行舍內，原則上不經辦出租保管箱業務。

25. 自動櫃員機補鈔作業應有兩人以上共同執行，並宜有警衛人員隨行，以策安全。補鈔只更換鈔匣，不得在現場裝卸現金或點鈔。自動櫃員機之鈔匣換裝、故障排除、機器維修等過程均應在隱密安全之情況下進行，須嚴密戒備並防止陌生人靠近。設於營業處所外之自動櫃員機補鈔，其現鈔運送應依有關運鈔規定辦理，並得委由合格且信譽良好之專業運鈔保全業者協助辦理。

26. 報警系統每月至少配合警方測試並檢查二次，其餘各項設施平時應注意保養及維護（修），以發揮良好功能。

27. 閉路電視錄影監視系統應以彩色為主，攝錄範圍應包括營業廳大門外入口處、騎樓走道、營業廳全部、金庫室、及保管箱室內部及其進出口、自動付款機及其他重要處所。錄影帶保存二個月（新開戶櫃檯部分至少保存六個月），並標示錄影帶日期，妥善保存備查。

28. 對自動櫃員機錄影監視系統，應定期**每日**指定人員觀看自動櫃員機之監視錄影帶，以期能及早發現異常狀況及時處理，所錄錄影帶保存期限至少為二個月。為防範金融卡側錄並落實自動櫃員機安全維護管理，自動櫃員機（ATM）及週遭監視之錄影帶應暫行保存**六個月以上**。

精選試題

( )　**1** 依「金融機構安全設施設置基準」，設有保全之單位，保全防盜設施應至少有三道防線，其第三道防線之範圍為何？
(A)各保全標的之門窗　　　　(B)行舍內各空間及金庫外圍死角
(C)金庫室內　　　　　　　　(D)金庫室外。

( )　**2** 自動櫃員機之補鈔作業除應有兩人以上共同執行外，為維護現場補鈔安全，應如何作業？
(A)只更換鈔匣　　　　　　　(B)只裝卸現金
(C)只點鈔　　　　　　　　　(D)同時裝卸現金及點鈔。

( )　**3** 依「金融機構辦理電子銀行業務安全控管作業基準」規定，下列何者非屬電子銀行業務定義之金融機構與客戶間透過各種電子設備及通訊設備進行各項往來交易所涵蓋之範圍？
(A)金融機構櫃臺　　　　　　(B)客戶辦公處所
(C)客戶自己家中　　　　　　(D)客戶朋友家中。

( ) **4** 依「金融機構辦理電子銀行業務安全控管作業基準」規定，有關網際網路之低風險性交易金額之限制，下列敘述何者錯誤？
(A)每戶每筆不超過五萬元
(B)每戶每天累計不超過十萬元
(C)每戶每月累計不超過二十萬元
(D)每戶每半年累計不超過三十萬元。

( ) **5** 依「金融機構安全維護注意要點」規定，有關金融機構運鈔作業，下列敘述何者正確？
(A)可使用普通車輛運鈔
(B)得委由合格保全業運鈔
(C)運鈔路線與時間應固定
(D)車輛運行中得隨時停車察看有無異常狀況。

( ) **6** 依「金融機構辦理出租保管箱業務安全維護工作應行注意事項」，金融機構保管箱處所之安全維護措施，下列敘述何者錯誤？
(A)保管箱室內應裝設能涵蓋整理室之錄影監視系統
(B)應加裝可偵知異物侵入之自動報警警報系統
(C)營業時間外裝置定時密碼鎖
(D)落實行舍安全檢查工作。

( ) **7** 依主管機關規定，金融機構辦理自動櫃員機之內部稽核及自行查核，應指定專人監看錄影帶並作成紀錄，其監看頻率為何？
(A)每日   (B)每三日
(C)每週   (D)每月。

( ) **8** 為防範歹徒偽設自動提款機以盜取客戶金融卡密碼等資料，有關使用自動提款機應注意事項之敘述，下列何者錯誤？
(A)對跨行連線各項環節安全應加強查核
(B)報廢之自動提款機，應予嚴格控管或銷毀
(C)金融卡交易流程控管應列為內部稽核重點項目
(D)加強向客戶宣導，對金融卡及自動提款機之異常情形，應即通報銀行公會處理。

解答及解析

1 (C)。「金融機構安全設施設置基準」第7點規定：設有保全之單位，保全防盜設施應至少有三道防線，第一道防線以各保全標的之門窗為對象，第二道防線以行舍內各空間、金庫外圍死角為對象，第三道防線以金庫室內為對象，嚴防歹徒切鑽侵入金庫室內，上列各防線應責由各保全公司接裝適當警報感應器。故本題答案應選(C)。

2 (A)。自動櫃員機之補鈔作業應有兩人以上共同執行，並宜有警衛人員隨行，以策安全。補鈔只更換鈔匣，不得在現場裝卸現金或點鈔。

3 (A)。本安全控管作業基準所涵蓋之業務範圍係指客戶在自己家中、辦公處所或其他地點透過其電腦系統與金融機構進行各項往來交易。

4 (D)。低風險性之交易：係指該訊息執行結果之風險性低，如同戶名或約定轉入帳戶，或非約定轉入帳戶小金額之轉帳（以每戶每筆不超過五萬元、每天累積不超過十萬元、每月累積不超過二十萬元為限）之各類電子轉帳及交易指示，本安全需求僅規範最低安全需求，亦可採用更嚴謹之高風險性交易的安全需求。

5 (B)。(A)應儘量購置專用運鈔車或租用合格保全公司之運鈔車或以普通車輛改裝之運鈔車。(C)運鈔路線與時間應經常改變，臨時彈性選用，不可固定，並予保密。(D)運鈔車運行中，非不得已，絕不停車；非工作人員不准搭載，並隨時注意車後是否有人跟蹤及有無故意接近之人、車。

6 (A)。保管箱室內除為保護客戶隱私之區域（如整理室）外，應裝設能涵蓋各角落之錄影監視系統。並將隱密型攝影機及攝影光源之啟動開關、監視器設於保管箱室外隱密處，按時檢查維護，以期營業時間外仍可藉由在保管箱室外之監視器上觀察保管箱室內部動靜。

7 (A)。財政部台財融(二)字第0922001796號函：金融機構應指定專人並建立自動櫃員機每日二十四小時監控及不定時作反偵測機制，並予以記錄。指派專人每日監看錄影帶並作成記錄。

8 (D)。財政部台財融(六)字第0916000087號函：客戶使用金融卡於某台自動提款機進行提款、轉帳或查詢交易，如發現明顯異常時，應即刻至另外一台自動提款機上變更密碼，並通知該發生異常情形之自動提款機所屬金融機構。

解答及解析

Chapter 5
營運風險、信用風險與市場紀律

頻出度 **A** 依據出題頻率分為：A頻率高 B頻率中 C頻率低

章前導引
- 巴賽爾資本協定的內容與有效銀行監理之核心原則。
- 金融機構內部控制制度評估之十三項原則。
- 新巴賽爾資本協定的三大支柱。

章節架構

- 巴賽爾資本協定
  - 有效銀行監理之核心原則
  - 金融機構內部控制制度評估之原則
  - 新巴賽爾資本協定
    - 第一級資本
    - 第二級資本
    - 三大支柱
- 信用風險資本計提
  - 標準法
  - 基礎內部評等法
  - 進階內部評等法
- 市場紀律

重點精華

壹、巴賽爾資本協定 ☆

是由國際清算銀行巴賽爾銀行監理委員會所發布的資本協定相關規範所訂定，主要是規範金融機構的信用風險，為全球銀行監理所需遵循的最低共同標準。巴賽爾銀行監理委員會在2001年元月發佈「新巴賽爾資本協定」（The New Basel Capital Accord），主要修訂內容包括：

(一) 信用風險資本的計提，改用外部信用評等結果，以決定適用風險權數大小。
(二) 允許銀行以內部評等模型決定信用風險資本的計提。
(三) 增加營運風險資本的計提。
(四) 增加監理機關覆核程序及市場制約機能，以避免銀行濫用內部模型。

貳、市場紀律

一、有效銀行監理之核心原則

原則一　**目標、獨立性、權力、透明度及合作**：有效的銀行監理體系要求每個參與銀行監理工作之監理機關均應訂定明確的職責及目標。每個監理機關都應具備作業獨立性、透明的程序、良好的治理及充足的資源，並對其職務履行之情形負責。建立合適的銀行監理法律架構亦十分必要，對於銀行設立之審核及持續監理、督促銀行遵循法令及安全穩健經營原則及對監理人員之法律保障，均應立法明訂。各監理機關間資訊分享及資訊保密，亦應妥適規範。

原則二　**許可之業務範圍**：以「銀行」名稱核准設立並接受監理之金融機構，其所准許經營之業務應有明確規範，並從嚴控管「銀行」一詞之使用。

原則三　**設立標準**：核發銀行執照之監理機關，應有權訂定核發標準，並對未符合標準者駁回其設立申請。核發執照之審核過程，至少應就股權結構及銀行治理、董事及高階主管之適格性、策略及營運計畫、內部控制、風險管理及財務預測（含資本組成內容）等項目加以評估。若銀行所有者或母公司為外國銀行，則應徵得其母國監理機關事先同意。

原則四　**重大所有權移轉**：監理機關有權審核及否決銀行透過直接或間接方式移轉重大股權或控制權之申請。

原則五　**重大收購**：監理機關有權依據已制定之審查標準，審核銀行重大購併案或投資案，其中包含境外營運之設立，以確保其附屬機構或組織架構不會為銀行帶來不當之風險或妨礙有效監理。

原則六　**資本適足率**：監理機關應對所有銀行訂定審慎且適當之最低資本適足率規範，該規範應能反映銀行承擔風險程度，並根據吸收損失之能力定義資本組成內容。**國際性銀行之最低資本規範，不應低於「巴賽爾資本協定」所訂標準。**

原則七　**風險管理程序**：監理機關須確認銀行及銀行集團訂定全面性風險管理程序，以辨認、估計、監控或減低所有重大風險，並根據其風險組成評估整體資本適足率。相關程序須與銀行規模及業務複雜度相稱。

原則八　**信用風險**：監理機關須確認銀行就其風險狀況，審慎訂定信用風險管理作業程序，以辨認、衡量及監控信用風險（包括交易對手之風險）；相關作業程序包括對授信及投資案件之品質評估及後續管理。

原則九　**問題資產及損失準備之提列**：銀行監理機關須確認銀行已訂定並遵循適當之方針及作業程序，以管理問題資產及評估放款損失準備提列之適足性。

原則十　**巨額授信限額**：銀行監理機關須確認銀行訂定方針及作業程序，使管理人員能辨認資產組合風險集中情形；監理機關必須制定限額，限制銀行對單一交易對手或關係人集團之授信。

原則十一　**關係人授信**：監理機關為防範關係人授信弊端以及利益衝突，須規定銀行以合於營業常規之條件辦理利害關係公司及個人之授信，並對此類授信進行有效監控，同時採取適當措施以控制或減低風險。關係人授信之沖銷應根據標準之方針及程序辦理。

原則十二　**國家風險與移轉風險**：監理機關須確認銀行訂定適當之方針及作業程序，以辨認、衡量及監控國際性放款及投資業務之國家風險及移轉風險，並提列適當損失準備以因應該項風險。

原則十三　**市場風險**：監理機關須確認銀行建立適當之方針及作業程序，以正確地辨認、衡量及監控市場風險，必要時，銀行監理機關應有權對市場曝險訂定特定限額，及（或）要求計提特定資本。

原則十四　**流動性風險**：監理機關須確認銀行具備考量風險面之流動性管理策略，且有審慎之方針與程序，以辨認、衡量及監控流動性風險，並對銀行流動性進行逐日之管理。監理機關應規定銀行具備緊急因應計畫，以處理流動性之問題。

原則十五	**作業風險**：監理機關須確認銀行具備風險管理方針與作業程序，以辨認、評估、監控或減低營運風險；相關方針與程序應與銀行之規模及複雜度相稱。
原則十六	**銀行帳上之利率風險**：**監理機關須確認銀行能有效辨認、衡量及監控其帳上之利率風險**，包括一套定義明確，由董事會通過、高階主管執行的策略；銀行採行的方法，必須**適合風險的大小及複雜程度**。
原則十七	**內部控制及審計**：監理機關須確認銀行依其業務性質及規模，建立合適之內部控制，其中包括：訂定明確的授權及分層負責、資產負債交易、資金收付及會計處理之職務分工及核對、資產安全維護、適當且具獨立性之內部或外部稽核及內部控制與法規遵循之檢測機制。
原則十八	**金融服務濫用之預防**：監理機關須確認銀行已建立適當之方針、作業規範及程序，其中包括「認識你的客戶」原則，以提升金融體系之職業道德及專業水準，並避免銀行有意或無意地被利用而涉入犯罪活動。
原則十九	**監理方法**：監理機關須定期與銀行管理階層聯繫，並徹底瞭解銀行經營狀況。
原則二十	**監理技術**：有效的銀行監理制度，應同時包括實地檢查及場外監控，並定期與銀行管理階層保持聯繫。
原則二一	**監理報告**：監理機關應分別以單獨與合併基礎，蒐集、審查及分析銀行所申報之報告與統計報表，並透過實地檢查或外部專家，對上述之報表進行獨立檢核。
原則二二	**會計與資訊揭露**：監理機關須確認銀行根據國際通用的會計準則和處理方式，保存適當而完備之記錄，並定期公佈足以公正反映銀行財務狀況和獲利情形之資訊。
原則二三	**監理機關糾正之權限**：監理機關須具備能即時糾正銀行之監理措施，其中應包括在必要的情況下，得逕行或建議撤銷銀行執照。
原則二四	**合併監理**：銀行監理的關鍵內容之一為監理機關對銀行集團進行合併監理。監理機關應對銀行集團於全球之各項業務，實施合併監理及適足之監督，並對其採用適當的管理標準。

| 原則二五 | **母國及地主國關係**：跨國合併監理，需要母國監理機關與其他國家監理機關，特別是地主國監理機關間之合作與資訊交換。監理機關對外國銀行在當地從事業務活動之規範，應與本國銀行相同。 |

二、金融機構內部控制制度評估之十三項原則

(一) 管理階層之監督與控管文化

| 原則一 | **董事會應該負責**：核准並定期評估整體營運策略及重要政策；瞭解銀行營運風險，據以訂定銀行可承擔的風險限額，並督導高階管理階層採取必要措施，以辨識、衡量、監視及控管風險；核定銀行組織架構；以及督導高階管理階層監控所訂內部控制制度之有效運作。董事會應對銀行建立並維持妥適有效的內部控制制度，負最後之責。 |

| 原則二 | **高階管理階層應該負責**：執行董事會所核准之營運策略及政策；研訂作業程序以辨識、衡量、監視及控管風險；維持權責劃分及報告系統明確之組織架構；確保授權辦法得以有效執行；制訂妥善之內部控制政策；監控內部控制制度之適足性及有效運作。 |

| 原則三 | **董事會及高階管理階層應該負責**：提昇全體員工高尚廉潔之道德水準；在組織內建立人人重視內部控制並身體力行之文化；讓全體員工瞭解自己在內部控制作業程序中所擔負的任務，並善盡其責。 |

(二) 風險認知與評估

| 原則四 | 有效的內部控制制度應能確切辨識並持續評估各種有礙銀行目標達成之主要風險。評估之風險應涵蓋合併後的整個銀行組織所面臨的各種風險，包括：信用風險、國家及移轉風險、市場風險、利率風險、流動性風險、作業風險、法律風險及商譽風險等。並對內部控制制度作必要的修正，以適切監控任何新的或先前未控制的風險。 |

(三) 牽制與分工

原則五 內部控制作業係屬銀行日常營運不可分割的一個環節。有效的內部控制制度需要建立一套適切的控制架構，並對各個業務層級訂定控管作業程序，包括：高階主管之覆核工作；由其他不同的部門或科室作適當之業務節制；實體財產（如：現金及有價證券）之控管；曝險限額遵循情形之查核，違規事項改善情形之追蹤；權責劃分制度；以及會計帳目核驗與調節制度。

原則六 有效的內部控制制度必須有適當的分工牽制，及不指派員工擔任有利益衝突或互為牽制之工作。對可能發生利益衝突的地方，應加以辨識，施以縝密且獨立的監控，使其影響減至最低。

(四) 資訊與溝通

原則七 有效的內部控制制度必須能夠充分提供廣泛的內部財務、業務及法規遵循等資訊，以及外部有關決策所需之事件及狀況等市場資訊。資訊必須正確可靠、具時效性、易於取得，並以統一格式為之。

原則八 有效的內部控制制度必須具備足堪信賴且能夠涵蓋全行重要業務之管理資訊系統（包括利用電子工具保存及處理資料者）；且該系統必須安全穩定，由專責單位獨立監控管理，並配置緊急備援措施。

原則九 有效的內部控制制度應建立有效的溝通管道，以確保所有行員充分了解並忠實遵循其職責有關的政策與程序，並將其他相關資訊送交適當人員。

(五) 監控作業與缺失改善

原則十 銀行內部控制的整體有效性，應做持續性的監控。主要風險的監控應為日常營運的一環，由營業單位及內部稽核單位定期辦理評估。

原則十一 內部控制制度應具備周詳有效的內部稽核建置，指派受過精良訓練的適任人員獨立作業。內部稽核在執行內部控制制度的監控工作上，應有直接陳報董事會、或稽核委員會及高階管理階層的職權。

| 原則十二 | 業務單位、內部稽核或其他內部控管人員所發現的內部控制缺失，應及時陳報適當的管理階層並立即採取因應措施。情節重大者，應陳報高階管理階層及董事會。 |

(六) 監理機關對內部控制制度之評估

| 原則十三 | 監理機關應要求所有銀行，不論其規模大小均必須建立適合其資產負債表內、表外業務性質、複雜性及風險性的有效內部控制制度，並隨著經營環境及情勢變化而作調整。監理機關若判定某一定銀行的內部控制制度不足以或未能有效控管風險（例如：未能符合本文所列的各項原則），則應對該行採取適當的導正措施。 |

三、新巴賽爾資本協定（BASEL II）

由國際清算銀行下的巴賽爾銀行監理委員會（BCBS）所促成，內容針對1988年的舊巴賽爾資本協定（Basel I）做了大幅修改，以期標準化國際上的風險控管制度，提升國際金融服務的風險控管能力。

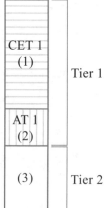

(一) 新巴賽爾資本協定強調的三大支柱

1. **最低資本適足要求**（Minimum Capital Requirements）：資本適足要求（或資本要求）規範了銀行或存款機構如何處理資本。資產及資本的分類高度標準化，如右圖所示：

   (1) **普通股權益資本**（Common Equity Tier 1, CET 1）：由普通股、公積、累積盈餘所組成，對銀行而言是最安全的資本，因為不用像債一般一定要還利息和本金。

   (2) **其他第一類資本**（Additional Tier 1, AT 1）：由永續非累積特別股、無到期日非累積次順位債組成。

   （註：第一類資本，Tier 1=CET 1+AT 1）

   (3) **第二類資本**（Tier 2）：相對上述資金來源，第二類資本對銀行是負擔較大之資金源，由長期次順位債等組成（相較於AT 1是「無到期日」非累積次順位債）。

> **考 點速攻**
>
> 1. 第一級資本比率＝第一級資本／風險加權資產
> 2. 總資本比率（第一＋第二級）＝總資本（第一＋第二級）／風險加權資產

2. 三大支柱

支柱一	最低資本需求	定義資本對風險性資產最低比率（維持在8%）的原則，並將銀行所承受的風險有系統的分為信用風險、市場風險及作業風險。
支柱二	監理審查程序	要求監理機關對銀行資本分配技術與是否符合相關標準進行量化及非量化評估。
支柱三	市場紀律 （公開揭露）	要求銀行揭露其資本比率計算適用範圍、資本內容、風險評估與管理資訊、資本適足比率等四類資訊，透過市場紀律機能來督促銀行穩健經營。

(二) **信用風險資本計提**

1. **標準法**：以擔保品或授信對象所在地是否為OECD會員國來區分風險權數，新協定則改採外部信用評等機構的評等，賦予不同風險權數，而且風險權數等級由原先較簡化的0%、20%、50%、100%四個等級外加一級150%風險權數。

2. **基礎內部評等法VS.進階內部評等法**：基礎內部評等法中，銀行估算每位借款者的違約機率（probability of default，簡稱PD），惟政府機構應提供其它相關資料以協助銀行估算。在進階內部評等法中，銀行可採用內部資料用以估算違約機率。

(三) **監察審理程序**（Supervisory Review Process）
要求監理主管機關對各銀行是否備有完善的資本適足率內部評估程序，兼負監理覆核之責。新版協定十分強調銀行內部資本評估程序管理與發展之重要性，以期銀行面對特定風險時可訂定適當資本適足率。此外，監理主管機關就各銀行資本適足率與內部評估程序是否合宜，亦應審慎考量。

> **考** **點速攻**
>
> 不論基礎內部評等法或進階內部評等法，兩者對風險權數之估算，皆比標準法更具多樣化，亦即風險敏感度更高。新版架構下介紹計算信用風險時所使用更具風險敏感性之標準法或內部評等法，對於抵押、擔保、淨額交易（netting）以及證券化等處理皆有規範。

(四) **市場制約機能，即市場自律（Market Discipline）**

主要目標是透過增加銀行資訊公開性，強化市場自律之機制；因為有效地揭露資訊，可讓市場參與者得以更了解銀行風險全貌與資本適足部位之情況。新版協定對於銀行各項業務的資訊提出揭露要求與建議，包含銀行計算資本適足的方式與其風險評估的方法等。巴賽爾委員會建議規範對象，亦應及於各銀行，對於信用風險內部評等法、降低信用風險技巧以及資產證券化等資訊揭露有所規範。

四、巴賽爾協定III（BASEL III）

(一) 巴賽爾委員會認為，2007年金融危機之發生是因為銀行在資產負債表的表內和表外普遍提高槓桿比率，並且持有流動性較低的資產，而當其資產品質因交易損失或是信用風險的提高而不斷下降時，銀行系統本身就難以應付。不良債權隨著危機之發生而增加，銀行體系想要去槓桿化卻不被投資人抱以希望，不得不依靠政府部門或央行的救助來獲得流動性，以消化過多之不良債權，為了應對在這個危機中顯現出來的系統性風險，委員會希望進一步加強監管的框架，從而使銀行系統更能經受不利的市場環境，避免對世界經濟產生更大的影響。

(二) 巴賽爾協議III著眼於透過設定關於資本充足率、壓力測試、市場流動性風險考量等方面的標準，從而應對在2008年前後的次貸危機中顯現出來金融體系的監管不足。協議強化了資本充足率要求，並新增了關於流動性與槓桿比率的要求。例如，在巴賽爾協議II中，對於信貸和其它信用資產的風險衡量在很大程度上依賴於外部機構（特別是信用評級機構）的評定，而這些機構又是不在被監管的範圍內的。這導致了一些事後得知並不安全的資產（如某些債權抵押證券）在當時被貼上了非常安全的AAA標籤，而這些也對金融危機的產生起了推波助瀾的作用。在巴賽爾協議III中，這些信貸產品的風險衡量則被要求進行更為嚴謹的情境分析。

(三) 2010年9月12日制定，該協議要求銀行的一級資本率在2013年起從現在的4%提高到4.5%，到2019年進一步提高到6%。加上2.5%的銀行資本緩衝，銀行的全部儲備資本比例將達到8.5%。

五、巴賽爾銀行監理委員會發布「銀行法規遵循功能指導原則」

(一) 巴賽爾銀行監理委員會於2003年10月27日發布「銀行法規遵循功能指導原則」諮詢文件，揭示銀行董事會及高階管理人員在法規遵循應負之責任，及法規遵循功能之組織架構、角色、職責及其他相關議題，提供銀行管理法規遵循風險之參考。

(二) 法規遵循功能係指獨立辨識、評估、建議、監督與報告銀行法規遵循風險的功能，其中法規遵循風險係指因違反法律、法規、業務準則及優良實務準則（統稱為法律、法規及準則），而遭致法令或監理機關懲罰、財務損失或聲譽損失之風險。本報告揭示11條銀行法規遵循功能基本指導原則，其重點摘述如下：

1. 銀行董事會應負責監督銀行法規遵循風險管理制度，核准法規遵循政策，及至少每年檢討執行情形。

2. 銀行高階管理人員應負責訂定法規遵循政策，及建立一個長久且有效的法規遵循功能。

3. 銀行法規遵循功能應有正式地位，明訂於規章或其他經董事會核准之正式文件，且獨立於銀行營運活動之外。

4. 銀行法規遵循功能必須辨識、評估及監督銀行所面臨法規遵循風險，並向高階管理人員及董事會建議與報告。

5. 法規遵循主管應負責法規遵循功能之日常管理；法規遵循執行人員應具備必要的資格、經驗、專業與人格特質。

6. 跨國經營業務銀行，應確保銀行整體法規遵循架構已適當因應當地國法規遵循議題。

7. 法規遵循功能的範圍與廣度應接受內部稽核的定期查核；法規遵循功能與內部稽核功能應加以區分。

8. 在法規遵循主管（其應為銀行員工）適當監督下，銀行可將法規遵循部分作業委外辦理。

(三) 我國為督促銀行加強法規遵循風險管理，金融控股公司及銀行業內部控制及稽核制度實施辦法第3條及中華民國銀行商業同業公會全國聯合會發布之「銀行業公司治理實務守則」第3條，均規定銀行應建立遵守法令主管

制度，指定單位負責該制度之規劃、管理及執行，並指派人員擔任遵守法令主管，以確保該制度之有效運作，健全內部管理。此外，財政部亦於90年12月18日核准備查銀行公會所擬之「遵守法令自評檢核表範本」，提供各銀行制訂自評檢核表，以便辦理自行查核之參考。

(四) 金融機構法規遵循功能向為本行監理重點，除實地檢查時加強查核金融機構「遵守法令主管制度」實際執行情形外，本行場外監控之CARSEL報表稽核系統，亦將「法規遵循（R）」列為重點評估項目，以督促銀行確實遵守法令規定，健全經營。

考前焦點速記

1. 商業銀行投資於集中交易市場與店頭市場交易之股票、新股權利證書、固定收益特別股、私募股票、私募公司債、依各國法令規定發行之基金受益憑證、認股權憑證及認購（售）權之原始取得成本總餘額，不得超過該銀行核算基數**百分之二十五**。但其中投資於店頭市場交易之股票與認股權憑證、認購（售）權證及新股權利證書、固定收益特別股、私募股票及私募公司債之原始取得成本總餘額，不得超過該銀行核算基數**百分之五**。

2. 商業銀行投資於無信用評等或信用評等未達主管機關認可之信用評等機構評等達一定等級以上之短期票券（不含國庫券及可轉讓銀行定期存單）、金融債券、公司債、受益證券及資產基礎證券之原始取得成本總餘額，不得超過該銀行核算基數**百分之十**。

3. 商業銀行投資於每一公司之股票、新股權利證書及債券換股權利證書之股份總額，不得超過該公司已發行股份總數**百分之五**。

4. 巴賽爾監理委員會內部控制制度評估原則：內部控制作業係屬銀行日常營運不可分割的一個環節。有效的內部控制制度需要建立一套適切的控制架構，並對各個業務層級訂定控管作業程序，包括：高階主管之覆核；不同部門之業務節制；實體財產之控管；曝險限額遵循之查核；違規事項之追蹤；權責劃分制度；會計帳目之核驗與調節制度。

5. 巴賽爾監理委員會內部控制制度評估原則：監理機關應要求所有銀行，不論其規模大小均必須建立適合其資產負債表內、表外業務性質、複雜性及風險性的有效內部控制制度。

6. 銀行符合下列資格條件者，應於董（理）事會核可辦理本項業務（外國銀行在華分行可由總行授權人員），檢具經營政策與作業準則申報主管機關，主管機關於**十五日**內未表示不同意者，視為同意辦理本項業務。
   (1) 自有資本與風險性資產比率達**百分之八**以上。
   (2) 最近六個月未受銀行法第61-1條第1項第2款至第5款處分者。

7. 信用風險：係指交易之一方因無法履行交易契約義務，而導致另一方發生損失之風險。信用風險之衡量通常以「**重置成本**」來預測，並以收受抵押品或保證金來降低風險。

8. 市場風險：或稱價格風險，係指標的資產之市場價格發生變動，造成衍生性金融商品市價變動之風險。

9. 流動性風險：係指金融資產之變現能力或指無法以合理價格軋平部位所產生之風險。一般而言店頭市場多係配合買賣雙方需要，而設計之非規格的產品，其交易較不活絡，流動性較低，故其流動性風險亦較大。

精選試題

( )　**1** 依國際清算銀行巴賽爾監理委員會「內部控制制度評估原則」，下列何者應核准並定期評估整體營運策略、重要政策及核定銀行組織架構？
(A)稽核委員會　　　　　　　　(B)高階管理階層
(C)總經理　　　　　　　　　　(D)董事會。

( )　**2** 會計人員不宜兼辦出納或經管財務，係落實下列何種制度？
(A)分層負責制度　　　　　　　(B)分工牽制制度
(C)法令遵循主管制度　　　　　(D)自行查核制度。

(　)　**3** 依國際清算銀行巴賽爾監理委員會所訂「內部控制制度評估原則」，董事會應負責事項，下列何者敘述正確？
(A)制訂妥善之內部控制政策
(B)核定銀行組織架構
(C)監控內部控制制度之適足性及有效運作
(D)維持權責劃分。

解答及解析

1 (D)。 巴塞爾銀行監理委員會所訂內部控制制度評估原則一：
董事會應該負責：核准並定期評估整體營運策略及重要政策；瞭解銀行營運風險，據以訂定銀行可承擔的風險限額，並督導高階管理階層採取必要措施，以辨識、衡量、監視及控管風險；核定銀行組織架構；以及督導高階管理階層監控所訂內部控制制度之有效運作。董事會應對銀行建立並維持妥適有效的內部控制制度，負最後之責。

2 (B)。 為加強落實辦理採購經費報支控管機制，以防杜公款支付違失之發生，依會計法第108條規定，會計事務設有專員辦理者，不得兼辦出納或經理財物。

3 (B)。 巴賽爾監理委員會內部控制制度評估原則：內部控制作業係屬銀行日常營運不可分割的一個環節。有效的內部控制制度需要建立一套適切的控制架構，並對各個業務層級訂定控管作業程序，包括：高階主管之覆核；不同部門之業務節制；實體財產之控管；曝險限額遵循之查核；違規事項之追蹤；權責劃分制度；會計帳目之核驗與調節制度。

Chapter 6

空白單據、票券與保管業務

頻出度 **C** 依據出題頻率分為：A頻率高 B頻率中 C頻率低

章前導引
- 本章探討辦理保管業務應檢討之改進項目。
- 本章探討庫存有價證券之管控與作業程序。
- 商業本票之管控。
- 出納業務及處理程序。

章節架構

- 辦理保管業務及有價證券買賣交易程序之業務
  - 內部控制制度之程序
  - 空白單據之內容
  - 出納業務
- 票券業務
  - 應檢討改進項目
  - 商業本票之控管

重點精華

壹、辦理保管業務及有價證券買賣交易之內部控制程序 ✿

一、檢討作業流程後應行改進事項

(一) 交易對象有無以人頭戶名義列帳而登帳不實之情形。

(二) 庫存有價證券之控管是否周延，空白單據之保管及領用是否予以嚴格控管，是否均已設簿登記，並定期清點、核對剩餘數及使用情形。

(三) 買入有價證券，對有價證券之核對認證是否確實；對於交易對手與交易內容之確認是否確實；經辦人員於對方提出之單據或與之交易之過程有異常情形時，是否保持足夠之警覺，以確認交易之真實性。

(四) 對購入金融機構之有價證券,是否確實認證,以降低交易風險。

(五) 各筆交易款項之支付是否均經主管核准;付款支票是否均以交易對手為受款人;對於以無抬頭支票付款者,是否予以嚴格限制及控管。

二、票券業務

(一) 應檢討改進項目

1. 票券交易對象有無以人頭戶名義列帳而登載不實之情形。

2. 各筆交易款項之交付是否均經主管核准,付款支票是否均以交易對手為受款人,對於以無抬頭支票付款者,是否予以嚴格限制及控管。

3. 互為牽制之工作是否明確劃分並嚴格規定不得兼任。

4. 電腦安全之控管措施是否周延,未經授權人員是否有操作電腦機會,對異常交易包括更正、取消等交易之控管是否妥適;有無訂定電腦作業手冊,以為依循。

5. 有權簽章人員私章、公司保證章、商業本票簽證鋼戳等重要印鑑是否妥善保管,且足以防止任何未經授權之使用。

(二) 商業本票之管控

1. 庫存票券與保管條之控管是否周延;空白商業本票及票據之保管及領用是否予以嚴格控管,是否均已設簿登記,並定期清點、核對剩餘及使用情形。

2. 票券業務作業流程所使用之各項原始交易憑證及管理性報表或檔案,包括交易紀錄單、買賣成交單、交易明細表、資金收付報表等,是否定期相互勾稽、核對,以確保交易紀錄之正確性,並隨時掌握錯誤或異常情形。

3. 買入商業本票時,對商業本票保證章之核對認證是否確實;對於交易對手與交易內容之確認是否確實;經辦人員於對方提出之單據或與之交易之過程有異常情形時,是否保持足夠之警覺,以確認交易之真實性。

4. 買入商業本票到期時,是否依正常程序自行向票載付款行庫提示兌償,而非交由他人代兌。

5. 對購入同一金融機構保證或承兌之有價證券,是否訂有最高額度之控管,以降低交易風險。

三、空白單據之管控

(一) 定義：空白單據係指空白支票、本票、匯票、存摺、領款號碼牌、金融卡、信用卡及其他有關單據。

(二) 空白單據之領用、簽發應設簿逐筆依序登記，應經主管簽章，尚未領用之空白單據不得由主管預為簽章，以為備用。

(三) 不適用之空白單據，如因故書寫錯誤、作廢等情形，應依規定程序銷毀。

(四) 營業時間外空白單據不得由各經辦人員自行保管。

(五) 空白單據應不定期盤點。

(六) 空白單據登記簿當經管人員異動時，相關資料應隨之更新，不得有實際經營人員與簿載資料不符。

(七) 待交換票據：交換後存入之及其票據，應依規定以「借：待交換票據」，「貸：其他應付款」入帳。

四、託收票據

(一) 託收票據應按本單位、本部、委託聯行、委託同業及到期日先後順序分別保管。

(二) 託收票據均應加蓋本行特別橫線章。

(三) 委託同業代收之託收票據，提送前應辦理委任取款背書手續。

貳、出納業務 ☆

一、出納業務之範圍

(一) 辦理現金及票據之收付及保管。

(二) 各種有價證券之保管。

(三) 辦理票據交換事項。

(四) 調撥資金：包括本單位內、本單位對聯行或同業間之資金調度。

(五) 券幣及破損券之兌換。

(六) 其他與現金出納有關事項。

二、一般事項

(一) 現金或票據與營業時間外收取，除設簿登記外，應入庫保管。

(二) 代收稅款及公用事業費用等作業流程應該由不同人辦理，才符合內部牽制原則。

(三) 查核現金時，應先盤點大鈔，再查核小鈔；先點大數（捆紮數），再點細數。

(四) 出納人員不得兼辦會計或放款等業務。

三、庫存現金

(一) 庫存現金險包括內外庫現鈔，且應足額投保。

(二) 以電話通知庫存現金加保，應留存電話紀錄。

(三) 破損之鈔幣應隨時整理送交臺灣銀行更換。

(四) 櫃員結帳後，如發現現金有溢收或短少，必須立刻報告主管人員，並將該筆款項列計入當日的「其他應付款」會計科目（溢收）或「其他應收款」會計科目（短少）。

(五) 主管或指定人員應於營業時間內不定時抽查櫃員所保管之現金，並留存記錄備查。

附錄一：支票存款戶處理規範

金融監督管理委員會金管銀法字第一〇六〇〇〇九五九九〇號函准予備查

修正日期：106年5月3日

一、 中華民國銀行商業同業公會全國聯合會（以下簡稱本會）為便於會員銀行（以下簡稱銀行）對支票存款戶之處理，特訂定本規範。

二、 自然人、公司、行號、政府機關、學校、公營事業及其他團體均得向銀行申請開戶。

分公司應以本公司之名義申請開戶，但得將分公司名稱併列於戶名內。

不具法人人格之行號或團體，應以其負責人名義申請開戶，但行號或團體名稱可併列於戶名內。

三、 銀行對於申請開戶之自然人，應核對確為本人，並由開戶人依約定當面親自簽名或蓋章或簽名及蓋章於支票存款往來約定書暨印鑑卡上，並留存身分證影本，外國人開戶應在臺設有住所，並須留存護照及居留證影本。

無行為能力人、限制行為能力人或受輔助宣告之人不得申請開戶。

被拒絕往來未經解除者，不得申請開戶。

前項之審核，受理開戶之銀行應向票據交換所查詢，或由申請人依「查詢票據票據信用資料作業須知」申請本人票信資料以供審核。

四、銀行對於申請開戶之公司、行號及其他團體，應切實審核左列證件：

(一)公司組織者，應提供公司登記證明文件（如主管機關核准公司登記之核准函、公司設立／變更登記表或公司登記證明書等），至經濟部商工登記資料系統查詢公司登記，並列印查詢結果備查。

(二)分公司申請開戶，應提出本公司授權分公司開戶之證明書。

(三)行號應持有商業登記證明文件（如主管機關核准商業登記之核准函等），至經濟部商工登記資料系統查詢商業登記，並列印查詢結果備查。

(四)其他團體，應持有主管機關登記證照或核准成立或備案之文件。

申請開戶，應由證照或文件記載之負責人親自辦理或由受理開戶銀行派員查實，並應對開戶申請人及其負責人準用第三點規定查核之，但其負責人為外國人者，不須在臺設有住所。

公司、行號其他團體之開戶，應予實地查證。

公司及具有法人人格之其他團體之負責人，未留有開立支票存款戶之發票人印鑑者，應由負責人代表法人填具授權書，授權人對被授權人之行為應負其法律上責任。

五、政府機關、學校、公營事業申請開戶，應憑正式公文辦理，惟除政府機關外，其餘程序均與公司、行號申請開戶時相同，即分公司應以本公司之名義申請開戶、票信查詢、負責人親自簽名及實地查證等事項對於學校、公營事業均完全適用。

六、銀行核准開戶之支票存款戶，均得委託該銀行為其所發本票之擔當付款人，就其支票存款戶內逐行代為付款。

七、銀行對於支票存款戶得於支票存款往來約定書中約定客戶同意將其開戶日期、法人之資本額與營業額、退票及清償註記、撤銷付款委託紀錄、票據交換所通報為拒絕往來戶及其他有關票據信用資料，提供予他人查詢。

八、各銀行應建立認識客戶（KYC）作業，對其申請空白支票之目的、與營業性質之關聯性及已請領支票之使用情形應予查證，支票存款戶為無業或

家管、屬1人公司、經常變更負責人之公司行號或其他銀行認為屬高風險之支票存款戶，應加強實地查核或其他實質查核。

九、各銀行應就空白支票、空白本票之核發作業訂立相關控管機制。

十、各銀行對新開支票存款戶之開戶程序及領用空白支票、空白本票情形，應指定部門或專人作不定期內部檢查。

十一、銀行得應存款戶之要求，於空白支票、空白本票上加印存款戶之姓名、電話號碼、身分證或營利事業統一編號及住址，或其指定之樣式。

十二、受款人以委任取款之目的而為背書者，應於支票背面記載「票面金額委託○○○取款」，並由受款人及受任人共同簽章以完成委任手續，受任人持向銀行要求代收時，應提示受款人身分證明文件，經提示銀行核對無誤並簽章證明「存入受任人帳戶無誤」後，付款銀行得予照付。

十三、本規範未規定事項，悉依有關法令辦理。

十四、本規範經本會理事會通過後實施，修正時亦同。

附錄二、票據交換及銀行間劃撥結算業務管理辦法

中央銀行　　台央業字第一○八○○○六一七五三號令修正發布

修正日期：108年2月1日

第一章　總則

第1條　本辦法依中央銀行法第三十二條規定訂定之。

第2條　本辦法所稱票據交換及銀行間劃撥結算業務，係指辦理金融業者間之票據交換、各金融業者應收或應付金額之劃撥結算及其相關業務。

第二章　票據交換所之設立及運作

第3條　辦理票據交換及銀行間劃撥結算業務之機構為票據交換所；其設立應經中央銀行（以下稱本行）許可，並成立財團法人。

第4條　依前條規定申請設立之財團法人，其設立及監督管理等事項，悉依財團法人法、中央銀行對財團法人法授權規定事項所定辦法及中央銀行主管財團法人會計處理及財務報告編製準則等規定辦理。

第5條　票據交換所董事會每三個月至少開會一次，其會議紀錄應於會議結束後一個月內送本行備查。

第6條　票據交換所董事長、總經理、副總經理或其職責相當之人應以專任為原則。但因特殊需要經本行核准者，不在此限。

第7條　票據交換所得設諮詢委員會，由參加交換之金融業者指派或推派代表參加，負責有關交換事務、業務發展、法規事務或其他重要事項之研議及諮詢。

第三章　票據交換及劃撥結算

第8條　凡經核准辦理支票存款業務之金融業者，均得向票據交換所申請參加票據交換，成為交換單位；交換單位之分支單位應一律參加當地票據交換。但信用合作社及農、漁會所收之票據，由本行指定合作金庫銀行股份有限公司或其他交換單位代理交換。

未依前項規定申請參加交換之金融業者，得委託交換單位代理票據交換，受託金融業並應向票據交換所申請，經其同意後辦理之。

第9條　代理票據交換之交換單位，應代負被代理單位有關交換上之一切責任。

第10條　依本辦法提出之交換票據種類如下：

一、匯票（包括銀行承兌匯票）。

二、本票（包括銀行擔當付款本票）。

三、支票（包括國（公）庫支票）。

四、其他經本行核定可以交換之收、付款憑證。

前項之交換票據包括書面及電子形式。

第11條　交換單位應在本行或本行之代理銀行開立存款戶，其應收、應付之差額在上述存款戶內分別收付之。

未在本行開立存款戶之交換單位，其應收、應付之差額有必要在本行收付者，得先向票據交換所申請委由其他交換單位在本行所開立之存款戶內代理收付之，並由票據交換所報本行備查。

第12條　前條交換單位存款戶之餘額如有不敷支付當日應付差額時，應於本行或本行之代理銀行規定時間內補足。票據交換所應就交換單位違反前項規定，無法支付其應付差額時，如何於當日完成清算作業，訂定因應機制，並報本行備查。

交換單位無法支付其應付差額，而有嚴重影響票據交換運作之虞者，票據交換所得提經董事會決議通過後暫時停止其交換，並報本行備查，另由本行轉知金融監督管理委員會。

第四章　票據交換所之業務章則

第13條　票據交換所應訂定「參加票據交換規約」，載明下列事項：

一、申請為交換單位應具備之資格條件。

二、交換單位應繳保證金之基準及其儲存限制、發還條件。

三、交換單位得接受未參加交換之金融業者委託代理交換。

四、交換單位所收其他交換單位之票據，應提出當地票據交換所進行交換；經提回付款之交換票據，如發生退票，亦應由該付款之交換單位提出當地票據交換所進行退票交換。

五、交換單位之分支機構應一律參加當地之票據交換，其所收其他交換單位之票據，應由該交換單位

提出交換並負有關交換上之一切責任。

六、交換單位應在本行或本行之代理銀行開立存款戶；其應收應付之交換差額及退票差額，應依本行同業資金電子化調撥清算業務管理要點及其他有關規定辦理清算。

七、參加票據交換其他應遵守之規範。

第14條　票據交換所應訂定其因提供服務收取各項手續費之基準。

第15條　票據交換所應訂定票據交換處理程序及其他必要之作業規範。

第16條　票據交換所應與辦理支票存款業務之金融業者，就退票及其相關事項之處理規範加以約定。

第17條　票據交換所及辦理支票存款業務之金融業者基於辦理票據交換業務之目的，應蒐集支票存款戶之票據信用資訊，辦理支票存款業務之金融業者應將其保有之票據信用資訊提供票據交換所。

前項票據信用資訊發生變動者，票據交換所應予以註記；對票據信用顯著不良者之下列資料，並應定期通報辦理支票存款業務之各金融業者：

一、個人戶之戶名、身分證統一編號。

二、不具法人人格之行號、團體戶之戶名、負責人姓名及身分證統一編號。

三、法人戶之戶名、公司或商業統一編號或扣繳單位統一編號。

第一項規定之票據信用資訊，包括開戶基本資料、掛失止付、撤銷付款委

託、退票紀錄（含警示戶與凍結戶）、被列為拒絕往來戶、使用票據涉及犯罪之偵審結果資料、提示人資料、交換票據及其他有關票據信用之資料；但辦理支票存款業務之金融業者所蒐集之票據信用資訊不含使用票據涉及犯罪之偵審結果資料。

票據交換所應於比對全國支票存款戶基本資料檔正確性之必要範圍內，蒐集個人戶姓名、身分證統一編號更改紀錄之戶政資料及法人戶之負責人登記資料。

票據交換所應提供大眾查詢支票存款戶之退票紀錄、拒絕往來資料及其他與票據信用相關之資料。

票據交換所蒐集第一項及第四項之個人資料及辦理安全維護事項，應訂定安全維護計畫，以防止個人資料被竊取、竄改、毀損、滅失或洩漏。

第18條　票據交換所依前五條訂定之業務章則，應報送本行備查；修正時，亦同。

第五章　附則

第19條　票據交換所對於存款不足退票紀錄等票信資訊之處理，應加強內部作業牽制並注意工作人員之素行。

第20條　交換單位違反本辦法或票據交換章則情節重大，而有嚴重影響票據交換運作之虞者，票據交換所得提經董事會決議通過後暫時停止其交換，並報本行備查，另由本行轉知金融監督管理委員會。

第21條　票據交換所應依本行規定或通知定期或不定期提出業務、財務及其他有關報告；本行並得派員查核之。

第22條　本辦法自中華民國一百零八年二月一日施行。

附錄三：臺灣票據交換所因應部分地區停止上班各項票據交換及退票紀錄作業須知

中央銀行　台央業字第一一〇〇〇一一〇二五號函同意備查
修正日期：110年3月16日

一、臺灣票據交換所（以下簡稱本所）為因應發生天然災害或其他不可抗力等原因，致部分地區停止上班時，各項票據交換及退票紀錄之作業有所依循，特訂定本須知。

二、本所辦理交換單位所提出之實體票據交換（以下簡稱提示交換）及退票交換之作業方式，分為電腦作業及人工作業二種。
實施電腦作業係以總所、台中市分所及高雄市分所為三個作業中心（以下簡稱作業中心），各別管轄所屬分所之交換區域，轄屬分所之票據皆彙總送至作業中心處理。
實施人工作業之分所，其交換區域係以該分所轄屬之範圍為限。

三、實施電腦作業者，以各該作業中心是否上班為準，訂定不同之作業方式如下：

(一)作業中心與轄屬分所間之作業規定：

1. 作業中心全日上班（含下午提前下班）或僅下午上班
作業中心及轄屬分所當日照常辦理提示交換、退票交換及次一營業日之提示交換。但轄屬分所全日停止上班者，不辦理退票交換及次一營業日之提示交換。

2. 作業中心僅上午上班（含提前下班）
作業中心及轄屬分所當日照常辦理提示交換及退票交換，惟停止受理次一營業日之提示交換。但轄屬分所全日停止上班者，不辦理退票交換。

3. 作業中心全日停止上班

作業中心及轄屬分所,一律停止辦理退票交換及次一營業日之提示交換。已完成當日提示交換分類結算之差額及應提回付款票據,於次一營業日辦理清算與退票手續。

(二)作業中心與作業中心間之作業規定

1. 總所全日上班(含於十五時之後提前下班)或僅下午上班

提示交換及退票交換差額照常送請中央銀行辦理清算。但台中市及高雄市任一作業中心僅上、下午上班或提早下班時,退票交換作業系統提前於上午十一時啟動,惟仍依正常作業時程辦理結算。

2. 總所於十五時(含)之前下班或僅上午上班

提示交換差額送請中央銀行辦理清算;退票交換差額委託臺灣銀行總行辦理集中清算。退票交換作業系統提前於上午十一時啟動,惟仍依正常作業時程辦理結算。

3. 總所全日停止上班

(1)台中市及高雄市作業中心全日上班或僅上、下午上班

由台中市作業中心提前於上午十一時啟動退票交換作業備援系統,依正常作業時程辦理台中市及高雄市作業中心所屬分所之退票交換結算,提示交換及退票交換差額在各作業中心當地臺灣銀行辦理清算。

(2)台中市作業中心全日上班或僅上、下午上班,高雄市作業中心全日停止上班

由台中市作業中心提前於上午十一時啟動退票交換作業備援系統,依正常作業時程辦理台中市作業中心所屬分所之退票交換結算,提示交換及退票交換差額在該作業中心當地臺灣銀行辦理清算。

(3)台中市作業中心全日停止上班,高雄市作業中心全日上班或僅上、下午上班

由總所提前於上午十一時啟動退票交換作業系統,依正常作業時程辦理高雄市作業中心所屬分所之退票交換結算,提示交換及退票交換差額在該作業中心當地臺灣銀行辦理清算。

(三)交換單位因內部負責上傳退票資料之作業單位停止上班,委託本所代為匯入、匯出退票資料電子檔,辦理退票交換者,應依本所訂定之申請程序辦理。

(四)作業中心照常辦理退票交換及次一營業日之提示交換時，當日提早下班之交換單位，應配合辦理事項如下：

　1. 退票電子資料上傳、次一營業日提示票據之投送作業需提前辦理，應退票據當日無法送達時，應先通知提示行，並於次一營業日上午九時前投入保管箱。

　2. 跨所退票應先將退票票據、退票理由單及提出退票清單傳真至提示行所屬分所，並於次一營業日連同提示票據送達各該作業中心，併次二營業日提回交換票據送交原提示行。

四、實施人工作業者，其作業方式如下：

(一)全日上班之分所：提示交換及退票交換照常辦理。

(二)僅上午上班之分所：當日提示交換照常進行。但提示交換差額清算及退票交換則併入次一營業日辦理。

(三)僅下午上班之分所：提示交換及退票交換照常辦理，時間由當地分所自行決定。

(四)全日停止上班之分所：提示交換及退票交換停止辦理。

五、提示交換及退票交換照常辦理地區，部分交換單位因故未參加當日提示交換並經本所（總所或分所）核准者，其付款票據不得經由其他交換單位提出。交換單位已提回付款票據後，因故無法參加退票交換，並經本所（總所或分所）核准者，則提示該交換單位之付款票據，應俟次一營業日退票交換作業完成後，始得抵用該票款。

前項未參加提示交換及退票交換之單位，應由本所（總所或分所）事先公告或通知其他交換單位。

六、本所辦理電子票據、媒體交換之作業方式如下：

(一)總所全日上班或於十五時之後提前下班

　1. 電子票據提示交換與退票交換、媒體交換作業照常辦理。

　2. 電子票據之提示交換與退票交換照常進行時，存戶入扣帳照常辦理。

　3. 媒體交換作業之代收業務，如遇扣款行停止上班時，其代收款項應俟扣款行於次一營業日辦理退件交換作業完成後，始得抵用。總所並應於系統網路上通告停止上班交換單位之名稱及金融機構代號。

(二)總所僅上午上班或於十五時（含）之前下班

電子票據退票交換及媒體交換提前辦理結算，其差額之清算比照第三點之(二)第2款規定辦理，電子票據次一營業日提示交換依照正常作業時程辦理。

(三)總所僅下午上班

電子票據提示交換與退票交換、媒體交換作業照常辦理，惟作業時程得酌予延後辦理。

(四)總所全日停止上班

電子票據提示交換與退票交換、媒體交換作業停止辦理。

七、凡支票存款戶於部分地區停止辦理票據交換當日或次一營業日發生存款不足退票者，如其退票分別於退票發生次一營業日經重提付訖或由發票人贖回或提存備付款申請註記者，一律不提供退票及清償紀錄，並免收手續費。但支票存款戶於原退票據重提付訖前提取備付款者，應取消提存備付註記，並恢復退票紀錄。

因部分交換單位經本所（總所或分所）核准未參加提示交換及退票交換，致支票存款戶發生退票者，比照前項方式辦理。

八、各地分所依本須知規定，停止辦理票據交換，應即陳報總所備查，並副知其他分所。

九、本須知經洽商本所諮詢委員會意見並經董事會決議通過，報請中央銀行備查後施行，修正時亦同。

附錄四：「民事訴訟法」第八編公示催告程序條文

修正日期：107年6月13日

（修正第542、543、562條，107年12月13日施行。）

第541條 公示催告，應記載下列各款事項：

一、聲請人。

二、申報權利之期間及在期間內應為申報之催告。

三、因不申報權利而生之失權效果。

四、法院。

第542條 （107年12月13日施行）

公示催告之公告，應黏貼於法院之公告處，並公告於法院網站；法院認為必要時，得命登載於公報或新聞紙。

前項公告於法院網站、登載公報、新聞紙之日期或期間，由法院定之。

聲請人未依前項規定聲請公告於法院網站,或登載公報、新聞紙者,視為撤回公示催告之聲請。

第543條 (107年12月13日施行)
申報權利之期間,除法律別有規定外,自公示催告之公告開始公告於法院網站之日起、最後登載公報、新聞紙之日起,應有二個月以上。

第556條 宣告證券無效之公示催告程序,適用第557條至第567條之規定。

第561條 公示催告之公告,除依第542條之規定外,如法院所在地有交易所者,並應黏貼於該交易所。

附錄五:台灣票據交換所票據交換參加規約

修正日期:112年9月21日

第1條 台灣票據交換所(以下簡稱本所)為促進票據交換及其相關作業順利運作,依據中央銀行訂定之「票據交換及銀行間劃撥結算業務管理辦法」第13條規定,訂定本規約。

第2條 凡經核准辦理支票存款業務之金融業者,均得申請參加本所總所或分所票據交換,成為交換單位;交換單位之分支機構,應一律參加當地本所總所或分所票據交換,其所收其他交換單位之票據,應由該交換單位提出交換,並負有關交換上之一切責任。但信用合作社、農會、漁會所收之票據,須申請由中央銀行指定之合作金庫商業銀行股份有限公司或其他交換單位代理交換。
未依前項規定申請參加票據交換之金融業者,得委託交換單位代理票據交換,受託交換單位應於事前報請本所同意後辦理。

第3條 代理票據交換之交換單位,應負被代理單位有關交換上之一切責任。

第4條 金融業者申請參加票據交換,應填具申請書、繳驗其目的事業主管機關核發之營業執照及經濟部或相關單位之證明文件,向本所總所或當地分所辦理。但向當地分所申請參加票據交換者,應經當地分所審查合格轉報總所核准後,始得參加。
經總所核准參加交換之金融業者,其分支機構申請參加票據交換者,由總所或當地分所予以核准。但當地分所應再報總所核備。

第5條 交換單位應繳納票據交換保證金,其金額由本所陳報中央銀行核備。
前項票據交換保證金,應專戶儲存於中央銀行或中央銀行之代理銀行或其他公營銀行。交換單位申請退出或停止票據交換時,經本所報送中央銀行核備後,無息發還該項保證金。

第6條　交換單位應在中央銀行或中央銀行指定代理銀行開立存款戶；其應收、應付之交換差額及退票差額，應依中央銀行同業資金電子化調撥清算業務管理要點及其他有關規定辦理清算。

未在中央銀行開立存款戶之交換單位，其應收、應付之差額有必要在中央銀行收付者，得先向本所申請委由其他交換單位於中央銀行所開立存款戶內代理收付之，經由本所報請中央銀行備查。

第7條　交換單位提出之交換票據，種類如下：

一、匯票（包括銀行承兌匯票）。

二、本票（包括銀行擔當付款本票）。

三、支票（包括國（公）庫支票）。

四、其他經中央銀行核定可以交換之收、付款憑證。

前項之交換票據包括書面及電子形式。

第8條　本所於實施票據交換電腦作業之地區辦理「分區交換集中清算」，即本所總所、台中市分所及高雄市分所等三票據交換電腦作業中心，辦理轄屬分所之交換單位票據交換，其應收、應付交換差額由總所集中彙報中央銀行後，本所依清算時程，經由中央銀行同業資金調撥清算作業系統執行應付、應收交換差額之清算作業；實施人工票據交換作業之分所，其應收、應付交換差額則由中央銀行指定之代理銀行辦理清算。

本所總所或分所因受天然災害或其他不可抗力等原因影響，致停止上班時，其票據交換與清算作業，應另訂定作業須知辦理。

第9條　實施票據交換電腦作業地區，交換單位於自行或委託快遞業者運送票據途中，若發生整批票據被盜、遺失或滅失之重大事故時，有關事故發生後之交換結算、掛失止付、退票及付款作業等事宜，悉依本所訂定之「交換票據委託快遞業者運送途中發生整批票據被盜、遺失或滅失應注意處理事項」規定辦理。

第10條　交換單位在中央銀行或中央銀行指定代理銀行開立之存款戶，如其存款餘額不敷支付當日之應付交換差額時，應於中央銀行或中央銀行指定代理銀行規定之時間前補足。

本所就交換單位違反前項規定，無法支付其應付差額時，如何於當日完成清算作業，另訂定因應機制，規範應收與應付交換差額之清算時程、違約清算之處理程序、票據交換結算擔保基金之設立、金額分攤、存放、動用、計息與退還方式，以及其他相關事項。

第11條　交換單位應指定交換員，並將其姓名、印鑑函送本所總所或當地分所備驗，更改指定時亦同，並對所指定之交換員與交換有關之一切行為，應負完全責任。交換員對交換事務之執行，應受本所有關業務人員之督導。

第12條　交換單位每日收入其他交換單位之票據，應於規定時間內，指定其交換員送達本所總所或當地分所提出

交換。如交換員遲到，經本所總所或當地分所裁決不得提出票據交換者，於其他交換單位提出其應付票據時，仍應接受處理。

第13條 交換單位非有正當理由，不得拒收本規約規定之交換票據；其指定之交換員如對於其他交換單位提出之票據擅自拒收者，應由拒收之交換單位負一切責任。

第14條 交換單位不論有無票據提出交換或退票，應按規定時間，指定其交換員準時到達本所總所或當地分所出席。

第15條 交換票據應由提出交換單位在票據正面加蓋本所總所或當地分所規定之戳記。戳記漏蓋或模糊不易識別，影響業務處理發生損害時，應由提出之交換單位負擔一切責任。

第16條 交換單位收到交換票據後，應即辦理付款手續。如有拒付之票據，應立即填具由本所總所或當地分所印製之退票理由單，連同所退票據，於規定時間內送達本所總所或當地分所辦理退票手續。交換單位對於應退票據，因故未於當日辦理退票者，應依下列方式辦理，其補辦退票之金額，併入補辦當日之退票交換差額結算：

一、交換單位如因處理疏失致未辦理退票者，而該項票款尚未經執票人抵用，經洽提出交換單位同意後，得補辦退票，但應立即填製「交換單位補辦退票書面通知單」通知本所總（分）所。

二、交換單位如因內部電腦系統故障致無法辦理退票者，應即通知本所，並副知各交換單位。經本所公告後，准予延至次營業日上午九時以前補辦退票手續；提出交換單位不得拒絕，並不得於上述時間前將票款支付予託收人。

交換單位退票時未依規定退還原交換票據，或依前項第一款於補辦退票時未經原提出交換單位同意，經原提出交換單位檢具事證向本所提出書面申請並經本所查證屬實者，本所得填具「票據交換差額劃收、付申請書」及「票據交換差額劃收、付報單」，送請中央銀行或中央銀行指定代理銀行辦理票據交換差額沖正。

第17條 交換票據於票據交換日退票交換作業完畢經收妥入帳後起息，並得於票據交換日之次一營業日提取現金。

第18條 提示之票據，已加蓋付款戳記，因故未予兌付而退還提示人者，如經退還票據之金融業者予以註銷其付款戳記，各金融業者仍得提出交換。

第19條 自九十年七月一日票信管理新制實施日起，金融業者受理支票存款開戶，除要求存戶簽署「支票存款約定書」外，另應簽署「支票存款約定書補充條款」。

前項日期前已開戶者，金融業者亦應要求存戶簽署「支票存款約定書補充條款」。

第20條　交換單位應依照「辦理退票及拒絕往來相關事項約定書」，辦理退票及拒絕往來相關事項。

第21條　本所於每星期五依據「辦理退票及拒絕往來相關事項約定書」，對應依通報予以拒絕往來及終止擔當付款契約者之下列資料，以電子媒體通報各金融業者，並提供社會大眾及工商等業者查詢：

一、個人戶之戶名、身分證統一編號。

二、不具法人人格之行號、團體戶之戶名及商業統一編號、負責人姓名及身分證統一編號。

三、法人戶之戶名、公司統一編號或扣繳單位統一編號。

第22條　交換單位於其支票存款戶經本所通報應予拒絕往來時，應即結清其帳戶，將其存款餘額轉入「其他應付款」，並通知其繳回剩餘空白票據。該存戶簽發之票據於拒絕往來後提示付款時應不予付款；但其在「其他應付款」之餘額足敷時，以「拒絕往來」理由退票，並應登記其金額，累計遞減至餘額不敷時，以「存款不足及拒絕往來」理由退票。交換單位於其支票存款戶經本所通報應予終止本票擔當付款契約時，應通知繳回剩餘空白本票。該存戶簽發之本票於終止擔當付款契約後提示付款時應不予付款；提示之本票如係於終止契約前簽發者，其支票存款戶存款足付票款時，以「終止擔當付款契約」之理由退票，支票存款戶存款不足支付票款時，以「存款不足及終止擔當付款契約」之理由退票；如提示之本票係於終止契約後簽發者，以「擅自指定金融業者為本票擔當付款人」之理由退票。

第23條　交換單位於拒絕往來戶繳回剩餘空白票據時，對其所簽未經提示付款之票據，得請其填具「支票存款戶拒絕往來後申請兌付票據申請書」，連同請兌票據等額現金列收「其他應付款」科目，經提示兌付者，免依前條第1項規定辦理退票。但該申請兌付票據提示時，如有簽章不符或其他理由應予退票者，應以「發票人簽章不符」或其他理由辦理退票，付款行並應將列收之「其他應付款」保留，以供兌付各該票據。

交換單位於終止本票擔當付款契約戶繳還剩餘空白本票時，對其於終止擔當付款契約前所簽未經提示付款之本票，得請其填具「支票存款戶終止擔當付款契約後申請兌付本票申請書」，連同請兌本票等額現金列收「其他應付款」科目，經提示兌付者，免依前條第2項前段規定辦理退票。

前二項提示之票據與申請書內所列不符者，不在此限。

第24條　交換單位應依照「支票存款戶票信狀況註記須知」，受理支票存款戶申請註記；並依照「票據交換所查詢票據信用資料作業須知」，處理票信查詢案件。

第25條　本所總所或當地分所辦理註記、查詢業務，或因提供票據交換及其他服務，得酌收手續費；其收費標準由本所擬訂，報請中央銀行備查；修正時經洽商本所諮詢委員會意見並由董事會決議通過，報請中央銀行備查後生效。

第26條　交換單位於受理存戶票據止付通知或撤銷付款委託申請時，除應依照票據掛失止付或撤銷付款委託之相關規定辦理外，並應於當日退票交換時間前，將票據掛失止付通知書或撤銷付款委託申請書之影本送交本所總所或當地分所。

前項止付通知撤銷、失效或撤銷付款委託申請經撤銷時，亦同。

存戶經本所通報為拒絕往來戶者，交換單位即不得受理第1項之申請。但依本規約第23條申請兌付票據者，於該票據喪失時，交換單位仍得受理掛失止付之申請。

第27條　交換單位如違反本規約或本所決議事項或中央銀行相關規定，致損害本所或全體交換單位信譽，或有嚴重影響票據交換運作之虞者，本所得予以下列之處理：

一、書面警告。

二、違約金處罰。

三、暫時停止交換。

四、撤銷交換資格。

適用前項第1款及第2款者，逕由本所按照規定處理；適用第3款及第4款者，本所得提經董事會決議通過後執行，並報請中央銀行備查。

前項後段適用第3款及第4款者之處理，於必要時，本所得先行召開臨時諮詢委員會表示意見後，再提經董事會議決。

第28條　交換單位間因辦理票據交換或退票交換作業，各方對有關規定見解不一產生紛爭時，得提報本所協調委員會調解。

前項協調委員會之組織及運作，由本所擬訂後報請中央銀行備查；修正時經洽商本所諮詢委員會討論通過，並經總經理核定後施行。

第29條　本規約經洽商諮詢委員會意見並由董事會決議通過，報請中央銀行備查後施行；修正時亦同。

附錄六：主管機關釋示令函

財政部函釋規定

本票未載到期日，依票據法規定定其提示期間

財政部　　　台財融　字第〇九二〇〇〇〇〇四四號令

主旨：關於**本票未載到期日**，依票據法第一二四條、第六十六條第二項準用第四十五條規定，除有以特約縮短或延長外，**提示期間為發票日起六個月內**。

票據權利人謊報票據喪失而為止付通知之效力

財政部　　　台財融　字第〇九二八〇一〇三八七號令

主旨：票據權利人謊報票據喪失而為止付通知，經刑事審判宣告有罪之判決已確定者，票據喪失事實不存在，據此所為之止付通知，當無所附麗而失其效力，執票人自得提示票據，依票據法之規定行使票據權利。

支票存款戶申請辦理各項註記手續費改按整數金額分配

中央銀行業務局　　　台央業字第〇九一〇〇一〇六五二號函

主旨：關於貴所為方便退票行記帳，擬將支票存款戶申請辦理各項註記手續費改按整數金額分配，即退票行與票據交換所各分配三八元與一一二元乙案，同意備查，請查照。

釋示拒絕往來戶申請掛失止付疑義

中華民國銀行商業同業公會全國聯合會　　　全一字第〇一七六號函

主旨：台端函詢有關拒絕往來戶申請掛失止付之疑義乙節，詳如說明，請查照。

說明：一、依台北市票據交換所函轉台端九十一年一月十一日函辦理。

二、依本會第一屆第二十六次理事會會議決議「發票人受拒絕往來之宣告後，委任關係已不復存在，則付款人對於提示之票據均不再有付款之義務，故票據喪失後已毋須為止付之通知」。另依中央銀行業務局台央業字第一七三四號函「支票存款戶受拒絕往來後，經填具申請兌付票據申請書，並提存等額之存款於往來之金融業者，票據權利人如遺失該申請書中所列之票據，而依『票據掛失止付處理準則』規定申請掛失止付時，往來之金融業應予受理」。

三、依票據法第十九條第一項規定：「票據喪失時，票據權利人得為公示催告之聲請。」以及司法院司法業務研究會第三期之研討結論：「依票據法第十八條第一項前段規定，票據權利人得為止付之通知，既係『得』為止付之通知，而非『應』為止付之通知，因此止付通知與否，乃屬票據權利人個人自甘損失問題，法律殊無強制其有止付通知之必要。故本件可不須止付之通知，應准公示催告。」可知向法院聲請公示催告，並不以先為止付通知為前提要件。

四、民事訴訟法第五百五十九條固規定，公示催告聲請人應釋明證券被盜、遺失或滅失之原因、事實，但釋明之方法，並不以提出票據掛失止付通知書副本為限，只要提出可即時調查之證據，如本案發票人已被拒絕往來之證明單並敘明付款行不受理拒絕往來帳戶票據掛失止付之理由，或提出向警察機關報案之文件，似即已足。

五、綜上，本案法院以申請人未提出票據掛失止付通知書副本為由，駁回其公示催告之聲請，於法似有未合，申請人似得於駁回裁定送達後十日內提起抗告。如已逾抗告期間，由於法律並未禁止同一人不得對同一紙票據再聲請公示催告，故申請人似得重新向法院提出公示催告之聲請，再依法取得除權判決，以維其權益。

考前焦點速記

1. 出納業務係辦理銀行一切有關現金、有價證券、各項單據、託收及交換票據等之收付及保管，其範圍包括：
   (1) 辦理現金及票據之收付及保管。
   (2) 各種有價證券之保管。
   (3) 辦理票據交換事項：包括交換票據之核算登記、交換差額之清算、退票交換等。
   (4) 調撥資金：包括本單位內及本單位對聯行或同業間之資金調撥。
   (5) 幣券及破損券之兌換（兌換各種面額之需鈔或新鈔）。
   (6) 其他與現金出納有關事項。

　2.有價證券包括：國庫券、金融債券、公債、公司債、央行可轉讓定期存
　　單、銀行可轉讓定期存單、商業本票、銀行承兌匯票、股票、受益憑證、
　　新股權利證書、儲蓄券、外國有價證券等。

　3.空白單據之內容包括：空白支票、空白本票、空白匯票、空白存摺、空白
　　存單、空白領款號碼牌、空白金融卡、空白信用卡及其他有關單據。

精選試題

(　　) **1** 有關空白單據之管理，下列敘述何者正確？　(A)空白單據應設簿
控管，領入及發放應每週登記一次　(B)營業時間外空白單據應由
各經辦人員自行保管　(C)尚未領用之空白存摺可由主管預為簽
章，以為備用　(D)空白單據應不定期盤點，作成紀錄。

(　　) **2** 銀行為健全票券業務之經營，有效防範可能發生之內部人員舞
弊，應檢討改進現行票券業務作業流程、電腦安全控管設計及庫
存票券與空白單據之控管等，提經下列何種層級核備？　(A)總經
理　(B)董（監）事會　(C)董事長　(D)股東會。

(　　) **3** 銀行及票券金融公司辦理票券業務，對購入同一金融機構保證或
承兌之有價證券，如何控管以降低交易風險？　(A)報請主管機
關核定　(B)主管可隨時注意風險，無需訂定最高額度予以控管
(C)訂定最高額度之控管　(D)金融機構因信用卓著，無需訂定最
高額度予以控管。

解答及解析

1 (D)。辦理空白單據之領用保管，
應妥為登記進出情形，並每月不定
期細點；簽發時亦應確實登記「簽
發單摺控制表」，並經領用人及主
管蓋章，以明權責。

2 (B)。為有效防範可能發生內部人員
舞弊，各金融機構應檢討現行票券業

務作業流程、電腦安全控管設計及庫
存票券、空白單據控管，提經「董事
會」核備後，具報主管機關。

3 (C)。對購入同一金融機構保證或
承兌之有價證券，應訂有最高額度
之控管，以降低交易風險。

Chapter 7
存款保全業務

頻出度 **C** 依據出題頻率分為：A頻率高 B頻率中 C頻率低

章前導引
- 金庫庫房分外庫門與內庫門。
- 營業廳內部空白票據之管理。
- 存款管理：證明之核發，對帳與扣押。
- 存款扣押之範圍與假扣押。
- 存款戶之結清，銷戶與繼承。

章節架構

- 金庫庫房 ── 庫門 ┬ 內庫門
  └ 外庫門
- 支票存款 ── 定義及開戶注意事項
- 內部管理 ┬ 營業廳操作
  ├ 存摺存款
  ├ 人事管理
  ├ 監控系統
  └ 會計業務
- 存款證明之核發
- 存款之對帳
- 存款之扣押
- 靜止戶之處理 ┬ 存款之繼承
  └ 結清銷戶
- 存款之保密與查詢
- 存款之繼承
- 結清銷戶

重點精華

壹、金庫庫房與現金管理 ☆☆☆

一、金庫庫房

(一) 庫門分外庫門與內庫門（即金庫之內鐵柵門），外庫門除配置定時鎖外並應裝設兩組以上之門鎖（含密碼鎖）控管；內外庫門之門鎖除另有規定外，應各具備正副鑰匙（或密碼表）各一把（組）。

(二) 掌管密碼表人員遇有變動時，應立即變更密碼外，並應於交接紀錄備查簿備註欄紀錄確認移交時已變更密碼之日期，以符牽制原則。

(三) 鑰匙及密碼表之執管人員如遇差假交替時，應設置人員交接紀錄備查簿，由秘書（或信用部主任）保管登記，以明責任；至於管庫人員調動時，除照「信用部各級人員交代辦法」規定辦理外，仍應在該備查簿登記，以茲銜接而利查考。

(四) 掌管金庫庫房柵門及鐵櫃鑰匙之大出納（櫃員主任）移交及差假交替時，亦應確實登記於交接紀錄備查簿。

> **考點速攻**
>
> 內、外庫門鑰匙（或密碼表）之保管應注意事項
> 1. 鑰匙（密碼表）之副份應由正份執管人員會同會計簽封後再由指定人員執管。
> 2. 副份鑰匙（密碼表）之執管人員不得同時執管正份鑰匙（密碼表），而不論是否同一把（組）。
> 3. 執管密碼表人員異動時，應由信用部主任重新分配執管。
> 4. 有關副份密碼表之執管，仍應依照第3款所列應注意事項辦理。

二、支票存款

依銀行法第6條之規定，支票存款係指依約定憑存款人簽發支票，或利用自動化設備委託支付隨時提取不計利息之存款。

(一) **定義**：支票是票據的一種，依票據法的規定，票據有支票、匯票及本票三種；所謂票據係指發票人依票據法之規定，簽發以無條件支付一定金額為目的之有價證券。

(二) 凡由發票人簽發一定之金額，委託金融業者於見票時，無條件支付與受款人或執票人之票據，謂之支票。其在經濟上是具有支付的效用。前項所稱金融業者，係指經財政部核准辦理支票存款業務之銀行、信用合作社、農會及漁會。

1. 自然人、公司、行號、政府機關、學校、公營事業及其他團體，均得向金融業者申請開戶。（支票存款戶處理規範第2點第1項）

2. 分公司應以本公司之名義申請開戶，但得將分公司併列於戶名內（支票存款戶處理規範第2點第2項）。分公司申請開戶，應提出本公司授權分公司開戶之證明書（支票存款戶處理規範第4點第1項第2款）。

3. 不具法人人格之行號或團體，應以其負責人名義申請開戶。但行號或團體名稱可併列於戶名內。（支票存款戶處理規範第2點第3項）

4. 開戶人應持身分證（外國人或華僑應在臺設有住所，並憑護照及中華民國外僑居留證，外國機構駐臺代表人員得以外國機構官員證、職員證影本代替居留證影本）親自辦理，並切實核對姓名、籍貫、住址、出生年月日、職業及身分證字號或護照號碼、國籍、在臺住所等。並由開戶人依約定當面親自簽名、蓋章或簽名及蓋章於支票存款往來約定書暨印鑑卡上，並留存身分證或護照及居留證影本。

5. 無行為能力人、限制行為能力人及受輔助宣告之人不得申請開戶。

6. 開戶人須為未被拒絕往來或被拒絕往來已經解除者。本事項之審核，受理開戶之金融業者應向票據交換所查詢或由申請人依「票據交換所受理票據信用資料查詢須知」申請本人票信資料以供審核。票據信用資料查覆單有效期間為自票據交換所函覆日起一個月內有效，超逾上述期間者，應重新辦理查詢。

7. 受理開戶時（包括個人戶及非個人戶），應實施雙重身分證明文件查核及留存該身分證明文件。個人戶部分，除身分證外，並應徵取其他可資證明身分之文件，如健保卡、護照、駕照、或學生證等。

8. 辦理存戶申領空白支（本）票，有下列應注意事項：

(1) 不得由行員代領簽收。

(2) 簽收人簽章，應詳實載明何人簽收領用，不得過於簡略。

(3) 風險：A.行員代領易生糾葛，應迴避。B.簽收過於簡略不易得知何人領取票據，增加日後追查困難之風險。

貳、內部管理

一、營業廳操作

相關規定	相關風險
各項作業卡、電腦系統使用者密碼、鑰匙之請領、核發、註銷等,應於保管領用備查簿上確實登記,並指派人員管理。	保管領用作業未確實登記控管,無法確切掌控鑰匙密碼等之實際持有人,易滋作業責任不清或發生遺失、遭冒用等風險。
辦理空白單據之領用保管,應妥為登記進出情形,並每月不定期細點;簽發時亦應確實登記「簽發單摺控制表」,並經領用人及主管蓋章,以明權責。	未妥為登記控管領用情形,易滋單摺遭盜用,發生嚴重弊端之風險。
向總行請領之空白票據、單摺應拆封細點。	紙箱內單摺數量與內容有與箱外標籤填註不符之風險。
空白存單之領用應設簿控管,總務及經辦員所持有空白存單內容數量與登記簿應相符。	避免存單遺失之風險。
作廢存單應剪下存單號碼貼於「簽發票據單摺控制表」之該屬行次,註明作廢,並將作廢存單登記於「作廢票據、存摺存單備查簿」後銷毀,存根聯並應加蓋作廢戳記。	避免假借存單作廢行盜用之風險。
各項作業程序應符合牽制原則,並無一人包辦業務上互為牽制之工作。	作業程序未符合牽制,將無法控制人員道德風險。
同種業務均需有二人以上知曉作業流程,以維代理之需。	負責該項業務人員若臨時因故無法執勤,將造成該項業務無法進行;另亦將無法執行指定休假,造成無法檢核主要負責人員之作業是否遵循規定之風險。

二、存摺存款

相關規定	相關風險
不得代管客戶存摺。	增加舞弊誘因。
存戶所留置之存摺應交由主管保管，並登載「留置存戶存摺登記備查簿」。	增加舞弊誘因及無法確認保管之明細。（主管無櫃員卡無法從事櫃臺作業，故由主管保管可避免此項風險。）
客戶未及時領回之存摺除登記於「留置存戶存摺登記備查簿」，倘有留置期間過久客戶仍未領回者，應再以電話或發函方式通知客戶領回。	時日過久增加保管之風險。
辦理電話語音系統轉帳作業，應依規定每週至少寄發一次對帳單予存戶核對。	使存戶明瞭交易情形，減少被盜用之風險。
辦理以電話或傳真方式辦理取款或匯款交易，應與客戶簽訂「存戶依電子通訊方式指示交易承諾書」，並依銀行之「辦理客戶以電子通訊方式指示交易作業要點」相關規定辦理。	倘未簽訂承諾書又不補正本甚或不認帳，有造成銀行損失之風險。

三、人事管理

相關規定	相關風險
人員應確實辦理工作輪調。	人員未辦理工作輪調，將造成經管業務或帳戶無人知曉作業狀況，易發生藉職務之便徇私舞弊事端。
經管財務及營業單位應落實人員命令休假，並抽查其事務處理情形。	實施命令休假係為不定期抽查人員經管業務辦理情形，若未落實，將無法降低經辦人員發生舞弊之風險。
行員輪調、離職時，各項印章領用、移交及註銷作業應確實登載「印章拓模登記簿」。	印章之持用情形未能妥善登記管理，易發生權責不清甚或舞弊事端。

相關規定	相關風險
行員輪調時，應辦理移交手續；行員連續休假超過5日以上，應辦理假交代，銷假應辦理交回手續。	未妥善辦理移交，易發生離職人員經管業務或帳戶無人接管，造成銀行損失之風險。
行員輪調時，應將主管機關及稽核處檢查意見列入移交，以追蹤及避免繼續發生類似缺失。	未列入移交易一再發生類似缺失。

四、監控系統

相關規定	相關風險
各項消防、警報、監控系統操作人員應依規辦理檢測，並留存檢測紀錄查核安全維護檢查測試紀錄表。	未依規檢測，導致相關系統因無法正常運作，將無法控制對影響營業廳或提款機安全之重大偶發事件之風險，增加銀行損失。
辦理各項安全維護檢測，於發現設備無法正常運作，應儘速呈報單位主管及洽廠商進行檢修，並妥為追蹤後續情形，填註於測試紀錄表。	檢測發現異常狀況未儘速處理及追蹤改善情形，將增加營業廳作業風險。

五、會計業務

相關規定	相關風險
應收、應付、預收、預付各款帳目之異常帳及懸帳應查明原因，儘速銷帳或沖正。	不利日後核對銷帳，影響本行或客戶權益，且增加舞弊誘因。
編製季報及結算表時，其他應收款、預付費用、存出保證金、其他應付款等科目應填列各筆未銷帳之明細。	不利核對銷帳，且增加舞弊誘因。

相關規定	相關風險
應行補辦事項應逐一填載於「應行補辦事項備查簿」，並應儘速補辦完成，至遲不得超過一個月。	異常交易應儘速補正，時日過久增加補正之困難性，有造成本行損失之風險。
傳票之處理應依右列注意事項辦理	1.會計科目、子目之運用應適當，不得誤用。	有影響財務報表正確性之風險。
	2.傳票所附單證應檢附齊全，金額應與傳票相符。	有交易事實不符之風險。
	3.傳票及科目日結單上有關人員之核章與蓋章是應齊全，傳票及附件應蓋之轉帳章或收付章應加蓋齊全。	有錯帳及重複請款之風險。
	4.傳票張數、金額是應與科目日結單所列數目相符，歸類不得錯誤。	有傳票遺失或排列錯誤增加日後查考之風險。
	5.傳票日期、會計科目及子目、帳號、戶名、幣名及金額、轉帳對方科目、摘要等應記載事項應填載齊全不得遺漏。	有傳票要項不全及無法顯示完整交易之風險。
	6.傳票摘要應簡明適當，各項數字計算及應加蓋之戳記需正確完備，更正時應照規定辦理。	有無法表達交易事實之風險。
	7.傳票內容應合理且與收支事實相符。	有與交易事實不符及舞弊之風險。
	8.傳票之整理應依科目及順序整理，於五日內編號，七日內裝訂成冊，登記傳票目錄簿，送入檔案室妥善保管，調閱傳票需填具「調閱帳冊傳票報表憑條」。	有傳票散、遺失、遭竊而不知或遭水、火、蟲災及調閱不易或不知何人調閱責任不明之風險。
	9.其他應收款、存出保證金、應收帳款、預付款其取得憑證應齊全。	有交易事實不符及日後無法收回款項之風險。
傳票若有沖正交易應由經辦及主管於沖正交易認證處核章。	有責任不明之風險。

參、存款證明之核發（101、100、99年）

一、存款證明之意義

存款證明之申請，可分為存款餘額證明與存款部分餘額（存額）證明兩種。前者係指存戶向存款金融機構申請其在該機構某特定日期之存款餘額證明；後者則指存戶向存款金融機構申請其在某特定日期之存款餘額範圍內之任何金額（亦稱存額），隨存戶之要求予以選定。

二、申請存款證明之手續

存戶申請存款金融機構證明該戶在某特定日期之存款餘額時，應由存戶填具「存款餘額（部分餘額）證明申請書」，由經辦員核對存戶印鑑無誤後，根據該戶證明基準日之存款餘額表上餘額，繕製「存款餘額（部分餘額）證明書」，送交有權簽章人員核對並簽章後，將存款餘額（部分餘額）證明書送交存戶收執。

三、存款證明書之繕製

存款餘額證明書應根據證明基準日該存戶之存款餘額按實填寫，而存款部分餘額（存額）證明書則應根據該存戶在證明基準日之存款餘額範圍內填寫所需證明之金額，不得有與事實不符之情形。

該存戶之存款如有提款之限制，諸如扣押戶、死亡戶、法院查封凍結、或存單已設定質權、質借等情事，則應於存款證明書備註欄予以說明，並以帳面餘額為準予以填發。

存戶如係申請當日之存款餘額（部分餘額）證明書者，應待當日營業結束且無其他交易或交換票據退票等情事後，始得發給。

四、核發存款證明書之限制

(一) 財政部88年9月13日台財融第88737515號函示，金融機構核發存款餘額證明應注意事項規定如下：

邇來發現不法集團利用金融機構，以不實資金或暫借頭寸方式，循環提供大量存戶（大部分為公司籌備處）充作存款資金作為申請存款餘額證

明用途之情事過於浮濫，此類以不實資本辦理公司設立登記，除涉嫌違反「公司法」第9條規定外，並嚴重影響金融經濟秩序，破壞金融穩定，莫此為甚。

茲重申本部55年6月21日台財錢發第05761號令規定，金融機構核發存款餘額證明，應切實注意下列事項：

1. 受理存款開戶，應確實核對客戶身分及證明文件，對於採委託、授權方式開戶者。應確實查證委託、授權之事實，另對於整批存戶由特定人持整批印鑑卡、印章來行辦理開戶，專做墊款開戶，以申請公司設立登記或增資用之存款餘額證明者，應嚴予禁止。
2. 應審慎核發存款餘額證明，對於客戶以不實存款資金或暫借頭寸申請存款餘額證明情事者，應嚴予禁止。
3. 對於客戶為取得存款餘額證明，而於各帳戶間頻繁移轉鉅額資金之交易，應予制止，不得受理。
4. 辦理存款餘額證明，嚴禁行員以「提現為名，轉帳為實」之方式，幫助客戶規避及阻斷客戶資金來源及流向，若發現類似情事，應嚴予議處相關人員。
5. 嚴禁行員與存放款客戶有資金往來，避免流弊。
6. 對於客戶經常於相關帳戶間移轉大額資金，或要求以現金方式（提現為名，轉帳為實）處理相關流程或每筆存、提金額相當且相距時間不久之大量頻繁交易異常情形，若有疑似洗錢交易，應請切實依照「洗錢防制法」第8條規定，向指定之機構申報。核發存款餘額證明情形應列為內部稽核及自行查核重點項目，並加強對行員之訓練及宣導，嗣後若發現相關缺失，須嚴予追究相關人員責任。

(二) 存戶若以其自訂格式申請存款證明者，應妥核其內容，如其證明內容超出金融機構業務範圍，應予以婉拒。

至於客戶就其定期存款辦理存單質借，將所借金額轉入活期性存款帳戶，雖與間接或直接暫借頭寸有別，惟其申請出具存款證明時，金融機構應審酌其申請用途，若認依法有註明資金來源之必要時，宜以備註方式據實載明。（財政部金融局88年8月24日台融局(一)第88303023號函）

肆、存款之對帳

核發對帳單係以客戶來驗證金融機構帳務處理正確性之手段，故**除了存戶表示無須寄發者外，應定期或不定期寄發對帳單**，以建立良好的內部控制制度。

一、對帳單之製作與寄發

(一) 對帳單之製作最好採用動態對帳單（即選擇某一段期間，將其每筆交易予以列出），至於寄發對帳單應由主管指定會計人員或非經辦該存款業務之人員負責辦理。

(二) 存款對帳單可分為定期及不定期寄發，其寄送方式得以郵寄或電子郵件方式辦理，亦得以電話、傳真機或拜訪方式補充對帳，寄發時應注意保障存戶存款秘密。茲分述如下：

　1. **定期寄發對帳單**：支票存款除當月份無存取款紀錄或存戶表示無須製發者外，應於次月上旬辦理寄發。但經存戶指定日期寄發者得依存戶要求辦理。

　2. **不定期寄發對帳單**：

　　(1) 對派員前往企業收付款項單位之帳戶，每月至少不定期辦理寄發對帳單一次。

　　(2) 對政府機關、公營事業、學校、公司行號及其他團體之定期性存款客戶，其存期在三個月以上（包括三個月）者，於存續期間至少寄發對帳單一次，但經存戶指定日期寄發或表示無須寄發者，仍依存戶要求辦理。（財政部70年12月29日台財融第25545號函）

　　(3) 對於同業往來部分，每月至少不定期辦理寄發對帳單一次。

　　(4) 每月並應就各類存款總戶數，抽查一定比例之戶數寄發對帳單。其抽查對象，應以交易金額或餘額較大者優先寄發。

　　(5) 存戶如有要求每月應寄發對帳單者，應依其要求辦理。對於表示無須寄發對帳單者，仍應以電話或拜訪等方式辦理對帳。

　3. **以電子郵件寄發對帳單**：銀行於訂妥內部控制及風險管理制度以保障客戶交易安全及權益下，得與客戶約定以E-MAIL方式寄發依客戶電話指示辦理存款轉帳業務及辦理網路銀行業務之對帳單，惟非所有客戶均設有E-MAIL信箱，爰銀行需於相當契約中予客戶選擇以郵寄或E-MAIL方式寄送對帳單之選擇權利。（財政部90年10月22日台融局(一)字第0090723995號函）

(三) 對帳單之寄發程序

1. 由負責執行之人員檢核各項資料齊全後，交由總務人員立即親自寄發。
2. 為保障客戶存款秘密，寄發對帳單時應再套以信封寄發，若設有回單聯，則收件人與地址一律填寫指定之負責人員。
3. 對帳單寄發後，應登載於對帳單處理備查簿，對帳單存根聯及存戶寄返之回單聯均應按月裝訂並由指定人員保管。

二、對帳單寄發後之管理

(一) 對帳單回單聯收妥後應交會計或指定之人員核對並作成紀錄，對帳單內容如有不符情形，應於登載後指定專人立即查明追蹤處理。
(二) 對帳單若超逾正常郵遞時間仍未收到回單聯，或遭郵局退件時，負責查核之人員應以電話、拜訪或再寄發對帳單等方式與存戶取得連繫，查證帳載金額無誤後，於對帳單處理備查簿作成紀錄。

	相關規定	相關風險
辦理寄發不定期對帳單作業，應依右列注意事項辦理	1. 不定期對帳單備查報表於寄發前及對帳單回函後皆應依規經自行查核主管核章後留存備查。	有對帳單與備查報表不符及對帳正確性不足之風險。（雙重管制）
	2. 對於未接獲回函之存戶，應實際以電話確認，不得未經確認即於表中填寫「電話詢問金額正常」。	有失函證意義之風險。
	3. 辦理對帳單之寄發，收到客戶寄回之對帳回單應經驗印，以確認為客戶本人寄回。	有無法確認是否為客戶本人寄回及正確性之風險。
	4. 對於未寄回回單部份之存戶，應抽樣20%以電話方式查詢餘額是否相符。	有抽樣性不足之風險。

伍、存款之扣押 ☆

一、存款扣押之意義

「銀行法」第48條第1項規定：「**銀行非依法院之裁判或其他法律之規定，不得接受第三人有關停止給付存款或匯款、扣留擔保物或保管物或其他類似之請求**」，至於所稱之第三人之定義範圍，依財政部42年2月21日台財錢發第0708號令釋示：「銀行之存款匯款或保管物，如有關案件經軍法審判機關受理認為應予扣押者，亦得依『刑事訴訟法』之規定予以扣押，至警務處及警察機關各級政府等行政機關，似不得以行政處分扣押財物」，亦即行政機關不得向銀行請求凍結存戶之存款。其次，依財政部84年2月21日臺財稅第841605136號函之釋示，「稅捐稽徵法」第24條第1項前段規定之「有關機關」，係指政府機關，尚不包括金融機構在內，故納稅義務人欠繳應納稅捐或罰鍰，稅捐稽徵機關不宜通知金融機構禁止納稅義務人提領其銀行存款。但符合「稅捐稽徵法」第24條第2項規定者，仍得聲請法院就該存款實施假扣押，以資保全。

依據上述說明可知，得執行扣押存款之機關，除法院外，尚包括軍法審判機關，一般行政機關及稅捐稽徵機關則不包括在內。至於所謂存款之扣押，主要係指執行法院依「強制執行法」第115條第1項至第2項規定：「就債務人對於第三人之金錢債權為執行時，執行法院應發扣押命令禁止債務人收取或為其他處分，並禁止第三人向債務人清償；前項情形，執行法院得詢問債權人意見，以命令許債權人收取，或將該債權移轉於債權人。如認為適當時，得命第三人向執行法院支付轉給債權人。」所為之命令送達存款金融機構後，經該機構核對各該命令內所載債務人（即存款人）與該機構存戶戶名相符，即應將該戶登錄為法院扣押戶。

考 點速攻

有關義務人請領老年農民福利津貼之權利得否扣押，及對於已存入義務人金融機構帳戶之老年農民福利津貼得否扣押一案，依法務部93年4月5日法律字第0930009547號函釋示，按老年農民福利津貼暫行條例業於92年12月17日修正公布增訂第四條之一規定「請領老年農民福利津貼之權利，不得作為扣押、讓與、抵銷或供擔保之標的」，是有關義務人請領老年農民福利津貼之權利依法不得扣押，惟法律禁止扣押者為義務人請領之權利，已領取後存入金融機構之老年農民福利津貼，係存款人對於存款金融機構之權利，而非請領老年農民福利津貼之權利，自不在禁止扣押、讓與、抵銷或供擔保之列。

依財政部91年9月30日台財融(一)字第0910044187號函及法務部行政執行署93年5月3日行執一字第0930002806號函規定，農會漁會依法配合各行政執行處所發執行命令辦理執行義務人存款等事宜，若未配合辦理，則行政執行處將視具體個案情形依法追究該農會漁會及相關行為人之法律責任，茲例舉其法律責任如下：

(一) 農會漁會於收受行政執行處之扣押命令後，未配合辦理扣押，而先通知義務人取款，再向行政執行處不實函報扣押命令送達時義務人之存款餘額者，則農會漁會相關行為人涉嫌觸犯刑法第215條業務上文書登載不實罪及涉嫌與義務人共犯刑法第356條損害債權罪。

(二) 依行政執行法第26條準用強制執行法第119條第2項規定，農會漁會未於接受行政執行處執行命令後十日內聲明異議，亦未依執行命令，將金錢支付債權人或行政執行處時，行政執行處得因債權人之聲請，逕向農會漁會為強制執行。

二、存款扣押之效力範圍

有關存款扣押之效力範圍，主要為該扣押是否及於將來繼續存入款項之探討；其次，若為支票存款戶之扣押，而該存戶若有經止付之票據、保付支票及退票備付款等情事，則該扣押效力為何？另外，若為未到期定期存款之扣押、存款金融機構抵銷權之行使及受扣押戶之存款帳戶不止一戶等情況，此際扣押效力又為何？茲分別說明如下：

(一) 扣押效力是否及於將來繼續存入之款項

1. 有關金融機關收受執行法院扣押存款之執行命令後始陸續存入之存款，是否為扣押命令效力所及，經司法院秘書長87年4月29日（87）秘臺廳民二字第05721號函釋示：強制執行法第115-1條所規定之「薪資或其他繼續性給付之債權」，係指基於同一之法律關係繼續所發生之債權，亦即債權發生原因之基礎法律關係，於扣押時已存在，本此法律關係有繼續收入之債權，如薪資、租金、利息等是。債務人對於金融機構之存款債權，除另有約定外，非屬繼續性給付之債權，故對存款債權所為之強制執行，原則上，其效力應不及於扣押後始存入之存款。至於執行法院如於扣押命令中敘明扣押之效力及於扣押後債務人新存入之存款等語，要屬執行法院之執行方法，當事人或利害關係人如認該執行方法於法不合，或有其他侵害利益之情事，得依強制執行法第12條之規定聲明異議。

若執行法院於扣押命令中已載明扣押效力及於扣押後繼續存入之存款時，則該扣押命令之效力究竟何時才能終結？依司法院民事廳88年4月20日（88）廳民二字第07283號函釋示：「債權人對於金融機構之存款債權，執行法院於扣押命令中載明及於扣押後債務人繼續存入之存款時，嗣執行法院為使債權人之債權獲得清償，踐行變價程序，另核發支付轉給命令，而金融機構已將債務人存款撥付執行法院，似已生清償效力，原則上前開扣押命令已終結，嗣後債務人再存入金額，似非原扣押命令效力所及。至於執行法院如於扣押命令中敘明扣押之效力及於轉給命令後債務人新存入之存款，要屬執行法院之執行方法，當事人或利害關係人如不服該執行方法，或認有侵害其利益之情事，得依強制執行法第12條之規定聲明異議」。

故依據上述函釋，除法院於扣押命令中特別載明外，扣押效力原則上不及於扣押後繼續存入之存款。

2. 對於扣押時存款餘額不足支付法院執行債權金額者，該存款金融機構應依「強制執行法」第119條第1項至第3項：「第三人不承認債務人之債權或其他財產之存在，或於數額有爭議或有其他得對抗債務人請求之事由時，應於接受執行法院命令後十日內，提出書狀，向執行法院聲明異議。第三人不於前項期間內聲明異議，亦未依執行法院命令，將金錢支付債權人，或將金錢、動產或不動產支付或交付執行法院時，執行法院得因債權人之聲請，逕向該第三人為強制執行。對於前項執行，第三人得以第1項規定之事由，提起異議之訴。」規定向執行法院聲明異議，否則，債權人無須另行取得執行名義，得以執行法院所載命令為執行名義，請求對該金融機構實施強制執行。

(二) 扣押支票存款戶之效力範圍

1. **經止付之票據金額**：經止付之票據金額（即止付保留款），在公示催告聲請人提供擔保請求支付票據金額前，仍為發票人之存款，發票人之其他債權人，得聲請法院扣押該筆止付保留款。但存款金融機構於接受法院命令後，得向執行法院聲明此項止付事由，並應通知止付人，俾其得向執行法院聲明參與分配。

2. **保付支票**：保付支票如有法院禁止支付之命令時，應即停止支付，再有人提示付款時，應通知逕洽法院辦理。如無法院命令時，應予照付。

3. **退票備付款**：若法院扣押命令所載執行標的僅為支票存款戶之存款，並未指封存戶（即債務人）之「退票備付款」，則毋需就該退票備付款一併予以扣押。如支票存款戶內之餘額不敷扣押金額，存戶為免繼續存入之金額被扣押，致無法兌付其他支票，要求將款項存入「應付款項」科目，指定付款行於某特定支票提示時予以兌付，不宜受理。

(三) **其他特殊情況**

1. 法院扣押之存款為定期性存款時，如該存款尚未到期，或有質權設定時，應依法向法院聲明異議。

2. 接獲法院扣押命令之金融機構（含聯部），如對存戶有債權且已到期，可先行依規定行使抵銷權，餘額再行扣押。

3. 同一存戶於同一營業單位有數種存款帳戶，其中之一如已扣足應扣押金額，則其他存款帳戶毋須再為扣押。若同一存戶於數營業單位均有存款帳戶，其中一營業單位已扣足應扣押金額，其他營業單位無須再為扣押。

三、存款扣押後之處理

金融機構於接到法院之扣押命令後，應即將扣押戶之存款餘額在扣押金額範圍內予以凍結，若存款餘額不足扣除扣押金額（應加計依扣押命令預估至清償日止之利息），而扣押命令中又已載明扣押效力及於扣押後繼續存入之存款，則該戶繼續存入之款項仍應就不足部分續予凍結。

 點速攻

依據臺灣臺北地方法院民事執行處89年6月7日北院89民執科字第68號函釋，債務人（即存款人）以其定期存款向銀行設定質權取得借款融資，嗣該債務人之其他債權人依法執行該筆定期存款，執行法院自仍得為執行扣押及變賣之行為，此時取得質權之銀行不得僅以該筆定期存款已設定質權為由，拒絕執行扣押，而僅得依法聲明參予分配以確保其債權。設前揭借款融資之清償期已屆至，而與本筆設定質權之定期存款符合抵銷適狀，則該銀行自得選擇以抵銷之方式，消滅債務。果此，銀行之存款債務既已消滅，執行債務人在銀行自無可供執行之債權，銀行自可敘明該定期存款債權業因抵銷而消滅為理由，向執行法院陳報而免執行。

經法院扣押之帳戶，除法院扣押款之提存外，不得為其他提款交易。已扣押之存款，於接獲法院依「強制執行法」第115條第2項所為之執行命令時，應核對內容無誤後，遵其命令指示，將扣押款逕由債權人收取，或解繳法院轉給債權人。依財政部92年11月19日台融局(一)字第0920050323號函金融機構對於依行政執行處執行命令所應支付之款項，一律以支票解送、受款人欄記載機

關名稱、劃平行線二道，並記載禁止背書轉讓。惟如金額錯誤或戶名、帳號、身分證（或營利事業）統一編號不符時，應於接到法院命令後十日內，以訴狀或公文函復，向法院聲明異議。

依中華民國銀行商業同業公會全國聯合會91年10月16日全法字第1803號函釋：查司法機關因偵辦犯罪案件，或受理民事強制執行事件而扣押客戶之存款時，除該存款之性質原即為不計利息之支票存款，或銀行依約定對存戶為終止存款往來之意思表示，或有存款往來契約為無效之情事（例如：冒名開戶），致被扣押之款項喪失存款之性質，或存款契約因而終止之外，銀行仍應就被扣押存款，按牌告利率計付利息。

陸、存款之保密與查詢 ☆

一、金融機構之保密義務

金融機構於從事業務行為之機會或業務範圍內，所知悉有關客戶之一切財務及其他相關資料，均應保持緘默並拒絕探詢。「銀行法」第48條第2項乃明定，銀行對於顧客之存款、放款或匯款等有關資料，除其他法律或中央主管機關另有規定者外，應保守秘密。該規定，旨在保障銀行之一般客戶財產上之秘密，防止客戶與銀行往來資料之任意公開，以維護人民之隱私權，至於違反「銀行法」第48條第2項規定者，依同法第132條之規定，處新台幣五十萬元以上一千萬元以下罰鍰。

二、存款之查詢

依金融監督管理委員會95年5月23日金管銀(一)字第09510002020號令：
司法、軍法、稅務、監察、審計及其他依法律規定具有調查權之機關，有查詢銀行客戶存款、放款、

點速攻

1. 存款經辦員對於存戶之存款資料，不論金額多寡，均有保守秘密之義務，除存戶本人外，非經法院、軍法機關或有關執行司法偵緝機關、財政金融主管機關或中央銀行正式行文，應予婉拒。
2. 各機關依本規定，調取及查詢客戶往來、交易資料時，應建立內部控制機制，指派專人列管，並應作定期與不定期考核，以確保人民隱私權。銀行提供上開資料時，應以密件處理，並提示查詢機關(構)、查詢者應予保密。

匯款、保管箱等有關資料之需要者，得依據各該法律規定，正式備文逕洽相關銀行查詢。

至於前揭以外其他機關因辦理移送法院或行政執行署強制執行、偵辦犯罪或為執行公務之業務上必要，而有查詢需要者，應敘明案由、所查詢銀行名稱及查詢範圍，在中央應由部（會）、在直轄市應由直轄市政府、在縣（市）應由縣（市）政府具函經金融監督管理委員會同意後，註明核准文號，再洽相關銀行辦理。

依據金融監督管理委員會95年6月7日銀局(一)字第09510002220號函，上述各項函釋之相關處理原則如下：
(一) 應報經財政部核准者：納稅義務人與銀行間之資金往來紀錄涉及第三人者。
(二) 由各區國稅局首長核定（由局長決行）發函向銀行查詢者：
　 1. 向兼營票券商、證券經紀商之銀行，查詢納稅義務人於一定期間之買賣債、票券及有價證券之交易紀錄及相關憑證資料。
　 2. 依(一)報經財政部核准查詢資金往來紀錄案件，其同案因衍生之應查核帳戶（包括：同案受調查之納稅義務人於同一家銀行或在其他銀行之往來帳戶；同案同一銀行另發現與受調查之納稅義務人有往來之第三人帳戶）。
(三) 由稅捐稽徵機關直接發函向銀行查詢者（查詢上開(一)、(二)項以外之資料）：
　 1. 納稅義務人於銀行開戶之基本資料、特定時點之帳戶（含存、放款）餘額。
　 2. 被繼承人及其生存配偶於「繼承事實發生日」之銀行存、放款餘額。
　 3. 為強制執行欠稅人之不動產，向銀行查詢欠稅人不動產設定抵押貸款情形。
(四) 同案衍生須查核與納稅義務人有往來之第三人於不同銀行資料時，稅捐稽徵機關應另依上述(一)至(三)處理原則辦理。

柒、存款之繼承 ☆

一、存戶死亡之處理

存款金融機構於知悉存戶死亡時，應即將此事故登錄於存戶檔案中。若為存摺存戶或存單存戶，應予以止付；若為支票存款戶，則其生前所簽發之支票，一律不得付款，因支存戶與農會漁會之契約關係因其死亡而終止。金融機構在未接至存款人死亡通知（戶口謄本有死亡之記載或公私立醫院之死亡證明書）以前，如有人提領其存款者，金融機構不負責任，但惡意或重大過失者不在此限。

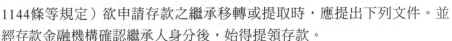

考 點速攻

若有第三人擬將款項匯入該死亡存戶，或其生前託收，於死亡後收到之代收款項，仍可繼續收存，俟其繼承人聲請繼承存款時，一併提領。另依「遺產及贈與稅法」第40條之規定，繼承人或利害關係人於被繼承人死亡後，依法定程序得開啟被繼承人之保管箱或提取被繼承人之存款時，應先通知主管稽徵機關會同檢點、登記。

二、存款繼承之處理

(一) 本國籍存戶

1. 存戶亡故後，其繼承人（有關繼承人之繼承順位，請參考「民法」第1138條、第1141條、第1144條等規定）欲申請存款之繼承移轉或提取時，應提出下列文件。並經存款金融機構確認繼承人身分後，始得提領存款。

   (1) 存款憑證，例如存摺、存單、空白支票等。

   (2) 確為全體合法繼承人之身分證明文件，例如全戶戶籍謄本（除戶全部戶籍謄本）等。

   (3) 死亡證明書，以存戶生前居住地區戶政事務所發給之戶籍謄本、公私立醫院出具之死亡證明書（依中華民國銀行公會77年11月21日全會法第1817號函之規定，存款人亡故，其繼承人可憑戶籍謄本代替存款人死亡證明書，辦理繼承手續），或法院死亡宣告之判決等為準。

   (4) 稽徵機關核發之遺產稅證明書（遺產稅繳稅或免稅證明書、遺產稅同意移轉證明書等），惟存款餘額在新台幣二十萬元以下者可免檢附。（財政部84年3月22日台融局第84255101號函）。

   (5) 填具「繼承存款申請書」。申請書應由全部合法繼承人親自簽章辦理。若有未成年人之繼承人者，則應加蓋法定代理人或監護人之印鑑。

其後再由全體繼承人出具收據提領存款。若繼承人持有分割書,並經全體繼承人簽章同意時,得依其分割書內容,分別辦理領款手續。惟若有利害關係人提出異議並附具相當證據時,得俟法院有關判決之確定證明後,方可辦理存款之繼承,或將該存款提存法院。

2. 繼承人中如有因事無法親自辦理者,可委任他人代為辦理。其應備證件除上述所列外,並須檢附:

(1)**居住國內者:**

A.委任人出具之委任書(為因應印鑑登記辦法於民國九十二年元月一日廢止,故須提出經法院或民間公證人公證之委任書)。

B.受委任人國民身分證及印章。

(2)**旅居國外者:**

A.由當地我國駐外使領館或有權簽證單位證明之授權(委任)書。

B.受任人國民身分證及印章。

3. 繼承人中依法拋棄繼承者,應檢具法院「拋棄繼承事件」之備查函。繼承人擬以本存款抵繳遺產稅者,應先向國稅局申請。

4. 存款人單身在臺死亡提領存款得依非訟事件法第78條之規定,由利害關係人聲請法院裁定為遺產管理人後,檢附下列文件據領。

(1)遺產稅免稅或繳清證明書。

(2)存款人死亡證明書。

(3)存摺或存單。

(4)遺產管理人本人國民身分證及印章。

(5)法院裁定書正本。

5. 大陸地區來臺且在臺無親屬之國軍現役軍人死亡,其遺留在金融機構之存款,由國防部後備司令部為遺產管理人。(現役軍人死亡無人繼承遺產管理辦法第4條)

6. 在臺無親屬之國軍退除役官兵死亡,其遺留在金融機構之存款,由行政院國軍退除役官兵輔導委員會所屬安置機構為遺產管理人;餘由設籍地輔導會所屬之退除役官兵服務機構為遺產管理人。(退除役官兵死亡無人繼承遺產管理辦法第4條)

7. 全體繼承人立具之收據、繼承存款申請書及遺產稅證明書，應裝訂於取款憑條（或支出傳票）後面作為附件，其他證明文件另行裝訂成冊，妥善保管備查。
8. 凡已獲知存款人死亡而未檢附稽徵機關核發遺產稅證明書者，不得准予提領存款或逕行辦理繼承登記。（臺北市銀行公會66.1.10會業字第1570號函）

(二) **非本國籍存戶**

1. 非中華民國國籍之存戶，其繼承人具有中華民國國籍者，依「涉外民事法律適用法」第22條但書之規定，得就其在中華民國之遺產繼承之，故只須檢具身分證明即可辦理，如繼承人有二人以上者應共同辦理，或共推一人辦理亦可。
2. 存戶之繼承人亦非中華民國國民時，須請其提出身分證明，並具文向其所屬國使領館證明其身分後，始得辦理；如無使領館者，須具文請求我國外交部證明之。如身分無法證明或雖得以證明，而依其本國法無繼承權者，則不得辦理提領。若其繼承人有二人以上，同前項原則辦理之。

(三) **大陸地區人民申請繼承存款之處理**

存款人若有大陸地區之繼承人申請提領存款者，除應依前述(一)之有關規定辦理外，尚應檢具依「臺灣地區與大陸地區人民關係條例施行細則」第67條規定。向地方法院取得聲明繼承事件之備查函，並按下列方式辦理：

1. 大陸地區人民依法繼承在臺灣地區之遺產，其所得財產總額，每人不得逾新台幣兩佰萬元，但大陸地區繼承人為臺灣地區人民之配偶者，不受新台幣兩百萬元之限制。
2. 臺灣地區之遺產其繼承人全部為大陸地區人民者，除被繼承人為現役軍人或退除役官兵者外，應由繼承人、利害關係人或檢察官聲請法院指定財政部國有財產局為遺產管理人。（臺灣地區與大陸地區人民關係條例第67-1條）

三、無人繼承存款之處理

若存戶死亡其存款無合法繼承者時，依財政部63年1月1日台財錢第18077號函釋，其存款依「民法」第1185條之規定，係屬賸餘遺產，應歸國庫所有，並不因其係公教人員或退除役官兵之身分而有異。

捌、結清銷戶

一、存款結清銷戶之處理

所謂存款戶之結清銷戶，主要係指存摺存款及支票存款等活期性存款而言，至於定期性之存單存款，因有存期之限制，故係以中途解約或到期提領等方式表示。

(一) 金融機構受理存款戶申請結清銷戶時，應將存戶帳列存款餘額加計應計利息後，由存戶開具取款憑證一次結清領款。有關存款憑證應予收回（如空白支票或存單），或於適當空白處加蓋「銷戶」戳記後交存戶收執（如存摺）。其存款印鑑卡應抽出加蓋「銷戶」戳記及日期後，另行裝訂妥為保管，存戶號碼簿亦應註明銷戶日期以備查考。

(二) 存摺存款戶若因未屆結息期而結清銷戶者，其利息仍應照付（臺北市銀行公會69年7月8日會業第1158號函）。另支票存款已結清銷戶之帳號，不得再供他戶使用，原存戶再申請往來時，亦應另編新號，不得沿用舊帳號。

二、結清銷戶之申請

存款戶之結清銷戶，是否應由存戶本人辦理，依財政部84年2月6日台財融第84701887號函，活期性存款戶及支票存款之結清銷戶原則上應由存戶本人辦理，本人因特殊情況無法親自辦理結清銷戶而委任代理人為之時，該代理人除應出具「存款結清銷戶授權書」外，金融機構並應確認本人及代理人之身分。惟依財政部84年11月3日台財融第84781242號函釋，若金融機構認為憑原留印鑑及未經掛失之存單摺或領款支票，已可達確認身分之目的時，則無須存戶本人親自辦理。

依中華民國銀行商業同業公會全國聯合會93年10月28日訂定之「銀行銷戶處理程序自律規範」，銀行辦理個人或公司行號團體所開立之新台幣或外幣活期存款結清銷戶時，除銀行與存戶另有約定外，得依下列方式辦理：

(一) 存戶本人親自辦理，本人如因特殊情況無法親自辦理結清銷戶時得委託代理人為之，該代理人除應出具授權書外，銀行並應確認本人及代理人之身分。

(二) 存戶以郵寄結清銷戶申請書方式辦理時，帳戶餘額以不超過新台幣壹拾萬元（或等值外幣）為限，銀行應以電話或其他方式確認存戶身分，並完成下列審核手續後，辦理結清銷戶：

1. 帳戶仍有餘額者，銀行得於扣除相關費用後，依申請書指示之方式辦理，存戶得選擇開立本人抬頭且劃線禁止背書轉讓之支票或指示匯入本人之其他帳戶。存戶如選擇將帳戶餘額匯入其於他行之帳戶，銀行得請其提供該帳戶之存摺封面影本或其他證明文件以供確認。

考點速攻

定期性存款之中途解約或到期提領，基於保護消費者之考量，亦應參酌左述規範辦理。

2. 存戶結清支票帳戶者，須將剩餘空白票據劃線作廢後一併寄回銀行，並切結已無票據流通在外，或尚有已簽發未經提示付款之票據，存戶應填具申請書連同請兌票據等額現金匯寄銀行列收「其他應付款」科目備付。

3. 以網路方式受理結清銷戶：存戶以網路結清銷戶方式申辦時，活期性存款帳戶（不含支票存款及儲值支付帳戶）餘額以不超過新台幣伍萬元（或等值外幣）為限、支票存款帳戶餘額應為零、剩餘空白票據劃線作廢且已無票據流通在外，銀行應擬具相關配套措施，辦理結清銷戶：

   (1)應以顯著之方式，於網站網頁上揭露結清銷戶相關內容，具供存戶審閱、點選「同意」及確認功能，系統並應具備檢核機制。

   (2)銀行應以適當方式確認存戶身分。

   (3)存戶結清活期帳戶仍有餘額者，銀行得於扣除相關費用後，依存戶指示匯入本人之其他帳戶，銀行應以適當方式確認。

   (4)結清銷戶基準日係以銀行電腦系統完成銷戶當日為準。

4. 郵寄結清銷戶申請書之內容應包括戶名、帳號、結清之意思表示、帳戶餘額處理方式及支票存款結清之相關規定。

5. 除網路方式受理結清銷戶外，餘結清銷戶基準日係以銀行完成銷戶手續當日為準。

三、法人解散消滅提取存款之處理

以公司為例，若公司之法人人格因解散登記而消滅，而尚餘存款者，應由清算人提領之。按公司之權利能力因解散而消滅，其剩餘財產歸於全體股東所共有，故有關財產之處分權，自應由全體股東為之。惟依「公司法」第25條之規定，解散之公司，於清算範圍內，視為尚未解散，因而有關公司所享受之權利及負擔之義務，概由清算人代表為之，尚難僅依公司原負責人之請求而逕行付款。

四、受破產宣告存戶存款提取之處理

存款金融機構獲悉存戶受破產宣告時，應即停止該帳戶之付款，俟破產管理人選定並提交規定之各項證明文件後，始得結清銷戶。破產管理人提領受破產宣告存戶存款時，應檢具下列證明文件：

(一) 存款憑證，例如存單、存摺或空白支票簿等。

(二) 法院破產宣告裁定之抄本或影本，但應請破產管理人提示裁定書正本予以核對。

(三) 破產管理人領款申請書。

(四) 破產管理人本人國民身分證及印章。

考前焦點速記

1. 金融機構於辦理客戶帳戶之結清銷戶作業後，將客戶資料及其帳號以身分證統一編號歸檔，俾利檢調機關查詢。

2. 取款憑條、扣繳憑單、應付利息傳票、應付款項傳票、印鑑卡及存戶號碼簿應送有權簽章人員核章。

3. 依「遺產及贈與稅法」第1條第2項之規定，非中華民國國民死亡時，在中華民國境內遺有財產者，應就其在中華民國境內之遺產，課徵遺產稅。因此，其繼承人於提領存款時，除存款餘額在新台幣二十萬元以下者外，仍須檢附稅捐稽徵機關核發之遺產稅證明書，始准予辦理。

4. 財政部70年12月3日臺財稅第40060號函之規定，稅捐稽徵機關或財政部指定之人員，依「稅捐稽徵法」第30條之規定，向各金融機構調查納稅義務人與各該金融機構之資金往來紀錄，以作為課稅資料時，應一律敘明案情，並說明必須調查之理由，報經財政部核准後，並註明核准文號，始得向金融機構進行調查，以保障存戶權益。同案如有其他衍生應查核之帳戶，可由該稅捐稽徵機關首長核定，免再行報財政部。金融機構對此同案有其他衍生應查核帳戶存放款資料之提供，即可逕予照辦。

5. 所謂衍生應查核帳戶，指(1)同案受調查之納稅義務人於同一金融機構（已報經財政部核准調查之金融機構）或在其他金融機構另有往來帳戶。(2)同案同一金融機構另發現與受調查之納稅義務人有往來之帳戶。

6. 納稅義務人以繳稅取款委託書繳納綜合所得稅，經稽徵機關提兌無法兌領，且在五月三十一日存款不足案件，稽徵機關為辦理是類案件發單補徵追繳作業需要，可逕向各金融機構函詢納稅義務人「結算申報截止日」之存款餘額，毋需報財政部核可，以利稽徵業務迅速進行。

7. 行政院海岸巡防署、海洋巡防總局及海岸巡防總局查詢時，應表明係為偵辦案件需要，註明案由，並須由首長（副首長）判行。

8. 法務部調查局查詢時，應表明係為偵辦案件需要，註明案由，以經該局局長（副局長）審核認定為必要者為限。

9. 警察機關查詢時，應表明係為偵辦刑事案件需要，註明案由，並須經由警察局局長（副局長）或警察總隊總隊長（副總隊長）判行。但警察機關查察人頭帳戶犯罪案件，依警示通報機制請銀行列為警示帳戶（終止該帳號使用提款卡、語音轉帳、網路轉帳及其他電子支付轉帳功能）者，得由警察分局分局長（刑警大隊長）判行後，逕行發文向銀行查詢該帳戶資金流向之資料。

10. 有關內政部警政署所屬各警察機關查詢「金融機構警示帳戶資訊交換平台」以外之其他個人資料，如係符合行政院金融監督管理委員95年5月23日金管銀(一)字第09510002020號令規定，為查察人頭帳戶犯罪案件，查詢警示帳戶資金流向之資料者，得依規定由警察分局分局長（刑警大隊

長）判行後，發文向銀行查詢該等警示帳戶之交易明細、開戶人相片、身分證件影本、印鑑燈明、簽名筆跡等其它金融資料（行政院農業委員會98年6月26日農授金字第0985013691號函）。

11. 軍事警察機關以憲兵司令部名義，正式備文查詢時，應表明係為偵辦刑事案件需要，註明案由，並須以憲兵司令部名義正式備文查詢（金融監督管理委員會95年5月23日金管銀(一)字第09510002020號令）。

12. 受理財產申報機關（構）依據公職人員財產申報法，辦理財產申報資料實質審核時，已依據法務部91年3月21日法政字第0911102212號及94年4月8日法政決字第0941105815號函規定，以受理申報機關（構）之書函表明已向財政部財稅資料中心或各稅捐稽徵機關調取申報相關人員之歸戶財產查詢清單，因該清單內容與財產申報內容有差異而認有申報不實之嫌後，再依公職人員財產申報法第10條第1項規定向各該財產所在地之銀行進行查詢申報人之存放款等資料時，銀行應配合辦理（金融監督管理委員會95年5月23日金管銀(一)字第09510002020號令）。

13. 政黨、政治團體及擬參選人依據政治獻金法規定，編製收支帳簿及會計報告書時，得正式備文逕洽相關銀行查詢捐贈予其「政治獻金專戶」特定捐贈者之姓名、住址及電話，銀行為利配合執行前述事宜，於收受捐贈「政治獻金專戶」之款項時，宜留存捐贈者之前開資料。另監察院依政治獻金法第20條規定查核政黨、政治團體及擬參選人於銀行開立之「政治獻金專戶」相關資料時，銀行應配合辦理（金融監督管理委員會95年5月23日金管銀(一)字第09510002020號令）。

14. 公平交易委員會依公平交易法第27條，請求銀行提供涉案帳戶往來資料，符合銀行法第48條第2項所稱之其他法律另有規定（財政部86年5月6日台財融第86620941號函）。

15. 財政部83年2月18日台財融第831971711號函，財政部關稅總局為查核進口貨物實際交易價格業務之需要，依關稅法第21條（現修訂為第37條）第4款規定，備文向貴行（庫、局）調取進口貨物納稅義務人結匯實料（含信用狀副本、進口開狀結匯證實書、結匯水單、存檔發票及有無以電匯等其他方式付款），請配合辦理。

16. 稅務機關與關稅總局依法查調OBU之客戶實料，應逐案報經金融監督管理委員會同意後，始得函請銀行OBU配合辦理。

17. 經濟部為審核公司設立登記資本額之真實性，向各金融機構查詢客戶存款內容，亦得由該部商業司根據各金機構所發給之存款證明書內容，要求原存款單位加以證實。

18. 金融監督管理委員會檢查農會漁會信用部及電腦（資訊）共用中心業務事宜，信用部及共用中心人員，應配合檢查人員要求，據實提供各項業務、財務帳冊簿籍、傳票、報表、電腦媒體等資料接受檢查，不得藉故推諉、拖延或隱藏。

19. 中央存款保險公司為辦理行政院金融重建基金設置及管理條例第16條規定事項，追究經營不善金融機構不法負責人及職員等之責任，將派員蒐集其營業及資產負債相關資料乙案，為利金融重建基金任務之執行，請配合辦理。

20. 銀行若為順利辦理匯款解匯入戶事宜，而接受同業照會戶名，其目的係為服務客戶，俾能儘速完成匯款作業，故「照會」此行為應屬匯款業務實際作業上，必須且經常發生之行為，惟銀行於「照會」時得告知之意思表示範圍，依個資法第六條之意旨，僅宜於必要之範圍內告知（如戶名、帳號正確與否）。

21. 若存戶死亡，繼承人檢具之戶籍謄本確能證明與被繼承人間之繼承事實者，應得享有與存款戶本人（被繼承人）生前查詢該存款戶往來資料之同等權利。其次，依財政部85年12月30日台融局第85557747號函之規定，繼承人查詢被繼承人存款資料之權利，如因特殊情況不能自行辦理，其委任他人代查而能證明確有委任關係存在者，得由該受任之他人代查。

22. 繼承人對被繼承人存放款往來資料之查詢係屬確認管理權之行為，應不需由全體繼承人共同行使。

23. 銀行對支票存款戶應**按月**寄發對帳單。

24. 當法人戶支票存款之名稱或負責人變更時，銀行應通知存戶辦理變更，經通知後逾**一個月**未辦理者，應終止往來契約。

25. 銀行如遇票據交換所追查支存戶基本資料有關事項時，應於**兩週內**將查證結果及憑證送票據交換所。

26. 銀行對政府機關、公營事業、學校、公司行號及其他團體，其定期存款存期在**三個月**以上，未經存戶特別指示者。應於存續期間內至少寄發**一次**對帳單。

27. 辦理支存戶存款不足退票後之清償贖回註記，銀行須於**二個營業日內**將相關資料核轉票據交換所。

28. 對退票備付款留存已滿**三年**，而原退票據仍未重行提示者，必須填具「備付期滿註記申請單」核轉票據交換所辦理註記，並持將付款轉回發票人帳戶。

29. 可轉讓定期存單存期最短為**一個月**，最長不得超過**一年**。

30. 銀行接到法院扣押存款之命令，必須依其命令辦理，若扣押之存款不足，應於**十日內**以訴狀或公文向法院聲明異議。

31. 繼承人之一於被繼承人死亡時，既已成為銀行之顧客，則銀行對其提供存放款往來資料，當無所謂洩露顧客之秘密可言。故繼承人之一欲查詢被繼承人存款資料，並無須全體繼承人同意。

32. 請求權之時效：
    (1)本金**十五年**；亦即一般借款或借據所載本金請求權，自到期日之翌日起算**十五年間**不行使而消滅。
    (2)墊款及違約金**十五年**。
    (3)利息**五年**；亦即一般契約或借據所載利息請求權，自到期日之翌日起算，**五年間**不行使而消滅。
    (4)保險金**二年**。
    (5)因侵權所生之損害賠償請求權，自請求權人知有損害及賠償義務人時起，**二年間**不行使而消滅，自有侵權行為時起**十年**者亦同。

33. 銀行對借保人有將不動產過戶或設定抵押權予他人等脫產行為之虞者，必須提供擔保金，向法院聲請對其財產假扣押查封；對借保人有將其不動產變更現狀（如：拆毀或興建房屋）或已將其不動產過戶或設定抵押權予第三人必須提供擔保金，向法院聲請假處分，並應於收到法院假扣押、假處分之裁定後<u>三十日內</u>執行查封或處分行為。

34. 銀行因向法院聲請假扣押、假處分、假執行而提存之擔保物，應於原因消滅後聲請領回，超過<u>五年</u>未聲請領回將遭沒入國庫，立即聲請返還提存物之期限最長為<u>五年</u>。

精選試題

( )　**1** 有關銀行各營業、財務保管及資訊單位辦理自行查核應注意事項，下列敘述何者正確？　(A)自行查核人員辦理自行查核工作完竣後，應即撰成「自行查核報告」，逐報總行稽核單位審核　(B)自行查核所發現之缺失，自行查核負責人應促請該單位人員注意改善　(C)自行查核負責人應對「工作底稿」及「自行查核報告」之真實性負完全責任　(D)查核時，如發現業務經辦人員有違規事實，或舞弊失職情事，應即密報總行稽核單位處理。

( )　**2** 櫃員結帳後發現現金有短少時，除立即報告主管人員外，並應以下列何種方式處置，以備日後追查？　(A)以「其他應付款」科目列帳　(B)以「其他應收款」科目列帳　(C)由櫃員先行墊補　(D)由分行人員共同分擔補足。

( )　**3** 有關存款對帳單寄發，下列敘述何者錯誤？　(A)支票存款應按月寄發　(B)政府機關存期在三個月（含）以上之定期性存款，除客戶有特別指示者外，於存續期間應至少寄發一次　(C)主管應督導原存款經辦人員按時寄發　(D)對帳單回聯之驗印，不得由原經辦人員辦理。

(　)　**4** 營業終了現金入庫後，除經主管或指定人員複點外，平時每隔多
　　　　久應不定期全部細點一次，並作成檢查紀錄？
　　　　(A)每週一次　　　　　　　　(B)每半個月一次
　　　　(C)每月一次　　　　　　　　(D)每三個月一次。

(　)　**5** 託收票據如於遞送途中遺失，應通知下列何者，並立即向付款行
　　　　辦理掛失止付手續？　(A)發票人　(B)背書人　(C)委託人　(D)
　　　　保證人。

(　)　**6** 綜合存款係將下列何者綜合納入一本存摺內？　A.活期性存款
　　　　B.定期性存款　C.擔保放款　D.貼現
　　　　(A) A.B.D　　　　　　　　　(B) B.C.D
　　　　(C) A.B.C　　　　　　　　　(D) A.B.C.D。

(　)　**7** 辦理支票存款開戶，下列何者敘述錯誤？　(A)公司開戶應實地查
　　　　證營業場所　(B)公司開戶負責人有被拒絕往來經解除之情事不准
　　　　開戶　(C)限制行為能力人不得開支票存款　(D)客戶要求採用二
　　　　人時，應以二人併列戶名。

(　)　**8** 客戶申請開立下列何種帳戶時，應即時查詢其身分證領、補、換
　　　　發記錄？　(A)均需身分證件　(B)活期儲蓄存款　(C)定期存款
　　　　(D)活期綜合存款。

(　)　**9** 支存戶於終止本票擔當付款契約後，繼續簽發銀行擔當付款本
　　　　票，如提示之本票係於終止契約後簽發者，銀行應以下列何種理
　　　　由退票？　(A)擅自指定金融業者為本票之擔當付款人　(B)撤銷
　　　　付款委託　(C)終止契約結清戶　(D)終止擔當付款契約。

(　)　**10** 未成年人開立非支票存款之一般存款戶，如未出具法定代理人之
　　　　同意書，銀行應發函並訂至少多久期限催告法定代理人確答是否
　　　　承認？　(A)一個月　(B)二個月　(C)三個月　(D)六個月。

(　)　**11** 關於銀行金庫內部控制實務作業，下列敘述何者不符內控原則？
　　　　(A)金庫密碼應定期更換　(B)出納主管保管使用金庫鑰匙，但不
　　　　持有金庫密碼　(C)金庫密碼及鑰匙應分人保管　(D)金庫門應裝
　　　　置定時鎖，由出納人員設定開啟時間。

( )　**12** 依「銀行法第七條有關活期存款依約定方式提取存款之規範」規定，金融機構得與客戶約定之轉帳方式，下列何者錯誤？
(A)金融機構依約定轉入後，應寄發對帳通知
(B)得將活期存款轉入同一金融機構之活期存款帳戶
(C)不得將活期存款轉入其他金融機構之活期存款帳戶
(D)不得有概括授權將活期存款轉入支票存款帳戶之情事。

( )　**13** 有關金融機構受理開戶，雙重身分證明文件之查核，下列敘述何者正確？　(A)僅個人戶才須查核　(B)第二身分證明文件可提供影本供查核　(C)機關學校團體，可免查核第二身分證明文件 (D)個人戶及非個人戶均須查核。

( )　**14** 金融機構如有客戶金融卡被偽造盜領存款，應將相關資料提供予下列何單位，以便對ATM等資料進行交叉比對？
(A)金融聯合徵信中心　　　　　　(B)國稅局
(C)財金資訊公司　　　　　　　　(D)中央存款保險。

解答及解析

1 (B)。各銀行營業、財務保管及資訊單位辦理自行查核，應由該單位主管指定非原經辦人員辦理並事先保密。自行查核報告應作成工作底稿，併同自行查核報告及相關資料至少留存五年。

2 (B)。櫃員結帳後，現金如發生溢餘或短少，必須立即報告主管人員處理，並於當天列入「其他應付款」或「其他應收款」。

3 (C)。
(1) 對政府機關、公營事業、學校、公司行號及其他團體之定期性存款客戶，其存期在三個月以上（包括三個月）者，於存續期間

內至少寄發對帳單一次，但經客戶指定日期寄發或表示無須寄發者，仍依客戶要求辦理。
(2) 對個人之定期性存款客戶得依客戶要求不定期寄發對帳單。
(3) 對帳單之規格、內容、發送等處理辦法，由各行庫參照「支票存款對帳單抄送辦法」之規定辦理，惟應由主管人員指定非經辦人員核發對帳單並納入「自行查核」項目。

4 (A)。營業終了現金入庫後，除經主管或指定人員複點外，平時每週應不定期全部細點一次，並作成檢查紀錄。

5 (C)。
(1) 通知委託人並向付款行辦理掛失止付。
(2) 遺失前項繳款書，應向主管稽徵機關申請補發，主管稽徵機關辦理／補發。

6 (C)。本存款係將外匯活期存款、外匯定期存款及存單質借等業務綜合納入一本存摺內，客戶憑存摺可隨時存取款項及質借，並且利用利息之自動轉帳與定期存款自動轉期等方式來簡化領繳利息及定期存款續存手續。

7 (B)。
(1) 支票存款個人名義開戶手續是由本人攜帶「身分證」及「印鑑」（使用簽名亦可）到銀行填寫「支票存款開戶申請及約定書」、「支票存款票據徵信開戶查詢申請單」，繳交徵信查詢手續費，銀行會依規定向票據交換所查詢是否有退票記錄或拒絕往來情形。
(2) 沒有前述情形，銀行將即時通知您前來領取支票本並存入金額（最低起存金額一萬元）。拿到支票本後，要妥善保管避免遺失，最好將支票本和印章分開存放。
(3) 如果開設的是公司且身為公司負責人，則必須另外再攜帶公司營業執照、營業事業登記證及公司大小章辦理開戶。
(4) 如果開設的是不具法人資格的行號或團體，則開立支票存款戶必須以其負責人之個人名義申請，但行號或團體名稱可以併列於戶名內。

正常要開支票戶就是要活儲戶至少要在該行開戶3～6個月，且平均帳戶存款超過5～10萬，存款積數約5位數才能向該行申請開甲存戶（支票戶），而且審核時還必須查聯徵信用是否正常。

8 (A)。於銀行開戶時均需核對客戶之身分證明文件效力及真實性。

9 (A)。本票發票人於提示期限到期前撤銷付款委託，經執票人提示退票後未辦妥贖回註記，「一年內」達「三張」者，銀行應即通知票據交換所，公告終止為「擔當付款人」，銀行終止為擔當付款人之契約後，應通知存戶繳回剩餘空白本票，並自終止契約之日起「三年內」，不再受託為該存戶之擔當付款人；該支存戶於終止本票擔當付款契約後，繼續簽發擔當付款本票，如提示之本票係於終止契約後簽發者，必須以「擅自指定金融業者為本票之擔當付款人」之理由退票，以前述理由之退票，「一年內」達「三張」以上者，必須通知票據交換所公告將該存戶列為拒絕往來戶。

10 (A)。發文字號：財政部78.6.29台財融字第780868252號：限制行為能力人開立非支票存款之一般存款戶，系屬消費寄託之契約行為，須經法定代理人之允許或承認，始生效力。

民法第77條與第79條分別訂有明文，惟為方便限制行為能力人開戶，倘於開戶時如已出具法定代理人之同意書，可逕予辦理，如未能出具同意書，得定一個月以上期限，催告代理人確答是否承認，法定代理人未於期限內確答者，視為拒絕承認。

11 **(D)**。金庫密碼及鑰匙應分人保管、金庫密碼應定期更換、營業終了現金及櫃員現金箱均應放置於金庫內、空白單據是指空白支票、存摺、存單與金融卡。

12 **(C)**。
　一、金融機構得與客戶約定由金融機構將活期存款轉入同一或其他金融機構之帳戶，惟不得有概括授權將活期存款轉入支票存款帳戶之情事。
　二、金融機構依約定轉入後，應寄發對帳通知，並落實內部控制及內部稽核，以保障交易安全。

13 **(D)**。金融機構受理開戶（包括個人戶及非個人戶），應實施雙重身分證明文件查核及留存該身分證明文件。個人戶部分，除身分證外，並應徵取其他可資證明身分之文件，如健保卡、護照、駕照或學生證等；非個人戶部分，除登記證照外，並應徵取董事會議紀錄、公司章程或財務報表等，始可辦理開立帳戶。

14 **(C)**。金融機構如有客戶金融卡被偽造盜領存款，應將相關資料提供予財金資訊公司，以便對ATM及客戶帳戶等資料進行交叉比對，加速找出犯罪共同點及偵查方向。財金資訊公司如須其他金融機構協助時，由財金資訊公司逕洽辦理，並向財政部金融局報備相關事宜。

Chapter 8

金融機構委外作業處理事項

頻出度 **A** 依據出題頻率分為：A頻率高 B頻率中 C頻率低

章前導引
- 信用卡發卡業務行銷之委外。
- 金融機構對於涉及營業執照所載業務項目或客戶資訊之相關作業委外。
- 委外事項的風險管理原則及作業程序。
- 金融機構應定期及不定期對受委託辦理應收債權催收作業之機構進行查核及監督。

章節架構

- 委外處理作業
  - 內部作業規範
  - 客戶權益保障內部作業程序
  - 風險管理原則及作業程序
- 代收信用卡卡費之委外
- 信用卡發卡業務行銷之委外
- 車輛貸款以外的消費性貸款行銷之委外
- 應收債權催收作業之委外及監督

重點精華

壹、委外處理作業 ☆

金融機構作業委託他人處理者（以下簡稱為委外），應簽訂書面契約，並依據「金融機構作業委託他人處理內部作業制度及程序辦法」辦理，如涉及外匯作業事項並應依中央銀行有關規定辦理。

法規一點靈

金融機構作業委託他人處理內部作業制度及程序辦法

「金融機構作業委託他人處理內部作業制度及程序辦法」適用之金融機構，包括本國銀行及其國外分行、外國銀行在臺分行、信用合作社、票券金融公司及經營信用卡業務之機構。（第2條）

金融機構作業委託他人處理內部作業制度及程序辦法係依據銀行法第45-1條第3項及信用合作社法第21條第4項訂定之。（第1條）

一、內部控管及稽核制度

銀行法第45-1條
銀行應建立內部控制及稽核制度；其目的、原則、政策、作業程序、內部稽核人員應具備之資格條件、委託會計師辦理內部控制查核之範圍及其他應遵行事項之辦法，由主管機關定之。
銀行對資產品質之評估、損失準備之提列、逾期放款催收款之清理之轉銷，應建立內部處理制度及程序；其辦法，由主管機關定之。
銀行作業委託他人處理者，其對委託事項範圍、客戶權益保障、風險管理及內部控制原則，應訂定內部作業制度及程序；其辦法，由主管機關定之。
銀行辦理衍生性金融商品業務，其對該業務範圍、人員管理、客戶權益保障及風險管理，應訂定內部作業制度及程序；其辦法，由主管機關定之。

信用合作社法第21條第4項
信用合作社作業委託他人處理者，其對委託事項範圍、客戶權益保障、風險管理及內部控制原則，應訂定內部作業制度及程序；其辦法，由中央主管機關定之。

(一) **委外事項**（第3條）
　　金融機構對於涉及營業執照所載業務項目或客戶資訊之相關作業委外，以下列事項範圍為限：
　1. 資料處理：包括資訊系統之資料登錄、處理、輸出，資訊系統之開發、監控、維護，及辦理業務涉及資料處理之後勤作業。
　2. 表單、憑證等資料保存之作業。
　3. 代客開票作業，包括支票、匯票。
　4. 貿易金融業務之後勤處理作業。但以信用狀開發、讓購、及進出口託收為限。
　5. 代收消費性貸款、信用卡帳款作業，但受委託機構以經主管機關核准者為限。

6. 提供信用額度之往來授信客戶之信用分析報告編製。

7. 信用卡發卡業務之行銷業務、客戶資料輸入作業、表單列印作業、裝封作業、付交郵寄作業，及開卡、停用掛失、預借現金、緊急性服務等事項之電腦及人工授權作業。

8. 電子通路客戶服務業務，包括電話自動語音系統服務、電話行銷業務、客戶電子郵件之回覆與處理作業、電子銀行客戶及電子商務之相關諮詢及協助，及電話銀行專員服務。

9. 車輛貸款業務之行銷、貸放作業管理及服務諮詢作業，但不含該項業務授信審核之准駁。

10. 消費性貸款行銷，但不含該項業務授信審核之准駁。

11. 房屋貸款行銷業務，但不含該項業務授信審核之准駁。

12. 應收債權之催收作業。

13. 委託代書處理之事項，及委託其他機構處理因債權承受之擔保品等事項。

14. 車輛貸款逾期繳款之尋車及車輛拍賣，但不含拍賣底價之決定。

15. 鑑價作業。

16. 內部稽核作業，但禁止委託其財務簽證會計師辦理。

17. 不良債權之評價、分類、組合及銷售。但應於委外契約中訂定受委託機構參與作業合約之工作人員，於合約服務期間或合約終止後一定合理期間內，不得從事與委外事項有利益衝突之工作或提供有利益衝突之顧問或諮詢服務。

18. 有價證券、支票、表單及現鈔運送作業及自動櫃員機裝補鈔作業。

19. 金塊、銀塊、白金條塊等貴金屬之報關、存放、運送及交付。

20. 其他經主管機關核定得委外之作業項目。

(二) **委外內部作業規範**

1. 應載明下列事項：（第4條）

(1) 作業委外之政策及原則，包括委外之決策評估、風險管理機制、核決層級及治理架構。

(2) 專責單位及相關單位對委外事項控管之權責分工。

(3) 委外事項範圍及委外程序。

(4) 客戶權益保障之內部作業及程序。

(5) 風險管理原則及作業程序。

(6) 內部控制原則及作業程序。

(7) 其他委外作業事項及程序。

2. 專責單位應執行之事項如下：（第6條）

(1)委外內部作業規範控管委外事項。

(2)就委外事項涉及客戶權益保障、風險管理及內部控制作業之監督，並定期評估檢討將結果呈報董（理）事會或外國金融機構在臺分支機構之總機構授權人員，若有重大異常或缺失亦應儘速通報主管機關及中央銀行。

(3)督導受委託機構內部控制及內部稽核制度之建立及執行。

(4)訂定並執行遴選受委託機構之作業辦法，且應注意委外事項係受委託機構合法得辦理之營業項目。

(5)專責單位應定期至財團法人金融聯合徵信中心所建置受委託機構暨員工登錄系統查詢相關資料，並留存查詢紀錄備查，以作為金融機構作業委外執行本身內部控制制度及管理督導受委託機構建立內部控制制度之一環。

3. 內部控制原則及作業程序，其內容應包括：（第9條）

(1)訂定並執行委外事項範圍之監督管理作業程序。

(2)前款作業程序應納入金融機構整體內部控制及內部稽核制度內執行。

(3)監督受委託機構內部控制及內部稽核制度之建立及執行。

(三) **訂定客戶權益保障內部作業及程序**（第7條）

金融機構訂定之委外內部作業規範有關客戶權益保障之內部作業及程序，其內容應包括：

1. 如涉及客戶資訊者，應於契約簽訂時訂定告知客戶之條款；其未訂有告知條款者，金融機構應書面通知客戶委外事項，並應依個人資料保護法之規定辦理。

2. 客戶資訊提供之條件範圍及其移轉之程序方法。

3. 對受委託機構使用、處理、控管前款客戶資訊之監督方法。

4. 訂定客戶糾紛處理程序及時限，並設置協調處理單位，受理客戶之申訴。

5. 其他客戶權益保障之必要措施。

二、風險管理原則及作業程序（第8條）

(一) 建立作業委外風險與效益分析之制度。

(二) 建立足以辨識、衡量、監督及控制委外相關風險之程序或管理措施。

(三) 訂定緊急應變計畫及終止委託之移轉機制。

三、信用卡委外事項

(一) 代收信用卡卡費之委外

發卡機構對持卡人應繳納信用卡之消費帳款,可委由金融機構或便利商店業代收;委託便利商店業代收者,應依下列規定辦理:

1. 應依「金融機構作業委託他人處理內部作業制度及程序辦法」規定辦理。
2. 發卡機構應與受委託機構研訂安全控管計畫,且受委託機構每筆帳單代收金額上限為新台幣貳萬元。
3. 為避免客戶資料外洩,發卡機構委由便利商店業代收信用卡持卡人消費帳款之繳款資料,不得完整列示客戶身分證字號及信用卡卡號等個人資料。
4. 發卡機構應確保受委託機構及其人員無法藉由繳款資料取得或辨識客戶之身分證字號、信用卡卡號及其他相關之個人資料。
5. 發卡機構應按信用卡業務特性及信用卡逾期墊款應儘速轉銷呆帳原則,訂定適用信用卡業務之逾期墊款、催收款及呆帳處理制度。

(二) 信用卡發卡業務行銷之委外

金融機構在內部控制及內部稽核制度健全之前提下,如符合一定條件,亦得委託持股非百分之百之行銷公司辦理信用卡發卡業務之行銷作業一項。

前述所稱一定條件,包含下列各項:

考 **點速攻**

金融機構得委託其持股百分之百或具百分之百控制力之行銷公司辦理信用卡發卡業務之行銷作業。

1. 該行銷公司僅單獨辦理信用卡行銷業務一項。
2. 該行銷公司只接受一家發卡金融機構委託,且**不得再委外或轉包其他事業或個人。**
3. 金融機構經檢視過去委託該行銷公司辦理信用卡行銷收件之品質良好。
4. 金融機構應每季提出對該行銷公司之實地查核報告,並包括對該公司送件品質之評估。

本條委外事項之申請,金融機構應說明委外行銷公司區域分佈情形,並事先審查該委外行銷公司之內部控制制度及相關作業程序,報請主管機關核准。

(三) 車輛貸款以外的消費性貸款行銷之委外

金融機構辦理本條作業委外應委託其持股百分之百或具百分之百控制力之行銷公司辦理。金融機構辦理本條作業委外,應要求受委託之行銷公司不得以給予贈品或獎品或於街頭、騎樓設攤之方式行銷。

知識補給站

受委託機構具備下列資格條件：（第13條）
1. 受委託機構應為下列其中之一：
    (1) 依公司法或商業登記法辦理登記並取得主管機關核發載有辦理金融機構金錢債權管理服務業務之公司登記證明文件或商業登記證明文件之公司。
    (2) 依法設立之律師事務所。
    (3) 依法設立之會計師事務所。
2. 受委託機構虧損未達實收資本額三分之一者。但虧損超過實收資本額三分之一，如已依相關規定完成增資程序者，不在此限。
3. 受委託機構之催收人員應完成中華民國銀行商業同業公會全國聯合會或其認可之機構舉辦有關催收專業訓練課程或測驗並領有合格證書者，且無下列情事之一之人員：
    (1) 曾犯刑法、組織犯罪防制條例、槍砲彈藥刀械管制條例等所定相關暴力犯罪，經判刑確定或通緝有案尚未結案者。
    (2) 受破產之宣告尚未復權者。
    (3) 使用票據經拒絕往來尚未期滿或有其他債信不良紀錄尚未了結者。
    (4) 無行為能力、限制行為能力或受輔助宣告尚未撤銷者。
    (5) 違反本辦法或其他法令而離職，並經金融機構報送財團法人金融聯合徵信中心登錄者。
4. 受委託機構之催收人員未完成中華民國銀行商業同業公會全國聯合會或其認可之機構舉辦有關催收專業訓練課程或測驗並領有合格證書者，應於任職後兩個月內補正。
5. 受委託機構之負責人應無銀行負責人應具備資格條件兼職限制及應遵守事項準則第3條第1項第1款至第11款所述情形，並出具相關之聲明書。
6. 受委託機構具有為承辦受託事務所需之完備電腦作業處理設備，相關作業人員之電話須裝設錄音系統，錄音系統須與電腦系統配合可即時調閱錄音，以供稽核或遇爭議時查證之用，需所有電話暨外訪時均予以錄音並製作備份且至少保存六個月以上，其錄音紀錄不得有刪除或竄改之情形。

(四) 銀行負責人應具備資格條件兼職限制及應遵行事項準則第3條

有下列情事之一、不得充任銀行之負責人：
1. 無行為能力、限制行為能力或受輔助宣告尚未撤銷者。
2. 曾犯組織犯罪防制條例規定之罪，經有罪判決確定者。
3. 曾犯偽造貨幣、偽造有價證券、侵占、詐欺、背信罪，經宣告有期徒刑確定，尚未執行、尚未執行完畢，或執行完畢、緩刑期滿或赦免後尚未逾十年者。

4. 曾犯偽造文書、妨害秘密、重利、損害債權罪或違反稅捐稽徵法、商標法、著作權法或其他工商管理法規定,經宣告有期徒刑確定,尚未執行、尚未執行完畢,或執行完畢、緩刑期滿或赦免後尚未逾五年者。

5. 曾犯貪污治罪條例之罪,經判決有罪確定,尚未執行、尚未執行完畢,或執行完畢、緩刑期滿或赦免後尚未逾五年者。

6. 違反本法、金融控股公司法、信託業法、票券金融管理法、金融資產證券化條例、不動產證券化條例、保險法、證券交易法、期貨交易法、證券投資信託及顧問法、管理外匯條例、信用合作社法、農業金融法、農會法、漁會法、洗錢防制法、資恐防制法或其他金融管理法,受刑之宣告確定,尚未執行、尚未執行完畢,或執行完畢、緩刑期滿或赦免後尚未逾五年者。

7. 受破產之宣告或經法院裁定開始清算程序,尚未復權者。

8. 曾任法人宣告破產時之負責人,破產終結尚未逾五年,或調協未履行者。

9. 使用票據經拒絕往來尚未期滿者,或期滿後三年內仍有存款不足退票紀錄者。

10. 有重大喪失債信情事尚未了結、或了結後尚未逾五年者。

11. 依本法、金融控股公司法、信託業法、票券金融管理法、金融資產證券化條例、不動產證券化條例、保險法、證券交易法、期貨交易法、證券投資信託及顧問法、信用合作社法、農業金融法、農會法、漁會法或其他金融管理法,經主管機關命令撤換或解任,尚未逾五年者。

12. 有事實證明從事或涉及其他不誠信或不正當之活動,顯示其不適合擔任銀行負責人者。

貳、應收債權催收作業委外之監督 ☆

金融機構應定期及不定期對受委託辦理應收債權催收作業之機構進行查核及監督,應確保是否合乎金融機構作業委託他人處理內部作業制度及程序辦法第14條之下列各款規定:

(一) 監督執行事項

1. 不得有暴力、恐嚇、脅迫、辱罵、騷擾、虛偽、詐欺或誤導債務人或第三人或造成債務人隱私受侵害之其他不當之債務催收行為。

2. 不得以影響他人正常居住、就學、工作、營業或生活之騷擾方法催收債務。

3. 催收時間為上午七時至晚上十時止。但經債務人同意者,不在此限。

4. 不得以任何方式透過對第三人之干擾或催討為之。

5. 為取得債務人之聯繫資訊，而與第三人聯繫時，應表明身分及其目的係為取得債務人之聯繫資訊。如經第三人請求，應表明係接受特定金融機構之委託，受委託機構之名稱，外訪時並應出具授權書。

6. 受委託機構及員工不得向債務人或第三人收取債款或任何費用。但如係法院執行扣薪需要，受委託機構為金融機構訴訟代理人並經該金融機構同意代收該扣薪款時，不在此限。

7. 受委託機構之外訪人員需配帶員工識別證，並應將外訪過程中與客戶或其相關人之談話內容全程錄音。未經債務人同意，不可擅自以任何形式進入其居住處所。

(二) **有下列情形之一者，視為第(一)項第1款虛偽、詐欺或誤導之方法**

1. 虛偽陳述或暗示債務人不清償債務將受逮捕、羈押等刑事處分。

2. 告知債務人將查封依法不得查封之財產。

3. 向債務人催收債權金額以外或法律禁止請求之費用。

4. 虛偽陳述債務人不清償債務，法院將實施拘提、管收、查封或拍賣等執行行為。

(三) **有下列情形之一者，視為第(一)項第2款影響他人正常居住、就學、工作、營業或生活之騷擾方法**

1. 持續或於非催收時間內，以電話、傳真、簡訊、電子郵件等通訊方法或訪問債務人居住所、學校、工作、營業地點或其他場所，向債務人催收。

2. 以明信片進行催收，或於信封上使用任何文字、符號及其他方式，足使第三人知悉債務人負有債務或其他有關債務人私生活之資訊。但公司名稱，不在此限。

3. 以佈告、招牌或其他類似方法，致第三人知悉債務人負有債務或其他有關債務人私生活之資訊。

考前焦點速記

1. 作業委外如因受委託機構或其僱用人員之疏失致客戶權益受損，**仍應對客戶負責**。

2. 金融機構作業委外如因受委託機構或其受僱人員之故意或過失致客戶權益受損，**仍應對客戶依法負同一責任**。

3. 受委託機構具有為承辦受託事務所需之完備電腦作業處理設備，相關作業人員之電話須裝設錄音系統，錄音系統須與電腦系統配合可即時調閱錄音，以供稽核或遇爭議時查證之用，所有電話暨外訪時均需予以錄音並製作備份且至少保存**六個月**以上，其錄音紀錄不得有刪除或竄改之情形。

4. 信用卡發卡業務之行銷及委外事項，不得複委託；有關貸款行銷作業委外，應由金融機構自行辦理客戶及關係人之對保簽章作業。

5. 作業委外如涉及客戶資訊者，電腦處理個人資料保護法另有規定者，從其規定。

6. 金融機構辦理信用卡發卡業務之行銷之委外者，應要求受委託之行銷公司依信用卡業務機構管理辦法相關行銷規定辦理。

7. 受委託機構於聘僱人員時，應取得該受僱人員書面同意金融機構及財團法人金融聯合徵信中心得蒐集、處理及利用其個人資料。受委託機構應將違反規定而離職之人員資料提供金融機構報送財團法人金融聯合徵信中心予以登錄。

8. 公營銀行辦理應收債權催收作業委外處理時，並應遵守「政府採購法」中有關勞務採購之規範。

9. 發卡機構對於信用卡應收債權之委外處理，應確實依據金融監督管理委員會及本會訂定之「金融機構作業委託他人處理內部作業制度及程序辦法」及「金融機構辦理應收債權催收作業委外處理要點」辦理，並查核受託單位是否涉及不法催討。

10. 逾期放款及催收款逾清償期在**六個月**以上，**二年**以下者，經催收仍未收回者，得扣除可收回部份後，轉銷為呆帳。

11. 信用卡當月應繳最低付款金額超過指定繳款期限六個月未繳足者，應於該六個月後之**三個月**內，將全部墊款金額轉銷為呆帳。

12. 信用卡發卡機構對爭議款項應於受理後**十四日**內告知持卡人處理狀況及進度，調查期間應該停止計算利息。

13. 信用卡發卡機構在徵信作業過程中或接獲被害人反映，發現有冒名申請信用卡案件時，無論是否造成損失均必需於**三日內**主動通報金融聯合徵信中心建檔管制，避免損害擴大。

14. 信用卡爭議款項於受理後**十四日**內回覆持卡人處理狀況或進度，調查期間應該停止計算利息。

15. 為避免持卡人（含學生卡）消費過度擴張，發卡機構對於已持超過**三家**以上發卡機構卡片之申請人核發卡片時，應當審慎評估。

16. 委外行銷應依「金融機構作業委託他人處理內部作業制度及程序辦法」辦理。

17. 發卡機構委由便利商店業代收信用卡持卡人消費帳款，每筆帳單代收金額上限為新台幣貳萬元。

18. 自94年6月1日起實施金融卡非約定帳戶轉帳單日限額調降為新台幣**三萬元**。

19. 一定金額以上之通貨交易係指新台幣**五十萬元**（含等值外幣）以上之單筆現金收或付（在會計處理上，凡以現金收支傳票記帳者皆屬之）或換鈔交易。應確認客戶身分並以紙本或電子資料保存與客戶往來及交易之紀錄憑證，並應向調查局申報資料，保存至與客戶業務關係結束後或臨時性交易結束後，至少五年。

20. 收單機構向發卡機構收取特約商店沒收卡片之處理費統一訂定收取新台幣**一千元**。

21. 學生須年滿**十八歲**始能申請現金卡，且全職學生申請現金卡以**二家**發卡機構為限，每家發卡機構首次核給信用額度不得超過新台幣**一萬元**，但經父母同意者最高到新台幣**二萬元**。

22. 稽核單位之查核報告應於**檢查完成後二個月內**函送金融檢查機構。

23. 對金融檢查機構通知辦理之專案檢查應依限**收文後一個月**完成檢查工作並函報。

24. 對金融檢查機構檢查報告所提列意見，應於收文後**二個月內**函覆改善辦理情形，並於三個月內辦理實地覆查（惟海外分支單位，包括分行、辦事處、轉投資子銀行及子公司，除主管機關另有規定外，得由稽核單位年度查核時辦理之），並函覆改善情形。

25. 對一定金額以上之通貨交易，應於**五個營業日內**以媒體申報方式，向法務部調查局申報。

精選試題

(　　) **1** 依「金融機構作業委託他人處理內部作業制度及程序辦法」規定，下列何者非屬信用卡業務得委外作業事項？　(A)付交郵寄作業　(B)客戶資料輸入作業　(C)開卡作業　(D)信用卡之核發。

(　　) **2** 信用卡持卡人，持卡到從事融資業務特約商店（地下錢莊）借錢，特約商店再經由刷卡的交易程序，以便向發卡行請款，但事實上並未銷售貨品給持卡人，此一信用卡詐欺模式係指下列何者？(A)多刷帳單　(B)偽造卡　(C)信用卡假掛失　(D)假消費真刷卡。

(　　) **3** 有關銀行備抵呆帳提存及呆帳轉銷作業，下列敘述何者錯誤？　(A)信用卡呆帳之轉銷：當月應繳最低付款金額超過指定繳款期限六個月未繳足者，應於該六個月後之三個月內，將全部墊款金額轉銷為呆帳　(B)金融機構辦理現金卡業務，當期應繳付款項超過指定繳款期限六個月者，應於六個月內，將全部墊款金額轉銷為呆帳　(C)一般放款之逾期放款及催收款逾清償期二年，經催收仍未收回者應扣除可回收部分後轉銷為呆帳　(D)依信用卡業務機構管理辦法規定，發卡機構應將當月應繳最低付款金額超過指定繳款期限一個月至三個月者，應提列全部墊款金額之2%為備抵呆帳。

(　　) **4** 有關金融機構申請應收債權催收作業之委外，下列敘述何者錯誤？(A)委外催收之受委託機構以其他金融機構為限　(B)對於與債務無關之第三人資料，不得提供予委外催收機構　(C)金融機構債權委外催收前，應書面通知債務人，告知受委託機構名稱、催收金額等內容　(D)受委託機構之人員進行外訪催收時，應對債務人或相關第三人表明係接受特定金融機構之委託，並出具授權書。

(　　) **5** 依主管機關規定，金融機構之委外作業，應如何確保客戶資料安全無虞？　(A)由委外之金融機構自行負責客戶資料保密安全之維護，與受託機構無關　(B)由受託機構自行負責客戶資料保密安全之維護，與委外之金融機構無關　(C)由受委託機構落實執行客戶資料保密安全之維護，委外金融機構確實監督　(D)由委外金融機構落實執行客戶資料保密安全之維護，受委託機構確實監督。

(　　)　**6** 依「金融機構作業委託他人處理內部作業制度及程序辦法」規定，金融機構作業委外事項，不包括下列何者？　(A)鑑價作業 (B)代客開票作業　(C)應收債權之催收作業　(D)委託其財務簽證會計師辦理內部稽核作業。

解答及解析

1 (D)。參考金融機構作業委託他人處理內部作業制度及程序辦法第3、4條。

第3條　金融機構對於涉及營業執照所載業務項目或客戶資訊之相關作業委外，以下列事項範圍為限：

一、資料處理：包括資訊系統之資料登錄、處理、輸出，資訊系統之開發、監控、維護，及辦理業務涉及資料處理之後勤作業。

二、表單、憑證等資料保存之作業。

三、代客開票作業，包括支票、匯票。

四、貿易金融業務之後勤處理作業。但以信用狀開發、讓購、及進出口託收為限。

五、代收消費性貸款、信用卡帳款作業，但受委託機構以經主管機關核准者為限。

六、提供信用額度之往來授信客戶之信用分析報告編製。

七、信用卡發卡業務之行銷業務、客戶資料輸入作業、表單列印作業、裝封作業、付交郵寄作業，及開卡、停用掛失、預借現金、緊急性服務等事項之電腦及人工授權作業。

八、電子通路客戶服務業務，包括電話自動語音系統服務、電話行銷業務、客戶電子郵件之回覆與處理作業、電子銀行客戶及電子商務之相關諮詢及協助，及電話銀行專員服務。

九、車輛貸款業務之行銷、貸放作業管理及服務諮詢作業，但不含該項業務授信審核之准駁。

十、消費性貸款行銷，但不含該項業務授信審核之准駁。

十一、房屋貸款行銷業務，但不含該項業務授信審核之准駁。

十二、應收債權之催收作業。

十三、委託代書處理之事項，及委託其他機構處理因債權承受之擔保品等事項。

十四、車輛貸款逾期繳款之尋車及車輛拍賣，但不含拍賣底價之決定。

十五、鑑價作業。

十六、內部稽核作業，但禁止委託其財務簽證會計師辦理。

十七、不良債權之評價、分類、組合及銷售。但應於委外契約中訂定受委託機構參與作業合約之工作人員，於合約服

務期間或合約終止後一定合理期間內,不得從事與委外事項有利益衝突之工作或提供有利益衝突之顧問或諮詢服務。

十八、有價證券、支票、表單及現鈔運送作業及自動櫃員機裝補鈔作業。

十九、金塊、銀塊、白金條塊等貴金屬之報關、存放、運送及交付。

二十、其他經主管機關核定得委外之作業項目。

前項第7款信用卡發卡業務之行銷及第九款至第12款之委外事項,不得複委託;第9款至第11款有關貸款行銷作業委外,應由金融機構自行辦理客戶及關係人之對保簽章作業。

金融機構應依主管機關規定方式,確實申報有關作業委外項目、內容及範圍等資料。

第4條　金融機構作業委外應在不影響健全經營、客戶權益及相關法令遵循之原則下,依董(理)事會核定之委外內部作業規範辦理。但外國金融機構在臺分支機構(包括外國銀行在臺分行及外國信用卡公司)之核定,得由經總機構授權之人員為之。

前項所稱委外內部作業規範應載明下列事項:

一、作業委外之政策及原則,包括委外之決策評估、風險管理機制、核決層級及治理架構。

二、專責單位及相關單位對委外事項控管之權責分工。

三、委外事項範圍及委外程序。

四、客戶權益保障之內部作業及程序。

五、風險管理原則及作業程序。

六、內部控制原則及作業程序。

七、其他委外作業事項及程序。

金融機構對於作業委外負最終責任,應就委外事項之風險程度、重大性及對營運及客戶權益影響進行評估,依風險基礎方法採取適當之控管措施,並依下列規定辦理:

一、董(理)事會應認知作業委外之風險,定期監督委外事項執行情形。

二、應確保專責單位及相關單位對於控管委外事項具備充足之資源、專業及權限。

三、應辨識、評估及管理具重大性之作業委外,訂定相關程序及政策,確保委外作業對金融機構正常營運或客戶權益有重大影響者,訂定強化之控管及緊急應變措施。

四、應有適當之盡職調查及定期審查程序以確認受委託機構具備執行受託作業之專業知識與資源、財務健全、內部控制及資安管理機制及符合法規要求。

五、應確保金融機構本身、主管機關及中央銀行,或其指定之人能取得受委託機構就受託事項範圍之相關資料或報告,及進行金融檢查或查核,或得命令

受委託機構於限期內提供相關資料或報告。

前項規定於外國金融機構在臺分支機構之適用，得由總機構或經其授權之區域總部負責及辦理。但專責單位仍應由外國金融機構在臺分支機構人員辦理，並充分掌握總機構或經其授權之區域總部對在臺作業委外事項之控管情形。

本辦法所稱之重大性，係指下列情形之一：

一、委外作業無法提供服務或有資訊安全疑慮，對金融機構之業務營運有重大影響者。

二、委外作業涉及客戶資料安全事件，對金融機構或客戶權益有重大影響者。

三、其他委外作業對金融機構或客戶權益有重大影響者。

2 (D)。

3 (B)。信用卡戶帳款資料揭露期限，繳款資料自繳款截止日起揭露一年，催收及呆帳紀錄自清償之日起揭露六個月，但呆帳紀錄未清償者，自轉銷之日起揭露五年。

金融機構辦理現金卡業務，當期應繳最低付款金額超過指定繳款期限六個月未繳足者，應於六個月後之三個月內，將債權餘額轉銷為呆帳。

4 (A)。受委託機構應具備下列資格條件：

受委託機構應為下列其中之一：

(1) 取得主管機關核發載有「辦理金融機構金錢債權管理服務業務」之公司設立登記表或公司變更登記表及地方主管機關核發之營利事業登記證之公司。

(2) 依法設立之律師事務所。

(3) 依法設立之會計師事務所。

5 (C)。金融機構作業委外不得違反法令強制或禁止規定、公共秩序及善良風俗，對經營、管理及客戶權益，不得有有不利之影響，並確保遵循銀行法、洗錢防制法、電腦處理個人資料保護法及其他法令之規定。

金融機構對委外事項應加強控管，定期稽核，並留存紀錄以供查核。

6 (D)。金融機構作業委託他人處理內部作業制度及程序辦法第3條第1項：金融機構對於涉及營業執照所載業務項目或客戶資訊之相關作業委外，以下列事項範圍為限：

一、資料處理：包括資訊系統之資料登錄、處理、輸出，資訊系統之開發、監控、維護，及辦理業務涉及資料處理之後勤作業。

二、表單、憑證等資料保存之作業。

三、代客開票作業，包括支票、匯票。

四、貿易金融業務之後勤處理作業。但以信用狀開發、讓購、及進出口託收為限。

五、代收消費性貸款、信用卡帳款作業，但受委託機構以經主管機關核准者為限。

六、提供信用額度之往來授信客戶之信用分析報告編製。

七、信用卡發卡業務之行銷業務、
客戶資料輸入作業、表單列印
作業、裝封作業、付交郵寄作
業，及開卡、停用掛失、預借
現金、緊急性服務等事項之電
腦及人工授權作業。

八、電子通路客戶服務業務，包
括電話自動語音系統服務、電
話行銷業務、客戶電子郵件之
回覆與處理作業、電子銀行客
戶及電子商務之相關諮詢及協
助，及電話銀行專員服務。

九、車輛貸款業務之行銷、貸放作
業管理及服務諮詢作業，但不
含該項業務授信審核之准駁。

十、消費性貸款行銷，但不含該項
業務授信審核之准駁。

十一、房屋貸款行銷業務，但不含
該項業務授信審核之准駁。

十二、應收債權之催收作業。

十三、委託代書處理之事項，及委
託其他機構處理因債權承受
之擔保品等事項。

十四、車輛貸款逾期繳款之尋車及
車輛拍賣，但不含拍賣底價
之決定。

十五、鑑價作業。

十六、內部稽核作業，但禁止委託
其財務簽證會計師辦理。

十七、不良債權之評價、分類、組
合及銷售。但應於委外契約
中訂定受委託機構參與作業
合約之工作人員，於合約服
務期間或合約終止後一定合
理期間內，不得從事與委外
事項有利益衝突之工作或提
供有利益衝突之顧問或諮詢
服務。

十八、有價證券、支票、表單及
現鈔運送作業及自動櫃員
機裝補鈔作業。

十九、金塊、銀塊、白金條塊等貴
金屬之報關、存放、運送及
交付。

解答及解析

Chapter 9

歹徒詐騙與詐騙之防止

頻出度 **C** 依據出題頻率分為：A頻率高 B頻率中 C頻率低

章前導引
- 詐騙案件透過金融聯合徵信中心與網際網路通報。
- 疑似不法或顯屬異常交易存款帳戶之認定標準及分類。
- 銀行警示帳戶餘款之返還。
- 對異常開戶之情形，應以電話、書面或實地查訪等方式確認，或以事後掛號寄金融卡方式，增加取得金融卡難度。

章節架構

```
                        ┌─ 通報圈
      ┌─ 詐騙案件之通報 ─┤              ┌─ 網際網路通報
      │                 └─ 通報作業 ───┤
      │                               └─ 金融機構協助民眾防範詐騙
      │
      ├─ 疑似不法或顯屬異常交易帳戶與銀行管理
      ├─ 疑似不法或顯屬異常交易之存款帳戶
      ├─ 加速警示帳戶還款事宜
      └─ 防杜警示帳戶戶數新增措施
```

重點精華

壹、詐騙案件之通報

一、通報圈

通報系統由下列兩部分通報圈構成：

(一) 各金融機構與財團法人金融聯合徵信中心之通報圈。

(二) 各金融機構總管理機構與其所屬分支機構間之內部通報圈。

二、通報作業

金融機構所屬分支機構如發現遭歹徒詐騙情事時，無論歹徒是否得逞，應立即循各金融機構內部通報系統，以專用通報／更正／刪除單或其他方式將各項通報內容通報所屬總管理機構；總管理機構聯絡人員接獲通報後，除轉知所屬其他分支機構外，應依下列方式向金融聯合徵信中心通報：

(一) 網際網路通報

1. **金融聯合徵信中心會員機構以網際網路方式通報：**

   (1)通報時，以IC晶片卡進入金融聯合徵信中心通報專區，循序將通報案件鍵入通報檔案資料庫。金融聯合徵信中心每日接受檔案後開放金融機構查詢及列印案件傳真未裝置IC晶片卡之金融機構。

   (2)通報單位鍵入之通報案件，務必審核正確。其他金融機構或金融聯合徵信中心欲瞭解案情，可直接與通報單位聯繫。

   (3)IC晶片卡由金融聯合徵信中心提供會員金融機構裝置，各金融機構對IC晶片卡之管理、使用，應依該中心訂定之「信用資訊查詢系統申裝、使用暨管理作業」處理。

2. **非金融聯合徵信中心會員之金融機構以書面方式通報：**

   (1)各金融機構均應於總管理機構內指定本通報系統之聯絡單位、聯絡人員及其代理人，並將聯絡單位名稱、聯絡人員及其代理人姓名、簽名、傳真機號碼，以書面通知金融聯合徵信中心，俾便辦理登錄，金融聯合徵信中心亦應指定人員負責擔任本項通報業務，並將聯絡人員及其代理人姓名、簽章、傳真機號碼，以書面通知各金融機構。

   (2)通報之金融機構以專用通報單傳真予金融聯合徵信中心，該中心聯絡人員收到是項通報，經核對通報人員簽章無誤後，即將該通報單傳真予未使用網際網路通報之金融機構，另將通報案情擇要，鍵入通報檔案資料庫，俾使用網際網路通報之金融機構，擷取通報案件。

(二) 金融機構協助民眾防範詐騙

1. 為有效解決人頭帳戶出售及爭取時效即時凍結詐騙帳戶及為避免客戶因遭詐騙無法投訴，請各金融機構檢視24小時緊急通報窗口運作之順暢性，以利客戶緊急投訴。

2. 受騙民眾直接至金融機構請求暫時凍結存款帳戶，因暫時止付（圈存造成疑似詐騙存款帳戶退票或延滯繳款等問題，請各金融機構相互配合協助解決。

3. 金融機構如遭歹徒冒用名義向民眾詐騙時，應及時主動澄清，避免信譽受損，同時加強教育及訓練所屬行員對客戶反應相關詐騙訊息時之處理方式，以保障存款人之權益。

4. 金融機構應注意自動化服務機器錄影帶時間與實際操作自動化服務機器提領時間之差距，調整為零誤差，以免案件移送法辦時，因時間差距而在證據能力上造成缺失。

5. 針對歹徒使用簡訊「假冒金融單位，偽稱民眾信用卡遭盜刷」為由，實施詐騙之手法，金融機構應主動提出警訊或配合製作媒體宣導，教導民眾正確之處理程序，以提醒民眾勿受騙上當，俾善盡社會責任。

6. 為淨化民眾提款環境及安全，避免民眾遭受詐騙被害，金融機構應派員或委請保全人員於每日定時（含非營業時間或假日）巡視各營業廳及提款機之所在場所，將非警察機關或金融機構宣導文宣及廣告清除，並儘量保持提款地點周遭環境之乾淨。

7. 另為即時有效處理非法或不當文宣及廣告，金融機構應於明顯處，定點設置專欄張貼，提供民眾相關資訊，並將疑似詐欺訊息告知當地警察單位，俾利警察機關快速偵處，遏阻犯罪。

(三) **疑似不法或顯屬異常交易之存款帳戶**

疑似不法或顯屬異常交易存款帳戶之認定標準及分類如下：

1. **第一類：**

(1)屬偽冒開戶者。　　　　　　　　(2)屬警示帳戶者。

(3)屬衍生管制帳戶者。

2. **第二類：**

(1)短期間內頻繁申請開立存款帳戶，且無法提出合理說明者。

(2)客戶申請之交易功能與其年齡或背景顯不相當者。

(3)客戶提供之聯絡資料均無法以合理之方式查證者。

(4)存款帳戶經金融機構或民眾通知，疑為犯罪行為人使用者。

(5)存款帳戶內常有多筆小額轉出入交易，近似測試行為者。

(6)短期間內密集使用銀行之電子服務或設備，與客戶日常交易習慣明顯不符者。

(7)存款帳戶久未往來，突有異常交易者。

(8)符合銀行防制洗錢注意事項範本所列疑似洗錢表徵之交易者。

(9)其他經主管機關或銀行認定為疑似不法或顯屬異常交易之存款帳戶。

(四) **疑似不法或顯屬異常交易帳戶，銀行處理措施**

存款帳戶依前條之分類標準認定為疑似不法或顯屬異常交易者，銀行應採取下列處理措施：

1. **第一類：**

(1) 存款帳戶如屬偽冒開戶者，應即通知司法警察機關、法務部調查局洗錢防制處及財團法人金融聯合徵信中心，銀行並應即結清該帳戶，其剩餘款項則俟依法可領取者申請給付時處理。

(2) 存款帳戶經通報為警示帳戶者，應即通知財團法人金融聯合徵信中心，並暫停該帳戶全部交易功能，匯入款項逕以退匯方式退回匯款行。

(3) 存款帳戶屬衍生管制帳戶者，應即暫停該帳戶使用提款卡、語音轉帳、網路轉帳及其他電子支付功能，匯入款項逕以退匯方式退回匯款行。

(4) 依其他法令規定之處理措施。

2. **第二類：**

(1) 對該等帳戶進行查證及持續進行監控，如經查證有不法情事者，除通知司法警察機關外，並得採行前款之部分或全部措施。

(2) 依洗錢防制法等相關法令規定之處理措施。

(五) **銀行警示帳戶餘款之返還**

1. 存款帳戶經通報為警示帳戶，銀行經確認通報原因屬詐財案件，且該帳戶中尚有被害人匯（轉）入之款項未被提領者，應依開戶資料聯絡開戶人，與其協商發還警示帳戶內剩餘款項事宜，如無法連絡者，得洽詢警察機關協尋一個月。

2. 銀行依規定辦理警示帳戶剩餘款項之發還，如有下列情事之一者，得逕行結清該帳戶，並將剩餘款項轉列其他應付款，俟依法可領取者申請給付時處理；但銀行須經通報解除警示或警示期限屆滿後，方得解除對該帳戶開戶人之警示效力：

考 點速攻

1. 存款帳戶經法院、檢察署或司法警察機關通報為警示帳戶者，銀行應即查詢帳戶相關交易，如發現通報之詐騙款項已轉出至其他帳戶，應將該筆款項轉出之資料及原通報機關名稱，通知該筆款項之受款行，並通知原通報機關。

2. 警示帳戶之原通報機關依第1項資料進行查證後，如認為該等受款帳戶亦須列為警示帳戶者，由該原通報機關再進一步通報相關銀行列為警示。

3. 詐騙款項之相關受款行，應依第1項規定辦理交易查詢及通知作業，如查證受款帳戶有犯罪事實者，應即採行措施處理。

　　(1)剩餘款項在一定金額以下，不符作業成本者。

　　(2)自警示通報時起超過三個月，仍無法聯絡開戶人或被害人者。

　　(3)被害人不願報案或不願出面領取款項者。

三、加速警示帳戶還款事宜

(一) 在兼顧作業程序下，以專業判斷銀行可能承擔之風險後，加速還款事宜。

(二) 總行密集追蹤辦理警示帳戶剩餘款項返還作業執行情形，例如從每週追蹤一次，改為二天一次。

(三) 主動連絡受害人，並協助受害人處理警示帳戶剩餘款項返還事宜。

(四) 受害人連絡不到，請速洽金融同業協查，縮短作業時間。

(五) 清查開戶人連絡中之案件，逐案檢視案情，以利返還警示帳戶剩餘款項。

(六) 還款進度列入績效考核指標。

(七) 對於剩餘款項5萬元以下及金額較小之案件，請一併採取有效措施加速返還。

四、防杜警示帳戶戶數新增措施

(一) 依照認識客戶及審慎評估客戶等內部規範，確認客戶身分，及採用「開戶作業檢核表」，嚴格審核申請新開帳戶案件，以防杜利用人頭申請新開帳戶。

(二) 分析警示帳戶於過去開戶之特徵，並列為預警指標，以利嗣後開戶審查及受理之參考。

(三) 對異常開戶之情形，應以電話、書面或實地查訪等方式確認，或以事後掛號寄金融卡方式，增加取得金融卡難度。

(四) 開戶前應查詢財團法人金融聯合徵信中心警示帳戶通報資料庫資料。

(五) 加強向客戶宣導，提供人頭帳戶供詐騙集團使用應負之法律責任。

(六) 以地緣性區分，瞭解申請人及開設帳戶動機，若有疑似人頭帳戶之情形，申請人無法提出合理說明時，應予婉拒開戶。

(七) 分析人頭帳戶交易之特殊性，設定「疑似異常交易」指標，對有疑似人頭帳戶之情形，限制其金融卡使用，以防範利用銀行既有帳戶進行詐騙。

(八) 以資深人員辦理開戶審核工作，並舉辦行員訓練，加強開戶行員之警覺性及敏感度。

考前焦點速記

1. 詐騙係指偽變造票據；偽變造金融卡（信用卡、IC卡、現金卡等）；其他不法詐領及盜領存款案件；授信及外匯詐騙案；經主管機關函示有必要通報案件；其他詐騙案件金融機構認為應通報者。

2. 金融聯合徵信中心會員機構以網際網路方式通報，非金融聯合徵信中心會員之金融機構以書面方式通報。

3. 金融機構如發現遭歹徒詐騙情事時，應立即循內部通報系統，以專用通報／更正／刪除單或其他方式將各項通報內容通報總管理機構；總管理機構聯絡人員接獲通報後，除轉知所屬其他分支機構外，應向金融聯合徵信中心通報。

4. 通報案件已經金融聯合徵信中心彙整且開放查詢之詐騙案件相關產品，其揭露期限為五年。

5. 金融機構受理民眾查詢有關詐騙事宜時，應對民眾所指陳之資料，做初步核對及處理，而非直接留言請民眾改打內政部警政署165專線查詢；如涉及詐欺，得請民眾向警察機關或165專線檢舉、報案。

6. 警示帳戶：指法院、檢察署或司法警察機關為偵辦刑事案件需要，通報銀行將存款帳戶列為警示者。

7. 衍生管制帳戶：指警示帳戶之開戶人所開立之其他存款帳戶，包括依規定所開立之薪資轉帳戶。

8. 通報：指法院、檢察署或司法警察機關以公文書通知銀行將存款帳戶列為警示或解除警示，惟如屬重大緊急案件，得以電話、傳真或其他可行方式先行通知，並應於通知後五個營業日內補辦公文書資料送達銀行，逾期未送達者，銀行應先與原通報機關聯繫後解除警示帳戶。

9. 存款帳戶之款項若已遭扣押或禁止處分，復接獲法院、檢察署或司法警察機關通報為警示帳戶，該帳戶仍應列為警示帳戶，但該等款項優先依扣押或禁止處分命令規定辦理。

10. 警示帳戶之警示期限自每次通報時起算，逾二年自動失其效力，但有繼續警示之必要者，原通報機關應於期限屆滿前再行通報之，通報延長以一次及一年為限。

11. 屬衍生管制帳戶及依第4條第3款所列標準認定為疑似不法或顯屬異常交易之存款帳戶者，經銀行查證該等疑似不法或顯屬異常情形消滅時，應即解除相關限制措施。

12. 銀行應指定一位副總經理或相當層級之主管專責督導警示帳戶內剩餘款項之處理事宜。

13. 銀行應建立以資訊系統輔助清查存款帳戶異常交易之機制，對於交易金額超過一定門檻、交易金額與帳戶平均餘額顯不相當、或短期間內密集使用電子交易功能等狀況，應設立預警指標，每日由專人至少查核及追蹤乙次並作成紀錄，依內部程序送交權責主管核閱。

14. 存款帳戶異常交易之紀錄及其相關資訊，至少應保存五年，並得提供主管機關、有關單位及內部稽核單位調閱。

15. 金融機構洽請同業協查，可透過金融機構已建立之警示帳戶作業連絡窗口，使用傳真方式，洽請匯出行於三天內儘速回報。

16. 依中央銀行規定，銀行發現持兌偽造之外國幣券總值在等值達**二百美元**以上時，經辦銀行應即記明持兌人姓名、職業及住址等，並報請警察機關偵辦。

17. 「商業票據」係依國內商品交易或勞務提供而產生之匯票或本票。至於占交易客票相當大比例之遠期支票，其性質屬於支付工具而非信用憑證。

精選試題

( ) **1** 有關銀行為預防消費金融業務之偽冒詐騙及信用風險,下列措施何者錯誤? (A)嚴格控管核准案件之條件差異 (B)信用卡發卡銀行保留調整信用額度之權利 (C)小額信貸之推廣對象,以自營小商店店主、仲介業員工等為主 (D)詳細核對申請人身分證件正本、在職證明、薪資轉帳證明等資料。

( ) **2** 銀行在辦理消費金融業務時,應瞭解客戶之居住狀況(是否設籍或寄居、有無家人聯絡電話),是為避免下列何種風險?
(A)授信風險 (B)作業風險
(C)流動性風險 (D)政治風險。

( ) **3** 有關消費金融產品之行銷推廣,下列敘述何者錯誤? (A)在行銷推廣活動訴求中,不可有攻擊或詆毀同業之行為 (B)業務代表推廣產品前,應施予對相關法令規章適當且有效之訓練課程 (C)應請員工於任職同意書中聲明保密條款之規範,並由委外機構簽署之 (D)業務代表推廣產品時,應注意服裝儀容、配帶名牌及名片,並明確標示銀行名稱。

( ) **4** 為防止歹徒假冒公營事業名義,以謊稱測試之用,委請金融機構原委託印製空白存摺之印刷公司,印製空白存摺作為不法之用,金融機構應檢討有關之作業規定及流程,下列何者非屬必要檢討之事項?
(A)重要空白存摺之印製流程
(B)重要空白存摺之採購流程
(C)空白存摺之格式設計
(D)與印製廠商之委託印製合約。

( ) **5** 金融機構辦理保管業務及有價證券買賣業務,如發現有價證券遭偽變造之情事,應即通報下列何者?
(A)主管機關 (B)銀行公會
(C)票據交換所 (D)信保基金。

( )　**6** 金融機構內部管理不當，導致金融弊端叢生，究其主因為何？
(A)分工牽制原則致主管無法瞭解業務整體處理程序
(B)將舞弊案例納入訓練課程，形成有心人士模仿對象
(C)內部管理執行不力或流於形式
(D)內部稽核工作由獨立之稽核部門負責。

( )　**7** 為防止詐騙集團偽造有價證券以詐騙資金，金融機構應即全面檢討內部控制制度，下列何者非屬必要加強檢討之事項？
(A)應加強與交易對手及交易內容之確認
(B)應確實執行審核客戶資料，並善盡確認之責
(C)應嚴格控管各類空白傳票、表單
(D)應確實檢討金庫設置及庫存現金之保管是否符合牽制及安全原則。

( )　**8** 依財政部規定，金融機構之各營業單位在ATM填鈔時，應順便瞭解周圍有無可疑 ATM，如發現時，應立即通知下列何者查證？
(A)財金資訊公司　　　　　　(B)自動櫃員機服務廠商
(C)金融資產服務公司　　　　(D)金融聯合徵信中心。

解答及解析

1 (C)。在建立個人徵信檔案的基礎上，對每一位消費信用申請人就徵信狀況進行科學、準確的信用風險評級。個人信用信息庫和評估系統可以包括個人基本情況、個人教育程度、個人收入、個人家庭資產變現率和個人信用記錄等（主要是指以前是否有惡意拖欠銀行貸款或詐騙等不良記錄）。銀行把貸款申請人在每一個特徵項下的獲得分數加總，然後同銀行事先設定的分數線相比較，達標者取得信用消費的資格。

2 (A)

3 (C)。此與工作無關，不需填寫保密條款之聲明。

4 (C)　　**5 (A)**　　**6 (C)**

7 (D)　　**8 (A)**

Chapter 10

資產品質管理

頻出度 **A** 依據出題頻率分為：A頻率高 B頻率中 C頻率低

章前導引
- 銀行辦理應收帳款承購業務。
- 資產品質之內部控制制度。
- 協議分期償還放款符合條件。

章節架構

```
                              ┌─ 非授信資產評估
       資產品質之內部處理制度及程序 ─┼─ 不良授信資產
                              └─ 準備之提列

                              ┌─ 放款條件
       逾期放款、催收款、呆帳 ─┼─ 積極清理
                              ├─ 內部處理制度及程序
                              └─ 銀行辦理應收帳款承購業務
```

重點精華

壹、資產品質之內部處理制度及程序 ☆☆☆

銀行對資產品質之評估、損失準備之提列、逾期放款催收款之清理及呆帳之轉銷，應建立內部處理制度及程序，其辦法由主管機關授權訂定：「銀行資產評估損失準備提列及逾期放款催收款呆帳處理辦法」。

法規一點靈

銀行資產
評估損失
準備提列
及逾期放款
催收款呆帳
處理辦法

一、非授信資產評估

銀行對資產負債表表內及表外之非授信資產評估，應按資產之特性，依一般公認會計原則及其他相關規定，基於穩健原則評估可能損失，並提足損失準備。

二、不良授信資產之定義

(一) **應予注意者**：指授信資產經評估有足額擔保部
分，且授信戶積欠本金或利息超過清償期**一個
月至十二個月**者；或授信資產經評估已無擔保
部分，且授信戶積欠本金或利息超過清償期一
個月至三個月者；或授信資產雖未屆清償期或
到期日，但授信戶已有其他債信不良者。

(二) **可望收回者**：指授信資產經評估有足額擔保部
分，且授信戶積欠本金或利息超過清償期**十二
個月**者；或授信資產經評估已無擔保部分，且
授信戶積欠本金或利息超過清償期三個月至六
個月者。

(三) **收回困難者**：指授信資產經評估已無擔保部
分，且授信戶積欠本金或利息超過清償期**六個
月至十二個月**者。

(四) **收回無望者**：指授信資產經評估已無擔保部
分，且授信戶積欠本金或利息超過清償期**十二
個月**者；或授信資產經評估無法收回者。

> **考**　**點速攻**
>
> 1. 銀行對資產負債表表內及表外之授信資產，除將屬正常之授信資產列為第一類外，其餘不良之授信資產，應按債權之擔保情形及逾期時間之長短予以評估，分別列為第二類應予注意者，第三類可望收回者，第四類收回困難者，第五類收回無望者。
> 2. 協議分期償還授信資產，於另訂契約六個月以內，銀行得依授信戶之還款能力及債權之擔保情形予以評估分類，惟不得列為第一類，並需提供相關佐證資料。

三、備抵呆帳及保證責任準備之提列

(一) 銀行對資產負債表表內及表外之授信資產，應按規定確實評估，並以第一
類（正常之授信資產）授信資產債權餘額扣除對於我國政府機關之債權餘
額後之百分之一。

(二) 第二類授信資產（應予注意者）債權餘額之百分之二。

(三) 第三類授信資產（可望收回者）債權餘額之百分之十。

(四) 第四類授信資產（收回困難）債權餘額之百分之五十。

(五) 第五類授信資產債權餘額全部之和為最低標準，提足備抵呆帳及保證責任
準備。（銀行資產評估損失準備提列及逾期放款催收款呆帳處理辦法第5條）

貳、逾期放款、催收款、呆帳 ☆☆

協議分期償還放款符合放款條件，並依協議條件履行達6個月以上，且協議利率不低於原承作利率或銀行新承作同類風險放款之利率者，得免予列報逾期放款，但於免列報期間再發生未依約清償3個月者，仍應予列報。

一、放款條件 (銀行資產評估損失準備提列及逾期放款催收款呆帳處理辦法第7條)

(一) 原係短期放款者，以每年償還本息在**百分之十**以上為原則，惟期限最長以五年為限。

(二) 原係中長期放款者，其分期償還期限以**原殘餘年限之二倍**為限，惟最長不得超過**三十年**。於原殘餘年限內，其分期償還之部分不得低於積欠本息**百分之三十**。若中長期放款已無殘餘年限或殘餘年限之二倍**未滿五年**者，分期償還期限得延長為**五年**，並以每年償還本息在**百分之十**以上為原則。

二、積極清理

逾期放款經轉入催收款者，應停止計息。但仍應依契約規定繼續催理，並在催收款各分戶帳內利息欄註明應計利息，或作備忘紀錄。逾期放款未轉入催收款前應計之應收利息，仍未收清者，應連同本金一併轉入催收款。

(一) 經評估債務人財務、業務狀況，認為尚有繼續經營價值者，得酌予變更原授信案件之還款約定，並按董（理）事會規定之授權額度標準，由有權者核准。

(二) 銀行應依民事訴訟法、強制執行法及其他相關法令規定積極清理。但經協議分期償還放款者，不在此限。

(三) 銀行如認為主、從債務人確無能力全部清償本金，得依董（理）事會規定之授權額度標準，斟酌實情，由有權者核准與債務人成立和解，再報常務董（理）事會備查。

(四) 國外債權因國外政府變更外匯法令而無法如期清償者，得專案報經常務董（理）事會核准後辦理。

(五) 逾期放款及催收款，具有下列情事之一者，應扣除估計可收回部分後轉銷為呆帳：

　1. 債務人因解散、逃匿、和解、破產之宣告或其他原因，致債權之全部或一部不能收回者。

　2. 擔保品及主、從債務人之財產經鑑價甚低或扣除先順位抵押權後，已無法受償，或執行費用接近或可能超過銀行可受償金額，執行無實益者。

3. 擔保品及主、從債務人之財產經多次減價拍賣無人應買，而銀行亦無承受實益者。

4. 逾期放款及催收款逾清償期二年，經催收仍未收回者。

三、內部處理制度及程序

(一) 建立內部處理制度及程序，報經董（理）事會通過後，送主管機關備查。

(二) **內部處理制度之事項：**

1. 資產之評估及分類。

2. 備抵呆帳及損失準備提列政策。

3. 授信逾清償期應採取之措施。

4. 催收程序有關之規定。

5. 逾期放款催收款變更原授信還款約定及成立和解之程序、授權標準之規定。

6. 催收款、轉銷呆帳之會計處理。

7. 追索債權及其債權回收之會計處理及可作為會計憑證之證明文件。

8. 稽核單位列管考核重點。

9. 內部責任歸屬及獎懲方式。

四、銀行資產評估分類及損失準備提列工作手冊

　　　　　　　　　　　　　　　　　　訂定時間：中華民國093年02月05日

(一) **宗旨：** 為加強各銀行資產管理，茲依據財政部訂定「銀行資產評估損失準備提列及逾期放款催收款呆帳處理辦法」規定，訂定本工作手冊（以下簡稱本手冊）。

(二) **非授信資產評估原則：** 銀行對資產負債表表內及表外非授信資產評估，應按資產之特性，依一般公認會計原則及其他相關規定，基於穩健原則評估可能損失，提足損失準備，並由各銀行自行研訂規範辦理，不適用本手冊。

(三) **授信資產評估項目：** 授信資產包括透支、貼現、進口押匯、出口押匯、短期（擔保）放款、中期（擔保）放款、長期（擔保）放款、催收款（由放款轉列）、買入匯款、應收承兌票款、承購無追索權之應收帳款、應收款（保證及承兌墊款）、其他催收款（由保證墊款、承兌墊款、買入匯款、應收信用狀項及承購無追索權應收帳款等轉列之催收款項）等表內授信資產，及應收保證款項、應收信用狀款項等表外授信資產。

(四) 授信資產評估分類：

1. 銀行對資產負債表表內及表外之授信資產之評估，區分為以下五類。除第一類屬正常之授信資產者外，其餘第二至五類不良授信資產，應按債權之擔保情形及逾期時間長短予以評估。

2. 分類如下：

第一類：正常之授信資產。　　　　　第二類：應予注意者。

第三類：可望收回者。　　　　　　　第四類：收回困難者。

第五類：收回無望者。

(五) 各類不良授信資產，定義如下：

1. 應予注意者：指授信資產經評估有足額擔保部分，且授信戶積欠本金或利息超過清償期一個月至十二個月者；或授信資產經評估已無擔保部分，且授信戶積欠本金或利息超過清償期一個月至三個月者；或授信資產雖未屆清償期或到期日，但授信戶已有其他債信不良者。

2. 可望收回者：指授信資產經評估有足額擔保部分，且授信戶積欠本金或利息超過清償期十二個月者；或授信資產經評估已無擔保部分，且授信戶積欠本金或利息超過清償期三個月至六個月者。

3. 收回困難者：指授信資產經評估已無擔保部分，且授信戶積欠本金利息超過清償期六個月至十二個月者。

4. 收回無望者：指授信資產經評估已無擔保部分，且授信戶積欠本金或利息超過清償期十二個月者；或授信資產經評估無法回者。

符合財政部訂定「銀行資產評估損失準備提列及逾期放款催收款呆帳處理辦法」第七條第二項之協議分期償還授信資產，於另訂契約六個月以內，銀行得依授信戶之還款能力及債權之擔保情形予以評估分類，惟不得列為第一類，並需提供相關佐證資料。

(六) 提列備抵呆帳及保證責任準備：

1. 銀行對資產負債表表內及表外之授信資產，應按上開第四點及第五點規定確實評估，並以第二類授信資產債權餘額之百分之二、第三類授信資產債權餘額之百分之十、第四類授信資產債權餘額之百分之五十及第五類授信資產債權餘額全部之和為最低標準，提足備抵呆帳及保證責任準備。

2. 各銀行應依內部自訂之會計政策及風險管理政策，提列足額之備抵呆帳及保證責任準備，經主管機關或金融檢查機關（構）評估不足時，應立即依主管機關或金融檢查機關（構）檢查意見補足。

(七) **評估作業：**

1. 銀行應於每年三、六、九、十二月底對各類不良授信資產按餘額加以評估，並作成紀錄（如附表：授信資產評估明細表），以備查核。

2. 銀行至少每年應依自訂之擔保品鑑價辦法，重新評估不良授信資產之擔保品鑑估值。如原屬擔保授信，經重新評估後擔保品鑑估值低於目前授信餘額者，得將其中擔保品鑑估值部分計入足額擔保之授信資產，所餘授信金額則計入無擔保授信資產；原無擔保授信中如有提供部分擔保者，該部分擔保經重新評估後之擔保品鑑估值，亦得計入足額擔保之授信資產，所餘授信金額再計入無擔保之授信資產。

(八) 本手冊未規定事項，悉依相關法令規定及各銀行總機構所訂規定辦理。

參、銀行辦理應收帳款承購業務 ☆

(一) **應收逾期帳款之報送方式，按下列方式辦理**

1. **會計處理規定**：銀行辦理有追索權及無追索權之應收帳款承購業務，應依一般公認會計原則，如財團法人中華民國會計研究發展基金會財務會計準則第33號公報「金融資產之移轉及負債消滅之會計處理準則」及相關解釋函令、銀行業會計制度範本等辦理。

2. **備抵呆帳提列規定**：有追索權應收帳款承購以融資餘額為基準，無追索權應收帳款承購以承購餘額為基準，依銀行資產評估損失準備提列及逾期放款催收款呆帳處理辦法規定，提列備抵呆帳。

3. **逾期放款之列報規定：**

(1)有追索權之應收帳款承購業務，比照一般放款，於帳款逾期三個月，向財團法人金融聯合徵信中心（以下簡稱聯徵中心）列報為賣方之逾期放款。

(2)無追索權之應收帳款業務：無追索權之應收帳款由應收帳款承購商或保險公司保證者，俟應收帳款承購商或保險公司確定不理賠之日起三個月內，列報逾期放款。無應收帳款承購商或保險公司保證之無追索權應收帳款，如係因買方之原因造成逾期，於帳款轉銷時將買方資料

填報聯徵中心建檔並予揭露供會員金融機構查詢，如因賣方之原因造成逾期，則於帳款轉銷時列報為賣方之逾期放款。

(二) 銀行法相關規定

1. 銀行辦理之應收帳款承購業務，應依銀行法第12條及授信之相關規定辦理。

2. 銀行辦理無追索權之應收帳款承購業務，相關規定列報及計算之授信對象以買方為之。另基於風險承擔及交易習慣考量，得依下列規定辦理：

   (1)**免計入授信金額達新台幣三千萬元，應徵提會計師財務報表查核報告之金額中。**

   (2)**不適用銀行法第33-3條有關「同一人、同一關係人或同一關係企業授信之限制」。**

3. 銀行辦理無追索權之國際應收帳款承購業務，若買方為銀行之利害關係人，且國內銀行買斷之應收帳款係由國外承購商（Import Factor）承接或由國外保險公司提供保證者，適用銀行法第33條有關利害關係人「擔保授信」之規定，授信條件不得優於同類對象；如由國內銀行自行承擔風險者，除有足額擔保品外，否則應適用銀行法第32條規定，不得辦理。

4. **銀行應對買方及賣方均列為風險評估之對象。**

考前焦點速記

1. 逾期放款，指積欠本金或利息超過清償期三個月，或雖未超過三個月，但已向主、從債務人訴追或處分擔保品者。協議分期償還放款符合一定條件，並依協議條件履行達六個月以上，且協議利率不低於原承作利率或銀行新承作同類風險放款之利率者，得免予列報逾期放款。但於免列報期間再發生未依約清償**超過三個月**者，仍應予列報。

2. 清償期：對於分期償還之各項放款及其他授信款項，以**約定日期**定其清償期。但如銀行依契約請求提前償還者，以銀行通知債務人**還款之日**為清償期。

3. 催收款：指經轉入催收款科目之各項放款及其他授信款項。

4. 凡逾期放款應於清償期屆滿**六個月**內轉入催收款科目。但經協議分期償還放款並依約履行者，不在此限。

5. 逾期放款及催收款之轉銷，應經董（理）事會之決議通過，並通知監察人（監事）。但經主管機關或金融檢查機關（構）要求轉銷者，應即轉銷為呆帳，並提報最近一次董（理）事會及通知監察人備查。董事會休會期間，得由常務董（理）事會代為行使，並通知監察人（監事），再報董事會備查。

6. 如其於授信或轉銷呆帳時，屬於銀行法第33條規定金額以上之案件，應經**三分之二以上**董事之出席及出席董事**四分之三以上**之同意。外國銀行在臺分行得依其總行授權程序辦理。

7. 有追索權之應收帳款承購業務，比照一般放款，於帳款逾期**三個月**，向財團法人金融聯合徵信中心列報為賣方之逾期放款。

8. 無追索權之應收帳款由應收帳款承購商或保險公司保證者，俟應收帳款承購商或保險公司確定不理賠之日起**三個月**內，列報逾期放款。

9. 無應收帳款承購商或保險公司保證之無追索權應收帳款，如係因買方之原因造成逾期，於帳款轉銷時將買方資料填報聯徵中心建檔並予揭露供會員金融機構查詢，如因賣方之原因造成逾期，則於帳款轉銷時列報為賣方之逾期放款。

10. 催收款，指經轉入催收款科目之各項放款及其他授信款項。凡逾期放款應於清償期屆滿**六個月**內轉入催收款科目。 逾期放款經轉入催收款者，應停止計息。但仍應依契約規定繼續催理。

11. 各類不良授信資產，定義如下：
    (1) 應予注意者：指授信資產經評估有足額擔保部分，且授信戶積欠本金或利息超過清償期**一個月至十二個月**者；或授信資產經評估已無擔保部分，且授信戶積欠本金或利息超過清償期**一個月至三個月**者；或授信資產雖未屆清償期或到期日，但授信戶已有其他債信不良者。
    (2) 可望收回者：指授信資產經評估有足額擔保部分，且授信戶積欠本金或利息超過清償期**十二個月**者；或授信資產經評估已無擔保部分，且授信戶積欠本金或利息超過清償期**三個月至六個月**者。
    (3) 收回困難者：指授信資產經評估已無擔保部分，且授信戶積欠本金或利息超過清償期**六個月至十二個月**者。
    (4) 收回無望者：指授信資產經評估已無擔保部分，且授信戶積欠本金或利息超過清償期**十二個月**者；或授信資產經評估無法收回者。

精選試題

( )　**1** 有關免列報逾期放款之協議分期償還戶應符合之條件,下列何者錯誤?
(A)協議利率不低於原利率或新承作同類放款之利率
(B)符合一定條件,依協議條件履行達六個月以上,且未再違約者
(C)原係短期放款者,分期償還以每年償還積欠本息10%以上為原則
(D)原係中長期放款者,其分期償還期限最長不得超過十年。

( )　**2** 有關債權憑證借據本金、利息之請求權時效,下列敘述何者正確?
(A)十五年、十五年　　　　　　　(B)十五年、五年
(C)五年、十五年　　　　　　　　(D)五年、五年。

( )　**3** 有關逾催授信「作業程序」之查核重點,下列敘述何者錯誤?
(A)請求權之時效將屆於消滅時,是否採取適當之中斷措施
(B)對債務人未收回之債權,是否依法聲請法院發給債權憑證
(C)銀行於借款到期,是否立即向債務人、連帶保證人請求清償
(D)債權人銀行對債務人為金錢請求及得易為金錢請求之請求,須
為假處分之實施。

( )　**4** 依「銀行資產評估損失準備提列及逾期放款催收款呆帳處理辦
法」規定,銀行對資產負債表表內及表外之授信資產,應按規定
確實評估,提足備抵呆帳及保證責任準備,第三類授信資產應按
其債權餘額至少提列多少?　(A)百分之二　(B)百分之十　(C)百
分之五十　(D)百分之一百。

( )　**5** 逾期放款係指積欠本金或利息超過清償期多久期間者?　(A)二個
月　(B)三個月　(C)四個月　(D)六個月。

( )　**6** 依「銀行資產評估損失準備提列及逾期放款催收款呆帳處理辦
法」規定,短期放款逾期經協議分期償還符合下列何者,並依協
議條件履行達六個月以上,且協議利率不得低於原承作利率或新
承作同類風險放款利率者,得免列報逾期放款?　(A)每年償還本
息在百分之五以上為原則,惟期限最長為十年　(B)每年償還本息
在百分之十以上為原則,惟期限最長為二十年　(C)每年償還本息
在百分之十以上為原則,惟期限最長為五年　(D)每年償還本息在
百分之三十以上為原則,惟期限最長為二十年。

( )　**7** 依「銀行資產評估損失準備提列及逾期放款催收款呆帳處理辦法」規定，銀行逾期放款及催收款應積極清理，如國外債權因外國政府變更外匯法令而無法如期清償者，應如何處理？
　　(A)由總經理逕行處理
　　(B)專案報經董（理）事會核准後辦理
　　(C)報由董事長處理
　　(D)專案報經主管機關備查後辦理。

解答與解析

1 (D)。原係中長期放款者，其分期償還期限以原殘餘年限之二倍為限，惟最長不得超過三十年。於原殘餘年限內其分期償還之部分不得低於積欠本息百分之三十。若中長期放款已無殘餘年限或殘餘年限之二倍未滿五年者，分期償還期限得延長為五年，但以每年償還本息在百分之十以上者為原則。

2 (B)。債權憑證時效和求償期限：借款或替借款人保證，債權人的請求權是十五年，是依民法第125條規定。如果是借款或借款保證，對方取得債權憑證的話，對方的時效尚未超過年限，可以強制執行。
本票請求權是三年，如果是簽發本票，而時效已經過了，可以提起確認本票債權不存在之訴，在同一訴訟裡請求撤銷強制執行程序。提到五年的時效，是指本來請求權時效未及五年，如經法院判決才延至五年（本票的請求權是三年，如果本票的持票人提起給付票款，那給付票款的判決確定後，五年內債權人都可以聲請強制執行），原本未及五年的雖可延長為五年，但只有一次（法律並無規定永久均可延長五年，所以就本票的給付票款判決後，再五年內聲請債權憑證，雖合法，但在取得債權憑證後，超過了三年再執行，債權人可以提起確認本票債權不存在及撤銷強制執行程序）。
已經過期的判決或債權憑證，仍可以請強制執行（債務人只有民事訴訟上可以主張拒絕履行的抗辯而已），只不過債務人可以提起訴訟主張時效消滅而確認債權不存在（因為被強制執行，而有提起確認債權不存在的法律上利益，所以可以提起確認之訴）以支票向對方借錢，借錢時效為十五年，支票的請求權是一年，如果對方以請求給付票款起訴而不是請求返還借款起訴時，給付票款經法院判決，時效延為五年。

3 (D)。逾期放款及催收款之，應經董（理）事會之決議通過，並通知監察人（監事）。但經主管機關或金融檢查機關（構）要求轉銷者，應即轉銷為呆帳，並提報最近一次董（理）事會及通知監察人備查。董事會休會期間，得由常務董（理）事會代為行使，並通知監察人（監事），再報董事會備查。通常是在擬對債務人財產實施強制執行時，發現債務人已將其不動產無償贈與第三人，而該行為有害及債權，或債務人將不動產買賣予第三人，於行為時明知有損害於債權人之權利，且受益人於受益時亦知其情事者，債權人得依民法第244條第1、2項之規定，訴請法院判決撤銷債務人所為之贈與或買賣行為，並塗銷其所有權之移轉登記。惟為避免第三人於訴訟期間將該不動產另行過戶於他人，造成法律關係複雜化，債權金融機構在提起撤銷之訴前，應先行對第三人，聲請法院裁定假處分，以執行假處分查封，禁止其將不動產予以處分，故債權人對債務人有不動產請求之假處分權。

4 (B)。銀行對資產負債表表內及表外之授信資產，應按第三條及前條規定確實評估，並以第一類授信資產債權餘額扣除對於我國政府機關之債權餘額後之百分之一、第二類授信資產債權餘額之百分之二、第三類授信資產債權餘額之百分之十、第四類授信資產債權餘額之百分之五十及第五類授信資產債權餘額全部之和為最低標準，提足備抵呆帳及保證責任準備。

5 (B)。銀行資產評估損失準備提列及逾期放款催收款呆帳處理辦法第7條第1項：
本辦法稱逾期放款，指積欠本金或利息超過清償期三個月，或雖未超過三個月，但已向主、從債務人訴追或處分擔保品者。

6 (C)。短期放款逾期，以每年償還本息在百分之十以上為原則，惟期限最長以五年為限。

7 (B)。國外債權因國外政府變更外匯法令而無法如期清償者，得專案報經常務董（理）事會核准後辦理。

章前導引
- 本章探討重大偶發事件。
- 重大偶發事件之管理與通報。
- 涉嫌舞弊案件或重大偶發事件，於一週內函報詳細資料或後續處理情形。
- 對自動櫃員機錄影監視系統，應定期（每日）指定人員觀看自動櫃員機之監視錄影帶，以期能及早發現異常狀況及時處理。

章節架構

銀行業之重大偶發事件
- 通報
  - 電話及書面傳真
  - 網際網路申報
- 報警系統

重點精華

壹、重大偶發事件之管理 ☆☆☆

一、銀行業之重大偶發事件

（一）**銀行業定義**

　　銀行業指金融控股公司、本國銀行、外國銀行及大陸地區銀行在臺分行、信用合作社、票券金融公司、信用卡業務機構、電子票證發行機構、電子支付機構、中華郵政股份有限公司、財金資訊股份有限公司、財團法人金融聯合徵信中心、財團法人台灣金融研訓院、中華民國信用合作社聯合社南區聯合資訊處理中心。

(二) 重大偶發事件

1. 人為或天然災害（如：地震、水災、火災、風災等）。
2. 內部控制不良之舞弊案或作業發生重大缺失情事。
3. 安全維護方面（如：搶奪強盜、重大竊盜、行舍或設備遭破壞或遭恐嚇等）。
4. 業務方面（如投資或放款）有重大財物損失。
5. 媒體報導足以影響銀行業信譽。
6. 資金流動性不足恐有擠兌之虞者或擠兌存款。
7. 發生資通安全事件，且其結果造成客戶權益受損或影響機構健全營運。
8. 國內支票存款戶發生單張退票金額達新臺幣一億元以上。
9. 金融控股公司或本國銀行總行獲知其海外及大陸地區子銀行或分支機構有下列情形者：
   (1) 受當地主管機關處以等值新臺幣一百萬元以上罰鍰或其他重大處分。
   (2) 當地主管機關檢查結果內容有提及「不排除採取進一步措施」、「將保留行政裁罰之權利」或有「調降評等」等，致有受重大處分之虞。
10. 海外及大陸地區重大信用風險個案事件，經評估債權或投資金額損失達等值美元一千萬元以上且符合下列情形之一者：
    (1) 任何一宗債務不依約清償本金或利息。
    (2) 企業外部信評遭調降至穆迪（Moody's）Ba3、或標準普爾（S&P）BB-、Fitch BB-或其他同等級信評以下者。
    (3) 企業營業停止、中斷或營運發生重大變化。
    (4) 擔保物被查封或擔保物滅失、價值減少或不敷擔保債權。
    (5) 企業資產遭法院查封、扣押、凍結等情形，嚴重影響銀行債權。
    (6) 企業申請債權債務協議、聲請和解、聲請宣告破產、聲請公司重整。
    (7) 企業主要負責人失聯、盜用款項。
    (8) 其他經銀行（或聯貸銀行團）認定企業財業務狀況發生重大不利情事致足以影響銀行之債權或投資。
11. 其他重大事件，非僅以損失金額為絕對要件，其他雖未造成任何金額損失之非量化事件，其有危及銀行業正常營運及金融秩序者，亦屬之。

二、通報

銀行業發生重大偶發事件應立即通知治安或其他有關機關採取緊急補救措施，並應依下列方式申報：

(一) 銀行業負責人應儘速以電話、書面傳真或專用電子郵件信箱（mcr@cdic. gov.tw）向中央銀行及中央存款保險公司（除票券金融公司外）報告。

(二) 銀行業負責人應儘速以電話及網際網路申報系統向金管會銀行局報告。金管會銀行局重大偶發通報電話：02-89691294，傳真：02-89691397，申報網址為：https://ebank.banking.gov.tw（程式代號為WB020W），如有資訊操作疑問，請向本會銀行局資訊室窗口：02-89689878洽詢。

考前焦點速記

1. 涉嫌舞弊案件或重大偶發事件，未依法令規定之方式儘速向主管機關報告，並於**一週內**函報詳細資料或後續處理情形。

2. 主管機關包括行政院法規委員會、中央銀行、中央存款保險股份有限公司、金融監督管理委員會檢查局、本會銀行局。

3. 內部稽核報告、工作底稿及相關資料未至少**留存五年**備查。

4. 銀行業負責人應於發生重大偶發事件**一週內**函報詳細資料或後續處理情形。

5. 對於涉嫌舞弊案件或重大偶發事件應於事件**發現當日**（最遲不得逾次一營業日）電告財政部、中央銀行及中央存款保險公司（僅基層金融機構及其他加保之金融機構），並於一週內將案情概要及處理狀況函報。

6. 對上述案件之缺失應每**三個月**覆查一次，至改善為止；惟海外分支單位除主管機關另有規定外，得由稽核單位於年度查核時辦理之。

7. 防制利用自動櫃員機詐財，有關檢警調機關向金融機構調閱客戶相關資料，金融機構應於收到檢警調機關通知後**一週內**完成。

8. 銀行業發生重大偶發事件除應立即通知治安或其他有關機關採取緊急補救措施外，並同時由該銀行業負責人儘速以電話及書面傳真向中央銀行、中央存款保險公司（除票券金融公司外）及本會銀行局報告，並於**一週內**函報詳細資料或後續處理情形。

9. 金融機構應將安全維護作業規範之執行情形列為自行查核及內部稽核之查核項目。金融機構發生影響安全維護重大事件（如：搶奪強盜、重大竊盜、行舍或設備遭破壞或遭恐嚇等）之通報，應依銀行業通報重大偶發事件之範圍及適用對象相關規定辦理。

精選試題

( )　**1** 銀行業發生「重大偶發事件」，依規定應由該銀行業負責人儘速報告之單位，下列何者非屬之？　(A)中央銀行　(B)金管會銀行局　(C)金管會檢查局　(D)中央存款保險公司（除票券金融公司外）。

( )　**2** 有關主管機關所稱銀行業通報「重大偶發事件」，下列敘述何者錯誤？　(A)地震、水災、火災、風災等　(B)業務方面有重大財物損失者　(C)媒體報導足以影響銀行業信譽者　(D)係僅以損失金額為絕對要件者。

( )　**3** 依「銀行業通報重大偶發事件之範圍與適用對象」規定，下列敘述何者正確？　(A)僅以損失金額為絕對要件　(B)所稱銀行業僅指本國銀行及外國銀行　(C)所謂重大偶發事件包括媒體報導足以影響銀行業信譽者　(D)銀行業發生重大偶發事件至遲應於二週內函報詳細資料或後續處理情形。

解答及解析

1 (C)。金融機構發生重大偶發事件應立即通知治安或其他有關機關採取緊急補救措施，並應依下列方式申報：
(1) 金融機構以電話及網際網路申報系統向金融監督管理委員會銀行局通報。
(2) 金融機構以電話及書面傳真向中央銀行通報。
(3) 金融控股公司、本國銀行、外國銀行及大陸地區銀行在臺分行、信用合作社、中華郵政股份有限公司以電話、書面傳真或專用電子信箱向中央存款保險公司通報。

2 (D)。重大偶發事件，非僅以損失金額為絕對要件，雖未造成任何金額損失之非量化事件，惟有危及金融機構正常營運及金融秩序者，亦屬之。

3 (C)。
(A)重大偶發事件，非僅以損失金額為絕對要件。
(B)所稱銀行業，係指金融控股公司、本國銀行、外國銀行及大陸地區銀行在臺分行、信用合作社、票券金融公司、信用卡業務機構、電子票證發行機構、電子支付機構、中華郵政股份有限公司、財金資訊股份有限公司、財團法人金融聯合徵信中心、財團法人台灣金融研訓院、中華民國信用合作社聯合社南區聯合資訊處理中心。
(D)金融機構應於通報重大偶發事件之次日起，於七個營業日內函報詳細資料或後續處理情形。

Chapter 12
信用卡、現金卡業務

頻出度 **B** 依據出題頻率分為：A頻率高 B頻率中 C頻率低

章前導引	• 信用卡之主要業務，包括發卡，收單與其他業務。
	• 信用卡管理及自律與他律業務。
	• 信用卡不良債權之催收。
	• 學生卡之管理。
	• 現金卡與管理注意事項。

章節架構

```
                    ┌─ 發卡業務
        ┌─ 信用卡業務 ─┼─ 收單業務
        │            └─ 其他業務
        │
        ├─ 信用卡業務機構
        │
        │            ┌─ 他律管理
        ├─ 信用卡管理 ─┤
        │            └─ 自律管理
        │
        ├─ 對發卡機構提供權益及優惠的規範
        │
        │              ┌─ 不良債權之出售
        │              │
        │              ├─ 組織變革
        ├─ 信用卡管理機制 ─┤
        │              ├─ 交易帳款明細之處理
        │              │
        │              └─ 持卡人資訊揭露的管理
        │
        └─ 現金卡
```

重點精華

壹、信用卡業務 ☆☆

一、主要業務

(一) 發卡業務

　　1. 發行信用卡及辦理相關事宜。

　　2. 辦理信用卡循環信用、預借現金業務。

(二) 收單業務

　　1. 簽訂特約商店及辦理相關事宜。

　　2. 代理收付特約商店信用卡消費帳款。

考 點速攻

主管機關管理原則：自律為主、他律為輔。

(三) 其他業務

　　1. 授權使用信用卡之商標或服務標章。

　　2. 提供信用卡交易授權或清算服務。

　　3. 辦理其他經主管機關核准之信用卡業務。

信用卡業務管理理念

他律管理

信用卡業務

社會監督　　　　　　自律管理

二、信用卡業務機構

(一) **信用卡公司**：指經主管機關許可，以股份有限公司組織並專業經營信用卡業務之機構。

(二) **外國信用卡公司**：指依照外國法律組織登記，並在中華民國境內依公司法及「信用卡業務機構管理辦法」規定專業經營信用卡業務之分公司。

法規一點靈

信用卡
業務機構
管理辦法

(三) 經主管機關許可兼營信用卡業務之銀行、信用合作社或其他機構。

(四) 其他經主管機關許可專營信用卡業務之機構。

(五) **設立及變更**：專營信用卡業務機構辦理發卡或收單業務者，其最低實收資本額、或捐助基金及其孳息、或專撥營運資金為新台幣二億元，主管機關並得視社會經濟情況及實際需要調整之。

前項最低實收資本額，發起人應於發起時一次認足。

1. 專營信用卡業務機構有下列情形之一者，應立即將財務報表、虧損原因及改善計畫，函報主管機關：

   (1)累積虧損逾實收資本額、捐助基金及其孳息之三分之一。

   (2)淨值低於專撥營運資金之三分之二。

2. 主管機關對具有前項情形之信用卡業務機構，得限期命其補足資本、捐助基金及其孳息、專撥營運資金，或限制其營業；屆期未補足者，得勒令其停業。

三、業務及管理

(一) **他律管理**

1. 信用卡業務機構管理辦法。（104.06.29修訂）

2. 信用卡定型化契約範本。（103.09.12修訂）

3. 信用卡會計制度範本。（101.03.12修訂）

4. 金融機構作業委託他人處理內部作業制度及程序辦法。（108.09.30修訂）

5. 主管機關發布的其他函令。

(二) **自律管理**

1. 中華民國銀行商業同業公會全國聯合會信用卡業務委員會所屬機構辦理信用卡業務自律公約。（106.02.23銀行公會修正發布）

2. 信用卡與現金卡及其相關業務委外行銷自律規範。（97.03.06修訂）
3. 銀行公會其他函文及會議決議事項：
　(1)信用卡業務機構應依主管機關及中央銀行之規定，定期向主管機關、中央銀行及主管機關指定機構申報信用卡業務有關資料，並依主管機關規定於信用卡業務機構之網站揭露相關重要資訊。
　(2)主管機關指定機構應擬訂信用卡業務機構申報資料之範圍及建檔作業規範，報主管機關備查。
　(3)信用卡業務機構依第1項規定申報及揭露之資料，不得有虛偽不實之情事，以確保資料之正確性。
　(4)信用卡業務機構未經核准辦理信用卡業務前，不得為任何有關之廣告或促銷之行為。
　(5)信用卡業務機構從事廣告或其他行銷活動而製作之有關資料，於對外使用前，應先經法令遵循主管審核，確定其內容無不當、不實陳述、誤導消費者或違反相關法令之情事。

考點速攻

其他自律管理相關規範：「發卡及收單機構內部安檢稽核作業範本」、「發卡行與大型賣場合作促銷活動之相關風險預防作業要點」、「疑似偽卡側錄點之通報調查作業程序及要點」。

貳、對發卡機構提供權益及優惠的規範 ☆☆

發卡機構行銷時，應依下列規定辦理：

一、禁止以「快速核卡」、「以卡辦卡」、「以名片辦卡」及其他未審慎核卡之行銷行為等為訴求。

二、禁止行銷人員於街頭（含騎樓）行銷。

三、應建立信用卡空白申請書控管機制，及對行銷人員與申請案件進件來源之管理機制。

四、發卡機構不得於辦卡、核卡、開卡、預借現金及動用循環信用時，給予申請人、持卡人或其他第三人贈品或獎品等優惠。

五、發卡機構於核發新卡時所提供之權益或優惠，除有不可歸責於發卡機構之事由外，於約定之提供期間內未經持卡人同意不得變更，且於符合變更條件時，亦應於幾日前以書面或事先與持卡人約定之電子文件通知持卡人。

六、 發卡機構提供信用卡紅利點數之事由及使用範圍，應依主管機關之規定
　　辦理。

七、 發卡機構之信用卡平面及動態媒體廣告，其應揭露事項、版面及字體等相
　　關事宜，應依主管機關規定辦理。

八、 發卡機構與第三人合作時，應確保該第三人所製作之信用卡相關廣告符合
　　主管機關規定。

九、 發卡機構之廣告內容如經主管機關邀集相關單位及學者專家評定有誤導消
　　費者不正確之價值及理財觀念等不當情事時，主管機關得命其限期改善，
　　並得視情節暫停該發卡機構之信用卡廣告，或採行相關監理措施。

參、核發信用卡管理機制 ☆☆☆

一、發卡機構應建立核發信用卡管理機制

(一) 以審慎核給信用額度

1. 應確認申請人身分之真實性、正卡申請人具有獨立穩定之經濟來源及充分
　 之還款能力，並瞭解其舉債情形。

2. 所核給之額度應與正卡申請人申請時之還款能力相當，且核給額度加計申
　 請人於全體金融機構之無擔保債務（含信用卡）歸戶總餘額與申請人最近
　 一年內平均月收入之倍數應依主管機關規定辦理。發卡機構於調高持卡人
　 之信用額度時，仍應符合本款規定。

3. 應訂定核給正卡申請人之總信用額度與最近一年內平均月收入倍數之管理
　 規範，並報董（理）事會或常務董事會核准後施行，修改時亦同；外國銀
　 行在臺分行前述董（理）事會應盡之義務由其總行授權人員負責。

4. 應將正卡申請人於財團法人金融聯合徵信中心（以下簡稱聯徵中心）短期
　 間內有密集被查詢之情事列為審核要件之一。

5. 正卡申請人於聯徵中心有「代償註記」者，應確認其具有還款能力。

6. 不得以聯徵中心之信用資訊作為核准或駁回之唯一依據。

7. 發卡機構不得因提供信用卡預借現金功能而提高或另行核給持卡人信用額
　 度，且預借現金額度成數、行銷及相關事宜應依主管機關規定辦理。

8. 發卡機構不得同意持卡人以信用卡作為繳付放款本息之工具。

(二) 學生信用卡業務之注意

發卡機構辦理學生申請信用卡業務，應依下列規定辦理：

1. 禁止對學生行銷。
2. 全職學生申請**信用卡**以**三家**發卡機構為限，每家發卡機構信用額度不得超**過新台幣二萬元。**
3. 以學生身分申請信用卡者，發卡機構應將發卡情事通知（應於申請書及契約中載明）其父母或法定代理人。
4. 第3項之通知事項應於契約上載明。

(三) 學生現金卡業務之注意

1. 全職學生申請**現金卡**以二家金融機構為限，每家金融機構首次核給信用額度不得超過新台幣一萬元，但經父母同意者最高限額為新台幣二萬元，並禁止針對學生族群促銷。
2. 現金卡申請書填載學生身分者，金融機構應將其發卡情事通知其父母，請其注意持卡人使用現金卡之情形。
3. 金融機構發現申請人具有全職學生身分且有持卡超過二家金融機構或每家金融機構核給信用額度已超過新台幣二萬元之情事，應立即通知持卡人停止卡片之使用。
4. 前二款之通知事項應於契約上載明。

(四) 收單機構辦理收單業務

1. 非經簽訂特約商店契約，不得提供刷卡設備並接受特約商店請款。
2. 簽立特約商店前，應確實徵信。
3. 簽立特約商店後，應加強教育訓練，並應建立特約商店簽帳交易或請款異常情事之監控與交易終止機制，及高風險或提供遞延性商品、服務等特約商店之風險控管機制。
4. 對已簽立之特約商店至少每半年應查核乙次，查核方式得以書面查核、線上檢核或實地查核等方式為之，查核內容應包含交易異常狀況及聯徵中心之信用紀錄，且對特約商店交易應予監控，如發現特約商店未經收單機構同意即接受信用卡支付遞延性商品或服務之款項，或涉有其他違約、違法情事時，應即對特約商店所為之交易樣態、營業內容等事項進行調查，並為必要之處置。
5. 簽帳交易所列印給予持卡人之簽帳單至少應載明收單機構名稱、特約商店名稱、卡別、卡號、授權號碼、交易日期及金額，且卡號之揭露方式應依主管機關之規定辦理。

6. 不得與財務資融公司等提供商品或服務之機構簽訂特約商店契約，亦不得讓該等機構介入信用卡交易。

7. 收單機構所簽訂之特約商店如係使用網際網路交易平台進行信用卡交易者，收單機構應與提供網際網路交易平台服務業者簽訂契約。

8. 收單機構應撥付予特約商店之款項，不得直接撥付予第三人。但網際網路交易平台服務業者就使用該平台接授信用卡交易之特約商店，如該信用卡交易金額已取得銀行十足之履約保證或全部交付信託，並經收單機構審核屬實者，收單機構得依特約商店指示將款項撥付予網際網路交易平台服務業者。

9. 應對刷卡設備建立控管機制，以確保交易資料之安全性。

10. 特約商店之遞延性商品或服務無法提供時，收單機構應依主管機關規定辦理爭議帳款處理事宜。

11. 收單機構經營業務應以公平、合理方式為之，向特約商店收取費用應考量相關作業成本、交易風險及合理利潤等，訂定合理之定價，不得以不合理之收費招攬或從事收單業務。

二、不良債權之出售

(一) 相關規定

信用卡業務機構出售信用卡不良債權予資產管理公司時，除符合金融機構出售不良債權應注意事項規定外，應依下列規定辦理：

1. 應查證辦理催收作業者之催收標準與信用卡業務機構一致。

2. 應建立內部控制及稽核制度，有效規範及查核各該催收行為，並承擔催收機構不當催收行為之責任。

3. 公開標售不良債權應依據主管機關規定之作業程序辦理。

4. 出售後，應以書面或電子文件通知債務人，告知受讓債權之公司名稱、債權金額、信用卡業務機構之檢舉電話。

5. 經民眾申訴或其他管道得知資產管理公司涉及暴力、脅迫、恐嚇、辱罵、騷擾、誤導、欺瞞或洩漏個人資料等非法行為時，信用卡業務機構經查證屬實，應立即與該公司解約，且向該公司買回不良債權及請求違約金。

6. 信用卡業務機構應將前款相關資料移送檢調單位偵辦，及送聯徵中心建檔，且各信用卡業務機構之不良債權不得再出售予該資產管理公司。

7. 其他經主管機關規定之事項。

(二) **不良債權之處理**

　　為確保客戶之權益，信用卡業務機構出售信用卡不良債權予資產管理公司之契約應至少載明下列事項：

1. 不得將不良債權再轉售予第三人，並應委託原出售之信用卡業務機構或該信用卡業務機構指定或同意之催收機構進行催收作業。

2. 應遵守銀行法、洗錢防制法、電腦處理個人資料保護法、消費者保護法、公平交易法及其他信用卡業務機構應遵循之法令規定。

3. 辦理催收標準應與信用卡業務機構一致，並應確實遵守第五十一條所列各款之規定。

4. 資產管理公司應建立內部控制機制，並應作定期與不定期之考核。

5. 不得利用信用卡業務機構債權文件中正、附卡持卡人及保證人以外之第三人資料。

(三) **發卡機構應依下列規定辦理逾期帳款之備抵呆帳提列及轉銷事宜**

1. **備抵呆帳之提列**：當月應繳最低付款金額超過指定繳款期限**一個月至三個月**者，應提列全部墊款金額**百分之二**之備抵呆帳；超過**三個月至六個月**者，應提列全部墊款金額**百分之五十**之備抵呆帳；超過**六個月**者，應將**全部墊款金額**提列備抵呆帳。

2. **呆帳之轉銷**：**當月應繳最低付款金額超過指定繳款期限六個月未繳足者，應於該六個月後之三個月內，將全部墊款金額轉銷為呆帳。**

3. **逾期帳款之轉銷**：應按董（理）事會授權額度標準，由有權人員核准轉銷，並彙報董（理）事會備查。但外國信用卡公司得依其總公司授權程序辦理。

考 點速攻

發卡機構辦理信用卡業務逾期帳款比率超過主管機關規定者，應依主管機關規定調整之，主管機關並得視情節，依銀行法相關規定採行監理措施。

三、組織變革

專營信用卡業務機構有下列情事之一者，應立即檢具事由及資料向主管機關申報：

(一) **發生百分之十以上之股權移轉。**

(二) **存款不足之退票、拒絕往來或其他喪失債信情事者。**

(三) **因訴訟、非訟、行政處分或行政爭訟事件，對公司財務或業務有重大影響者。**

(四) 締結、變更或終止關於出租全部營業，委託經營或與或他人經常共同經營之契約者。

(五) 發生或可預見之重大虧損案件。

(六) 重大營運政策之改變。

(七) 其他足以影響營運或股東權益之重大情事者。

肆、消費者保護 ☆

一、發卡機構未完成申請人申請及審核程序前，不得製發信用卡

(一) 例外管理

1. 因持卡人發生信用卡遺失、被竊、遭製作偽卡或有遭製作偽卡之虞等情形或污損、消磁、刮傷或其他原因致信用卡不堪使用而補發新卡。

2. 因信用卡有效期間屆滿時，持卡人未終止契約而續發新卡，惟應事先完成覆審程序。

3. 因聯名卡、認同卡或店內卡合作契約終止，依發卡機構與持卡人原申請契約規定換發新卡，惟應事先以書面或與持卡人約定之電子文件通知持卡人。

4. 因原發卡機構發生分割、合併或其他信用卡資產移轉等情形而換發新卡，惟應事先以書面或與持卡人約定之電子文件通知持卡人。

5. 因發卡機構將信用卡由磁條卡升級為晶片卡而換發新卡，惟應事先以書面或與持卡人約定之電子文件通知持卡人。

6. 其他經主管機關規定之事項。
   第3至5款之通知，持卡人於一定期間未表示異議，得視為同意。

(二) 電子文件管理原則

發卡機構對原製發之信用卡新增結合其他功能前，應事先取得持卡人同意，始得為之。倘有下列情形者，應於六十日前以顯著方式標示於書面或事先與持卡人約定之電子文件通知持卡人，持卡人如有異議得終止契約：

1. 增加持卡人之可能負擔。

2. 提高循環信用利率。

3. 循環信用利率採浮動式者，變更所選擇之指標利率。

4. 變更循環信用利息計算方式。

5. 變更前條第1項第2款至第5款之事項。

二、發卡通知

(一) 發卡機構於辦理申請信用卡作業時，應以書面或電子文件告知申請人下列
事項：

1. 向持卡人收取之年費、各項手續費、循環信用利率、循環信用利息及違約
金等之計算方式及可能負擔之一切費用。其中利率應以年率表示，循環信
用利息及違約金之計算方式應以淺顯文字輔以實例具體說明之。

2. 信用卡使用方式及遺失、被竊或滅失時之處理方式。

3. 持卡人對他人無權使用其信用卡後所發生之權利義務關係。

4. 有關信用卡交易帳款疑義之處理程序與涉及持卡人權利義務之信用卡國際
組織相關重要規範。

5. 提供持卡人之各項權益、優惠或服務之期間及適用條件。

6. 其他經主管機關規定之事項。

(二) 前項告知內容應通俗簡明，收關消費者權益之重要事項，應以顯著方式
標示。

三、交易帳款明細之處理

(一) 發卡機構應按期將持卡人交易帳款明細資料，以書面或事先與持卡人約定
之電子文件通知持卡人。

1. 明細資料應充分揭露下列資訊：

(1)持卡人信用額度及預借現金額度。

(2)起息日、循環信用利率及其適用期間。

(3)帳款結帳日、繳款截止日、當期新增應付帳款、溢繳應付帳款及最低
應繳金額。

(4)每筆交易之交易日期、入帳日期、交易項目、交易金額、及國外交易
之交易國家或地區、幣別、折算新台幣金額及折算新台幣日期。

(5)各項費用之計收標準及收取條件。各項費用之收取金額，並應逐筆分
別列示。

(6)已動用循環信用者，應分別列示前期餘額、計入循環信用本金之帳
款、所收取之利息及違約金。

(7)當期應付帳款如持卡人未來每期僅依約繳交最低應繳金額時，其繳清全部帳款所需之時間及應繳納之總金額。

(8)持卡人就全部或部分應付帳款採固定期數之分期還款方式清償時，其每期應繳納之本金、利息、費用、未到期金額及應付總費用年百分率。

(9)發卡機構當年度截至當期已向持卡人收取之利息及費用之累計金額。

(10)其他經主管機關規定之事項。

2. 發卡機構所提供之交易帳款明細資料與本條規定不符者，應於本辦法修正施行之日起一年內調整。

四、持卡人資訊揭露的管理

(一) **要求發卡機構加強於申請書等就涉及持卡人權益的事項（含國際組織相關重要規範）的告知，及強化每月帳單交易帳款明細資料的揭露。包括**

1. 各項費用及循環信用本金、利息、違約金、前期餘額等應逐筆分別列示。

2. 本期應付帳款如持卡人僅繳交最低應繳金額時，其繳清全部帳款所需的時間及應繳納的總金額。

3. 採固定期數還款方式的每期應繳本金、利息、費用、未到期金額及應付總費用年百分率等相關資訊。

4. 當年度截至當期已向持卡人收取的利息及費用的累計金額。

(二) **分期付款服務與特約商店**

1. 發卡機構所提供之信用卡分期付款服務，如係與特約商店有合作關係者，應依下列規定辦理：

(1)**應於持卡人原信用額度內承作。**

(2)**分期付款期間不得超過二年六個月。**

(3)特約商店應於交易時以書面告知持卡人該分期付款服務係發卡機構提供，及所需負擔費用之計收標準與收取條件。但屬網際網路或電視購物等非面對面式交易者，特約商店得以其他替代方式告知，並須留存相關紀錄。

(4)發卡機構不得以確保特約商店商品或服務提供為由，要求持卡人負擔相關費用。

2. 發卡機構所提供之信用卡分期付款服務，如係與特約商店無合作關係者，應依下列規定辦理：
   (1)應符合前項第1款及第2款規定。
   (2)發卡機構應事先以書面或與持卡人約定之方式告知持卡人前項第3款之資訊。

(三) **應收帳款催收**
   信用卡業務機構自行辦理應收帳款催收時，應依下列規定辦理：
1. 不得違反公共利益，或侵害他人權益，且應依誠實及信用方法行使權利。
2. 僅能對持卡人本人及其保證人催收，不得對與債務無關之第三人干擾或催討。
3. 以電話催收時，須表明機構名稱並裝設錄音系統，且相關資料至少保存六個月以上，以供稽核或爭議時查證之用。
4. 不得有暴力、脅迫、恐嚇、辱罵、騷擾、誤導、欺瞞或造成持卡人隱私受侵害之不當催收行為。
5. 進行外訪催收時，應對持卡人或相關第三人表明機構名稱並出示證明文件。

(四) **信用卡循環信用計息方式規定**
1. 不得以複利計息。
2. 起息日不得早於實際撥款日，且應依據主管機關發布之信用卡定型化契約應記載及不得記載事項與範本之相關規定辦理。
3. 不得將各項費用計入循環信用本金。
4. 不得將當期消費帳款計入當期本金計算循環信用利息。
5. 得計入循環信用利息本金的帳款應依據主管機關發布的信用卡定型化契約應記載及不得記載事項與範本的相關規定辦理。（信用卡業務機構管理辦法第48條第1項）
6. 客訴處理及信用不良紀錄的報送。
7. 應訂定信用卡申訴處理程序及設立申訴與服務專線，且應將該專線記載於卡片背面，並以書面或電子文件通知持卡人，另於所屬網站公告。（信用卡業務機構管理辦法第52條第1項）
8. 報送前應將登錄信用不良原因及對持卡人可能的影響情形以書面或事先與持卡人約定的電子文件告知持卡人。（信用卡業務機構管理辦法第52條第2項）

伍、現金卡 ✿

依據「金融機構辦理現金卡業務應注意事項」第1點規定「現金卡業務，係指銀行及信用合作社提供一定金額之信用額度，僅供持卡人憑金融機構本身所核發之卡片於自動化服務設備或以其他方式借領現金，且於額度內循環動用之無擔保授信業務」。

一、現金卡核發

金融機構未收到申請人書面或電子文件申請及完成徵授信審核程序前，不得製發現金卡。本注意事項所稱「電子文件」應符合「電子簽章法」之規定。

二、宣告書制度

金融機構於核發現金卡前，應以宣告書方式告知申請人重要事項，申請人及金融機構之人員（包含受委託機構之人員）均應於同一宣告書以簽名或其他得以辨識當事人同一性及確定當事人意思表示之方式確認。前項宣告書之內容，由主管機關定之。

(一) 現金卡計息方式規定

不得將各項費用計入借款本金予以計息，亦不得以複利方式計息。（第9點第1項）

(二) 利率訂價

按持卡人的信用狀況，訂定不同等級的信用風險，並依主管機關的規定，採取差別利率定價，且定期覆核調整。

三、持卡人資訊揭露的管理

申請書及契約應揭露事項：（第12點第1項、第13點）

(一) 金融機構應於平面及動態媒體廣告、開卡文件及申請書中加註民眾易懂之警語，例如「借錢不還，再借困難」、「以債養債、終身受害」，其中平面媒體廣告應以八分之一版面刊出，並詳列利率負擔區間及所有費用項目，其字體須顯明且不得小於14號字。金融機構採動態廣告時，應依下列事項辦理：

1. 以「請謹慎使用現金卡」為訴求主軸，並以八分之一版面全程播出前項警語，且不得以創業、投資等中長期資金周轉使用為訴求。
2. 利率負擔區間及所有費用以四分之一版面浮現至少四秒鐘，其中利率負擔區間不得低於十二分之一版面。
3. 於廣告結束時，以全程播出時間之八分之一（至少五秒）及相同音量之聲音播出「請謹慎使用現金卡」，並以全版面播出下列文字畫面：「第一、請務必確認契約內容；第二、請確實管控收支平衡；第三、請規劃合理償還計畫」。還款利率、還款方式、對帳單的寄送方式、終止契約程序、各項費用、延滯期間利息及違約金的計算、違約處理程序等事項。
(二) 現金卡遺失、被竊或滅失時的處理方式。
(三) 金融機構應於申請書中詳列利率及各項費用之計收標準及收取條件，讓申請人以簽名或其他得以辨識當事人同一性及確定當事人意思表示之方式確認，並於金融機構網站上揭露前開資訊，以利民眾查閱及比較。為提醒民眾重視自身信用，金融機構於申請書申請人簽名欄下方，應以顯著方式加註「未按時依約繳款之紀錄，將登錄金融聯合徵信中心，而影響您未來申辦其他貸款之權利」之文字。

四、現金卡定型化契約條款的規範

(一) 訂立契約前，應給予申請人合理審閱契約的期間。
(二) 現金卡定型化契約的字體不得小於14號字。
(三) 內容應依據主管機關發布的「消費型無擔保貸款定型化契約應記載及不得記載事項」及「消費型無擔保貸款定型化契約範本」之規定辦理。

　1. **重要事項變更的規範**
　　(1)應於60日前以顯著方式標示於書面或事先與持卡人約定的電子文件通知持卡。
　　(2)增加向持卡人收取的任何費用。
　　(3)提高利率。
　　(4)採浮動利率者，變更所選擇的指標利率。
　　(5)變更利息計算方式。
　　(6)其他經主管機關規定的事項。

　2. **現金卡信用額度調整的管理**：如需降低持卡人的信用額度時，應於契約明定調整事由，並善盡告知義務。

(四) 金融機構主動調高契約額度或可動用額度，應事先通知持卡人，並取得其書面同意後，始得為之。若原徵有保證人者，應事先通知保證人並獲其書面同意，且於核准後通知保證人及持卡人。

(五) 金融機構核發現金卡後，於自行提款之收據或按月提供持卡人之對帳單中應載明持卡人之信用額度、利率、累計借貸金額及可貸款餘額。按月提供持卡人之對帳單以書面為原則，並得依與客戶約定之其他方式提供，但持卡人要求金融機構提供書面對帳單時，金融機構不得拒絕。

五、消費金融之帳戶管理

消金案件經有權人員核准後，銀行應儘速通知客戶辦理簽約、對保手續後撥款或發卡，之後並加以追蹤與管理，在內部稽核上應特別注意下列事項：

(一) 各項契約上之金額、日期、簽名、印鑑及其它文字之填寫應審慎驗對，嚴格遵照核定條件及有關規定辦理。

(二) 如為擔保放款時，其擔保物之抵押或質押等手續應辦理完妥。

(三) 放款不得以現金支付，必須轉帳存入借戶設於本行之存款帳戶內或依委託轉入指定帳戶。

(四) 如須由本行撥款代償時，應事先照會原貸行，並設法瞭解借戶於該行履約情形（如向借戶徵提繳息明細、有無其他保證債務及結欠本金餘額等）。應向借款人、保證人及其他債務人分別徵取有關契約文件；有關授信往來之借（票）據及文件之簽章應與約定書留存簽章相符。

(五) 應向借款人、保證人及其他債務人分別徵取有關契約文件；有關授信往來之借（票）據及文件之簽章應與約定書留存簽章相符。

(六) 汽車貸款動產抵押設定文件，應於取得牌照登記書後儘速取得。

(七) 約定書立約定書人簽章處（或另設對保簽章欄內），應請借款人（包括其他債務人）親自簽名蓋章；申請人授權銀行自動扣繳款項者，申請書授權欄內申請人之簽章，應經驗印確定與其存款帳戶印鑑相符。

(八) 借款人如未具有行為能力者，應取得法定代理人之同意。

(九) 信用卡正卡申請人年齡須為成年人（110年1月13日修正公布民法第12條將成年年齡由20歲調降為18歲，並明定施行日期為112年1月1日），附卡申請人年齡須滿十五歲。

(十) 應以書面告知使用信用卡應注意事項。

(十一) 作業設立適當之控管流程，以避免盜用客戶申貸款、盜用客戶繳交之各項手續費（開辦費、帳戶管理費等）、超收各項手續費之情事發生。

(十二) 信用卡爭議款項於受理後，限期回覆持卡人處理狀況或進度，調查期間應該停止計算利息。

(十三) 持卡人應繳納信用卡消費帳款，委由便利商店業代收者，應依下列規定辦理：

　　1. 應依「金融機構作業委託他人處理應注意事項」規定辦理，且受委託機構每筆帳單代收金額上限為新台幣二萬元。

　　2. 持卡人消費帳款之繳款資料，不得完整列示客戶身分證字號及信用卡卡號等個人資料。

考前焦點速記

1. 發卡機構因分割、合併或其他信用卡資產移轉等情形致原發卡機構主體變更者，變更後之新發卡機構應於基準日起**一年**內換發新卡。但有正當理由經主管機關核准者，得予延長。

2. 信用卡：指持卡人憑發卡機構之信用，向特約之第三人取得商品、服務、金錢或其他利益，而得延後或依其他約定方式清償帳款所使用之支付工具。

3. 專營信用卡業務機構：信用卡公司，外國信用卡公司，專營信用卡業務之機構。

4. 發卡機構：指**辦理發卡業務**之信用卡業務機構。

5. 收單機構：指**辦理收單業務**之信用卡業務機構。

6. 特約商店：指與收單機構簽訂契約，並接受持卡人以信用卡支付商品或服務之款項者。

7. 電子文件：指文字、聲音、圖片、影像、符號或其他資料，以電子或其他以人之知覺無法直接認識之方式，所製成足以表示其用意之紀錄，而供電子處理之用者。

8. 發卡機構應按持卡人之信用狀況，訂定不同等級之信用風險，並考量資金。

9. 成本及營運成本，採取循環信用利率差別定價，且至少每季應定期覆核持卡人所適用利率。

10. 發卡機構對已核發之信用卡至少每**半年**應定期辦理覆審。

11. 循環信用利率採浮動式者，除有不可歸責於發卡機構之事由外，不得變更所選擇之指標利率。

12. 信用卡公司及外國信用卡公司應自**主管機關許可設立之日**起，六個月內辦妥公司設立登記，並檢同下列之書件，向主管機關申請核發營業執照。

13. 信用卡業務機構經核發營業執照後經發覺原申請事項有虛偽情事，或經主管機關認定未能有效經營業務，其情節重大者，或滿六個月尚未開始營業者，主管機關得撤銷或廢止其設立許可，限期繳銷執照，並通知經濟部。

14. 但有正當理由經主管機關核准者，得予延展開業，延展期限不得超過**六個月**，並以**一次**為限。

15. 在我國境內發行之國際通用信用卡於國內使用時，應以新台幣結算，並於國內完成清算程序；於國外使用時，或國外所發行之信用卡於國內使用時，涉及外匯部分，應依據中央銀行有關規定辦理。

16. 信用卡業務機構增加辦理其他信用卡業務，應檢具營業計畫書向主管機關申請，主管機關自**申請書送達之次日起三十日內**，未表示反對者，視為已核准。

17. 發卡機構與業者合作發行聯名卡或認同卡，應確實建立客戶資訊保密機制，並對合作事項範圍、客戶權益保障、風險管理及內部控制，訂定內部作業制度及程序。

18. 專營信用卡業務機構每屆營業年度終了**四個月**內，應將下列資料，報請主管機關備查：(1)營業報告書。(2)經會計師查核且報經董（理）事會通過或外國信用卡公司負責人同意之財務報告。(3)其他經主管機關指定之資料。

19. 發卡機構不得於信用卡申請書中，以「**正卡申請人代理附卡申請人簽名申請附卡**」之方式受理附卡申請。

20. 發卡機構於持卡人收到所申請信用卡之日起**七日內**，經持卡人通知解除契約者，不得向持卡人請求負擔任何費用。但持卡人已使用者，不在此限。

21. 發卡機構主動調高持卡人信用額度，應事先通知正卡持卡人，並取得其書面同意後，始得為之。若原徵有保證人者，應事先通知保證人並獲其書面同意，且於核准後應通知保證人及正卡持卡人。

22. 正卡持卡人申請調整信用額度時，發卡機構應於核准後通知正卡持卡人。若原徵有保證人者，除調高信用額度應事先通知保證人並獲其書面（亦得透過網路認證或自動提款機或自動貸款機之方式為之。）同意外，應於調整核准後通知保證人。

23. 發卡機構信用卡契約條款印製之字體不得小於十二號字。

24. 發卡機構不得要求附卡持卡人就正卡持卡人使用正卡所生應付帳款負清償責任。

25. 發卡機構於核發新卡時所提供之權益或優惠，除有不可歸責於發卡機構之事由外，於約定之提供期間內未經持卡人同意不得變更，且於符合前開變更條件時，亦應於**六十日前**以書面或事先與持卡人約定之電子文件通知持卡人。

26. 申請人於收到核發的信用卡**七日內**，得通知貴行解除契約，無須說明理由及負擔任何費用或價款。已使用核發新卡者，不在此限。

27. 應訂定申訴處理程序及設立申訴專線，且應將申訴專線記載於卡片背面，並以書面通知持卡人，另於其網站公告。

28. 金融機構應於申請書及契約中以明顯字體充分揭露有關借款利率、還款方式、對帳單之寄送、終止契約程序、各項費用、延滯期間利息及違約金之計算、違約處理程序等事項，以利申請人瞭解，並以淺顯文字輔以案例具體說明利息、違約金之計算方式、起訖期間及利率，且於訂立契約前，應給予申請人合理審閱契約之期間。

29. 金融機構於核發現金卡前，應以宣告書方式當面宣讀告知申請人重要事項，申請人及金融機構之人員（包含受委託機構之人員）均應於同一宣告書簽名。宣告書之內容，由主管機關定之。

30. 金融機構辦理現金卡業務不得將各項費用計入借款本金予以計息，亦不得以複利方式計息。

31. 金融機構辦理現金卡業務，當期應繳最低付款金額超過指定繳款期限六個月未繳足者，應於該**六個月後之三個月內**，將債權餘額轉銷為呆帳。

32. 信用卡正卡申請人年齡須為成年人，附卡申請人年齡須滿**十五歲**。

33. 持卡人應繳納信用卡消費帳款，委由便利商店業代收者，每筆帳單代收金額上限為新台幣**二萬元**。

34. 依「信用卡業務機構管理辦法」第32條規定，發卡機構應依下列規定辦理逾期帳款之備抵呆帳提列及轉銷事宜：

    (1) 備抵呆帳之提列：當期應繳最低付款金額超過指定繳款期限**一個月至三個月**者，應提列全部墊款金額**百分之二**之備抵呆帳；超過**三個月至六個月**者，應提列全部墊款金額**百分之五十**之備抵呆帳；超過六個月者，應將全部墊款金額提列備抵呆帳。

    (2) 呆帳之轉銷：當期應繳最低付款金額超過指定繳款期限**六個月**者，應於該**六個月後之三個月內**，將全部墊款金額轉銷為呆帳。

35. 依「金融機構辦理現金卡業務應注意事項」第22項規定，金融機構辦理現金卡業務，當期應繳最低付款金額超過指定繳款期限**六個月**未繳足者，應於該**六個月後之三個月內**，將債權餘額轉銷為呆帳。

36. 發卡機構倘有增加向持卡人收取之年費、手續費及提高其利率、變更利息計算方式、增加可能負擔之一切費用時，應於**六十日前**以書面或事先與持卡人約定之電子文件通知持卡人，持卡人如有異議得終止契約。

37. 發卡機構對爭議款項應於受理後十四日內回覆持卡人處理狀況或進度，調查期間應該停止計算利息。當確定為持卡人責任時方得收取爭議款項處理期間之利息。

38. 為避免持卡人消費過度擴張，發卡機構對於已持超過**三家以上**發卡機構卡片之申請人核發卡片應審慎評估。

39. 金融機構派員赴證券商辦理收付款項，所收存款至少**半數**運用於中央銀行所訂流動準備項目，以維持其流動性。

40. 債務人於全體金融機構之無擔保債務歸戶後之總餘額（包括信用卡、現金卡及信用貸款）除以平均月收入，不宜超過22倍。

41. 現金卡、信用卡（以下簡稱雙卡）逾期放款比率偏高之監理措施：
    (1) 逾期放款比率3%**以上但低於**5%者，將以書面函知發卡機構應注意避免雙卡資產品質惡化，並研提改善計畫。
    (2) 對於逾期放款比率5%以上但低於8%者，將予以糾正，並限期發卡機構三個月內改善資產品質。
    (3) 逾期放款比率8%以上者，暫停雙卡業務承作（不包括掛失補發卡）。

42. 發卡機構應依據下列規定辦理信用卡相關資訊之揭露：
    (1) 信用卡循環信用利率應以年利率於營業場所牌告。
    (2) 信用卡循環信用利率、年費、各項費用、帳款計算方式、遺失或被竊處理、持卡人之權益或服務等相關資訊，應於刊物或網路刊登。
    (3) 其他經財政部或中央銀行規定之事項。

43. 信用卡業務涉及五大主體：國際信用卡組織品牌所有者如Visa、MasterCard、JCB、AMEX、Diners和NCCC等、發卡機構、收單機構、特約商店和持卡人。

44. 信用卡消費帳單應充份揭露消費日期、可辨識之消費卡別、消費地區與國家、簽帳金額、簽帳幣別及折算新台幣金額等項目，並應說明持卡人負擔之各種費用計算方法。

45. 發卡機構擬提高持卡人之信用額度時，如有信用卡保證人存在，應事先通知保證人並獲其書面同意。

46. 發卡機構接受持卡人申請調高信用卡額度時，應要求須本人為之，並有一定之個人身分辨識程序。發卡機構擬主動調高持卡人之信用額度時，應事先通知持卡人並取得其書面或其他經主管機關許可方式所為之同意後，始得為之。

47. 現金卡逾期金融機構以電話催收時，需裝設錄音系統，並至少保存**六個月**以上，以供稽核或遇爭議時查證之用。

48. 發卡機構應嚴恪遵守主管機關對債務催收相關規定，嚴禁暴力或恐嚇討債等不當催收行為，若辦理委外催收均應依本會所訂「金融機構應收債權催收作業委外相關自律規範」辦理，且應定期依本會所訂相關評鑑項目及評比標準對委外催收機構辦理評鑑，該定期評鑑應每季辦理乙次，評鑑結果並應公布於本會網站。

49. 辦理現金卡業務，不得有暴力、脅迫、恐嚇、辱罵、騷擾、誤導、欺瞞或造成債務人隱私受侵害之不當催收行為。

50. 為保障民眾之權益，金融機構於承作信用卡、現金卡及個人消費性貸款等業務，不論催收業務是否委外，僅能對債務人本人及其保證人催收，不得以任何方式透過對第三人之干擾或催討進行催收。

51. 信用卡業務機構管理辦法依銀行法第47-1條訂定之。

精選試題

( )　**1** 有關消費金融業務信用卡授權風險控管，下列敘述何者正確？
(A)尚未解約之風險特店交易，可先取消專人監控持卡人消費情形
(B)信用卡停用或掛失後，仍有國外消費之請款時，應登錄於國際黑名單
(C)風險控管人員僅就授權單位人員通報異常者予以設控，對客戶服務單位人員通報異常者不必處理
(D)對於設控之卡片或持卡人，應由風險控管單位確認後轉予授權單位查核，以決定是否予以解控。

( )　**2** 依「信用卡業務機構管理辦法」規定，下列何者為信用卡發卡業務？
(A)提供信用卡交易授權或清算服務
(B)簽訂特約商店及辦理相關事宜
(C)辦理信用卡循環信用、預借現金業務
(D)代理收付特約商店信用卡消費帳款。

( )　**3** 依「信用卡業務機構管理辦法」規定，下列何者非屬信用卡業務章則應記載事項？　(A)組織結構與部門執掌　(B)內部控制制度　(C)收費標準　(D)內部稽核制度。

( )　**4** 下列何者為「信用卡業務機構管理辦法」所稱之信用卡公司？
(A)經主管機關許可，以兩合公司組織並專營信用卡業務之機構
(B)經主管機關許可，以有限公司組織並兼營信用卡業務之機構
(C)經主管機關許可，以股份有限公司組織並專營信用卡業務之機構
(D)經主管機關許可，以股份有限公司組織並兼營信用卡業務之機構。

（　）　**5** 有關發卡機構委由便利商店業代收信用卡持卡人消費帳款之繳款
資料，下列敘述何者正確？
(A)應完整列示客戶身分證字號，惟不得完整列示信用卡卡號
(B)應完整列示客戶信用卡卡號，惟不得完整列示身分證字號
(C)應完整列示客戶身分證字號及信用卡卡號
(D)不得完整列示客戶身分證字號及信用卡卡號。

解答及解析

1 (B)。收單機構簽定特約商店前應
透過金融聯合徵信中心查詢特約商
店之檔案，且不可因競爭因素再與
已確定風險之特約商店簽約。
發卡機構如發現集團性偽冒信用卡
案件，應積極主動通知檢警調單位。

2 (C)。信用卡發卡業務指下列業務
之一：
(一)發行信用卡及辦理相關事宜。
(二)辦理信用卡循環信用、預借現
金業務。

3 (C)。信用卡業務章則應記載下列
事項：
一、組織結構與部門職掌。
二、人員配置、管理與培訓。
三、內部控制制度（包括業務管理
及會計制度）。
四、內部稽核制度。
五、營業之原則與政策。
六、消費糾紛處理程序。
七、作業手冊及權責劃分。
八、其他經主管機關規定之事項。

4 (C)。信用卡公司：指經主管機關
許可，以股份有限公司組織並專業
經營信用卡業務之機構。

5 (D)。
一、發卡機構委由便利商店業代收
信用卡持卡人消費帳款，應依
「金融機構作業委託他人處理
應注意事項」規定辦理；發卡
機構應與受委託機構研訂安全
控管計畫，且受委託機構每筆
帳單代收金額上限為新台幣貳
萬元。
二、為避免客戶資料外洩，發卡機
構委由便利商店業代收信用卡
持卡人消費帳款之繳款資料，
不得完整列示客戶身分證字號
及信用卡卡號等個人資料。發
卡機構應確保受委託機構及
其人員無法藉由繳款資料取得
或辨識客戶之身分證字號、信
用卡卡號及其他相關之個人
資料。

Chapter 13
洗錢防制

頻出度 **C** 依據出題頻率分為：A頻率高 B頻率中 C頻率低

章前導引
- 本章探討洗錢防制等相關規定。
- 證券商有關洗錢防制之管理辦法。
- 司法單位對疑似洗錢帳戶之處理原則。
- 金融機構辦理國內匯款作業確認客戶身分原則。
- 洗錢防制免申報範圍。

章節架構

```
                  ┌─ 疑似狀況之交易申報流程
         洗錢防制 ─┼─ 疑似申報範圍
                  └─ 免申報範圍

         司法機關向銀行 ─┬─ 金融機構辦理國內匯款作業確認客戶身份原則
         查詢客戶存放款   └─ 軍事警察機構之查詢辦法
         資料之規定

         證券商防制洗錢注意事項
```

重點精華

壹、洗錢防制等相關規定 ☆☆

一、洗錢

根據「洗錢防制法」定義，洗錢係指下列行為：

(一) 意圖掩飾或隱匿特定犯罪所得來源，或使他人逃避刑事追訴，而移轉或變更特定犯罪所得。

(二) 掩飾或隱匿特定犯罪所得之本質、來源、去向、所在、所有權、處分權或其他權益者。

(三) 收受、持有或使用他人之特定犯罪所得。

二、相關規定

(一) 洗錢防制

1. 金融機構及指定之非金融事業或人員對於達一定金額以上之通貨交易，除洗錢防制法另有規定外，應向法務部調查局申報。

2. 金融機構及指定之非金融事業或人員依前項規定為申報者，免除其業務上應保守秘密之義務。該機構或事業之負責人、董事、經理人及職員，亦同。

3. 第1項一定金額、通貨交易之範圍、種類、申報之範圍、方式、程序及其他應遵行事項之辦法，由中央目的事業主管機關會商法務部及相關機關定之；於訂定前應徵詢相關公會之意見。

> **考 點速攻**
>
> 以銀行為例，客戶至銀行開戶若屬個人戶，應提供身分證或護照，非個人戶應提供其合法登記資格證照及代表人合法證明。必要時另提供其他輔助證件，如戶籍謄本、戶口名簿、居留證明文件等。開戶後依規定，達新臺幣一百五十萬元以上之現金交易，應提供身分證明文件或護照，以利金融機構確認身分。

4. 違反第1項規定或前項所定辦法中有關申報之範圍、方式、程序之規定者，由中央目的事業主管機關處金融機構新台幣五十萬元以上一千萬元以下罰鍰；處指定之非金融事業或人員新台幣五萬元以上一百萬元以下罰鍰。

5. 銀行辦理客戶「一次」、「同時」存入二個以上帳戶現金或自二個以上帳戶提領現金合計分別逾新台幣一百五十萬元之交易，應依上揭規定辦理。

6. 所稱「一次同時自二個以上帳戶存入或提領現金之交易」，係指在同一櫃檯於同一時間一次辦理數筆現金交易之行為。即在同一時點，同一客戶在同一櫃檯一次之數筆現金交易應加以合計。

7. 依法務部解釋，不由承辦人個案告知，統一由各金融機構廣泛告知。例如由各金融機構以告示牌記載「依洗錢防制法第8條規定，本機構發現疑似洗錢交易，須向指定之機構申報」。

(二) 疑似洗錢之交易申報流程

1. 金融機構各單位承辦人員發現異常交易，應即陳報專責督導主管，並儘速裁決是否確屬應行申報事項，如確定應交由原承辦人員填寫申報書，將申

報書呈／陳送總機構，總機構之指定事務單位簽報副總經理（或相當職位人員）核定後依規定向法務部調查局申報。

2. **重大緊急案件，各單位得以電話依前項程序辦理，並設簿登記，但應立即補辦書面資料，並傳真法務部調查局對單一客戶達新台幣一百五十萬元以上之現金收或付或換鈔交易（均含等值外幣）以上之交易等（如係本行客戶帳戶，則含同一營業日同一交易帳戶數筆款項之合計數），金融機構均應憑客戶之身分證明文件或護照確認其身分，並將其姓名、出生年月日、住址、交易帳戶號碼、交易金額、身分證明文件號碼加以紀錄。**

> **考**　點速攻
>
> 交易如係由代理人為之，應確認代理人之身分，必要時並確認被代理人身分。

3. 如能確認客戶為交易帳戶本人者，可免確認身分。留存交易紀錄部分，如開戶資料已登載之基本資料，可免再重複登錄。

(三) **疑似洗錢之申報範圍**

1. **原則上以達新台幣五十萬元（含等值外幣）以上之交易（包括同一營業日同一交易帳戶數筆款項之合計數），屬疑似洗錢之交易者，始須納入申報範圍，惟若已接獲通報或已知悉屬疑似洗錢交易者，雖未達上開金額，亦應申報。**

2. 對疑似洗錢交易之客戶，依規定辦理申報後，除其他法律另有規定外，仍得繼續受理該帳戶之交易，若經檢調單位審定為疑似洗錢案件者，日後應配合提供申報後持續發生之交易資料。

3. 對疑以洗錢交易報告，應盡量徵取填報資料，若部分資料確實無法獲得，為避免牴觸洗錢防制法規定，該部分得免填報。

4. 金融機構應確認客戶身分及留存交易紀錄憑證，並應向法務部調查局為疑似洗錢交易之申報：

   (1)同一帳戶於同一營業日之現金存、提款交易，分別累計達一定金額以上，且該交易與客戶身分、收入顯不相當，或與其營業性質無關者。

   (2)同一客戶於同一櫃檯一次辦理多筆現金存、提款交易，分別累計達一定金額以上，且該交易與客戶身分、收入顯不相當，或與其營業性質無關者。

   (3)同一客戶於同一櫃檯一次以現金分多筆匯出、或要求開立票據（如本行支票、存放同業支票、匯票）、申購可轉讓定期存單、旅行支票及其他有價證券，其合計金額達一定金額以上，而無法敘明合理用途者。

(4)自金融監督管理委員會函轉國際防制洗錢組織所公告防制洗錢與打擊資助恐怖份子有嚴重缺失之國家或地區、及其他未遵循或未充分遵循國際防制洗錢組織建議之國家或地區匯入之交易款項，與客戶身分、收入顯不相當，或與其營業性質無關者。

(5)交易最終受益人或交易人為金融監督管理委員會函轉外國政府所提供之恐怖分子或團體；或國際洗錢防制組織認定或追查之恐怖組織；或交易資金疑似或有合理理由懷疑與恐怖活動、恐怖組織或資助恐怖主義有關聯者。

(6)其他符合防制洗錢注意事項所列疑似洗錢表徵之交易，經金融機構內部程序規定，認定屬異常交易者。

(四) 免申報範圍

1. 與政府機關、公營事業機構、行使公權力機構（於受委託範圍內）、公私立學校、公用事業及政府依法設立之基金，因法令規定或契約關係所生之交易應收應付款項。

2. 金融機構間之交易及資金調度。

3. 經銷商申購彩券款項。

4. 證券商或期貨商開立之期貨保證金專戶。

5. 代收款項交易（不包括存入股款代收專戶之交易），其繳款通知書已明確記載交易對象之姓名、身分證明文件號碼、交易種類及金額者。另非個人帳戶基於業務需要經常或例行性須存入現金新台幣一百萬元以上之百貨公司、量販店、連鎖超商、加油站、醫療院所、交通運輸業及餐飲旅館業等之情形，亦列入免申報範圍。惟金融機構須確認有事實需要，並將名單送法務部調查局核備，往後始得免逐次確認與申報。金融機構每年至少應審視上述交易對象一次。

貳、司法機關向銀行查詢客戶存放款資料之規定

(一) 司法、軍法、稅務、監察、審計及其他依法律規定具有調查權之機關，有查詢銀行客戶存款、放款、匯款、保管箱等有關資料之需要者，得依據各該法律規定，正式備文逕洽相關銀行查詢。

(二) 稅務機關依稅捐稽徵法第30條規定查詢時，仍應依財政部七十年十二月三日（70）臺財稅第40060號函暨八十二年十月十九日台財融第822216536號函規定辦理。

(三) 行政院海岸巡防署、海洋巡防總局及海岸巡防總局查詢時，應表明係為偵辦案件需要，註明案由，並須由首長（副首長）判行。

(四) 法務部調查局查詢時，應表明係為偵辦案件需要，註明案由，以經該局局長（副局長）審核認定為必要者為限。

(五) 警察機關查詢時，應表明係為偵辦刑事案件需要，註明案由，並須經由警察局局長（副局長）或警察總隊總隊長（副總隊長）判行。但警察機關查察人頭帳戶犯罪案件，依警示通報機制請銀行列為警示帳戶（終止該帳號使用提款卡、語音轉帳、網路轉帳及其他電子支付轉帳功能）者，得由警察分局分局長判行後，逕行發文向金融機構查詢該帳戶資金流向之資料。

(六) 軍事警察機關以憲兵司令部名義，正式備文查詢時，應表明係為偵辦刑事案件需要，註明案由，並須以憲兵司令部名義正式備文查詢。

(七) 受理財產申報機關（構）依據公職人員財產申報法，辦理財產申報資料實質審核時，已依據法務部九十一年三月二十一日法政字第0911102212號函規定，以受理申報機關（構）之書函表明已向財政部財稅資料中心調取申報相關人員之歸戶財產查詢清單，因該清單內容與財產申報內容有差異而認有申報不實之嫌後，再依公職人員財產申報法第10條第1項規定向各該財產所在地之銀行進行查詢申報人之存放款等資料時，銀行應配合辦理。

(八) 至於前揭以外其他機關因辦理移送行政執行署強制執行、偵辦犯罪或為執行公法上金錢給付義務之必要，而有查詢需要者，應敘明案由、所查詢銀行名稱及查詢範圍，在中央應由部（會）、在直轄市應由直轄市政府、在縣（市）應由縣（市）政府具函經本會同意後，註明核准文號，再洽相關銀行辦理。

(九) 各機關依本規定，調取及查詢客戶往來、交易資料時，應建立內部控制機制，指派專人列管，並應作定期與不定期考核，以確保人民隱私權。

(十) 銀行提供上開資料時，應以密件處理，並提示查詢機關（構）應予保密。

參、金融機構辦理國內匯款作業確認客戶身分原則

(一) 為使洗錢防制作業更趨嚴謹及打擊犯罪,並促使匯款及無摺存款客戶留存資料,以利金融機構認識客戶及保障存款戶之權益及防範詐騙,特訂定本原則。

(二) 本原則所稱金融機構,指本國銀行、外國銀行在臺分行、信用合作社及中華郵政公司。

(三) 金融機構辦理新台幣三萬元以上、五十萬元以下(不含)之國內現金匯款、新台幣三萬元以上之國內轉帳匯款,及無摺存款案件,應依本原則辦理。

(四) 金融機構受理臨櫃國內匯款及新台幣三萬元以上無摺存款案件,應留存匯款人或存款人姓名、身分證號碼(或統一證號)及電話(或地址)等資料。法人、獨資、團體或合夥事業為匯款人時,應填具該法人、獨資、團體或合夥事業之名稱、統一編號及電話(或地址)等資料。如為代理人辦理匯款或非存款戶本人辦理新台幣三萬元以上無摺存款者,應於匯款申請書或無摺存款單上加註匯款代理人或存款代理人姓名及身分證號碼(或統一證號),非存款戶本人辦理未達新台幣三萬元無摺存款者,應加註姓名及電話。

(五) 金融機構應要求匯款人或辦理新台幣三萬元以上無摺存款人出示身分證明文件,並核對匯款人或辦理無摺存款人之身分與匯款申請書或無摺存款單填寫之資料相符。但有下列情形之一者,不在此限:

　1. 匯款人或無摺存款人如為本人,且為該金融機構認識之客戶,並在該金融機構留有身分資料紀錄者,得免出示身分證明文件,該金融機構可依據留存之身分紀錄,核對匯款申請書或無摺存款單填寫之資料。

　2. 如為代理人辦理者,僅需核對代理人身分。該代理人如為該金融機構認識之客戶,且在該金融機構留有身分資料紀錄者,得免出示身分證明文件,該金融機構可依據留存之身分紀錄,核對匯款申請書或無摺存款單填寫之資料。

(六) 金融機構辦理匯款及無摺存款時,有關核對及確認客戶身分所需之程序及文件,依中華民國銀行商業同業公會全國聯合會訂定之規定辦理。

肆、證券商防制洗錢注意事項

中華民國證券商業同業公會證券商防制洗錢及打擊資恐注意事項範本（節錄）（108.12.19修訂）

(一) 證券商辦理確認客戶身分措施，有以下情形之一者，應予以婉拒建立業務關係或交易：

1. 疑似使用匿名、假名、人頭、虛設行號或虛設法人團體。

2. 客戶拒絕提供審核客戶身分措施相關文件，但經可靠、獨立之來源確實查證身分屬實者不在此限。

3. 對於由代理人之情形，且查證代理之事實及身分資料有困難。

4. 持用偽、變造身分證明文件。

5. 出示之身分證明文件均為影本。但依規定得以身分證明文件影本或影像檔，輔以其他管控措施辦理之業務，不在此限。

6. 提供文件資料可疑、模糊不清，不願提供其他佐證資料或提供之文件資料無法進行查證。

7. 客戶不尋常拖延應補充之身分證明文件。

8. 建立業務關係之對象為資恐防制法指定制裁之個人、法人或團體，以及外國政府或國際組織認定或追查之恐怖分子或團體。但依資恐防制法第6條第1項第1款至第3款所為支付不在此限。

9. 建立業務關係或交易時，有其他異常情形，客戶無法提出合理說明。

(二) 確認客戶身分時機：

1. 與客戶建立業務關係時。

2. 辦理新台幣五十萬元（含等值外幣）以上之現金交易（如以現金給付之交割價款、單筆申購並以臨櫃交付現金方式交易等）時。

3. 發現疑似洗錢或資恐交易時。

4. 對於過去所取得客戶身分資料之真實性或妥適性有所懷疑時。

(三) 證券商對帳戶及交易之持續監控，應依下列規定辦理：

1. 證券商應逐步以資訊系統整合全公司客戶之基本資料及交易資料，供總（分）公司進行基於防制洗錢及打擊資恐目的之查詢，以強化其帳戶及交易監控能力。對於各單位調取及查詢客戶之資料，應建立內部控制程序，並注意資料之保密性。

2. 應依據以風險基礎方法，建立帳戶及交易監控政策與程序，並利用資訊系統，輔助發現疑似洗錢或資恐交易。

3. 依據防制洗錢與打擊資恐法令規範、其客戶性質、業務規模及複雜度、內部與外部來源取得之洗錢與資恐相關趨勢與資訊、證券商內部風險評估結果等，檢討其帳戶及交易監控政策及程序，並定期更新之。

4. 帳戶及交易監控政策及程序，至少應包括完整之監控型態、參數設定、金額門檻、預警案件與監控作業之執行程序與監控案件之檢視程序及申報標準，並將其書面化。

5. 前款機制應予測試，測試面向包括：
   (1)內部控制流程：檢視帳戶及交易監控機制之相關人員或單位之角色與責任。
   (2)輸入資料與對應之系統欄位正確及完整。
   (3)偵測情境邏輯。
   (4)模型驗證。
   (5)資料輸出。

6. 證券商發現或有合理理由懷疑客戶、客戶之資金、資產或其欲／已進行之交易與洗錢或資恐等有關者，不論金額或價值大小或交易完成與否，均應對客戶身分進一步審查。

7. 附錄所列為可能產生之疑似洗錢或資恐交易態樣，惟並非詳盡無遺，證券商應依本身資產規模、地域分布、業務特點、客群性質及交易特徵，並參照證券商內部之洗錢及資恐風險評估或日常交易資訊等，選擇或自行發展契合證券商本身之態樣，以辨識出可能為洗錢或資恐之警示交易。

8. 前款辨識出之警示交易應就客戶個案情況判斷其合理性（合理性之判斷例如是否有與客戶身分、收入或營業規模顯不相當、與客戶本身營業性質無關、不符合客戶商業模式、無合理經濟目的、無合理解釋、無合理用途、或資金來源不明或交代不清），儘速完成是否為疑似洗錢或資恐交易之檢視，並留存檢視紀錄。經檢視非疑似洗錢或資恐交易者，應當記錄分析排除理由；如經檢視屬疑似洗錢或資恐交易者，不論交易金額多寡，均應依法務部調查局所定之申報格式簽報，並於專責主管核定後立即向法務部調查局申報，核定後之申報期限不得逾二個營業日。交易未完成者，亦同。

9. 證券商就附錄各項疑似洗錢或資恐交易態樣，應以風險基礎方式辨別須建立相關資訊系統輔助監控者，未列入系統輔助者，證券商亦應以其他方式協助員工於客戶交易時判斷其是否為疑似洗錢或資恐交易；系統輔助並不能完全取代員工判斷，證券商仍應強化員工之訓練，使員工有能力識別出疑似洗錢或資恐交易。

10. 證券商執行帳戶及交易持續監控之情形應予記錄，並依第拾點之期限進行保存。

(四) 疑似洗錢或資恐交易申報：

1. 各單位承辦人員發現異常交易，應立即陳報督導主管。

2. 督導主管應儘速裁決是否確屬應行申報事項。如裁定應行申報，應立即交由原承辦人員填寫申報書（格式請至法務部調查局網站下載）。

3. 申報書經單位主管核定並轉送專責主管核定後，立即向法務部調查局申報，核定後之申報期限不得逾二個營業日；並應於每會計年度終了後15日內，將上一年度所申報疑似洗錢或資恐交易態樣項目及其件數，函報目的事業主管機關備查，並副知臺灣證券交易所股份有限公司及中華民國證券商業同業公會。

4. 對屬明顯重大緊急之疑似洗錢或資恐交易案件之申報，應立即以傳真或其他可行方式儘速向法務部調查局申報，並立即補辦書面資料。但經法務部調查局以傳真資料確認回條（格式請至法務部調查局網站下載）確認收件者，無需補辦申報書。證券商並應留存傳真資料確認回條。

　資料保密：

(1)各級人員應注意保密，防止申報之資料及消息洩漏。證券商並應提供員工如何避免資訊洩露之訓練或教材，避免員工與客戶應對或辦理日常作業時，發生資訊洩露情形。

(2)申報事項有關文書均應以機密文件處理，如有洩密案件應依有關規定處理。

(3)防制洗錢及打擊資恐人員、法令遵循人員或稽核人員為執行職務需要，應得及時取得客戶資料與交易紀錄，惟仍應注意資料之保密。

(五) 證券商對達一定金額以上之通貨交易，應依下列規定辦理：

1. 一定金額以上之通貨交易係指新台幣五十萬元（含等值外幣）以上之單筆現金收或付（在會計處理上，凡以現金收支傳票記帳者皆屬之）或換鈔交易。

2. 證券商於辦理相關業務（例如債券交易、代辦或自辦融資融券信用交易或其他交易），如有發生一定金額以上之通貨交易時，應確認客戶身分並留存相關紀錄憑證。

3. 確認客戶身分措施，應依下列規定辦理：

(1)憑客戶提供之身分證明文件或護照確認其身分，並將其姓名、出生年月日、住址、電話、交易帳戶號碼、交易金額及身分證明文件號碼等事項加以記錄。但如能確認客戶為交易帳戶本人者，可免確認身分，惟應於交易紀錄上敘明係本人交易。

(2)交易如係由代理人為之者,應憑代理人提供之身分證明文件或護照確認其身分,並將其姓名、出生年月日、住址、電話、交易帳戶號碼、交易金額及身分證明文件號碼等事項加以記錄。

(3)交易如係屬臨時性交易者,應依第貳點第三款確認客戶身分。

4. 對一定金額以上之通貨交易,應於交易完成後五個營業日內以媒體申報方式(格式請至法務部調查局網站下載),向法務部調查局申報。無法以媒體方式申報而有正當理由者,得報經法務部調查局同意後,以書面(格式請至法務部調查局網站下載)申報之。

5. 與政府機關、公營事業機構、行使公權力機構(於受委託範圍內)、公私立學校、公用事業及政府依法設立之基金,因法令規定或契約關係所生之達一定金額以上之通貨交易應收應付款項,得免向法務部調查局申報,但仍應確認客戶身分及留存相關紀錄憑證。證券商如發現上述交易有疑似洗錢或資恐交易之情形時,仍應依洗錢防制法第10條及資恐防制法第7條第3項規定辦理。

考前焦點速記

1. 洗錢,指掩飾或隱匿因自己重大犯罪所得財物或財產上利益者及掩飾、收受、搬運、寄藏、持有或使用他人因重大犯罪所得財物或財產上利益之行為。

2. 洗錢防制法第9條所訂金融機構及指定之非金融事業或人員對於達一定金額以上之通貨交易,如違反第九條第一項規定或其他所定辦法中有關申報之範圍、方式、程序之規定者,由中央目的事業主管機關處金融機構新台幣**五十萬元以上一千萬元**以下罰鍰;處指定之非金融事業或人員新台幣**五萬元以上一百萬元**以下罰鍰。

3. 洗錢防制法所稱交易紀錄憑證應以原本方式保存五年,凡屬會計紀錄上可作為原始憑證,可以該憑證作為「交易憑證之原本」留存,如該憑證並足以確認交易對象之身分者,各種代收款項,凡繳款通知書已明確記載交易對象之姓名、身分證明文件字號(含代號可追查交易對象之身分者)、住(地)址、交易種類與金額等,因該通知書已足以確認客戶身分,故無須再辦理確認客戶之手續,僅須將繳款通知書副聯作為交易紀錄憑證留存。

4. 依洗錢防制法確認客戶身分之程序及留存交易紀錄憑證之方式如下：

(1) 對單一客戶達新台幣<u>一百五十萬元</u>以上之現金收或付或換鈔交易（均含對值外幣）以上之交易等（如係本行客戶帳戶，則含同一營業日同一交易帳戶數筆款項之合計數），金融機構均應憑客戶之身分證明文件或護照確認其身分，並將其姓名、住址、交易帳戶號碼、交易金額、身分證明文件號碼加以記錄。但如能確認客戶為交易帳戶本人者，可免確認身分。留存交易紀錄部分，如開戶資料已登載之基本資料，可免再重複登錄。

(2) 交易如係由代理人為之。應確認代理人之身分，必要時並確認被代理人身分。

(3) 確認身分紀錄及交易紀錄憑證，應以原本方式**保存五年**。

(4) 上開確認客戶身分紀錄之處理方式，各金融機構應依本身考量，根據全行一致性做法之原則，選擇一種紀錄方式，例如採取電腦專檔處理或設簿登記或其他易於查核之方式，惟於金融稽查及檢調單位依洗錢防制法第8條追查可疑交易時，應有完整資料可供調閱。紀錄資料並應妥為保存予以管制，以維護客戶權益。

5. 對疑似洗錢之交易，應向法務部調查局申報。地址：新北市新店區中華路七十四號。

6. 明定向法務部調查局申報事宜，應於發現疑似洗錢交易之日起**十個營業日**內完成。

7. 通貨交易：單筆現金收或付（在會計處理上，凡以現金收支傳票記帳者皆屬之）或換鈔交易。

8. 金融機構辦理匯款時，有關核對及確認客戶身分所需之程序及文件，依中華民國銀行商業同業公會全國聯合會訂定之規定辦理。

9. 同一營業日同一交易帳戶累積之現金收或付款或換鈔交易達**新台幣一百五十萬元（含等值外幣）**以上時（台財融字第89715908號函），應將其姓名、出生年月日、住址、交易帳戶號碼、交易金額、身分證明文件號碼等予以記錄備查。

精選試題

( )　**1** 依主管機關規定，金融機構為發還滯留於「警示帳戶」內剩餘款項，應指定一何職級之人員專責督導發還事宜？
(A)經理
(B)協理
(C)副總經理
(D)總經理。

( )　**2** 各金融機構發生重大偶發舞弊事件時，須將詳細資料或後續處理情形於多久期限內函報主管機關備查？
(A)一週
(B)二週
(C)一個月
(D)二個月。

( )　**3** 客戶原已在某銀行甲分行開立存款帳戶，嗣又至該銀行乙分行申請開立存款帳戶，此時乙分行承辦員應如何處理？
(A)婉拒其開戶
(B)准予開戶，並通報洗錢防制中心
(C)向主管機關申請同意後准予開戶
(D)向甲分行照會，並比對其留存之身分證正反面影本、照片、筆跡及印鑑等是否均與甲分行相同，以確實確認客戶身分。

( )　**4** 金融機構向主管機關提出派員赴證券商辦理收付款項業務之申請，自申請書送達之次日起多少期限內，主管機關未表示反對，視為已核准，金融機構始得派員赴證券商辦理相關業務？
(A)五日
(B)十日
(C)十五日
(D)二十日。

解答及解析

1 (C)。
一、本機制所稱「警示帳戶」，係指警調機關為查緝電話詐欺恐嚇案件，依警示通報機制，請金融機構列為警示帳戶（終止該帳號使用提款卡、語音轉帳、網路轉帳及其他電子支付轉帳功能）者。
二、金融機構確認「警示帳戶」中尚有被害人所匯（轉）入之款項未被提領（轉出）者，應洽請警方提供報案彙總資料。

解答及解析

三、金融機構應依開戶資料聯絡開戶人，與其協商發還「警示帳戶」內剩餘款項事宜；如經通知無法聯絡者，應洽請警方協尋一個月。

四、金融機構依第三點辦理，仍無法聯絡開戶人者，應透過匯款行通知報案人，檢具下列文件請金融機構協助發還警示帳戶剩餘款項：

(一) 刑事案件報案三聯單。

(二) 申請不實致金融機構受有損失，由該被害人負一切法律責任之同意書等文件，受款行應依報案資料逐筆認定。

五、金融機構應指定一位副總經理專責督導發還事宜。

六、金融機構應自94年2月14日起，10個營業日內優先處理剩餘款項達5萬元以上之警示帳戶。但業經民事訴訟係屬案件、疑似交易糾紛或案情複雜者，不在此限。

2 (A)。銀行業負責人應於發生重大偶發事件一週內函報詳細資料或後續處理情形。

3 (D)。客戶欲開立第二帳戶，開戶行應向第一帳戶分行照會，並比對其留存之身分證件、照片、筆跡及印鑑等是否均與第一帳戶之分行相同，以確實確認客戶身分。

4 (B)。金融機構派員赴證券商辦理收付款項業務及派員常駐辦理代理收付稅、費等各機關應繳庫之收入及公營事業或公用事業款，應向本部提出申請，主管機關自申請書件送達之次日起十日內，未表示反對者，視為已核准。但於前揭期間內，金融機構不得派員赴上開場所辦理相關業務。

Chapter 14
電子銀行與國際化業務

頻出度 **B** 依據出題頻率分為：A頻率高 B頻率中 C頻率低

> **章前導引**
> ・電子銀行業務及電子銀行功能。
> ・電子銀行的基本構面。
> ・電子銀行交易類別及風險。
> ・訊息傳輸之安全設計。
> ・海外分行監督管理。

章節架構

```
          ┌─ 訊息傳輸途徑
          ├─ 電子銀行業務之交易類別及風險
電子銀行 ─┤
          │              ┌─ 交易面之安全設計
          │              ├─ 訊息傳輸之安全設計
          └─ 基準構面 ───┤
          │              ├─ 管理面之安全需求及安全設計
          │              └─ 環境及端末設備面之安全設計
          └─ 海外分行監督管理
```

重點精華

壹、電子銀行業務 ☆☆

一、電子銀行（Electronic Banking）業務

係指在金融機構與客戶（自然人及法人）間，透過各種電子設備及通訊設備，客戶無須親赴金融機構櫃臺，即可直接取得金融機構所提供之各項金融服務。

(一) 電子銀行業務之訊息傳輸途徑

係指客戶端利用電子設備及通訊設備與金融機構進行交易時所使用的網路型態。

1. **金融機構專屬網路**：金融機構專屬網路係直接以連線方式（撥接（Dial-Up）、專線（Lease-Line）或虛擬私有網路（Virtual Private Network，VPN）等方式）傳輸訊息。

2. **加值網路（Value Added Network, VAN）**：加值網路係指**運用基礎通訊網路所建置之設施，提供正常傳輸外附加價值之服務，諸如自動錯誤偵測及修復**（automatic error detection and correction）、**通訊協定轉換**（protocol conversion）及**訊息儲存及後送**（message storing and forwarding）等，以增加網路使用之附加價值。

3. **網際網路（Internet）**：客戶端利用電子設備及通訊設備，透過網際網路服務業者（Internet Service Provider, ISP）與金融機構間進行交易。網際網路（Internet）係一個提供全球資訊之高速網路環境，使用者需先行連結至特定網站，再運用該網站服務連結至個別網址，以便進一步使用Internet之各種資訊及資源；ISP即指以提供前述網站服務為營利目的之公司。

4. **行動網路**：客戶端利用電子設備及通訊設備，透過電信服務業者（Telecom）與金融機構間進行交易。電信服務業者在各區域間佈建縝密之基地臺（base station），以負責訊息之傳送及接收。惟實際運用行動網路進行交易指示時，應依個別電信服務業者與金融機構間傳輸途徑之不同，分別納入前述金融機構專屬網路或網際網路傳輸途徑予以規範。

5. **公眾交換電話網路（Public Switched Telephone Network, PSTN）**：客戶端利用通訊設備，透過電信服務業者（Telecom）提供之傳輸設備與線纜，將聲波訊息經由各區域間佈建之交換機房（telecom room）或基地台（base station），傳送至金融機構之電信交換機。

(二) 電子銀行業務之交易類別及風險

係指由客戶端利用電子設備及通訊設備以連線方式發送訊息至金融機構進行交易指示之交易類別，並依據其執行結果對客戶權益之影響區分風險之高低。

電子轉帳及交易指示類係指該交易指示直接涉及資金轉移或直接影響客戶權益者。

1. **服務項目：**

   電子交易、轉帳授權、帳務通知服務項目：

   臺、外幣存提款、臺、外幣轉帳、匯兌、臺、外幣匯款、消費、投資、基金下單、債票券下單、款項繳納、授信等交易。

2. **申請指示服務項目：**

   開發信用狀申請、修改信用狀申請等交易。

(三) **高風險及低風險性之交易**

交易風險類別	說明
高風險	係指該訊息執行結果，對客戶權益有重大影響之各類電子轉帳及交易指示。
低風險	係指該訊息執行結果，對客戶權益無重大影響之各類電子轉帳及交易指示。 1. 辦理上述申請指示類之服務。 2. 依法令規定應為照會、認識客戶作業。 3. 事先約定轉入帳戶轉帳。 4. 設定約定轉入帳戶，惟非同戶名帳戶須先臨櫃申請後才能透過線上新增；其交易限額同9.(2)要求，若配合採用各種嚴密的技術防護措施時，其限額可由個別金融機構視其風險承擔之能力斟酌予以適當提高。 5. 概括約定及限定性繳費繳稅之稅費轉帳。 6. 同戶名帳戶間轉帳。 7. 貸款撥款至同戶名帳戶或學校之就學貸款指定帳戶。 8. 客戶非直接獲取金融機構之服務且需其人工確認客戶身分與指示內容之申請指示類。 9. 非約定轉入帳戶： 　(1) ATM、POS等之低風險性交易，其限額應符合現行ATM作業及POS作業相關規定。 　(2) 網際網路之低風險性交易，以每戶每筆不超過五萬元、每天累積不超過十萬元、每月累積不超過二十萬元為限。 　(3) 透過網站、電子郵件、傳真、FTP或AP2AP等方式傳送且未經人工確認客戶身分與指示內容者，其交易限額同(2)要求。 　(4) 配合採用各種嚴密的技術防護措施時，其非約定轉入帳戶之轉帳限額，可由個別金融機構視其風險承擔之能力斟酌予以適當提高。

二、非電子轉帳及交易指示類

(一) 係指與資金轉移無關或不直接影響客戶權益之服務項目。

(二) 其服務項目如下：

非電子轉帳及交易指示類	服務項目
查詢	1. 帳務類查詢： 存放款餘額查詢、交易明細查詢、額度查詢、歸戶查詢、託收票據查詢、匯入匯款查詢、信用狀查詢等交易。 2. 非帳務類查詢： 個人資料、匯率查詢、利率查詢、共同基金查詢、金融法規查詢、股市行情查詢、投資理財資訊查詢、業務簡介查詢等交易。
通知	入扣帳通知、存款不足通知、存放款到期通知、放款繳息通知、託收票據狀況通知、消費通知等交易。

貳、電子銀行之基準構面 ☆☆

一、交易面之安全需求及安全設計

(一) 網路銀行安全機制列表

	SSL機制	SET機制	Non-SET機制
電子憑證	無	有	有
客戶端登入方式	身分證號碼、使用者代號、使用者密碼	電子錢包、使用者密碼	電子憑證金鑰、使用者密碼
客戶端使用介面	網路瀏覽器（IE、Google Chrome）	電子錢包程式	金鑰安控程式
轉帳交易規定	非約定帳戶：每筆最高五萬、每日最高十萬、每月最高二十萬	銀行自定額度	銀行自定額度

(二) 交易面之安全需求

交易面之安全需求依安全防護措施之不同分述如下：

1. **訊息隱密性（Confidentiality）**：係指訊息不會遭截取、窺竊而洩漏資料內容致損害其秘密性。
2. **訊息完整性（Integrity）**：係指訊息內容不會遭竄改而造成資料不正確性，即訊息如遭竄改時，該筆訊息無效。
3. **訊息來源辨識（Authentication）**：係指傳送方無法冒名傳送資料。
4. **訊息不可重複性（Non-duplication）**：係指訊息內容不得重複。
5. **無法否認傳送訊息（Non-repudiation of sender）**：係指傳送方無法否認其傳送訊息行為。
6. **無法否認接收訊息（Non-repudiation of receiver）**：係指接收方無法否認其接收訊息行為。

(三) 各訊息傳輸途徑所應達到之安全防護措施

訊息傳輸途徑	金融機構專屬網路			網際網路		
交易類別 防護措施	電子轉帳及交易指示類		非電子轉帳及交易指示類	電子轉帳及交易指示類		非電子轉帳及交易指示類
	高風險性之交易	低風險性之交易		高風險性之交易	低風險性之交易	
訊息隱密性	非必要	非必要	非必要	必要	必要	備註
訊息完整性	必要	必要	非必要	必要	必要	非必要
訊息來源辨識	必要	非必要	非必要	必要	非必要	非必要
訊息不可重複性	必要	必要	非必要	必要	必要	非必要
無法否認傳送訊息	必要	非必要	非必要	必要	非必要	非必要
無法否認接受訊息	必要	非必要	非必要	必要	非必要	非必要

（註：透過網際網路傳送非電子轉帳及交易指示類之足以識別該個人之資料訊息時，應具備訊息隱密性防護措施。）

(四) **交易面之安全設計**

 1. **介面之安全設計：**

　(1)使用憑證簽章得應用於高風險交易，其安全設計應簽署適當內容並確認該憑證之合法性、正確性、有效性、保證等級及用途限制。於簽入作業時，應簽署足以識別該個人之資料（如：身分證字號）；於帳務交易時，應簽署完整付款指示；於憑證展期時，應簽署展期訊息。

　(2)使用晶片金融卡僅限應用於低風險交易，其安全設計應符合晶片金融卡交易驗證碼之安全設計。

　(3)使用一次性密碼（One Time Password, OTP）僅限應用於低風險交易，其安全設計係運用動態密碼產生器（Key Token）、晶片金融卡或以其他方式運用OTP原理，產生限定一次使用之密碼者，金融機構應能防止該密碼被側錄或再應用。惟採用軟體OTP（含簡訊傳送OTP）不得運用於設定約定轉入帳戶；針對非約定帳戶轉帳，考量行動裝置可能遭植入惡意程式竊取登入密碼及OTP，應加強防護機制（如設備指定、推播確認、郵件回覆等）。

　(4)使用「兩項（含）以上技術」僅限應用於低風險交易，其安全設計應具有下列兩項（含）以上技術：

　　A.客戶與銀行所約定的資訊，且無第三人知悉（如設備密碼、登入密碼等）。

　　B.客戶所持有的設備，金融機構應確認該設備為客戶與銀行所約定持有的實體設備（如密碼產生器、密碼卡、晶片卡、電腦、手機、憑證載具等）。

　　C.客戶所擁有的生物特徵（如指紋、臉部、虹膜、聲音、掌紋、靜脈、簽名等），金融機構應依據其風險承擔能力調整生物特徵之錯誤接受度，以能有效識別客戶身分，必要時應增加多項不同種類生物特徵。

　(5)使用視訊會議僅限應用於低風險交易，為防止人頭戶偽冒申請，其安全設計應取得清晰雙證件照片、與原留存證件核對、查驗本人及確認真實視訊環境，以防止透過科技預先錄製影片，並依相關規定留存紀錄。

　(6)使用知識詢問僅限應用於簽入及低風險交易，其應用範圍應符合採用固定密碼或知識詢問之安全規定之要求；其安全設計應利用客戶之其他資訊（如保單資訊、信用卡資訊等），以利有效識別客戶身分。

(7)透過網際網路傳輸途徑並採用戶代號及密碼進行唯一驗證之簽入介面,其應具備之安全設計原則如後,惟若金融機構另佐以其他簽入驗證或交易驗證者,得將下述密碼之安全設計列為最低要求。

A.用戶代號之安全設計:

a. 金融機構不得使用客戶之顯性資料(如統一編號、身分證號及帳號)作為唯一之識別,否則應另行增設使用者代號以資識別。

b. 不應少於六位。

c. 不應訂為相同的英數字、連續英文字或連號數字。

d. 客戶於申請後若未於一個月(日曆日)內變更密碼,則不得再以該用戶代號執行簽入。

e. 客戶同一時間內只能登入一次密碼。

f. 如增設使用者代號,至少應依下列方式辦理:

・不得為客戶之顯性資料。

・如輸入錯誤達五次,金融機構應做妥善處理。

・新建立時不得相同於用戶代號及密碼;變更時,亦同。

B.密碼之安全設計:

a. 不應少於六位。若搭配交易密碼使用則不應少於四位。

b. 建議採英數字混合使用,且宜包含大小寫英文字母或符號。

c. 不應訂為相同的英數字、連續英文字或連號數字。

d. 密碼與代號不應相同。

e. 密碼連續錯誤達五次,不得再繼續執行交易。

f. 變更密碼不得與前一次相同。

g. 首次登入時,應強制變更預設密碼。

h. 密碼超過一年未變更,金融機構應做妥善處理。

(8)金融機構應與事業單位以契約規範「限定性繳費稅」業務。「限定性繳費稅」倘以本人帳戶繳納本人帳單者,其交易指示雖未經客戶事先約定轉出帳戶,但因其轉入帳戶已限定為個別金融機構與個別事業單位事先以契約約定規範之,故金融機構得不使用前述簽入介面之安全設計;惟金融機構得斟酌透過帳務異動通知,達成客戶事後覆核,以提高其安全控管層次。

2. 訊息傳輸之安全設計：

防護措施	安全設計之基本原則／基本配備
訊息隱密性	1. **訊息處理**：可採對稱性加解密系統或非對稱性加解密系統。 (1) 對稱性加解密系統其應至少採用金鑰有效長度為112位元（含以上）之三重資料加密演算法（Triple DES）或金鑰有效長度為 128位元（含以上）之進階資料加密演算法（AES）或其他安全強度相同之演算法。 (2) 非對稱性加解密系統其應至少採用金鑰長度為1024位元（含以上）之RSA演算法或金鑰長度為256位元（含以上）之橢圓曲線演算法（Elliptic curve cryptography，ECC）或其他安全強度相同之演算法。 (3) 須全文加密。 2. **金鑰交換**：採對稱性加解密系統時，其金鑰交換可分訊息加密金鑰與金鑰保護金鑰之交換。 (1) **訊息加密金鑰交換**：訊息加密金鑰乃用來對訊息做加密，不應以明碼或人工方式直接交換此金鑰，應使用對稱性加解密系統（如DES）或非對稱性加解密性統（如RSA、Diffie-Hellman Key Agreement）交換之。安全強度應符合上述之規定。 (2) **金鑰保護金鑰交換**：金鑰保護金鑰乃用來對訊息加密金鑰做加密（如採DES、RSA）或依此協商訊息加密金鑰（如採Diffie-Hellman Key Agreement）。 A. 對稱性金鑰保護金鑰之交換應採離線交換（如以碼單或寫入具安全防護之媒體），當採明碼交換時，應利用秘密分持（如分A、B碼），以降低該金鑰洩漏之風險。 B. 非對稱性金鑰保護金鑰之交換，其公開金鑰可透過憑證（Certificate）或其他通道交換，惟透過非信賴之通道交換應輔以其他可信賴之驗證機制，以確保所取得公開金鑰之正確性。 3. **金鑰生命週期**：金鑰應於使用一段期間後更換之，以確保其安全性。

防護措施	安全設計之基本原則／基本配備
訊息完整性	1. **訊息處理**：可採對稱性加解密系統或非對稱性加解密碼系統。 　(1) 對稱性系統如DES〔使用押碼（Message Authentication Code, MAC）〕等機制：同前述「訊息隱密性」有關訊息處理之對稱性加解密系統規範。 　(2) 非對稱性系統如RSA〔使用數位簽章（Digital Signature）〕等機制：同前述「訊息隱密性」有關訊息處理之對稱性加解密系統規範。 2. **金鑰交換**：同前述「訊息隱密性」有關金鑰交換之規範。 3. **金鑰生命週期**：金鑰應於使用一段期間後更換之，以確保其安全性。
訊息來源辨識	1. **訊息處理**：可採對稱性加解密系統如DES〔使用押碼（Message Authentication Code, MAC）〕等機制，同前述「訊息隱密性」有關訊息處理之對稱性加解密系統規範。 2. **金鑰交換**：同前述「訊息隱密性」有關金鑰交換之規範。 3. **金鑰生命週期**：金鑰應於使用一段期間後更換之，以確保其安全性。
訊息不可重複性	如使用序號、時戳等機制。
無法否認傳送訊息	1. **訊息處理**：使用數位簽章（Digital Signature）或採用其他訊息簽章認證等機制，同前述「訊息隱密性」有關訊息處理之非對稱性加解密系統規範。 2. **公開金鑰交換**：訊息簽章使用對應之公開金鑰須透過憑證交換，且此憑證須由認證機構（Certification Authority, CA）所核發。 3. **金鑰生命週期**：金鑰應於使用一段期間後更換之，以確保其安全性。
無法否認接受訊息	同上述「無法否認傳送訊息」規範

(五) **「電子轉帳及交易指示類」之限制**
1. 透過網際網路執行「電子轉帳及交易指示類」之低風險交易指示訊息，除限定性繳費稅交易外，其運用安全機制若不具備「無法否認傳遞訊息」、「無法否認接收訊息」等基本防護措施者，則其運用之對稱性加解密系統之金鑰長度不得小於128位元，且必須採用用戶代號、密碼，以健全安全防護機制。
2. **透過網路服務執行「晶片金融卡交易」時，代理行應於其交易過程中加入操作者回應事項查核功能**（Challenge & Response）。

(六) **「電子轉帳及交易指示類」無加密功能者之限制**
電信網路（PSTN）無法提供加密功能者（如電話銀行交易），因係以明碼資料於線上傳輸，故以約定轉出功能，且轉入帳號逐戶約定，公用事業費及各類稅費繳納以概括約定方式為限，惟倘屬限定性繳費稅之低風險性交易，得採非約定轉出功能。

(七) **「非電子轉帳及交易指示類」中「帳務類查詢」之限制**
透過網際網路執行「非電子轉帳及交易指示類」中「帳務類查詢」之交易指示訊息，其運用之安全機制應具備「訊息隱密性」之基本防護措施，若涉及第三方居間代理者除以合約約定者外，其安全機制應具備「訊息來源辨識」之基本防護措施。

(八) **除限定性繳費稅交易外之低風險非約定轉入帳戶之交易密碼規定**
低風險非約定轉入帳戶之轉帳應增設交易密碼，並配合採用各種嚴密的技術防護措施，且能有效防範客戶端被植入木馬程式竊取密碼資料之攻擊手法。

二、管理面之安全需求及安全設計
(一) 管理面之安全需求
1. 金融機構應依其內部相關規範辦理，並加強系統上線前之相關測試檢核措施。
2. 本安全需求係著重於防範金融機構電腦資源，遭外部以電子銀行相關管道入侵威脅及破壞；期能有效地維護電腦資源之整體性及其隱密性，並保護電腦系統作業安全及維持其高度可使用性。

防護措施	目的
建立安全防護策略	為保障系統安全，唯有經授權之客戶得以存取系統資源，並降低非法入侵之可能性。
提高系統可靠性之措施	提昇電腦系統之可靠性及高度可使用性，亦即減少電腦系統無法使用之機會。
制定作業管理規範	作業管理規範包含金融機構及客戶端兩部分，目的在確定金融機構內部之責任制度、核可程序及確定客戶與金融機構間之責任歸屬。

(二) 管理面之安全設計

系統管理面之安全設計係指針對金融機構於系統開發設計時，於系統管理面應加以考量或應具備之基本原則及基本項目。

防護措施	安全設計
建立安全防護策略	得以下列方式處理及管控： 1.建置安全防護軟硬體如防火牆（Firewall）、安控軟體、偵測軟體等。 2.設計存取權控制（Access Control）如使用密碼、身分證字號、磁卡、IC卡等。 3.簽入（Login）時間控制。 4.單次簽入（Single-Sign-on）。 5.撥接控制（Dial-up Control）。 6.專線（Lease-Line）使用。 7.記錄使用者查詢電話。 8.控制密碼錯誤次數。 9.電腦系統密碼檔加密。 10.留存交易紀錄（Transaction Log）及稽核追蹤紀錄（Audit Trail）。 11.分級。 12.業務面控制如約定帳戶、限定金額等。 13.系統提供各項服務功能時，應確保個人資料保護措施。

防護措施	安全設計
提高系統 可靠性 之措施	得以下列方式處理及管控，建立備援及故障預防措施： 1. 預備主機、伺服器、通訊設備、線路、周邊設備等備援裝置。 2. 放置網路伺服器於上鎖密室中。
制定作業 管理規範	1. 制定安全控管規章含設備規格、安控機制說明、安控程序說明等。 2. 編寫客戶端之操作手冊及制訂完整合約，**金融機構應於eATM 交易畫面揭示使用eATM金融交易之風險。**

三、環境及端末設備面之安全需求及安全設計

(一) 環境面之安全需求

促使金融機構著重於環境及端末設備面之安全控管，強化其所提供之自動化設備之安全防護，以防範遭受外力破壞。

防護措施	基本需求
建立安全 防護策略	1. 為保持自動化服務區之環境實體完整性，定期檢視是否有增減相關裝置。 2. 其安全防護依「銀行公會會員安全維護執行規範」第4條辦理。 3. 自動化服務區環境之安全除應依「自動櫃員機之安全維護準則」辦理外，並應保持自動化服務區之環境實體完整性，定期檢視是否有增減相關裝置。 　其檢視步驟至少應包括下述： (1) 原始設施確實逐項編號。 (2) 比對現場相關設施及裝置是否與原始狀態一致。 (3) 建立檢視清單（Checklist），並應定期陳核並追蹤考核。 (4) 金融機構之個別自動櫃員機／自動化服務區應指定該金融機構鄰近之分支機構負責監管。

防護措施	基本需求
提高系統可靠性之措施	1. 自動化設備之監視系統應依「銀行公會會員安全維護執行規範」第1條辦理。 2. 自動化設備之警示通報系統應依「銀行公會會員安全維護執行規範」第6條辦理。
制定作業管理規範	於銀行內部環境管理部分應落實管理準則之規範。

(二) 端末設備面之安全設計

防護措施	安全設計
建立安全防護策略	自動櫃員機之安全設計： 1. 自動櫃員機金庫裝置應符合UL291 LEVEL 1標準。 2. 自動櫃員機鍵盤（KEY BORD/PIN PAD）應符合亂碼化鋼製安全鍵盤（EPP）規格。 3. 自動櫃員機讀卡機（CARD READER）應符合下述之標準： 　(1)ISO標準1/2/3軌磁卡讀寫功能 　(2)ISO 7816 4. 自動櫃員機應具備H/W DES亂碼化裝置（Triple DES）。 5. 自動櫃員機應具備斷電卡片自動退出裝置。 6. 自動櫃員機應具備卡片沒收裝置。 7. 自動櫃員機應具備標準通訊介面。 8. 運用自動櫃員機（CD/ATM）處理卡片交易時，應符合下述規範： 　(1) 卡片內含錄碼及資料，除帳號／卡號、有效期限、交易序號及查證交易是否發生之相關必要資料外，其他資料一律不得儲存於自動櫃員機。 　(2) 應確定自動櫃員機協力廠商應與金融機構簽訂資料保密協定。並應將參與自動櫃員機安裝、維護作業之人員名單交付金融機構造冊列管，如有異動，應隨時主動通知金融機構更新之。 　(3) 自動櫃員機協力廠商人員至自動櫃員機裝設現場作業時，均應出示經由金融機構認可之識別證件。除安裝、維護作業外，並應配合金融機構隨時檢視自動櫃員機硬體是否遭到不當外力入侵或遭裝置側錄設備。

防護措施	安全設計
建立安全防護策略	(4) 金融機構不定時派員抽檢行內外之自動櫃員機，檢視該硬體是否遭到不當外力入侵，並檢視其軟體是否遭到不法竄改。 (5) 金融機構應與裝設地點之商家訂立檢核契約。 (6) 金融機構應確保自動櫃員機之合法性。自動櫃員機應有唯一之ID（端末設備代號），且針對晶片卡交易應產製端末設備查核碼。 實體卡片銷售端末設備之安全設計： 運用銷售端末設備（Point Of Sale：POS）處理交易時，應符合下述規範： 1. 卡片內含錄碼及資料，除帳號／卡號、有效期限、交易序號及查證交易是否發生之相關必要資料外，其他資料一律不得儲存於銷售端末設備。 2. 金融機構應確保銷售端末設備之合法性。銷售端末設備應有唯一之ID（端末設備代號），且針對晶片卡交易應產製端末設備查核碼。 3. 應確定銷售端末設備協力廠商應與金融機構簽訂資料保密協定。並應將參與銷售端末設備安裝、維護作業之人員名單交付金融機構造冊列管，如有異動，應隨時主動通知金融機構更新之。 4. 銷售端末設備協力廠商人員至特約商店現場作業時，均應出示經由金融機構認可之識別證件。除安裝、維護作業外，並應配合金融機構隨時檢視端末設備硬體是否遭到不當外力入侵或遭裝置側錄設備。 5. 金融機構不定時派員抽檢安裝於特約商店之銷售端末設備，檢視該硬體是否遭到不當外力入侵，並檢視其軟體是否遭到不法竄改。 6. 金融機構應與商家訂立檢核契約。
提高系統可靠性之措施	得以下列方式處理及管控： 1. 規劃備援線路。 2. 規劃備援電路或UPS。

四、支付工具面之安全需求及安全設計

(一) 支付工具面之安全需求

防護措施	基本需求
建立安全防護策略	晶片金融卡之晶圓應至少符合「**晶片金融卡規格安控等級**」如 Common Criteria EAL 5或ITSEC level E4等，並能防堵市面上常見之攻擊破解方法。
提高系統可靠性之措施	1. 晶片金融卡之發卡及相關軟硬體安全應至少符合「晶片金融卡規格安控等級」。 2. 使用各種晶片端末設備，均應經本會晶片端末驗證小組測試通過，確保系統運作之互通性及可靠性。 3. 金融機構應確保卡片END TO END之交易安全。
制定作業管理規範	金融機構應揭示客戶使用卡片之注意事項，至少應包含下述： 1. 建議密碼設定，不得與其個人顯性資訊（如生日、身分證、車號、電話號碼、帳號及相關資料號碼）相同。 2. 密碼資訊不應書寫於實體卡片上，並須定期變更密碼。 3. 與客戶之契約規定應載明持卡人應負責事項，如保管權、使用權、遺失主動通報權及不當操作致毀損責任等。 4. 金融機構應於卡片上揭示掛失、二十四小時客服專線及拾獲擲回地址等資訊，並於發卡時主動告知客戶。

(二) 支付工具面之安全設計

防護措施	安全設計
建立安全防護策略	實體卡片之安全設計： 交易驗證碼（TAC） 1. **運用晶片之運算技術**，每次交易均由晶片內部自動產生一組唯一之交易碼作為驗證每筆交易之不可否認性，用以確保交易安全。 2. **金融機構發行多功能卡片**（兩種以上功能），其連線（on-line）金融交易至少應符合上述安全措施，俾達到由發卡銀行端至客戶端安全。

防護措施	安全設計
提高系統 可靠性 之措施	得以下列方式處理及管控： 1. 應做卡片容量規劃。 2. 晶片金融卡之發卡及相關軟硬體安全應至少符合「晶片金融卡規格安控等級」。
制定作業 管理規範	1. 編寫客戶實體卡片之操作指示手冊，並制訂完整合約述明客戶及金融機構之權利義務關係。 2. 制定「金融機構晶片金融卡交貨流程」與「安全模組控管作業原則」，除管制外包製卡作業外亦落實實體卡片之安全控管。

五、海外分行監督管理

為加強本國銀行對海外分行之監理，應請依下列事項，檢討改善：

(一) 責成一個權責單位統籌督導管理海外分行業務。

(二) 建立總行與海外分行間之業務通報聯繫制度，如海外分行應將各授信戶動用餘額與還本繳息情形定期填報總行，以及通報重大偶發案件。

(三) 海外分行之業務手冊，其內容至少應包括左列項目：

　1. 徵、授信政策及授信覆審評等辦法。

　2. 訂定授信信用風險評等制度。

　3. 房地產授信政策，包括估價標準及作業細則、授信戶提供財務報表之次數、債權確保準則。

　4. 投資政策，包括明訂可投資之評價方法、建立新種衍生性金融商品之評價程序及設定風險上限、投資會計處理等事宜。

(四) 有關銀行秘密保護政策，包括「瞭解客戶」之章節。

(五) 業務處理細則，包括權責劃分表、憑證控管、電報確認書之簽章核對、帳務處理及強迫休假制度。

(六) 災難復原計畫之測試、異地備援系統有效性及訂定資訊作業相關管理規範。

考前焦點速記

1. 慎選海外分行人員，並落實人員輪調制度，同時加強其行為規範及法治教育。對於績效持續不佳之分行，應加速調換不適任人員。

2. 動態密碼係運用動態密碼產生器（Key Token）、晶片金融卡或以其他方式運用OTP原理，隨機產生限定一次使用之密碼者，其安控層次已較採用固定密碼簽入者高，故得不再使用簽入介面之安全設計。

3. 交易面之安全設計係指客戶發送訊息時，其介面及訊息之通訊傳輸應達到之安全防護措施之設計方法，亦即金融機構於系統開發設計時，應加以考量或應具備之基本原則及項目。

4. 電子銀行基準構面包括交易面、管理面、環境面及支付工具面等四大構面之安全需求及安全設計。

5. 依據其交易指示執行結果對客戶權益影響之不同，可再行區分為高風險性之交易及低風險性之交易。
   (1) 高風險性之交易：係指該訊息執行結果，對客戶權益有重大影響之各類電子轉帳及交易指示，如非同戶且非約定轉入帳戶之各類電子轉帳及交易指示。
   (2) 低風險性之交易：係指該訊息執行結果之風險性低，如同戶名或約定轉入帳戶，或非約定轉入帳戶小金額之轉帳（以每戶每筆不超過五萬元、每天累積不超過十萬元、每月累積不超過二十萬元為限）之各類電子轉帳及交易指示，本安全需求僅規範最低安全需求，亦可採用更嚴謹之高風險性交易的安全需求。

6. 必要（Mandatory）：係指金融機構必須具備該項防護措施。

7. 非必要（Conditional）：係指金融機構得視情況自行決定是否需要具備該項防護措施。

8. 認證機構係指居公正客觀地位，查驗憑證申請人身分資料正確性及其與待驗證公開金鑰間之關連性，並據以簽發公開金鑰憑證之單位。
   客戶匯款程序，包括電匯電文之產生、傳送及接收等。

9. 警示帳戶係指警調機關為查緝電話詐欺恐嚇案件，依警示通報機制，請金融機構列為警示帳戶（終止該帳號使用提款卡、語音轉帳、網路轉帳及其他電子支付轉帳功能）者；「警示帳戶衍生之管制帳戶」，係指「警示帳戶」之存款人所開立之其他帳戶。

10. 電子銀行（Electronic Banking）業務係指在金融機構與客戶（自然人及法人）間，透過各種電子設備及通訊設備，客戶無須親赴金融機構櫃臺，即可直接取得金融機構所提供之各項金融服務。

精選試題

(　　) **1** 下列何者非屬網路銀行對電子轉帳及交易性指示等之防護措施？
(A)具訊息完整性
(B)具訊息隱密性
(C)具可重複性
(D)具來源辨識性。

(　　) **2** 有關網路安全之管理，下列敘述何者錯誤？
(A)機密性資料不得存放於網路或網際網路平台
(B)網路管理人員之操作，應詳細紀錄並定期呈主管覆核
(C)對已公佈之電腦系統最新修補程式，應立即安裝以彌補安全漏洞
(D)對電腦公司系統工程師使用之預設密碼於驗收後，應交由網路管理人員保管使用。

(　　) **3** 下列何者非屬銀行資料處理電腦化後所產生的變化？
(A)具有無紙性
(B)資料不容易被隱匿或竄改
(C)可使許多處理步驟集中在一個部門內
(D)主管卡或授權密碼取代授權人員之簽名或蓋章。

(　　) **4** 有關銀行營業單位之端末機管理，下列敘述何者正確？
(A)端末機使用人除調離職外，不可變更其密碼
(B)操作人員暫時離機，為避免麻煩，不應關閉工作站或簽退
(C)廠商來營業單位維修機器時，可不必由專人陪同登記，惟需辨認其身分
(D)出納人員未兼有會計人員之端末機使用代號及密碼。

( ) **5** 目前網路銀行所使用之安全機制，下列何者採用帳戶電子憑證？
　　　　(A)SSL　　　　　　　　　　　(B)SET
　　　　(C)Non-SET　　　　　　　　(D)SET及Non-SET

解答及解析

1 (C)。SET的特色：
(1) 交易身分的辨識（Authentication）：在開放的網路架構下，整個交易是在虛擬的電子環境下完成，交易雙方無法面對面溝通，因此確認雙方身分有其重要性。在SET裡，強迫每個參與交易的個體都需要取得合格的憑證中心所發給的合法電子憑證。
(2) 傳送交易資料的安全性（Confidentiality）：為防止交易資料在傳送過程中被第三者截取，SET的機制是在每次交易時隨機產生56bits的對稱金鑰DES key，再以此把DES key加密欲傳送的資料。為防止解密的DES key外洩，再以接收端的RSA公開金鑰將此把key以數位信封加以加密，以達到交易資料的安全性。
(3) 交易資料的完整性（Integrity）：為防止交易資料在傳送過程中被第三者竄改（例如交易總額是100元被改為1000元），SET的機制是使用SHA-1將原有的交易資料轉成訊息摘要（Message Digest），以確保資料完整性。發送端先將交易資料轉成訊息摘要後，再連同原本的交易資料一

起傳送，而接收端收到資料之後，將收到的交易資料轉成訊息摘要，和收到的訊息摘要相比對，如果比對結果一致則代表資料是完整的，如此才接受此次的交易。如果比對結果不符則代表資料已經更改過了，接收端可以拒絕此次的交易。
(4) 交易的不可否認性（Non-repudiation）：為確認該次交易是由合法交易人所發動的交易，而非第三者發動的交易。SET利用數位簽章來完成這個檢查。SET裡參與交易的個體在憑證註冊取得合法電子憑證前，必須產生兩把RSA 1024bits的金鑰，一把為公開金鑰，一把為私密金鑰。而且兩把key之間沒有相關性，我們無法從一把key推得另一把key為何。SET利用此特性，發送端利用自己的私密金鑰將欲簽章的資料加密，接收端再以發送端的公開金鑰解密，以此方法達到交易的不可否認性。
(5) 特約商店無法得知持卡人的資料：SET安全交易提供網路商店無法得知持卡人的相關資料之機制。這份資料是由收單

銀行的公開金鑰加以保護，只有傳送到收單銀行的付款閘門（payment gateway）方可解開。

2 (D)。對電腦公司系統工程師使用之預設密碼於驗收後，應立即更換密碼。

3 (B)。客戶關係管理（Customer Relationship Management, CRM）代表著銀行能夠善用其所能蒐集到的客戶的各種資料，加以整理、分析、運用，將資料化為知識，來建立企業未來的競爭力，幫助企業創造最大的利潤。

伴隨著網際網路的興起打破了時空的藩籬、加速訊息的交換傳遞、可取得的資訊增加、消費者的教育程度提高、消費者的詢價成本大幅降低等因素，促使產品價格的透明化，讓整個市場趨勢成了買方市場，銀行業面臨了空前的激烈競爭，產品價格也只有順勢大幅調降。網際網路的應用、全球化競爭以及更多的選擇，客戶正要求完全符合他們需求的產品及服務，由於客戶預期的提升，銀行必須導入更多樣化的策略，這同時使得客戶關係管理CRM變得更不可或缺。

4 (D)。櫃員離座時，應將端末機簽退（SIGN OFF），並將現金、櫃員卡及收付款章、私章妥善保管放入現金抽屜並加鎖。

※風險：櫃員離座端末機未簽退，櫃員卡及收付款章、私章未妥善保管，增加被盜用機會。

出納人員與會計人員分門別類，所以不會有彼此的端末機使用代號及密碼。

5 (B)。由Visa和MasterCard兩大信用卡組織於1996年提出的安全電子交易協定（Secure Electronic Transactions，簡稱SET）。這是一種應用於網路上以信用卡為基礎的電子付款系統規範，用來確保開放網路上持卡交易的安全性。SET使用RSA、DES、數位信封（Digital Envelope）、雜湊函數（SHA-1）與數位簽章（Digital Signature）等技術，以維護在開放網路上交易的一種安全機制。

Chapter 15
財富管理業務

頻出度 **C** 依據出題頻率分為：A頻率高 B頻率中 C頻率低

章前導引
- 本章探討財富管理之道德規範。
- 本章討論財富管理人員之資格。
- 本章探討財富管理業務之經辦。
- 財富管理之內部控制制度。

章節架構

```
┬ 財富管理業務
├ 財富管理業務之內部控制制度
│
├ 財富管理業務之申報 ┬ 自有資本與風險性資本比率8%
│                   ├ 信用評等
│                   └ 未受銀行法第61-1條第1項第2款至第5款處分
│
├ 理財業務人員之訓練 ┬ 法源
│                   ├ 商品適合度政策
│                   ├ 投資屬性及風險分級例外處理機制
│                   ├ 符合之資格條件
│                   ├ 不宜條款
│                   └ 有關訓練課程
│
└ 職業道德規範
```

重點精華

壹、財富管理業務之內容 ☆

「財富管理」是銀行為客戶之資產所提供的專屬管理服務。服務內容如下：

一、服務對象

自然人或法人均可。

二、服務範圍

(一) 所有銀行業務（存款、外匯、投融資、金融商品之交易等等）。

(二) 銀行所兼營的信託、證券投資業務。

(三) 其他保險、證券相關業務。

貳、從業人員之資格

一、衍生性金融商品

銀行辦理衍生性金融商品業務之人員應具備專業能力，並應訂定專業資格條件、訓練及考評制度。銀行辦理衍生性金融商品業務之經辦及相關管理人員，應具備下列資格條件之一：

(一) 參加國內金融訓練機構舉辦之衍生性金融商品及風險管理課程時數達六十小時以上且取得合格證書，課程內容須包括衍生性金融商品交易理論與實務、相關法規、會計處理及風險管理。

(二) 在國內外金融機構相關衍生性金融商品業務實習一年。

(三) 曾在國內外金融機構有半年以上衍生性金融商品業務之實際經驗。

二、證券投資顧問

(一) 證券投資顧問事業從事（「證券投資顧問事業負責人與業務人員管理規則」）第二條第二項第一款至第五款之業務人員，除從事全權委託投資業務之投資經理人應符合第五條之三所定資格外，應具備下列資格之一：

1. 依前條第一項規定取得證券投資分析人員資格。
2. 經同業公會委託機構舉辦之證券投資信託及顧問事業之業務員測驗合格。
3. 經證券商同業公會委託機構舉辦之證券商高級業務員測驗合格，或已取得原證券主管機關核發之證券商高級業務員測驗合格證書。
4. 曾擔任國內、外基金經理人工作經驗一年以上。
5. 信託業公會或其認可金融專業訓練機構舉辦之信託業務專業測驗合格者，並經同業公會委託機構舉辦之證券投資信託及顧問事業法規測驗合格。
6. 經教育部承認之國內外大學以上學校畢業或具有同等學歷，擔任證券、期貨機構或信託業之業務人員三年以上。
(二) 證券投資顧問事業之業務人員，應參加本會及原財政部證券暨期貨管理委員會所指定機構辦理之職前訓練與在職訓練。
(三) 初任及離職滿二年後再任之證券投資顧問事業業務人員，應於到職後半年內參加職前訓練，在職人員應於任職期間參加在職訓練。
(四) 未參加第十二條訓練或訓練未能取得合格成績於一年內再行補訓仍不合格者，不得充任業務人員，並由同業公會撤銷其業務人員登錄。

三、信託業

(一) 信託業業務人員應符合下列信託專門學識或經驗之一：
1. 參加同業公會或其認可之金融專業訓練機構舉辦之信託業務專業測驗，持有合格證書。
2. 證券投資信託暨顧問商業同業公會委託機構舉辦之證券投資信託及顧問事業之業務員測驗合格者，並經同業公會或其認可之金融專業訓練機構舉辦之信託法規測驗合格。
(二) 業務人員應參加同業公會或其認可之金融專業訓練機構或所屬信託業自行舉辦之金融相關業務專業職前訓練及在職訓練。其中初任及離職滿二年後再任之業務人員，應於到職後半年內參加職前訓練，累計十二小時以上；在職人員應於任職期間參加在職訓練，每三年累計十八小時以上。參加同業公會或其認可之金融專業訓練機構舉辦之訓練課程不得低於前項應達訓練時數三分之一。
(三) 未完成前項之訓練者，不得充任業務人員，並由同業公會撤銷其業務人員登錄。

參、客戶分類

本注意事項所稱專業客戶，係指中華民國境內之法人與自然人，符合以下條件之一者：

一、專業機構投資人：係指銀行、保險公司、票券金融公司、證券商、基金管理公司、政府投資機構、政府基金、退休基金、共同基金、單位信託、證券投資信託公司、證券投資顧問公司、信託業、期貨商、期貨服務事業及其他經金融監督管理委員會（以下簡稱本會）核准之機構。

二、最近一期經會計師查核或核閱之財務報告總資產超過新台幣五千萬元之法人或基金。

三、同時符合以下三目條件，並以書面向銀行申請為專業客戶之自然人：

(一) 提供新台幣三千萬元以上之財力證明；或單筆交易金額逾新台幣三百萬元，且於該銀行之存款及投資往來總資產逾新台幣一千五百萬元，並提供總資產超過新台幣三千萬元以上之財力聲明書。

(二) 客戶具備充分之金融商品專業知識或交易經驗。

(三) 客戶充分了解銀行與專業客戶進行衍生性金融商品交易得免除之責任，同意簽署為專業客戶。

四、簽訂信託契約之信託業，其委託人符合第二款或前款之規定。

肆、評估及行銷控制

一、衍生性金融商品

(一) 銀行向客戶提供結構型商品交易服務時，不得以存款之名義為之。

(二) 銀行向一般客戶提供結構型商品交易服務，應進行下列評估：

1. 銀行應進行客戶屬性評估，確認客戶屬專業客戶或一般客戶；並就一般客戶之年齡、知識、投資經驗、財產狀況、交易目的及商品理解等要素，綜合評估其風險承受程度，且至少區分為三個等級。（註：對客戶辦理屬性評估之人員與向客戶推介結構型商品之人員不得為同一人。對於自然人客戶辦理之首次客戶屬性評估作業，應以錄音或錄影方式保留紀錄或以電子設備留存相關作業過程之軌跡。）

2. 銀行應進行商品屬性評估並留存書面資料以供查證，相關評估至少應包含以下事項：

　(1)評估及確認該結構型商品之合法性、投資假設及其風險報酬之合理性、交易之適當性及有無利益衝突之情事。

　(2)就結構型商品特性、本金虧損之風險與機率、流動性、商品結構複雜度、商品年期等要素，綜合評估及確認該金融商品之商品風險程度，且至少區分為三個等級。

　(3)評估及確認提供予客戶之商品資訊及行銷文件，揭露之正確性及充分性。

　(4)確認該結構型商品是否限由專業客戶投資。

3. 銀行向專業機構投資人及高淨值投資法人以外客戶提供結構型商品交易服務，應進行下列行銷過程控制：

　(1)銀行應依第二十九條第一項第二款之商品屬性評估結果，於結構型商品客戶須知及產品說明書上以顯著之字體，標示該商品之商品風險程度。

　(2)銀行向客戶提供結構型商品交易服務，應盡告知義務；對於交易條件標準化且存續期限超過六個月之商品，應提供一般客戶不低於七日之審閱期間審閱結構型商品相關契約，其屬專業客戶者，除專業客戶明確表示已充分審閱並簽名者外，其審閱期間不得低於三日；對於無須提供審閱期之商品，應於產品說明書上明確標示該商品並無契約審閱期間。

　(3)銀行向客戶提供結構型商品交易服務，應向客戶宣讀或以電子設備說明該結構型商品之客戶須知之重要內容，並以錄音方式保留紀錄或以電子設備留存相關作業過程之軌跡。但對專業客戶得以交付書面或影音媒體方式取代之。

　(4)銀行向自然人客戶提供首次結構型商品交易服務，應派專人解說，所提供商品如屬不保本型商品，銀行應就專人解說程序以錄音或錄影方式保留紀錄；嗣後銀行以電子設備提供同類型之結構型商品交易，得免指派專人解說。

　(5)銀行與屬法人之客戶進行結構型商品交易後，嗣後銀行與該客戶進行同類型之結構型商品交易，得經客戶逐次簽署書面同意，免依第三款規定辦理。

　(6)前二款所稱同類型之結構型商品係指商品結構、幣別、連結標的等性質完全一致之商品。

二、證券投資顧問事業管理規則

證券投資顧問事業接受客戶委任，應充分知悉並評估客戶之投資知識、投資經驗、財務狀況及其承受投資風險程度。證券投資顧問事業接受客戶委任，對證券投資或交易有關事項提供分析意見或推介建議時，應訂定書面證券投資顧問契約，載明雙方權利義務。前項證券投資顧問契約應載明下列事項：

(一) 契約當事人之名稱及地址。

(二) 契約當事人之權利、義務及法律責任。

(三) 證券投資顧問事業提供證券投資研究分析意見或建議之範圍。

(四) 證券投資顧問事業提供服務之方式。

(五) 客戶應給付報酬、費用之數額、給付方式及計算之方法。

(六) 證券投資顧問事業因委任關係而得知客戶之財產狀況及其他個人情況，應有保守秘密之義務。

(七) 客戶未經證券投資顧問事業之同意，不得將證券投資顧問事業所提供研究分析意見或建議之內容洩漏予他人。

(八) 證券投資顧問事業不得收受客戶資金或代理從事證券投資行為，亦不得與客戶為證券投資損益分擔之約定。

(九) 契約之變更或終止。

(十) 契約之生效日期及其存續期間。

(十一) 客戶得自收受書面契約之日起七日內，以書面終止契約。證券投資顧問事業因本款規定而為契約之終止時，得對客戶請求終止契約前所提供服務之相當報酬。但不得請求契約終止之損害賠償或違約金。

(十二) 契約終止時，客戶得請求退還報酬之比率及方式。

(十三) 紛爭之解決方式及管轄法院。

(十四) 其他影響當事人權益經本會規定應記載事項。

伍、從業人員之執業原則

忠實誠信原則	不得有誤導、詐欺、內線交易或利益衝突的執業行為。
勤勉原則	應於執業範圍內注意業務之進行狀況與發展，並隨時為客戶提供說明。

善良管理人注意原則	確實遵守公司內部之職能區隔機制，並提供最佳管理服務。
專業原則	須具備專業智識能力。
保密原則	對客戶之個人資訊應保守秘密。

考前焦點速記

1. 財富管理業務係指銀行針對高淨值客戶，透過理財業務人員，依據客戶需求作財務規劃或資產負債配置，以提供銀行合法經營之各種金融商品及服務。

2. 高淨值客戶之條件，由銀行自行依據經營策略訂定之。惟銀行對高淨值客戶及非高淨值客戶可得規劃或銷售金融商品之範圍應明確訂定，以資遵循。銀行對非高淨值客戶並應注意避免銷售風險過高，結構過於複雜之金融商品。

3. 銀行辦理財富管理業務，涉及外匯業務之經營者，應經中央銀行之同意。

4. 經營政策：其內容至少應包括本項業務之發展策略、高淨值客戶之條件、提供服務之範圍、財務目標（例如收入、資產管理規模與新客戶開發數量之預期目標）及風險承受度等。

5. 作業準則：其內容至少應包括組織架構與人員資格、作業流程、風險管理制度、內部控制制度及內部稽核制度。

6. 銀行辦理財富管理業務，管理資訊系統應配合業務發展及複雜程度持續提升，以落實前開各項作業程序所訂之相關規定，包括即時建立、更新客戶資料，控管客戶不尋常及可疑交易等。各部門人員應積極參與系統功能設計與測試，以確保銀行於辦理本業務時符合相關規定。

7. 銀行辦理財富管理業務，如違反本注意事項之規定，主管機關得依銀行法第61-1條規定，依其情節輕重為適當之處分。

8. 財富管理業務服務對象包括自然人與法人。

9. 財富管理業務包括：(1)所有銀行業務、(2)兼營信託業務、證券投資顧問業務、(3)其他保險、證券相關業務。

精選試題

( ) **1** 銀行辦理信託業務,下列何者違反相關規定? (A)於信託契約中記載委託人之住所 (B)於信託契約中載明對客戶之往來交易資料應予保密 (C)每三個月對各信託戶之信託財產評審一次 (D)信託財產評審委員會主席由核轉不動產信託案件之副總擔任。

( ) **2** 全權委託保管銀行依規定應於每月終了幾個營業日內寄發庫存資產狀況與委任人? (A)10個營業日 (B)7個營業日 (C)5個營業日 (D)3個營業日。

( ) **3** 依規定信託業應於每半年營業年度終了後幾個月內,編製營業報告書及財務報告向主管機關申報?
(A)二個月 (B)三個月
(C)四個月 (D)六個月。

( ) **4** 依信託業法規定,信託業辦理委託人不指定營運範圍或方法之金錢信託,下列何者非屬其營運範圍? (A)現金及銀行存款 (B)投資公債、公司債及金融債券 (C)投資短期票券 (D)投資上市、上櫃及興櫃股票。

( ) **5** 信託業有因訴訟、非訟、行政處分或行政爭訟事件,對公司財務或業務有重大影響者,至遲應於事實發生之翌日起幾個營業日內,向主管機關申報並登報或依主管機關指定之方式公告?
(A)五個營業日 (B)四個營業日
(C)三個營業日 (D)二個營業日。

( ) **6** 符合一定資格條件之銀行申辦財富管理業務,經檢具相關文件申報主管機關,主管機關於幾日內未表示不同意者,視為同意辦理? (A)七日 (B)十日 (C)十五日 (D)三十日。

( ) **7** 銀行申請經營財富管理業務,依規定其經營政策至少應包括之內容,下列何者非屬之?
(A)業務發展策略 (B)服務據點之位置
(C)提供服務之範圍 (D)提供服務之風險承受度。

解答及解析

1 (D)。信託財產評審委員會主席應由督導授信之副總經理等級人員擔任。

2 (C)。保管機構應依相關規定，逐日就委託投資帳戶之交易及資產變動為帳務處理，並於每個月最後營業日內，製作「保管帳戶有價證券庫存明細表」及「銀行存款餘額表」，於次月五個營業日內交付受任人，以供受任人對帳。

3 (A)。信託業應於每半年營業年度終了後二個月內與每營業年度終了後四個月內，將共同信託基金之營業報告書、第三項所定報表與每營業年度終了經會計師查核簽證之決算報告，報請財政部備查與送交受益人，並將資產負債表依本法第39條所定公告方式辦理公告。

4 (D)。信託業辦理委託人不指定營運範圍或方法之金錢信託，其營運範圍以下列為限：
一、現金及銀行存款。
二、投資公債、公司債、金融債券。
三、投資短期票券。
四、其他經主管機關核准之業務

5 (D)。信託業有下列情事之一者，應於事實發生之翌日起二個營業日內，向主管機關申報，並應於本公司所在地之日報或依主管機關指定之方式公告：
一、存款不足之退票、拒絕往來或其他喪失債信情事者。
二、因訴訟、非訟、行政處分或行政爭訟事件，對公司財務或業務有重大影響者。
三、有公司法第185條第1項規定各款情事之一者。
四、董事長（理事主席）、總經理（局長）或三分之一以上董（理）事發生變動者。
五、簽訂重要契約或改變業務計畫之重要內容。
六、信託財產對信託事務處理之費用，有支付不能之情事者。
七、其他足以影響信託業營運或股東或受益人權益之重大情事者。

6 (C)。申辦財富管理業務，業者如檢具所規定相關文件提出申請後15日內，金管會若未表示不同意見，即可辦理。

7 (B)。經營政策：其內容至少應包括本項業務之發展策略、高淨值客戶之條件、提供服務之範圍、財務目標（例如收入、資產管理規模與新客戶開發數量之預期目標）及風險承受度等。

解答及解析

Chapter 16

外匯作業管理

頻出度 **A** 依據出題頻率分為：A頻率高 B頻率中 C頻率低

> **章前導引**
> - 本章探討匯兌管理，有關外匯收支或交易之申報及不申報。
> - 匯兌申報方法，需逕行申報，檢具文件申報與委託結匯申報。
> - 銀行業輔導客戶申報外匯收支或交易應注意事項。
> - 偽造，變造外國幣券之處理。

章節架構

```
                    ┌─ 應申報之外匯收支或交易
                    ├─ 逕行結匯申報
                    ├─ 須檢附文件之結匯申報
        ┌─ 匯兌管理 ├─ 須經核准之結匯申報
        │           ├─ 委託結匯申報
        │           ├─ 非居住民之結匯申報
        │           └─ 網路申報
        ├─ 銀行輔導客戶申報外匯收支或交易應注意事項
        └─ 偽造變造外國幣券
```

重點精華

壹、匯兌管理 ☆☆

一、應申報之外匯收支或交易

中華民國境內新台幣五十萬元以上等值外匯收支或交易之資金所有者或需求者
（以下簡稱申報義務人），應依法申報。

(一) 申報義務人

下列各款所定之人，均視同申報義務人：

1. 法定代理人依規定代辦結匯申報者。
2. 公司或個人依規定，以自己名義為他人辦理結匯申報者。
3. 非居住民法人之中華民國境內代表人或代理人依規定代辦結匯申報者。
4. 非居住民之中華民國境內代理人依規定代辦結匯申報者。
5. 非前項所定之申報義務人，且不符合得代辦結匯申報之規定而為結匯申報者。

(二) 應填書表

申報義務人辦理新台幣結匯申報時，應依據外匯收支或交易有關合約等證明文件，誠實填妥「外匯收支或交易申報書」，經由銀行業向中央銀行申報。

二、逕行結匯申報

(一) 可逕行結匯項目

下列外匯收支或交易，申報義務人得於填妥申報書後，逕行辦理新台幣結匯。但屬於須檢附文件之結匯申報之外匯收支或交易，應於銀行業確認申報書記載事項與該筆外匯收支或交易有關合約、核准函等證明文件相符後，始得辦理：

1. 公司、行號、團體及個人出口貨品或對非居住民提供服務收入之匯款。
2. 公司、行號、團體及個人進口貨品或公司、行號及團體償付非居住民提供服務支出之匯款。
3. 公司、行號每年累積結購或結售金額未超過五千萬美元之匯款；團體、個人每年累積結購或結售金額未超過五百萬美元之匯款。但前二款之結購或結售金額，不計入其當年累積結匯金額。
4. 非居住民每筆結購或結售金額未超過十萬美元之匯款。但境外非中華民國金融機構不得以匯入款項辦理結售。

 點速攻

申報義務人為第(一)項第1款及第2款出、進口貨品之外匯收支或交易以跟單方式辦理新臺幣結匯者，以銀行業製發之出、進口結匯證實書，視同申報書。

(二) 須檢附文件之結匯申報

外匯收支或交易,申報義務人應檢附與該筆外匯收支或交易有關合約、核准函等證明文件,經銀行業確認與申報書記載事項相符後,始得辦理新台幣結匯:

1. 公司、行號每筆結匯金額達一百萬美元以上之匯款。
2. 團體、個人每筆結匯金額達五十萬美元以上之匯款。
3. 經有關主管機關核准直接投資、證券投資及期貨交易之匯款。
4. 於中華民國境內之交易,其交易標的涉及中華民國境外之貨品或服務之匯款。
5. 依央行其他規定應檢附證明文件供銀行業確認之匯款。

(三) 須經核准之結匯申報

下列外匯收支或交易,申報義務人應於檢附所填申報書及相關證明文件,經由銀行業向央行申請核准後,始得辦理新台幣結匯:

1. 公司、行號每年累積結購或結售金額超過五千萬美元之必要性匯款;團體、個人每年累積結購或結售金額超過五百萬美元之必要性匯款。
2. 未滿二十歲之中華民國國民每筆結匯金額達新台幣五十萬元以上之匯款。
3. 下列非居住民每筆結匯金額超過十萬美元之匯款:
   (1)於中華民國境內承包工程之工程款。
   (2)於中華民國境內因法律案件應提存之擔保金及仲裁費。
   (3)經有關主管機關許可或依法取得自用之中華民國境內不動產等之相關款項。
   (4)於中華民國境內依法取得之遺產、保險金及撫卹金。
4. 其他必要性之匯款。
   辦理前項第2款所定匯款之結匯申報者,應由其法定代理人代為辦理,並共同於申報書之「申報義務人及其負責人簽章」處簽章。

(四) 委託結匯申報

申報義務人委託公司或個人辦理新台幣結匯申報者,受託人應依「銀行業輔導客戶申報外匯收支或交易應注意事項」有關規定及本行其他規定,並以受託人之名義辦理申報。

 點速攻

除第(四)項規定情形外,申報義務人得委託其他個人代辦新臺幣結匯申報事宜,但就申報事項仍由委託人自負責任;受託人應檢附委託書、委託人及受託人之身分證明文件,供銀行業查核,並以委託人之名義辦理申報。

三、非居住民之結匯申報

(一) 非居住民自然人辦理非居住民每筆結購或結售金額未超過十萬美元之匯款逕行辦理新台幣結匯。但境外非中華民國金融機構不得以匯入款項辦理結售。或經有關主管機關核准直接投資、證券投資及期貨交易之匯款之新台幣結匯申報時，除本行另有規定外，應憑護照或其他身分證明文件，由本人親自辦理。

(二) 非居住民法人辦理非居民新台幣結匯申報時，除央行另有規定外，應出具授權書，授權其在中華民國境內之代表人或代理人以該代表人或代理人之名義代為辦理申報；非居住民法人為非中華民國金融機構者，應授權中華民國境內金融機構以該境內金融機構之名義代為辦理申報。

(三) 非居住民依經有關主管機關許可或依法取得自用之中華民國境內不動產等之相關款項。及對於中華民國境內依法取得之遺產、保險金及撫卹金規定，經由銀行業向央行申請辦理新台幣結匯者，得出具授權書，授權中華民國境內代理人以該境內代理人之名義代為辦理申報。

四、網路申報

下列申報義務人辦理新台幣結匯申報，得利用網際網路，經由本行核准辦理網路外匯業務之銀行業，以電子文件向本行申報：

(一) 公司、行號或團體。

(二) **個人**：申報義務人利用網際網路辦理新台幣結匯申報事宜前，應先親赴銀行業櫃檯申請並辦理相關約定事項。

(三) **銀行業應依規定受理申報事項**

1. 查驗申報義務人身分文件或基本登記資料。
2. 於網路提供申報書樣式及填寫之輔導說明。
3. 就申報義務人填具之申報書確認電子簽章相符後，依據該申報書內容，製作本行規定格式之買、賣匯水單媒體資料報送本行，並以該媒體資料視同申報義務人向本行申報。
4. 銀行業受理申報義務人經由網際網路辦理新台幣結匯申報時，應確認申報義務人提供之書面傳真或影像掃描等之相關結匯證明文件無誤後始得辦理，並應於相關文件上加註結匯日期、金額、水單編號並簽章，以供查核。

5. 申報義務人經由網際網路辦理須檢附文件之結匯申報規定之新台幣結匯時，應將正本或與正本相符之相關結匯證明文件提供予銀行業；其憑主管機關核准文件辦理之結匯案件，累計結匯金額不得超過核准金額。

6. 申報義務人利用網際網路辦理新台幣結匯申報，經查獲有申報不實情形者，其日後辦理新台幣結匯申報事宜，應至銀行業櫃檯辦理。

7. **對申報義務人以電子訊息所為之外匯收支或交易申報紀錄及提供之書面、傳真或影像掃描文件，應妥善保存備供稽核、查詢及列印，其保存期限至少為五年。**

8. 申報義務人至銀行業櫃檯辦理新台幣結匯申報者，銀行業應查驗身分文件或基本登記資料，輔導申報義務人填報申報書，辦理申報事宜，並應在申報書之「銀行業負責輔導申報義務人員簽章」欄簽章。

9. 銀行業對申報義務人至銀行業櫃檯辦理新台幣結匯申報所填報之申報書及提供之文件，應妥善保存備供稽核及查詢，其保存期限至少為五年。

貳、銀行業輔導客戶申報外匯收支或交易應注意事項 ☆

一、結匯上限

(一) 銀行業受理非居住民每筆結購或結售金額未超過十萬美元之匯款結匯申報時，應注意每筆結匯金額以十萬美元為限，並應預防申報義務人將大額結匯款化整為零，以規避須經核准之結匯申報。

(二) 受理經有關主管機關核准直接投資、證券投資及期貨交易之匯款匯申報者，累計結匯金額不得超過主管機關之核准範圍。

(三) 銀行業受理國內慈善公益團體從事國際人道援助匯款，其每筆結匯金額應計入其當年累積結匯金額。但該團體從事之國際人道援助計畫，曾報經主管機關核准，其結匯款與主管機關核准之計畫相符，經銀行業查驗函件相符後受理之結匯，不在此限。

(四) 對大陸地區匯出匯款及匯入匯款申報，準用「外匯收支或交易申報辦法」辦理。

二、借入本金及還本付息之結匯申報

(一) **借入本金自第三地區或大陸地區匯入臺灣地區結售**：應查驗廠商檢附之經濟部投資審議委員會核准（備）赴第三地區或大陸地區投資函及其向子公司借款文件，並核對廠商填報之「臺灣地區廠商向第三地區子公司借款申報表」或「臺灣地區廠商向大陸地區子公司借款申報表」無誤後辦理結匯申報，其匯入借款本金結售金額不計入公司當年累積結匯金額。

(二) **結購外匯還本付息匯往第三地區或大陸地區**：**廠商得憑銀行業簽發之前述「借款申報表」第二聯正本辦理結購外匯還本付息，其結購外匯還本付息金額不計入公司當年累積結匯金額。**

三、海外子公司匯回股利、盈餘及再匯出款之結匯案件

廠商匯回股利、盈餘及再匯出款之結匯，應分別情形，注意下列事項：

(一) **股利、盈餘自第三地區或大陸地區匯入臺灣地區結售**：應查驗廠商檢附之經濟部投資審議委員會核准（備）赴第三地區或大陸地區投資函及第三地區或大陸地區子公司分配股利、盈餘相關文件，並核對廠商填報之「臺灣地區廠商自第三地區匯回股利盈餘申報表」或「臺灣地區廠商自大陸地區匯回股利盈餘申報表」無誤後辦理結匯，其匯回第三地區或大陸地區子公司股利、盈餘結售金額不計入公司當年累積結匯金額。

(二) **資金再匯出臺灣地區**：廠商得憑銀行業簽發之前述「匯回股利盈餘申報表」第二聯正本辦理再匯出，其匯出款用途及匯款地區不受限制，但匯往大陸地區供投資之用者，仍須檢附經濟部投資審議委員會核准文件或核發之在大陸地區從事投資申報證明書辦理。匯回之股利、盈餘以原幣持有者，限以原幣再匯出；結售為新台幣者，得以原幣或結購外匯匯出，其結購金額不計入公司當年累積結匯金額。

四、以結購外匯再匯往國內外之申報

申報義務人結購外匯暫存外匯存款或轉匯國內他行，如該款將再轉匯往國外或國內國際金融業務分行，或結購外匯係逕匯往國內國際金融業務分行，申報時應注意：

(一) 結匯性質應填列匯往國外或匯往國內國際金融業務分行匯出款之性質。

(二) 受款地區國別一欄，如係結購外匯暫存外匯存款或轉匯國內他行，應填列為「本國」；如係匯往國內國際金融業務分行，應填列為「本國國際金融業務分行」。

五、更正申報書

申報義務人於辦理新台幣結匯申報後，不得要求更改申報書內容。但有下列情形之一者，可經由銀行業向本行申請更正：

(一) 申報義務人非故意申報不實，經舉證並檢具律師、會計師或銀行業出具無故意申報不實意見書。

(二) 因故意申報不實，已依規定處罰。

　　依規定作成之結匯證明書如與憑以掣發之證明文件不符時，其更正準用規定。

六、偽造變造外國幣券

(一) 金融機構及經本行指定辦理外匯業務之其他事業經收顧客持兌之外國幣券發現有偽（變）造幣券時，除當面向持兌人說明係偽（變）造幣券外，如係鈔券，應加蓋「偽（變）造作廢」章，硬幣應剪角作廢，並經持兌人同意後，將原件截留，掣給收據。

(二) 經辦機構發現持兌之偽（變）造外國幣券有下列情形之一者，應立刻記明持兌人之真實姓名、國籍、職業及住址，並報請警察機關偵辦：

1. 持兌之偽（變）造外國幣券總值在等值美金貳佰元以上。

2. 持兌之偽（變）造外國幣券總值未達等值美金貳佰元，且持兌人情形可疑或不同意經辦機構截留致無法處理。

　　經辦機構截留之偽（變）造外國幣券，除於必要時，得轉送法務部調查局或國際刑警組織鑑查外，應建檔妥慎保管；其保管期限逾五年者，得會同會計部門辦理銷毀，並列冊存查。

3. 經辦機構截留之偽（變）造外國幣券，除於必要時，得轉送法務部調查局或國際刑警組織鑑查外，應建檔妥慎保管；其保管期限逾五年者，得會同會計部門辦理銷毀，並列冊存查。

附錄：外匯收支或交易申報辦法

中華民國111年12月26日修正發布

第1條　本辦法依管理外匯條例（以下簡稱本條例）第6-1條第1項規定訂定之。

第2條　中華民國境內新臺幣五十萬元以上等值外匯收支或交易之資金所有者或需求者（以下簡稱申報義務人），應依本辦法申報。

下列各款所定之人，均視同申報義務人：

一、法定代理人依第6條第2項規定代辦結匯申報者。

二、公司或個人依第9條第1項規定，以自己名義為他人辦理結匯申報者。

三、非居住民法人之中華民國境內代表人或代理人依第10條第2項規定代辦結匯申報者。

四、非居住民之中華民國境內代理人依第10條第3項規定代辦結匯申報者。

五、非前項所定之申報義務人，且不符合得代辦結匯申報之規定而為結匯申報者。

申報義務人辦理新臺幣結匯申報時，應依據外匯收支或交易有關合約等證明文件，誠實填妥「外匯收支或交易申報書」（以下簡稱申報書）（申報書樣式如附件），經由銀行業向中央銀行（以下簡稱本行）申報。

外匯收支或交易結匯申報所涉須計入或得不計入申報義務人或委託人當年累積結匯金額之範圍，應依本辦法、銀行業輔導客戶申報外匯收支或交易應注意事項、外匯證券商輔導客戶申報外匯收支或交易應注意事項、本行或其他主管機關同意或核准函載明事項，以及本行其他規定辦理。

第3條　本辦法所用名詞定義如下：

一、銀行業：指經本行許可辦理外匯業務之銀行、全國農業金庫股份有限公司、信用合作社、農會信用部、漁會信用部及中華郵政股份有限公司。

二、外匯證券商：指證券業辦理外匯業務管理辦法所稱之外匯證券商。

三、電子支付機構：指經金融監督管理委員會許可經營電子支付機構管理條例第4條第1項業務且涉及辦理外匯業務之電子支付機構。

四、公司：指依中華民國法令在中華民國組織登記成立之公司，其與所有分公司應以該公司統一編號及名義辦理申報；或外國公司在中華民國境內依法辦理設立登記之分公司，其與全部境內分公司視為同一申報義務人，並以配發統一編號之首家分公司名義辦理申報。

五、有限合夥：指依中華民國法令在中華民國組織登記之有限合夥，其與所有分支機構應以該有限合夥統一編號及名義辦理申報；或外國有限合夥在中華民國境內依法辦理設立登記之分支機構，其與全部境內分支機構視為同一申報義務人，並以配發統一編號之首家分支機構名義辦理申報。

六、行號：指依中華民國商業登記法登記之獨資或合夥經營之營利事業。

七、團體：指依中華民國法令經主管機關核准設立之團體。

八、辦事處：指外國公司在中華民國境內依法辦理設置之在臺代表人辦事處。

九、事務所：指外國財團法人經中華民國政府認許並在中華民國境內依法辦理設置登記之事務所。

十、個人：指年滿十八歲領有中華民國國民身分證、臺灣地區相關居留證或外僑居留證證載有效期限一年以上之自然人。

十一、非居住民：

(一)非居住民自然人：指未領有臺灣地區相關居留證或外僑居留證，或領有相關居留證但證載有效期限未滿一年之非中華民國國民，或持有中華民國護照但未領有中華民國國民身分證之無本國戶籍者。

(二)非居住民法人：指境外非中華民國法人。

第4條　下列外匯收支或交易，申報義務人得於填妥申報書後，逕行辦理新臺幣結匯申報。但屬於第5條規定之外匯收支或交易，應經銀行業確認申報書記載事項與該筆外匯收支或交易有關合約、核准函或其他證明文件相符後，始得辦理：

一、公司、行號、團體及個人出口貨品或對非居住民提供服務收入之匯款。

二、公司、行號、團體及個人進口貨品或償付非居住民提供服務支出之匯款。

三、公司、行號每年累積結購或結售金額未超過等值五千萬美元之匯款；團體、個人每年累積結購或結售金額未超過等值五百萬美元之匯款。但本行得視經濟金融情況及維持外匯市場秩序之需要，指定特定匯款性質之外匯收支或交易每年累積結購或結售金額超過一定金額者，應依第六條第一項規定辦理。

四、辦事處或事務所結售在臺無營運收入辦公費用之匯款。

五、非居住民每筆結購或結售金額未超過等值十萬美元之匯款。但境外非中華民國金融機構不得以匯入款項辦理結售。

前項第1款、第2款及第5條第4款之結購或結售金額，不計入申報義務人當年累積結匯金額。

申報義務人為第1項第1款及第2款出、進口貨品之外匯收支或交易以跟單方式辦理新臺幣結匯者，以銀行業掣發之出、進口結匯證實書，視同申報書。

第5條　下列外匯收支或交易，申報義務人應檢附與該筆外匯收支或交易有關合約、核准函或其他證明文件，並經銀行業確認與申報書記載事項相符後，始得辦理新臺幣結匯申報：

一、公司、行號每筆結匯金額達等值一百萬美元以上之匯款。

二、團體、個人每筆結匯金額達等值
　　五十萬美元以上之匯款。

三、經有關主管機關核准直接投資、
　　證券投資及期貨交易之匯款。

四、於中華民國境內之交易，其交易
　　標的涉及中華民國境外之貨品或
　　服務之匯款。

五、中華民國境內第一上市（櫃）公
　　司及登錄興櫃之外國公司之原始
　　外籍股東匯出售股價款之匯款。

六、民營事業中長期外債動支匯入資
　　金及還本付息之匯款。

七、依本行其他規定應檢附證明文件
　　供銀行業確認之匯款。

第6條　下列外匯收支或交易，申報義
務人應於檢附所填申報書及相關證明
文件，經由銀行業向本行申請核准
後，始得辦理新臺幣結匯申報：

一、公司、行號每年累積結購或結售
　　金額超過等值五千萬美元之必要
　　性匯款；團體、個人每年累積結
　　購或結售金額超過等值五百萬美
　　元之必要性匯款。

二、未滿十八歲領有中華民國國民身
　　分證、臺灣地區相關居留證或外
　　僑居留證證載有效期限一年以上
　　之自然人，每筆結匯金額達等值
　　新臺幣五十萬元以上之匯款。

三、下列非居住民每筆結匯金額超過
　　等值十萬美元之匯款：

(一)於中華民國境內承包工程之工程
　　款。

(二)於中華民國境內因法律案件應提
　　存之擔保金及仲裁費。

(三)經有關主管機關許可或依法取得
　　自用之中華民國境內不動產等之
　　相關款項。

(四)於中華民國境內依法取得之遺
　　產、保險金及撫卹金。

四、其他必要性之匯款。

辦理前項第2款所定匯款之結匯申報
者，除已結婚者外，應由其法定代理
人代為辦理，並共同於申報書之「申
報義務人及其負責人簽章」處簽章。

第7條　第4條第1項第3款本文及前條第
1項第1款規定之金額，本行得視經濟
金融情況及維持外匯市場秩序之需要
調整之。

第8條　申報義務人至銀行業櫃檯辦理新
臺幣結匯申報者，銀行業應查驗身分
文件或基本登記資料，輔導申報義務
人填報申報書，辦理申報事宜，並應
在申報書之「銀行業或外匯證券商負
責輔導申報義務人員簽章」欄簽章。

銀行業對申報義務人至銀行業櫃檯辦
理新臺幣結匯申報所填報之申報書及
提供之文件，應妥善保存備供稽核及
查詢，其保存期限至少為五年。

第9條　公司或個人受託辦理新臺幣結
匯並以自己之名義辦理申報者，受託
人應依銀行業輔導客戶申報外匯收支
或交易應注意事項、外匯證券商輔導
客戶申報外匯收支或交易應注意事項
有關規定及本行其他規定辦理。

除前項規定情形外，申報義務人得委
託其他個人代辦新臺幣結匯申報事
宜，但就申報事項仍由委託人自負責

任；受託人應檢附委託書、委託人及
受託人之身分證明文件，供銀行業查
核，並以委託人之名義辦理申報。

第10條 非居住民自然人辦理第4條第1
項第5款、第5條第3款、第5款或第7
款之新臺幣結匯申報時，除本行另有
規定外，應憑護照或其他身分證明文
件，由本人親自辦理。

非居住民法人辦理第4條第1項第5
款、第5條第3款、第5款或第7款之新
臺幣結匯申報時，除本行另有規定
外，應出具授權書，授權其在中華民
國境內之代表人或代理人以該代表人
或代理人之名義代為辦理結匯申報；
非居住民法人為非中華民國金融機構
者，應授權中華民國境內金融機構以
該境內金融機構之名義代為辦理結匯
申報。

非居住民依第6條第1項第3款及第4款
規定，經由銀行業向本行申請辦理新
臺幣結匯者，得出具授權書，授權中
華民國境內代理人以該境內代理人之
名義代為辦理結匯申報。

第11條 下列申報義務人辦理新臺幣結匯
申報，得利用網際網路，經由本行核
准透過電子或通訊設備辦理外匯業務
之銀行業，以電子文件向本行申報：
一、公司、行號或團體。
二、個人。

申報義務人利用網際網路辦理新臺幣
結匯申報事宜前，應向銀行業申請並
辦理相關約定事項。

銀行業應依下列規定受理網際網路申
報事項：

一、於網路提供申報書樣式及填寫之
輔導說明。
二、就申報義務人填具之申報書確認
電子簽章相符後，依據該申報書
內容，製作本行規定格式之買、賣
匯水單資料報送本行，並以該資
料視同申報義務人向本行申報。
三、對申報義務人以電子訊息所為之
外匯收支或交易申報紀錄及提供
之書面、傳真或影像掃描文件，
應妥善保存備供稽核、查詢及列
印，其保存期限至少為五年。

第12條 申報義務人經由網際網路辦理
第5條規定之新臺幣結匯時，應將正
本或與正本相符之相關結匯證明文件
提供予銀行業；其憑主管機關核准文
件辦理之結匯案件，累計結匯金額不
得超過核准金額。

申報義務人利用網際網路辦理新臺幣
結匯申報，經查獲有申報不實情形
者，其日後辦理新臺幣結匯申報事
宜，應至銀行業櫃檯辦理。

第13條 申報義務人於辦理新臺幣結匯
申報後，不得要求更改申報書內容。
但有下列情形之一者，可經由銀行業
向本行申請更正：
一、申報義務人非故意申報不實，經
舉證並檢具律師、會計師或銀行
業出具無故意申報不實意見書。
二、因故意申報不實，已依本條例第
20條第1項規定處罰。

依第4條第3項規定作成之結匯證實書
如與憑以掣發之證明文件不符時，其
更正準用第14條第2項規定。

第14條 申報義務人之外匯收支或交易未辦理新臺幣結匯者，以銀行業掣發之其他交易憑證視同申報書。

申報義務人應對銀行業掣發之其他交易憑證內容予以核對，如發現有與事實不符之情事時，應檢附相關證明文件經由銀行業向本行申請更正。

第15條 依本辦法規定申報之事項，有事實足認有申報不實之虞者，本行得向申報義務人及相關之人查詢，受查詢者有據實說明之義務。

第16條 申報義務人故意不為申報、申報不實，或受查詢而未於限期內提出說明或為虛偽說明者，依本條例第20條第1項規定處罰。

第17條 對大陸地區匯出匯款及匯入匯款之申報，準用本辦法規定；其他應遵循事項依臺灣地區與大陸地區人民關係條例及其相關規定辦理。

臺灣地區人民幣收支或交易之申報，除本行另有規定外，準用本辦法之規定。

第18條 外匯證券商及電子支付機構受理外匯收支或交易之申報，除本行另有規定外，準用本辦法有關銀行業之規定。

有限合夥之申報，準用本辦法及其他有關公司之申報規定。

第19條 本辦法自發布日施行。

本辦法中華民國一百十一年十二月二十六日修正發布之條文，自一百十二年一月一日施行。

附錄：銀行業辦理外匯業務管理辦法

中華民國110年1月28日修正發布

第一章　總則

第1條　本辦法依中央銀行法第35條第2項規定訂定之。

第2條　銀行業辦理外匯業務之管理，依本辦法之規定，本辦法未規定者，適用其他有關法令之規定。

第3條　本辦法所稱銀行業，係指中華民國境內之銀行、全國農業金庫股份有限公司（以下簡稱農業金庫）、信用合作社、農（漁）會信用部及中華郵政股份有限公司（以下簡稱中華郵政公司）。

本辦法所稱指定銀行，係指經中央銀行（以下簡稱本行）許可辦理外匯業務，並發給指定證書之銀行或農業金庫。

第4條　本辦法所稱外匯業務，包括下列各款：

一、出口外匯業務。

二、進口外匯業務。

三、一般匯出及匯入匯款業務（含買賣外幣現鈔及旅行支票業務）。

四、外匯存款業務。

五、外幣貸款業務。

六、外幣保證業務。

七、外匯衍生性商品業務。

八、其他外匯業務。

本辦法所稱外匯衍生性商品，係指涉及外匯，且符合銀行辦理衍生性

金融商品業務內部作業制度及程序管理辦法（以下簡稱內部作業制度及程序管理辦法）第2條所稱衍生性金融商品者。

本辦法所稱結構型商品及複雜性高風險商品之定義，分別準用內部作業制度及程序管理辦法第2條第2項及第3項規定。

本辦法所稱專業客戶、專業機構投資人及高淨值投資法人之定義，分別準用內部作業制度及程序管理辦法第3條第1項、第3條第1項第1款及第2款規定。

本辦法所稱外匯金融債券，係指涉及外匯，且依銀行發行金融債券辦法發行之債券。

本辦法所稱涉及外匯，係指以外幣計價或交割，或連結國外風險標的者。

第5條　銀行業因辦理外匯業務所蒐集顧客之資料，除其他法律或主管機關另有規定者外，應保守秘密；如涉及個人資料者，並應依個人資料保護法第27條第1項規定採行適當之安全措施。

第二章　外匯業務之申請及開辦

第6條　銀行業有關外匯業務之經營，除本辦法或本行另有規定者外，應向本行申請許可，並經發給指定證書或許可函後，始得辦理。

依本辦法或其他本行規定屬銀行業函報備查即得辦理之外匯業務,於依規定完成函報備查之程序後,視同業經本行許可。

除本辦法或本行另有規定者外,不得辦理非經本行許可或同意備查之外匯業務。

第7條 銀行及農業金庫得申請許可辦理第4條第1項所列各款業務之全部或一部。

中華郵政公司得申請許可辦理一般匯出及匯入匯款或買賣外幣現鈔及旅行支票業務。

信用合作社及農(漁)會信用部,得申請許可辦理買賣外幣現鈔及旅行支票業務。

第8條 銀行及農業金庫申請許可為指定銀行,除本辦法及其他法令另有規定者外,應符合下列各款規定:

一、自有資本與風險性資產比率符合主管機關之規定。

二、配置適格之外匯業務專業人員。

三、最近一年或主管機關核准設立之日起至申請日止,無違反金融相關法規,而受主管機關處分或糾正之情事,或有違反金融相關法規之情事,惟已具體改善,並經主管機關認可。

第9條 銀行及農業金庫申請許可為指定銀行,應備文檢附下列各項相關文件:

一、主管機關核發之營業執照影本及核定得辦理之業務項目。

二、申請辦理外匯業務之範圍。

三、國外往來銀行之名稱及其所在地。

四、在中華民國境內辦理外匯業務之負責人姓名及營業地址。

五、在中華民國境內之資本或營運資金及其外匯資金來源及金額。

六、符合前條規定之相關證明文件。

七、營業計畫書。

八、其他本行規定之資料或文件。

指定銀行嗣後擴增辦理外匯業務範圍,應備文檢附主管機關核准文件影本及配置適格外匯業務人員資料向本行申請許可並換發指定證書。

第10條 指定銀行之分行申請許可辦理第4條第1項第1款至第6款各項外匯業務,本國銀行及農業金庫應由其總行、外國銀行在臺分行(以下簡稱外國銀行)應由臺北分行備文敘明擬辦理業務範圍,並檢附該分行營業執照影本及經辦與覆核人員資歷。

第11條 指定銀行辦理第4條第1項第1款至第6款各項外匯業務之經辦及覆核人員,應有外匯業務執照或具備下列資格:

一、經辦人員須有三個月以上相關外匯業務經歷。

二、覆核人員須有六個月以上相關外匯業務經歷。

指定銀行之分行經許可僅辦理買賣外幣現鈔及旅行支票業務者,其經辦及覆核人員,應有五個營業日以上之相關外匯業務經歷。

第12條 指定銀行經本行許可辦理外匯衍生性商品業務後,得不經申請逕行辦理下列外匯衍生性商品:

一、遠期外匯交易（不含無本金交割
　　新臺幣遠期外匯交易）。
二、換匯交易。
三、依規定已得辦理未涉及新臺幣匯
　　率之外匯衍生性商品，連結同一
　　風險標的，透過相同交易契約之
　　再行組合，但不含對專業機構投
　　資人及高淨值投資法人以外之客
　　戶辦理涉及外匯之複雜性高風險
　　商品。
四、國內指定銀行間及其與國外銀行
　　間辦理未涉及新臺幣匯率之外匯
　　衍生性商品。
五、以期貨交易人身分辦理未涉及新
　　臺幣匯率之國內外期貨交易契約。
指定銀行經本行許可辦理外匯衍生性
商品業務後，辦理下列外匯衍生性商
品，應依下列類別，向本行申請許可
或函報備查：
一、開辦前申請許可類：
(一)尚未開放或開放未滿半年及與其
　　連結之外匯衍生性商品。
(二)無本金交割新臺幣遠期外匯交易。
(三)涉及新臺幣匯率之外匯衍生性商品。
(四)代客操作外幣保證金交易。
二、開辦前函報備查類：指定銀行總
　　行授權其指定分行辦理推介外匯
　　衍生性商品。
三、開辦後函報備查類：以經許可辦
　　理任一項外匯衍生性商品業務之
　　指定銀行為限：
(一)開放已滿半年且未涉及新臺幣匯
　　率之外匯衍生性商品業務。
(二)對專業機構投資人及高淨值投資
　　法人辦理尚未開放或開放未滿半

年，且未涉及新臺幣匯率之外匯
衍生性商品業務，並符合其主管
機關相關規定。
(三)經主管機關核准辦理提供境外衍
　　生性金融商品之資訊及諮詢服務
　　業務，其連結標的不得涉及國內
　　利率、匯率、股權、指數、商
　　品、信用事件、固定收益或其他
　　利益。
如因經營受託買賣、簽訂信託契約、
全權委託契約、投資型保單或私募基
金等，並以專業機構投資人名義進行
前項第3款第2目及第3目交易者，其
委託人、要保人或應募人亦應為專業
機構投資人或高淨值投資法人。

第13條　指定銀行向本行申請許可辦
　　理前條第2項第1款商品，應檢附下
　　列書件：
一、法規遵循聲明書。
二、本國銀行及農業金庫董事會決議
　　辦理本項業務議事錄或外國銀行
　　總行（或區域總部）授權書。
三、經辦及相關管理人員資歷表。
四、風險預告書。
五、商品簡介。
六、作業準則。
七、風險管理相關文件。
指定銀行向本行函報備查辦理提供
前條第2項第2款服務，應檢附下列
書件，並俟收到本行備查函後，始
得辦理：
一、主管機關核准函影本。
二、本國銀行及農業金庫董事會決議
　　辦理本項業務議事錄或外國銀行
　　總行或（區域總部）授權書。

三、依相關規定訂定之授權準則。

指定銀行向本行函報備查辦理前條第2項第3款第1目及第2目商品，應於辦理首筆交易後一週內，檢附產品說明書（須為已實際交易者，列有交易日、交割日、到期日、名目本金、執行價或其他相關指標、參數等）及第1項第1款至第5款規定之文件，並應俟收到本行同意備查函後，始得繼續辦理該項商品。

指定銀行向本行函報備查辦理前條第2項第3款第3目服務，應於開辦該項服務後一週內為之，並應檢附主管機關核准函及第1項第1款至第3款文件。

第14條　指定銀行辦理第4條第1項第7款外匯衍生性商品業務之經辦及相關管理人員，應具備下列資格條件之一：

一、參加國內金融訓練機構舉辦之衍生性商品及風險管理課程時數達六十小時以上且取得合格證書，課程內容須包括外匯衍生性商品交易理論與實務、相關法規、會計處理及風險管理。

二、在國內外金融機構相關外匯衍生性商品業務實習一年。

三、曾在國內外金融機構有半年以上外匯衍生性商品業務之實際經驗。

辦理外匯衍生性商品推介工作之經辦及相關管理人員，須具備下列資格條件之一：

一、具備前項資格條件之一。

二、通過國內金融訓練機構舉辦之結構型商品銷售人員資格測驗並取得合格證書。

三、通過國內金融訓練機構舉辦之衍生性金融商品銷售人員資格測驗並取得合格證書。

辦理外匯衍生性商品業務之交易、行銷業務、風險管理、交割、會計之經辦及相關管理人員、法令遵循人員、稽核人員，及外匯衍生性商品推介之經辦及相關管理人員，每年應參加衍生性商品教育訓練課程時數達六小時以上；其中參加國內金融訓練機構舉辦之衍生性商品相關法規或缺失案例課程，不得低於應達訓練時數之二分之一。

指定銀行辦理外匯衍生性商品業務之人員應具專業能力，並應訂定專業資格條件及訓練制度。

第15條　指定銀行經由國內結算機構辦理外幣清算業務，應向本行申請許可為外幣清算銀行。

指定銀行為前項之申請時，應於本行所定期限內，檢附下列證明文件及說明，由本行審酌後，擇優許可一家銀行辦理：

一、辦理外幣清算業務之營業計畫書。

二、會計師最近一期查核簽證之財務報告。

三、其他有利於辦理外幣清算業務之說明。

前項期限，由本行另行通告。

經本行許可之外幣清算銀行，其辦理外幣清算業務得具有自該業務開辦日起五年之專營期。

第16條　指定銀行兼營信託業辦理新臺幣或外幣特定金錢信託投資外幣有價

證券業務者，應檢附下列文件向本行申請許可：

一、主管機關核准文件。

二、本國銀行及農業金庫董事會決議辦理本項業務議事錄或外國銀行總行（或區域總部）授權書。

三、法規遵循聲明書。

四、款項收付幣別及結匯流程說明。

五、其他本行要求之文件。

第17條　指定銀行兼營信託業辦理外幣計價之信託資金集合管理運用帳戶業務或於境內募集發行外幣計價之共同信託基金業務者，應於首次設置或募集發行前檢附下列文件向本行申請許可：

一、主管機關核准文件，但設置外幣計價信託資金集合管理運用帳戶且限境外結構型商品管理規則所稱之專業投資人委託投資（應於申請函文敘明）或募集發行外幣計價共同信託基金者免附。

二、首次設置外幣計價集合管理運用帳戶之管理及運用計畫或首檔共同信託基金募集發行計畫書。

三、本國銀行及農業金庫董事會決議辦理本項業務議事錄或外國銀行總行（或區域總部）授權書。

四、法規遵循聲明書。

五、其他本行要求之文件。

指定銀行辦理前項業務經本行許可後，嗣後無須再逐案向本行申請許可。

第17-1條　指定銀行兼營信託業辦理前2條以外之外幣信託業務，應檢附下列文件向本行申請許可：

一、主管機關核准文件或符合信託業營運範圍受益權轉讓限制風險揭露及行銷訂約管理辦法第5條規定之相關證明文件。

二、作業說明（申請辦理各種類之外幣金錢信託及外幣有價證券信託者免附），內容應包括下列各目：

(一)業務名稱（依信託業法第16條及信託業法施行細則第6條至第8條標明業務項目及分類）。

(二)業務簡介。

(三)作業流程。

(四)款項收付說明。

三、本國銀行及農業金庫董事會決議辦理本項業務議事錄或外國銀行總行（或區域總部）授權書。

四、法規遵循聲明書。

五、其他本行要求之文件。

第18條　指定銀行設置自動化服務設備受理顧客辦理外匯業務，應符合主管機關所定有關自動化服務設備得提供之服務項目，以及相關作業安全控管規範，並於提供各項外匯服務項目前檢附作業說明及敘明自動化服務設備所隸屬之單位名稱及設置地點，函報本行備查。

嗣後作業說明若有涉及匯率適用原則及揭露方式、外匯申報方式之變動，或縮減提供之外匯服務項目者，應於變動前函報本行備查。

指定銀行嗣後增設或裁撤自動化服務設備辦理外匯業務，僅須備文敘明自動化服務設備所隸屬之單位名稱及設

置或裁撤地點，於設置或裁撤後一週內函知本行。

第19條 指定銀行及中華郵政公司受理顧客透過電子或通訊設備辦理外匯業務，應符合金融監督管理委員會（以下簡稱金管會）所定有關銀行得辦理之電子銀行業務範圍，並向本行申請許可。但其受理範圍符合本行規定者，得逕行辦理或函報本行備查。

指定銀行及中華郵政公司依前項規定向本行申請許可時，應檢附下列書件：

一、作業說明。

二、匯款性質分類項目。

三、總機構法令遵循主管、總稽核及資訊部門最高主管聲明書。

四、防範顧客以化整為零方式規避法規義務之管控措施。但未涉及新臺幣結匯者，免附。

指定銀行依第1項規定向本行函報備查時，應檢附前項書件及銀行系統辦理外匯業務作業流程自行模擬測試報告。

指定銀行及中華郵政公司辦理第1項業務，應遵循下列規定：

一、其系統應具備檢核匯款分類之功能，以及控管人民幣兌換或匯款至大陸地區規定之機制。

二、提供顧客依外匯收支或交易申報辦法（以下簡稱申報辦法）第10條第1項規定利用網際網路辦理新臺幣結匯申報者，其系統應於向本行申請許可或函報備查前通過本行外匯資料處理系統連結測試。

三、其他本行為妥善管理第1項業務所為之規定。

純網路銀行受理顧客透過電子或通訊設備辦理新臺幣結匯金額達等值新臺幣五十萬元以上之交易，應提供申報義務人依申報辦法第10條第1項規定利用網際網路辦理新臺幣結匯申報。

第1項得向本行函報備查或逕行辦理之規定及第4項第3款之其他規定，由本行另定之。

第20條 指定銀行於非共同營業時間辦理外匯業務，應檢附相關作業說明（含劃分相關交易列報營業當日或次營業日「交易日報」及「外匯部位日報表」等報表之時點）向本行申請許可；業務項目若有變動時，亦同。

指定銀行經本行為前項許可後，所屬指定分行依其作業說明辦理前項外匯業務者，無須再逐案申請許可。

第21條 指定銀行以國內自設外匯作業中心處理相關外匯作業時，應於開辦後一週內檢附相關作業說明、作業流程及經辦與覆核人員資歷，函報本行備查；以其他方式委託代為處理外匯相關後勤作業，應檢附委外作業計畫書向本行申請，於申請書件送達本行之次日起十五日內，本行無不同意之表示者，即可逕行辦理。

第22條 指定銀行發行外幣金融債券，應於發行後一週內檢附主管機關之核准（備）文件及相關說明（含發行日期、金額、發行條件、發行地區或國家及資金運用計畫等），函報本行備查。但依發行人募集與發行海外有價

證券處理準則規定，於境外發行外匯
轉換金融債券、外匯交換金融債券或
其他涉及股權之外匯金融債券者，其
申請程序應依該準則規定辦理。

第23條 非指定銀行之銀行業，申請許
可辦理買賣外幣現鈔及旅行支票業務
者，應依下列規定向本行申請許可：
一、本國銀行及其分行應由總行、外
　　國銀行應由臺北分行備文，並檢
　　附營業執照影本（或主管機關核
　　准設立許可函影本）及經辦與覆
　　核人員資歷。
二、信用合作社（總社或其分社）應
　　由其總社備文，並檢附信用合作
　　社營業執照影本、經辦與覆核人
　　員資歷、前一會計年度決算後之
　　資產負債表與綜合損益表及最近
　　一年內有無違反金融法規受處分
　　情形之相關文件。
三、農（漁）會信用部及其分部，應
　　由農（漁）會備文，並檢附許可
　　證影本及經辦與覆核人員資歷，
　　經行政院農業委員會審查核可
　　後，函轉本行許可。
四、中華郵政公司及其所屬郵局，應由
　　總公司備文，檢附金管會核准函影
　　本（九十二年一月一日以後成立
　　者）及經辦與覆核人員資歷。
前項業務之經辦及覆核人員資格，準
用第11條第2項規定。
中華郵政公司及其所屬郵局辦理一般
匯出及匯入匯款業務之許可程序，準
用第1項第4款規定；其經辦及覆核人
員之資格，準用第11條第1項之規定。

第24條 依第9條、第10條、前條第1項
及第3項規定，經許可辦理外匯業務
之銀行業，其地址或名稱有變動時，
應分別於實行日前後二週內，檢附下
列文件向本行申請換發指定證書或函
報備查：
一、中華郵政公司及其所屬郵局：金
　　管會核准函或總公司核准函影
　　本；其為地址變動者，並應檢附
　　經辦及覆核人員資歷。
二、前款以外之銀行業：主管機關核
　　准文件、換發之營業執照或許可
　　證影本；其為地址變動者，並應
　　檢附經辦及覆核人員資歷。
經許可辦理外匯業務之銀行業裁撤、
終止辦理部分或全部外匯業務時，應
於裁撤或終止後一週內向本行繳回或
換發指定證書或函報備查。

第25條 非指定銀行之銀行業於非共同
營業時間辦理經本行許可之買賣外幣
現鈔及旅行支票業務，無須向本行申
請許可。
第20條之規定，於中華郵政公司在非
共同營業時間辦理經本行許可之一般
匯出及匯入匯款業務，準用之。

第26條 銀行業申請許可或函報備查辦
理外匯業務時，所送各項書件不完備
或應記載事項不完整，經通知限期補
正，仍未補正者，本行得退回其申請
或函報案件。

第27條 銀行業申請許可辦理外匯業
務，經審查有下列情形之一者，本行
得駁回其申請：

一、申請資格不符規定或檢附不實之文件。

二、未依規定輔導申報義務人填報外匯收支或交易申報書（以下簡稱申報書）。

三、所掣發相關單據及報表填報錯誤率偏高。

四、最近一年曾有違反本辦法或相關規定，且情節重大；或經本行限期改正，屆期仍未改正。

五、其他事實足認有礙業務健全經營或未能符合金融政策要求之虞。

銀行業函報備查辦理外匯業務時，若檢附不實之文件，或該業務依規定非屬得函報備查者，本行除不予同意備查外，並得按情節輕重，為警告、命其改善、停止一定期間辦理特定外匯業務，或令其不得以函報備查方式開辦依本辦法規定得函報備查之外匯業務。

第28條 銀行業辦理外匯業務，有下列情事之一者，本行得按情節輕重，命其於一定期間內停辦、廢止或撤銷許可內容之一部或全部，或停止其於一定期間內申請新種外匯業務或新增分支機構辦理外匯業務：

一、發給指定證書或許可函後六個月內未開辦。但有正當理由申請延期，經本行同意，得延長三個月，並以一次為限。

二、違反本辦法規定且情節重大；或經本行限期改正，屆期仍未改正。

三、經本行許可辦理各項外匯業務後，經發覺原檢附書件內容有虛偽不實情事，且情節重大。

四、有停業、解散或破產情事。

五、其他事實足認有礙業務健全經營或未能符合金融政策要求之虞。

銀行業經依前項規定廢止或撤銷許可者，應於接獲處分之日起七日內繳回指定證書或許可函；逾期未繳回者，由本行註銷之。

銀行業經本行或相關主管機關命其於一定期間內停辦或停止申辦外匯業務，於停止期間尚未屆滿或未提報適當之具體改善措施，或提報之改善措施未獲主管機關認可前，不得以函報備查方式開辦依本辦法規定得函報備查之外匯業務。

第三章　外匯業務之經營

第29條 銀行業辦理各項外匯業務，應先確認顧客身分或基本登記資料及憑辦文件符合規定後，方得受理。

銀行業辦理外匯業務涉及之確認顧客身分、紀錄保存、一定金額以上通貨交易申報及疑似洗錢或資恐交易申報，應依洗錢防制法及相關規定辦理；對經資恐防制法指定對象之財物或財產上利益及其所在地之通報，應依資恐防制法及相關規定辦理。

第30條 指定銀行得於其經本行許可之外匯業務範圍內，接受同一銀行國際金融業務分行委託代為處理國際金融業務分行業務；其受託處理業務應依國際金融業務條例、國際金融業務條例施行細則及其他有關規定辦理。

第**31**條 指定銀行辦理涉及新臺幣匯率之外匯衍生性商品業務，應依下列規定辦理：

一、新臺幣與外幣間遠期外匯交易（DF）：

(一)以有實際外匯收支需要者為限，同筆外匯收支需要不得重複簽約。

(二)與顧客訂約及交割時，均應查核其相關實際外匯收支需要之交易文件，或主管機關核准文件。

(三)期限：依實際外匯收支需要訂定。

(四)展期時應依當時市場匯率重訂價格，不得依原價格展期。

二、新臺幣與外幣間換匯交易業務（FX SWAP）：

(一)換匯交易係指同時辦理兩筆相等金額、不同方向及不同到期日之外匯交易。

(二)承作對象及文件：國內法人無須檢附文件；對國外法人及自然人應查驗主管機關核准文件。

(三)換匯交易結匯時，應查驗顧客是否依申報辦法填報申報書，其「外匯收支或交易性質」是否依照實際匯款性質填寫及註明「換匯交易」，並於外匯水單上註明本行外匯局訂定之「匯款分類及編號」，連同申報書填報「交易日報」。

(四)本項交易得不計入申報辦法第四條第1項第3款所訂之當年累積結匯金額。

(五)展期時應依當時市場匯率重訂價格，不得依原價格展期。

三、無本金交割新臺幣遠期外匯交易（NDF）：

(一)承作對象以國內指定銀行及指定銀行本身之海外分行、總（母）行及其分行為限。

(二)契約形式、內容及帳務處理應與遠期外匯交易有所區隔。

(三)承作本項交易不得展期、不得提前解約。

(四)到期結清時，一律採現金差價交割。

(五)不得以保證金交易（Margin Trading）槓桿方式為之。

(六)非經本行許可，不得與其他衍生性商品、新臺幣或外幣本金或其他業務、產品組合。

(七)無本金交割新臺幣遠期外匯交易，每筆金額達五百萬美元以上者，應立即電告本行外匯局。

四、新臺幣匯率選擇權交易：

(一)承作對象以國內外法人為限。

(二)到期履約時得以差額或總額交割，且應於契約中訂明。

(三)權利金及履約交割之幣別，得以所承作交易之外幣或新臺幣為之，且應於契約中訂明。

(四)僅得辦理陽春型（Plain Vanilla）選擇權。且非經本行許可，不得就本項商品自行組合或與其他衍生性商品、新臺幣或外幣本金或其他業務、產品組合。

五、新臺幣與外幣間換匯換利交易（CCS）：

(一)承作對象以國內外法人為限。

(二)辦理期初及期末皆交換本金之新臺幣與外幣間換匯換利交易，國內法人無須檢附交易文件，其本金及利息於交割時得不計入申報辦法第4條第1項第3款所訂之當年累積結匯金額。

(三)其他類型之新臺幣與外幣間換匯換利交易，承作時須要求顧客檢附實需證明文件，且交割金額應計入申報辦法第4條第1項第3款所訂之當年累積結匯金額，但其外匯收支或交易性質為出、進口貨款、提供服務或經有關主管機關核准者，得不計入上述當年累積結匯金額。

(四)辦理本款交易，於顧客結匯時應查驗是否依申報辦法填報申報書，其「外匯收支或交易性質」是否依照實際匯款性質填寫，及註明「換匯換利交易」。並於外匯水單上註明本行外匯局訂定之「匯款分類及編號」，連同申報書填報「交易日報」。

(五)未來各期所交換之本金或利息視為遠期外匯，訂約時應填報遠期外匯日報表。

第32條 指定銀行辦理未涉及新臺幣匯率之外匯衍生性商品業務，應依下列規定辦理：

一、外幣保證金交易業務：

(一)不得以外幣貸款為之。

(二)非經本行許可不得代客操作或以「聯名帳戶」方式辦理本款業務。相關代客操作管理規範由本行另訂之。

(三)不得收受以非本人所有之定存或其他擔保品設定質權作為外幣保證金。

二、辦理外幣間遠期外匯及換匯交易業務，展期時應依當時市場匯率重訂展期價格，不得依原價格展期。

三、辦理外幣間換匯交易及換匯換利交易業務，交割時應於其他交易憑證上註明適當之「匯款分類及編號」填報「交易日報」。

四、外匯信用違約交換（Credit Default Swap）及外匯信用違約選擇權（Credit Default Option）業務：

(一)承作對象限於屬法人之專業客戶。

(二)對象如為國內顧客者，除其主管機關規定得承作信用衍生性商品且為信用風險承擔者外，僅得承作顧客為信用風險買方之外匯信用衍生性商品。

(三)國內顧客如為信用風險承擔者，合約信用實體應符合其主管機關所訂規範，且不得為大陸地區之政府、公司及其直接或間接持有股權達百分之三十以上之公司。

(四)指定銀行本身如為信用風險承擔者，且合約信用實體為利害關係人，其交易條件不得優於其他同類對象，並應依相關銀行法令規定辦理。

(五)本款業務組合為結構型商品辦理者，承作對象僅限於屬專業機構投資人及國外法人之專業客戶。

五、辦理外匯衍生性商品組合式契約或結構型商品業務，應符合各單項業務及連結標的之相關限制及規定。

六、原屬自行辦理之外匯衍生性商品業務，不得改以提供境外衍生性金融商品之資訊及諮詢服務業務方式辦理。

指定銀行辦理未涉及新臺幣匯率之外匯衍生性商品業務，除本行另有規定者外，不得連結下列標的：

一、資產證券化相關之證券或商品。

二、未公開上市之大陸地區個股、股價指數或指數股票型基金。

三、國內外私募之有價證券。

四、國內證券投資信託事業於海外發行且未於證券市場掛牌交易之受益憑證。

五、國內外機構編製之臺股指數及其相關金融商品。但由證券櫃檯買賣中心或證券交易所編製或合作編製者，不在此限。

第33條 本行對指定銀行辦理尚未開放之外匯衍生性商品，於必要時得於許可函中另行訂定辦理該項商品應遵循事項，或授權財團法人臺北外匯市場發展基金會（以下簡稱基金會）洽商中華民國銀行商業同業公會全國聯合會（以下簡稱銀行公會）後，就該項商品承作條件、範圍及其他有關業務之處理事項訂定規範，並報本行核定；修正時，亦同。

指定銀行辦理外匯衍生性商品業務，除依本辦法規定外，並應依其他相關規定及前項規範辦理。

第34條 指定銀行辦理外匯存款業務，應參照國際慣例自行訂定並公告最低存款利率。未公告存款天期之利率，指定銀行得參酌相近天期之公告利率與顧客議定。採議定利率者應於公告中告知。

前項公告應於營業廳揭示，並於公開之網站或其他足使公眾知悉之方式揭露。

第35條 指定銀行設置自動化服務設備，應限制每帳戶每日累積提領外幣金額，以等值一萬美元為限。

第36條 指定銀行發行外幣可轉讓定期存單，應以無實體方式為之，相關應遵循事項、辦理方式及報送報表，由本行另定之。

第37條 銀行業與顧客之外匯交易買賣匯率，由各銀行業自行訂定。

每筆交易金額在一萬美元以下涉及新臺幣之匯率，應於每營業日上午九時三十分以前，在營業場所揭示。

第38條 辦理買賣外幣現鈔之銀行業，應依牌告價格收兌外幣現鈔，並加強偽鈔辨識能力，若發現偽造外國幣券，應確實依偽造變造外國幣券處理辦法辦理。

第39條 經本行許可之外幣清算銀行辦理外幣清算業務，應遵循下列規定：

一、運期間非經本行許可，不得擅自停止辦理；如無法正常運作，或

有暫停、終止外幣清算系統之參加單位（以下簡稱參加單位）參與之情事，應立即函報本行。

二、應隨時提供本行所需之有關資訊，並定期將統計報表報送本行。

三、如對所提供之外幣清算服務收取費用，應訂定收費標準，報本行備查；變更時，亦同。

四、與參加單位間之約定事項，應訂定作業要點，報本行備查。對於參加單位因違反與其訂定之契約，致妨害外幣清算系統之順暢運作者，除依契約處置外，並應視其違約情節函報本行。

五、於本行對其業務情形進行檢查、調閱有關資料時，不得拒絕。

六、依參加單位所設質之本行定期存單、中央政府公債或其他擔保品，提供日間透支額度者，應訂定相關作業程序，報本行備查。

七、應與結算機構及參加單位約定支付指令經外幣清算系統完成清算後，不得撤銷。

第40條　指定銀行兼營信託業辦理第17條及第17條之1業務，除本行另有規定或經本行另予核准外，應遵循下列事項：

一、信託財產交付、返還及其他相關款項收付，均應以外幣或外幣計價財產為之。

二、受託人相關款項收付，應透過其於指定銀行開立之外幣信託財產專戶為之。

三、信託財產之運用，應符合主管機關規定並以外幣計價商品為限，且不得涉及或連結新臺幣利率或匯率指標。

四、應依本行規定格式報送報表。

第41條　指定銀行發行外幣金融債券，其所募資金應以外幣保留。如需兌換為新臺幣使用，應以換匯（SWAP）或換匯換利（CCS）方式辦理；並應依本行規定格式報送報表。

除本行另有規定者外，經本行許可辦理外匯衍生性商品業務之指定銀行，於境內發行外匯金融債券，得連結衍生性商品或為結構型債券。但連結之衍生性商品範圍以第12條已開放辦理者為限，且不得連結新臺幣匯率、信用事件及第32條第2項第1款至第5款之標的。

指定銀行於境外發行外幣轉換金融債券、外幣交換金融債券及其他涉及股權之外幣金融債券，應依銀行發行金融債券辦法、發行人募集與發行海外有價證券處理準則及本行其他規定辦理，不適用第1項規定。

第42條　指定銀行於非共同營業時間辦理外匯業務，應依下列規定辦理：

一、每筆結匯金額以未達新臺幣五十萬元或等值外幣者為限。

二、非共同營業時間辦理之外匯交易，應依其檢送之作業說明或本行之規定，列報於營業當日或次營業日之「交易日報」及「外匯部位日報表」。

前項第1款規定，於非指定銀行之銀行業在非共同營業時間辦理買賣外幣現鈔及旅行支票業務，及中華郵政公司在非共同營業時間辦理一般匯出及匯入匯款業務時，準用之。

非指定銀行之銀行業於非共同營業時間辦理前項業務所為之交易，應列報於營業當日或次營業日之「交易日報」。

第43條　指定銀行得向外匯市場或本行買入或賣出外匯，亦得在自行訂定額度內持有買超或賣超部位。

指定銀行參與銀行間外匯市場，應遵循基金會洽商銀行公會後，依國際慣例所定並報經本行備查之交易規範。

第44條　指定銀行應自行訂定新臺幣與外幣間交易總部位限額，並檢附董事會同意文件（外國銀行則為總行或區域總部核定之相關文件），報本行外匯局同意後實施。

前項總部位限額中，無本金交割新臺幣遠期外匯及新臺幣匯率選擇權二者合計之部位限額，不得逾總部位限額五分之一。

第45條　指定銀行應自行訂定「各幣別交易部位」、「交易員隔夜部位」等各項部位限額，責成各單位確實遵行，並定期辦理稽核。

第46條　指定銀行應將涉及新臺幣之外匯交易按日填報「外匯部位日報表」，於次營業日報送本行外匯局。

指定銀行填報之外匯部位，應與其內部帳載之外匯部位相符。

指定銀行應將營業當日外匯部位預估數字，於營業結束後電話通報本行外匯局。

第47條　指定銀行受理顧客新臺幣與外幣間即期外匯、遠期外匯、換匯交易或換匯換利交易及中華郵政公司受理顧客新臺幣與外幣間即期外匯交易達下列金額時，應依第31條及申報辦法第5條規定確認交易相關證明文件無誤後，依下列規定將資料傳送至本行外匯資料處理系統：

一、受理公司、有限合夥、行號結購、結售等值一百萬美元以上（不含跟單方式進、出口貨品結匯），或個人、團體等值五十萬美元以上即期外匯交易，於訂約日立即傳送。

二、受理顧客結購、結售等值一百萬美元以上之新臺幣與外幣間遠期外匯交易，於訂約日之次營業日中午十二時前傳送。

本國指定銀行就其海外分行經主管機關核准受理境內外法人、境外金融機構及本國指定銀行海外分行之無本金交割新臺幣遠期外匯交易達等值一百萬美元以上時，應於訂約日之次營業日中午十二時前傳送至本行外匯資料處理系統。

第47-1條　銀行業應依下列方式擇一與本行外匯資料處理系統辦理連結，並遵循金融機構使用中央銀行外匯資料處理系統應注意事項：

一、自行開發主機對主機系統者，依據外匯資料處理系統之連線作業跨行規格辦理。

二、使用本行外匯資料申報系統者，應依據外匯資料申報系統軟體使用者手冊辦理，並遵循金融機構使用中央銀行外匯資料申報系統應注意事項。

第48條 銀行業報送本辦法規定各種報表時，應檢附相關單證及附件。

本行外匯局於必要時，得要求銀行業填送其他相關報表。

銀行業應報送本行外匯局相關報表時間：

一、指定銀行及中華郵政公司：

(一)日報表：次營業日中午十二時前。

(二)月報表：每月營業終了後十日內。

二、非指定銀行、信用合作社及農（漁）會信用部：買賣外幣現鈔及旅行支票業務交易日報表，於次營業日中午十二時前。

前3項報表之格式、內容、填表說明、報表及檢附資料報送方式，依本行另訂之銀行業辦理外匯業務作業規範及其他有關規定辦理。

第49條 為審核銀行業所送報表，必要時得派員查閱其有關帳冊文卷，或要求於期限內據實提出財務報告或其他有關資料。

第四章　人民幣業務之管理

第50條 指定銀行向本行申請許可為臺灣地區人民幣清算銀行（以下簡稱人民幣清算行），辦理臺灣地區人民幣結算及清算業務（以下簡稱人民幣清算業務），應取得大陸地區主管機關認可得辦理人民幣之結算及清算，並檢附下列文件：

一、上述認可之相關證明文件。

二、辦理人民幣清算業務之項目、內容及相關風險管理機制（應包括於發生流動性及清償性危機時，其總行承諾妥予協助處理、承擔全部清償性責任及流動性支援）之文件。

人民幣清算行辦理人民幣清算業務，應遵循下列規定，並準用第39條規定：

一、訂定與金融機構簽署人民幣清算協議之範本，並事先報本行同意。

二、依前款經同意之協議範本內容，提供有關人民幣之結算及清算服務，並充分供應及妥善回收人民幣現鈔。

三、依本行規定提供簽署人民幣清算協議之金融機構名單及清算業務相關統計資料。

四、於本行參酌前項第1款認可文件所載授權期限所給予之專營期內，辦理人民幣清算業務。

第51條 國內、外金融機構，均得與人民幣清算行簽署人民幣清算協議；其屬國內金融機構者，應以經本行許可得辦理外匯或人民幣業務之銀行業為限。

第52條 銀行業辦理人民幣業務之管理，除應遵循下列規定外，準用本辦法及其他有關外匯業務之規定：

一、除本行另有規定外，應於人民幣清算行開立人民幣清算帳戶，始得辦理人民幣業務；於大陸地區

代理銀行（以下簡稱代理行）開立人民幣同業往來帳戶，並將其簽訂之清算協議報本行同意備查者，亦同。

二、承作與跨境貿易相關之人民幣業務，涉及資金進出大陸地區者，應透過人民幣清算行或代理行進行結算及清算。

三、業經本行許可得辦理人民幣現鈔買賣業務者，得逕依本辦法規定辦理人民幣現鈔買賣業務。

四、承作自然人買賣人民幣業務，每人每次買賣現鈔及每日透過帳戶買賣之金額，均不得逾人民幣二萬元。

五、承作於外幣提款機提領人民幣現鈔業務，每人每次提領之金額，不得逾人民幣二萬元。

六、承作自然人匯款人民幣至大陸地區業務，其對象應以領有中華民國國民身分證之個人為限，並應透過人民幣清算行或代理行為之；匯款性質應屬經常項目，且每人每日匯款之金額，不得逾人民幣八萬元。

七、其他本行為妥善管理人民幣業務所為之規定。

第五章　附則

第53條　本辦法有關外國銀行之規定，於經金管會核准在臺灣地區設立之大陸銀行分行準用之。

第54條　銀行業未依本辦法之規定辦理時，本行得依行政執行法之有關規定執行。

第55條　本辦法自發布日施行。

考前焦點速記

1. 依我國法令設立或經我國政府認許並登記之公司、行號或團體，結購（售）外匯案件一年內累積結購（售）匯款金額，不得超過**五千萬美元**。

2. 在我國境內居住、年滿二十歲領有國民身分證或外僑居留證之個人，結購（售）外匯案件一年內累積結購（售）匯款金額，不得超過**五百萬美元**。

3. 銀行辦理在我國境內居住未滿二十歲之自然人結購旅行支出及結售在臺生活、贈與款與旅行支出剩餘款，每筆未達新台幣五十萬元等值外幣之案件，必須查驗結匯人身分及相關證明文件，並於外匯水單上加註結匯人出生年月日。

4. 銀行對公司、行號每筆達一百萬美元以上，個人、團體每筆達五十萬美元以上成等值外幣之申報案件，外匯指定銀行必須確認申報書記載事項相符後始辦理結匯，大筆金額結匯案件，必須確認客戶身分並填製「大額結匯款資料表」送中央銀行外匯局。

5. 持兌之偽造外國幣券總值在美金二百元以上者，經辦之金融機構及經本行指定辦理外匯業務之其他事業應立刻記明持兌人之真實姓名、職業及住址，並報請警察機關偵辦。

6. 銀行對公司、行號每筆達一百萬美元以上，個人、團體每筆達五十萬美元以上成等值外幣之申報案件，外匯指定銀行必須確認申報書記載事項相符後始辦理結匯，大筆金額結匯案件，必須確認客戶身分並填製「大額結匯款資料表」送中央銀行外匯局。

7. 銀行承銷之本票發行面額，應以新台幣十萬元為最低單位，並以十萬元之倍數為單位，但債票形式之本票，最高發行面額不得大於新台幣一億元。

8. 所謂債票形式就是有印製實體之票券。

精選試題

( )　**1** 客戶辦理匯出匯款，有關銀行業輔導客戶申報外匯收支或交易之注意事項，下列敘述何者錯誤？
(A)結匯性質應據實填寫
(B)結匯性質得以代碼填報之
(C)除申報義務人不識字外，不得代填申報書
(D)申報義務人蓋用限定用途之專用章，其限定之用途應以專供辦理結匯用，或與結匯事實有關者為限。

( )　**2** 有關大額結匯金額之下限規定，下列敘述何者正確？
(A)公司每筆結匯金額達五十萬美元以上者
(B)個人每筆結匯金額達五十萬美元以上者
(C)公司每筆結匯金額達新台幣五百萬元者
(D)個人每筆結匯金額達新台幣五百萬元者。

( )　**3** 個人每筆結匯金額達多少美元以上，個人應檢附與該筆外匯交易相關之證明文件供受理結匯銀行確認？
(A)20萬　　　　　　　　　　　(B)30萬
(C)40萬　　　　　　　　　　　(D)50萬。

( )　**4** 指定銀行於營業時間以外辦理外匯業務，每筆結匯金額有何限制？
(A)每筆結匯金額與營業時間內之規定相同
(B)每筆結匯金額以新台幣五十萬元以上之外匯交易為限
(C)每筆結匯金額以新台幣五十萬元以下之外匯交易為限
(D)每筆結匯金額以十萬美元以下之外匯交易為限。

( )　**5** 「外匯收支或交易申報辦法」所稱非居住民，係指：A、未領有臺灣地區居留證；B、領有相關居留證記載有效期限六個月之非中華民國國民；C、未領有外僑居留證；D、領有相關居留證記載有效期限一年六個月之非中華民國國民。
(A)ABC　　　　　　　　　　　(B)BCD
(C)ABD　　　　　　　　　　　(D)ACD。

( ) **6** 「外匯收支或交易申報辦法」申報原則
(A)採大額申報制 (B)採強制申報制
(C)採自願申報制 (D)採誠實申報制。

( ) **7** 個人持有僑務委員會核發之華僑身分證明文件及回國投資購置房屋證明文件者，其每年得逕行辦理結匯之累計金額不得超過多少美元？
(A)十萬美元 (B)五十萬美元
(C)一百萬美元 (D)五百萬美元。

( ) **8** 依中央銀行規定，辦理新台幣多少金額以上等值外幣之交易結匯案件，應依外匯收支或交易有關證明文件詳實填寫「外匯收支或交易申報書」辦理申報？
(A)二十萬元 (B)三十萬元
(C)五十萬元 (D)一百萬元。

( ) **9** 依管理外匯條例第22條規定，以非法買賣外匯為常業者，處幾年以下有期徒刑、拘役或科或併科與營業總額等值以下之罰金，其外匯及價金沒收之？
(A)三年 (B)二年
(C)五年 (D)一年。

解答及解析

1 (B)。依「指定銀行輔導客戶辦理外匯收支或交易申報應注意事項」之填報事項輔導：「結匯性質應詳實填報，不得以匯款分類編號替代。」

2 (B)。依外匯收支或交易申報辦法第5條：「下列外匯收支或交易，申報義務人應檢附與該筆外匯收支或交易有關合約、核准函等證明文件，經銀行業確認與申報書記載事項相符後，始得辦理新臺幣結匯：
一、公司、行號每筆結匯金額達一百萬美元以上之匯款

二、團體、個人每筆結匯金額達五十萬美元以上之匯款。」

3 (D)。依外匯收支或交易申報辦法第5條：「下列外匯收支或交易，申報義務人應檢附與該筆外匯收支或交易有關合約、核准函等證明文件，經銀行業確認與申報書記載事項相符後，始得辦理新臺幣結匯：
一、公司、行號每筆結匯金額達一百萬美元以上之匯款
二、團體、個人每筆結匯金額達五十萬美元以上之匯款。」

4 (C)。銀行業辦理外匯業務管理辦法第17條：「指定銀行於營業時間以外辦理外匯業務，應檢附相關作業說明向本行申請許可，並應依下列規定辦理：

一、每筆結匯金額以未達新臺幣五十萬元或其等值外幣者為限。

二、營業時間以外辦理外匯業務所為之交易，應列報於次營業日之『交易日報表』及『外匯部位日報表』內。」

5 (A)。外匯收支或交易申報辦法第4條：「所稱非居住民，係未領有臺灣地區居留證或外僑居留證，或領有指相關居留證但證載有效期限未滿一年之非中華民國國民，或未在中華民國境內依法設立登記之公司、行號、團體，或未經中華民國政府認許之非中華民國法人。」

6 (D)。外匯收支或交易申報辦法第2條：「申報義務人辦理新臺幣結匯申報時，應依據外匯收支或交易有關合約等證明文件，誠實填妥『外匯收支或交易申報書』（附申報書樣式），經由銀行業向中央銀行申報。」

7 (D)。在我國境內居住、年滿18歲領有國民身分證或外僑居留證之個人，結構（售）外匯案件一年內累積結構（售）匯款金額，不得超過五百萬美元。

8 (C)。中華民國境內新臺幣50萬元以上等值外匯收支或交易之資金所有者或需求者（以下簡稱申報義務人），應依據外匯收支或交易實際狀況及其相關合約等證明文件，誠實填妥申報書，經由銀行業向央行申報。

9 (A)。第22條：「以非法買賣外匯為常業者，處三年以下有期徒刑、拘役或科或併科與營業總額等值以下之罰金；其外匯及價金沒收之。」

Chapter 17
票券與證券業務

頻出度 **A** 依據出題頻率分為：A頻率高 B頻率中 C頻率低

章前導引
- 票券金融公司與可經營的票券金融業務。
- 票券次級市場的操作流程。
- 證券商從事業務及執行人員之規則。

章節架構

- 票券市場
  - 票券金融業務
  - 票券金融公司
  - 票券發行市場
  - 票券次級市場
    - 票券經紀
    - 票券自營
- 票券商負責人及業務人員
  - 寬容條件
  - 董總雙兼之規定
  - 總經理資格
  - 票券金融公司董監事
  - 業務人員資格條件
- 票券金融公司業務管理規則
  - 投資範圍
  - 投資限制
  - 投資禁止

重點精華

壹、票券市場 ☆

一、票券金融業務與票券金融公司

(一) 票券金融業務

所謂票券金融業務，係指短期票券之簽證、承銷、經紀或自營業務。為經營票券金融業務而設立之公司稱為票券金融公司。除了票券金融公司經營票券金融業務外，其他金融機構經主管機關許可亦可兼營票券金融業務，二者合稱票券商。所謂短期票券（以下簡稱票券），指期限在一年期以內之下列短期債務憑證：

1. 國庫券。
2. 可轉讓銀行定期存單。
3. 公司及公營事業機構發行之本票或匯票。
4. 其他經主管機關核准之短期債務憑證。

(二) 票券金融公司

票券金融管理法規定，票券金融公司經主管機關許可後得經營之業務項目如下：

1. 短期票券之簽證、承銷、經紀、自營業務。
2. 金融債券之簽證、承銷、經紀、自營業務。
3. 政府債券之經紀、自營業務。
4. 短期票券之保證、背書業務。
5. 企業財務之諮詢服務業務。
6. 經主管機關核准辦理之其他有關業務。

 點速攻

票券金融公司及兼營票券金融業務之金融機構，經營之項目包括票券與債券之簽證、承銷、經紀、自營等業務。

二、票券發行市場（簽證與承銷業務）

(一) 主要的金融工具

票券市場主要的金融工具為：國庫券、可轉讓定期存單、商業本票、承兌匯票。說明如下：

1. **國庫券**

    國庫券的發行要點如下：

    (1) **發行目的及期限**：中央政府為調節國庫收支，得發行未滿一年的國庫券。

    (2) **發售方式**：採標售方式，按得標利率貼現發售，到期時依照面額清償。標售方式採單一利率標（又稱為單一價格標或荷蘭標），競標者提出欲標購的金額及貼現利率，利率最低者最先得標，再依序滿足利率較高者，到額度售完為止，得標者應繳價款依全部得標者所投最高貼現利率換算之發行價格計付。

    (3) **發行條件**：每期發行額度、面額、期限及標售底價，由財政部洽商中央銀行訂定。

    (4) **投標資格**：參與投標機構為銀行、信託投資公司、保險公司、票券金融公司及中華郵政公司；自然人及其他法人必須委託票券商，以票券商名義參與投標。

    (5) **記名及轉讓規定**：國庫券得以登記形式（無實體）或債票形式（有實體）發行。**國庫券以債票形式發行者，為無記名式，但承購人於承購時，得申請記名**。其以登記形式發行者，皆為記名式。持有人可以在到期日前，將國庫券轉讓出售。

2. **可轉讓定期存單**：依發行人身份，可轉讓定期存單分為「銀行可轉讓定期存單」及「中央銀行可轉讓定期存單」，前者由一般銀行發行，後者由中央銀行發行。

3. **商業本票**

    (1) **商業本票分為「交易性商業本票」（或稱第一類商業本票，簡稱CP1）與「融資性商業本票」（或稱第二類商業本票，簡稱CP2）。**

    (2) 交易性商業本票是有實際的商品或勞務交易而產生的商業本票，故具有自償性，融資性商業本票是一般公司為籌措短期資金而發行的商業本票。

    (3) 融資性商業本票的發行人，必須取得信用評等機構評等，或者由經信用評等機構評等的金融機構（包括銀行及票券金融公司）保證。

4. **承兌匯票**：**匯票是指發票人委託特定付款人於到期日支付受款人約定金額的票據，接受委託的付款人如果在匯票上「承兌」以保證如期支付，這張匯票便稱為承兌匯票**。承兌匯票分為「商業承兌匯票」（Trader's

Acceptances, TA）與「銀行承兌匯票」（Banker's Acceptances, BA），前者是由一般公司擔任承兌人，後者是由銀行擔任承兌人。

(二) 票券簽證

1. 票券簽證係指票券商接受發行人之委託，對於其發行之短期票券必須核對簽章，並對應記載事項加以審核，簽章證明之行為。

2. 接受發行人之委託辦理簽證業務，對於其發行之短期票券，應確實核對簽章，並對應記載事項加以審核，簽章證明。

3. 辦理簽證，應盡善良管理人之注意，以確保票券之有效性及真實性，並維護票券市場之交易安全及秩序。

4. 票券得以債票形式（有實體）或登記形式（無實體）發行，公司及公營事業機構以債票形式發行之本票，與受託機構或特殊目的公司以債票形式發行期限在一年以內之受益證券及資產基礎證券，應經票券商簽證。

5. **票券商不得簽證、承銷、經紀或買賣發行人未經信用評等機構評等之短期票券**。但下列票券不在此限：

   (1)國庫券。

   (2)基於商品交易或勞務提供而產生，且經受款人背書之本票或匯票。

   (3)經金融機構保證，且該金融機構經信用評等機構評等之短期票券。

6. 辦理短期票券簽證、承銷、經紀或自營業務，應詳實記錄交易之時間、種類、數量、金額及顧客名稱。所稱詳實記錄交易之時間，於成交單應記錄至「日、時、分」，並得為列印成交單之時間。成交單以外之單據應至少記錄至「日」，如涉及成交單之開具，應於實際議定交易日印製。

(三) 票券承銷

1. **票券承銷係指票券商接受發行人之委託，依約定包銷或代銷其發行之短期票券之行為。**

2. 包銷：**發行公司所發行票券，票券商承諾全數包銷買入，並於承銷當日給付價款，為目前主要之承銷方式。**

3. 代銷：**票券商以中介身分接受發行人委託承銷，能否售罄並不負責，承銷期間未售出票券退回發行人。**

(四) 票券發行價格及成本

1. **發行價格**

   票券發行價格係以票券之到期值折現，而折現之方法分為實際利率法和貼現法，一般而言，國庫券和可轉讓定期存單以實際利率法計算發行價格，而商業本票和承兌匯票以貼現法計算發行價格，計算方式如下：

   (1) **實際利率法**

   發行價格＝到期值÷（1＋發行利率×發行天數/365）

   (2) **貼現法**

   發行價格＝到期值－貼現利息

   貼現利息＝到期值×貼現率×發行天數/365

2. <u>**未附載利率之票券到期值＝面值**</u>

三、票券次級市場（經紀及自營業務）

票券次級市場又稱為流通市場，是指票券發行後，賣給投資人或向投資人再買進的交易市場。票券次級市場的主要參與者包括公民營企業、銀行、信託投資公司、票券金融公司、保險公司、其他法人及自然人。各參與者的交易金額，以民營企業位居首位，其次依序是銀行、信託投資公司及票券金融公司、保險公司、公營企業、自然人。

(一) 票券經紀

1. 票券經紀業務係票券商接受發行人之委託，以行經紀或居間買賣短期票券之行為。

2. 為維持票券市場交易秩序，票券商辦理短期票券經紀或買賣業務，應確認該短期票券發行人或保證人業經信用評等機構評等，並提供交易對象查詢評等結果。

3. 票券商辦理短期票券之經紀、自營業務，對於顧客之財務、業務或交易有關資料，應確實保守秘密。

(二) 票券自營

1. 票券自營業務係以交易商之名義，為自己之計算與客戶從事買賣短期票券，並自負盈虧之行為。

2. 買賣方式：包括附條件交易及買賣斷交易。附條件交易應以書面約定，又可分為附買回交易（RP）及附賣回交易（RS）：

(1)附買回交易（Re-Purchase Agreements，簡稱RP或Repo）係票券商於賣出短期票券時，與客戶約定於未來某特定日期，票券商依約定價格買回原短期票券，即票券商於承作附買回交易時，從客戶端取得資金，俟約定日到期後將客戶資金及利息給付予客戶，故附買回交易成為票券商重要之資金來源，亦為票券商之負債操作。

(2)附賣回交易（Re-Sale Agreements，簡稱RS）係票券商買進票券時，與客戶約定於未來某特定日期，票券商依約定價格賣回原短期票券，故附賣回交易為票券商資金運用方式，可運用閒置資金獲取利息收益。

3. 買賣及持有特定關係人所發行之短期票券應確實符合下列規範：

(1)該筆買賣條件不得優於其他同類交易對象。

(2)該筆票券應經由達到一定信用評等等級以上之其他金融機構保證或承兌。

(3)該筆票券未經金融機構保證或承兌者，其發行人應經由信用評等機構評等為一定等級以上（twBBB-）。

(4)持有上述特定關係人所發行之短期票券之總額，不得超過該票券商淨值15%；但銀行發行之可轉讓定期存單及金融債券不在此限。

4. 從事短期票券之買賣面額，應以新台幣10萬元為最低單位，並以10萬元之倍數為單位。但基於商品交易或勞務提供而產生，且經受款人背書之本票或匯票，不在此限。

5. 辦理短期票券之自營業務，應依主管機關規定之方式揭露買賣價格，於每日營業前，依不同天期別或發行期別於其營業場所及網站公開揭露，遇利率波動幅度較大時，應予隨時調整。

6. 票券商辦理短期票券之自營業務，對買賣價格及額度已承諾者，應確實依該價格及額度進行交易。

7. 出售債票形式發行之短期票券，應於交易當日將債票交付買受人，或將其交由買受人委託之其他銀行或集中保管機構保管，不得代為保管。

8. 以附買回或附賣回條件方式所辦理之交易，應以書面約定交易條件，並訂定買回或賣回日期。

9. 票券商負責人及職員不得以任何名義，向被保證人、交易對象或其他客戶收受佣金、酬金或其他不當利益。

10. 與初次往來客戶辦理票券業務往來交易，應核對相關身分證明文件，確定為客戶本人或其負責人親自辦理。但客戶本人或其負責人無法親自辦理時，得以書面委託第三人代辦，對於委託書及委託事項之真實，應為必要之查證。

11. 對於發票人票信已受拒絕往來處分之商業本票，應嚴格控管列入庫存票券，不得將該筆票券賣予其他客戶流入次級市場。

12. 不得利用人頭戶進行不實交易情事，或未詳實記載客戶名稱，致買賣成交單所記載客戶名稱與實際交易對象不符。

13. 交易員不得虛作交易，或交易對象利用人頭戶名義列帳登載不實、承作假交易、無實質交割買賣交易等情事。

14. 與首次交易客戶完成確認後，有下列異常情形之一者，應注意報請高階主管處理，並瞭解相關交易有無涉及不法情形：

    (1) 發現並無該客戶存在。

    (2) 客戶否認與該票券商交易。

    (3) 郵寄之對帳單或其他文件經郵局以「查無此人」退回。

    (4) 有相當證據或事實使人確信，該客戶名稱係被他人所冒用之人頭戶。

(三) **交易價格**

買賣票券利益個人採分離課稅，免納入綜合所得合併申報，有利自然人理財規劃；若為法人則採合併申報，利息收益、扣繳稅款於次年申報營利事業所得稅時合併及抵繳，目前扣繳稅率為10%，其交易價格計算公式如下：

1. **商業本票、國庫券、承兌匯票買賣斷**

   應收付金額＝面額÷（1+成交利率×距到期天數÷365）－前手利息累計稅款

   前手利息累計稅款以下簡稱前手稅款。

2. **銀行可轉讓定期存單買賣斷**

   應收付金額＝（面額+票載利息）÷（1＋成交利率×距到期天數÷365）－前手稅款

3. **附買回到期應收金額及附買回中途解約之價額計算方式：**

   (1) 投資人約定以附買回方式到期應收價額＝

   RP承做金額×（1+承做利率×承做天數÷365）－RP承做金額×承做利率×承做天數÷365×10%

考點速攻

1. 前手利息累計稅款＝前手利息×10%
   ＝（面額－發行價格）×交易日當天距發行日天數÷發行天數×10%

2. 前手稅款＝（票載利息×交易日當天距發行日天數÷發行天數）×10%
   ＝前手利息×10%

3. RP承做金額＝票券發行價格＋（到期值－票券發行價格）×交易日當天距發行日天數÷發行天數

(2) 投資人以約定附買回方式中途解約應收價額
　　＝RP到期稅前金額÷（1+解約利率×解約日
　　　距約定到期日天數÷365）－利息扣繳稅款
　　　（逆算法）或
　　＝投資人期初承做金額×（1+解約利率×實際
　　　承做天數÷365）－利息扣繳稅款（正算法）

考 **點速攻**

利息扣繳稅款＝（解約稅
前金額－RP承做金額）×
扣繳稅率

四、票券商負責人及業務人員

票券商業務人員，指為票券商管理或從事下列業務之人員：

(一) 短期票券之簽證、承銷、經紀、自營或結算交割。

(二) 短期票券之內部稽核或會計。

(三) 業務之人員，指票券商經理、副經理、襄理、科長、副科長或與其職責相
當之人。

(四) 負責人，指董事、監察人、總經理、副總經理、協理、經理或與其職責相
當之人。

五、票券商負責人及業務人員之不得充任

(一) **直接約束**

有下列情事之一者，不得充任票券金融公司之負責人，於充任後始發生
者，應予解任：

1. 無行為能力、限制行為能力或受輔助宣告尚未撤銷者。

2. 曾犯組織犯罪防制條例規定之罪，經有罪判決確定者。

3. 曾犯偽造貨幣、偽造有價證券、侵占、詐欺、背信罪，經宣告有期徒刑
以上之刑確定，尚未執行完畢，或執行完畢、緩刑期滿或赦免後尚未逾
十年者。

4. 曾犯偽造文書、妨害秘密、重利、損害債權罪或違反稅捐稽徵法、商標
法、專利法或其他工商管理法規定，經宣告有期徒刑確定，尚未執行完
畢，或執行完畢、緩刑期滿或赦免後尚未逾五年者。

5. 曾犯貪污罪，受刑之宣告確定，尚未執行完畢，或執行完畢、緩刑期滿或
赦免後尚未逾五年者。

6. 違反銀行法、金融控股公司法、信託業法、金融資產證券化條例、不動產
證券化條例、保險法、證券交易法、期貨交易法、證券投資信託及顧問

法、管理外匯條例、信用合作社法、農業金融法、農會法、漁會法、洗錢防制法或其他金融管理法，受刑之宣告確定，尚未執行完畢，或執行完畢、緩刑期滿或赦免後尚未逾五年者。

7. 受破產之宣告，尚未復權者。

8. 曾任法人宣告破產時之負責人，破產終結尚未逾五年，或經調協未履行者。

9. 使用票據經拒絕往來尚未恢復往來者，或恢復往來後三年內仍有存款不足退票紀錄者。

10. 有重大喪失債信情事尚未了結，或了結後尚未逾五年者。

11. 因違反本法、銀行法、金融控股公司法、信託業法、金融資產證券化條例、不動產證券化條例、保險法、證券交易法、期貨交易法、證券投資信託及顧問法、信用合作社法、農業金融法、農會法、漁會法或其他金融管理法，經主管機關命令撤換或解任，尚未逾五年者。

12. 受感訓處分之裁定確定或因犯竊盜、贓物罪，受強制工作處分之宣告，尚未執行完畢，或執行完畢尚未逾五年者。

13. 擔任票券金融公司、銀行、金融控股公司、信託公司、信用合作社、農（漁）會信用部、證券公司、證券金融公司、證券投資信託公司、證券投資顧問公司、期貨商或保險業（不包括保險代理人、保險經紀人及保險公證人）之負責人者。

14. 有事實證明從事或涉及其他不誠信或不正當之活動，顯示其不適合擔任票券金融公司負責人者。

(二) **寬容條件**

下列情形，不予約束：

1. 因票券金融公司與該等機構間之投資關係，且無董事長、經理人互相兼任情事，並經主管機關核准者。

2. 為進行合併或處理問題金融機構之需要，且具有投資關係，經主管機關核准者，得擔任該等金融相關事業之董事長。

3. 依金融控股公司發起人負責人應具備資格條件負責人兼職限制及應遵行事項準則規定兼任者。

(三) **董總雙兼之規定**

票券金融公司之董事長不得兼任總經理。但有下列情形之一、經主管機關核准者，不在此限：

1. 董事長或總經理因離職無法繼續執行職務。
2. 董事長或總經理經主管機關撤換或解任。
3. 董事長或總經理發生其他重大變故,無法繼續執行職務。

違反兼職限制規定者,應予解任。

資格限制

1. 票券金融公司之董事、監察人應具備良好品德,且其人數在五人以下者,應有二人,人數超過五人者,每增加四人應再增加一人,其設有常務董事者,應有二人以上具備下列資格之一:
   (1) 票券金融公司或銀行工作經驗五年以上,並曾擔任票券金融公司或銀行總行副經理以上或同等職務,成績優良。
   (2) 擔任金融行政或管理工作經驗五年以上,並曾任薦任八職等以上或同等職務,成績優良。
   (3) 票券金融公司或銀行工作經驗三年以上,並曾擔任票券金融公司或銀行總行經理以上或同等職務,成績優良。
   (4) 有其他事實足茲證明其具備票券業專業知識或經營票券業之能力,可健全有效經營票券金融公司業務。
2. 票券金融公司之董事長應具備前項所列資格條件之一。董事長及以具備前項第四款資格條件之董事、監察人之選任,票券金融公司應於選任後十日內,檢具有關資格文件,報請主管機關認可;其資格條件有未經主管機關認可者,主管機關得命票券金融公司於期限內調整。
3. 票券金融公司對擬選任之董事、監察人認有適用第一項第四款之疑義者,得於選任前,先報請主管機關認可。

票券金融公司監察人之配偶、二親等以內之血親或一親等姻親,不得擔任同一票券金融公司之董事或經理人。前項之規定,於政府或法人之自然人代表亦適用之。

(四) 總經理資格

票券金融公司應置總經理一人,負責綜理全公司業務,且不得有其他職責相當之人。其應具備良好品德、領導及有效經營票券金融公司之能力,並具備下列資格之一:

1. 票券金融公司或銀行工作經驗九年以上,並曾擔任三年以上票券金融公司或銀行總行經理以上或同等職務,成績優良。

2. 票券金融公司或銀行工作經驗五年以上，並曾擔任三年以上票券金融公司或銀行副總經理以上或同等職務，成績優良。

3. 有其他經歷足資證明其具備票券業專業知識或經營票券業之能力，可健全有效經營票券金融公司業務。

4. 總經理之充任，票券金融公司應事先檢具有關資格證明文件報請主管機關核准。

(五) **副總經理及協理之資格**

票券金融公司副總經理、協理或與其職責相當者，應具備良好品德、領導及有效經營票券金融公司之能力，並具備下列資格之一：

1. 票券金融公司或銀行工作經驗五年以上，並曾擔任票券金融公司或銀行總行副經理以上或同等職務，成績優良。

2. 票券金融公司或銀行工作經驗三年以上，並曾擔任票券金融公司或銀行總行經理以上或同等職務，成績優良。

3. 有其他事實足資證明其具備票券業專業知識或經營票券業之能力，可健全有效經營票券金融公司業務，並事先報請主管機關認可。

(六) **經理資格**

經理或與其職責相當者，應具備良好品德、有效經營票券金融公司之能力，並具備下列資格之一：

1. 票券金融公司或銀行工作經驗三年以上，並曾擔任票券金融公司或銀行總行襄理以上或同等職務，成績優良。

2. 有其他事實足資證明其具備票券業專業知識或經營票券業之能力，可健全有效經營票券金融公司業務，並事先報請主管機關認可。

六、票券金融公司董監事

票券金融公司董事會有選任經理人之責任，應確實審核經理人應具備之資格條件，並就經理人資格條件之維持與適任性，負監督之責。

(一) **資格限制**

1. 票券金融公司之董事、監察人應具備良好品德，且其人數在五人以下者，應有二人，人數超過五人者，每增加四人應再增加一人，其設有常務董事者，應有二人以上具備下列資格之一：

(1)票券金融公司或銀行工作經驗五年以上，並曾擔任票券金融公司或銀行總行副經理以上或同等職務，成績優良。

(2)擔任金融行政或管理工作經驗五年以上，並曾任薦任八職等以上或同等職務，成績優良。

(3)票券金融公司或銀行工作經驗三年以上，並曾擔任票券金融公司或銀行總行經理以上或同等職務，成績優良。

(4)有其他事實足資證明其具備票券業專業知識或經營票券業之能力，可健全有效經營票券金融公司業務。

2. 票券金融公司之董事長應具備前項所列資格條件之一。董事長及以具備前項第四款資格條件之董事、監察人之選任，票券金融公司應於選任後十日內，檢具有關資格文件，報請主管機關認可；其資格條件有未經主管機關認可者，主管機關得命票券金融公司於期限內調整。

3. 票券金融公司對擬選任之董事、監察人認有適用第一項第四款之疑義者，得於選任前，先報請主管機關認可。

票券金融公司監察人之配偶、二親等以內之血親或一親等姻親，不得擔任同一票券金融公司之董事或經理人。前項之規定，於政府或法人之自然人代表亦適用之。

(二) 業務行為之禁止

票券商負責人及業務人員不得有下列行為：

1. 辦理短期票券、債券承銷、經紀或自營業務時，有隱瞞、詐騙、利誘、威脅或其他足以致人誤信之行為。

2. 接受客戶委託買賣短期票券或債券時，同時以自己之計算為買入或賣出之相對行為。

3. 挪用或代為保管客戶之短期票券、債券或款項。

4. 意圖獲取利益，以職務上所知悉消息，從事短期票券或債券之買賣。

5. 利用客戶名義或帳戶，為自己或第三人買賣短期票券或債券。

6. 未依據客戶委託事項及條件，執行短期票券或債券之買賣或有不當遲延之情事。

7. 未經客戶授權，以其名義辦理開戶、買賣或交割。

8. 對於所擁有、使用、管理或交易之紀錄資料或訊息，未保持合理之正確性及完整性，或對主管機關、內部稽核單位及其他相關人員提供不完整、錯誤或引人誤解之資料和報告。

9. 對客戶委託交易事項及職務上所知悉之秘密，未盡保密之責。

10. 對外散播誇大、偏頗或不實之訊息，有礙金融市場之穩定。

11. 辦理短期票券、債券簽證、承銷、經紀或自營業務及短期票券保證、背書業務，其實際承作利率，未考量市場風險、本身資金成本、營運成本及預期風險損失成本等因素，以不合理之利率招攬或從事業務之行為。

12. 其他經主管機關規定禁止之行為。

貳、票券商業務人員資格訓練 ☆☆

一、積極資格條件

(一) 為票券商**管理**「短期票券之簽證、承銷、經紀、自營或結算交割」業務之人員，應具備下列資格條件之一：

1. 參加票券金融商業同業公會（以下簡稱票券商公會）或其認可之機構舉辦之業務人員測驗，持有合格證書。

2. 曾於最近一年內參加票券商公會或其認可之機構舉辦之票券金融業務訓練課程，累計十八小時以上，持有結業證書。

3. 《票券商負責人及業務人員管理規則》施行前已擔任票券商業務人員達三年以上，經票券商公會審核通過，持有合格證書。

(二) 為票券商從事「短期票券之簽證、承銷、經紀、自營或結算交割」業務之人員，應具備前項第一款或第三款之資格條件。

(三) 票券商業務人員應參加票券商公會或其認可之機構或業務人員所屬票券商舉辦之金融相關業務專業職前訓練或在職訓練，並取得合格成績。其中初任及離職滿二年後再任之業務人員，應於到職後半年內參加職前訓練，在職人員應於任職期間參加在職訓練。

其訓練之期間及時數如下：

職前訓練	初任及離職滿二年再任之業務人員，除已依規定持有結業證書者外，應於到職後半年內參加職前訓練，累計十二小時以上，其中現行相關法規課程應在三小時以上。
在職訓練	為票券商管理「短期票券之簽證、承銷、經紀、自營或結算交割」業務之人員應於任職期間參加在職訓練，每三年累計十二小時以上，其中現行相關法規課程應在三小時以上；為票券商從事「短期票券之簽證、承銷、經紀、自營或結算交割」業務之人員應於任職期間參加在職訓練，每三年累計十八小時以上，其中現行相關法規課程應在四小時以上。

(四) 票券商業務人員有異動者，票券商應於異動後二十日內，向票券商公會申
報下列登記：

(1) 業務人員有死亡、辭職、解僱、解任、資遣、退休等情事者，為註銷
登記。

(2) 業務人員於充任後，被撤銷者，為撤銷登記。

二、票券金融公司從事衍生性金融商品交易管理辦法

(一) 從事衍生性金融商品交易，指以客戶身分辦理衍生性金融商品交易，或以
營業人身分經營衍生性金融商品業務。

票券金融公司得從事下列衍生性金融商品交易：

1. **以客戶或營業人身分從事價值由利率所衍生之交易契約。**

2. **以客戶或營業人身分從事價值由信用事件所衍生之交易契約，且以移轉所
持有表內或表外資產之信用風險為限。**

3. 以客戶身分從事價值由股價或股價指數所衍生之交易契約。

(二) 衍生性金融商品交易應以新台幣計價。票券金融公司董事會應核定衍生性
金融商品交易與風險管理之重要政策及程序，至少每年檢討一次；並指定
高階管理人員依下列原則，負責管理衍生性金融商品交易：

1. 確保衍生性金融商品交易處理程序之執行，並定期評估其妥適性。

2. 指定從事衍生性金融商品交易之交易人員及其授權額度。

3. 監督交易損益情形，有異常時，應即向董事會報告。

(三) 票券金融公司從事衍生性金融商品交易，應依下列原則辦理：

1. 衍生性金融商品交易之風險管理人員應具有風險管理之專業能力，且不得
擔任衍生性金融商品交易部門之任何職務。

2. 衍生性金融商品交易、確認及交割人員不得互相兼任。

3. 訂定風險管理限額時，應評估自有資本對風險之承擔能力。

4. 設計及測試風險計測方法，並以市價評估衍生性金融商品交易之價值及損
益。除為規避已持有資產或負債風險之交易，得按月評估外，其他交易應
即時或每日評估。

(四) 票券金融公司以營業人身分經營衍生性金融商品業務，應檢具主管機關規
定之申請書件，向主管機關申請核准，並符合下列規定；涉及期貨交易所
之交易者，並應依期貨交易法規定申請許可：

1. 自有資本與風險性資產比率超過百分之十。
2. 最近一季逾期授信加應予觀察授信比率低於百分之三，且保證責任準備及備抵呆帳無提列不足。
3. 上年度無累積虧損。
4. 內部控制無重大缺失，且無其他有礙健全經營情事。
   票券金融公司於前項申請經核准後，有未符合同項各款規定者，主管機關得限制其經營衍生性金融商品業務。
(五) 票券金融公司應於每月十五日以前，依主管機關或其指定機構規定之格式，將上月份從事衍生性金融商品交易之相關內容向主管機關及中央銀行或指定機構申報。

三、風險預告書之提交

票券金融公司以營業人身分經營衍生性金融商品業務，除於期貨交易所進行之交易，另依期貨交易法及其相關規定辦理外，應於交易前對客戶交付風險預告書，告知該交易之架構與特性及可能之風險，且不得與下列對象為衍生性金融商品交易。但交易對象為金融機構者，不在此限：
(一) 以法人身分或推由其代表人當選為票券金融公司董事或監察人之企業。
(二) 持有票券金融公司實收資本額百分之三以上之股東或票券金融公司負責人擔任董事、監察人或經理人之企業。
票券金融公司與具前項各款關係之金融機構從事衍生性金融商品交易，除於期貨交易所進行之交易外，其條件不得優於其他同類對象，並應經董事會三分之二以上董事出席及出席董事四分之三以上同意，或概括授權經理部門於一定額度內辦理。

四、票券金融公司投資債券及股權相關商品

票券金融公司投資債券及股權相關商品之種類規定如下：
(一) 政府債券：**債券如為附認股權或可轉換、交換股票者，其請求轉換、交換股票或行使認股權，應以上市、上櫃公司（不含興櫃）且非票券金融公司投資債券及股權商品管理辦法所稱特定企業發行之股票為限。**

(二) 銀行依銀行法第72-1條發行之金融債券。

(三) 公司債。

(四) 國際性或區域性金融組織經核准在我國境內發行之債券。

(五) 受益證券（指依金融資產證券化條例或不動產證券化條例規定辦理之受益證券）及資產基礎證券。

(六) 證券投資信託事業發行之基金受益憑證。

(七) 信託業發行之共同信託基金。

(八) 在中華民國上市與上櫃交易之股票，該等股票發行公司辦理現金增資發行新股提撥以時價對外公開發行之股票，以及興櫃股票公司辦理現金發行新股作為初次上市、上櫃公開銷售之股票。

(九) 認購（售）權證。

(十) 在中華民國上市與上櫃交易之臺灣存託憑證及境外指數股票型基金。票券金融公司辦理臺灣存託憑證及境外指數股票型基金之投資，不得請求存託機構兌回臺灣存託憑證所表彰之外國公司股票，或以實物買回方式持有外國公司發行之股票。

(十一) 其他經主管機關核准之投資標的。

(二)～(五)之發行人（或保證人）或該特定債務之信用評等等級應經信用評等機構評等為一定等級以上。

五、票券金融公司投資之限制

票券金融公司辦理投資股權相關商品，應訂定投資處理程序，並經董事會通過，且不得有下列情事之一：

(一) 自有資本與風險性資產比率低於百分之十者。

(二) 未依規定提足保證責任準備及備抵呆帳者。

(三) 最近二年內負責人或機構累積受有超過新台幣二百萬元之罰鍰處分者。但其違法情事已獲具體改善經主管機關認可者，不在此限。

(四) 經信用評等機構評等未達一定等級者。

　1. 經標準普爾公司（Standard & Poor's Corporation）評定，長期信用評等BBB-等級。

　2. 經穆迪投資人服務公司（Moody's Investors Service）評定，長期信用評等Baa3 等級。

3. 經惠譽公司（Fitch Ratings Ltd.）評定，長期信用評等 BBB- 等級。

4. 經中華信用評等股份有限公司評定，長期信用評等 twBBB- 等級。

5. 經澳洲惠譽國際信用評等股份有限公司臺灣分公司評定，長期信用評等 BBB-（twn）等級。

(五) 經穆迪信用評等股份有限公司評定，長期信用評等 Baa3.tw 等級。

(六) 最近二年內部控制有重大缺失者。

(七) 最近一年每股淨值低於票面金額。

六、投資處理程序

(一) **投資原則及方針**：應包括交易標的種類、交易或避險策略、部位限額及停損設定。

(二) 辦理之部門、人員配置及人才培訓計畫。

(三) **交易作業程序**：應包括負責層級、額度授權、交易流程、相關部門權責劃分、交易紀錄保存程序。

(四) **風險管理措施**：應包括風險管理範圍、風險管理程序、部位評估方法及頻率、部位評估報告之製作及審查、異常情形之報告與後續監督程序。

(五) **內部控制及查核**：應包括內部牽制、勾稽功能及定期查核等。

七、票券金融公司投資之禁止

票券金融公司依金融資產證券化條例規定擔任創始機構或特殊目的公司股東者，不得投資下列受益證券或資產基礎證券：

(一) 擔任創始機構者，以其信託或讓與之金融資產為基礎所發行之受益證券或資產基礎證券。

(二) 擔任特殊目的公司股東，該特殊目的公司所發行之資產基礎證券。

票券金融公司依金融資產證券化條例規定擔任創始機構，且有該條例第103條所列增強受益證券或資產基礎證券信用情形，其持有該等證券，另依其他法令規定辦理。

八、證券業務

(一) **設置標準**：實收資本額

承銷商　　　⟹　4億元

自營商　　　⟹　4億元

經紀商　　　⟹　2億元，僅經營股權性質
群眾募資業務者為新台
幣5千萬元

每一分支機構　⟹　3千萬元

(二) **營業保證金**

證券商應於辦理公司登記後，依下列規定，向
金管會所指定銀行提存營業保證金：

1. **證券承銷商**：新台幣四千萬元。

2. **證券自營商**：新台幣一千萬元。

3. **證券經紀商**：新台幣五千萬元，僅經營股權性
質群眾募資業務者為新台幣一千萬元。

4. **經營二種以上證券業務者**：按其經營種類依前
三款規定併計之。

5. **設置分支機構**：每設置一家增提新台幣五百萬元。

(三) **交割結算基金**

1. 開始營業前，應繳基本金額新台幣一千五百萬元，並於開始營業後，按受
託買賣有價證券成交金額一定比率，於每季終了後十日內繼續繳存至當年
底，其比率由本會另訂之。

2. 開業次一年起，其原繳之基本金額減為新台幣三百五十萬元，並逐年按前
一年受託買賣上市有價證券成交金額依前揭比率併計，於每年一月底前就
已繳存基金不足或多餘部分向證券交易所繳存或領回。

3. 證券商經營在集中交易市場自行買賣有價證券業務者，於開始營業前，應
一次向證券交易所繳存交割結算基金新台幣五百萬元。

4. 證券商經營在集中交易市場受託及自行買賣有價證券業務者，應按前二項
併計繳存。

5. 證券商每增設一國內分支機構，應於開業前，向證券交易所一次繳存交割
結算基金新台幣三百萬元，但自開業次一年起，其原繳之金額減為新台幣
五十萬元。

> **考 點速攻**
>
> 1. 證券商業務型態
>   (1) 金控體系綜合證券商：
>   A.法金事業群／個金
>   事業群／投資事業
>   群。
>   B.共同行銷／交叉銷
>   售。
>   (2) 非金控體系綜合證
>   券商。
>   (3) 非綜合證券商：專業
>   經紀商。
>   (4) 金融機構兼營證券
>   業務。
>   (5) 外國證券商。
> 2. 營業保證金，應以現金、政
>   府債券或金融債券提存。

(四) **違約損失準備**

1. 證券商經營受託買賣有價證券業務者，應按月就受託買賣有價證券成交金額提列萬分之零點二八，作為違約損失準備。

2. 違約損失準備，除彌補受託買賣有價證券違約所發生損失或金管會核准者外，不得使用之。

3. 違約損失準備累積已達新台幣二億元者，免繼續提列。

4. 違約損失準備於計算營利事業所得時，應依稅法之規定辦理。

(五) **經營業務**

1. **證券承銷商**：

(1)承銷有價證券（首次公開募股IPO／現金增資SPO）。

(2)財務顧問（企業併購／公司重整／私募）。

(3)公營事業民營化。

2. **證券自營商**：

(1)債券。

(2)股票。

(3)衍生性金融商品（金融交換／遠期契約／期貨／選擇權）。

3. **證券經紀商──通路**：

(1)海內外有價證券經紀。

(2)IB（期貨／選擇權）。

(3)保險。

4. **其他**：

(1)股務代理。　　　　　　　　(2) 財富管理。

(3)兼營證券／期貨投顧。　　　(4) 兼營證券／期貨投信。

(5)兼營票券。　　　　　　　　(6) 資產證券化。

5.轉投資事業：

(1)證券／期貨投資顧問。

(2)證券／期貨投資信託。

(3)期貨（投資顧問／經紀／自營／經理）。

(六) **組織部門**

1. **經紀**：分公司／電子交易／交割。

2. **自營**：股票／可轉換公司債CB。

3. **承銷**：IPO／SPO／財務顧問。

4. **固定收益商品**：債券／店頭衍生性金融商品／票券。

5. **新金融商品**：認購（售）權證／期貨自營。

（間接部門：研究調查／財務／法務／企劃／管理／風控／資訊）

(七) **業務操作**

1. **直接**

業務開發　→　商品設計與評價　→　配銷通路　→　交易

2. **支援**

研究　→　風險管理　→　資訊　→　財務管理

(八) **證券商從業人員之管理**

證券交易法第53條：有左列情事之一者，不得充任證券商
之董事、監察人或經理人：

法規一點靈

證券交易法

1. 有公司法第30條各款情事之一者。

2. 曾任法人宣告破產時之董事、監察人、經理人或其他地位
相等之人，其破產終結未滿三年或調協未履行者。

3. 最近三年內在金融機構有拒絕往來或喪失債信之紀錄者。

4. 依本法之規定，受罰金以上刑之宣告，執行完畢、緩刑期滿或赦免後未滿
三年者。

5. 違反第51條之規定者。

6. 受第56條及第66條第2款解除職務之處分，未滿三年者。

(九) **證券交易法第54條**：證券商僱用對於有價證券營業行為直接有關之業務
人員，應成年，並具備有關法令所規定之資格條件，且無下列各款情事
之一：

1. 受破產之宣告尚未復權，受監護宣告或受輔助宣告尚未撤銷。

2. 兼任其他證券商之職務。但因投資關係，並經主管機關核准兼任被投資證
券商之董事或監察人者，不在此限。

3. 曾犯詐欺、背信罪或違反工商管理法律，受有期徒刑以上刑之宣告，執行
完畢、緩刑期滿或赦免後未滿三年。

4. 違反主管機關依本法所發布之命令。

九、證券商負責人與業務人員職務

依其繁簡難易、責任輕重，分為下列二種：

(一) 高級業務員：擔任第8條第1項之部門主管及分支機構負責人、投資分析或內部稽核等職務者。

(二) 業務員：從事前條第2項各款有價證券承銷、自行買賣、受託買賣、內部稽核或主辦會計等職務者。前項第2款業務員擔任內部稽核職務者，以參加金融監督管理委員會所認可機構舉辦之內部稽核人員訓練班受訓及格結業者為限。

(三) 證券商之承銷、自行買賣、受託買賣、結算交割、內部稽核、股務、財務等部門之主管及分支機構負責人、擔任受託買賣與結算交割部門之主管，除由金融機構兼營者，其內部稽核主管及財務部門主管得另依本會之規定外，應具高級業務員資格條件。

(四) 外國證券商在中華民國境內分支機構，除其負責人、財務及股務部門主管外，擔任承銷、自行買賣、受託買賣、結算交割及內部稽核等部門之主管，應具備高級業務員資格條件。

十、證照

(一) 證券商業務員／證券商高級業務員／理財規劃人員。

(二) 證券投資分析人員／投信投顧業務員／期貨商。

(三) 業務員。

(四) 期貨交易分析人員／債券人員／股務人員。

(五) 票券商業務人員／壽險業務員／產險業務員。

十一、職級（稱）

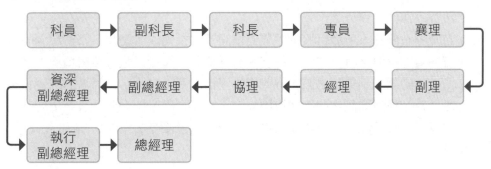

十二、資金之運用

證券商之資金,除經本會核准者或由金融機構兼營者另依有關法令規定辦理外,非屬經營業務所需者,不得貸與他人或移作他項用途,其資金之運用,以下列為限:

(一) 銀行存款。

(二) 購買政府債券或金融債券。

(三) 購買國庫券、可轉讓之銀行定期存單或商業票據。

(四) 購買經金管會核准一定比率之有價證券;轉投資經金管會核准一定比率之證券、期貨、金融等相關事業。

(五) 其他經金管會核准之用途。

依(四)、(五)點運用之資金,其總金額合計不得超過資本淨值之百分之三十。證券商轉投資證券、期貨、金融及其他事業,其全部事業投資總金額不得超過該證券商淨值之百分之四十。

十三、自營業務之相關規定

證券商除由金融機構兼營者依有關法令規定外,其經營自行買賣有價證券業務者,應依下列規定辦理:

(一) 持有任一本國公司股份之總額不得超過該公司已發行股份總額之百分之十;持有任一本國公司所發行有價證券之成本總額,並不得超過該證券商資本淨值之百分之二十。

(二) 持有任一外國公司股份之總額,不得超過該公司已發行股份總額之百分之五;持有任一外國公司所發行有價證券之成本總額,不得超過該證券商資本淨值之百分之二十,但涉及股權性質有價證券之成本總額,不得超過該證券商淨值之百分之十。

(三) 持有單一關係人所發行股權性質有價證券之投資成本總額,不得超過該證券商資本淨值之百分之五;持有所有關係人所發行股權性質有價證券之投資成本總額,不得超過該證券商資本淨值之百分之十。但辦理認購(售)權證及結構型商品之履約與避險操作,以及指數股票型證券投資信託基金之受益憑證及該受益憑證所表彰股票組合之避險者,不在此限。

考前焦點速記

1. 國庫券（Treasury Bill，TB）由政府發行，到期期限小於一年的短期債務憑證，因為政府的倒帳風險極低，國庫券成為所有貨幣市場工具中最安全的一種。

2. 票券金融公司從事前項交易契約，其持有短部位（short position）應以規避已持有股權資產之風險為限，長部位（long position）之未到期契約名目本金總額應計入「票券金融公司投資債券及股權商品管理辦法」第6條規定之投資限額內；契約無名目本金者，應以面值或合約金額計算。參加票券商公會或其認可之機構所舉辦之訓練時數不得低於應達訓練時數二分之一。

3. 票券商業務人員於執行職務前，應由所屬票券商向票券商公會辦理登記，非經登記不得執行職務。

4. 票券商公會對有不適任之情形、未參加規定之訓練，或參加訓練未能取得合格成績於一年內再行補訓仍不合格者，不得辦理登記；已登記者，應予撤銷票券商業務人員因規定之情事受撤銷登記者，票券商公會自撤銷登記之日起**三年內**，不得受理其登記。

5. 票券金融公司經核准以營業人身分經營衍生性金融商品業務後，除涉及期貨交易所之商品或其他法令另有規定者外，得辦理各項衍生性金融商品，並於辦理後**十五日內**，檢具董事會會議紀錄、從事衍生性金融商品交易處理程序、商品特性說明書、法規遵循聲明書及風險預告書，報主管機關備查。

6. 票券金融公司應於**每月十五日**以前，依主管機關或其指定機構規定之格式，將上月份從事衍生性金融商品交易之相關內容向主管機關及中央銀行或指定機構申報。

7. 票券金融公司依規定所為之投資，除政府債券及金融債券外，其原始取得成本總餘額不得超過該票券金融公司淨值**百分之十五**。

8. 轉換、交換或附認股權債券，於交換、轉換股票或行使認股權後，應將所取得股票以轉換、交換或認股價格計算其總額，並計入前項限額內。

9. 淨值是指上會計年度決算後淨值，減除經主管機關核准投資其他企業金額後之數額。

10. 票券金融公司投資特定企業發行之公司債總餘額，不得超過該票券金融公司淨值**百分之五**，且該公司債債務人（發行人或保證人）或該特定債務之信用評等應符合一定等級以上。

11. 票券金融公司投資單一銀行所發行之金融債券、單一企業所發行之公司債、單一證券投資信託事業發行之基金受益憑證、單一信託業發行之共同信託基金、單一境外基金管理機構管理之境外指數股票型基金、單一受益證券或單一資產基礎證券之原始取得成本總餘額，不得超過該票券金融公司淨值**百分之五**。

12. 投資單一企業股票或單一外國發行人之臺灣存託憑證，其原始取得成本總餘額，不得超過投資時該企業實收資本額百分之五及票券金融公司淨值**百分之五**。

   投資認售權證，應以購買當日該認售權證連結之單一企業標的證券收盤價格乘以按履約期間內或特定到期日有權售出之單一企業標的證券數量，加計該認售權證原始取得成本，為其約當原始取得成本，不得超過投資時該企業實收資本額**百分之五**及票券金融公司淨值**百分之五**。

13. 票券金融公司為執行該認售權證之權利，而於**履約當日**購入之標的證券，得不計入規定限額。

14. 票券金融公司投資之金融債券、公司債及公債等商品因行使認股、轉換、交換股權，致累積投資單一企業股票總餘額超逾限額規定，就其超逾限額部分，應自取得股票之日起**六個月**內處分之。

15. 證券商同業公會應於提報年度總預算前，擬具年度業務計畫與預算，申報金管會核定，修正時亦同；於每季結束後**十五日內**，編製年度業務計畫與預算截至該季之執行情形，申報金管會備查。

16. 證券商同業公會應於每會計年度終了後**三個月內**，向金管會申報年度工作報告及經會計師查核簽證、理事會通過及監事會承認之收支決算表、現金出納表、資產負債表、財產目錄及基金收支表。

17. 證券商每增設一國內分支機構,應於開業前,向證券交易所一次繳存交割結算基金新台幣三百萬元,但自**開業次一年**起,其原繳之金額減為新台幣五十萬元。

18. 證券商繳存之交割結算基金為共同責任制,並設置基金特別管理委員會。

19. 證券商經營自行買賣有價證券業務者,其自行買賣有價證券利益額超過損失額時,應按月就超過部分提列**百分之十**,作為買賣損失準備。

20. 買賣損失準備,除彌補買賣損失額超過買賣利益額之差額外,不得使用之。第1項之買賣損失準備累積已達新台幣**二億元**者,得免繼續提列。

21. 證券商除由金融機構兼營者另依有關法令規定辦理外,其對外負債總額不得超過其資本淨值之**四倍**;其流動負債總額不得超過其流動資產總額。

22. 經營受託買賣有價證券或自行買賣有價證券業務,除另有規定者外,其對外負債總額不得超過其資本淨值。

23. 負債總額之計算,得扣除依規定所提列之買賣損失準備、違約損失準備及承做政府債券買賣所發生之負債金額。

24. 證券商除由金融機構兼營,已發行有價證券者,應依規定,於每年稅後盈餘項下,提存**百分之二十**特別盈餘公積。但金額累積已達實收資本額者,得免繼續提存。

25. 未依法發行有價證券者,應於每年稅後盈餘項下,提存**百分之二十**特別盈餘公積。但金額累積已達實收資本額者,得免繼續提存。

26. 特別盈餘公積,除填補公司虧損,或特別盈餘公積已達實收資本**百分之五十**,得以其半數撥充資本者外,不得使用之。

27. 票據上之時效期間:(1)票據上之權利,對匯票承兌人及本票發票人,自到期日起算,見票即付之本票,自發票日起算,三年間不行使,因時效而消滅。對支票發票人自發票日起算,一年間不行使,因時效而消滅。(2)匯票、本票之執票人,對前手之追索權,自作成拒絕證書起算一年間不行使,因時效而消滅。支票之執票人,對前手之追索權,自作成拒絕證書起算**四個月**不行使,因時效而消滅。

28. 匯票、本票之背書人，對前手之追索權，自為清償之日或被訴之日起算，**六個月間**不行使，因時效而消滅。支票之背書人，對前手之追索權，**二個月**間不行使，因時效而消滅。

29. 銀行承兌之匯票，自發票日起算不得超過<u>180天</u>。

30. 除分期性付款之融資，每筆票據融資期限不得超過<u>180天</u>。

31. 證券商辦理有價證券買賣融資融券，對客戶融資或融券之總金額，分別不得超過其淨值250%。

    證券商自有資本適足比率連續3個月達250%以上者，其辦理有價證券買賣融資融券，對客戶融資或融券之總金額，分別不得超過其淨值400%。

    證券商依前項規定辦理後，自有資本適足比率連續2個月低於250%且對客戶融資或融券之總金額超過其淨值250%者，暫停對客戶融資或融券，俟其總金額低於淨值250%或自有資本適足比率連續3個月達250%以上後，分別依前二項規定辦理。

    證券商辦理有價證券買賣融資融券，對客戶融資總金額，加計辦理證券業務借貸款項之融通總金額，不得超過其淨值400%；對客戶融券總金額，加計辦理有價證券借貸業務之出借有價證券總金額，不得超過其淨值400%。

    證券商由金融機構兼營者，前四項規定之淨值，改按指撥營運資金計算。但不得超過前四項證券商之同期最高淨值及主管機關規定之限額。

    第1項至第4項比率，得由主管機關視國內經濟、金融情形及證券市場與證券商業務狀況調整之。

32. 證券商辦理有價證券買賣融資融券，對每種證券之融資總金額，不得超過其淨值10%；對每種證券之融券總金額，不得超過其淨值5%。

33. 證券商經營自行買賣有價證券業務者，其自行買賣有價證券利益額超過損失額時，應按月就超過部分提列10%，作為買賣損失準備。

34. 證券商除由金融機構兼營者依銀行法規定外，其經營自行買賣有價證券業務者，持有任一公司股份之總額不得超過該公司已發行股份總額之10%；其持有任一公司所發行有價證券之成本總額，並不得超過其資本淨值之20%；持有櫃檯買賣第二類股票之成本總額不得超過其資本淨值之10%。

35. 承銷商包銷之報酬最高不得超過包銷有價證券總金額之10%，代銷之手續費最高不得超過代銷有價證券總金額之5%。

36. 銀行為發行商業本票保證，保證期限應在**一年**以下。

37. 國內票券市場買賣短期票券之交易工具包括下列標的：國庫券（TB）、可轉讓銀行定期存單（NCD）、公司發行之本票或匯票、其他經主管機關核准之短期債務憑證。

38. 短期票券買賣方式包括：附條件交易及買賣斷交易，附條件交易又可分為附買回交易（RP）及附賣回交易（RS）。

39. 證券商經營自行買賣有價證券所提列之買賣損失準備，累積已達新台幣**二億元**者，得免繼續提列。

40. 總稽核之聘任、解聘或調職，應經董事會全體董事**三分之二以上**之同意，並報請主管機關核准後為之。

41. 證券商經營自行買賣有價證券業務者，其自行買賣有價證券利益額超過損失額時，應按月就超過部分提列**百分之十**，作為買賣損失準備。

42. 證券商經營受託買賣有價證券業務者，應按月就受託買賣有價證券成交金額提列**萬分之零點二八**作為違約損失準備。

43. 承銷融資性商業本票發行面額，以新台幣10萬元為最低單位，並以10萬元之倍數為單位。但債票形式之本票，最高發行面額不得大於新台幣1億元。

44. 票券商辦理商業本票之承銷業務，應對發行本票之公司詳實辦理徵信調查，查證其發行計畫與償還財源，並取得經會計師查核簽證之財務報表及查核報告書，以決定承銷金額。但承銷之商業本票經其他金融機構保證者，不在此限。

45. 承銷利率超逾授權權限之交易，應經適當層級主管核准，其中對於偏離市場行情之交易，應另簽註承作原因，並經高階主管核准。

46. 對於發生財務困難或信用貶落等風險較高之發行公司，應依據發行公司經營狀況及風險程度嚴實訂定承銷該筆商業本票之發行利率及承銷價格，確實反映揭露該筆票券之品質及風險。

精選試題

(　　) **1** 依「證券交易法」規定，在集中交易市場委託買賣業經成交，而不履行交割，足以影響刑責為下列何者？
(A)處一年以上七年以下有期徒刑
(B)處三年以上十年以下有期徒刑
(C)處三年以下有期徒刑
(D)處一年以下有期徒刑。

(　　) **2** 匯票、本票之背書人，對前手之追索權自為清償之日或被訴之日起算多久期間不行使，因時效而消滅？　(A)二個月　(B)四個月　(C)六個月　(D)一年。

(　　) **3** 「貼現」係指銀行以下列何種方式先予墊付，俟本票或匯票到期時收取票款並償還墊款之融通方式？
(A)預收利息
(B)預收本金
(C)預收違約金
(D)預收簽證費。

(　　) **4** 依主管機關規定，商業銀行投資於每一公司之股票、新股權利證書及債券換股權利證書之股份總額，至多不得超過該公司已發行股份總數之多少？　(A)3%　(B)5%　(C)10%　(D)15%。

(　　) **5** 依銀行法規定，銀行轉投資企業總額，不得超過投資時銀行實收資本總額扣除累積虧損之多少？
(A)百分之五
(B)百分之十
(C)百分之二十五
(D)百分之四十。

(　　) **6** 票券商承銷融資性商業本票，以債票形式發行，其最高發行面額不得大於新台幣多少元？　(A)10萬元　(B)100萬元　(C)1,000萬元　(D)1億元。

(　　) **7** 目前在我國票券市場買賣短期票券的交易工具中，實務上並不包括哪項標的物？
(A)國庫券
(B)支票
(C)商業本票與匯票
(D)可轉讓銀行定期存單。

( )　**8** 下列何者並非為證券經紀商經營有價證券之業務？
(A)代理　　　　　　　　　(B)居間
(C)託管　　　　　　　　　(D)行紀。

( )　**9** 證券商辦理有價證券買賣融資融券，對客戶融資之總金額，不得超過其淨值多少？　(A)100%　(B)150%　(C)200%　(D)250%。

( )　**10** 依主管機關規定，商業銀行投資於集中交易市場與店頭市場交易之股票、新股權利證書本總餘額，不得超過該銀行核算基數之百分之幾？但其中投資於店頭市場交易之股票與原始取得成本總餘額，不得超過該銀行核算基數之百分之幾？
(A)25、5　　　　　　　　(B)25、10
(C)30、5　　　　　　　　(D)30、10。

( )　**11** 王小明為大大銀行之負責人，有關大大銀行可投資有價證券之敘述，下列何者錯誤？
(A)由王小明擔任董事之A股份有限公司發行之股票
(B)B股份有限公司發行並經其他銀行
(C)乙銀行發行之可轉讓定期存單
(D)金融債券。

( )　**12** 依「票券金融管理法」規定，票券商業務人員須向下列何者登記，否則不得執行職務？
(A)證期會　　　　　　　　(B)金管會
(C)證券商同業公會　　　　(D)票券金融商業同業公會。

解答及解析

1 (B)。依證券交易法第171條第1項第1款規定：「在集中市場委託買賣業經成交而不履行交割者（證券交易法第155條第1項之違法態樣），處三年以上十年以下有期徒刑，得併科新台幣一千萬元以上二億元以下罰金。」

2 (C)。
(1) 匯票、本票之執票人，對前手之追索權，自作成拒絕證書起算一年間不行使，因時效而消滅。
(2) 匯票、本票之背書人，對前手之追索權，自為清償之日或被訴之日起算，六個月間不行使，因時效而消滅。

3 (A)

4 (B)。 商業銀行投資於每一公司之股票、新股權利證書及債券換股權利證書之原始取得成本總餘額，不得超過該公司已發行股份總數之5%。

5 (D)。 投資總額不得超過投資時銀行實收資本總額扣除累積虧損之百分之四十，其中投資非金融相關事業之總額不得超過投資時銀行實收資本總額扣除累積虧損之百分之十。

6 (D)

7 (B)。 支票為付款工具非短期融資工具。

8 (C)

9 (D)。 證券商辦理有價證券買賣融資融券，對客戶融資或融券之總金額，分別不得超過其淨值百分之二百五十。

10 (A)。 商業銀行投資於集中交易市場與店頭市場交易之股票及特別股、新股權利證書、私募股票、私募公司債、依各國法令規定發行之基金受益憑證、認股權憑證及認購（售）權證之原始取得成本總餘額，不得超過該銀行核算基數百分之二十五。但其中投資於店頭市場交易之股票與認股權憑證、認購（售）權證及新股權利證書、特別股、私募股票及私募公司債之原始取得成本總餘額，不得超過該銀行核算基數百分之五。

11 (A)。 商業銀行不得投資於該銀行負責人擔任董事、監察人或經理人之公司所發行之股票、新股權利證書、債券換股權利證書、公司債、短期票券、基金受益憑證及特別股。

12 (D)。 票券商業務人員非經向票券金融商業同業公會登記，不得執行職務。

| | | 第40期 | 銀行內部控制與內部稽核法規（一般金融、消費金融） |

第40期　**銀行內部控制與內部稽核法規（一般金融、消費金融）**

( )　**1** 依「金融控股公司法」規定，金融控股公司所有子公司對同一法人為授信交易合計達主管機關規定金額或比率者，應於多久期間內，向主管機關申報？　(A)每營業年度各季終了30日內　(B)僅於每營業年度第2季及第4季終了30日內　(C)僅於每營業年度第1季及第3季終了30日內　(D)每年營業年度終了30日內。

( )　**2** 依銀行法所稱之「授信」，不包括下列何種業務？　(A)放款　(B)透支　(C)保證　(D)證券經紀。

( )　**3** 依銀行法規定，商業銀行行使抵押權而取得之不動產，除經主管機關核准外，至遲應在幾年內處分之？　(A)二年　(B)四年　(C)五年　(D)七年。

( )　**4** 依「金融控股公司法」規定，金融控股公司之銀行子公司經董事會決議通過，與該金融控股公司負責人、大股東及該金融控股公司之關係企業等對象，為授信以外之交易時，其與單一關係人交易金額及與所有利害關係人之交易總額，其上限分別為該銀行子公司淨值之多少百分比？　(A)百分之十、百分之二十　(B)百分之十、百分之三十　(C)百分之十五、百分之三十　(D)百分之十五、百分之四十。

( )　**5** 依「銀行稽核工作考核要點」規定，各金融機構對重大偶發事件，應於下列何期限內將詳細資料或後續處理情形函報主管機關？　(A)一週內　(B)三週內　(C)一個月內　(D)二個月內。

(　)　**6** 依「金融控股公司及銀行業內部控制及稽核制度實施辦法」規定，下列何者非屬金融控股公司內部稽核單位於應辦專案業務查核之該半年度得免辦者應符合條件之一？　(A)當年度內部稽核單位有績優事項　(B)當年度一般業務查核已涵蓋專案業務查核之項目及範圍　(C)當年度一般業務查核結果無重大缺失事項　(D)當年度一般業務查核結果已於內部稽核報告敘明。

(　)　**7** 依「金融控股公司及銀行業內部控制及稽核制度實施辦法」規定，下列何者不符合銀行業內部稽核人員應具備條件之規定？　(A)具有國際內部稽核師考試及格證書　(B)具有二年以上之金融檢查經驗　(C)具有五年以上之金融業務經驗　(D)曾任會計師事務所查帳員二年以上，並經施以三個月以上之金融業務及管理訓練。

(　)　**8** 依「金融控股公司及銀行業內部控制及稽核制度實施辦法」規定，內部稽核單位實施查核之頻次，下列敘述何者正確？　(A)對國內營業單位每二年至少一次專案查核　(B)對國內管理單位每年至少一次專案查核　(C)對國外營業單位每年至少一次專案查核　(D)對資訊單位每半年至少一次專案查核。

(　)　**9** 依「金融控股公司及銀行業內部控制及稽核制度實施辦法」規定，下列何者不屬於內部稽核人員不得發生之情形？　(A)對於以前執行之業務或與自身有利害關係案件未予迴避，而辦理該等案件或業務之稽核工作　(B)對於以前曾服務之部門，於五年內進行稽核作業　(C)收受所屬金融控股公司（含子公司）或銀行業從業人員或客戶之不當招待或餽贈或其他不正當利益　(D)未配合辦理主管機關指示查核事項或提供相關資料。

(　)　**10** 依「金融控股公司及銀行業內部控制及稽核制度實施辦法」規定，金融控股公司及銀行業為符合法令之遵循，應指定隸屬於下列何者之法令遵循單位，負責法令遵循制度之規劃、管理及執行？　(A)總稽核　(B)副總經理　(C)總經理　(D)監察人。

(　)　**11** 依「金融控股公司及銀行業內部控制及稽核制度實施辦法」規定，銀行於每年何時應將內部稽核人員之資歷及受訓資料申報主管機關備查？　(A)一月底　(B)六月底　(C)九月底　(D)十二月底。

( ) **12** 依「金融控股公司及銀行業內部控制及稽核制度實施辦法」規定，內部稽核單位之人事任用、獎懲及考核等，應經下列何種程序辦理？ (A)由總經理簽報，報經董（理）事長核定 (B)由總稽核簽報，報經董（理）事長核定 (C)由總稽核簽報，報經總經理核定 (D)由人事單位簽報，報經總經理核定。

( ) **13** 依「金融機構自動櫃員機安全防護準則」規定，金融機構自動櫃員機之安全防護，下列敘述何者錯誤？ (A)在現場裝卸現金或點鈔時，宜有警衛人員隨行 (B)未經許可，嚴禁維修人員攜出機體內配件或資料 (C)可裝設具有偵測自動櫃員機運作狀態之遠程監控系統 (D)自動櫃員機故障待修宜將機體內之鈔匣取回妥善存放。

( ) **14** 依「金融機構辦理電子銀行業務安全控管作業基準」規定，透過金融機構專屬網路傳輸高風險性之「電子轉帳及交易指示類」交易，下列何項安全防護措施非屬必要？ (A)訊息完整性 (B)訊息隱密性 (C)訊息來源辨識 (D)無法否認傳送訊息。

( ) **15** 授信資產經評估有足額擔保部分，且授信戶所積欠本金或利息超過清償期十二個月者，係屬下列哪一類之不良授信資產？ (A)應予注意者 (B)可望收回者 (C)收回困難者 (D)收回無望者。

( ) **16** 有關金融機構得委外之作業事項，下列敘述何者錯誤？ (A)鑑價作業 (B)自動櫃員機裝補鈔作業 (C)授信審核之准駁 (D)代客開票作業，包括支票、匯票。

( ) **17** 依「金融機構安全維護注意要點」規定，已委請合格保全業服務之金融單位，取消例假日及夜間值班後，有關偶突發事件之聯絡處理及每日設定交付保全之責任歸屬，應由下列何單位妥為規劃？ (A)保全單位 (B)委保單位 (C)總行管理單位 (D)轄區警察單位。

( ) **18** 下列何者非屬「金融同業間遭歹徒詐騙案件通報要點」所稱之詐騙？ (A)偽變造票據、偽變造金融卡及其他不法詐領及盜領存款案件 (B)授信詐騙案 (C)外匯詐騙案 (D)擠兌存款事件。

( ) **19** 依「信用卡業務機構管理辦法」規定，信用卡當期應繳最低付款金額超過指定繳款期限六個月者，應將多少墊款金額轉銷為呆帳？ (A)百分之二十 (B)百分之五十 (C)百分之八十 (D)百分之百。

(　)　**20** 為鼓勵特約商店協助查緝偽卡冒用等情事，對於商店自行或報警逮捕詐騙者，若現場破獲卡片數量眾多，每一發卡機構之核發獎勵金（含沒收卡片獎勵金）以新臺幣多少元為上限？　(A)二千元　(B)五千元　(C)一萬元　(D)二萬元。

(　)　**21** 依銀行公會會員徵信準則規定，辦理中小企業中長期授信，其總授信金額在新臺幣六百萬元以下，較短期放款應增加辦理之徵信項目為何？　(A)保證人一般信譽　(B)建廠或擴充計畫　(C)產銷及損益概況　(D)業務概況。

(　)　**22** 發卡機構應依主管機關規定，將信用卡戶基本資料、信用卡資料、信用卡戶繳款資料報送何機構？　(A)金融聯合徵信中心　(B)聯合信用卡處理中心　(C)財稅查報中心　(D)洗錢防治中心。

(　)　**23** 依規定信用卡發卡機構對已核發之信用卡，應至少多久辦理一次覆審？　(A)每三個月　(B)每六個月　(C)每一年　(D)每三年。

(　)　**24** 銀行從事有追索權應收帳款承購業務，其提列備抵呆帳應以下列何者為基準？　(A)承購總額　(B)融資總額　(C)承購餘額　(D)融資餘額。

(　)　**25** 依「中華民國銀行公會會員授信準則」規定，短期週轉資金貸款係寄望以下列何者為還款來源？　(A)折舊　(B)盈餘　(C)營業收入或流動資產變現　(D)出售固定資產。

(　)　**26** 票券商及清算交割銀行以集中保管機構登錄或保管之短期票券辦理買賣之交割，應由集中保管機構以下列何種方式為之？　(A)帳簿劃撥　(B)票券實體交割　(C)股條交割　(D)電話交割。

(　)　**27** 依「銀行辦理衍生性金融商品業務內部作業制度及程序管理辦法」規定，關於衍生性金融商品部位之評價頻率，銀行應依照部位性質分別訂定；其為交易部位者，應以即時或每日市價評估為原則；其為銀行本身業務需要辦理之避險性交易者，至少多久評估一次？　(A)每週　(B)每月　(C)每季　(D)每半年。

( ) **28** 依「票券商負責人及業務人員管理規則」規定，票券商業務人員有異動者，票券商應於異動後多久內，向票券商公會申報登記？ (A)異動後二至三個月內 (B)異動後二十日內 (C)異動後一至一個半月 (D)異動後四至六個月。

( ) **29** 依國際清算銀行巴塞爾監理委員會「內部控制制度評估原則」，有關監控作業與缺失改善，下列敘述何者錯誤？ (A)銀行內部控制的整體有效性，應做持續性的監控 (B)主要風險的監控非日常營運的一環，由營業單位及內部稽核單位不定期辦理評估 (C)內部控制制度應具備周詳有效的內部稽核建置，指派受過精良訓練的適任人員獨立作業 (D)內部稽核在執行內部控制制度的監控工作上，應有直接陳報董事會、或稽核委員會及高階管理階層的職權。

( ) **30** 依國際清算銀行巴塞爾監理委員會所訂「內部控制制度評估原則」規定，下列何者應為銀行建立並維持妥適有效的內部控制制度負最後之責？ (A)董事長 (B)總經理 (C)董事會 (D)稽核委員會。

( ) **31** 依主管機關規定，為落實銀行海外分行內部控制制度之執行，下列敘述何者錯誤？ (A)應慎選海外分行主管 (B)應建立總行及海外分行之通報系統 (C)應加強員工福利措施 (D)應落實職務輪調及強迫休假制度。

( ) **32** 為強化內部管理，有效杜絕弊端，有關檢討內部稽核工作之執行，下列敘述何者錯誤？ (A)內部稽核工作是否能適時提供改進建議 (B)內部稽核工作是否能考核自行查核辦理績效 (C)內部稽核工作是否能覆核整體經營策略與重大政策 (D)內部稽核工作是否能確實協助管理階層調查、評估內部控制制度之運作情形。

( ) **33** 金融機構對於客戶提領現金新臺幣五十萬元以上之交易，應切實登記提款人之資料，下列何者錯誤？ (A)姓名 (B)身分證發證日期 (C)身分證統一編號 (D)住址。

( ) **34** 金融機構辦理有價證券買賣交易，下列敘述何者錯誤？ (A)應確認有價證券交易之真實性 (B)付款支票應以交易對手為受款人 (C)各筆交易款項之支付均經主管核准 (D)應嚴格禁止開立有抬頭人之禁止背書轉讓支票。

(　) **35** 金融機構受理下列何種業務，不須至內政部戶役政為民服務公用資料庫或金融聯合徵信中心網站，查詢國民身分證請領紀錄？ (A)貸款業務 (B)申請信用卡業務 (C)匯款業務 (D)開立存款戶業務。

(　) **36** 金融機構遇有存戶未及時領回存摺，於立即設簿登記後，應採取之處理方式，下列何者不恰當？ (A)由經辦人員妥慎保管 (B)儘速發函通知客戶洽領 (C)儘速以電話通知客戶洽領 (D)送交指定主管人員集中保管。

(　) **37** 為建立防杜辦理分散借款集中使用案件之作業機制及建立大額授信之鑑估制度，下列何者非屬金融機構於其徵信或授信審核內部規定中應明定事項？ (A)同一所有權人之擔保物，由數人分別辦理授信時，應提出親屬或股東或合夥關係之證明 (B)對大額授信之擔保物之鑑價，應明定鑑估之層級 (C)對一定金額以上之擔保物鑑價，應由授審會負責辦理 (D)對一定金額以上之授信擔保物，應洽借款戶徵提經第三公正人鑑估之報告為佐證資料。

(　) **38** 為防範行員勾結不法集團以偽造所得扣繳憑單等財力證明資料詐騙冒貸，有關金融機構辦理消費性放款應注意事項，下列敘述何者錯誤？ (A)應健全徵信制度並有效執行 (B)應嚴禁行員與放款客戶有資金往來 (C)應嚴禁行員與金融機構委託處理業務之第三人有資金往來 (D)行員若涉有違法情事，並應移送銀行公會懲戒。

(　) **39** 金融機構辦理消費性貸款，為防範不法集團以偽造資料冒貸，下列何者非屬應查證之「財力證明文件」？ (A)各類所得扣繳暨免扣繳憑單 (B)在職證明書 (C)國民旅遊卡 (D)銀行存摺。

(　) **40** 金融機構對運鈔路線或時間應注意事項，下列敘述何者正確？ (A)運鈔路線或時間儘量固定，以利警察機關配合注意運送途中之安全 (B)運鈔路線與時間不須保密 (C)運鈔路線與時間應經常改變 (D)於結帳後一次運送，且採最短路線運送。

(　) **41** 金融機構如發現自動櫃員機及門禁遭裝置不明物體或側錄器，應視影響程度通知相關單位，下列何者非屬必要通知之單位？ (A)警察機關 (B)財金資訊公司 (C)銀行公會 (D)跨行客戶所屬金融機構。

( ) **42** 發卡機構委由便利商店業代收信用卡持卡人消費帳款之繳款資料，下列敘述何者錯誤？ (A)可完整列示客戶姓名 (B)可完整列示客戶消費日期 (C)可完整列示客戶信用卡卡號 (D)可完整列示客戶消費金額。

( ) **43** 有關金融機構派員赴證券商辦理收付款項，下列敘述何者錯誤？ (A)限於證券商客戶交易款項之收付 (B)得以活期存款方式辦理 (C)得以活期儲蓄存款方式辦理 (D)得以定期存款方式辦理。

( ) **44** 有關金融機構針對註記為「警示帳戶衍生之管制帳戶」，將限制該存戶部分交易使用權利，下列何者不在限制之範圍內？ (A)提款卡 (B)語音轉帳 (C)網路轉帳 (D)自動扣款轉帳。

( ) **45** 金融機構向主管機關提出派員赴證券商辦理收付款項業務之申請，自申請書送達之次日起多少期限內，主管機關未表示反對，視為已核准，金融機構始得派員赴證券商辦理相關業務？ (A)五日 (B)十日 (C)十五日 (D)二十日。

( ) **46** 為確保資料之即時性，金融聯合徵信中心接獲通報「警示帳戶」資料，應多久之內將資料轉入「信用資料庫」？ (A)每半小時 (B)每一小時 (C)每二小時 (D)每三小時。

( ) **47** 有關信用卡發卡機構主動調高持卡人信用額度之規定，下列敘述何者正確？ (A)應事先通知正卡持卡人，並於電話中取得其同意且錄音 (B)應事後通知正卡持卡人，並於電話中取得其同意且錄音 (C)應事先通知正卡持卡人，並取得其書面同意 (D)應事後通知正卡持卡人，並取得其書面同意。

( ) **48** 銀行法第三十二條所稱之消費者貸款，係指對於房屋修繕、耐久性消費品（包括汽車）、支付學費與其他個人之小額貸款，及信用卡循環信用；上述消費者貸款額度，合計以每一消費者不超過新台幣多少萬元為限？ (A)八十萬元 (B)一百萬元 (C)一百五十萬元 (D)二百萬元。

( ) **49** 下列何者應計入銀行法第33條第2項規定之授信總餘額？ (A)對政府機關之授信 (B)以公司債為擔保品之授信 (C)對公營事業之授信 (D)配合政府政策經中央銀行專案轉融通之授信。

( ) **50** 公司因合併致銀行對其授信額度總額超逾主管機關規定限額者，於目的事業主管機關就其資金需求符合產業發展必要出具意見並經銀行依授信風險評估核貸後，自合併基準日起算幾年內，原則上銀行得以原授信總額度為其授信限額？ (A)一年 (B)三年 (C)五年 (D)十年。

解答及解析 （答案標示為#者，表官方曾公告更正該題答案。）

1 (A)。第46條（申報義務）：「金融控股公司所有子公司對下列對象為交易行為合計達一定金額或比率者，應於每營業年度各季終了三十日內，向主管機關申報，並以公告、網際網路或主管機關指定之方式對外揭露：一、同一自然人或同一法人。二、同一自然人與其配偶、二親等以內之血親，及以本人或配偶為負責人之企業。三、同一關係企業。前項交易行為之範圍如下：一、授信。二、短期票券之保證或背書。三、票券或債券之附賣回交易。四、投資或購買前項各款對象為發行人之有價證券。五、衍生性金融商品交易。六、其他經主管機關規定之交易。第一項所定之一定金額、比率、申報與揭露之內容、格式及其他應遵行事項之辦法，由主管機關定之。」

2 (D)。(一)臺灣地區銀行辦理之授信，符合下列交易類別及對象者，應計入對大陸地區之授信：1.交易類別：屬銀行法第五條之二所稱之授信，包含**放款、透支、貼現、保證、承兌**及其他經中央主管機關指定之業務項目（如應收帳款承購業務、進口押匯、出口押匯、應收證券融資款、買入匯款及催收款項等）。但短期貿易融資（指因貿易而產生且具自償性之一年期以內之融資，如進出口押匯、開發信用狀、應收信用狀收買、應收帳款收買、應付帳款、已承兌出口票據貼現、購料保證、外銷貸款、進口融資、進出口外貸、應收承兌票款、海外代付等）免予計入。

3 (B)。第76條（承受擔保物之處分）：「商業銀行因行使抵押權或質權而取得之不動產或股票，除符合第七十四條或第七十五條規定者外，應自取得之日起四年內處分之。但經主管機關核准者，不在此限。」

4 (A)。金融控股公司之銀行子公司與該金融控股公司與其負責人及大股東為購買不動產或其他資產之交易時，其與單一關係人交易金額不得超過銀行子公司淨值之百分之十，與所有利害關係人之交易總額不得超過銀行子公司淨值之百分之二十。

5 (A)。涉嫌舞弊案件或重大偶發事件，未依法令規定之方式儘速向主管機關報告，並於一週內函報詳細資料或後續處理情形。

6 (A)。

7 (A)。第12條：「金融控股公司及銀行業內部稽核人員應具備下列條件：一、具有二年以上之金融檢查經驗；或大專院校畢業、高等考試或相當於高等考試、國際內部稽核師之考試及格並具有二年以上之金融業務經驗；或具有五年以上之金融業務經驗。曾任會計師事務所查帳員、電腦程式設計師或系統分析師等專業人員二年以上，經施以三個月以上之金融業務及管理訓練，視同符合規定，惟其員額不得逾稽核人員總員額之三分之一。二、最近三年內應無記過以上之不良紀錄，但其因他人違規或違法所致之連帶處分，已功過相抵者，不在此限。三、內部稽核人員充任領隊時，應有三年以上之稽核或金融檢查經驗，或一年以上之稽核經驗及五年以上之金融業務經驗。」

8 (B)。內部稽核單位對業務、財務、資產保管及資訊單位每年至少應辦理一次一般查核及一次專案查核，對其他管理單位每年至少應辦理一次專案查核。

9 (B)。第16條：「公開發行公司內部稽核人員應秉持超然獨立之精神，以客觀公正之立場，確實執行其職務，並盡專業上應有之注意，除定期向各監察人報告稽核業務外，稽核主管並應列席董事會報告。內部稽核人員執行業務應本誠實信用原則，並不得有下列情事：一、明知公司之營運活動、報導及相關法令規章遵循情況有直接損害利害關係人之情事，而予以隱飾或作不實、不當之揭露。二、因職務上之廢弛，致損及公司或利害關係人之權益等情事。三、逾越稽核職權範圍以外之行為或有其他不正當情事，意圖為自己或第三人之利益，違背其職務之行為或侵占公司資產。四、對於以前曾服務之部門，於一年內進行稽核作業。五、與自身有利害關係或利益衝突案件未予迴避。六、未配合辦理本會指示查核事項或提供相關資料。七、直接或間接提供、承諾、要求或收受不合理禮物、款待或其他任何形式之不正當利益。八、其他違反法令或經本會規定不得為之行為。」

10 (C)。第32條：「金融控股公司及銀行業應設立一**隸屬於總經理之法令遵循單位**，負責法令遵循制度之

規劃、管理及執行，並指派高階主管一人擔任總機構法令遵循主管，綜理法令遵循事務，至少每半年向董（理）事會及監察人（監事、監事會）或審計委員會報告。」

11 (A)。金融控股公司及銀行業應將內部稽核人員之姓名及服務年資等資料，於每年一月底前依主管機關規定格式以網際網路資訊系統申報主管機關備查。

12 (B)。第10條：「內部稽核單位之人事任用、免職、升遷、獎懲、輪調及考核等，應由總稽核簽報，報經董（理）事長（主席）核定後辦理。但涉及其他管理、營業單位人事者，應事先洽商人事單位轉報總經理同意後，再行簽報董（理）事長（主席）核定。」

13 (A)。補鈔只更換鈔匣，不得在現場裝卸現金或點鈔。

14 (B)。交易面之安全需求及安全設計：(一)交易面之安全需求：交易面之安全需求依安全防護措施之不同分述如下：1.訊息隱密性（Confidentiality）：係指訊息不會遭截取、窺竊而洩漏資料內容致損害其秘密性。2.訊息完整性（Integrity）：係指訊息內容不會遭篡改而造成資料不正確性，即訊息如遭篡改時，該筆訊息無效。3.訊息來源辨識（Authentication）：係指傳送方無法冒名傳送資料。4.訊息不可重複

性（Non-duplication）：係指訊息內容不得重複。5.無法否認傳送訊息（Non-repudiation of sender）：係指傳送方無法否認其傳送訊息行為。6.無法否認接收訊息（Non-repudiation of receiver）：係指接收方無法否認其接收訊息行為。【備註1】必要（Mandatory）：係指金融機構必須具備該項防護措施。非必要（Conditional）：係指金融機構得視情況自行決定是否需要具備該項防護措施。【備註2】透過網際網路傳送非電子轉帳及交易指示類之足以識別該個人之資料訊息時，應具備訊息隱密性防護措施。

15 (B)。「銀行資產評估損失準備提列及逾期放款催收款呆帳處理辦法」第4條：前條各類不良授信資產，定義如下：一、應予注意者：指授信資產經評估有足額擔保部分，且授信戶積欠本金或利息超過清償期一個月至十二個月者；或授信資產經評估已無擔保部分，且授信戶積欠本金或利息超過清償期一個月至三個月者；或授信資產雖未屆清償期或到期日，但授信戶已有其他債信不良者。二、可望收回者：指授信資產經評估有足額擔保部分，且授信戶積欠本金或利息超過清償期十二個月者；或授信資產經評估已無擔保部分，且授信戶積欠本金或利息超過清償期三個月至六個月者。三、收回困難者：指授信資產經評估已無擔保部分，且授信戶積欠本金或

利息超過清償期六個月至十二個月者。四、收回無望者：指授信資產經評估已無擔保部分，且授信戶積欠本金或利息超過清償期十二個月者；或授信資產經評估無法收回者。符合第七條第二項之協議分期償還授信資產，於另訂契約六個月以內，銀行得依授信戶之還款能力及債權之擔保情形予以評估分類，惟不得列為第一類，並需提供相關佐證資料。

16 (C)。 受委託機構執行業務不得以銀行名義為之；金融機構委外作業核定之項目不包括因辦理消費性信用貸款衍生開立存款帳戶作業客戶身分及親筆簽名之核對；如因受託機構或其僱用人員之疏失，致損害消費者權益時，金融機構應先對消費者負責，再向受託機構追償。

17 (B)。 非營業時間：凡已委請合格保全業服務之金融單位，例假日及夜間值班得予取消（惟取消後有關偶突發事件之聯絡處理及每日設定交付保全之責任歸屬，由各委保單位自行妥為規劃）；仍維持值班單位，其值班處所應裝設警報、報警器，或視實際需要設置閉路電視電視監視器，並將按鈕（開關）設於隨手可及之處，值班人員應加強內部查察，作成紀錄，如有異常徵候立即報警，採取必要安全措施。

18 (D)。 本要點所稱詐騙係指：（一）偽變造票據、偽變造金融卡（信用卡、IC卡等）及其他不法詐領及盜領存款案件。（二）授信及外匯詐騙案。（三）其他詐騙案件金融機構認為應通報者。

19 (D)。 第27條：「發卡機構應依下列規定辦理逾期帳款之備抵呆帳提列及轉銷事宜：一、備抵呆帳之提列：當期應繳最低付款金額超過指定繳款期限一個月至三個月者，應提列全部墊款金額百分之二之備抵呆帳；超過三個月至六個月者，應提列全部墊款金額百分之五十之備抵呆帳；超過六個月者，應將全部墊款金額提列備抵呆帳。二、呆帳之轉銷：當期應繳最低付款金額超過指定繳款期限六個月者，應於三個月內，將全部墊款金額轉銷為呆帳。三、逾期帳款之轉銷，應按董（理）事會授權額度標準，由有權人員核准轉銷，並彙報董（理）事會備查。但外國信用卡公司得依其總公司授權程序辦理。」

20 (C)。 中華民國銀行商業同業公會全國聯合會信用卡業務委員會所屬機構辦理信用卡業務自律公約一風險管理：為鼓勵特約商店協助發卡機構查緝偽卡冒用等情事，針對商店配合發卡機構或收單機構之指示而能自行或報警逮捕詐騙者，則根據嫌犯現場取得之偽卡（白卡除外），由每一發卡機構加發新台幣2000元獎勵金。若現場破獲卡片數量眾多，**每一發卡機構之核發獎勵金以新台幣一萬元（含沒收卡片獎勵金）為上限。**

21 (B)　22 (A)

23 (B)。 第24條：「發卡機構應按持卡人之信用狀況，訂定不同等級之信用風險，並考量資金成本及營運成本，採取循環信用利率差別定價，且至少每季應定期覆核持卡人所適用利率。發卡機構應於契約中載明得調整持卡人適用利率之事由，且於符合該約定事由時，始得調整持卡人利率；調整時，並應將調整事由及調整後利率等相關資訊通知持卡人。**發卡機構對已核發之信用卡至少每半年應定期辦理覆審**。發卡機構對長期使用循環信用之持卡人，應依據主管機關規定提供相關還款或利息調整方案，以供持卡人選擇。」

24 (D)。 備抵呆帳提列規定：有追索權應收帳款承購以**融資餘額**為基準，無追索權應收帳款承購以承購餘額為基準，依銀行資產評估損失準備提列及逾期放款催收款呆帳處理辦法規定，提列備抵呆帳。

25 (C)。 週轉金貸款：**還款來源來自企業正常營運之資產的轉換**。如購料貸款由原料加工製造為成品，成品出售收現後即可還款；或者客票融資，當借款戶屆時提示收款即可償還借款。

26 (A)。 第26條：「票券商賣與清算交割銀行短期票券，集中保管機構應依賣出數額，自票券商帳簿自有部位或附賣回部位，撥入待交割部位。集中保管機構應於中央銀行、外幣結算機構或銀行回覆完成款項收付後，即自票券商帳簿待交割部位撥出，並依下列方式辦理撥入作業：一、於賣斷交易或單次附賣回條件交易履約，應撥入清算交割銀行帳簿自有部位。二、於附買回條件賣出交易或多層次附賣回條件交易履約，應撥入清算交割銀行帳簿附賣回部位。集中保管機構每日營業結束前，對前項款項收付未完成之交易，應將第一項撥入票券商帳簿待交割部位數額，撥回自有部位或附賣回部位。」

27 (B)。 第11條第3點：「關於衍生性金融商品部位之評價頻率，銀行應依照部位性質分別訂定；其為交易部位者，應以即時或每日市價評估為原則；其為銀行本身業務需要辦理之避險性交易者，**至少每月評估一次**。」

28 (B)

29 (B)。 風險管理執行單位主要負責公司日常風險之監控、衡量及評估等執行層面之事務，其應獨立於業務單位及交易活動之外行使職權。

30 (C)。 董事會應對銀行建立並維持妥適有效的內部控制制度，負最後之責。

31 (C)

32 (C)。 銀行整體經營策略與重大政策是由董事會核准與定期覆核，非內部稽核之範圍。

33 (B)

34 (D)。應嚴格禁止無抬頭人之禁止背書轉讓支票。

35 (C)

36 (A)。櫃員嚴禁代存戶保管存摺，若遇有存戶未及時領回存摺時，應立即登記於「存戶未即時領回存摺暫行保管登記簿」，讓登記簿由經辦人員保管，存摺則交由信用部主任（或指定專人）集中保管。

37 (C)。為建立防杜辦理分散借款集中使用案件之作業機制及建立大額授信之鑑估制度，應請於該範例轉知各社時，併請應於其徵信或授信審核之內部規定中明定左列事項：(1)同一所有權人之擔保物，由數人分別辦理授信時，應提出親屬或股東或合夥關係之證明。(2)對大額授信之擔保物之鑑價，應明定鑑估之層級。(3)對一定金額以上之授信擔保物，應洽借款戶徵提經第三公正人鑑估之報告為佐證資料。

38 (D)。為防範行員勾結不法集團以偽造新得扣繳憑單等財力證明資料詐騙冒貸，金融機構辦理消費性放款應**健全徵信、授信及追蹤考核制度，並嚴禁行員與放款客戶或金融機構委託處理業務之第三人（受委外單位）有資金往來。**

39 (C)。財力證明種類：(1)薪資收入：存摺、薪資明細、銀行月結單等，有固定薪水轉入的才算數，通常銀行也會要求，要有連續3-6個月以上，同一家公司的轉帳紀錄才能直接認列，否則可能須補上前職的轉帳紀錄。(2)年度繳稅證明：扣繳憑單、報稅明細等，證明自己的年收入，提供近3年的較具參考價值。

40 (C)　　**41 (C)**

42 (C)。不可完全列示出客戶信用卡號。

43 (D)。金融機構派員赴證券商辦理收付款項應切實依下列原則辦理：(一)派員收付之金融機構，以目前已加入或即將於半年內加入財金資訊股份有限公司跨行通匯系統者為限。(二)辦理業務項目，限於證券商客戶交易款項之收付，並以活期性存款方式辦理為限。(三)所收存款至少半數運用於中央銀行所訂流動準備項目，以維持其流動性。(四)金融機構辦理前開業務應遵守本部八十四年十二月二十日台財融第八四七九一三三六號函意旨並加強安全防護措施。

44 (D)。警示帳戶係指警調機關為查緝電話詐欺恐嚇案件，依警示通報機制，請金融機構列為**警示帳戶（終止該帳號使用提款卡、語音轉帳、網路轉帳及其他電子支付轉帳功能）**者；「警示帳戶衍生之管制帳戶」，係指「警示帳戶」之存款人所開立之其他帳戶。

45 (B)　　**46 (A)**

47 (C)。發卡機構主動調高持卡人信用額度，應事先通知正卡持卡人，並取得其書面同意後，始得為之。若原徵有保證人者，應事先通知保證人並獲其書面同意，且於核准後應通知保證人及正卡持卡人。

48 (B)。銀行法第三十二條所稱之消費者貸款，係指對於房屋修繕、耐久性消費品（包括汽車）、支付學費與其他個人之小額貸款，及信用卡循環信用。該條第二項消費者貸款額度，合計以每一消費者不超過新台幣一百萬元為限，其中信用卡循環信用，係以信用卡循環信用餘額計算，銀行並應注意上述額度之控管。

49 (B)。銀行法第三十三條第二項之授信限額、授信總餘額、授信條件及同類授信對象規定如下：一、所稱授信限額，指銀行對其持有實收資本總額百分之五以上之企業，或本行負責人、職員或主要股東，或對與本行負責人或辦理授信之職員有利害關係者為擔保授信，其中對同一法人之擔保授信總餘額不得超過各該銀行淨值百分之十；**對同一自然人之擔保授信總餘額不得超過各該銀行淨值百分之二。**

50 (C)。第3條：「公司因合併、收購或分割致銀行對其授信額度總額超逾本辦法之限額者，於經目的事業主管機關或經濟部就其資金需求計畫是否符合產業發展必要出具意見，並經銀行依授信風險評估核貸後，自合併、收購或分割基準日起算**五年內**，該銀行得以原授信額度總額為其授信限額。但企業併購法另有規定者，從其規定。」

第**40**期 銀行內部控制與內部稽核（一般金融）

( ) **1** 依「巴塞爾銀行監理委員會」發布之「銀行法規遵循功能指導原則」，銀行之法規遵循制度應由下列何者負責監督？ (A)股東會 (B)董事會 (C)法務人員 (D)稽核人員。

( ) **2** 有關內部控制與內部稽核之敘述，下列何者錯誤？ (A)內部稽核是內部控制的一環 (B)內部稽核為內部控制之依據 (C)稽核單位應定期評估營業單位自行查核辦理之績效 (D)稽核單位應負責查核業務及管理單位。

( ) **3** 良好的內部控制可利用環環相扣的內控環境使弊案發生的機會或損失降到最低，下列何者不屬於環環相扣的內控環境？ (A)獎懲制度 (B)日常運作之牽制 (C)命令休假 (D)自行查核。

( ) **4** 依「金融控股公司及銀行業內部控制及稽核制度實施辦法」規定，銀行內部稽核單位對國內營業、財務、資產保管及資訊單位每年至少應辦理幾次查核？ (A)一次一般查核、一次專案查核 (B)兩次一般查核、一次專案查核 (C)兩次專案查核、一次一般查核 (D)兩次一般查核、兩次專案查核。

( ) **5** 有關稽核計畫之執行，下列敘述何者錯誤？ (A)庫存現金之查核宜突擊式現場查核 (B)現場查核可深入瞭解場外監控無法查明之問題 (C)場外監控有助於確定現場查核重點及查核時間配置 (D)場外監控可提供現場查核之事前風險預警，惟查核成本較高。

( ) **6** 依據巴塞爾銀行監理委員會提出金融機構內部控制制度評估之十三項原則，其中有關董事會應負責事項，下列敘述何者正確？ (A)核定銀行組織架構 (B)維持權責劃分 (C)制定妥善之內部控制政策 (D)監控內部控制制度之適足性。

( ) **7** 依規定每一營業單位應至少多久辦理一次一般自行查核？ (A)每月 (B)每季 (C)每半年 (D)每年。

( )　**8** 各營業、財務保管及資訊單位，自行指派非經辦各該項業務之人員，去查核其業務操作及經營管理是否遵循金融機構之政策程序以及相關之法令規章，係屬下列何種制度？　(A)內部稽核制度　(B)自行查核制度　(C)法令遵循主管制度　(D)自我控制制度。

( )　**9** 有關出納業務，下列何者無須設簿登記控管？　(A)人員進出金庫　(B)空白存單　(C)營業時間外所收現金及票據等　(D)辦理客戶現金收付或兌換現鈔當日累積未達新臺幣五十萬元。

( )　**10** 銀行對破損券幣應隨時整理，並送交下列何處調換？　(A)總行　(B)財政部　(C)臺灣銀行　(D)中央銀行。

( )　**11** 銀行應如何掌管金庫鑰匙及密碼，以符合牽制作業？　(A)分由會計及主管指定人員掌管　(B)分由出納及主管指定人員掌管　(C)分由總務及主管指定人員掌管　(D)分由會計及總務掌管。

( )　**12** 營業時間外收受之託收票據除設簿登記外，應如何保管？　(A)經辦自行保管　(B)交主管保管　(C)置放金庫內保管　(D)交專人保管。

( )　**13** 有關銀行買入之股票、受益憑證等記名有價證券，下列敘述何者錯誤？　(A)應即時辦理過戶手續　(B)經相關人員密封後由原經辦人員保管　(C)股息及紅利應按期收取並如數入帳　(D)應經常作不定期盤點，並作成紀錄。

( )　**14** 辦理出納業務查核時，實體盤點項目不包括下列何者？　(A)待交換票據　(B)託收票據　(C)有價證券　(D)空白取款憑條。

( )　**15** 定期儲蓄存款逾期轉期續存或逾期轉存一年期以上之定期存款時，在最長不逾原存單到期日多久期間內，得自原到期日起息？　(A)一個月　(B)二個月　(C)三個月　(D)四個月。

( )　**16** 定期存款之到期日如為休假日，存戶於次營業日提取時，該休假日之利息應以下列何種方式計算？　(A)不予計息　(B)按活期存款牌告利率計息　(C)按原存單利率並打八折計息　(D)按原存單利率計息。

( ) **17** 下列何者為辦理支票存款開戶之缺失？ (A)即時上網查詢開戶人之身分證領、補、換發記錄 (B)行號開戶時實地查證，且查證日期在開戶日期之前 (C)開戶申請書簽立日期在核准日期之後 (D)個人名義申請開戶要求採用兩人印鑑者，將兩人同列為戶名。

( ) **18** 金融機構代為扣繳中華民國境內居住之個人之利息所得稅款，至遲應於何時解繳國庫？ (A)次月五日前 (B)次月十日前 (C)代扣日起算五日內 (D)代扣日起算十日內。

( ) **19** 下列何種公司存入之存款屬「同業存款」？ (A)人壽保險公司 (B)票券金融公司 (C)中華郵政公司 (D)證券金融公司。

( ) **20** 以銀行為擔當付款人之本票，發票人於票據提示期限經過前撤銷付款委託，經執票人提示退票，如未辦清償註記一年內達三張時，往來銀行應自終止為擔當付款人契約之日起多久期間內，不再受託為其簽發本票之擔當付款人？ (A)六個月 (B)一年 (C)二年 (D)三年。

( ) **21** 對公營事業之定期性存款客戶，其存期至少在多久期間以上者，於存續期間應至少抄送對帳單一次（但經客戶指定日期抄送或表示無須抄送者，可應客戶要求處理）？ (A)三個月 (B)六個月 (C)九個月 (D)一年。

( ) **22** 有關不具法人資格之公寓大廈管理委員會開戶，下列敘述何者錯誤？ (A)須持有向主管機關報備之文件 (B)得以該委員會負責人名義開立支票存款帳戶 (C)得以該委員會名義申請開立儲蓄存款帳戶 (D)如經取得主管機關編配之統一編號，開立扣繳憑單時，所得人宜填列該委員會之名稱及統一編號。

( ) **23** 辦理存款相關業務，對下列哪一種情形應進一步追查原因？ (A)櫃員離座時於端末機執行簽退手續 (B)非存款櫃員操作營業部門端末機 (C)櫃員收到鉅額現金，立即將現金繳交大出納 (D)櫃員短暫時間外出，經向主管報備，經主管確認後同意。

( ) **24** 受理已到期票據之掛失止付，應立即辦理止付金額之留存，並應將其轉列下列何種會計科目？ (A)「其他應付款-止付票款」 (B)「暫收款-止付票款」 (C)「預收款-止付票款」 (D)「其他應收款-止付票款」。

(　)　**25** 有關銀行辦理動產抵押，提供銀行擔保之動產應具備之條件，下列敘述何者錯誤？　(A)品質適於保存及鑑別，不易變質及損耗　(B)具有市場性，易變賣處分　(C)價值穩定，較小變動者　(D)須符合銀行公會公佈動產擔保交易標的物品類表內容。

(　)　**26** 依「銀行資產評估損失準備提列及逾期放款催收款呆帳處理辦法」規定，逾期放款及催收款逾清償期多久，經催收仍未收回者，得扣除可收回部分後，轉銷為呆帳？　(A)一年以上　(B)六個月以上一年以下　(C)六個月以上二年以下　(D)二年以上。

(　)　**27** 若發現債務人提供土地設定抵押權予銀行後，復於該土地上准許他人建造房屋時，債權人銀行可採取下列何種法律程序，禁止該他人繼續施工，以保障其權益？　(A)假扣押　(B)假處分　(C)假執行　(D)假起訴。

(　)　**28** 依主管機關規定，凡借款本金超逾約定清償期限多久以上，而未辦理轉期或清償者，應列報為逾期放款？　(A)一個月　(B)二個月　(C)三個月　(D)六個月。

(　)　**29** 下列何者非屬銀行間接授信業務範圍？　(A)保證　(B)開發國內外信用狀　(C)出口押匯　(D)承兌。

(　)　**30** 依銀行法第二十五條規定，下列何者非屬同一關係人之範圍？　(A)岳父　(B)外孫女　(C)配偶　(D)兄弟。

(　)　**31** 有關短期授信業務，下列敘述何者錯誤？　(A)應確實瞭解借戶之業務性質、產銷程序及財務近況　(B)係供企業購買營業週期內所需流動資產或償還流動負債之融資　(C)短期授信之資金不宜充作資本性支出之用　(D)授信額度超過新台幣一億元以上者，應徵提「現金流量預估表」。

(　)　**32** 有關債權憑證借據本金、利息之請求權時效，下列敘述何者正確？　(A)十五年、十五年　(B)十五年、五年　(C)五年、十五年　(D)五年、五年。

(　)　**33** 發現逾期放款戶有將不動產過戶或設定抵押權於他人等脫產行為之虞時，宜聲請法院對其財產作保全措施，下列何者為最佳措施？　(A)聲請核發支付命令　(B)聲請強制執行　(C)聲請假扣押查封　(D)起訴。

( ) **34** 「貼現」係指銀行以下列何種方式先予墊付，俟本票或匯票到期時收取票款並償還墊款之融通方式？ (A)預收利息 (B)預收本金 (C)預收違約金 (D)預收簽證費。

( ) **35** 下列何者屬消費者貸款？ (A)汽車貸款及貼現 (B)汽車貸款及承兌 (C)信用貸款及信用狀融資 (D)汽車貸款及房屋修繕貸款。

( ) **36** 銀行引用加速條款，主張提前收回借款時，應先通知借款人、保證人，銀行應以下列何種方式通知較為妥當？ (A)電話 (B)E-mail (C)平信 (D)雙掛號或存證信函方式。

( ) **37** 有關辦理買入光票，下列敘述何者錯誤？ (A)買入之票據發票日應在六個月之內 (B)申請人應為票據之抬頭人 (C)須注意支票提示人與票面所載受款人為同一人 (D)買入光票以受理轉讓支票為宜。

( ) **38** 信用狀或修改書中未規定最後裝船日者，銀行將不接受遲於裝運日後多久始向其提示或超過信用狀有效期限之單據？ (A)七天 (B)十四天 (C)二十一天 (D)三十天。

( ) **39** 依「外匯收支或交易申報辦法」規定，公司及行號每年累積結購或結售金額未超過多少之匯款，申報義務人得於填妥申報書後，逕行辦理新臺幣結匯？ (A)五百萬美元 (B)一千萬美元 (C)三千萬美元 (D)五千萬美元。

( ) **40** 有關銀行業務之敘述，下列何者錯誤？ (A)非外匯指定銀行不得辦理外匯業務，僅能以「代收件」方式處理 (B)本國銀行非經許可，不得在海外開設新臺幣帳戶 (C)本國銀行可對非居住民辦理新臺幣貸款 (D)非居住民得以在境內取得之新臺幣資金開設新臺幣帳戶。

( ) **41** 開狀銀行接獲信用狀項下單據，如欲拒付時，下列敘述何者錯誤？ (A)拒付之通知書應明確表明拒付之意旨 (B)拒付通知須敘明單據一切瑕疵及單據正本留候處置或退還提示人 (C)得徵詢進口商意見，是否拋棄瑕疵之主張 (D)拒付之理由可由事後之往來交涉電文內再補充。

( ) **42** 商業銀行投資於每一公司股票，新股權利證書及債券換股權利證書之股份總額，不得超過該公司已發行股份總數之多少比率？ (A)3% (B)5% (C)10% (D)15%。

(　) **43** 有關債券市場之敘述，下列何者正確？　(A)債券在店頭市場是以競價方式撮合　(B)債券發行期限均在一年以上　(C)債券市場交易工具不包括無實體公債　(D)債券在集中市場是以議價方式交易。

(　) **44** 依銀行法規定，銀行轉投資企業總額，不得超過投資時淨值之多少？　(A)百分之五　(B)百分之十　(C)百分之二十五　(D)百分之四十。

(　) **45** 依票券金融管理法及主管機關規定，兼營票券金融業務之金融機構從事融資性商業本票之買賣面額，應以新臺幣多少元為最低單位，並為其倍數之金額？　(A)一萬元　(B)五萬元　(C)十萬元　(D)一百萬元。

(　) **46** 辦理企業員工儲蓄信託時，應由下列何者與受託機構簽訂信託契約？　(A)公司董事長　(B)個別員工　(C)信託管理委員會　(D)公司名義。

(　) **47** 依信託業法規定，信託業辦理委託人不指定營運範圍或方法之金錢信託，除經主管機關核准之業務外，其營運範圍不包括下列何項目？　(A)投資公司債　(B)現金及銀行存款　(C)投資上市上櫃股票　(D)投資短期票券。

(　) **48** 有關信託業董事長（理事主席）、總經理（局長）或三分之一以上董（理）事發生變動者，應於翌日起幾個營業日內向主管機關申報？　(A)1日　(B)2日　(C)3日　(D)4日。

(　) **49** 有關信託業務之相關人員處理信託業務，下列敘述何者錯誤？　(A)應盡善良管理人之注意　(B)對自有財產及信託財產可共同管理，但帳務應分開　(C)不得置信託財產利益與個人利益於可能衝突之立場　(D)應定期製作報表向委託人、受益人及利害關係人等說明信託業務處理狀況。

(　) **50** 依主管機關規定，信託業者以現金或政府債券提存之賠償準備金，應至少達新臺幣若干元？　(A)三千萬元　(B)五千萬元　(C)六千萬元　(D)八千萬元。

( ) **51** 依「銀行辦理衍生性金融商品業務內部作業制度及程序管理辦法」規定，銀行辦理衍生性金融商品應訂定風險管理制度；其中對風險容忍度及業務承受限額，應定期檢討並提報至何種層級進行審定？ (A)總經理 (B)董事長 (C)董（理）事會 (D)股東會。

( ) **52** 有關理財業務人員之人事管理辦法範疇，不包括下列何者？ (A)薪資獎酬與考核制度 (B)專業訓練及資格 (C)職業道德規範 (D)投資風險之評估與分類。

( ) **53** 有關財富管理商品適合度政策，下列何種交易如未獲得具權責之上級長官書面核准同意，不得推薦？ (A)綠燈交易 (B)黃燈交易 (C)橘燈交易 (D)紅燈交易。

( ) **54** 依「證券投資顧問事業從業人員行為準則」之自律規範，有關業務經營原則乃屬負責人、業務人員及所有受僱人員所應秉持之原則，不包括下列何者？ (A)忠實誠信原則 (B)利潤原則 (C)專業原則 (D)保密原則。

( ) **55** 銀行辦理財富管理業務，對於法令遵循之查核，至少應多久進行一次？ (A)一年 (B)一年半 (C)二年 (D)三年。

( ) **56** 證券商辦理有價證券買賣融資融券，對每種證券之融資總金額，最高不得超過其淨值之多少比率？ (A)5% (B)10% (C)15% (D)20%。

( ) **57** 證券商對客戶提交面額達新台幣多少元以上之實體債券辦理現券交割者，應要求提供取得來源證明文件並應留存交易紀錄及相關憑證？ (A)50萬元 (B)100萬元 (C)150萬元 (D)200萬元。

( ) **58** 證券商辦理有價證券買賣融資融券，對客戶融資之總金額，不得超過其淨值多少？ (A)100% (B)150% (C)200% (D)250%。

( ) **59** 票券商以附買回或附賣回條件方式辦理交易，應以何種方式約定交易條件？ (A)口頭約定 (B)書面約定 (C)口頭或書面約定均可 (D)無須特別約定。

(　)　**60** 凡逾繳款截止日未繳（足）當期最低應繳款者，即屬延滯放款，其中延滯等級M2，係指延滯多久期間者？　(A)一個月以內　(B)一個月至二個月　(C)二個月至三個月　(D)三個月至四個月。

(　)　**61** 下列何者非為消費金融業務產品規劃之常見缺失？　(A)目標市場選擇錯誤　(B)定價（利率）偏低　(C)嚴格控管「例外」，差異條件比率過低　(D)未注意環境情境變化。

(　)　**62** 銀行在辦理消費金融業務時，應瞭解客戶之居住狀況（是否設籍或寄居、有無家人聯絡電話），是為避免下列何種風險？　(A)授信風險　(B)作業風險　(C)流動性風險　(D)政治風險。

(　)　**63** 下列何者係屬不法之有心人士利用未具法律知識之人向銀行申貸，撥款後供其使用之詐欺模式？　(A)取得未達卡　(B)人頭貸款　(C)盜領貸款　(D)偽造卡。

(　)　**64** 有關信用卡的授權控管，依規定以電話錄音紀錄所有授權交易情況，作為日後有糾紛時之依據，此錄音系統應多久檢查一次？　(A)每日　(B)每三日　(C)每週　(D)每月。

(　)　**65** 依主管機關規定，銀行對於第三類授信資產之債權餘額應至少提足多少之備抵呆帳及保證責任準備？　(A)2%　(B)10%　(C)50%　(D)100%。

(　)　**66** 下列何者非屬影響消費金融業務之因素？　(A)家庭中賺取所得之年齡　(B)景氣循環　(C)利率水準的高低　(D)家庭人口數量。

(　)　**67** 有關銀行辦理消費金融業務，當一般案件喪失期限利益時之債權回收法催程序，不包括下列何者？　(A)函催　(B)假扣押、假處分、假執行之裁判　(C)支付命令　(D)起訴。

(　)　**68** 下列何者係指業務人員在促銷消費者產品或其他行員在處理核貸案時，能隨時主動發掘其他業務機會之銷售行為？　(A)顧問行銷　(B)電話行銷　(C)交叉銷售　(D)型錄銷售。

(　)　**69** 下列何者不是消費金融業務之產品（信用）循環（Credit Cycle）？　(A)產品規劃　(B)授信評估　(C)債權收回　(D)教育訓練。

（　）　**70** 犯罪集團偽造與真卡持有人相同之信用卡，複製一信用卡以達到消費目的，係下列何種詐欺模式？　(A)偽冒申請　(B)人頭貸款　(C)遺失卡　(D)偽造卡。

（　）　**71** 消金業務催收人員辦理外訪催收，若遇客戶無人在家時，下列作法何者錯誤？　(A)請大樓管理員轉告並留下名片　(B)徵詢當地鄰長瞭解客戶居住狀況　(C)留下強烈嘲諷語氣之字條，並拍照存證　(D)觀察信箱內物品是否已無人居住。

（　）　**72** 目前各網路銀行安全機制中，下列何者安全性最低？　(A)SSL　(B)Non-SET　(C)SET　(D)Non-SSL。

（　）　**73** 網路銀行業務若採用SET安全機制，係由下列何者核發電子憑證？　(A)金融機構電子金融部　(B)金融聯合徵信中心　(C)聯合信用卡處理中心　(D)網路認證公司。

（　）　**74** 金融業務電腦化後，對稽核人員影響最大的改變為何？　(A)稽核軌跡的改變　(B)作業方式的改變　(C)作業分工的改變　(D)授權方式的改變。

（　）　**75** 下列何者非屬金融機構營業單位與電腦作業有關之電腦犯罪手法？　(A)騙取主管卡進行非法交易　(B)趁他人未簽退時非法輸入交易資料　(C)偽造憑證擅自進行轉帳交易　(D)結帳後輸出報表。

（　）　**76** 下列何者非屬網路銀行對電子轉帳及交易性指示等之防護措施？　(A)具訊息完整性　(B)具訊息隱密性　(C)具可重複性　(D)具來源辨識性。

（　）　**77** 有關銀行對電腦輸入輸出資料之管制作業，下列敘述何者錯誤？　(A)為爭取時效先以電話通知代為更正時，事後應補送更正傳票或其他表單　(B)輸出資料使用後若無保存需要，應經過核准並作適當毀棄處理　(C)機密性或敏感性資料的輸出，應經核准並限定專人處理　(D)經電腦檢核為異常或錯誤之輸入資料，應指定原操作人員負責查明處理即可。

（　）　**78** 依「銀行辦理衍生性金融商品業務內部作業制度及程序管理辦法」規定，經核准辦理衍生性金融商品業務之銀行，其最近一季底逾期放款比率高於多少時，所辦理之衍生性金融商品，應以避險目的為限？　(A)3%　(B)5%　(C)6%　(D)9%。

(　)　**79** 有關辦理衍生性金融商品交易，下列敘述何者正確？　(A)風險控管應由交易人員自行負責　(B)交易人員應負責寄送對帳單　(C)交易人員應負責交割　(D)交易及交割人員不得互相兼任。

(　)　**80** 負面表列之衍生性金融商品，除涉及須經中央銀行許可之外匯商品外，金管會於核准第一家銀行辦理後，其他銀行於申請書件、法規遵循聲明書及風險預告書送達金管會之次日起多久內，金管會未表示反對意見者，即可逕行辦理？　(A)五日內　(B)十日內　(C)十五日內　(D)二十日內。

解答及解析　（答案標示為#者，表官方曾公告更正該題答案。）

1 (B)。 銀行董事會應負責監督銀行法規遵循風險管理制度及核准銀行的法規遵循政策，包括以規章或其他正式文件建立長久的法規遵循功能。董事會或其所轄委員會應至少每年一次檢討該銀行法規循政策與政策執行情形，以評估是否有效管理其法規遵循風險。

2 (B)。 內部稽核為內部控制監督機制之重要防線，各機關應妥為規劃及執行內部稽核工作，確實檢查內部控制之實施狀況，並適時提供改善建議，以合理確保內部控制得以持續有效運作，促使機關達成施政目標。內部稽核制度之目的，在於協助董（理）事會及管理階層查核及評估內部控制制度是否有效運作，並適時提供改進建議，以合理確保內部控制制度得以持續有效實施及作為檢討修正內部控制制度之依據。

3 (A)。 控制環境：係公司設計及執行內部控制制度之基礎。控制環境包括公司之誠信與道德價值、董事會及監察人治理監督責任、組織結構、權責分派、人力資源政策、績效衡量及獎懲等。董事會與經理人應建立內部行為準則，包括訂定董事行為準則、員工行為準則等事項。

4 (A)。 金融控股公司及銀行業內部控制及稽核制度實施辦法第15條：「銀行業內部稽核單位對國內營業、財務、資產保管及資訊單位每年至少應辦理一次一般查核及一次專案查核，對其他管理單位每年至少應辦理一次專案查核；對各種作業中心、**國外營業單位及國外子行每年至少辦理一次一般查核**；對國外辦事處之查核方式可以表報稽核替代或彈性調整實地查核頻率。」

5 (D)。 場外監控除成本較小外，並可提供現場查核之事前風險預警，助於確定現場查核重點及查核時間配置。

6 (A)。 董事會應該負責：核准並定期評估整體營運策略及重要政策；

瞭解銀行營運風險，據以訂定銀行可承擔的風險限額，並督導高階管理階層採取必要措施，以辨識、衡量、監視及控管風險；核定銀行組織架構；以及督導高階管理階層監控所訂內部控制制度之有效運作。董事會應對銀行建立並維持妥適有效的內部控制制度，負最後之責。

7 **(C)**。金融控股公司及銀行業內部控制及稽核制度實施辦法第25條：銀行業應建立自行查核制度。各營業、財務、資產保管、資訊單位及國外營業單位應每半年至少辦理一次一般自行查核，每月至少辦理一次專案自行查核。但已辦理一般自行查核、內部稽核單位（含母公司內部稽核單位）已辦理一般業務查核、金融檢查機關已辦理一般業務檢查或法令遵循事項自行評估之月份，該月得免辦理專案自行查核。
金融控股公司各單位及子公司每年至少須辦理一次內部控制制度自行查核，以及每半年至少須辦理一次法令遵循作業自行查核。
各單位辦理前二項之自行查核，應由該單位主管指定非原經辦人員辦理並事先保密。
第一項及第二項自行查核報告應作成工作底稿，併同自行查核報告及相關資料至少留存五年備查。

8 **(B)**。銀行業應建立自行查核制度。營業、財務、資產保管、資訊單位及國外營業單位應每半年至少辦理一次一般自行查核，每月至少辦理一次專案自行查核。

9 **(D)**。辦理客戶現金收付或兌換現鈔當日累積未達新台幣五十萬元時，無須設簿登記控管。

10 **(C)**

11 **(B)**。鑰匙密碼：金庫鑰匙及密碼，應分別由出納及主管指定人員掌管。

12 **(C)**

13 **(B)**。客戶委託保管之有價證券，應經相關人員密封後入庫保管，經辦人員不得自行保管，並應作不定期盤點。

14 **(D)**

15 **(B)**。續存或轉存定期儲蓄存款逾期轉期續存或逾期轉存一年期以上之定期存款，如逾期「二個月」以內者，得自原到期日起息。

16 **(D)**。定期性存款到期日如為休假日，於次營業日提取時，**按存單利率另給付休假日之利息，**但在第二營業日提取時，除休假日按存單利率給付利息外，第一營業日以後應照新臺幣活期存款牌告利率單利計付逾期利息。

17 **(C)**

18 **(B)**。銀行代為扣繳之非中華民國境內居住之個人利息所得稅款，應於代扣之日起十日內將稅款解繳國庫。

19 **(C)**。信託投資公司、票券金融公司、人壽保險公司、產物保險公司以及證券金融公司之存款不得列為同業存款。

20 (D)。 依票據掛失止付資訊處理須知記載，拒絕往來戶有下列情事之一者，經金融業者同意後，得恢復往來並重新開戶：(1)拒絕往來期間屆滿。(2)構成拒絕往來及其後發生之全部退票均已辦妥清償贖回、提存備付或重提付訖之註記。發票人在各地金融業者所設支票存款戶，因簽發以金融業者為擔當付款人之本票，在提示期限經過前撤銷付款委託，經執票人提示所發生的退票，未辦妥清償註記，一年內達三張者，金融業者得自票據交換所通報之日起算，**終止擔當付款人之委託三年。**

21 (A)。 (1)對政府機關、公營事業、學校、公司行號及其他團體之定期性存款客戶，其存期存**三個月以上（包括三個月）者**，於存續期間內至少抄送對帳單一次，但經客戶指定日期抄送或表示無須抄送者，仍依客戶要求辦理。(2)對個人之定期性存款客戶得依客戶要求不定期抄送對帳單。(3)對帳單之規格、內容、發送等處理辦法，由各行庫參照「支票存款對帳單抄送辦法」之規定辦理，惟應由主管人員指定非經辦人員核發對帳單並納入「自行查核」項目。

22 (C)。 不具法人資格之公寓大廈管理委員會，欲開立支票存款或儲蓄存款帳戶，必須以公寓大廈管理委員會之負責人名義申請，但該委員會名稱可併列於戶名內。

23 (B)　　24 (A)

25 (D)。 提供擔保之動產必須具備下列條件及符合行政院公佈動產擔保交易標的物品類表內容：(1)品質適於保存及鑑別，不易變質及損耗。(2)價值穩定，較少變動。(3)具有市場性，易變賣處分。

26 (D)。 逾期放款及催收款，具有下列情事之一者，應扣除估計可收回部分後轉銷為呆帳：一、債務人因解散、逃匿、和解、破產之宣告或其他原因，致債權之全部或一部不能收回者。二、擔保品及主、從債務人之財產經鑑價甚低或扣除先順位抵押權後，已無法受償，或執行費用接近或可能超過銀行可受償金額，執行無實益者。三、擔保品及主、從債務人之財產經多次減價拍賣無人應買，而銀行亦無承受實益者。**四、逾期放款及催收款逾清償期二年，經催收仍未收回者。**

27 (B)。 假扣押是針對金錢請求權之保全措施，假處分是針對金錢以外之請求權之保全措施，假執行是暫時滿足權利狀態之保全措施，至於假命令則於我國法制上尚無明文。

28 (C)。 積欠貸款本金三個月以上者，應列報為逾期放款。

29 (C)。 (1)直接授信：銀行以直接撥貸資金之方式，貸放予借款人之融資業務。(2)間接授信：銀行以受託擔任客戶之**債務保證人、匯票承兌人、開發國內外信用狀**或其他方式，授予信用，承擔風險，而不直接撥貸資金之授信行為。

30 (A)。(1)同一關係人之範圍包括本人、配偶、二親等以內之血親，及以本人或配偶為負責人之企業。(2)二親等以內血親包括祖（外祖）父母、父母、兄弟姐妹、子女、孫（外孫）子女。

31 (D)。短期授信應以確有實際交易行為且具自償性者為主，其資金用途以供季節性、臨時性週轉為原則。中長期授信以購置資本性支出、經常性週轉及確實掌握還款來源，並應以由客戶提供適當擔保品。

32 (B)。各種債權請求權之時效為：(1)一般借款契約、墊款或借據本金及違約金請求權之時效為「十五年」。(2)一般借款契約、墊款「利息」請求權之時效為「五年」。

33 (C)。銀行對借保人有將不動產過戶或設定抵押權予他人等脫產行為之虞者，必須提供擔保金，向法院聲請對其財產假扣押查封；對借保人有將其不動產變更現狀（如：拆毀或興建房屋）或已將其不動產過戶或設定抵押權予第三人必須提供擔保金，向法院聲請假處分，並應於收到法院假扣押、假處分之裁定後三十日內執行查封或處分行為。

34 (A)

35 (D)。銀行法第32條所稱之消費者貸款，係指對於房屋修繕、耐久性消費品（包括汽車）、支付學費與其他個人之小額貸款，及信用卡循環信用。

36 (D)

37 (D)。光票（Clean Bill）是指不附帶商業單據的匯票（如貨運等相關單據），而在國外付款的外幣票據。其種類分為：一般外幣支票、匯票、旅行支票。承作光票不得經背書轉讓。

38 (C)。未規定最後裝船日之押匯單據期限進口押匯信用狀或修改書中未規定最後裝船日者，不得接受遲於裝運日「二十一曆日」後始向銀行提示或超過信用狀有效期限之押匯單據。

39 (D)。外匯收支或交易申報辦法第4條規定：「下列外匯收支或交易，申報義務人得於填妥申報書後，逕行辦理新臺幣結匯申報。但屬於第五條規定之外匯收支或交易，應經銀行業確認申報書記載事項與該筆外匯收支或交易有關合約、核准函或其他證明文件相符後，始得辦理：一、公司、行號、團體及個人出口貨品或對非居住民提供服務收入之匯款。二、公司、行號、團體及個人進口貨品或償付非居住民提供服務支出之匯款。三、公司、行號每年累積結購或結售金額未超過等值五千萬美元之匯款；團體、個人每年累積結購或結售金額未超過等值五百萬美元之匯款。但本行得視經濟金融情況及維持外匯市場秩序之需要，指定特定匯款性質之外匯收支或交易每年累積結購或結售金額超過一定金額者，應依第六條第一

項規定辦理。四、辦事處或事務所結售在臺無營運收入辦公費用之匯款。五、非居住民每筆結購或結售金額未超過等值十萬美元之匯款。但境外非中華民國金融機構不得以匯入款項辦理結售。前項第一款、第二款及第五條第四款之結購或結售金額，不計入申報義務人當年累積結匯金額。申報義務人為第一項第一款及第二款出、進口貨品之外匯收支或交易以跟單方式辦理新臺幣結匯者，以銀行業掣發之出、進口結匯證實書，視同申報書。」

40 (C)

41 (D)。開狀銀行如決定拒絕單據，則須將此種意思表示以電傳方式，或於無法以電傳辦理時，則以其他快速之方式，儘速通知所由收受單據之銀行（寄單銀行）；至如單據係直接收自受益人者，則須通知受益人；該通知須說明開狀銀行所拒絕單據之有關瑕疵，並須說明該等單據是否正留候提示人（寄單銀行或受益人）處理，或正退還提示人。如此，開狀銀行方得自寄單銀行就其或已取得之補償，主張返還。

42 (B)。商業銀行投資於每一公司之股票、新股權利證書及債券換股權利證書之股份總額，不得超過該公司已發行股份總數百分之五。

43 (B)

44 (D)。第74條：「投資總額不得超過投資時銀行淨值之百分之四十，

其中投資非金融相關事業之總額不得超過投資時淨值之百分之十。」

45 (C)。兼營票券金融業務之金融機構，從事融資性商業本票之買賣面額最低單位為新台幣十萬元。

46 (C)

47 (C)。第32條：「信託業辦理委託人不指定營運範圍或方法之金錢信託，其營運範圍以下列為限：一、現金及銀行存款。二、投資公債、公司債、金融債券。三、投資短期票券。四、其他經主管機關核准之業務。主管機關於必要時，得對前項金錢信託，規定營運範圍或方法及其限額。」

48 (B)。依據信託業法第41條：「董事長（理事主席）、總經理（局長）、或三分之一以上董（理）事發生變動者，應於**事實發生之翌日起二個營業日內向主管機關申報**。」

49 (B)。受託人應將信託財產與其自有財產及其他信託財產分別管理。信託財產為金錢者，得以分別記帳方式為之。前項不同信託之信託財產間，信託行為訂定得不必分別管理者，從其所定。

50 (B)。信託業辦理信託業務：(1)不得承諾擔保本金及最低收益。(2)應設立信託財產評審委員會，每三個月評審一次，並報告董事會。(3)應每年至少定期一次作成信託財產目錄及編製收支計算表，送交委託人。(4)信託業應於每半年營業年度

終了後二個月內，及每年營業年度
終了後四個月內，編製營業報告書
及財務報告，向主管機關申報；並
將資產負債表於其所在地之日報或
依主管機關指定之方式公告。(5)**應
依主管機關規定以現金或政府債券
提存賠償準備金至少新台幣五千萬
元。**(6)應將信託財產與自有財產及
其他信託財產分別管理。(7)信託契
約應以書面訂定，並明定信託財產
之管理運用方法係單獨管理運用或
集合管理運用，及受託人對信託財
產有無運用決定權。

51 (C)。 第11條：「銀行辦理衍生性
金融商品業務，應建立風險管理制
度，對於風險之辨識、衡量、監控
及報告等程序落實管理，並應遵循
下列規定辦理：一、銀行辦理衍生
性金融商品，應經適當程序檢核，
並由高階管理階層及相關業務主管
共同參考訂定風險管理制度。對風
險容忍度及業務承作限額，應定期
檢討提報**董（理）事會**審定。」

52 (D)。 證券商訂定財富管理業務人員
之人事管理辦法，內容至少應包括人
員之資格條件、專業訓練與資格、職業
道德規範、薪資獎酬及考核制度等。

53 (D)。 銀行應依客戶投資屬性及風
險承受等級，配合個別商品或投資
組合之類別，核定適配交易類型如
下：(A)綠燈交易：不需特別揭露相
關資訊或踐行必要步驟。(B)黃燈交
易：銷售人員與督導人員應確實討
論該交易對客戶之適當性，必要時

應諮詢徵信與法遵部門。(C)橘燈交
易：銷售人員應獲得具權責之上級
主管書面核准交易。(D)紅燈交易：
除非獲得具權責之上級主管書面核
准，否則不得推薦此種交易。

54 (B)。 (1)忠實誠信原則：應遵守並
奉行高標準的誠實、清廉和公正原
則，確實掌握客戶之資力、投資經
驗與投資目的，據以提供適當之服
務，並謀求客戶之最大利益，不得
有誤導、詐欺、利益衝突或內線交
易之行為。(2)勤勉原則：公司員工
應於其業務範圍內，注意業務進行
與發展，對客戶的要求與疑問，適
時提出說明。無論和現有客戶、潛
在客戶、雇主或職員進行交易時，
都必須秉持公正公平且充分尊重對
方。(3)善良管理人注意原則：應以
善良管理人之責任及注意，確實遵
守公司內部之職能區隔機制，以提
供證券投資顧問服務及管理客戶委
託之資產，並提供最佳之證券投資
服務。(4)專業原則：應持續充實專
業職能，並有效運用於職務上之工
作，樹立專業投資理財風氣。(5)
保密原則：妥慎保管客戶資料，禁
止洩露機密資訊或有不當使用之情
事，以建立客戶信賴之基礎。

55 (A)。 第25條：「銀行業應建立自
行查核制度。各營業、財務、資產
保管、資訊單位及國外營業單位
應每半年至少辦理一次一般自行
查核，每月至少辦理一次專案自行
查核。但已辦理一般自行查核、內

部稽核單位（含母公司內部稽核單位）已辦理一般業務查核、金融檢查機關已辦理一般業務檢查或法令遵循事項自行評估之月份，該月得免辦理專案自行查核。金融控股公司各單位及子公司每年至少須辦理一次內部控制制度自行查核，以及每半年至少須辦理一次法令遵循作業自行查核。各單位辦理前二項之自行查核，應由該單位主管指定非原經辦人員辦理並事先保密。第一項及第二項自行查核報告應作成工作底稿，併同自行查核報告及相關資料至少留存五年備查。」

56 (B)。證券商對每種有價證券融資總金額依規不得超出其淨值10%；證券商辦理有價證券買賣融資融券與辦理有價證券借貸業務，對每種證券融券與出借之總金額，合計不得超過其淨值5%。

57 (A)

58 (D)。第14條：「**證券商辦理有價證券買賣融資融券**，對客戶融資總金額或融券加計辦理第二十二條第一項第五款至第七款之出借有價證券總金額，分別**不得超過其淨值百分之二百五十**。證券商自有資本適足比率連續三個月達百分之二百五十以上者，其辦理有價證券買賣融資融券，對客戶融資總金額或融券加計辦理第二十二條第一項第五款至第七款之出借有價證券總金額，分別不得超過其淨值百分之四百。」

59 (B)

60 (C)。M0逾當期繳款截止日，未繳足當期最低應繳款者。延滯1個月以內者。M1連續二期於繳款截止日，未繳足當期最低應繳款者。延滯1～2個月內者。**M2連續三期於繳款截止日，未繳足當期最低應繳款者。延滯2～3個月內者**。M3連續四期於繳款截止日，未繳足當期最低應繳款者。延滯3～4個月內者。M4連續五期於繳款截止日，未繳足當期最低應繳款者。延滯4～5個月內者。M5連續六期於繳款截止日，未繳足當期最低應繳款者。延滯5～6個月內者。M6連續七期於繳款截止日，未繳足當期最低應繳款者。延滯6個月以上者。

61 (C)。消費金融業務中產品規劃之查核重點：(1)明確定義目標市場及產品範疇。(2)例外管理的規範應周延，差異條件比率不宜過高。(3)產品定價應以市場需求為導向。

62 (A)。授信風險（Credit Risk）：授信風險是指由於各種原因而導致並非所有的合作伙伴都全身心地投入該項目的可能性。市場風險：因市場交易中風險因素的變化和波動，可能導致所持有投資組合或金融資產產生的損失。流動性風險：市場一方因無法履行交易契約義務，而導致另一方發生損失。信用風險：指交易對手未能履行契約義務而造成經濟損失的風險。作業風

險：指所有因內部作業、人員及系統之不當與失誤，或其他外部作業與相關事件，所造成損失之風險。

63 (B)　　64 (A)

65 (B)。備抵呆帳及保證責任準備之提列：(一)銀行對資產負債表表內及表外之授信資產，應按規定確實評估，並以第一類（正常之授信資產）授信資產債權餘額扣除對於我國政府機關之債權餘額後之百分之一。(二)第二類授信資產（應予注意者）債權餘額之百分之二。(三)**第三類授信資產（可望收回者）債權餘額之百分之十。**(四)**第四類授信資產（收回困難）債權餘額之百分之五十。**(五)第五類授信資產債權餘額全部之和為最低標準，提足備抵呆帳及保證責任準備。（銀行資產評估損失準備提列及逾期放款催收款呆帳處理辦法第5條）

66 (D)

67 (A)。銀行催收程序有四個步驟：電催、函催（發催告函）、訪催（外訪債務人）、法催（透過法院進行催收程序）。因此函催不包含在內。

68 (C)。交叉銷售（Cross selling）是一種向客戶銷售互補性產品的行銷方式，通常透過通路取得行銷與顧客資料，以確認哪些是具獲利性的目標顧客，並針對該目標客群，設計能滿足其需求及興趣的產品與服務，從中找出交叉銷售的契機。

69 (D)。消費金融業務之產品（信用）循環（Credit Cycle），包含產品規劃、行銷策略、授信評估、帳戶管理、風險控制、績效評估、債權收回等七個循環，查核時應從產品規劃一直查到債權收回為止。

70 (D)。偽造卡為犯罪集團偽造與真卡持有人相同之信用卡，以達到消費目的。

71 (C)。外訪催收要領：(1)態度應和善，並充分掌握現場氣氛，當客戶情緒失控時應設法離開。(2)客戶家中有婚喪喜慶時或家中有聚會時應避免拜訪。(3)訪催時應避免客戶外出，而訪催人員卻獨自留在屋內之情況發生。(4)有人在家時應留意客戶從事之行業及作息時間，詢問是否有其他財產可供擔保。(5)無人在家時，可留下字條或以粉筆書寫催告字眼並拍照，但忌用挑釁口吻。(6)客戶非家中戶長時，應盡可能請戶長作保或請不動產所有人作保。(7)若催訪對象為公司戶，則應注意其存貨設備，營運狀況。若催訪對象為農牧漁業，則應注意其作物數量及採收期。

72 (A)。現行網路銀行的三種安全機制可區分為SSL、SET與Non-SET等三種機制，各有其優缺點，而安全性亦與便利性成反比。SSL機制：客戶可憑身分證字號、網路代碼、網路密碼為權限進入網路銀行系統，可用於查詢及低風險性的小

額轉帳交易，在轉帳額度上，除非是指定帳戶，否則每筆轉出不得超過5萬、每日最高10萬、每月最高20萬。

73 (D)。SSL憑證，是一項資訊傳輸的加密技術，就像是網站的專屬資安保鑣，能為伺服器與瀏覽器之間建立安全的加密連結，確保會員密碼、信用卡等隱私資訊不被第三者攔截和篡改，目前各大瀏覽器已將「建置SSL憑證」作為網站是否安全的基本標準，每天被數以百計的網站使用，確保網站以及訪客雙方的安全保障。

74 (A)　75 (D)　76 (C)

77 (D)

78 (A)。第12條：「經核准辦理衍生性金融商品業務之銀行，有下列事項之一者，其辦理之衍生性金融商品以避險為限：一、最近一季底逾期放款比率高於百分之三。二、本國銀行自有資本與風險性資產比率低於本法規定標準。三、備抵呆帳提列不足。」

79 (D)。從事衍生性商品之交易人員及確認、交割等作業人員不得互相兼任。

80 (C)。銀行已取得辦理衍生性金融商品業務之核准者（其中屬辦理期貨商業務者，並應依期貨交易法之規定取得許可），得開辦各種衍生性金融商品及其商品之組合，並於開辦後十五日內檢附商品特性說明書、法規遵循聲明書及風險預告書報本會備查。但下列商品應依第二項至第四項及第八條規定辦理：一、除臺股股權衍生性金融商品外之其他涉及從事衍生自國內股價及期貨交易所有關之現貨商品及指數等契約。二、新種臺股股權衍生性金融商品。三、涉及須經中央銀行許可之外匯商品。前項第一款商品，本會於核准第一家銀行辦理後，其他銀行於申請書件送達本會之次日起十日內，本會未表示反對意見者，即可逕行辦理。但銀行不得於該十日期間內，辦理所申請之業務。第一項第二款商品，本會於核准第一家銀行辦理後，其他銀行於開辦後十五日內檢附書件報本會備查。第一項第三款商品之許可逕向中央銀行申請。

第40期　銀行內部控制與內部稽核（消費金融）

( )　**1** 依「巴塞爾銀行監理委員會」發布之「銀行法規遵循功能指導原則」，銀行之法規遵循制度應由下列何者負責監督？　(A)股東會　(B)董事會　(C)法務人員　(D)稽核人員。

( )　**2** 有關內部控制與內部稽核之敘述，下列何者錯誤？　(A)內部稽核是內部控制的一環　(B)內部稽核為內部控制之依據　(C)稽核單位應定期評估營業單位自行查核辦理之績效　(D)稽核單位應負責查核業務及管理單位。

( )　**3** 良好的內部控制可利用環環相扣的內控環境使弊案發生的機會或損失降到最低，下列何者不屬於環環相扣的內控環境？　(A)獎懲制度　(B)日常運作之牽制　(C)命令休假　(D)自行查核。

( )　**4** 依「金融控股公司及銀行業內部控制及稽核制度實施辦法」規定，銀行內部稽核單位對國內營業、財務、資產保管及資訊單位每年至少應辦理幾次查核？　(A)一次一般查核、一次專案查核　(B)兩次一般查核、一次專案查核　(C)兩次專案查核、一次一般查核　(D)兩次一般查核、兩次專案查核。

( )　**5** 有關稽核計畫之執行，下列敘述何者錯誤？　(A)庫存現金之查核宜突擊式現場查核　(B)現場查核可深入瞭解場外監控無法查明之問題　(C)場外監控有助於確定現場查核重點及查核時間配置　(D)場外監控可提供現場查核之事前風險預警，惟查核成本較高。

( )　**6** 依據巴塞爾銀行監理委員會提出金融機構內部控制制度評估之十三項原則，其中有關董事會應負責事項，下列敘述何者正確？　(A)核定銀行組織架構　(B)維持權責劃分　(C)制定妥善之內部控制政策　(D)監控內部控制制度之適足性。

( )　**7** 依規定每一營業單位應至少多久辦理一次一般自行查核？　(A)每月　(B)每季　(C)每半年　(D)每年。

(　)　**8** 各營業、財務保管及資訊單位，自行指派非經辦各該項業務之人員，去查核其業務操作及經營管理是否遵循金融機構之政策程序以及相關之法令規章，係屬下列何種制度？　(A)內部稽核制度(B)自行查核制度　(C)法令遵循主管制度　(D)自我控制制度。

(　)　**9** 有關出納業務，下列何者無須設簿登記控管？　(A)人員進出金庫(B)空白存單　(C)營業時間外所收現金及票據等　(D)辦理客戶現金收付或兌換現鈔當日累積未達新臺幣五十萬元。

(　)　**10** 銀行對破損券幣應隨時整理，並送交下列何處調換？　(A)總行(B)財政部　(C)臺灣銀行　(D)中央銀行。

(　)　**11** 銀行應如何掌管金庫鑰匙及密碼，以符合牽制作業？　(A)分由會計及主管指定人員掌管　(B)分由出納及主管指定人員掌管　(C)分由總務及主管指定人員掌管　(D)分由會計及總務掌管。

(　)　**12** 營業時間外收受之託收票據除設簿登記外，應如何保管？　(A)經辦自行保管　(B)交主管保管　(C)置放金庫內保管　(D)交專人保管。

(　)　**13** 定期儲蓄存款逾期轉期續存或逾期轉存一年期以上之定期存款時，在最長不逾原存單到期日多久期間內，得自原到期日起？(A)一個月　(B)二個月　(C)三個月　(D)四個月。

(　)　**14** 定期存款之到期日如為休假日，存戶於次營業日提取時，該休假日之利息應以下列何種方式計算？　(A)不予計息　(B)按活期存款牌告利率計息　(C)按原存單利率並打八折計息　(D)按原存單利率計息。

(　)　**15** 下列何者為辦理支票存款開戶之缺失？　(A)即時上網查詢開戶人之身分證領、補、換發記錄　(B)行號開戶時實地查證，且查證日期在開戶日期之前　(C)開戶申請書簽立日期在核准日期之後(D)個人名義申請開戶要求採用兩人印鑑者，將兩人同列為戶名。

(　)　**16** 金融機構代為扣繳中華民國境內居住之個人之利息所得稅款，至遲應於何時解繳國庫？　(A)次月五日前　(B)次月十日前　(C)代扣日起算五日內　(D)代扣日起算十日內。

( )　**17** 下列何種公司存入之存款屬「同業存款」？　(A)人壽保險公司　(B)票券金融公司　(C)中華郵政公司　(D)證券金融公司。

( )　**18** 以銀行為擔當付款人之本票，發票人於票據提示期限經過前撤銷付款委託，經執票人提示退票，如未辦清償註記一年內達三張時，往來銀行應自終止為擔當付款人契約之日起多久期間內，不再受託為其簽發本票之擔當付款人？　(A)六個月　(B)一年　(C)二年　(D)三年。

( )　**19** 對公營事業之定期性存款客戶，其存期至少在多久期間以上者，於存續期間應至少抄送對帳單一次（但經客戶指定日期抄送或表示無須抄送者，可應客戶要求處理）？　(A)三個月　(B)六個月　(C)九個月　(D)一年。

( )　**20** 有關不具法人資格之公寓大廈管理委員會開戶，下列敘述何者錯誤？　(A)須持有向主管機關報備之文件　(B)得以該委員會負責人名義開立支票存款帳戶　(C)得以該委員會名義申請開立儲蓄存款帳戶　(D)如經取得主管機關編配之統一編號，開立扣繳憑單時，所得人宜填列該委員會之名稱及統一編號。

( )　**21** 有關銀行辦理動產抵押，提供銀行擔保之動產應具備之條件，下列敘述何者錯誤？　(A)品質適於保存及鑑別，不易變質及損耗　(B)具有市場性，易變賣處分　(C)價值穩定，較小變動者　(D)須符合銀行公會公佈動產擔保交易標的物品類表內容。

( )　**22** 依「銀行資產評估損失準備提列及逾期放款催收款呆帳處理辦法」規定，逾期放款及催收款逾清償期多久，經催收仍未收回者，得扣除可收回部分後，轉銷為呆帳？　(A)一年以上　(B)六個月以上一年以下　(C)六個月以上二年以下　(D)二年以上。

( )　**23** 若發現債務人提供土地設定抵押權予銀行後，復於該土地上准許他人建造房屋時，債權人銀行可採取下列何種法律程序，禁止該他人繼續施工，以保障其權益？　(A)假扣押　(B)假處分　(C)假執行　(D)假起訴。

(　) **24** 依主管機關規定，凡借款本金超逾約定清償期限多久以上，而未辦理轉期或清償者，應列報為逾期放款？　(A)一個月　(B)二個月　(C)三個月　(D)六個月。

(　) **25** 下列何者非屬銀行間接授信業務範圍？　(A)保證　(B)開發國內外信用狀　(C)出口押匯　(D)承兌。

(　) **26** 依銀行法第二十五條規定，下列何者非屬同一關係人之範圍？(A)岳父　(B)外孫女　(C)配偶　(D)兄弟。

(　) **27** 有關短期授信業務，下列敘述何者錯誤？　(A)應確實瞭解借戶之業務性質、產銷程序及財務近況　(B)係供企業購買營業週期內所需流動資產或償還流動負債之融資　(C)短期授信之資金不宜充作資本性支出之用　(D)授信額度超過新台幣一億元以上者，應徵提「現金流量預估表」。

(　) **28** 有關債權憑證借據本金、利息之請求權時效，下列敘述何者正確？　(A)十五年、十五年　(B)十五年、五年　(C)五年、十五年(D)五年、五年。

(　) **29** 有關辦理買入光票，下列敘述何者錯誤？　(A)買入之票據發票日應在六個月之內　(B)申請人應為票據之抬頭人　(C)須注意支票提示人與票面所載受款人為同一人　(D)買入光票以受理轉讓支票為宜。

(　) **30** 信用狀或修改書中未規定最後裝船日者，銀行將不接受遲於裝運日後多久始向其提示或超過信用狀有效期限之單據？　(A)七天(B)十四天　(C)二十一天　(D)三十天。

(　) **31** 商業銀行投資於每一公司股票，新股權利證書及債券換股權利證書之股份總額，不得超過該公司已發行股份總數之多少比率？(A)3%　(B)5%　(C)10%　(D)15%。

(　) **32** 有關債券市場之敘述，下列何者正確？　(A)債券在店頭市場是以競價方式撮合　(B)債券發行期限均在一年以上　(C)債券市場交易工具不包括無實體公債　(D)債券在集中市場是以議價方式交易。

( ) **33** 依銀行法規定，銀行轉投資企業總額，不得超過投資時淨值之多少？ (A)百分之五 (B)百分之十 (C)百分之二十五 (D)百分之四十。

( ) **34** 辦理企業員工儲蓄信託時，應由下列何者與受託機構簽訂信託契約？ (A)公司董事長 (B)個別員工 (C)信託管理委員會 (D)公司名義。

( ) **35** 依信託業法規定，信託業辦理委託人不指定營運範圍或方法之金錢信託，除經主管機關核准之業務外，其營運範圍不包括下列何項目？ (A)投資公司債 (B)現金及銀行存款 (C)投資上市上櫃股票 (D)投資短期票券。

( ) **36** 有關信託業董事長（理事主席）、總經理（局長）或三分之一以上董（理）事發生變動者，應於翌日起幾個營業日內向主管機關申報？ (A)1日 (B)2日 (C)3日 (D)4日。

( ) **37** 依「銀行辦理衍生性金融商品業務內部作業制度及程序管理辦法」規定，銀行辦理衍生性金融商品應訂定風險管理制度；其中對風險容忍度及業務承受限額，應定期檢討並提報至何種層級進行審定？ (A)總經理 (B)董事長 (C)董（理）事會 (D)股東會。

( ) **38** 有關理財業務人員之人事管理辦法範疇，不包括下列何者？ (A)薪資獎酬與考核制度 (B)專業訓練及資格 (C)職業道德規範 (D)投資風險之評估與分類。

( ) **39** 有關財富管理商品適合度政策，下列何種交易如未獲得具權責之上級長官書面核准同意，不得推薦？ (A)綠燈交易 (B)黃燈交易 (C)橘燈交易 (D)紅燈交易。

( ) **40** 證券商辦理有價證券買賣融資融券，對每種證券之融資總金額，最高不得超過其淨值之多少比率？ (A)5% (B)10% (C)15% (D)20%。

( ) **41** 證券商對客戶提交面額達新台幣多少元以上之實體債券辦理現券交割者，應要求提供取得來源證明文件並應留存交易紀錄及相關憑證？ (A)50萬元 (B)100萬元 (C)150萬元 (D)200萬元。

（　）　**42** 證券商辦理有價證券買賣融資融券，對客戶融資之總金額，不得超過其淨值多少？　(A)100%　(B)150%　(C)200%　(D)250%。

（　）　**43** 凡逾繳款截止日未繳（足）當期最低應繳款者，即屬延滯放款，其中延滯等級M2，係指延滯多久期間者？　(A)一個月以內　(B)一個月至二個月　(C)二個月至三個月　(D)三個月至四個月。

（　）　**44** 下列何者非為消費金融業務產品規劃之常見缺失？　(A)目標市場選擇錯誤　(B)定價（利率）偏低　(C)嚴格控管「例外」，差異條件比率過低　(D)未注意環境情境變化。

（　）　**45** 銀行在辦理消費金融業務時，應瞭解客戶之居住狀況（是否設籍或寄居、有無家人聯絡電話），是為避免下列何種風險？　(A)授信風險　(B)作業風險　(C)流動性風險　(D)政治風險。

（　）　**46** 下列何者係屬不法之有心人士利用未具法律知識之人向銀行申貸，撥款後供其使用之詐欺模式？　(A)取得未達卡　(B)人頭貸款　(C)盜領貸款　(D)偽造卡。

（　）　**47** 有關信用卡的授權控管，依規定以電話錄音紀錄所有授權交易情況，作為日後有糾紛時之依據，此錄音系統應多久檢查一次？　(A)每日　(B)每三日　(C)每週　(D)每月。

（　）　**48** 依主管機關規定，銀行對於第三類授信資產之債權餘額應至少提足多少之備抵呆帳及保證責任準備？　(A)2%　(B)10%　(C)50%　(D)100%。

（　）　**49** 下列何者非屬影響消費金融業務之因素？　(A)家庭中賺取所得之年齡　(B)景氣循環　(C)利率水準的高低　(D)家庭人口數量。

（　）　**50** 有關銀行辦理消費金融業務，當一般案件喪失期限利益時之債權回收法催程序，不包括下列何者？　(A)函催　(B)假扣押、假處分、假執行之裁判　(C)支付命令　(D)起訴。

（　）　**51** 下列何者係指業務人員在促銷消費者產品或其他行員在處理核貸案時，能隨時主動發掘其他業務機會之銷售行為？　(A)顧問行銷　(B)電話行銷　(C)交叉銷售　(D)型錄銷售。

( ) **52** 下列何者不是消費金融業務之產品（信用）循環（Credit Cycle）？ (A)產品規劃 (B)授信評估 (C)債權收回 (D)教育訓練。

( ) **53** 犯罪集團偽造與真卡持有人相同之信用卡，複製一信用卡以達到消費目的，係下列何種詐欺模式？ (A)偽冒申請 (B)人頭貸款 (C)遺失卡 (D)偽造卡。

( ) **54** 消金業務催收人員辦理外訪催收，若遇客戶無人在家時，下列作法何者錯誤？ (A)請大樓管理員轉告並留下名片 (B)徵詢當地鄰長瞭解客戶居住狀況 (C)留下強烈嘲諷語氣之字條，並拍照存證 (D)觀察信箱內物品是否已無人居住。

( ) **55** 信用卡附卡申請人年齡需滿幾歲才能申請？ (A)15 (B)16 (C)17 (D)18。

( ) **56** 有關消費金融業務中行銷策略之查核重點，下列敘述何者錯誤？ (A)業務代表推廣產品時，應注意服裝儀容、配戴名牌及名片 (B)行銷活動贈送之贈品，若寄送日期尚未確定，可以先不說明 (C)業務代表推廣產品前，應施予對相關法令規章適當且有效之訓練課程 (D)贈品製造商應對其商品投保全險，並保證無違反專利權、智慧財產權、商標法等。

( ) **57** 金融機構對於准貸由本行撥款代償之授信案件，下列敘述何者錯誤？ (A)開立無記名支票 (B)應事先照會原貸行 (C)設法瞭解借戶於他行履約情形 (D)原則上應於代償當日取得清償證明並立即送地政機關辦理塗銷登記。

( ) **58** 有關消費金融商品規劃之查核，下列何者有缺失？ (A)目標市場明確 (B)「例外管理」之彈性大，差異條件比率高 (C)授信準則配合環境變化適時修訂 (D)產品定價謹守成本加成原則，並以市場需求為導向。

( ) **59** 銀行對於消費者貸款之風險管理，不包含下列何者？ (A)申貸案件數量 (B)書面審查 (C)聯徵查詢 (D)帳戶管理。

( ) **60** 銀行對消費金融客戶，除購屋及房屋修繕外，強調滿足顧客需求，其所指之4S不含下列何者？ (A)Security (B)Smart (C)Smile (D)Speed。

( ) **61** 下列何者非屬消費金融產品之直接銷售行銷通路？ (A)個人銷售 (B)電話行銷 (C)委外行銷公司 (D)自動貸款機。

( ) **62** 有關消金業務授信評估之內部控制，下列敘述何者錯誤？ (A)徵信審核應於時限內完成 (B)申請時應至戶役政網站查核客戶身分及留存查詢紀錄 (C)辦理徵信作業應詳細核對申請人身分證件影本 (D)應訂有各核准人員之授權權限。

( ) **63** 有關消費金融業務債權回收作業，下列敘述何者錯誤？ (A)債權憑證應有完整之控管機制，並定期清查 (B)為加速回收，得以任何方式對任何第三人進行催收 (C)對辦理保全程序，自聲請日起至執行止，應嚴守秘密 (D)收回困難債權可運用話術及談判技巧促使第三人代償。

( ) **64** 下列何者非為消費金融產品之特性？ (A)不具自償性 (B)產品要不斷創新 (C)大多屬短期融資 (D)還款來源依賴借款戶的固定收入。

( ) **65** 依主管機關規定，銀行對資產負債表表內及表外之授信資產，應按規定確實評估，其中第四類授信資產債權餘額之多少比率為最低標準，應提足備抵呆帳及保證責任準備？ (A)百分之二 (B)百分之十 (C)百分之五十 (D)百分之百。

( ) **66** 下列何者為銀行行銷消費金融商品常見之缺失？ (A)員工於任職同意書中簽署保密條款 (B)處置不良業務代表後通報同業供參 (C)對於消費者應負擔之費用及義務，未明確告知 (D)委外機構之作業流程符合銀行內部控制原則。

( ) **67** 銀行辦理消費金融業務之績效評估查核，下列何者有缺失？ (A)應收帳款掛帳經適當層級核准 (B)應收、應付帳款設簿控管，且確實逐筆銷帳 (C)已轉銷呆帳之案件，其應收延展利息列為資產 (D)已結案之客戶爭議款項，於電腦系統登錄結案並還款給客戶。

( ) **68** 為推展消費金融業務，下列何者為策略上應首先確定之項目？ (A)目標市場 (B)定價策略 (C)廣告宣傳策略 (D)催收作業方式。

( ) **69** 一般放款授信資產經評估已無擔保部份，且授信戶積欠本金或利息超過三個月至六個月者，依規定係屬第幾類資產？ (A)二 (B)三 (C)四 (D)五。

( ) **70** 下列何者非為消費金融業務經營成功之要素？ (A)單純的書面審查 (B)商品多元化 (C)優良之組織體系 (D)良好的風險管理與作業技術。

( ) **71** 依「信用卡業務機構管理辦法」規定，信用卡當期應繳最低付款金額超過指定繳款期限三個月至六個月者，發卡機構應至少提列全部墊款金額之多少為備抵呆帳？ (A)百分之二 (B)百分之十 (C)百分之五十 (D)百分之八十。

( ) **72** 有關銀行辦理授信延滯戶之存款圈存、抵銷作業，下列敘述何者錯誤？ (A)存款抵銷係最簡易之債權回收途徑 (B)圈存金額小於存款金額時，應以存款金額辦理圈存 (C)本行持卡人存款遭其他債權人聲請法院扣押時，本行必須主張債權抵銷 (D)客戶遭受加速條款處分而喪失期限利益者，為辦理存款圈存、抵銷之時機。

( ) **73** 下列何者非屬銀行辦理消費金融業務授信審核評估之因素？ (A)償債能力 (B)穩定性 (C)還款意願 (D)人際關係。

( ) **74** 銀行發現有特約商店經由刷卡交易程序，向發卡行請款，但事實上並未銷售貨物給持卡人，僅是將錢借予持卡人時，應向下列何者提報？ (A)聯合信用卡中心 (B)銀行公會 (C)金管會 (D)金融聯合徵信中心。

( ) **75** 目前各網路銀行安全機制中，下列何者安全性最低？ (A)SSL (B)Non-SET (C)SET (D)Non-SSL。

( ) **76** 網路銀行業務若採用SET安全機制，係由下列何者核發電子憑證？ (A)金融機構電子金融部 (B)金融聯合徵信中心 (C)聯合信用卡處理中心 (D)網路認證公司。

( )　**77** 金融業務電腦化後，對稽核人員影響最大的改變為何？　(A)稽核軌跡的改變　(B)作業方式的改變　(C)作業分工的改變　(D)授權方式的改變。

( )　**78** 依「銀行辦理衍生性金融商品業務內部作業制度及程序管理辦法」規定，經核准辦理衍生性金融商品業務之銀行，其最近一季底逾期放款比率高於多少時，所辦理之衍生性金融商品，應以避險目的為限？　(A)3%　(B)5%　(C)6%　(D)9%。

( )　**79** 有關辦理衍生性金融商品交易，下列敘述何者正確？　(A)風險控管應由交易人員自行負責　(B)交易人員應負責寄送對帳單　(C)交易人員應負責交割　(D)交易及交割人員不得互相兼任。

( )　**80** 負面表列之衍生性金融商品，除涉及須經中央銀行許可之外匯商品外，金管會於核准第一家銀行辦理後，其他銀行於申請書件、法規遵循聲明書及風險預告書送達金管會之次日起多久內，金管會未表示反對意見者，即可逕行辦理？　(A)五日內　(B)十日內　(C)十五日內　(D)二十日內。

解答及解析　（答案標示為#者，表官方曾公告更正該題答案。）

1 (B)。銀行董事會應負責監督銀行法規遵循風險管理制度及核准銀行的法規遵循政策，包括以規章或其他正式文件建立長久的法規遵循功能。董事會或其所轄委員會應至少每年一次檢討該銀行法規循政策與政策執行情形，以評估是否有效管理其法規遵循風險。

2 (B)。內部稽核為內部控制監督機制之重要防線，各機關應妥為規劃及執行內部稽核工作，確實檢查內部控制之實施狀況，並適時提供改善建議，以合理確保內部控制得以持續有效運作，促使機關達成施政目標。內部稽核制度之目的，在於協助董（理）事會及管理階層查核及評估內部控制制度是否有效運作，並適時提供改進建議，以合理確保內部控制制度得以持續有效實施及作為檢討修正內部控制制度之依據。

3 (A)。控制環境：係公司設計及執行內部控制制度之基礎。控制環境包括公司之誠信與道德價值、董事會及監察人治理監督責任、組織結構、權責分派、人力資源政策、績效衡量及獎懲等。董事會與經理人應建立內部行為準則，包括訂定董事行為準則、員工行為準則等事項。

4 (A)。 金融控股公司及銀行業內部控制及稽核制度實施辦法第15條：「銀行業內部稽核單位對國內營業、財務、資產保管及資訊單位每年至少應辦理一次一般查核及一次專案查核，對其他管理單位每年至少應辦理一次專案查核；對各種作業中心、國外營業單位及國外子行每年至少辦理一次一般查核；對國外辦事處之查核方式可以表報稽核替代或彈性調整實地查核頻率。」

5 (D)。 場外監控除成本較小外，並可提供現場查核之事前風險預警，助於確定現場查核重點及查核時間配置。

6 (A)。 董事會應該負責：核准並定期評估整體營運策略及重要政策；瞭解銀行營運風險，據以訂定銀行可承擔的風險限額，並督導高階管理階層採取必要措施，以辨識、衡量、監視及控管風險；核定銀行組織架構；以及督導高階管理階層監控所訂內部控制制度之有效運作。董事會應對銀行建立並維持妥適有效的內部控制制度，負最後之責。

7 (C)。 金融控股公司及銀行業內部控制及稽核制度實施辦法第25條：「銀行業應建立自行查核制度。各營業、財務、資產保管、資訊單位及國外營業單位應每半年至少辦理一次一般自行查核，每月至少辦理一次專案自行查核。但已辦理一般自行查核、內部稽核單位（含母公司內部稽核單位）已辦理一般業務查核、金融檢查機關已辦理一般業務檢查或法令遵循事項自行評估之月份，該月得免辦理專案自行查核。金融控股公司各單位及子公司每年至少須辦理一次內部控制制度自行查核，以及每半年至少須辦理一次法令遵循作業自行查核。各單位辦理前二項之自行查核，應由該單位主管指定非原經辦人員辦理並事先保密。第一項及第二項自行查核報告應作成工作底稿，併同自行查核報告及相關資料至少留存五年備查。」

8 (B)。 銀行業應建立自行查核制度。營業、財務、資產保管、資訊單位及國外營業單位應每半年至少辦理一次一般自行查核，每月至少辦理一次專案自行查核。

9 (D)。 辦理客戶現金收付或兌換現鈔當日累積未達新台幣五十萬元時，無須設簿登記控管。

10 (C)

11 (B)。 鑰匙密碼：金庫鑰匙及密碼，應分別由出納及主管指定人員掌管。

12 (C)

13 (B)。 續存或轉存定期儲蓄存款逾期轉期續存或逾期轉存一年期以上之定期存款，如逾期「二個月」以內者，得自原到期日起息。

14 (D)。 定期性存款到期日如為休假日，於次營業日提取時，**按存單利率另給付休假日之利息**，但在第二營業日提取時，除休假日按存單利率給付利息外，第一營業日以後應

照新臺幣活期存款牌告利率單利計
付逾期利息。

15 (C)

16 (B)。 銀行代為扣繳之非中華民國
境內居住之個人利息所得稅款，
應於代扣之日起十日內將稅款解
繳國庫。

17 (C)。 信託投資公司、票券金融公
司、人壽保險公司、產物保險公司
以及證券金融公司之存款不得列為
同業存款。

18 (D)。 依票據掛失止付資訊處理須
知記載，拒絕往來戶有下列情事之
一者，經金融業者同意後，得恢復往
來並重新開戶：(1)拒絕往來期間屆
滿。(2)構成拒絕往來及其後發生之
全部退票均已辦妥清償贖回、提存
備付或重提付訖之註記。發票人在
各地金融業者所設支票存款戶，因
簽發以金融業者為擔當付款人之本
票，在提示期限經過前撤銷付款委
託，經執票人提示所發生的退票，未
辦妥清償註記，一年內達三張者，金
融業者得自票據交換所通報之日起
算，**終止擔當付款人之委託三年。**

19 (A)。 (1)對政府機關、公營事業、學
校、公司行號及其他團體之定期性存
款客戶，其存期存**三個月以上（包括
三個月）者**，於存續期間內至少抄送
對帳單一次，但經客戶指定日期抄送
或表示無須抄送者，仍依客戶要求辦
理。(2)對個人之定期性存款客戶得依
客戶要求不定期抄送對帳單。(3)對帳

單之規格、內容、發送等處理辦法，由
各行庫參照「支票存款對帳單抄送辦
法」之規定辦理，惟應由主管人員指
定非經辦人員核發對帳單並納入「自
行查核」項目。

20 (C)。 不具法人資格之公寓大廈管
理委員會，欲開立支票存款或儲蓄
存款帳戶，必須以公寓大廈管理委
員會之負責人名義申請，但該委員
會名稱可併列於戶名內。

21 (D)。 提供擔保之動產必須具備下
列條件及符合行政院公佈動產擔保
交易標的物品類表內容：(1)品質適
於保存及鑑別，不易變質及損耗。
(2)價值穩定，較少變動。(3)具有市
場性，易變賣處分。

22 (D)。 逾期放款及催收款，具有下
列情事之一者，應扣除估計可收回
部分後轉銷為呆帳：一、債務人因
解散、逃匿、和解、破產之宣告或
其他原因，致債權之全部或一部不
能收回者。二、擔保品及主、從債
務人之財產經鑑價甚低或扣除先順
位抵押權後，已無法受償，或執行
費用接近或可能超過銀行可受償金
額，執行無實益者。三、擔保品及
主、從債務人之財產經多次減價拍
賣無人應買，而銀行亦無承受實益
者。**四、逾期放款及催收款逾清償
期二年，經催收仍未收回者。**

23 (B)。 假扣押是針對金錢請求權之
保全措施，假處分是針對金錢以外
之請求權之保全措施，假執行是暫

時滿足權利狀態之保全措施，至於假起訴則於我國法制上尚無明文。

24 (C)。積欠貸款本金三個月以上者，應列報為逾期放款。

25 (C)。(1)直接授信：銀行以直接撥貸資金之方式，貸放予借款人之融資業務。(2)間接授信：銀行以受託擔任客戶之**債務保證人、匯票承兌人、開發國內外信用狀**或其他方式，授予信用，承擔風險，而不直接撥貸資金之授信行為。

26 (A)。(1)同一關係人之範圍包括本人、配偶、二親等以內之血親，及以本人或配偶為負責人之企業。(2)二親等以內血親包括祖（外祖）父母、父母、兄弟姐妹、子女、孫（外孫）子女。

27 (D)。短期授信應以確有實際交易行為且具自償性者為主，其資金用途以供季節性、臨時性週轉為原則。中長期授信以購置資本性支出、經常性週轉及確實掌握還款來源，並應以由客戶提供適當擔保品。

28 (B)。各種債權請求權之時效為：(1)一般借款契約、墊款或借據本金及違約金請求權之時效為「十五年」。(2)一般借款契約、墊款「利息」請求權之時效為「五年」。

29 (D)。光票（Clean Bill）是指不附帶商業單據的匯票（如貨運等相關單據），而在國外付款的外幣票據。其種類分為：一般外幣支票、匯票、旅行支票。承作光票不得經背書轉讓。

30 (C)。未規定最後裝船日之押匯單據期限進口押匯信用狀或修改書中未規定最後裝船日者，不得接受遲於裝運日「二十一曆日」後始向銀行提示或超過信用狀有效期限之押匯單據。

31 (B)。商業銀行投資於每一公司之股票、新股權利證書及債券換股權利證書之股份總額，不得超過該公司已發行股份總數百分之五。

32 (B)

33 (D)。第74條：「投資總額不得超過投資時銀行淨值之百分之四十，其中投資非金融相關事業之總額不得超過投資時淨值之百分之十。」

34 (C)

35 (C)。第32條：「信託業辦理委託人不指定營運範圍或方法之金錢信託，其營運範圍以下列為限：一、現金及銀行存款。二、投資公債、公司債、金融債券。三、投資短期票券。四、其他經主管機關核准之業務。主管機關於必要時，得對前項金錢信託，規定營運範圍或方法及其限額。」

36 (B)。依據信託業法第41條：「董事長（理事主席）、總經理（局長）、或三分之一以上董（理）事發生變動者，應於**事實發生之翌日起二個營業日內向主管機關申報**。」

37 (C)。第11條：「銀行辦理衍生性金融商品業務，應建立風險管理制度，對於風險之辨識、衡量、監控及報告等程序落實管理，並應遵循

解答及解析

下列規定辦理：一、銀行辦理衍生性金融商品，應經適當程序檢核，並由高階管理階層及相關業務主管共同參考訂定風險管理制度。對風險容忍度及業務承作限額，應定期檢討提報**董（理）事會**審定。」

38 (D)。證券商訂定財富管理業務人員之人事管理辦法，內容至少應包括人員之資格條件、專業訓練與資格、職業道德規範、薪資獎酬及考核制度等。

39 (D)。銀行應依客戶投資屬性及風險承受等級，配合個別商品或投資組合之類別，核定適配交易類型如下：(A)綠燈交易：不需特別揭露相關資訊或踐行必要步驟。(B)黃燈交易：銷售人員與督導人員應確實討論該交易對客戶之適當性，必要時應諮詢徵信與法遵部門。(C)橘燈交易：銷售人員應獲得具權責之上級主管書面核准交易。(D)紅燈交易：除非獲得具權責之上級主管書面核准，否則不得推薦此種交易。

40 (B)。證券商對每種有價證券融資總金額依規不得超出其淨值10%；證券商辦理有價證券買賣融資融券與辦理有價證券借貸業務，對每種證券融券與出借之總金額，合計不得超過其淨值5%。

41 (A)

42 (D)。第14條：「**證券商辦理有價證券買賣融資融券**，對客戶融資總金額或融券加計辦理第二十二條第一

項第五款至第七款之出借有價證券總金額，分別**不得超過其淨值百分之二百五十。**證券商自有資本適足比率連續三個月達百分之二百五十以上者，其辦理有價證券買賣融資融券，對客戶融資總金額或融券加計辦理第二十二條第一項第五款至第七款之出借有價證券總金額，分別不得超過其淨值百分之四百。」

43 (C)。M0逾當期繳款截止日，未繳足當期最低應繳款者。延滯1個月以內者。M1連續二期於繳款截止日，未繳足當期最低應繳款者。延滯1～2個月內者。**M2連續三期於繳款截止日，未繳足當期最低應繳款者。延滯2～3個月內者。**M3連續四期於繳款截止日，未繳足當期最低應繳款者。延滯3～4個月內者。M4連續五期於繳款截止日，未繳足當期最低應繳款者。延滯4～5個月內者。M5連續六期於繳款截止日，未繳足當期最低應繳款者。延滯5～6個月內者。M6連續七期於繳款截止日，未繳足當期最低應繳款者。延滯6個月以上者。

44 (C)。消費金融業務中產品規劃之查核重點：(1)明確定義目標市場及產品範疇。(2)例外管理的規範應周延，差異條件比率不宜過高。(3)產品定價應以市場需求為導向。

45 (A)。授信風險（Credit Risk）：授信風險是指由於各種原因而導致並非所有的合作伙伴都全身心地投入該項目的可能性。

46 (B)　　**47 (A)**

48 (B)。 備抵呆帳及保證責任準備之提列：(一)銀行對資產負債表表內及表外之授信資產，應按規定確實評估，並以第一類（正常之授信資產）授信資產債權餘額扣除對於我國政府機關之債權餘額後之百分之一。(二)第二類授信資產（應予注意者）債權餘額之百分之二。(三)**第三類授信資產（可望收回者）債權餘額之百分之十。**(四)第四類授信資產（收回困難）債權餘額之百分之五十。(五)第五類授信資產債權餘額全部之和為最低標準，提足備抵呆帳及保證責任準備。（銀行資產評估損失準備提列及逾期放款催收款呆帳處理辦法第5條）

49 (D)

50 (A)。 銀行催收程序有四個步驟：電催、函催（發催告函）、訪催（外訪債務人）、法催（透過法院進行催收程序）。因此函催不包含在內。

51 (C)。 交叉銷售（Cross selling）是一種向客戶銷售互補性產品的行銷方式，通常透過通路取得行銷與顧客資料，以確認哪些是具獲利性的目標顧客，並針對該目標客群，設計能滿足其需求及興趣的產品與服務，從中找出交叉銷售的契機。

52 (D)。 消費金融業務之產品（信用）循環（Credit Cycle），包含產品規劃、行銷策略、授信評估、帳戶管理、風險控制、績效評估、債權收回等七個循環，查核時應從產品規劃一直查到債權收回為止。

53 (D)。 偽造卡為犯罪集團偽造與真卡持有人相同之信用卡，以達到消費目的。不法的有心人士利用未具法律知識之人向銀行申貸，撥款供自己使用之詐欺模式，稱為「人頭貸款」。

54 (C)。 外訪催收要領：(1)態度應和善，並充分掌握現場氣氛，當客戶情緒失控時應設法離開。(2)客戶家中有婚喪喜慶時或家中有聚會時應避免拜訪。(3)訪催時應避免客戶外出，而訪催人員卻獨自留在屋內之情況發生。(4)有人在家時應留意客戶從事之行業及作息時間，詢問是否有其他財產可供擔保。(5)無人在家時，可留下字條或以粉筆書寫催告字眼並拍照，但忌用挑釁口吻。(6)客戶非家中戶長時，應儘可能請戶長作保或請不動產所有人作保。(7)若催訪對象為公司戶，則應注意其存貨設備，營運狀況。若催訪對象為農牧漁業，則應注意其作物數量及採收期。

55 (A)。 信用卡正卡申請人須年滿二十歲，附卡申請人須年滿十五歲。

56 (B)。 根據中華民國銀行商業同業公會全國聯合會信用卡業務委員會所屬機構辦理信用卡業務自律公約第1章「發卡業務」規定：「1.發卡機構發卡行銷活動贈送之贈品，『需明訂贈送條件和寄送日期等規

定』，以減少糾紛。（選項(B)錯誤。）……3.發卡機構行銷活動之贈品贈獎應注意遵守公平交易委員會訂定之『事業提供贈品贈獎額度辦法』。（選項(D)正確。）……7.信用卡業務代表推廣卡片前，發卡機構應施予對相關法令規章適當且有效之訓練課程。（選項(C)正確。）8.信用卡業務代表推廣卡片時，應注意服裝儀容、配帶名牌及名片，並明確標示發卡機構名稱。（選項(A)正確。）」

57 (A)。 如須由本行撥款代償時，應事先照會原貸行，並設法瞭解借戶於該行履約情形（如向借戶徵提繳息明細、有無其他保證債務及結欠本金餘額等）。另放款不得以開立無記名支票支付，必須轉帳存入借戶設於本行之存款帳戶內或依委託轉入指定帳戶。

58 (B)。 例外管理的規範應周延，差異條件比率不宜過高。

59 (A)。

60 (B)。 消費金融業務經營成功的要素：滿足顧客的需求（4S，Simple：**手續簡單**、Speed：**核貸快速**、Security：**保護個人隱私**、Smile：**申貸環境氣氛佳**）；商品多元化；優良之組織體系；銀行的風險管理與作業技術；延滯後催收之時機要快。

61 (C)。 消金業務行銷策略中直接銷售通路包含：個人銷售（含交叉銷售）、電話行銷、電子商務、郵購或行錄銷售、自動販賣機、一般營業單位。委外行銷是屬於間接銷售。

62 (C)。 辦理徵信作業應詳細核對申請人身分證件「正本」。

63 (B)。 債務催收人不得以強暴、脅迫、恐嚇、侮辱、毀損之方法催收債務。

64 (C)。 消費金融具備以下特色：(一)小額承作。(二)人力管理。(三)非傳統核貸。(四)中長期融資：不具自償性，無法由資產之變換過程創造獲利並自動清償，且多屬中長期融資。(五)客戶風險差異：為增加業績，銀行會依據客戶不同之風險程度，設計不同之商品。(六)產品持續推陳出新。(七)風險與獲利平衡。

65 (C)。 備抵呆帳及保證責任準備之提列：(一)銀行對資產負債表表內及表外之授信資產，應按規定確實評估，並以第一類（正常之授信資產）授信資產債權餘額扣除對於我國政府機關之債權餘額後之百分之一。(二)第二類授信資產（應予注意者）債權餘額之百分之二。(三)第三類授信資產（可望收回者）債權餘額之百分之十。(四)**第四類授信資產（收回困難）債權餘額之百分之五十。**(五)第五類授信資產債權餘額全部之和為最低標準，提足備抵呆帳及保證責任準備。（銀行資產評估損失準備提列及逾期放款催收款呆帳處理辦法第5條）

66 (C)。對於消費者應負擔之費用及義務未明確告知為銀行行銷消費金融商品常見之缺失。

67 (C)。已轉銷呆帳如有回復正常放款或收回者，應調整備抵呆帳餘額或呆帳費用。

68 (A)

69 (B)。不良授信資產之定義：（一）應予注意者：指授信資產經評估有足額擔保部分，且授信戶積欠本金或利息超過清償期一個月至十二個月者；或授信資產經評估已無擔保部分，且授信戶積欠本金或利息超過清償期一個月至三個月者；或授信資產雖未屆清償期或到期日，但授信戶已有其他債信不良者。（二）可望收回者：指授信資產經評估有足額擔保部分，且授信戶積欠本金或利息超過清償期十二個月者；或授信資產經評估已無擔保部分，且授信戶積欠本金或利息超過清償期三個月至六個月者。（三）收回困難者：指授信資產經評估已無擔保部分，且授信戶積欠本金或利息超過清償期六個月至十二個月者。（四）收回無望者：指授信資產經評估已無擔保部分，且授信戶積欠本金或利息超過清償期十二個月者；或授信資產經評估無法收回者。

70 (A)。消費金融業務經營成功的要素：滿足顧客的需求（4S，Simple：手續簡單、Speed：核貸快速、Security：保護個人隱私、Smile：申貸環境氣氛佳）；商品多元化；優良之組織體系；銀行的風險管理與作業技術；延滯後催收之時機要快。

71 (C)。當月應繳最低付款金額超過指定繳款期限一個月至三個月者，應提列全部墊款金額百分之二之備抵呆帳；**超過三個月至六個月者，應提列全部墊款金額百分之五十之備抵呆帳。**

72 (B)。圈存金額小於存款金額時，應以實際欠款金額為限，不可超額圈存影響卡戶權利。

73 (D)　74 (A)

75 (A)。現行網路銀行的三種安全機制可區分為SSL、SET、與Non-SET等三種機制，各有其優缺點，而安全性亦與便利性成反比。SSL機制：客戶可憑身分證字號、網路代碼、網路密碼為權限進入網路銀行系統，可用於查詢及低風險性的小額轉帳交易，在轉帳額度上，除非是指定帳戶，否則每筆轉出不得超過5萬、每日最高10萬、每月最高20萬。

76 (D)。SSL憑證，是一項資訊傳輸的加密技術，就像是網站的專屬資安保鑣，能為伺服器與瀏覽器之間建立安全的加密連結，確保會員密碼、信用卡等隱私資訊不被第三者攔截和竄改，目前各大瀏覽器已將「建置SSL憑證」作為網站是否安全的基本標準，每天被數以百計的

網站使用，確保網站以及訪客雙方的安全保障。

77 (A)

78 (A)。第12條：「經核准辦理衍生性金融商品業務之銀行，有下列事項之一者，其辦理之衍生性金融商品以避險為限：一、最近一季底逾期放款比率高於百分之三。二、本國銀行自有資本與風險性資產比率低於本法規定標準。三、備抵呆帳提列不足。」

79 (D)。從事衍生性商品之交易人員及確認、交割等作業人員不得互相兼任。

80 (C)。第7條：「銀行已取得辦理衍生性金融商品業務之核准者（其中屬辦理期貨商業務者，並應依期貨交易法之規定取得許可），得開辦各種衍生性金融商品及其商品之組合，並於開辦後<u>十五日內</u>檢附商品特性說明書、法規遵循聲明書及風險預告書報本會備查。」

| 第41期 | 銀行內部控制與內部稽核法規（一般金融、消費金融） |

( ) **1** 依銀行法規定，中期授信之期限為何？
(A)一年以內 　　　　　　　　　(B)超過一年而在五年以內
(C)超過一年而在七年以內 　　　(D)超過一年而在九年以內。

( ) **2** 依銀行法規定，銀行對購買或建造住宅或企業用建築，得辦理中、長期放款，除對於無自用住宅者購買自用住宅之放款外，其最長期限不得超過多少年？
(A)十年 　　　　　　　　　　　(B)十五年
(C)二十年 　　　　　　　　　　(D)三十年。

( ) **3** 依銀行法規定，原則上銀行對其持有實收資本總額百分之多少以上之企業，不得為無擔保授信？
(A)一 　　　　　　　　　　　　(B)二
(C)三 　　　　　　　　　　　　(D)未特別規定。

( ) **4** 依金融控股公司法所定罰鍰，經主管機關限期繳納而屆期不繳納者，自逾期之日起，每日加收滯納金為百分之多少？
(A)1% 　　　　　　　　　　　　(B)2%
(C)3% 　　　　　　　　　　　　(D)4%。

( ) **5** 依「金融控股公司及銀行業內部控制及稽核制度實施辦法」規定，下列何人不須聯名出具內部控制制度聲明書？
(A)總經理 　　　　　　　　　　(B)監察人
(C)總稽核 　　　　　　　　　　(D)總機構法令遵循主管。

( ) **6** 依「金融控股公司及銀行業內部控制及稽核制度實施辦法」規定，銀行之遵循法令單位應辦理事項，下列敘述何者正確？
(A)應指定各單位主管負責辦理法令遵循作業
(B)應督導各單位訂定法令遵循之評估內容與程序
(C)僅對主管施以適當合宜之法規訓練
(D)應確認各項作業及管理規章均配合相關法規適時更新。

( )　**7** 依「金融控股公司及銀行業內部控制及稽核制度實施辦法」規定，下列何者為首次擔任銀行國內營業單位之經理應具備之資格條件？　(A)曾在營業單位辦理自行查核工作半年以上　(B)參與稽核單位之查核實習三次以上，並撰寫實習查核心得報告　(C)曾擔任內部稽核單位之稽核人員實際辦理內部稽核工作一年以上　(D)曾在營業單位擔任自行查核主管一年以上，且曾發現重大舞弊，使銀行免於損失。

( )　**8** 依「金融控股公司及銀行業內部控制及稽核制度實施辦法」規定，在銀行內部控制制度中，由下列何者訂定適當之內部控制政策及監督其有效性與適切性？　(A)內部稽核　(B)營業單位經理　(C)業務部副理　(D)高階管理階層。

( )　**9** 依「金融控股公司及銀行業內部控制及稽核制度實施辦法」規定，金融控股公司及銀行業管理單位及營業單位發生重大缺失或弊端時，內部稽核單位應有下列何種權限？　(A)法令解釋權　(B)懲處權　(C)辯護權　(D)懲處建議權。

( )　**10** 依「金融控股公司及銀行業內部控制及稽核制度實施辦法」規定，銀行應建立總稽核制，綜理稽核業務，其解聘或調職應如何辦理？　(A)經審計委員會全體成員二分之一以上同意，並提董（理）事會全體董（理）事三分之一以上之同意，並報請主管機關核准　(B)由董事長決定　(C)經審計委員會全體成員二分之一以上同意，並提董（理）事會全體董（理）事二分之一以上之同意　(D)經審計委員會全體成員二分之一以上同意，並提董（理）事會全體董（理）事三分之二以上之同意，並報請主管機關核准。

( )　**11** 依「金融控股公司及銀行業內部控制及稽核制度實施辦法」規定，有關金融控股公司及銀行業內部稽核單位及相關制度，下列敘述何者錯誤？　(A)應建立總稽核制，綜理稽核業務　(B)應設立隸屬總經理室之內部稽核單位　(C)應定期向董（理）事會及監察人（監事、監事會）或審計委員會報告稽核業務　(D)總稽核職位應等同於副總經理。

( ) **12** 依「金融控股公司及銀行業內部控制及稽核制度實施辦法」規定，金融機構內部稽核單位對國外營業單位應辦理之查核次數為何？　(A)每年至少辦理一次一般查核及一次專案查核　(B)每年至少辦理一次一般查核　(C)每兩年至少辦理一次一般查核　(D)每兩年辦理一次專案查核。

( ) **13** 依「中華民國銀行公會會員安全維護執行規範」規定，銀行營業處所之安全維護，下列敘述何者錯誤？　(A)營業廳現金收付櫃檯高度（含阻絕器材）應達118公分以上　(B)金庫室鑰匙、密碼應分由二人以上控管，一人不得開啟，並嚴予保密　(C)保管箱室監視錄影系統應裝設於室外，非有必要，內部應避免裝設以維護客戶隱私　(D)金庫室應一律包覆厚鋼板或建構高強度抗破壞組合牆，以防歹徒蓄意破壞侵入。

( ) **14** 有關金融機構之安全設施，下列敘述何者錯誤？　(A)為防範歹徒剪斷線路，各單位應視行舍狀況，裝設有線或無線報警系統　(B)報警系統不應在營業廳內裝設揚聲器或閃燈，以免打草驚蛇讓歹徒逃走　(C)金庫內自動警報器夜間應洽與警方連線或交由保全公司裝設保全器材，並負責警戒　(D)夜間仍有值班的單位，值勤人員應隨時攜帶遙控式報警按鈕。

( ) **15** 依「金融機構自動櫃員機安全防護準則」規定，下列敘述何者錯誤？　(A)自動櫃員機應裝置於明亮處所，以防歹徒覬覦　(B)閉路電視錄影監視系統影像以彩色為主　(C)閉路電視錄影監視系統應考慮裝置於明亮處以利監控　(D)補鈔只更換鈔匣，不得在現場裝卸現金或點鈔。

( ) **16** 下列何者非屬「金融機構作業委託他人處理內部作業制度及程序辦法」所規定之委外作業事項？　(A)資料處理　(B)鑑價作業　(C)授信審核之准駁　(D)表單、憑證等資料保存作業。

( ) **17** 依「金融機構安全維護注意要點」規定，下列敘述何者錯誤？　(A)報警系統每季至少配合警方測試並檢查二次　(B)加強保密及安全維護教育，要求員工對各項作業程序保密　(C)應儘量購置專用運鈔車或租用合格保全公司之運鈔車或以普通車輛改裝之運鈔車　(D)運鈔車應裝置固定或活動式強固密碼保險櫃或防盜運鈔箱、引擎電源短路開關及必要之警報器與通訊設備。

(　　) **18** 各金融機構所屬分支機構如發現遭歹徒詐騙情事時，無論歹徒是否得逞，應立即循各金融機構內部通報系統，將專用通報單各項通報內容先通報下列何者？　(A)所屬總管理機構　(B)其他分支機構　(C)金融聯合徵信中心　(D)財政部。

(　　) **19** 依「信用卡業務機構管理辦法」規定，發卡機構辦理逾期帳款之備抵呆帳提列及轉銷，下列敘述何者正確？　(A)當月應繳最低付款金額超過指定繳款期限六個月，應將全部墊款轉銷為呆帳　(B)當月應繳最低付款金額超過指定繳款期限三個月至六個月，應提列百分之十之備抵呆帳　(C)逾期帳款之轉銷應按董（理）事會授權額度標準，由有權人員核准轉銷　(D)逾期帳款之轉銷，由有權人員核准轉銷後並彙報授信審議委員會備查。

(　　) **20** 金融機構應於現金卡契約中約定，如有提高利率或變更利息計算方式時，應於何時以書面或電子文件通知持卡人？　(A)七日前　(B)十日前　(C)三十日前　(D)六十日前。

(　　) **21** 發卡機構受理學生信用卡申請，學生持卡人持有正卡，以多少家發卡機構為限？　(A)一　(B)二　(C)三　(D)四。

(　　) **22** 依規定，信用卡發卡機構應辦理事項，下列何者錯誤？　(A)應訂定差別定價之風險管理　(B)應訂定差別定價之價格政策及程序　(C)差別定價之價格政策及程序一定要呈報董事會核定　(D)差別定價之價格政策及程序得呈報董事會授權人員核定。

(　　) **23** 依規定，金融機構辦理信用卡業務，所核給之信用額度加計申請人於全體金融機構之無擔保債務（含信用卡）歸戶總餘額，不得超過申請人最近幾個月平均月收入之二十二倍？　(A)一個月　(B)三個月　(C)六個月　(D)十二個月。

(　　) **24** 依「中華民國銀行公會會員徵信準則」規定，凡對企業辦理中長期週轉資金授信，當總授信金額達新臺幣二億元時，其徵信範圍除與短期授信之項目全部相同外，另須增加下列哪一項？　(A)償還能力分析　(B)建廠計畫　(C)營運及資金計畫　(D)擴充計畫。

( ) **25** 有關「中華民國銀行公會會員徵信準則」各條款所稱之「總授信金額」，下列敘述何者正確？ (A)係指查詢金融聯合徵信中心歸戶之授信額度 (B)係指金融聯合徵信中心歸戶額度加計本次申貸金額 (C)係指金融聯合徵信中心歸戶餘額加計本次申貸金額 (D)係指借戶最近六個月內向各金融機構申請授信之額度。

( ) **26** 依主管機關規定，商業銀行投資國內及國外有價證券之限額，下列敘述何者錯誤？ (A)銀行年度中現金增資，准予計入核算基數 (B)銀行以附賣回條件買入短期票券及債券之餘額，應計入投資有價證券之限額內 (C)商業銀行投資於店頭市場交易之股票（不含國內上櫃股票）之原始取得成本總餘額，至多不得超過該銀行核算基數百分之五 (D)銀行兼營證券商依證券交易法第七十一條規定所購入之有價證券，於購入一年後仍未賣出者，應計入投資有價證券之限額內。

( ) **27** 依「金融消費者保護法」規定，金融消費者就金融消費爭議事件應先向金融服務業提出申訴，金融服務業應於收受申訴之日起多久內為適當之處理，並將處理結果回覆提出申訴之金融消費者？ (A)三十日 (B)二十日 (C)十五日 (D)十日。

( ) **28** 證券承銷商代銷有價證券，其承銷期間最長不得超過幾日？ (A)十日 (B)二十日 (C)三十日 (D)六十日。

( ) **29** 依據國際清算銀行巴塞爾監理委員會所訂「內部控制制度評估原則」，有關高階管理階層之職責，下列敘述何者錯誤？ (A)執行董事會所核准之營運策略及政策 (B)研訂作業程序以辨識、衡量、監視及控管風險 (C)確保授權辦法得以有效執行 (D)作業流程及手冊之校訂。

( ) **30** 依國際清算銀行巴塞爾監理委員會所訂內部控制制度評估原則之規定，有效的內部控制制度必須有適當的分工牽制，下列何者正確？ (A)對可能發生利益衝突的地方不須辨識亦無須監控 (B)高階主管無須覆核員工辦理超逾權限業務 (C)不指派員工擔任有利益衝突或互為牽制之工作 (D)應指派員工擔任互為牽制之工作。

( ) **31** 金融機構為健全金融機構海外分行內部控制制度，應加強哪些人員品德操守之考核？ (A)海外分行往來客戶 (B)當地人民 (C)查核海外分行內部控制制度之金融檢查人員 (D)海外分行全體行員。

( ) **32** 為健全金融機構經營，辦理保管業務及有價證券買賣交易，下列敘述何者錯誤？ (A)發現買入或保管之有價證券遭偽變造之情事，應即通報主管機關 (B)對以無抬頭支票付款者，無需限制及控管 (C)對交易對手與交易內容應加以確認 (D)付款支票應以交易對手為受款人。

( ) **33** 為強化金融機構內部管理，有效杜絕人員舞弊，下列敘述何者正確？ (A)主管人員平時應注意行員之生活規範 (B)對行員與客戶間資金往來情事不宜過問 (C)內部自行查核已行之多年，主管人員應授權各原業務經辦自行辦理 (D)對主管人員核准之交易，得授權承辦人員自行處理，無需主管覆核。

( ) **34** 有關金融機構有價證券庫房之管理，下列何者錯誤？ (A)應檢討加強對庫存有價證券之控管 (B)空白單據應嚴格保管，領用應嚴格控管 (C)空白單據應定期核對剩餘數及使用情形 (D)空白單據不須入庫保管。

( ) **35** 依主管機關規定，金融機構發生重大偶發事件之次日起，應於何時向主管機關函報詳細資料或後續處理情形？ (A)當日 (B)二個營業日 (C)三個營業日 (D)七個營業日。

( ) **36** 依主管機關規定，金融機構不得與客戶概括約定將活期存款轉入下列何者存款帳戶？ (A)同一金融機構之活期存款 (B)同一金融機構之定期存款 (C)同一金融機構之支票存款 (D)其他金融機構之活期存款。

( ) **37** 金融機構買入商業本票到期，向票載付款行庫提示兌償，下列程序何者正確？ (A)自行提示兌償 (B)委託票券經紀商 (C)委託同業代兌 (D)委託他人代兌。

( ) **38** 金融機構辦理消費性貸款，為防範以偽造不實之財力證明資料冒貸時應加以查證，下列何者非屬查證對象？ (A)金融同業 (B)消保會 (C)稅務機關 (D)在職證明書簽發單位。

( ) **39** 信用合作社對大額授信擔保物之鑑價，應如何辦理？ (A)應明定鑑估之層級 (B)應由放款經辦員辦理鑑估 (C)應按買賣契約價七成鑑估 (D)應由放款主管認定時價，再交由鑑價經辦員辦理鑑估。

( ) **40** 有關金融機構對自動櫃員機之管理，下列敘述何者錯誤？ (A)自動櫃員機及週遭之錄影帶應保存六個月以上 (B)應裝設專線服務電話二十四小時受理客戶申訴 (C)錄影帶內容有涉及交易糾紛或民刑事案件者，於案件未結前，應繼續保存 (D)指定專人負責處理異常狀況，除假日外，應每日不定時巡查作反偵測機制，並予以紀錄。

( ) **41** 為加強金融機構安全維護，有關現金運送時應加強之設施與措施，下列何者正確？ (A)運鈔路線或時間應求固定 (B)加強運鈔車安全設施且運鈔路線或時間應求變化 (C)運鈔車已依規定派員護送，可延用原路線以方便連繫 (D)運鈔車已有安全設施，運鈔路線也經常變化，至於時間可固定以方便資金調度。

( ) **42** 發卡機構對於委由便利商店業代收信用卡持卡人消費帳款之繳款資料應如何列示？ (A)每筆帳單金額在新臺幣二萬元以下，才可完整列示客戶身分證字號 (B)每筆帳單金額在新臺幣二萬元以上，必須完整列示客戶身分證字號 (C)須完整列示客戶身分證字號，以利便利商店業確認繳款人 (D)不得完整列示客戶身分證字號，以免客戶資料外洩。

( ) **43** 為確保金融機構對客戶交易資料之保密，下列敘述何者錯誤？ (A)加強行員保密教育 (B)做好資訊作業之安全控管、交易資料之安全維護 (C)對委外作業，可由受委託廠商隨意使用客戶資料 (D)依據個人資料保護法及銀行法規定，審慎處理客戶資訊。

(　　) **44** 銀行擬轉讓不良債權予資產管理公司，資產管理公司於符合一定條件範圍內，銀行可對資產管理公司提供該不良債權之資料，有關資產管理公司之條件及不良債權資料，下列敘述何者錯誤？(A)資產管理公司必須確保接觸資料者不會外洩債權資料　(B)不得移轉之不良債權資料，其型態包括書面及電子檔案　(C)資產管理公司必須確保接觸資料者不得有其他不當利用之行為　(D)對銀行債務之履行無法律上義務者之資料，得提供與資產管理公司。

(　　) **45** 依主管機關規定，金融機構為發還滯留於「警示帳戶」內剩餘款項，應依開戶資料聯絡開戶人，與其協商發還「警示帳戶」內剩餘款項事宜；如經通知無法聯絡者，應洽請警方協尋多久？　(A)半個月　(B)一個月　(C)二個月　(D)三個月。

(　　) **46** 為爭取破案契機，警察機關因辦案需要，欲查詢與案件有關之存放款資料，須具備下列何種手續，金融機構才可受理？　(A)正式備文，且需報主管機關核准　(B)正式備文，且需報銀行公會核准　(C)正式備文，無需報主管機關核准　(D)電話通知，惟需報主管機關核准。

(　　) **47** 依「信用卡業務機構管理辦法」規定，有關各發卡機構於核給信用卡信用額度時，下列敘述何者錯誤？　(A)應確認申請人身分之真實性　(B)應瞭解申請人舉債情形（包含各發卡機構所核發信用卡、消費性貸款之總額度與往來之狀況）　(C)無須留存相關財力證明文件與徵信查核紀錄　(D)應落實徵授信原則，審慎核給。

(　　) **48** 依銀行法規定，銀行對其利害關係者所為擔保授信，其中對同一法人之擔保授信總餘額，至多不得超過各該銀行淨值之多少百分比？　(A)2%　(B)5%　(C)10%　(D)20%。

(　　) **49** 依主管機關規定，下列何者非屬銀行法第32條所稱之「消費者貸款」？　(A)支付學費貸款　(B)汽車貸款　(C)信用卡循環信用(D)購置自住使用之房屋貸款。

(　　) **50** 金融機構擬出售不良債權，於下列何種情況下，其估價得僅依內部債權回收管理之資料決定建議底價為之？　(A)建議底價達新臺幣二億元者　(B)建議底價逾新臺幣三億元以上者　(C)建議底價逾實收資本額20%以上者　(D)應買人為金融機構之利害關係人時。

解答及解析　（答案標示為#者，表官方曾公告更正該題答案。）

1 (C)。短期授信期限在一年以內；中期授信期限在一年以上，七年以內；長期授信期限在七年以上。

2 (D)。銀行法第38條：「銀行對購買或建造住宅或企業用建築，得辦理中、長期放款，其最長期限不得超過三十年。但對於無自用住宅者購買自用住宅之放款，不在此限。」

3 (C)。銀行不得對其持有實收資本總額百分之三以上之企業，或本行負責人、職員或主要股東，或對與本行負責人或辦理授信之職員有利害關係者，為無擔保授信本法所稱主要股東係指持有銀行已發行股份總數百分之一以上者；主要股東為自然人時，本人之配偶與其未成年子女之持股應計入本人之持股。

4 (A)。金融控股公司法第66條：本法所定罰鍰，經主管機關限期繳納而屆期不繳納者，自逾期之日起，每日加收滯納金百分之一；屆三十日仍不繳納者，移送強制執行。

5 (B)。銀行總經理應督導各單位審慎評估及檢討內部控制制度執行情形，由董（理）事長、總經理、總稽核及總機構遵守法令主管聯名出具內部控制制度聲明書，並提報董（理）事會通過，於每會計年度終了後四個月內將內部控制制度聲明書內容揭露於銀行網站，並於主管機關指定網站辦理公告申報。

6 (D)。金融控股公司及銀行業內部控制及稽核制度實施辦法第34條第1項，法令遵循單位應辦理下列事項：「一、建立清楚適當之法令規章傳達、諮詢、協調與溝通系統。二、確認各項作業及管理規章均配合相關法規適時更新，使各項營運活動符合法令規定。三、於銀行業推出各項新商品、服務及向主管機關申請開辦新種業務前，法令遵循主管應出具符合法令及內部規範之意見並簽署負責。四、訂定法令遵循之評估內容與程序，及督導各單位定期自行評估執行情形，並對各單位法令遵循自行評估作業成效加以考核，經簽報總經理後，作為單位考評之參考依據。五、對各單位人員施以適當合宜之法規訓練。六、應督導各單位法令遵循主管落實執行相關內部規範之導入、建置與實施。」

7 (C)。銀行業具有業務或交易核准權限之各級主管，應於就任前具備之條件：(1)曾擔任內部稽核單位之稽核人員實際辦理內部稽核工作一年以上者。(2)參加主管機關認定機構所舉辦之稽核人員研習班或電腦稽核研習班，經前述訓練機構考試及格且取得結業證書。(3)取得主管機關認定機構舉辦之銀行內部控制與內部稽核測驗考試合格證書，測驗內容應比照前款研習與考試內容。（第24條）

8 (D)。高階管理階層應負責執行董事會核定之經營策略與政策，發展足以辨識、衡量、監督及控制銀行風險之程序，訂定適當之內部控制政策及監督其有效性與適切性。

9 (D)。金融控股公司及銀行業管理單位及營業單位發生重大缺失或弊端時，內部稽核單位應有懲處建議權，並應於內部稽核報告中充分揭露對重大缺失應負責之失職人員。（第18條）

10 (D)。總稽核之聘任、解聘或調職，應經審計委員會全體成員二分之一以上同意及提董（理）事會全體董（理）事三分之二以上之同意，並報請主管機關核准後為之。

11 (B)。應設立隸屬董（理）事會之內部稽核單位。

12 (B)。銀行業內部稽核單位對國內營業、財務、資產保管及資訊單位每年至少應辦理一次一般查核及一次專案查核，對其他管理單位每年至少應辦理一次專案查核；對各種作業中心、國外營業單位及國外子行每年至少辦理一次一般查核；對國外辦事處之查核方式可以表報稽核替代或彈性調整實地查核頻率。

13 (C)。保管箱室內除為保護客戶隱私之區域（如整理室）外，應裝設能涵蓋各角落之錄影監視監視系統。並將隱密型攝影機及攝影光源之啟動開關、監視器設於保管箱室外隱密處，按時檢查維護，以期營業時間外仍可藉由在保管箱室外之監視器上觀察保管箱室內部動靜。

14 (B)。報警系統在營業廳應有揚聲器或閃燈（可視各單位狀況自行擇一裝設或全部裝設）嚇阻歹徒作業，減少金融從業人員或客戶受到傷害。

15 (C)。閉路電視錄影監視系統應考慮裝置於隱密處，以防遭惡意破壞，影響監控作用，並視需要於不同點裝置多組攝影鏡頭，以求同時監控客戶之面貌、動作、機具運作情形，及攝錄各種機器維修、故障排除、鈔匣換裝等人員之動態。

16 (C)。第3條：金融機構對於涉及營業執照所載業務項目或客戶資訊之相關作業委外，以下列事項範圍為限：一、資料處理：包括資訊系統之資料登錄、處理、輸出，資訊系統之開發、監控、維護，及辦理業務涉及資料處理之後勤作業。二、表單、憑證等資料保存之作業。三、代客開票作業，包括支票、匯票。四、貿易金融業務之後勤處理作業。但以信用狀開發、讓購、及進出口託收為限。五、代收消費性貸款、信用卡帳款作業，但受委託機構以經主管機關核准者為限。六、提供信用額度之往來授信客戶之信用分析報告編製。七、信用卡發卡業務之行銷業務、客戶資料輸入作業、表單列印作業、裝封作業、付交郵寄作業，及開卡、停用掛失、預借現金、緊急性服務等事項之電腦及人工授權作業。八、電子通

路客戶服務業務，包括電話自動語音系統服務、電話行銷業務、客戶電子郵件之回覆與處理作業、電子銀行客戶及電子商務之相關諮詢及協助，及電話銀行專員服務。九、車輛貸款業務之行銷、貸放作業管理及服務諮詢作業，但不含該項業務授信審核之准駁。十、消費性貸款行銷，但不含該項業務授信審核之准駁。十一、房屋貸款行銷業務，但不含該項業務授信審核之准駁。十二、應收債權之催收作業。十三、委託代書處理之事項，及委託其他機構處理因債權承受之擔保品等事項。十四、車輛貸款逾期繳款之尋車及車輛拍賣，但不含拍賣底價之決定。十五、鑑價作業。十六、內部稽核作業，但禁止委託其財務簽證會計師辦理。十七、不良債權之評價、分類、組合及銷售。但應於委外契約中訂定受委託機構參與作業合約之工作人員，於合約服務期間或合約終止後一定合理期間內，不得從事與委外事項有利益衝突之工作或提供有利益衝突之顧問或諮詢服務。十八、有價證券、支票、表單及現鈔運送作業及自動櫃員機裝補鈔作業。十九、金塊、銀塊、白金條塊等貴金屬之報關、存放、運送及交付。二十、其他經主管機關核定得委外之作業項目。

17 (A)。　報警系統每月至少配合警方測試並檢查二次，其餘各項設施平時應注意保養及維護（修），以發揮良好功能。

18 (A)。　金融機構所屬分支機構如發現遭歹徒詐騙情事時，無論歹徒是否得逞，應立即循各金融機構內部通報系統，以專用通報／更正／刪除單或其他方式將各項通報內容通報所屬總管理機構。

19 (C)。　(A)「信用卡業務機構管理辦法」第32條第1項第1、2款規定：當月應繳最低付款金額超過指定繳款期限六個月者，應將全部墊款金額提列備抵呆帳。當月應繳最低付款金額超過指定繳款期限六個月未繳足者，應於該六個月後之三個月內，將全部墊款金額轉銷為呆帳。(B)同辦法第32條第1項第1款規定：超過三個月至六個月者，應提列全部墊款金額百分之五十之備抵呆帳。(D)同辦法第32條第1項第3款規定：逾期帳款之轉銷，應按董（理）事會授權額度標準，由有權人員核准轉銷，並彙報董（理）事會備查。但外國信用卡公司得依其總公司授權程序辦理。

20 (D)。　發卡機構倘有增加向持卡人收取之年費、手續費及提高其利率、變更利息計算方式、增加可能負擔之一切費用時，應於六十日前以書面或事先與持卡人約定之電子文件通知持卡人，持卡人如有異議得終止契約。

21 (C)。　全職學生申請信用卡以三家發卡機構為限，每家發卡機構信用額度不得超過新台幣二萬元。

解答及解析

22 (C)。金融機構辦理信用卡及現金卡業務訂定差別利率應注意事項第2條：發卡機構應訂定雙卡差別定價之風險管理及價格政策及程序，呈報董事會或董事會授權人員核定（外國銀行在華分行則由總行授權人員核定）。

23 (D)。金融機構所核給信用卡之信用額度應與申請人申請時之還款能力相當，且核給可動用額度加計申請人於全體金融機構之無擔保債務歸戶後總餘額除以最近一年平均月收入，不宜超過22倍。

24 (A)。中長期授信：(1)週轉資金授信（包括短期授信展期續約超過一年以上者）：除第1目規定外，總授信金額達新台幣二億元者，另增加償還能力分析。(2)其他中長期授信：除第1目規定外，另增加建廠或擴充計畫（含營運及資金計畫）與分期償還能力分析。

25 (C)。總授信金額包括財團法人金融聯合徵信中心歸戶餘額及本次申貸金額，其中存單質借、出口押匯及進口押匯之金額得予扣除。

26 (B)。銀行以附賣回條件買入短期票券及債券之餘額，不計入有價證券之限額內。以附買回條件賣出短期票券及債券之餘額，則應計入。

27 (A)。金融消費者就金融消費爭議事件應先向金融服務業提出申訴，金融服務業應於收受申訴之日起三十日內為適當之處理，並將處理結果回覆提出申訴之金融消費者。

28 (C)

29 (D)。高階管理階層應該負責：執行董事會所核准之營運策略及政策；研訂作業程序以辨識、衡量、監視及控管風險；維持權責劃分及報告系統明確之組織架構；確保授權辦法得以有效執行；制訂妥善之內部控制政策；監控內部控制制度之適足性及有效運作。

30 (C)。有效的內部控制制度必須有適當的分工牽制，及不指派員工擔任有利益衝突或互為牽制之工作。對可能發生利益衝突的地方，應加以辨識，施以縝密且獨立的監控，使其影響減至最低。

31 (D)。海外分行全體行員均應遵守品德操守之考核。

32 (B)。對以無抬頭支票付款者，應嚴格控管。

33 (A)。(1)嚴禁行員與存放款客戶有資金往來，避免流弊。(2)銀行業應建立自行查核制度。各營業、財務、資產保管、資訊單位及國外營業單位應每半年至少辦理一次一般自行查核，每月至少辦理一次專案自行查核。

34 (D)。有價證券應經相關人員密封後入庫保管空白單據之保管及領用應嚴格控管，並定期清點、核對剩餘數及使用情形。

35 (D)。金融機構應於通報重大偶發事件之次日起，於七個營業日內函報詳細資料或後續處理情形。

36 (C)。依「銀行法第七條有關活期存款依約定方式提取存款之規範」規定，金融機構得與客戶約定由金融機構將活期存款轉入同一或其他金融機構之帳戶，惟不得有概括授權將活期存款轉入支票存款帳戶之情事。

37 (A)。買入商業本票到期時，依正常程序自行向票載付款行庫提示兌償，而非交由他人代兌。

38 (B)。消保會業務職掌為保護消費者權益，促進國民消費生活安全，協助消費者與企業經營者因商品或服務所衍生之消費爭議，其業務與「金融」無關。

39 (A)。為建立防杜辦理分散借款集中使用案件之作業機制及建立大額授信之鑑估制度，應請於該範例轉知各社時，併請應於其徵信或授信審核之內部規定中明定左列事項：(1)同一所有權人之擔保物，由數人分別辦理授信時，應提出親屬或股東或合夥關係之證明。(2)對大額授信之擔保物之鑑價，應明定鑑估之層級。(3)對一定金額以上之授信擔保物，應洽借款戶徵提經第三公正人鑑估之報告為佐證資料。

40 (D)。不只平日，假日也應不定時巡查作反偵測機制，防範歹徒之側錄及破壞。

41 (B)。運鈔路線應經常改變，彈性選用，大筆金額時，亦可申請警方護航。運鈔路線與時間應經常改變，臨時彈性選用，不可固定，並

予保密。運鈔車運行中，非不得已，絕不停車；非工作人員不准搭載，並隨時注意車後是否有人跟蹤及有無故意接近之人、車。

42 (D)。為避免客戶資料外洩，發卡機構委由便利商店業代收信用卡持卡人消費帳款之繳款資料，不得完整列示客戶身分證字號及信用卡卡號等個人資料。

43 (C)。金融機構作業委託他人處理內部作業制度及程序辦法第2條：金融機構作業委託他人處理者（以下簡稱為委外），應簽訂書面契約，並依本辦法辦理，但涉及外匯作業事項並應依中央銀行有關規定辦理。

44 (D)。一、銀行擬轉讓不良債權予資產管理公司或委託資產管理公司處理不良債權者，資產管理公司於符合下列條件範圍內，銀行可對資產管理公司提供該不良債權之資料：(一)資產管理公司必須確保接觸資料者不會外洩債權資料，並有嚴密之保護措施，且不得有其他不當利用之行為。(二)資產管理公司內部應建立內部控制機制，並應作定期與不定期之考核。二、前揭不良債權資料之移轉範圍，應不包括對銀行債務之履行無法律上義務者；至於不得移轉之不良債權資料，其型態包括書面及電子檔案三、銀行擬以合資方式與他人共同成立資產管理公司，而以其不良債權出資轉作股權時，如有將其不良

解答及解析

債權資料提供予合資對象鑑價之必要時，該合資對象亦須符合上述條件。

45 (B)。銀行警示帳戶餘款之返還：存款帳戶經通報為警示帳戶，銀行經確認通報原因屬詐財案件，且該帳戶中尚有被害人匯（轉）入之款項未被提領者，應依開戶資料聯絡開戶人，與其協商發還警示帳戶內剩餘款項事宜，如無法連絡者，得洽詢警察機關協尋一個月。

46 (C)。司法、軍法、稅務、監察、審計及其他依法律規定具有調查權之機關，有查詢銀行客戶存款、放款、匯款、保管箱等有關資料之需要者，得依據各該法律規定，正式備文逕洽相關銀行查詢。

47 (C)。發卡機構核給信用卡額度應提供相關財力證明文件，如薪資轉帳明細、申請扣繳憑單等。

48 (C)。銀行法第三十三條第二項之授信限額、授信總餘額、授信條件及同類授信對象規定：所稱授信限額，指銀行對其持有實收資本總額百分之五以上之企業，或本行負責人、職員或主要股東，或對與本行負責人或辦理授信之職員有利害關係者為擔保授信，其中對同一法人之擔保授信總餘額不得超過各該銀行淨值百分之十；對同一自然人之擔保授信總餘額不得超過各該銀行淨值百分之二。

49 (D)。銀行法第32條所稱之消費者貸款，係指對於房屋修繕、耐久性消費品（包括汽車）、支付學費與其他個人之小額貸款，及信用卡循環信用。

50 (A)。金融機構出售不良債權時，除聯貸案件係由參貸行共同決定外，應依下列規定辦理：擬出售不良債權前，應依據其內部債權回收管理之資料或外部專家估價以決定建議底價。如建議底價逾實收資本額百分之二十或新台幣三億元以上時或投資人之資格條件未明確排除關係人時，其估價不得僅依內部債權回收管理之資料為之。

第41期　銀行內部控制與內部稽核（一般金融）

(　　) **1** 下列何者非屬金融機構內部控制之直接效益？　(A)降低錯誤及舞弊之可能性　(B)減少違法事件之發生　(C)減低風險損失、提高競爭力　(D)精簡人力、擴充營業規模。

(　　) **2** 下列何者不是「金融控股公司及銀行業內部控制及稽核制度實施辦法」中規定應建立之制度？　(A)內部員工福利制度　(B)內部稽核制度　(C)法令遵循主管制度　(D)自行查核制度。

(　　) **3** 「權力及責任之分派－權責劃分」係屬內部控制構成要素中何者之影響因素？　(A)內部環境　(B)風險評估　(C)控制活動　(D)資訊與溝通。

(　　) **4** 下列何者非屬出納業務之常見缺失及查核重點？　(A)進出金庫未設簿登記　(B)經管密碼人員異動時，未即時更換金庫密碼　(C)存戶申請更換印鑑，其申請書未加蓋原留印鑑　(D)未於營業時間中不定時抽查櫃員現金。

(　　) **5** 下列何者非屬自行查核負責人之職責？　(A)就選定之查核項目自行辦理查核　(B)擬定自行查核計畫　(C)決定查核日期　(D)選定查核範圍。

(　　) **6** 依「金融控股公司及銀行業內部控制及稽核制度實施辦法」規定，銀行應設置隸屬於下列何者之內部稽核單位？　(A)監事（監察人）會　(B)董（理）事會　(C)總經理室　(D)業務管理單位。

(　　) **7** 有關銀行自行查核制度，下列敘述何者正確？　(A)由內部稽核人員查核各單位之業務　(B)由自行查核單位內人員查核非自己經辦之業務　(C)由簽證會計師查核各單位之業務　(D)由自行查核單位內人員查核自己經辦之業務。

(　　) **8** 有關自行查核之追蹤考核，下列敘述何者錯誤？　(A)自行查核報告應呈報總經理　(B)自行查核之執行情形，應由稽核單位予以考核　(C)稽核單位對自行查核發現之缺失應督導改善　(D)稽核單位認為必要時，可派員辦理覆查。

(　　) **9** 下列何者非屬出納經管的業務？　(A)日計表之編製　(B)各種有價證券之保管　(C)幣券及破損券之兌換　(D)辦理現金及票據之收付及保管。

(　　) **10** 依規定，銀行金庫內之監視錄影帶應至少保存多久？　(A)一個月　(B)二個月　(C)四個月　(D)六個月。

(　　) **11** 有關提回之交換票據，下列敘述何者錯誤？　(A)應指定專人覆核　(B)交換員應於票據上加蓋「提回交換章」　(C)交換員應於票據上加蓋「特別橫線章」　(D)金額若有誤差，以「其他應收款」或「其他應付款」科目列帳者，應於次營業日沖正。

(　　) **12** 下列何者非屬空白單據？　(A)空白支票　(B)空白存摺　(C)空白取款憑條　(D)空白存單。

(　　) **13** 有關出納業務之查核事項，下列敘述何者正確？　(A)代收稅款作業流程應由一人辦理　(B)金庫鑰匙與密碼均由出納掌管　(C)內、外金庫應具備十二小時錄影監控設施　(D)應依規定不定期實施安全防護演練，並作成紀錄備查。

(　　) **14** 有關銀行出納業務，下列敘述何者錯誤？　(A)出納人員得兼辦放款　(B)櫃員於營業時間中暫時離開座位時，須於端末機簽退　(C)現金之收、付須根據傳票或憑單辦理　(D)現金與傳票應分別存放。

(　　) **15** 代扣繳非中華民國境內居住之個人利息所得稅款，應於何時解繳國庫？　(A)次月五日　(B)次月十日　(C)代扣日起算十日內　(D)代扣日起算二十日內。

(　　) **16** 被繼承人之存款餘額在新臺幣多少元以下，繼承人可免付稅捐機關核發之免稅證明申請提領死亡存戶之存款？　(A)10萬元　(B)20萬元　(C)50萬元　(D)100萬元。

(　　) **17** 定期存款到期日如為休假日，存戶於次營業日提取時，應如何給付休假日之利息？　(A)不予給付　(B)按原存單利率給付　(C)按活期存款牌告利率給付　(D)按活期儲蓄存款牌告利率給付。

( ) **18** 對於定期存款，下列何者敘述正確？ (A)中途解約得依銀行與存戶所訂之約定計息 (B)中途解約依解約當日之牌告利率計息 (C)逾期解約逾期息按解約當日定期存款牌告利率計給 (D)逾期轉期續存於二個月內辦理者，得自原到期日起息。

( ) **19** 查核同業存款業務，下列敘述何者錯誤？ (A)開戶時應確認客戶身分 (B)應定期抄送對帳單 (C)應注意是否相互對存虛增存款 (D)應取得金融主管機關同意開戶核准函。

( ) **20** 查核匯款業務，下列敘述何者正確？ (A)匯款手續費應集中保管，每二日入帳一次 (B)匯款支票之保管與簽發應由同一主管辦理 (C)未能於當日轉帳入戶之匯入款項應向匯款行查明 (D)匯款遭退匯應通知受款人，持匯款收執聯及印章辦理更正。

( ) **21** 公司支票存款戶如已辦妥負責人變更手續，舊負責人或其授權人所簽發票據發生退票時，退票理由單負責人欄應填寫下列何者？ (A)新負責人資料 (B)舊負責人資料 (C)被授權人資料 (D)空白暫不填寫。

( ) **22** 有關可轉讓定期存單，其存單存期最長不得超過多久？ (A)半年 (B)一年 (C)二年 (D)三年。

( ) **23** 未成年人開立非支票存款之一般存款戶，如未出具法定代理人之同意書，銀行應發函並訂至少多久期限催告法定代理人確答是否承認？ (A)一個月 (B)二個月 (C)三個月 (D)六個月。

( ) **24** 有關存款利率（或利息），下列敘述何者錯誤？ (A)各類存款利率應以年利率為準 (B)定期性存款足月部分按月計息，不足月部分按日計息 (C)牌告利率皆為複利率 (D)基層金融機構轉存款不適用分段牌告利率。

( ) **25** 銀行徵提信託收據為授信副擔保品，應注意信託占有登記有效期限，是否較融資期限至少長幾個月？ (A)一個月 (B)三個月 (C)六個月 (D)九個月。

( ) **26** 票據上之權利，對支票發票人自發票日起算，至遲多久期間不行使，因時效而消滅？ (A)六個月 (B)一年 (C)二年 (D)三年。

(　) **27** 查核強制執行案件，若發現下列何種情形，應提列為缺失項目？
(A)先對連帶保證人查調財產，再對主債務人查調財產　(B)法院
所訂之不動產拍賣底價較市價偏高，催收人員具狀聲請調低價格
(C)收到法院之分配表時，發現分配之債權金額有誤，於指定分配
期日當天到院聲明異議　(D)收到法院之分配表時，發現分配之債
權金額有誤，於指定分配期日前五天，具狀聲明異議。

(　) **28** 以建物為擔保品之授信，應投保火險，並以下列何者為受益人？
(A)債務人　(B)貸款銀行　(C)其他債權人　(D)擔保品所有權人。

(　) **29** 受理以本銀行存單為擔保之授信，有關其設定等作業，下列敘述
何者正確？　(A)應出具拋棄抵銷權書面同意書予出質人　(B)由
原存款人於存單背面加蓋原留印鑑並由原存款人加註質權設定情
形　(C)定期儲蓄存款之質借人須為原存款人　(D)借款期限須在
存單到期後一個月內。

(　) **30** 銀行對借款人辦理一般營運週轉金貸款，必須明瞭事項下列何者
正確？　(A)借款人所提供擔保品之種類及數量　(B)借款人之賒
銷金額及賒欠天數暨買方信用情況　(C)借款人業務性質、產銷程
序及業務財務近況　(D)借款人購置機器設備之詳細計畫。

(　) **31** 依強制執行法規定，下列何者不屬執行名義？　(A)買賣契約　(B)
依民事訴訟法成立之和解或調解　(C)確定之終局判決　(D)假扣
押、假處分、假執行之裁判。

(　) **32** 銀行聲請法院裁定准予實施假扣押，至遲應於收到裁定後幾日內
聲請執行查封？　(A)七日內　(B)十日內　(C)二十日內　(D)三十
日內。

(　) **33** 逾期放款及催收款具有下列何種情況者，無須全部轉銷為呆帳？
(A)催收款逾清償期二年，經催收仍未收回者　(B)擔保品經多次
減價拍賣無人應買，銀行具承受實益欲為承受者　(C)債務人因解
散、逃匿、破產或其他原因致債權無法收回者　(D)擔保品及主、
從債務人之財產扣除先順位抵押權及執行費用後，執行無實益者。

( ) **34** 有關貸款資金之撥付，下列敘述何者錯誤？ (A)公司名義之借款不可撥入個人帳戶 (B)建築融資應依照建築個案實際工程進度分批撥貸 (C)擔保品需設質者，可於撥貸後再辦理相關設質程序 (D)貸款用途如為購買增資股票，應於撥貸後取得相關證明文件。

( ) **35** 依「中華民國銀行公會會員授信準則」之規範，下列何種為間接授信？ (A)企業貸款 (B)消費者貸款 (C)出口押匯 (D)承兌。

( ) **36** 凡貸款本金超逾約定清償期限多久以上而未辦理轉期或清償者應列報為逾期放款？ (A)三個月 (B)六個月 (C)九個月 (D)一年。

( ) **37** 有關辦理買入光票業務，下列敘述何者錯誤？ (A)在核定額度內憑客戶提示之票據辦理 (B)買入幣別為外幣 (C)得受理禁止背書轉讓之支票 (D)支票面額不得塗改。

( ) **38** D／A進口廠商承兌後到期拒付，如國外委託銀行要求作成拒絕證書者，應於到期日後幾天內為付款之提示，並於幾天內向當地法院請求作成拒絕證書，並通知國外委託銀行？ (A)二日及三日 (B)三日及二日 (C)二日及五日 (D)三日及五日。

( ) **39** 年滿二十歲領有國民身分證或外僑居留證之個人，每年自由結匯額度為多少美元或等值外幣？ (A)五百萬美元 (B)七百萬美元 (C)一千萬美元 (D)三千萬美元。

( ) **40** 依中央銀行規定，外匯指定銀行自行訂定新臺幣與外幣間交易總部位限額中，無本金交割新臺幣遠期外匯及新臺幣匯率選擇權二者合計之部位限額不得逾總部位限額之多少？ (A)二分之一 (B)三分之一 (C)四分之一 (D)五分之一。

( ) **41** 下列何種情形不得轉開國內信用狀？ (A)申請人為主信用狀（Master L/C）受益人 (B)不在已核准之出口押匯授信額度內辦理 (C)主信用狀是由本行通知 (D)轉開國內信用狀之條件未逾越主信用狀條件。

（　） **42** 金控公司為提高綜效，進行投資小組之組織改造，下列各項措施何者有缺失？　(A)修訂投資政策並提報董事會　(B)訂定投資業務之風險管理規範　(C)由交易部門依規範負責投資風險管理　(D)整合證券公司及銀行之專業人員共同組成投資小組。

（　） **43** 依主管機關規定，有關商業銀行對自用不動產之投資，下列敘述何者錯誤？　(A)投資非營業用之倉庫　(B)營業所在地不動產主要部分為自用者　(C)為短期內自用需要而預購者　(D)原有不動產就地重建主要部分為自用者。

（　） **44** 銀行不動產投資交易對象若有涉及利害關係人時，應經董事會同意之條件為何？　(A)董事會二分之一以上董事出席及出席董事三分之二以上同意　(B)董事會三分之二以上董事出席及出席董事二分之一以上同意　(C)董事會三分之二以上董事出席及出席董事四分之三以上同意　(D)董事會四分之三以上董事出席及出席董事二分之一以上同意。

（　） **45** 銀行投資於國內外各種有價證券之總餘額，除我國政府發行之公債、國庫券、中央銀行可轉讓定期存單、中央銀行儲蓄券外，不得超過該銀行所收存款總餘額及金融債券發售額之和之多少？　(A)百分之五　(B)百分之十　(C)百分之十五　(D)百分之二十五。

（　） **46** 員工申請退出企業員工持股信託生效後，其信託權益應以下列何種方式返還？　(A)等待適當時機出售再還款　(B)僅能以股票劃撥轉入其帳戶　(C)僅能折換現金存入其存款帳戶　(D)得選擇股票劃撥轉入或折換現金存入其存款帳戶。

（　） **47** 保管銀行於辦理全權委託投資保管業務時，應以下列何者名義開立投資買賣帳戶？　(A)委任人　(B)受任人　(C)保管銀行　(D)監察人。

（　） **48** 有關保管銀行辦理基金資產交割作業，經有權人員簽章後回報予投信公司之書面資料於歸檔後至少須保存多久期限？　(A)一季　(B)半年　(C)一年　(D)二年。

( ) **49** 依主管機關規定，兼營信託業務之銀行，其監察人至少應有幾人符
合信託專門學識或經驗？ (A)一人 (B)二人 (C)三人 (D)四人。

( ) **50** 辦理員工福利儲蓄（或持股）信託專戶存摺之保管與帳務處理，
其人員如何配置始符合內部控制原則？ (A)由主管負責辦理
(B)分由不同人員辦理 (C)由主管指定專人一人辦理 (D)信託存
摺交由委員會自行保管。

( ) **51** 銀行辦理財富管理業務應訂定內線交易及利益衝突之防範機制，
下列何者錯誤？ (A)員工接受禮品或招待時應申報 (B)推介商
品不得以佣金多寡為考量 (C)薪酬制度應以佣金多寡為唯一考量
(D)理財業務人員不得要求期約或收受不當金錢。

( ) **52** 銀行辦理財富管理業務所有商品或服務之廣告或宣傳資料，均應
經相關單位主管審閱，確認內容無不當或不實陳述及違法情事，
下列何者為非必要之審核單位主管？ (A)人事主管 (B)法務主
管 (C)部門主管 (D)法令遵循主管。

( ) **53** 銀行經營財富管理業務應經銀行內哪一個單位核可？ (A)董（理）
事會 (B)常董會 (C)經理人會議 (D)資產負債管理委員會。

( ) **54** 依證券投資顧問事業從業人員行為準則第三條有關執業行為之原
則性規定，財富管理從業人員應於其業務範圍內，注意業務進行
與發展，對客戶的要求與疑問，適時提出說明，係屬於下列何種
原則？ (A)忠實誠信原則 (B)勤勉原則 (C)專業原則 (D)保密
原則。

( ) **55** 假設某甲為風險趨避者，不願承擔任何損失，理財業務人員某乙
若以新興市場基金近期績效表現優異，積極向某甲推介該類型基
金，則某乙違反下列何種政策？ (A)勤勉政策 (B)商品適合度
政策 (C)利益衝突禁止政策 (D)優先交易禁止政策。

( ) **56** 證券承銷商出售其所承銷之有價證券，須代理發行人交付下列何
者？ (A)投資說明書 (B)公開說明書 (C)營業計畫書 (D)財務
預測說明書。

（　）**57** 有關證券商在辦理證券承銷案件時，除先行保留自行認購部分外，其配售方式種類，下列敘述何者錯誤？　(A)員工認購　(B)競價拍賣　(C)詢價圈購　(D)公開申購配售。

（　）**58** 有關證券商與發行公司議定之包銷報酬或代銷手續費，分別不得超過包銷有價證券總金額與代銷有價證券總金額之多少百分比？　(A)10%；10%　(B)5%；5%　(C)5%；10%　(D)10%；5%。

（　）**59** 有關票券承銷業務之敘述，下列何者錯誤？　(A)可分為包銷及代銷　(B)承銷債票形式之商業本票其面額不得大於新台幣一千萬元　(C)市場大多採用包銷發行　(D)票券商承作票券包銷的市場風險較高。

（　）**60** 有關銀行辦理消費性貸款之帳戶管理，下列何者有缺失？　(A)債權憑證由債務人親自填寫並簽章　(B)擔保放款均先辦妥擔保物之抵押權或質權設定始予撥貸　(C)不熟悉之客戶，應至其辦公處所或住家對保　(D)貸款應以現金支付借戶本人或依委託轉帳存入其指定帳戶。

（　）**61** 對信用卡持卡人信用資料及特約商店信用卡交易異常資料，應依規定時間準時申報予下列何單位？　(A)聯合信用卡中心　(B)金融聯合徵信中心　(C)收單銀行　(D)發卡銀行。

（　）**62** 依主管機關規定，除經協議分期償還放款並依約履行者外，凡逾期放款應於清償期屆滿多久期限內轉入催收款科目？　(A)1個月　(B)2個月　(C)3個月　(D)6個月。

（　）**63** 有關銀行貸款之詐冒風險中，下列何種詐欺模式，貸款申請人最可能知情？　(A)偽冒申請　(B)人頭貸款　(C)盜領貸款　(D)取得未達卡。

（　）**64** 金融機構之帳戶管理人員，應利用各項預警報表，隨時瞭解借戶之往來狀況，信用卡、現金卡或信用貸款之客戶並應依主管機關之規定，至少多久辦理覆審？　(A)3個月　(B)半年　(C)1年　(D)2年。

( ) **65** 依主管機關規定，逾期放款及催收款逾清償期多久後，經催收仍未收回者，應扣除估計可收回部份後轉銷為呆帳？ (A)3個月 (B)6個月 (C)1年 (D)2年。

( ) **66** 有關消費金融產品規劃，下列敘述何者錯誤？ (A)應明確定義出目標市場 (B)應有定期性的市場研究報告 (C)產品定價應謹守成本加成原則 (D)應定期審查及修訂產品計畫書。

( ) **67** 一個完整週延的消費金融產品計劃書（Credit Program），所應涵蓋的內容，不包括下列何者？ (A)授信作業 (B)出納作業 (C)產品策略與規劃 (D)信用相關之管理資訊系統。

( ) **68** 依主管機關規定，信用卡之當期應繳最低付款金額超過指定繳款期限多久，應提列全部墊款金額百分之五十之備抵呆帳？ (A)一個月至三個月 (B)三個月至六個月 (C)六個月至九個月 (D)超過九個月。

( ) **69** 授信資產經評估已無擔保部份，且授信戶積欠本金或利息超過六個月至十二個月者，依規定應評估為第幾類資產？ (A)二 (B)三 (C)四 (D)五。

( ) **70** 下列何者可作為評估借款人還款意願的良好指標？ (A)服務單位的穩定程度 (B)服務年資及職位 (C)過去的還款紀錄 (D)持續性所得淨額。

( ) **71** 下列何者非屬影響消費金融業務之因素？ (A)新台幣對美元匯率之高低 (B)家庭中賺取所得之年齡 (C)利率水準之高低及對未來價格之預期 (D)家庭所得水準。

( ) **72** 金融機構資訊單位組織與管理之查核，下列何者有缺失？ (A)安控人員兼預算規劃 (B)操作人員兼程式撰寫 (C)各科職掌明確且符合制衡原則 (D)對調離職人員取消其使用者代號、密碼。

( ) **73** 有關金融機構電腦設備管理，下列敘述何者錯誤？ (A)機房清潔維護時須有操作員在場 (B)非工作需要物品禁止攜入機房 (C)權衡成本效益建立備援制度 (D)主機最高權限密碼應集中由一人單獨管理。

(　) **74** 有關金融機構電腦主機操作，其每班作業至少應有多少操作員輪
值？　(A)一人　(B)二人　(C)三人　(D)四人。

(　) **75** 主管機關規範電子金融交易所稱「約定轉入帳戶」屬於下列何種風
險類型交易？　(A)高風險　(B)中風險　(C)低風險　(D)無風險。

(　) **76** 有關網路安全之管理，下列敘述何者錯誤？　(A)機密性資料不得
存放於網路或網際網路平台　(B)網路管理人員之操作，應詳細紀
錄並定期呈主管覆核　(C)對已公佈之電腦系統最新修補程式，應
立即安裝以彌補安全漏洞　(D)對電腦公司系統工程師使用之預設
密碼於驗收後，應交由網路管理人員保管使用。

(　) **77** 網路銀行業務所稱「約定轉帳」，因資金移轉之稽核軌跡及資金
流向十分明確，得排除下列何項安全設計？　(A)訊息隱密性、完
整性　(B)來源辨識性、不可重覆性　(C)訊息隱密性、不可重覆
性　(D)無法否認傳遞訊息、無法否認接收訊息。

(　) **78** 有關衍生性金融商品之交易特性，下列敘述何者錯誤？　(A)具有避
險功能　(B)採用槓桿原理操作　(C)對現貨市場產生極大助漲或助
跌效果　(D)帳列表內項目，交易紀錄充分揭露於資產負債表。

(　) **79** 有關衍生性金融商品交易，超逾風險限額時，不應採取下列何種
措施？　(A)結清部位　(B)經有權人員核可　(C)簽報提高風險限
額　(D)由交易人員自行衡量風險限額。

(　) **80** 依主管機關規定，下列何者非屬銀行辦理新臺幣與外幣間無本金
交割遠期外匯業務（NDF）之承作對象？　(A)國內自然人　(B)
國內指定銀行　(C)指定銀行之總行　(D)指定銀行之海外分行。

解答及解析　（答案標示為#者，表官方曾公告更正該題答案。）

1 (D)。內部控制的效益則是內部控
制的方法、措施和程式在企業得到
良好運行所應達到的控制目標，
即：保證財務報告的真實可靠，防
止舞弊行為的發生；保證企業資產
的安全完整，避免因浪費、盜竊或
不當經營決策而產生的損失；改善
企業經營管理，提高經營效率，規
避經營風險；遵守現行的法律、法
規和企業內部的管理制度。

2 (A)。 第6條：「金融控股公司及銀行業應建立自行查核制度、法令遵循制度與風險管理機制及內部稽核制度等內部控制三道防線，以維持有效適當之內部控制制度運作。」

3 (A)。 美國COSO委員會所提出「企業風險管理－整合架構」（COSO ERM）的四大目標－策略、營運、報告、遵循；八大構成要素－內部環境、目標設定、事件辨識、風險評估、風險因應、控制活動、資訊與溝通、監督；風險偏好、風險容忍度等概念。

4 (C)。 更換戶名（含存戶代表人）印鑑：前所使用之戶名及印鑑，請依申請書內所載之新戶名及印鑑予以更新（檢附相關證照文件），新印鑑如印鑑卡所示，原留之舊印鑑同時失效。

5 (A)。 自行查核負責人之職責包含：(1)擬訂年度「自行查核計畫」。(2)決定自行查核之日期，其日期應予保密。(3)決定查核項目及查核範圍。(4)指定自行查核人員，而此人不應為查核項目之經辦人員。(5)制定工作分配表。(6)監督自行查核人員之工作切實執行。(7)彙總並審核自行查核作底稿及自行查核報告，並送交有關單位審核。

6 (B)。 金融控股公司及銀行業應設立隸屬董（理）事會之內部稽核單位，以獨立超然之精神，執行稽核業務，並應至少每半年向董（理）事會及監察人（監事、監事會）或審計委員會報告稽核業務。

7 (B)。 銀行應先督促各單位辦理自行查核，再由內部稽核單位**覆核**各單位之自行查核報告，併同內部稽核單位所發現之內部控制缺失及異常事項改善情形，以作為董（理）事會、總經理、總稽核及遵守法令主管評估整體內部控制制度有效性及出具內部控制制度聲明書之依據。

8 (A)。 其追蹤考核改善情形，以書面提報董（理）事會及交付監察人（監事、監事會）或審計委員會，並列為對各單位獎懲及績效考核之重要項目。

9 (A)。 經辦收付工作：(1)收付現金、票據、有價證券及其他保管品等，如有錯誤，應查明處理。(2)收入現金、票據及有價證券等，除自行保管外，並按規定解繳送存銀行。(3)結存款項，如有錯誤，應查明處理。

10 (B)。 金庫內外必須二十四小時全程監控錄影，監視錄影帶應依規定保存二個月。

11 (C)。 提回交換票據在提出交換前客戶申請領回原存入之票據或提出之交換票遭付款行庫退票時，應請客戶填具「領回票據申請書」並蓋章留印鑑。待交換票據應加蓋特別橫線章，票據背面受款人之帳號、戶名等應填載清楚。

12 (C)。空白單據係指空白支票、本票、匯票、存摺、領款號碼牌、金融卡、信用卡及其他有關單據。

13 (D)。代收稅款或代收公用事業費用之作業流程不得只由櫃員一人辦理。金庫鑰匙及密碼，應分別由出納及主管指定人員掌管。金庫內外必須具備「二十四小時」全程錄影監控設施。

14 (A)。出納人員不得兼辦放款或會計等業務。

15 (C)。銀行代為扣繳之非中華民國境內居住之個人利息所得稅款，應於代扣之日起十日內將稅款解繳國庫。

16 (B)。其繼承人於提領存款時，除存款餘額在新臺幣20萬元以下者外，仍須檢附稅捐稽徵機關核發之遺產稅證明書，始准予辦理。

17 (B)。定期性存款到期日如為休假日，於次營業日提取時，按存單利率另給付休假日之利息，但在第二營業日提取時，除休假日按存單利率給付利息外，第一營業日以後應照新臺幣活期存款牌告利率單利計付逾期利息。

18 (A)。各種存款利率應以年利率為準並於營業場所牌告；定期存款中途解約者，不足月部分應按實際存款期間依存入當日之牌告利率單利並打八折或按銀行與客戶約定之約定折數計息；牌告版應揭示年利率（單利）而非複利率。

19 (D)。銀行同業存款係銀行同業間因資金調撥及為便利相互往來而存入或代為收付等款項，與一般存款有別，爰不計入前述條文所稱存款總餘額。

20 (C)。匯款手續費須每日入帳；匯款支票之保管與簽發不得由同一主管經辦；匯款遭退匯應通知原匯款人，持匯款收執聯及印章辦理更正。

21 (A)。公司負責人變更並辦妥變更登記後，舊負責人或其授權他人所簽發票據發生退票時，其退票紀錄之對象為該公司，退票紀錄所列負責人應為退票當時依法為該公司負責人之人。

22 (B)。可轉讓定期存單存期最短為一個月，最長不得超過一年。

23 (A)

24 (C)。各種存款利率應以年利率為準並於營業場所牌告；定期存款中途解約者，不足月部分應按實際存款期間依存入當日之牌告利率單利並打八折或按銀行與客戶約定之約定折數計息；牌告版應揭示年利率（單利）而非複利率。

25 (C)。徵提信託單據為擔保品：(1)信託占有標的物必須依法辦理信託占有登記手續。(2)信託占有登記證明書所載要項，應與信託收據相符。(3)信託占有登記有效期限，應至少較融資期限長「六個月」。(4)借款人在借款期限內，已加工處分變賣標的物者，應依約提前還款。

26 (B)。 支票之時效期間：支票上之
權利對支票發票人，一年間不行使，
因時效而消滅（自發票日起算）。

27 (C)

28 (B)。 銀行對抵押的房子有保險
利益：按民法第881條前段規定，
「抵押權，因抵押物滅失而消
滅」；換句話說，提供擔保的抵押
物（房子）發生毀損或滅失時，則
抵押權人（銀行）就抵押物優先受
償的利益即受影響；據此，抵押權
人（銀行）對於為抵押權標的物的
不動產所享有的現存利益有保險利
益（保險法第十四條前段參照）。

29 (C)。 存單質押之質借人必須為原存
款人；借款期限不得超過原存單到期
日，存單背面須由原存款人加蓋原印
鑑章、註明質權設定，並應辦妥質權
設定程序。以非貸款銀行之定存單
為授信擔保者，必須由存單簽發銀行
出具拋棄抵押權之書面同意。

30 (C)。 所謂一般營運週轉金貸款，
是指銀行提供借款人於正常營運週
期內所需週轉資金之融通方式。一
般營運週轉金貸款的對象為：信
用、財務及營運情形正常，並與本
行往來情形良好之企業，與(C)選項
相關。

31 (A)。 強制執行法第4條第1項規
定：「強制執行，依左列執行名義
為之：一、確定之終局判決。二、
假扣押、假處分、假執行之裁判及
其他依民事訴訟法得為強制執行之

裁判。三、依民事訴訟法成立之和
解或調解。四、依公證法規定得為
強制執行之公證書。五、抵押權人
或質權人，為拍賣抵押物或質物之
聲請，經法院為許可強制執行之裁
定者。六、其他依法律之規定，得
為強制執行名義者。」

32 (D)。 債權人於收到法院假扣押、
假處分裁定書後，應於三十天內聲
請執行查封或處分行為。

33 (B)。 逾期放款及催收款，具有下
列情事之一者，應扣除估計可收回
部分後轉銷為呆帳：(1)債務人因解
散、逃匿、和解、破產之宣告或其
他原因，致債權之全部或一部不能
收回者。(2)擔保品及主、從債務人
之財產經鑑價甚低或扣除先順位抵
押權後，已無法受償，或執行費用
接近或可能超過銀行可受償金額，
執行無實益者。(3)擔保品及主、從
債務人之財產經多次減價拍賣無人
應買，而銀行亦無承受實益者。(4)
逾期放款及催收款逾清償期二年，
經催收仍未收回者。

34 (C)。 銀行應於撥款日前辦理擔保
品設質程序。

35 (D)。 (1)直接授信：銀行以直接撥
貸資金之方式，貸放予借款人之融
資業務。(2)間接授信：銀行以受
託擔任客戶之債務保證人、匯票承
兌人、開發國內外信用狀或其他方
式，授予信用，承擔風險，而不直
接撥貸資金之授信行為。

36 (A)。銀行資產評估損失準備提列及逾期放款催收款呆帳處理辦法：第7條：本辦法稱逾期放款，指積欠本金或利息超過清償期三個月，或雖未超過三個月，但已向主、從債務人訴追或處分擔保品者。協議分期償還放款符合一定條件，並依協議條件履行達六個月以上，且協議利率不低於原承作利率或銀行新承作同類風險放款之利率者，得免予列報逾期放款。但於免列報期間再發生未依約清償超過三個月者，仍應予列報。

37 (C)。光票（Clean Bill）是指不附帶商業單據的匯票（如貨運等相關單據），而在國外付款的外幣票據。其種類分為：一般外幣支票、匯票、旅行支票。承作光票不得經背書轉讓。

38 (C)。承兌交單（Documents against Acceptance, D/A）進口廠商承兌後到期拒付，如國外委託銀行要求作成拒絕證書者，應於到期日後二日為付款之提示，並於五日內向當地法院請求作成拒絕證書，並通知國外委託銀行。

39 (A)。在我國境內居住、年滿二十歲領有國民身分證或外僑居留證之個人，結構（售）外匯案件一年內累積結構（售）匯款金額，不得超過五百萬美元。

40 (D)。外匯指定銀行應自行訂定新台幣與外幣間交易總部位限額，並檢附董事會同意文件（外商銀行在台分行則為總行核定之相關文件），報中央銀行外匯局同意核備後實施。總部位限額中，無本金交割新台幣遠期外匯及新台幣匯率選擇權二者合計之部位限額，不得逾總部位限額的五分之一。

41 (B)。Back-to-back credit俗稱為「轉開信用狀（又稱背對背LC）」：即憑國外開來的（Master L/C）向本地銀行申請另開一張以國內或國外供應商為受益人（即第二受益人）之信用狀。當信用狀受益人本身並非貨物的供應商，但不願讓進口商知道其本身並非供應商，同時亦不願讓進口商知道本身以低價購得貨物轉賣，或避免國外買方與供應商直接接觸時，便可向中間貿易商所在地之通知銀行或其往來之銀行，憑國外開本人的信用狀（Master L/C）申請另開一張轉開信用狀（Back to Back L/C）給國內或國外供應商。

42 (C)。交易部門立場與風險管理互相衝突，不可兼辦該業務。

43 (A)。銀行法第75條：商業銀行不得投資非自用不動產。但下列情形不在此限：一、營業所在地不動產主要部分為自用者。二、為短期內自用需要而預購者。三、原有不動產就地重建主要部分為自用者。四、提供經目的事業主管機關核准設立之文化藝術或公益之機構團體

使用，並報經主管機關洽相關目的事業主管機關核准者。

44 (C)。為防止金融機構與利害關係人從事非常規交易，影響金融機構健全經營，金融控股公司法（下稱金控法）第45條訂定金融控股公司或其子公司與利害關係人從事授信以外之其他交易限制。金融控股公司法第四十五條釋疑如下：一、金融控股公司或其子公司與金融控股公司法第四十五條所列對象辦理下列授信以外之交易，其已研擬內部作業規範，經董事會三分之二以上董事出席及出席董事四分之三以上之決議概括授權經理部門依該作業規範辦理。

45 (D)。商業銀行投資有價證券之種類及限額規定（105.12.22金管銀法字第10510005390號令修正）第3點：銀行投資於第二點第一項各種有價證券之總餘額，除我國政府發行之公債、國庫券、中央銀行可轉讓定期存單及中央銀行儲蓄券外，不得超過該銀行所收存款總餘額及金融債券發售額之和百分之二十五。

46 (D)。「員工持股信託」為每月提撥之信託資金（包括薪資提存金及公司獎助金）之投資方式係用以投資自家公司股票；員工在退休、離職、解僱或死亡等情況發生時將可領回投資資金，供作生活所需。

47 (A)。證券商受理全權委託投資之保管機構代理委任人申請開戶時，其帳戶名稱應載明委任人及受任人，並簽訂「全權委託投資買賣證券開戶暨受託契約」，同時約定以保管……。

48 (C)。投信公司指示基金保管機構辦理基金資產交割之作業準則（交割後作業）保管機構於交割當日，不論是否完成交割，均應以經有權人員簽章之書面回報投信公司，是項書面通知並應依序歸檔，至少保存一年。

49 (A)。第10條：兼營信託業務之銀行、證券商、證券投資信託事業或證券投資顧問事業，其董事及監察人應至少各有一人符合第十四條規定之信託專門學識或經驗。

50 (B)

51 (C)。薪酬制度，應衡平考量佣金、客戶委託規劃資產之成長及其他因素，並不得以收取佣金多寡為考量推介商品，亦不得以特定利益或不實廣告，利誘客戶買賣特定商品。

52 (A)。銀行辦理財富管理業務應注意事項所有商品或服務之廣告或宣傳資料均應經部門主管、法務主管及法令遵循主管，確認內容無不當或不實陳述及違法情事後始得核准辦理。

53 (A)。銀行業應建立管理階層發展計畫，董事會並應定期評估該計畫之發展與執行，以確保永續經營。（銀行治理守則§23-1）

54 (B)。(1)忠實誠信原則：應遵守並奉行高標準的誠實、清廉和公正原則，確實掌握客戶之資力、投資經驗與投資目的，據以提供適當之服務，並謀求客戶之最大利益，不得有誤導、詐欺、利益衝突或內線交易之行為。(2)勤勉原則：公司員工應於其業務範圍內，注意業務進行與發展，對客戶的要求與疑問，適時提出説明。無論和現有客戶、潛在客戶、雇主或職員進行交易時，都必須秉持公正公平且充分尊重對方。(3)善良管理人注意原則：應以善良管理人之責任及注意，確實遵守公司內部之職能區隔機制，以提供證券投資顧問服務及管理客戶委託之資產，並提供最佳之證券投資服務。(4)專業原則：應持續充實專業職能，並有效運用於職務上之工作，樹立專業投資理財風氣。(5)保密原則：妥慎保管客戶資料，禁止洩露機密資訊或有不當使用之情事，以建立客戶信賴之基礎。

55 (B)。商品或服務適合度原則：充分瞭解商品特性及金融消費者之相關資料，以確保該商品或服務對金融消費者之適合度。告知與揭露原則：以金融消費者能充分瞭解之文字或其他方式，説明金融商品或服務之重要內容，並充分揭露風險。

56 (B)。證交法第79條（公開説明書之代理交付）：證券承銷商出售其所承銷之有價證券，應依第三十一條第一項之規定，代理發行人交付公開説明書。

57 (A)。中華民國證券商業同業公會證券商承銷或再行銷售有價證券處理辦法承銷總數、預計過額配售數量、證券承銷商先行保留自行認購數量、對外公開銷售部分及提出詢價圈購數量占對外公開銷售部分之比例。

58 (D)。承銷商包銷之報酬最高不得超過包銷有價證券總金額之10%，代銷之手續費最高不得超過代銷有價證券總金額之5%。

59 (B)。票券商承銷之本票發行面額，應以新台幣十萬元為最低單位，並以十萬元之倍數為單位，債票形式之本票，最高發行面額不得大於新台幣一億元。

60 (D)。放款不得以現金支付，必須轉帳存入借戶設於本行之活期性存款帳戶內或依委託轉入指定帳戶。

61 (B)。財團法人金融聯合徵信中心是國內唯一的跨金融機構間信用報告機構，係兼具公營與民營特色的財團法人，同時蒐集個人與企業信用報告，並發展個人與企業信用評分、建置全國信用資料庫，以提供經濟主體信用紀錄及營運財務資訊予會員機構查詢利用；進而確保信用交易安全，提升全國信用制度健全發展；並提供主管機關金融監理或政府金融政策擬訂所需資訊。

62 **(D)**。逾期放款應於清償期屆滿6月內轉入催收款科目，但經協議分期償還放款並依約履行者，不在此限。所稱之「清償期」起算點，應依同辦法第7條第5項之規定，以銀行通知債務人加速到期日為清償期起算點，而非以帳務上預定還款日為基準；另但書所稱之「協議分期償還放款」，指全部之協議分期償還放款，不限於符合同辦法第7條第2項免列報逾期放款之協議分期償還放款。

63 **(B)**。不法的有心人士利用未具法律知識之人向銀行申貸，撥款供自己使用之詐欺模式，稱為「人頭貸款」。歹徒以偽造、拾得他人遺失之身分證，向銀行申請信用卡後盜刷即稱「偽冒申請」。

64 **(B)**。第24條發卡機構應按持卡人之信用狀況，訂定不同等級之信用風險，並考量資金成本及營運成本，採取循環信用利率差別定價，且至少每季應定期覆核持卡人所適用利率。發卡機構應於契約中載明得調整持卡人適用利率之事由，且於符合該約定事由時，始得調整持卡人利率；調整時，並應將調整事由及調整後利率等相關資訊通知持卡人。發卡機構對已核發之信用卡至少每半年應定期辦理覆審。發卡機構對長期使用循環信用之持卡人，應依據主管機關規定提供相關還款或利息調整方案，以供持卡人選擇。

65 **(D)**。逾期放款及催收款逾清償期在六個月以上，二年以下者，經催收仍未收回者，得扣除可收回部份後，轉銷為呆帳。

66 **(C)**。金融機構為特許營利事業，以營利為營業目標，故其消費金融產品定價應有合理的利潤模型為後盾。

67 **(B)**。消費金融產品計畫應有一個完整周延的產品計畫書，其中內容應涵蓋整個產品（信用）循環，且並無相互矛盾，也就是應涵蓋產品策略、規劃、授信作業、帳戶管理、催收作業等。

68 **(B)**。信用卡之當期應繳最低付款金額超過指定繳款期限三個月至六個月，應提列全部墊款金額百分之五十之備抵呆帳。

69 **(C)**。收回困難者（第四類）：指授信資產經評估已無擔保部分，且授信戶積欠本金或利息超過清償期六個月至十二個月者。

70 **(C)**。過去的還款紀錄可作為評估借款人還款意願的良好指標。

71 **(A)**。消費金融以國內消費為主，如：所得、利率、價格等，無涉及「匯率」議題。

72 **(B)**。金融機構資訊單位之操作人員不可兼程式撰寫。

73 **(D)**。主管與櫃員權限代號分別持有：一人不得同時持有主管權限及櫃員權限之端末機使用者代號。

74 (B)。主機操作及作業處理：(一)電腦作業系統運作紀錄（SYSTEM LOG）或控制台操作紀錄（CONSOLE LOG）等有關工作處理之紀錄，應保存適當期間並指定專人負責查核，且對例外情況必須加以追蹤處理。(二)控制台及周邊設備（ex.印表機）僅限輪值操作員操作。(三)例行工作應依預定排程處理，非例行工作之處理應經核准。(四)操作異常狀況應予紀錄。(五)發生嚴重問題時，應依規定之程序，立即通知主管。(六)每班作業應至少有二名操作員輪班。

75 (C)。電子金融交易之風險性：(1)高風險性之交易：係指該訊息執行結果，對客戶權益有重大影響之各類電子轉帳及交易指示，如非同戶名且非約定轉入帳戶之各類電子轉帳及交易指示。(2)低風險性之交易：係指該訊息執行結果之風險性低，如同戶名或約定轉入帳戶，或非約定轉入帳戶小金額之轉帳（以每戶每筆不超過五萬元、每天累計不超過十萬元、每月累計不超過二十萬元為限）之各類電子轉帳及交易指示。

76 (D)。對電腦公司系統工程師使用之預設密碼於驗收後，應立即更換密碼。

77 (D)

78 (D)。公開發行公司從事衍生性商品交易應於財務報表附註中彙編揭露事項：(一)一般性揭露事項。(二)對以交易為持有或發行目的之衍生性商品，除一般性揭露事項外，應再依商品類別揭露當期交易活動所產生之淨損益及在損益表之表達位置。

79 (D)。衍生性金融商品風險達限額時，應降低或結清部位、提報主管，不得簽報廢除風險限額。

80 (A)。NDF之承作對象：(1)國內指定銀行。(2)在台外商銀行之國外聯行。(3)本國銀行之海外分行或子行。

第41期 銀行內部控制與內部稽核（消費金融）

( ) **1** 下列何者非屬金融機構內部控制之直接效益？ (A)降低錯誤及舞弊之可能性 (B)減少違法事件之發生 (C)減低風險損失、提高競爭力 (D)精簡人力、擴充營業規模。

( ) **2** 下列何者不是「金融控股公司及銀行業內部控制及稽核制度實施辦法」中規定應建立之制度？ (A)內部員工福利制度 (B)內部稽核制度 (C)法令遵循主管制度 (D)自行查核制度。

( ) **3** 「權力及責任之分派－權責劃分」係屬內部控制構成要素中何者之影響因素？ (A)內部環境 (B)風險評估 (C)控制活動 (D)資訊與溝通。

( ) **4** 下列何者非屬出納業務之常見缺失及查核重點？ (A)進出金庫未設簿登記 (B)經管密碼人員異動時，未即時更換金庫密碼 (C)存戶申請更換印鑑，其申請書未加蓋原留印鑑 (D)未於營業時間中不定時抽查櫃員現金。

( ) **5** 下列何者非屬自行查核負責人之職責？ (A)就選定之查核項目自行辦理查核 (B)擬定自行查核計畫 (C)決定查核日期 (D)選定查核範圍。

( ) **6** 依「金融控股公司及銀行業內部控制及稽核制度實施辦法」規定，銀行應設置隸屬於下列何者之內部稽核單位？ (A)監事（監察人）會 (B)董（理）事會 (C)總經理室 (D)業務管理單位。

( ) **7** 有關銀行自行查核制度，下列敘述何者正確？ (A)由內部稽核人員查核各單位之業務 (B)由自行查核單位內人員查核非自己經辦之業務 (C)由簽證會計師查核各單位之業務 (D)由自行查核單位內人員查核自己經辦之業務。

( ) **8** 有關自行查核之追蹤考核，下列敘述何者錯誤？ (A)自行查核報告應呈報總經理 (B)自行查核之執行情形，應由稽核單位予以考核 (C)稽核單位對自行查核發現之缺失應督導改善 (D)稽核單位認為必要時，可派員辦理覆查。

( ) **9** 下列何者非屬出納經管的業務？　(A)日計表之編製　(B)各種有價證券之保管　(C)幣券及破損券之兌換　(D)辦理現金及票據之收付及保管。

( ) **10** 依規定，銀行金庫內之監視錄影帶應至少保存多久？　(A)一個月　(B)二個月　(C)四個月　(D)六個月。

( ) **11** 有關提回之交換票據，下列敘述何者錯誤？　(A)應指定專人覆核　(B)交換員應於票據上加蓋「提回交換章」　(C)交換員應於票據上加蓋「特別橫線章」　(D)金額若有誤差，以「其他應收款」或「其他應付款」科目列帳者，應於次營業日沖正。

( ) **12** 下列何者非屬空白單據？　(A)空白支票　(B)空白存摺　(C)空白取款憑條　(D)空白存單。

( ) **13** 代扣繳非中華民國境內居住之個人利息所得稅款，應於何時解繳國庫？　(A)次月五日　(B)次月十日　(C)代扣日起算十日內　(D)代扣日起算二十日內。

( ) **14** 被繼承人之存款餘額在新臺幣多少元以下，繼承人可免付稅捐機關核發之免稅證明申請提領死亡存戶之存款？　(A)10萬元　(B)20萬元　(C)50萬元　(D)100萬元。

( ) **15** 定期存款到期日如為休假日，存戶於次營業日提取時，應如何給付休假日之利息？　(A)不予給付　(B)按原存單利率給付　(C)按活期存款牌告利率給付　(D)按活期儲蓄存款牌告利率給付。

( ) **16** 對於定期存款，下列何者敘述正確？　(A)中途解約得依銀行與存戶所訂之約定計息　(B)中途解約依解約當日之牌告利率計息　(C)逾期解約逾期息按解約當日定期存款牌告利率計給　(D)逾期轉期續存於二個月內辦理者，得自原到期日起息。

( ) **17** 查核同業存款業務，下列敘述何者錯誤？　(A)開戶時應確認客戶身分　(B)應定期抄送對帳單　(C)應注意是否相互對存虛增存款　(D)應取得金融主管機關同意開戶核准函。

( ) **18** 查核匯款業務，下列敘述何者正確？ (A)匯款手續費應集中保管，每二日入帳一次 (B)匯款支票之保管與簽發應由同一主管辦理 (C)未能於當日轉帳入戶之匯入款項應向匯款行查明 (D)匯款遭退匯應通知受款人，持匯款收執聯及印章辦理更正。

( ) **19** 公司支票存款戶如已辦妥負責人變更手續，舊負責人或其授權人所簽發票據發生退票時，退票理由單負責人欄應填寫下列何者？(A)新負責人資料 (B)舊負責人資料 (C)被授權人資料 (D)空白暫不填寫。

( ) **20** 有關可轉讓定期存單，其存單存期最長不得超過多久？ (A)半年 (B)一年 (C)二年 (D)三年。

( ) **21** 銀行徵提信託收據為授信副擔保品，應注意信託占有登記有效期限，是否較融資期限至少長幾個月？ (A)一個月 (B)三個月 (C)六個月 (D)九個月。

( ) **22** 票據上之權利，對支票發票人自發票日起算，至遲多久期間不行使，因時效而消滅？ (A)六個月 (B)一年 (C)二年 (D)三年。

( ) **23** 查核強制執行案件，若發現下列何種情形，應提列為缺失項目？(A)先對連帶保證人查調財產，再對主債務人查調財產 (B)法院所訂之不動產拍賣底價較市價偏高，催收人員具狀聲請調低價格(C)收到法院之分配表時，發現分配之債權金額有誤，於指定分配期日當天到院聲明異議 (D)收到法院之分配表時，發現分配之債權金額有誤，於指定分配期日前五天，具狀聲明異議。

( ) **24** 以建物為擔保品之授信，應投保火險，並以下列何者為受益人？(A)債務人 (B)貸款銀行 (C)其他債權人 (D)擔保品所有權人。

( ) **25** 受理以本銀行存單為擔保之授信，有關其設定等作業，下列敘述何者正確？ (A)應出具拋棄抵銷權書面同意書予出質人 (B)由原存款人於存單背面加蓋原留印鑑並由原存款人加註質權設定情形 (C)定期儲蓄存款之質借人須為原存款人 (D)借款期限須在存單到期後一個月內。

(　) **26** 銀行對借款人辦理一般營運週轉金貸款，必須明瞭事項下列何者
正確？　(A)借款人所提供擔保品之種類及數量　(B)借款人之賒
銷金額及賒欠天數暨買方信用情況　(C)借款人業務性質、產銷程
序及業務財務近況　(D)借款人購置機器設備之詳細計畫。

(　) **27** 依強制執行法規定，下列何者不屬執行名義？　(A)買賣契約　(B)
依民事訴訟法成立之和解或調解　(C)確定之終局判決　(D)假扣
押、假處分、假執行之裁判。

(　) **28** 銀行聲請法院裁定准予實施假扣押，至遲應於收到裁定後幾日內聲請
執行查封？　(A)七日內　(B)十日內　(C)二十日內　(D)三十日內。

(　) **29** 有關辦理買入光票業務，下列敘述何者錯誤？　(A)在核定額度內
憑客戶提示之票據辦理　(B)買入幣別為外幣　(C)得受理禁止背
書轉讓之支票　(D)支票面額不得塗改。

(　) **30** D／A進口廠商承兌後到期拒付，如國外委託銀行要求作成拒絕證
書者，應於到期日後幾天內為付款之提示，並於幾天內向當地法
院請求作成拒絕證書，並通知國外委託銀行？　(A)二日及三日
(B)三日及二日　(C)二日及五日　(D)三日及五日。

(　) **31** 金控公司為提高綜效，進行投資小組之組織改造，下列各項措施
何者有缺失？　(A)修訂投資政策並提報董事會　(B)訂定投資
業務之風險管理規範　(C)由交易部門依規範負責投資風險管理
(D)整合證券公司及銀行之專業人員共同組成投資小組。

(　) **32** 依主管機關規定，有關商業銀行對自用不動產之投資，下列敘述
何者錯誤？　(A)投資非營業用之倉庫　(B)營業所在地不動產主
要部分為自用者　(C)為短期內自用需要而預購者　(D)原有不動
產就地重建主要部分為自用者。

(　) **33** 銀行不動產投資交易對象若有涉及利害關係人時，應經董事會同
意之條件為何？　(A)董事會二分之一以上董事出席及出席董事三
分之二以上同意　(B)董事會三分之二以上董事出席及出席董事二
分之一以上同意　(C)董事會三分之二以上董事出席及出席董事四
分之三以上同意　(D)董事會四分之三以上董事出席及出席董事二
分之一以上同意。

( ) **34** 員工申請退出企業員工持股信託生效後，其信託權益應以下列何種方式返還？ (A)等待適當時機出售再還款 (B)僅能以股票劃撥轉入其帳戶 (C)僅能折換現金存入其存款帳戶 (D)得選擇股票劃撥轉入或折換現金存入其存款帳戶。

( ) **35** 保管銀行於辦理全權委託投資保管業務時，應以下列何者名義開立投資買賣帳戶？ (A)委任人 (B)受任人 (C)保管銀行 (D)監察人。

( ) **36** 有關保管銀行辦理基金資產交割作業，經有權人員簽章後回報予投信公司之書面資料於歸檔後至少須保存多久期限？ (A)一季 (B)半年 (C)一年 (D)二年。

( ) **37** 銀行辦理財富管理業務應訂定內線交易及利益衝突之防範機制，下列何者錯誤？ (A)員工接受禮品或招待時應申報 (B)推介商品不得以佣金多寡為考量 (C)薪酬制度應以佣金多寡為唯一考量 (D)理財業務人員不得要求期約或收受不當金錢。

( ) **38** 銀行辦理財富管理業務所有商品或服務之廣告或宣傳資料，均應經相關單位主管審閱，確認內容無不當或不實陳述及違法情事，下列何者為非必要之審核單位主管？ (A)人事主管 (B)法務主管 (C)部門主管 (D)法令遵循主管。

( ) **39** 銀行經營財富管理業務應經銀行內哪一個單位核可？ (A)董（理）事會 (B)常董會 (C)經理人會議 (D)資產負債管理委員會。

( ) **40** 證券承銷商出售其所承銷之有價證券，須代理發行人交付下列何者？ (A)投資說明書 (B)公開說明書 (C)營業計畫書 (D)財務預測說明書。

( ) **41** 有關證券商在辦理證券承銷案件時，除先行保留自行認購部分外，其配售方式種類，下列敘述何者錯誤？ (A)員工認購 (B)競價拍賣 (C)詢價圈購 (D)公開申購配售。

( ) **42** 有關證券商與發行公司議定之包銷報酬或代銷手續費，分別不得超過包銷有價證券總金額與代銷有價證券總金額之多少百分比？ (A)10%；10% (B)5%；5% (C)5%；10% (D)10%；5%。

( )　**43** 有關銀行辦理消費性貸款之帳戶管理，下列何者有缺失？　(A)債權憑證由債務人親自填寫並簽章　(B)擔保放款均先辦妥擔保物之抵押權或質權設定始予撥貸　(C)不熟悉之客戶，應至其辦公處所或住家對保　(D)貸款應以現金支付借戶本人或依委託轉帳存入其指定帳戶。

( )　**44** 對信用卡持卡人信用資料及特約商店信用卡交易異常資料，應依規定時間準時申報予下列何單位？　(A)聯合信用卡中心　(B)金融聯合徵信中心　(C)收單銀行　(D)發卡銀行。

( )　**45** 依主管機關規定，除經協議分期償還放款並依約履行者外，凡逾期放款應於清償期屆滿多久期限內轉入催收款科目？　(A)1個月　(B)2個月　(C)3個月　(D)6個月。

( )　**46** 有關銀行貸款之詐冒風險中，下列何種詐欺模式，貸款申請人最可能知情？　(A)偽冒申請　(B)人頭貸款　(C)盜領貸款　(D)取得未達卡。

( )　**47** 金融機構之帳戶管理人員，應利用各項預警報表，隨時瞭解借戶之往來狀況，信用卡、現金卡或信用貸款之客戶並應依主管機關之規定，至少多久辦理覆審？　(A)3個月　(B)半年　(C)1年　(D)2年。

( )　**48** 依主管機關規定，逾期放款及催收款逾清償期多久後，經催收仍未收回者，應扣除估計可收回部份後轉銷為呆帳？　(A)3個月　(B)6個月　(C)1年　(D)2年。

( )　**49** 有關消費金融產品規劃，下列敘述何者錯誤？　(A)應明確定義出目標市場　(B)應有定期性的市場研究報告　(C)產品定價應謹守成本加成原則　(D)應定期審查及修訂產品計畫書。

( )　**50** 一個完整週延的消費金融產品計劃書（Credit Program），所應涵蓋的內容，不包括下列何者？　(A)授信作業　(B)出納作業　(C)產品策略與規劃　(D)信用相關之管理資訊系統。

( ) **51** 依主管機關規定，信用卡之當期應繳最低付款金額超過指定繳款期限多久，應提列全部墊款金額百分之五十之備抵呆帳？ (A)一個月至三個月 (B)三個月至六個月 (C)六個月至九個月 (D)超過九個月。

( ) **52** 授信資產經評估已無擔保部份，且授信戶積欠本金或利息超過六個月至十二個月者，依規定應評估為第幾類資產？ (A)二 (B)三 (C)四 (D)五。

( ) **53** 下列何者可作為評估借款人還款意願的良好指標？ (A)服務單位的穩定程度 (B)服務年資及職位 (C)過去的還款紀錄 (D)持續性所得淨額。

( ) **54** 下列何者非屬影響消費金融業務之因素？ (A)新台幣對美元匯率之高低 (B)家庭中賺取所得之年齡 (C)利率水準之高低及對未來價格之預期 (D)家庭所得水準。

( ) **55** 下列何者為不法人士冒用持卡人之卡號及基本資料，透過網路或郵購交易詐騙取得勞務或貨物之詐欺模式？ (A)假消費真刷卡 (B)多刷帳單 (C)未印錄卡號 (D)已掛失之遺失卡。

( ) **56** 有關委外催收合約之處理，下列敘述何者錯誤？ (A)該合約應簽會法務單位 (B)應經主管機關核准，始得委外 (C)委外合約之約定事項，應定期檢視績效 (D)該合約不須包含再委外之限制及受委託機構之工作準則。

( ) **57** 有效的消費金融業務產品銷售管理策略，不包含下列何者？ (A)銷售訓練 (B)贈品多寡 (C)績效考核 (D)後勤支援系統。

( ) **58** 有關消費金融業務，下列敘述何者錯誤？ (A)個人信用貸款屬消費者貸款 (B)房屋修繕貸款屬消費者貸款 (C)消費者貸款多屬中長期融資且不具自償性 (D)係寄望以借款人之生產獲利所得扣除生活支出後所餘之資金，作為其還款來源。

( ) **59** 稽核人員對於消費金融業務之查核，可利用之輔助工具，下列何者較不具相關性？ (A)定期存款明細表 (B)逾期放款明細表 (C)動產設定未回報表 (D)信用相關之管理資訊系統。

( ) **60** 下列何者非屬消費金融之直接銷售方式？ (A)自動販賣機 (B)個人銷售 (C)電話行銷 (D)客戶介紹客戶。

( ) **61** 有關消費金融業務帳戶管理之查核，下列敘述何者正確？ (A)汽車貸款動產抵押設定文件，為求客戶服務需求，可依客戶時間方便，無須急於牌照登記書後儘速取得 (B)資料輸入處理符合牽制原則，放行過程應有單人專人控管 (C)為求成本考量可以僅用電話告知客戶使用信用卡應注意事項 (D)信用卡正卡申請人年齡需滿20歲。

( ) **62** 有關消費金融產品規劃常見缺失，下列敘述何者錯誤？ (A)未謹慎控管「例外」差異條件比率過高 (B)定價（利率）偏低 (C)目標市場選擇錯誤 (D)不必有足夠的信用資訊系統。

( ) **63** 依主管機關規定，信用卡持卡人辦理掛失，於掛失前幾小時內之交易損失，應由發卡機構負擔？ (A)7 (B)12 (C)24 (D)36。

( ) **64** 有關消費金融業務之授信評估，下列敘述何者錯誤？ (A)徵信審核及徵信報告應於時限內完成 (B)經由核准授權不足之人員核准，造成銀行損失之風險 (C)房屋貸款所徵之擔保品不良，將造成銀行損失之風險 (D)為求快速，可於撥貸後再向聯合徵信中心查詢。

( ) **65** 有關消費金融業務，下列敘述何者正確？ (A)發行學生卡而該申請人無法提出獨立經濟來源證明，發卡機構應將其發卡情事函知其學校校長 (B)發卡機構可直接提高客戶用卡額度，無須事先通知保證人並獲其書面同意 (C)信用卡之空白卡、已製卡、銷毀卡等應嚴謹控制其數量之完整性 (D)信用卡爭議款項於受理後，調查期間仍可繼續計算利息。

( ) **66** 有關消費金融業務，下列敘述何者錯誤？ (A)消費金融業務績效評估常見缺失包含應收、應付帳款未設簿登帳且未確實逐筆核銷 (B)銀行應對第三類授信資產債權餘額之10%提足備抵呆帳 (C)組內同仁為求方便可共用一組密碼 (D)應收帳款列帳應經適當層級核准。

( ) **67** 有關消費金融商品，下列敘述何者錯誤？ (A)具自償性，多屬於中長期融資，貸款期間長 (B)因每筆金額小，相對的承作單位成本高 (C)龐大的銷售及資料處理人員，人力來自四面八方，素質不一 (D)每筆交易金額較小，客戶量須達一定規模才有利潤。

( ) **68** 依主管機關規定，有關信用卡授權作業，下列敘述何者正確？ (A)授權單位應將錄音系統列入每月檢查項目，以提早發現異常狀況 (B)當發現非本人用卡之交易行為及發現偽卡交易時，應依偽卡掛失處理流程，將持卡人卡片更換 (C)對從事高額異常偽卡消費及從事融資變現異常行為之特約商，應提報予金管會 (D)信用卡停用或掛失後，仍有國內消費之請款時，應登錄為國際黑名單。

( ) **69** 依主管機關規定，金融機構辦理現金卡業務，當期繳付款項超過指定繳款期限六個月者，應於幾個月內，將全部墊款金額轉銷為呆帳？ (A)一個月 (B)二個月 (C)三個月 (D)六個月。

( ) **70** 依主管機關規定，發卡機構對於當期應繳最低付款金額超過指定繳款期限六個月者，應按其全部墊款金額提列多少備抵呆帳？ (A)百分之二 (B)百分之十 (C)百分之五十 (D)百分之一百。

( ) **71** 有關消費金融業務之「績效評估」查核，下列何者非屬常見缺失？ (A)同組內同仁共用一組ID及密碼 (B)已轉銷呆帳之個案，相關應收利息仍列資產 (C)應收帳款、應付帳款未設簿登帳 (D)對婉拒案件或撤回件，將原因鍵入系統檔中。

( ) **72** 依主管機關規定，有關逾期放款及催收款，應扣除估計可收回部分後轉銷為呆帳之情形，下列敘述何者錯誤？ (A)逾期放款及催收款逾清償期六個月，經催收仍未收回者 (B)債務人因解散、逃匿、和解、破產之宣告，致債權不能回收者 (C)擔保品及主、從債務人財產鑑價甚低或扣除優先順位抵押權後，已無法受償 (D)擔保品及主、從債務人之財產經多次減價拍賣無人應買，而銀行亦無承受實益者。

( ) **73** 下列何者非為消費金融業務經營成功之要素？ (A)優良之組織體系 (B)商品多元化 (C)客戶資料公開化 (D)銀行的風險管理與作業技術。

(　) 　**74** 有關消費金融授信戶之穩定性（Stability），下列敘述何者正確？ (A)自營小商店店主是屬於穩定性較高的行業之一　(B)申貸者服務年資滿一年較具穩定性　(C)擁有自有住宅之穩定性高於租賃住宅之申貸者　(D)申貸戶之主要收入係屬獎金紅利者，其穩定性較高。

(　) 　**75** 金融機構資訊單位組織與管理之查核，下列何者有缺失？　(A)安控人員兼預算規劃　(B)操作人員兼程式撰寫　(C)各科職掌明確且符合制衡原則　(D)對調離職人員取消其使用者代號、密碼。

(　) 　**76** 有關金融機構電腦設備管理，下列敘述何者錯誤？　(A)機房清潔維護時須有操作員在場　(B)非工作需要物品禁止攜入機房　(C)權衡成本效益建立備援制度　(D)主機最高權限密碼應集中由一人單獨管理。

(　) 　**77** 有關金融機構電腦主機操作，其每班作業至少應有多少操作員輪值？　(A)一人　(B)二人　(C)三人　(D)四人。

(　) 　**78** 有關衍生性金融商品之交易特性，下列敘述何者錯誤？　(A)具有避險功能　(B)採用槓桿原理操作　(C)對現貨市場產生極大助漲或助跌效果　(D)帳列表內項目，交易紀錄充分揭露於資產負債表。

(　) 　**79** 有關衍生性金融商品交易，超逾風險限額時，不應採取下列何種措施？　(A)結清部位　(B)經有權人員核可　(C)簽報提高風險限額　(D)由交易人員自行衡量風險限額。

(　) 　**80** 依主管機關規定，下列何者非屬銀行辦理新臺幣與外幣間無本金交割遠期外匯業務（NDF）之承作對象？　(A)國內自然人　(B)國內指定銀行　(C)指定銀行之總行　(D)指定銀行之海外分行。

解答及解析　（答案標示為#者，表官方曾公告更正該題答案。）

1 (D)。內部控制的效益則是內部控制的方法、措施和程式在企業得到良好運行所應達到的控制目標，即：保證財務報告的真實可靠，防止舞弊行為的發生；保證企業資產的安全完整，避免因浪費、盜竊或不當經營決策而產生的損失；改善企業經營管理，提高經營效率，規避經營風險；遵守現行的法律、法規和企業內部的管理制度。

2 (A)。 第6條：「金融控股公司及銀行業應建立自行查核制度、法令遵循制度與風險管理機制及內部稽核制度等內部控制三道防線，以維持有效適當之內部控制制度運作。」

3 (A)。美國ＣＯＳＯ委員會所提出「企業風險管理－整合架構」（ＣＯＳＯ ＥＲＭ）的四大目標－策略、營運、報告、遵循；八大構成要素－內部環境、目標設定、事件辨識、風險評估、風險因應、控制活動、資訊與溝通、監督；風險偏好、風險容忍度等概念。

4 (C)。 更換戶名（含存戶代表人）印鑑：前所使用之戶名及印鑑，請依申請書內所載之新戶名及印鑑予以更新（檢附相關證照文件），新印鑑如印鑑卡所示，原留之舊印鑑同時失效。

5 (A)。 自行查核報告及工作底稿逐送單位主管審核為自行查核負責人之職責。

6 (B)。 第10條：「金融控股公司及銀行業應設立隸屬董（理）事會之內部稽核單位，以獨立超然之精神，執行稽核業務，並應至少每半年向董（理）事會及監察人（監事、監事會）或審計委員會報告稽核業務。」

7 (B)。 銀行應先督促各單位辦理自行查核，再由內部稽核單位**覆核**各單位之自行查核報告，併同內部控制單位所發現之內部控制缺失及異常事項改善情形，以作為董（理）事

會、總經理、總稽核及遵守法令主管評估整體內部控制制度有效性及出具內部控制制度聲明書之依據。

8 (A)。 其追蹤考核改善情形，以書面提報董（理）事會及交付監察人（監事、監事會）或審計委員會，並列為對各單位獎懲及績效考核之重要項目。

9 (A)。「出納」掌理公款收付、確保公款與公有財物保管安全，及健全機關內部財務控管機制。出納職能可概括為收付、反映、監督、管理四個構面；而其日常工作主要包括現金核算、往來結算、人事薪資核算等三個方面的內容。出納經管工作並不包含「編製」。

10 (B)。 金庫內外必須二十四小時全程監控錄影，監視錄影帶應依規定保存二個月。

11 (C)。 提回交換票據在提出交換前客戶申請領回原存入之票據或提出之交換票遭付款行庫退票時，應請客戶填具「領回票據申請書」並蓋章留印鑑。待交換票據應加蓋特別橫線章，票據背面受款人之帳號、戶名等應填載清楚。

12 (C)。 空白單據包括空白票據（支票、本票、匯票）、空白存摺、空白存單、空白金融卡、空白信用卡。

13 (C)。 銀行代為扣繳之非中華民國境內居住之個人利息所得稅款，應於代扣之日起十日內將稅款解繳國庫。

解答及解析

14 (B)。其繼承人於提領存款時,除存款餘額在新臺幣20萬元以下者外,仍須檢附稅捐稽徵機關核發之遺產稅證明書,始准予辦理。

15 (B)。惟到期日如為休假日時,該休假日之利息應按原存單利率計付,休假日以外之逾期利息,按前段規定辦理。

16 (A)。各種存款利率應以年利率為準並於營業場所牌告;定期存款中途解約者,不足月部分應按實際存款期間依存入當日之牌告利率單利並打八折或按銀行與客戶約定之約定折數計息;牌告版應揭示年利率(單利)而非複利率。

17 (D)。銀行同業存款係銀行同業間因資金調撥及為便利相互往來而存入或代為收付等款項,與一般存款有別,爰不計入前述條文所稱存款總餘額。

18 (C)。匯款手續費須每日入帳;匯款支票之保管與簽發不得由同一主管經辦;匯款遭退匯應通知原匯款人,持匯款收執聯及印章辦理更正。

19 (A)。公司負責人變更並辦妥變更登記後,舊負責人或其授權他人所簽發票據發生退票時,其退票紀錄之對象為該公司,退票紀錄所列負責人應為退票當時依法為該公司負責人之人。

20 (B)。可轉讓定期存單存期最短為一個月,最長不得超過一年。

21 (C)。信託占有登記有效期限,應至少較融資期限長「六個月」。

22 (B)。票據法第22條:票據上之權利,對匯票承兌人及本票發票人,自到期日起算;見票即付之本票,自發票日起算;三年間不行使,因時效而消滅。對支票發票人自發票日起算,一年間不行使,因時效而消滅。

23 (C)

24 (B)。火險是辦理房貸時一定要保的強制險,保費由貸款人支付,受益人則是貸款銀行。因為銀行擔心火災造成抵押品有損失時,貸款人會無力償還,為保障債權,才會要求強制投保住宅火險,一旦發生意外,保險公司會優先理賠給銀行,有多餘的理賠金才會回到貸款人身上。

25 (C)。存單質押之質借人必須為原存款人;借款期限不得超過原存單到期日,存單背面須由原存款人加蓋原印鑑章、註明質權設定,並應辦妥質權設定程序。以非貸款銀行之定存單為授信擔保者,必須由存單簽發銀行出具拋棄抵押權之書面同意。

26 (C)。一般營運週轉金貸款對象應與信用、財務及營運情形正常,並與本行往來情形良好之企業。營運週轉金是企業經營時必須投入的第一筆資金,在銷售金額入帳之前,用來支付生產成本、薪資、租金等費用的一筆資金,讓一家公司可以週而復始的營運。因此為確保日後

還款來源穩定，需著重借款人業務性質、產銷程序及業務財務近況。

27 (A)。強制執行法第4條第1項規定：「強制執行，依左列執行名義為之：一、確定之終局判決。二、假扣押、假處分、假執行之裁判及其他依民事訴訟法得為強制執行之裁判。三、依民事訴訟法成立之和解或調解。四、依公證法規定得為強制執行之公證書。五、抵押權人或質權人，為拍賣抵押物或質物之聲請，經法院為許可強制執行之裁定者。六、其他依法律之規定，得為強制執行名義者。」

28 (D)。債權人於收到法院假扣押、假處分裁定書後，應於三十天內聲請執行查封或處分行為。

29 (C)。光票（Clean Bill）是指不附帶商業單據的匯票（如貨運等相關單據），而在國外付款的外幣票據。其種類分為：一般外幣支票、匯票、旅行支票。承作光票不得經背書轉讓。

30 (C)。承兌交單（Documents against Acceptance, D/A）進口廠商承兌後到期拒付，如國外委託銀行要求作成拒絕證書者，應於到期日後二日為付款之提示，並於五日內向當地法院請求作成拒絕證書，並通知國外委託銀行。

31 (C)。交易部門立場與風險管理互相衝突，不可兼辦該業務。

32 (A)。銀行法第75條：商業銀行不得投資非自用不動產。但下列情形不在此限：一、營業所在地不動產主要部分為自用者。二、為短期內自用需要而預購者。三、原有不動產就地重建主要部分為自用者。四、提供經目的事業主管機關核准設立之文化藝術或公益之機構團體使用，並報經主管機關洽相關目的事業主管機關核准者。

33 (C)。金融控股公司法第四十五條釋疑如下：一、金融控股公司或其子公司與金融控股公司法第四十五條所列對象辦理下列授信以外之交易，其已研擬內部作業規範，經董事會三分之二以上董事出席及出席董事四分之三以上之決議概括授權經理部門依該作業規範辦理，且其交易條件未優於其他同類對象者，視同符合金融控股公司法第四十五條第一項規定。

34 (D)。「員工持股信託」為每月提撥之信託資金（包括薪資提存金及公司獎助金）之投資方式係用以投資自家公司股票；員工在退休、離職、解僱或死亡等情況發生時將可領回投資資金，供作生活所需。

35 (A)。證券商受理全權委託投資之保管機構代理委任人申請開戶時，其帳戶名稱應載明委任人及受任人，並簽訂「全權委託投資買賣證券開戶暨受託契約」，同時約定以保管……。

36 (C)。投信公司指示基金保管機構辦理基金資產交割之作業準則（交割後作業）保管機構於交割當日，不論是否完成交割，均應以經有權人員簽章之書面回報投信公司，是項書面通知並應依序歸檔，至少保存一年。

37 (C)。薪酬制度，應衡平考量佣金、客戶委託規劃資產之成長及其他因素，並不得以收取佣金多寡為考量推介商品，亦不得以特定利益或不實廣告，利誘客戶買賣特定商品。

38 (A)。銀行辦理財富管理業務應注意事項所有商品或服務之廣告或宣傳資料均應經部門主管、法務主管及法令遵循主管，確認內容無不當或不實陳述及違法情事後始得核准辦理。

39 (A)。銀行業應建立管理階層發展計畫，董事會並應定期評估該計畫之發展與執行，以確保永續經營。（銀行治理守則§23-1）

40 (B)。證交法第79條（公開說明書之代理交付）：證券承銷商出售其所承銷之有價證券，應依第三十一條第一項之規定，代理發行人交付公開說明書。

41 (A)。中華民國證券商業同業公會證券商承銷或再行銷售有價證券處理辦法承銷總數、預計過額配售數量、證券承銷商先行保留自行認購數量、對外公開銷售部分及提出詢價圈購數量占對外公開銷售部分之比例。

42 (D)。承銷商包銷之報酬最高不得超過包銷有價證券總金額之10%，代銷之手續費最高不得超過代銷有價證券總金額之5%。

43 (D)。放款不得以現金支付，必須轉帳存入借戶設於本行之活期性存款帳戶內或依委託轉入指定帳戶。

44 (B)。財團法人金融聯合徵信中心是國內唯一的跨金融機構間信用報告機構，係兼具公營與民營特色的財團法人，同時蒐集個人與企業信用報告，並發展個人與企業信用評分、建置全國信用資料庫，以提供經濟主體信用紀錄及營運財務資訊予會員機構查詢利用；進而確保信用交易安全，提升全國信用制度健全發展；並提供主管機關金融監理或政府金融政策擬訂所需資訊。

45 (D)。逾期放款應於清償期屆滿6月內轉入催收款科目，但經協議分期償還放款並依約履行者，不在此限。所稱之「清償期」起算點，應依同辦法第7條第5項之規定，以銀行通知債務人加速到期日為清償期起算點，而非以帳務上預定還款日為基準；另但書所稱之「協議分期償還放款」，指全部之協議分期償還放款，不限於符合同辦法第7條第2項免列報逾期放款之協議分期償還放款。

46 (B)。不法的有心人士利用未具法律知識之人向銀行申貸，撥款供自己使用之詐欺模式，稱為「人頭貸

款」。歹徒以偽造、拾得他人遺失之身分證，向銀行申請信用卡後盜刷即稱「偽冒申請」。

47 **(B)**。發卡機構應按持卡人之信用狀況，訂定不同等級之信用風險，並考量資金成本及營運成本，採取循環信用利率差別定價，且至少每季應定期覆核持卡人所適用利率。發卡機構應於契約中載明得調整持卡人適用利率之事由，且於符合該約定事由時，始得調整持卡人利率；調整時，並應將調整事由及調整後利率等相關資訊通知持卡人。發卡機構對已核發之信用卡至少每半年應定期辦理覆審。發卡機構對長期使用循環信用之持卡人，應依據主管機關規定提供相關還款或利息調整方案，以供持卡人選擇。

48 **(D)**。逾期放款及催收款逾清償期在六個月以上，二年以下者，經催收仍未收回者，得扣除可收回部份後，轉銷為呆帳。

49 **(C)**。金融機構為特許營利事業，以營利為營業目標，故其消費金融產品定價應有合理的利潤模型為後盾。

50 **(B)**。消費金融產品計畫應有一個完整周延的產品計畫書，其中內容應涵蓋整個產品（信用）循環，且並無相互矛盾，也就是應涵蓋產品策略、規劃、授信作業、帳戶管理、催收作業等。

51 **(B)**。信用卡之當期應繳最低付款金額超過指定繳款期限三個月至六個月，應提列全部墊款金額百分之五十之備抵呆帳。

52 **(C)**。不良授信資產之定義：(一)應予注意者：指授信資產經評估有足額擔保部分，且授信戶積欠本金或利息超過清償期一個月至十二個月者；或授信資產經評估已無擔保部分，且授信戶積欠本金或利息超過清償期一個月至三個月者；或授信資產雖未屆清償期或到期日，但授信戶已有其他債信不良者。(二)可望收回者：指授信資產經評估有足額擔保部分，且授信戶積欠本金或利息超過清償期十二個月者；或授信資產經評估已無擔保部分，且授信戶積欠本金或利息超過清償期三個月至六個月者。(三)收回困難者：指授信資產經評估已無擔保部分，且授信戶積欠本金或利息超過清償期六個月至十二個月者。(四)收回無望者：指授信資產經評估已無擔保部分，且授信戶積欠本金或利息超過清償期十二個月者；或授信資產經評估無法收回者。

53 **(C)**。過去的還款紀錄可作為評估借款人還款意願的良好指標。

54 **(A)**。消費金融以國內消費為主，如：所得、利率、價格等，無涉及「匯率」議題。

55 **(C)**。常見之消費金融詐欺模式：(一)偽冒申請偽造、冒用他人身分證

申請。(二)人頭貸款利用未具法律知識之人向銀行申貸，撥款後供其使用。(三)盜領貸款申請人以外之第三人，如代書、仲介、不肖行員向申請人謊稱貸款未核准，而盜領其申請核撥之貸款。(四)取得未達卡第三人有意或無意取得發卡行寄交申請人之新卡。(五)遺失卡或被竊卡拾得人或竊取者假冒持卡人之姓名簽卡消費。(六)偽造卡偽造與真卡持有人相同之信用卡。(七)假消費真刷卡持卡人持信用卡前往從事融資業務特約商店（地下錢莊）借錢，特約商店再經由刷卡之交易程序與金額填寫，以便向發卡銀行請款，但實際上特約商店並未出售任何商品給持卡人，純粹將錢借予持卡人。(八)信用卡假掛失持卡人與地下錢莊或不肖特約商店業者勾結，利用簽帳單進行買賣，於取得現金後立刻向發卡行掛失，將向地下錢莊冒用之損失轉由發卡銀行承擔。此一假掛失，係因發卡銀行願意負擔24小時內掛失之損失，故使不法持卡人有機可乘。(九)多刷帳單特約商店之不肖從業人員，利用持卡人於付帳時之疏忽，將持卡人信用卡多刷於空白簽帳單上，事後再自行偽簽金額及持卡人姓名，用以請款之詐欺案件。(十)未印錄卡號不法人士冒用持卡人之卡號及基本資料透過網路交易或郵購交易騙得勞務或貨物，而真正的持卡人於收到帳單時，才知已遭冒用。

56 (D)。 金融機構作業委託他人處理內部作業制度及程序辦法委外催收合約須包含再委外之限制及委託機構之工作準則。

57 (B)。 贈品多寡金融產品銷售管理無關。

58 (D)。 消費金融業務以借款人之薪資收入作為還款來源較具穩定性。

59 (A)。 消費金融業務之風險控制以及債權收回情形是稽核重點，選項中的定期存款明細應屬銀行存匯業務查核之項目，與消費金融業務較無關。

60 (D)。 消金業務行銷策略中直接銷售通路包含：個人銷售（含交叉銷售）、電話行銷、電子商務、郵購或行錄銷售、自動販賣機、一般營業單位。委外行銷是屬於間接銷售。

61 (D)。 汽車貸款動產抵押設定文件應於取得牌照登記書後盡速取得。2023.01.01起滿18歲即可。

62 (D)。 銀行辦理消費金融業務，有關產品規劃之常見缺失：(1)定價（利率）偏低。(2)未謹慎控管「例外」。(3)未注意環境情境變化。

63 (C)。 制定作業管理規範：金融機構應於卡片上揭示掛失、二十四小時客服專線及拾獲擲回地址等資訊，並於發卡時主動告知客戶。

64 (D)。 金融業務之授信評估應於撥貸前先向聯合徵信中心查詢。

65 (C)。提高客戶信用卡額度，需先向發卡機構提供財力證明，如綜所稅扣繳憑單、薪資單等證明。申請書填載學生身分者，發卡機構應將其發卡情事函知其學校校長。信用卡爭議款項於受理後，調查期間應停止可計算利息。

66 (C)。組內同仁不可共用一組密碼。

67 (A)。消費金融業務具備以下特色：(1)小額承作：相較於企金，每筆承作金額小。(2)人力管理：因每位客戶承作金額小，客戶數量須達一定規模方有利潤，故需投入龐大的銷售及資料處理人員。(3)非傳統核貸：筆數多、金額小，故相對承作單位成本高，而金融機構大多成立區域中心統一處理徵信對保工作之模式，或將部分流程外包，以降低成本。(4)中長期融資：不具自償性，無法由資產之變換過程創造獲利並自動清償，且多屬中長期融資。(5)產品持續推陳出新。

68 (B)。錄音系統應列入每日檢查項目。信用卡發卡機構對從事高額異常偽卡消費及從事融資變現異常消費行為之特約商店，應提報予聯合信用卡中心。信用卡發卡機構發現持卡人卡片停用、掛失後，仍有國外消費之請款紀錄時，應登錄至國際黑名單。黑名單登錄清冊應存檔，並依據登錄期限定期追蹤。

69 (C)。「信用卡業務機構管理辦法」第32條第1項第1、2款規定：當月

應繳最低付款金額超過指定繳款期限六個月者，應將全部墊款金額提列備抵呆帳。當月應繳最低付款金額超過指定繳款期限六個月未繳足者，應於該六個月後之三個月內，將全部墊款金額轉銷為呆帳。

70 (D)。「信用卡業務機構管理辦法」第32條第1項第1、2款規定：當月應繳最低付款金額超過指定繳款期限六個月者，應將全部墊款金額提列備抵呆帳。當月應繳最低付款金額超過指定繳款期限六個月未繳足者，應於該六個月後之三個月內，將全部墊款金額轉銷為呆帳。同辦法第32條第1項第1款規定：超過三個月至六個月者，應提列全部墊款金額百分之五十之備抵呆帳。

71 (D)。債權憑證未由指定之主管人員保管（未建立完整控管制度）是屬於消費金融業務中「債權收回」方面的常見缺失。

72 (A)。逾期放款及催收款，具有下列情事之一者，應扣除估計可收回部分後轉銷為呆帳：(1)債務人因解散、逃匿、和解、破產之宣告或其他原因，致債權之全部或一部不能收回者。(2)擔保品及主、從債務人之財產經鑑價甚低或扣除先順位抵押權後，已無法受償，或執行費用接近或可能超過銀行可受償金額，執行無實益者。(3)擔保品及主、從債務人之財產經多次減價拍賣無人應買，而銀行亦無承受實益者。(4)

逾期放款及催收款逾清償期二年，經催收仍未收回者。

73 (C)。消費金融業務經營成功的要素：滿足顧客的需求（4S，Simple：手續簡單、Speed：核貸快速、Security：保護個人隱私、Smile：申貸環境氣氛佳）；商品多元化；優良之組織體系；銀行的風險管理與作業技術；延滯後催收之時機要快。

74 (C)。自營小商店穩定性較不高。申貸戶之主要收入以薪資者，穩定性較紅利者高。

75 (B)。金融機構資訊單位之操作人員不可兼程式撰寫。

76 (D)。主管與櫃員權限代號分別持有：一人不得同時持有主管權限及櫃員權限之端末機使用者代號。

77 (B)。主機操作及作業處理：(一)電腦作業系統運作紀錄（SYSTEM LOG）或控制台操作紀錄（CONSOLE LOG）等有關工作處理之紀錄，應保存適當期間並指定專人負責查核，且對例外情況必須加以追蹤處理。(二)控制台及周邊設備（ex.印表機）僅限輪值操作員操作。(三)例行工作應依預定排程處理，非例行工作之處理應經核准。(四)操作異常狀況應予紀錄。(五)發生嚴重問題時，應依規定之程序，立即通知主管。(六)每班作業應至少有二名操作員輪班。

78 (D)。公開發行公司從事衍生性商品交易應於財務報表附註中彙編揭露事項：(三)一般性揭露事項。(四)對以交易為持有或發行目的之衍生性商品，除一般性揭露事項外，應再依商品類別揭露當期交易活動所產生之淨損益及在損益表之表達位置。

79 (D)。衍生性金融商品風險達限額時，應降低或結清部位、提報主管，不得簽報廢除風險限額。

80 (A)。NDF之承作對象：(1)國內指定銀行。(2)在台外商銀行之國外聯行。(3)本國銀行之海外分行或子行。

第**42**期　銀行內部控制與內部稽核法規（一般金融、消費金融）

(　) 1 依銀行法規定，銀行對與本行負責人或辦理授信之職員有利害關係者辦理擔保授信，而其金額已達中央主管機關之規定金額以上者，並應依下列何種程序辦理？　(A)經四分之三以上董事之出席及出席董事過半數以上同意　(B)經三分之二以上董事之出席及出席董事過半數以上同意　(C)經四分之三以上董事之出席及出席董事三分之二以上同意　(D)經三分之二以上董事之出席及出席董事四分之三以上同意。

(　) 2 依銀行法規定，下列何者為銀行辦理貼現之票據？　(A)遠期支票　(B)未載明到期日之本票或匯票　(C)遠期匯票或本票　(D)即期支票。

(　) 3 依銀行法規定，同一關係人持有同一銀行已發行有表決權股份總數超過百分之五者，自持有之日起幾日內，應向主管機關申報？　(A)三　(B)五　(C)七　(D)十。

(　) 4 依金融控股公司法所規定之罰鍰及費用，經主管機關限期繳納而屆期不繳者，自逾期之日起，按何種標準加收滯納金？　(A)每兩日加收滯納金百分之一　(B)每日加收滯納金百分之一　(C)每日加收滯納金百分之二　(D)每日加收滯納金百分之三。

(　) 5 銀行內部稽核單位之查核報告，應於查核結束日起多久報主管機關？　(A)二個月內　(B)四個月內　(C)六個月內　(D)八個月內。

(　) 6 依「金融控股公司及銀行業內部控制及稽核制度實施辦法」規定，下列何者毋需於營業年度終了聯名出具內部控制制度聲明書？　(A)總經理　(B)總稽核　(C)總機構法令遵循主管　(D)監察人。

(　) 7 依「銀行業公司治理實務守則」規定，下列何者非屬銀行業應提董事會討論之事項？　(A)銀行之營運計畫　(B)半年度財務報告　(C)內部稽核人員之任免　(D)募集具有股權性質之有價證券。

(　　) **8** 依「金融控股公司及銀行業內部控制及稽核制度實施辦法」規定，有關內部稽核人員基本資料之申報，下列敘述何者錯誤？(A)應於每年一月底前申報　(B)應以網際網路資訊系統申報　(C)申報前應檢查內部稽核人員資格條件及訓練時數是否符合規定　(D)人員資格條件及訓練時數如有違反規定者應於一個月內改善。

(　　) **9** 依「銀行業公司治理實務守則」規定，有關董事會之職能，下列敘述何者錯誤？　(A)公開發行銀行業獨立董事人數不得少於二人，且不得少於董事席次五分之一　(B)董事長及總經理不宜由同一人或互為配偶擔任　(C)銀行業設置審計委員會者，審計委員會應由全體獨立董事組成，其人數不得少於三人　(D)為保持獨立董事公正行使職權，銀行業對於獨立董事不得訂定與一般董事不同之報酬。

(　　) **10** 依「金融控股公司及銀行業內部控制及稽核制度實施辦法」規定，會計師辦理銀行年度財務報表查核簽證時，受查銀行有下列何項情況時可不立即通報主管機關？　(A)財務狀況顯著惡化者　(B)遲未建立法令遵循主管制度者　(C)會計或其他紀錄有缺漏，情節重大者　(D)有證據顯示銀行之交易對其淨資產有重大減損之虞者。

(　　) **11** 依「金融控股公司及銀行業內部控制及稽核制度實施辦法」規定，銀行稽核工作考核要點，由下列何者訂定？　(A)經濟部　(B)金管會　(C)中央存款保險公司　(D)銀行同業公會。

(　　) **12** 依「金融控股公司及銀行業內部控制及稽核制度實施辦法」規定，金融控股公司及銀行業為符合法令之遵循，應指定隸屬於下列何者之法令遵循單位，負責法令遵循制度之規劃、管理及執行？　(A)總稽核　(B)副總經理　(C)總經理　(D)監察人。

(　　) **13** 有關金融機構運鈔作業，下列敘述何者不符「金融機構安全維護注意要點」之規定？　(A)應盡量購置專用運鈔車或租用合格保全公司之運鈔車　(B)運鈔路線與時間應盡量一致，不可隨意變更　(C)運鈔車運行中，非不得已，絕不停車，非工作人員絕不搭載　(D)運鈔工作得視實際需要委由合格保全業服務。

( ) **14** 依「金融機構安全維護注意要點」規定，各金融機構應設置安全維護執行小組，該小組召集人層級為下列何者？ (A)總經理 (B)副總經理 (C)部室經理 (D)營業單位經理。

( ) **15** 依「金融機構自動櫃員機安全防護準則」規定，金融機構自動櫃員機之安全防護，下列敘述何者錯誤？
(A)在現場裝卸現金或點鈔時，宜有警衛人員隨行
(B)未經許可，嚴禁維修人員攜出機體內配件或資料
(C)可裝設具有偵測自動櫃員機運作狀態之遠程監控系統
(D)自動櫃員機故障待修宜將機體內之鈔匣取回妥善存放。

( ) **16** 依「金融機構安全設施設置基準」規定，金庫應設置在安全處所，而電子定時密碼鎖應裝設在何處？ (A)金庫外 (B)金庫內部 (C)金庫門 (D)金庫室內。

( ) **17** 依「金融機構安全維護注意要點」規定，金融機構營業廳報警系統配合警方測試並檢查之頻率為何？ (A)每月至少二次 (B)每季至少二次 (C)每半年至少二次 (D)每年至少二次。

( ) **18** 各金融機構應配合「金融同業間遭歹徒詐騙案件通報要點」，建立總管理機構與各所屬分支機構間之何系統？ (A)委外作業系統 (B)內部通報作業系統 (C)催收作業系統 (D)自行查核作業系統。

( ) **19** 為防範推廣消費金融致常有偽造變造信用卡、金融卡詐騙情事，金融機構應遵循下列何種規範？ (A)金融機構安全維護要點 (B)金融機構應加強員工保密教育 (C)金融機構安全設施設置基準 (D)金融同業間遭歹徒詐騙案件通報要點。

( ) **20** 依「信用卡業務機構管理辦法」規定，有關信用卡增加持卡人之可能負擔，應於多少日前以顯著方式標示於書面或事先與持卡人約定之電子文件通知持卡人？ (A)20日 (B)30日 (C)60日 (D)90日。

(　) **21** 依「信用卡業務機構管理辦法」規定，有關發卡機構辦理逾期帳款之備抵呆帳提列及轉銷事宜，下列敘述何者錯誤？　(A)當月應繳最低付款金額超過指定繳款期限三個月至六個月者，應提列全部墊款金額百分之五十之備抵呆帳　(B)當月應繳最低付款金額超過指定繳款期限六個月者，應於該六個月後之三個月內，將全部墊款金額轉銷為呆帳　(C)外國信用卡公司逾期帳款之轉銷得依其總公司授權程序辦理　(D)逾期帳款之轉銷，應彙報董事會備查後，由有權人員核准轉銷。

(　) **22** 信用卡發卡機構對於爭議款項，至遲應於受理後幾日內回覆持卡人處理狀況或進度？　(A)7日　(B)14日　(C)21日　(D)30日。

(　) **23** 依「信用卡業務機構管理辦法」規定，對已簽立之特約商店至少多久應查核乙次？　(A)半年　(B)每季　(C)每兩個月　(D)每月。

(　) **24** 辦理新臺幣結匯時，申報義務人應依據「外匯收支或交易申報辦法」據實申報。有關申報書填報之更改規定，下列敘述何者正確？　(A)申報書填報之後，皆不得更改申報書內容　(B)申報書之金額不得更改，其他項目如經更改，應請申報義務人加蓋印章或由其本人簽字　(C)除金額得更改外，其他項目內容皆不得更改　(D)申報書內容均得予更改，惟應請申報義務人加蓋印章或由其本人簽字。

(　) **25** 依「銀行辦理衍生性金融商品業務內部作業制度及程序管理辦法」規定，有關商品部位評價頻率，下列敘述何者錯誤？　(A)應依照部位性質訂定頻率　(B)交易部位應以即時評估為原則　(C)交易部位以每日市價評估為原則　(D)銀行本身業務之避險性交易，至少每週評估一次。

(　) **26** 銀行投資各種有價證券總餘額，除我國政府發行之公債、國庫券、中央銀行可轉讓定期存單及儲蓄券外，不得超過該銀行所收存款總餘額及金融債券發售額之和之多少百分比？　(A)10%　(B)15%　(C)20%　(D)25%。

( ) **27** 票券商及清算交割銀行以集中保管機構登錄或保管之短期票券辦理買賣之交割，應由集中保管機構以下列何種方式為之？ (A)帳簿劃撥 (B)票券實體交割 (C)股條交割 (D)電話交割。

( ) **28** 依「財團法人中華民國證券櫃檯買賣中心證券商營業處所買賣有價證券業務規則」規定，下列敘述何者錯誤？ (A)證券自營商不得代客買賣 (B)櫃檯買賣證券商之內部人員僅指證券商之董事及監察人 (C)櫃檯買賣管理股票應採分盤方式交易每45分鐘撮合一次 (D)證券商應按月編製對帳單於次月十日前送交客戶。

( ) **29** 依國際清算銀行巴塞爾監理委員會制定「內部控制制度評估原則」，下列何者非屬高階管理階層應負責項目？ (A)制定妥善之內部控制政策 (B)執行營運策略及目標 (C)維持權責劃分及報告系統明確之組織架構 (D)訂定銀行可承擔風險限額。

( ) **30** 依國際清算銀行巴塞爾監理委員會所訂「內部控制制度評估原則」，核定銀行組職架構係屬下列何者所應負責？ (A)董事長 (B)高階管理階層 (C)稽核委員會 (D)董事會。

( ) **31** 金融機構所屬行員不宜輪值持有現金庫房鑰匙者為下列何者？ (A)出納 (B)存匯主管 (C)會計主管 (D)作業主管。

( ) **32** 將金融舞弊案例分析納入行員訓練課程之主要目的為何？ (A)教導作案技術 (B)加強風險偵防觀念 (C)湊足訓練時數 (D)增加課程趣味性。

( ) **33** 為加強本國銀行總行對其海外分行之監督管理，以落實其海外分行內部控制制度之執行，應確實辦理檢討改善之事項，下列敘述何者錯誤？ (A)切實檢討現行國內分行各項業務之作業政策及流程是否符合內部牽制原則 (B)慎選海外分行主管，並落實職務輪調及強迫休假制度 (C)對有不適任之主管應立即處理 (D)確實建立海外分行與總行之通報系統，以確保內部控制有效運作。

( ) **34** 有關金融機構辦理有價證券買賣業務，下列敘述何者錯誤？ (A)切實辦理有價證券之核對與認證 (B)僅交易金額達新臺幣三千萬元以上始須確認交易內容 (C)加強與交易對手及交易內容之確認 (D)發現有價證券遭偽變造之情事應即通報主管機關。

( )　**35** 金融機構遇有存戶未及時領回存摺時，下列措施何者錯誤？　(A)設簿登記　(B)指定經辦人員保管　(C)列入稽核項目定期查核　(D)通知客戶領回。

( )　**36** 有關活期存款依約定方式提取存款之規範，下列敘述何者正確？　(A)金融機構不得與客戶約定由金融機構將活期存款轉入其他金融機構之帳戶　(B)金融機構不得與客戶約定由金融機構將活期存款轉入同一金融機構之帳戶　(C)客戶可概括授權金融機構將活期存款轉入支票存款帳戶　(D)金融機構依約定辦理轉帳後，應寄發對帳通知。

( )　**37** 為確保交易安全，有關銀行買入商業本票時應注意之事項，下列敘述何者錯誤？　(A)應確實核對認證商業本票保證章　(B)對於交易對手與交易內容應確實確認　(C)商業本票到期時，應依正常程序交由他人向票載付款行庫提示兌償　(D)對購入同一金融機構保證或承兌之有價證券，應訂定最高額度控管。

( )　**38** 金融機構辦理下列何項業務，應特別注意防範行員勾結不法集團，以偽造所得扣繳憑單等財力資料詐騙冒貸？　(A)企業週轉金貸款　(B)消費性放款　(C)票據承兌業務　(D)貼現。

( )　**39** 有關金融機構委託第三人為消費性放款之行銷時，下列敘述何者錯誤？　(A)應依照「金融機構作業委託他人處理內部作業制度及程序辦法」辦理　(B)應由受委託機構依徵信及授信程序妥為查證　(C)如受託人有以偽造不實資料申請貸款者應即終止契約　(D)受託人如涉有違法情事應移送法辦。

( )　**40** 依現行規定，對自動櫃員機及週遭之錄影帶應至少保存多久？　(A)一個月　(B)二個月　(C)三個月　(D)六個月。

( )　**41** 金融機構如發現自動櫃員機及門禁遭裝置不明物體或側錄器，應視影響程度通知相關單位，下列何者非屬必要通知之單位？　(A)警察機關　(B)財金資訊公司　(C)銀行公會　(D)跨行客戶所屬金融機構。

( )　**42** 有關發卡機構委由便利商店業代收信用卡持卡人消費帳款之繳款資料，下列敘述何者正確？　(A)應完整列示客戶身分證字號，惟不得完整列示信用卡卡號　(B)應完整列示客戶信用卡卡號，惟不得完整列示身分證字號　(C)應完整列示客戶身分證字號及信用卡卡號　(D)不得完整列示客戶身分證字號及信用卡卡號。

( )　**43** 銀行擬轉讓不良債權與資產管理公司，依主管機關規定，下列何者非屬資產管理公司應符合之條件？　(A)對債權資料應有嚴密的保護措施　(B)信評公司評等應達一定等級以上　(C)對債權資料不得有不當利用之行為　(D)必須確保接觸資料者不會外洩債權資料。

( )　**44** 有關信用卡發卡業務之風險管理，下列敘述何者錯誤？　(A)建立授權檢核異常系統　(B)加強對業務人員之管理　(C)建立持卡人交易異常系統　(D)建立特約商店交易異常系統。

( )　**45** 銀行如發現客戶有以偽造身分證於聯行辦理第二存款帳戶時，應如何處理？　(A)通報主管機關　(B)通報銀行公會　(C)通報金融檢查機構　(D)立即報警處理，並通報財團法人金融聯合徵信中心轉知各金融機構注意。

( )　**46** 金融機構對於「警示帳戶」尚有被害人所匯（轉）入之餘額未被提領（轉出）者，應洽請警方提供必要協助，透過匯款行通知報案人，檢具下列何項文件，發還該帳戶剩餘款項？　A.刑事案件報案三聯單；B.「警示帳戶」開戶人授權書；C.申請不實致金融機構受有損失，由該被害人負一切法律責任之切結書。　(A)僅C.　(B)僅A.B.　(C)僅A.C.　(D)A.B.C.。

( )　**47** 依「信用卡業務機構管理辦法」規定，發卡機構主動調高信用卡持卡人之信用額度者，下列敘述何者正確？　(A)事後立即通知持卡人即可　(B)事後須取得持卡人口頭同意之錄音紀錄　(C)事前即須通知持卡人之緊急連絡人　(D)須事先通知正卡持卡人並取得其書面同意後始得為之。

(　) **48** 銀行對其利害關係人辦理進出口押匯授信時，下列何者得不列入銀行法中「銀行對同一關係企業授信限額規定」中之無擔保授信額度並受該限額之限制？　(A)一般出口押匯　(B)遠期進口押匯授信　(C)貨物未實際進口之三角貿易信用狀押匯　(D)未徵取貨物單據為質之進口押匯授信。

(　) **49** 有關銀行法第12條之1第2項規定之「足額擔保」，下列敘述何者錯誤？　(A)銀行對於授信戶之授信餘額，應不高於覈實鑑估後所估價值　(B)對擔保品之鑑估應依銀行法第37條規定覈實辦理　(C)足額擔保與否，悉依委外鑑估之評價結果為準　(D)擔保品價值貶落時，銀行得要求客戶補提擔保品。

(　) **50** 金融機構公告標售不良債權，自公告日起至領取標售資料截止日，至少須為幾個工作日？除無擔保案件外，領取標售資料截止日至決標日，至少應有幾個工作日？　(A)七日；七日　(B)十日；二十日　(C)七日；二十八日　(D)十日；三十日。

解答及解析　（答案標示為#者，表官方曾公告更正該題答案。）

1 (D)。 銀行法第33條第1項授權規定事項辦法：銀行對其持有實收資本總額百分之五以上之企業，或本行負責人、職員、或主要股東，或對與本行負責人或辦理授信之職員有利害關係者為擔保授信，應有十足擔保，其條件不得優於其他同類授信對象，如授信達中央主管機關規定金額以上者，**並應經三分之二以上董事之出席**及**出席董事四分之三以上同意。**

2 (C)。 根據銀行法第3條第1項第6款規定，銀行可承辦「辦理票據貼現」的服務項目，就是指銀行票貼的業務。銀行票貼在銀行的服務項

目中通常稱為「墊付國內票款」或「應收客票貸款」。其可憑**到期之承兌匯票**或**本票**提示付款償還。

3 (D)。 金融控股公司法第16條第2項持有已發行有表決權股份申報應注意事項：
同一人或同一關係人單獨、共同或合計持有同一金融控股公司已發行有表決權股份總數超過百分之五，或其持股超過百分之五後累積增減逾一個百分點者，**應自持有之日起十日內**依本注意事項向主管機關申報。

4 (B)。 金控法第66條：本法所定罰鍰，經主管機關限期繳納而屆期不繳納者，自逾期之日起，**每日加收**

滯納金百分之一；屆三十日仍不繳納者，移送強制執行。

5 (A)。金融控股公司及銀行業內部控制及稽核制度實施辦法第19條：金控公司及銀行業應將內部稽核報告交付監察人（監事、監事會）或審計委員會查閱，除主管機關另有規定外，應於**查核結束日起二個月內報主管機關**，設有獨立董事者，應一併交付。

6 (D)。銀行總經理應督導各單位審慎評估及檢討內部控制制度執行情形，由**董（理）事長、總經理、總稽核及總機構遵守法令主管**聯名出具內部控制制度聲明書，並提報董（理）事會通過，於每會計年度終了後四個月內將內部控制制度聲明書內容揭露於銀行網站，並於主管機關指定網站辦理公告申報。

7 (C)。銀行業應提董事會討論事項：
(1) **銀行之營運計畫**。
(2) 年度財務報告及**半年度財務報告**。
(3) 依證券交易法第14-1條規定訂定或修正內部控制制度及內部控制制度有效之考核。
(4) 依證券交易法第36-1條規定訂定或修正取得或處分資產、從事衍生性商品交易、資金貸與他人、為他人背書或提供保證之重大財務業務行為之處理程序。
(5) **募集**、發行或私募**具有股權性質之有價證券**。
(6) 財務、會計、風險管理、法令遵循及內部稽核主管之任免。

(7) 經理人及業務人員之績效考核標準及酬金標準，及董事之酬金結構與制度。
(8) 對關係人之捐贈或對非關係人之重大捐贈。但因重大天然災害所為急難救助之公益性質捐贈，得提下次董事會追認。
(9) 依證券交易法第14-3條、其他依法令或章程規定應由股東會決議或提董事會之事項或主管機關規定之重大事項。

8 (D)。金融控股公司及銀行業內部控制及稽核制度實施辦法第21條第2項：金融控股公司及銀行業依前項規定申報內部稽核人員之基本資料時，應檢查內部稽核人員是否符合第十二條第二項、第三項及第二十條規定，**如有違反者，應於二個月內改善，若逾期未予改善，應立即調整其職務**。故選項(D)錯誤。

9 (D)。銀行業公司治理實務守則第33條：設有獨立董事之銀行業應明定獨立董事之職責範疇及賦予行使職權之有關人力物力，獨立董事就重大案件或有疑慮之案件，如有必要可聘請第三方專業人士協助評估，或要求內部稽核進行專案查核或事後追蹤。銀行或董事會其他成員，不得限制或妨礙獨立董事執行職務。**銀行業對於獨立董事得酌訂與一般董事不同之合理報酬。故選項(D)錯誤。**

10 (B)。第30條：會計師辦理第二十八條規定之查核時，**若遇受查銀行業**

有下列情況應立即通報主管機關：
一、查核過程中，未提供會計師所需要之報表、憑證、帳冊及會議紀錄或對會計師之詢問事項拒絕提出説明，或受其他客觀環境限制，致使會計師無法繼續辦理查核工作。二、在**會計或其他紀錄有虛偽、造假或缺漏，情節重大者**。三、資產不足以抵償負債或**財務狀況顯著惡化**。四、有證據顯示交易對淨資產有重大減損之虞。受查銀行業有前項第二款至第四款情事者，會計師並應就查核結果先行向主管機關提出摘要報告。

11 (B)。 銀行稽核工作考核要點之訂定依據為提升銀行內部稽核效能，爰依據金融控股公司及銀行業內部控制及稽核制度實施辦法第二十六條第二項訂定。其法規體系為**金管會檢查局**。

12 (C)。 金融控股公司及銀行業內部控制及稽核制度實施辦法第32條第1項：金融控股公司及銀行業之總機構應設立**隸屬於總經理**之法令遵循單位，負責法令遵循制度之規劃、管理及執行，並指派高階主管一人擔任總機構法令遵循主管，綜理法令遵循事務，至少每半年向董（理）事會及監察人（監事、監事會）或審計委員會報告，如發現有重大違反法令或遭金融主管機關調降評等時，應即時通報董（理）事及監察人（監事、監事會），並就法令遵循事項，提報董（理）事會。

13 (B)。 運鈔路線應經常改變，彈性選用，大筆金額時，亦可申請警方護航。

14 (B)。 為維護各金融機構經管財務之安全，提高金融從業人員之警覺，各金融機構應設置安全維護執行小組，指定**副總經理**一人為召集人，全面加強安全維護措施與安全維護教育及加強操作演練，並提高員工應變能力，以維安全，特頒定本要點。故選項(B)正確。

15 (A)。 補鈔作業應有兩人以上共同執行，並宜有警衛人員隨行，以策安全。補鈔只更換鈔匣，**不得在現場裝卸現金或點鈔**。故選項(A)錯誤。

16 (C)。 電子定時密碼鎖應裝在「金庫門」上，管制開啟時間。

17 (A)。 營業廳及重要處所（包括營業廳外設置自動化服務機器之場所）應裝置安全維護自動警報、報警系統、自動錄影監視系統及檢討充實各項防護器材，並應指定專人負責操作、監控，切實掌握狀況。**報警系統每月至少配合警方測試並檢查二次**，其餘各項設施平時應注意保養及維護（修），以發揮良好功能。

18 (B)。 「金融同業間遭歹徒詐騙案件通報要點」第5條：各金融機構應配合本要點，視本身軟、硬體設備情形，建立總管理機構與金融聯合徵信中心及各所屬分支機構間之內部通報作業系統。

19 **(D)**。(A)「金融機構安全維護管理辦法」：金融機構對其營業處所、金庫、出租保管箱（室）、自動櫃員機及運鈔業務等執行安全維護，應依本辦法規定辦理。(B)金融機構應加強員工保密教育：為確保金融機構對客戶交易資料之保密，強化對客戶交易安全管制措施，以維護各項作業安全。(D)「金融同業間遭歹徒詐騙案件通報要點」宗旨：為發揮金融同業互助精神，共同防範歹徒詐騙案件，以維護社會信用交易，特訂立本要點。

20 **(C)**。信用卡業務機構管理辦法第41條第1項：發卡機構應受前條第一項告知內容之拘束，倘有下列情形者，應於**六十日前**以顯著方式標示於書面或事先與持卡人約定之電子文件通知持卡人，持卡人如有異議得終止契約：一、**增加持卡人之可能負擔**。二、提高循環信用利率。三、循環信用利率採浮動式者，變更所選擇之指標利率。四、變更循環信用利息計算方式。五、變更前條第一項第二款至第五款之事項。

21 **(D)**。信用卡業務機構管理辦法第32條：逾期帳款之轉銷，**應按董（理）事會授權額度標準，由有權人員核准轉銷，並彙報董（理）事會備查**。但外國信用卡公司得依其總公司授權程序辦理。

22 **(B)**。信用卡業務自律公約：發卡機構對爭議款項應於**受理後十四日內**告知持卡人處理狀況及進度，調查期間應該停止計算利息。當確定為持卡人責任時，方得收取爭議款項處理期間之利息。故選項(B)正確。

23 **(A)**。信用卡業務機構管理辦法第26條：對已簽立之特約商店**至少每半年應查核乙次**，查核方式得以書面查核、線上檢核或實地查核等方式為之，查核內容應包含交易異常狀況及聯徵中心之信用紀錄，且對特約商店交易應予監控，如發現特約商店未經收單機構同意即接受信用卡支付遞延性商品或服務之款項，或涉有其他違約、違法情事時，應即對特約商店所為之交易樣態、營業內容等事項進行調查，並為必要之處置。

24 **(B)**。銀行業輔導客戶申報外匯收支或交易應注意事項第13項：申報書之金額不得更改，其他項目如經更改，應請申報義務人加蓋印章或由其本人簽字。

25 **(D)**。銀行辦理衍生性金融商品業務內部作業制度及程序管理辦法第11條：關於衍生性金融商品部位之評價頻率，銀行應依照部位性質分別訂定；其為交易部位者，應以即時或每日市價評估為原則；其為**銀行本身業務需要辦理之避險性交易者，至少每月評估一次**。故選項(D)正確。

解答及解析

26 (D)。商業銀行投資有價證券之種類及限額規定：銀行投資於第二點第一項各種有價證券之總餘額，除我國政府發行之公債、國庫券、中央銀行可轉讓定期存單及中央銀行儲蓄券外，不得超過該銀行所收存款總餘額及金融債券發售額之和百分之二十五。

27 (A)。票券金融管理法第26條第2項：前項由集中保管機構保管或登記之短期票券，其買賣之交割，應以帳簿劃撥方式為之；其帳簿劃撥作業與以登記形式發行者之發行、登記及相關事項之辦法，由主管機關會商中央銀行定之。

28 (B)。「財團法人中華民國證券櫃檯買賣中心證券商營業處所買賣有價證券業務規則」第二條：本辦法所稱「證券商內部人員」，係指下列有關人員：一、**證券商之董事、監察人及受僱人員**。但法人董事、監察人限於法人本身及其代表人；證券商由金融機構兼營者，受僱人員為其證券部門人員。二、**前款人員之配偶及未成年子女**。

29 (D)。高階管理階層應該負責：**執行董事會所核准之營運策略及政策**；研訂作業程序以辨識、衡量、監視及控管風險；**維持權責劃分及報告系統明確之組織架構**；確保授權辦法得以有效執行；**制訂妥善之內部控制政策**；監控內部控制制度之適足性及有效運作。

30 (D)。巴賽爾委員會「評估內部控制制度之架構」之十四項原則中之原則一：**董事會**應負責核准經營策略及政策；瞭解銀行經營之風險；設定可承受之風險限額；確信高階管理階層已採取必要步驟以辨識、監督及控制各類風險；**核准組織架構，及確保高階管理階層隨時監控內部控制制度之有效性**。

31 (C)。會計主管不宜兼辦出納或經理財務之事務，故不宜輪值持有現金庫房鑰匙（或密碼），現金庫房鑰匙應交由銀行主管保管，副鑰匙及密碼應由兩名以上輪值人員分別保管，應經內外門及密碼保管人員一同啟用，營業時間中，金庫庫房應上鎖，不得任由其他行員隨意進出。

32 (B)。將金融舞弊案例分析納入行員訓練課程，透過了解舞弊形成原因剖析常見舞弊人員種類及探討金融機構內常見舞弊態樣，加強行員風險偵防觀念。

33 (A)。請切實檢討現行**海外分行**各項業務之作業政策及流程是否符合內部牽制原則。

34 (B)

35 (B)。櫃員嚴禁代存戶保管存摺，若遇有存戶未及時領回存摺時，應立即登記於「存戶未即時領回存摺暫行保管登記簿」，**登記簿由經辦人員保管**，存摺則交由信用部主任（或指定專人）**集中保管**。

36 (D)。金融機構可與客戶約定由金融機構將活存轉入其他金融機構或同一金融機構之帳戶。故選項(A)(B)錯誤。

客戶不得有概括授權將活期存款轉入支票存款帳戶之情事，故選項(C)錯誤。

37 (C)。買入商業本票到期時，應依正常程序自行向票載付款行庫提示兌償，而非交由他人代兌。

38 (B)。為防範行員勾結不法集團以偽造所得扣繳憑單等財力證明資料詐騙冒貸，金融機構辦理消費性放款應健全徵信、授信及追蹤考核制度，並嚴禁行員與放款客戶或金融機構委託處理業務之第三人（受委外單位）有資金往來。

39 (B)。金融機構委託第三人為消費性放款之行銷或客戶身分及親筆簽名之核對業務，不得簡化徵信及授信程序。

40 (D)。銀局(一)字第0931000716號：金融機構應落實執行自動櫃員機及週遭監視之錄影帶暫行保存至少**六個月**之原則，另請加強查驗開戶所需之相關證明文件，以有效杜絕人頭帳戶。

41 (C)。依據中華民國銀行公會章程規定，公會以協助政府推行金融政策，促進經濟發展，協調同業關係及增進同業之共同利益為宗旨。

42 (D)。為避免客戶資料外洩，發卡機構委由便利商店業代收信用卡持卡人消費帳款之繳款資料，**不得完整列示客戶身分證字號及信用卡卡號等個人資料**。發卡機構應確保受委託機構及其人員無法藉由繳款資料取得或辨識客戶之身分證字號、信用卡卡號及其他相關之個人資料。

43 (B)。資產管理公司於符合下列條件者，銀行可對資產管理公司提供該不良債權之資料：(1)資產管理公司必須**確保接觸資料者不會外洩債權資料**，並有嚴密之保護措施，且**不得有其他不當利用之行為**。(2)資產管理公司內部應建立內部控制機制，並應作定期與不定期之考核。

44 (D)。發卡機構應嚴格控制信用卡之發卡流程，加強發卡及收單業務之風險管理，發卡業務應加強對卡片申請人之審核與業務人員之管理，**建立授權檢核異常系統及持卡人交易異常系統**，收單業務應對特約商店確實徵信，並不定時拜訪特約商店以確保特約商店品質，對於特約商店請款亦應隨時注意，發現異常應即採取適當措施，以減少信用卡業者與持卡人之損失。

45 (D)。金融機構於發現犯嫌時，應多方查證，並利用時機報警處理，警調機關發現時，得依法以現行犯逮捕，並依法扣押相關證物如金融卡、存摺、印鑑等。另金融機構錄影機錄攝之資料應保存至少六個月，俾保存證據備供檢警調機關日後之偵辦。

46 (C)。金融機構確認「警示帳戶」中尚有被害人所匯（轉）入之款項未被提領（轉出）者，應洽請警方提供報案彙總資料。金融機構應依開戶資料聯絡開戶人，與其協商發還「警示帳戶」內剩餘款項事宜；如經通知無法聯絡者，應洽請警方協尋一個月。

金融機構仍無法聯絡開戶人者，應透過匯款行通知報案人，檢具下列文件請金融機構協助發還警示帳戶剩餘款項：(一)**刑事案件報案三聯單**。(二)**申請不實致金融機構受有損失，由該被害人負一切法律責任之同意書等文件**，受款行應依報案資料逐筆認定。

47 (D)。信用卡業務機構管理辦法第46條：發卡機構主動調高持卡人信用額度，**應事先通知正卡持卡人，並取得其書面同意後，始得為之。**
若原徵有保證人者，應事先通知保證人並獲其書面同意，且於核准後應通知保證人及正卡持卡人。

48 (A)。金管銀(一)字第0938011606號：銀行辦理進出口押匯授信，除**遠期進口押匯授信、貨物未實際進口之三角貿易信用狀**及**未徵取貨物單據為質之進口押匯授信**外，在核算額度時，得不列入銀行法第三十三條之三授權訂定「銀行對同一人、同一關係人或同一關係企業之授信限額規定」中之無擔保授信額度，惟應受對同一人、同一關係人或同一關係企業之授信總額限制。

49 (C)。銀行法第12-1條第2項規定之「足額擔保」，係指銀行對於授信戶之授信餘額，**應不高於授信當時對其提出之擔保品經依同法第37條規定覈實鑑估後所估價值**，一旦**擔保品價值貶落時，銀行得要求客戶補提擔保品**，或徵提保證人。

50 (C)。金融機構出售不良債權應注意事項第5條：金融機構標售不良債權之公告，須刊登於所屬業別之公會網站。自公告日起至領取標售資料截止日，至少須為七個工作日，**領取標售資料截止日至決標日，除無擔保案件至少須有七個工作日外，其餘案件應有二十八日以上工作日**。

第42期 銀行內部控制與內部稽核（一般金融）

( ) **1** 內部控制對於經營風險之消除有其限制，下列限制因素何者錯誤？ (A)內部控制的設計，未能慮及所有特殊交易事項 (B)內部控制之成本不應小於其預期利益 (C)管理者可能因資訊不足而為錯誤的決策 (D)員工難免一時之疏誤。

( ) **2** 內部環境是其他所有內部控制及風險管理要素的基礎，而下列哪一項是內部環境的核心？ (A)董事會 (B)總經理與副總經理 (C)總稽核與稽核處 (D)監察人。

( ) **3** 依「金融控股公司及銀行業內部控制及稽核制度實施辦法」規定，銀行應建立下列何項制度以加強內部牽制並藉以防止弊端的發生？ (A)監察人制度 (B)風險管理制度 (C)法令遵循主管制度 (D)自行查核制度。

( ) **4** 有關專案自行查核之敘述，下列何者錯誤？ (A)每單位自行選定特定項目做專案查核 (B)每個月至少辦理一次 (C)稽核單位應派員協助完成 (D)辦理一般自行查核之月份，該月得免辦理專案自行查核。

( ) **5** 依「金融控股公司及銀行業內部控制及稽核制度實施辦法」規定，內部稽核單位對國內營業、財務、資產保管及資訊單位，每年至少應辦理一次一般查核及一次專案查核，至於對其他管理單位之查核頻率如何規定？ (A)每年至少應辦理一次專案查核 (B)每半年至少應辦理一次專案查核 (C)每年至少應辦理一次一般查核 (D)每年至少應辦理一次一般查核及一次專案查核。

( ) **6** 依「金融控股公司及銀行業內部控制及稽核制度實施辦法」規定，銀行法令遵循主管對內部控制重大缺失所提改進建議不為管理階層採納，將肇致重大損失者，應立即通報下列何者？ (A)調查局 (B)銀行公會 (C)主管機關 (D)金融聯合徵信中心。

( ) **7** 下列何者不是自行查核負責人之職責？ (A)選定查核項目及範圍 (B)選定自行查核日期 (C)分配查核工作 (D)自行查核執行情形之考核。

(　)　　**8** 對稽核單位而言，下列何者可輔助稽核頻次之不足？　(A)自行查核　(B)交易控制　(C)覆核控制　(D)自我控制機制。

(　)　　**9** 下列何者不屬庫存現金查核缺失？
(A)盤點庫存現金超過投保金額，惟與庫存現金表相符
(B)外幣現金及旅行支票均置放於金庫內
(C)私人之財務置放於金庫內
(D)每日保留之庫存現金大幅超出營業所需。

(　)　　**10** 有關查核託收票據之處理，下列何者應列為缺失？
(A)託收票據加蓋本行特別橫線章
(B)外埠託收票據久未收妥銷帳時，向受託行查明處理
(C)託收票據按本單位、本埠、委託聯行、委託同業及到期日之先後順序分別保管
(D)託收票據如於遞送途中遺失，立即通知委託人向本行辦理掛失止付手續。

(　)　　**11** 下列何者非屬出納業務之範圍？　(A)傳票之保管　(B)各種有價證券之保管　(C)幣券及破損券之兌換　(D)辦理現金及票據之收付及保管。

(　)　　**12** 下列何者非屬空白單據？　(A)空白支票　(B)空白本票　(C)空白存摺　(D)空白取款憑條。

(　)　　**13** 櫃員結帳後發現現金有短少時，除立即報告主管人員外，並應以下列何種方式處置，以備日後追查？　(A)以「其他應付款」科目列帳　(B)以「其他應收款」科目列帳　(C)由櫃員先行墊補　(D)由分行人員共同分擔補足。

(　)　　**14** 有關保管有價證券作業，下列敘述何者錯誤？
(A)應經常作不定期盤點並作成紀錄
(B)其種類、面額、號碼及張數等應在保管袋上標示清楚
(C)送法院提存時，應將相關收據存卷
(D)送法院提存時，其本金、息票於到期時應辦理續存手續。

(　)　　**15** 下列票據何者不得辦理掛失止付？　(A)支票　(B)保付支票　(C)本票　(D)匯票。

( ) **16** 定期儲蓄存款逾期息之計算，下列敘述何者錯誤？ (A)採單利給付 (B)折合日息計算 (C)到期日如為休假日，於次營業日提取時應按存單利率另給付休假日之利息 (D)存款到期日至提取日期間，如活期存款利率有調整者，仍按提取日利率計息。

( ) **17** 下列何者係存戶依約定年限及金額，將本金一次存入，按月領取利息，到期提取本金之儲蓄存款？ (A)零存整付 (B)整存整付 (C)整存零付 (D)存本取息。

( ) **18** 銀行辦理客戶存款開戶時，錄影機所錄攝之影像檔，依現行規定應至少保存多久？ (A)二個月 (B)三個月 (C)四個月 (D)六個月。

( ) **19** 銀行存戶活期儲蓄存款取款憑條之大寫金額誤寫或修改時，應如何處理？ (A)請存戶另行開具正確之取款憑條 (B)請存戶更正並加蓋原留存印鑑 (C)審核小寫金額無誤後可予付款 (D)審核所填日期在領款日前七天內可予付款。

( ) **20** 有關存款開戶作業，下列敘述何者錯誤？ (A)應向票據交換所網站查詢身分證是否遺失 (B)應實施雙重身分證明文件查核 (C)開設第二帳戶應向第一開戶營業單位照會 (D)本國公司之分公司開戶，須出具總公司授權書。

( ) **21** 同一票據四度提示均因存款不足退票時，違約金應收取幾次？ (A)一次 (B)二次 (C)三次 (D)四次。

( ) **22** 金融機構受理支票存款戶之退票「清償贖回」註記時，應於幾日內核轉票據交換所？ (A)二個營業日 (B)二個日曆日 (C)七個營業日 (D)七個日曆日。

( ) **23** 有關公教人員儲蓄存款，下列敘述何者正確？ (A)每一存戶累計最高限額為新台幣六十萬元 (B)存戶可隨時提取存款，但提取後除再按月定額存入外不得再行存入 (C)每一存戶每月最高存入金額為新台幣二萬元 (D)按存款銀行薪資轉帳活期儲蓄存款牌告利率計息。

( ) **24** 持有台灣地區居留證之在台大陸地區人民可開設下列何種存款帳戶？ A.活期存款；B.活期儲蓄存款；C.定期存款；D.支票存款 (A)僅A.B.C. (B)僅A.B.D. (C)僅A.C.D. (D)A.B.C.D。

( ) **25** 依規定，銀行以中小企業信用保證基金之保證為擔保開發進口信用狀時，至遲應於開狀後多少個營業日內，填送「移送信用保證通知單」？ (A)五個 (B)七個 (C)十個 (D)十五個。

( ) **26** 銀行辦理授信業務徵提連帶保證人時，下列何種情況有缺失？ (A)辦理足額擔保之消費性貸款應徵提連帶保證人 (B)由第三人提供擔保品者，徵提該提供人為連帶保證人 (C)以公司為保證人時，注意該公司章程有無得為保證之規定 (D)自用住宅放款已取得足額擔保，不得要求提供連帶保證人。

( ) **27** 依主管機關規定，下列何者非屬消費者貸款？ (A)房屋修繕貸款 (B)一般營運週轉金貸款 (C)汽車貸款 (D)個人小額信用貸款。

( ) **28** 有關銀行辦理存單質借業務，下列敘述何者錯誤？ (A)借款期限不得超過原存單到期日 (B)質借人得為原存款人之親屬 (C)存單應辦妥質權設定程序 (D)存單背面應經由原存款人於背面加蓋原留印鑑並註明質權設定。

( ) **29** 銀行對擔保品之審核及估價應審慎辦理，其估價時應考慮之項目，下列何者錯誤？ (A)時價 (B)借款金額 (C)折舊率 (D)銷售性。

( ) **30** 一般借款契約所載利息請求權，自到期日之翌日起算，幾年間不行使，因時效而消滅？ (A)二年 (B)三年 (C)五年 (D)十年。

( ) **31** 發支付命令後，至遲幾個月內不能送達於債務人者，其命令失其效力？ (A)一個月 (B)二個月 (C)三個月 (D)四個月。

( ) **32** 逾期放款個案有因疏於注意請求權而致時效消滅，下列何者時效最短？ (A)支票之執票人對前手之追索權 (B)匯票之背書人對前手之追索權 (C)本票之背書人對前手之追索權 (D)本票之執票人對前手之追索權。

( ) **33** 為反應銀行財務之穩健，下列何者應扣除估計可收回部分後轉銷為呆帳？ (A)催收逾清償期一年者 (B)擔保品經多次減價拍賣無人應買者 (C)經評估為收回無望之資產 (D)債務人因和解致債權之全部或一部不能收回者。

( ) **34** 有關授信覆審之敘述，下列何者正確？ (A)覆審人員得覆審自己本身經辦案件 (B)重要授信個案如有需要應辦理實地覆審 (C)授信覆審後應每六個月編製覆審報告 (D)須指定未具授信經驗人員辦理覆審。

( ) **35** 有關銀行逾期放款及催收款之轉銷，下列何者非屬轉銷時應檢附之證明文件？ (A)解散者：政府有關機關之證明 (B)經和解者：和解筆錄或裁定書 (C)逾清償期一定期間之放款者：存款證明書 (D)受破產之宣告者：裁定書。

( ) **36** 下列何種情況不適用一般授信約定書所列「加速條款」之引用？ (A)未能按月付息時 (B)借款人依破產法聲請和解時 (C)任何一宗債務不依約清償時 (D)提供之擔保品出售予第三人時。

( ) **37** 指定銀行自行訂定並報央行同意核備之新台幣與外幣間交易總部位限額，其中無本金交割新台幣遠期外匯及新台幣匯率選擇權二者合計之部位限額，不得超過總部位限額之多少？ (A)二分之一 (B)三分之一 (C)四分之一 (D)五分之一。

( ) **38** 銀行辦理外幣貸款及保證業務，下列敘述何者錯誤？ (A)承作對象為國內外客戶 (B)外幣貸款不得兌換為新臺幣，但出口後之出口外幣貸款除外 (C)外幣貸款應憑客戶提供與國外交易之文件辦理 (D)外幣保證應憑客戶提供之有關交易文件辦理。

( ) **39** 開狀銀行已辦妥進口擔保提貨後，於收到國外押匯單據正本時，應如何處理？ (A)應向進口商徵提匯票 (B)進口商已領貨，無須做任何處理 (C)應向進口商徵提保險單 (D)應檢具正本海運提單以掛號向船運公司換回擔保提貨書。

( ) **40** DBU外匯存款不得以下列何種方式辦理？ (A)支票存款 (B)活期存款 (C)定期存款 (D)指定到期日外匯定期存款。

( )　**41** 依中央銀行規定，對公司、行號每筆金額至少達多少美元以上或等值外幣之大額結匯案件，外匯指定銀行應確認其申報書記載事項與相關證明文件相符後始得辦理新臺幣結匯？　(A)五十萬美元　(B)一百萬美元　(C)五百萬美元　(D)一千萬美元。

( )　**42** 債票形式之本票最高發行面額不得大於新台幣多少元？　(A)10萬元　(B)100萬元　(C)1,000萬元　(D)一億元。

( )　**43** 銀行保管自行買入之有價證券，下列各項措施何者有缺失？　(A)辦妥投保事項以轉嫁風險　(B)保管中有價證券之息票暫停兌領　(C)有價證券實物與保管中有價證券明細表相符　(D)有價證券實物與投資有價證券明細帳相符。

( )　**44** 商業銀行投資於非金融相關事業，對每一事業投資金額不得超過該被投資事業實收資本總額或已發行股份總數之百分之多少？　(A)5%　(B)10%　(C)15%　(D)20%。

( )　**45** 商業銀行投資各種有價證券之餘額，除我國政府發行之公債、國庫券、中央銀行可轉讓定期存單或中央銀行儲蓄券外，不得超過該行所收存款總餘額加計下列何者之和之25%？　(A)銀行核算基數　(B)銀行淨值　(C)備抵投資跌價損失　(D)金融債券發售額。

( )　**46** 全權委託保管銀行依規定應於每月終了幾個營業日內寄發庫存資產狀況予委任人？　(A)10個營業日　(B)7個營業日　(C)5個營業日　(D)3個營業日。

( )　**47** 依信託業法規定，信託業辦理指定用途信託，有關本金及收益率，下列敘述何者正確？　(A)可承諾擔保本金及收益率　(B)可承諾擔保本金但不擔保收益率　(C)本金及收益率皆不得承諾擔保　(D)不得承諾擔保本金但可承諾擔保收益率。

( )　**48** 於信託關係成立後，下列何者即成為信託財產所有權人，有管理、處分信託財產之權限？　(A)委託人　(B)受託人　(C)受益人　(D)信託監察人。

( ) **49** 信託業者應定期作成信託財產目錄及編製收支計算表送交委託人，下列何者正確？ (A)每月至少一次 (B)每季至少一次 (C)每半年至少一次 (D)每年至少一次。

( ) **50** 依信託業法規定，信託業辦理委託人不指定營運範圍或方法之金錢信託，下列何者非屬其營運範圍？ (A)現金及銀行存款 (B)投資公債、公司債及金融債券 (C)投資短期票券 (D)投資上市、上櫃及興櫃股票。

( ) **51** 為落實商品適合度政策，應就「個人類型」客戶審認之事項，下列何者錯誤？ (A)投資目標及期間 (B)風險承受度 (C)對商品之知識及經驗 (D)商品之保本程度。

( ) **52** 有關國外財富管理部門從業人員帳戶之管理，下列敘述何者錯誤？ (A)該等人員不可進行超過其負擔能力之舉債投資 (B)該等人員應以自身名字向外部中介機構開戶 (C)該等人員之投資不得以自己的財產為抵押 (D)該等人員投資活動所佔用的工作時間不得過度。

( ) **53** 在產品適合度政策中，下列何種交易除非獲得具權責之上級長官書面核准同意，否則不得推薦此種交易予客戶？ (A)綠燈交易 (B)黃燈交易 (C)橘燈交易 (D)紅燈交易。

( ) **54** 財富管理業務係以諮詢意見之提供為中心，服務範圍可包括下列何者？ A.所有銀行業務；B.兼營信託業務；C.其他保險、證券相關業務。 (A)僅A.B. (B)僅B.C. (C)僅A.C. (D)A.B.C.。

( ) **55** 有關商品適合度之規定，可簡約幾個步驟，包括： A.客戶資料之審視更新；B.需求偏離之監視；C.商品資料之建立分析；D.客戶資料之建立分析；E.客戶部位之重新調整；F.需求適配之分析，下列順序何者合乎邏輯推導？ (A)D.C.A.E.F.B. (B)F.B.D.C.A.E. (C)D.C.F.B.A.E. (D)D.F.A.C.B.E.。

( ) **56** 證券商接受客戶委託買賣股票，下列何者須預先收足款券？ (A)一般交易 (B)信用交易 (C)零股交易 (D)變更交易方法之股票交易。

( ) **57** 目前在我國票券市場買賣短期票券的交易工具中，實務上並不包括下列哪項標的物？ (A)國庫券 (B)支票 (C)商業本票與匯票 (D)銀行可轉讓定期存單。

( ) **58** 依我國「票券金融管理法」規定，票券金融業務係就短期票券辦理下列哪些業務？ (A)簽證、自營、承銷及經紀 (B)基金、代操、自營及經紀 (C)簽證、自營、承兌及保證 (D)代理、居間、保證及匯兌。

( ) **59** 下列何者係為工商企業基於商品交易或勞務提供而簽發之匯票，並委託銀行為付款人經銀行承兌者？ (A)融資性商業本票 (B)交易性保證匯票 (C)銀行承兌匯票 (D)交易性商業本票。

( ) **60** 有關銀行以策略聯盟方式行銷消費金融商品，下列敘述何者錯誤？ (A)透過車商推介汽車貸款 (B)透過代書推介房屋貸款 (C)透過房屋仲介業行銷房屋貸款 (D)透過既有客戶推介現金卡、信用卡。

( ) **61** 銀行消費金融產品之策略與規劃，應從下列何者開始？ (A)作業流程 (B)產品定位 (C)市場分析 (D)利潤模型。

( ) **62** 下列何者非屬銀行對於消費金融產品申貸戶之信用紀錄查詢管道？ (A)支票存款照會查詢 (B)國稅局所得及財產資料查詢 (C)票據交換所拒絕往來戶查詢 (D)金融聯合徵信中心信用資料查詢。

( ) **63** 銀行對於滯延61天以上之消費金融客戶辦理催收，下列敘述何者錯誤？ (A)對於協議分期償還客戶，不得徵提保人 (B)對於可望收回案件，動之以情、訴之以理 (C)就申請資料不實之案件，提起刑事附帶民事訴訟 (D)對收回困難之案件，設法運用話術促使第三人代償。

( ) **64** 有關消費性貸款撥貸前應徵提之文件，基於商機，下列何者可應借戶要求通融俟撥貸後限期補齊？ (A)授信約定書 (B)火險保單 (C)借據 (D)備償票據。

( ) **65** 信用卡授權單位對從事高額異常偽卡消費及從事融資變現異常消費行為之特約商店，應提報下列哪個單位？ (A)聯合信用卡中心 (B)金融聯合徵信中心 (C)收單銀行 (D)銀行公會。

( ) **66** 某客戶於日前向某銀行申貸乙筆貸款，經過一段時間後，該授信資產經評估已無擔保部分，且該客戶此時已積欠本金超過清償期七個月，該銀行應將此筆授信資產歸類為下列何者？ (A)應予注意者 (B)可望收回者 (C)收回困難者 (D)收回無望者。

( ) **67** 在銀行辦理消費金融貸款控制風險的方式中，下列何者較能讓逾期放款比例降至最低？ (A)面對面授信 (B)利用評分系統授信 (C)聯徵中心查詢 (D)作好債權管理。

( ) **68** 有關信用卡的授權控管，依規定以電話錄音紀錄所有授權交易情況，作為日後有糾紛時之依據，此錄音系統應多久檢查一次？ (A)每日 (B)每三日 (C)每週 (D)每月。

( ) **69** 為因應消費性貸款申請案件多且核貸時間短的特性，下列何者為金融機構能正確而迅速從事授信判斷的最佳措施？ (A)建立信用評分制度 (B)增加徵信照會人員 (C)停止受理新案件 (D)徵調有經驗授信主管支應。

( ) **70** 下列何者非屬消費金融產品之直接銷售行銷通路？ (A)個人銷售 (B)電話行銷 (C)委外行銷公司 (D)自動貸款機。

( ) **71** 有關消費金融產品之特性，下列敘述何者錯誤？ (A)產品要不斷創新、服務要便捷 (B)每筆金額小，相對的承作單位成本高 (C)多具自償性，多屬於中長期融資 (D)每筆交易金額較小，客戶量需達一定規模才有利潤。

( ) **72** 金融機構在提供網路銀行轉帳服務時，下列何種帳戶得排除「無法否認傳遞訊息」及「無法否認接收訊息」之安全設計？ (A)跨行帳戶 (B)自行帳戶 (C)約定帳戶 (D)非約定帳戶。

( ) **73** 下列何者非屬金融機構因提供網路銀行服務所帶來之效益？ (A)降低營運成本 (B)不受地緣限制 (C)各項業務將逐步轉到網路銀行上 (D)如同電話語音系統，僅能單向傳遞訊息。

( ) **74** 目前主管機關訂定網路銀行業務之電子轉帳及交易指示，採SSL安全機制者，其有關客戶端之安控軟體，下列何者正確？ (A)電子錢包 (B)瀏覽器（如IE） (C)自然人憑證 (D)金鑰安控程式。

( ) **75** 下列何者非銀行公會訂定之「金融機構辦理電子銀行業務安全控制作業基準」有關交易面安全控管設計之六大保護措施？ (A)隱密性 (B)簡單性 (C)完整性 (D)不可重複性。

( ) **76** 有關銀行資訊單位之管理，下列敘述何者正確？ (A)亂碼化介面程式之原始碼應存放於主機系統程式館內 (B)系統上線實施前，應由原系統（程式）設計人員測試或核對測試結果，並留存紀錄 (C)電腦系統應設定密碼變更期限及限制使用者輸錯密碼之次數 (D)連線主檔資料修改毋需主管覆核。

( ) **77** 下列何者非屬金融機構營業單位與電腦作業有關之電腦犯罪手法？ (A)騙取主管卡進行非法交易 (B)趁他人未簽退時非法輸入交易資料 (C)偽造憑證擅自進行轉帳交易 (D)結帳後輸出報表。

( ) **78** 依「銀行辦理衍生性金融商品業務內部作業制度及程序管理辦法」規定，經核准辦理衍生性金融商品業務之銀行，其最近一季底逾期放款比率高於多少時，所辦理之衍生性金融商品，應以避險目的為限？ (A)3% (B)5% (C)6% (D)9%。

( ) **79** 銀行辦理衍生性金融商品業務，應視持有交易部位多寡與市場變動情形，採即時或依每日市價為原則，並應至少多久評估一次？ (A)每日一次 (B)每週一次 (C)隔週一次 (D)每月一次。

( ) **80** 有關銀行從事衍生性金融商品之交易，下列敘述何者錯誤？
(A)以名目本金衡量信用風險
(B)通常以收受抵押品或投保來降低信用風險
(C)應於財務報表揭露衍生性金融商品交易狀況
(D)衍生性金融商品較為複雜且不易衡量，故其潛在風險遠大於傳統金融業務。

解答及解析 （答案標示為#者，表官方曾公告更正該題答案。）

1 (B)。 基於成本效益的考慮，內部控制的成本不可超過預期效益，故選項(B)錯誤。

2 (A)。 內部環境是內部控制的基礎，一般包括治理結構、機構設定及權責分配、內部審計、人力資源政策、企業文化等。**董事會**是企業內部控制系統的核心，是約束經營者行為的有效機制，故選項(A)正確。

3 (D)。 金融控股公司及銀行業內部控制及稽核制度實施辦法第6條：金融控股公司及銀行業應建立自行查核制度、法令遵循制度與風險管理機制及內部稽核制度等內部控制三道防線，以維持有效適當之內部控制制度運作。

4 (C)。 金融機構營業單位自行查核要點第2條：專案查核：每一營業單位應自行選定其業務與財務之特定項目作不定期之專案查核，**每月至少辦理一次**。但**已作一般查核之月份，得免辦理專案查核**。

5 (A)。 金融控股公司及銀行業內部控制及稽核制度實施辦法第15條：銀行業內部稽核單位對國內營業、財務、資產保管及資訊單位每年至少應辦理一次一般查核及一次專案查核，**對其他管理單位每年至少應辦理一次專案查核**；對各種作業中心、國外營業單位及國外子行每年至少辦理一次一般查核；對國外辦事處之查核方式可以表報稽核替代或彈性調整實地查核頻率。

6 (C)。 銀行內部稽核人員及遵守法令主管，對內部控制重大缺失或違法違規情事所提改進建議不為管理階層採納，將肇致銀行重大損失者，均應立即作成報告陳核，**並通知監察人（監事）及通報主管機關**。

7 (D)。 自行查核負責人之職責包含：
(1) 擬訂年度「自行查核計畫」。
(2) **決定自行查核之日期**，其日期應予保密。
(3) **決定查核項目及查核範圍**。
(4) 指定自行查核人員，而此人不應為查核項目之經辦人員。
(5) **制定工作分配表**。
(6) 監督自行查核人員之工作切實執行。
(7) 彙總並審核自行查核作底稿及自行查核報告，並送交有關單位審核。
自行查核負責人之職責不包含選項(D)。

8 (A)。 自行查核之目的：
(1) 及早發現業務經營上之缺失，俾及時補正或改進，以避免可能發生之損失。
(2) 藉由查核加強內部牽制，進而產生嚇阻舞弊作用。
(3) **輔助稽核單位稽核頻次之不足，並作為稽核單位擬定稽核計畫之重要參考依據**。

9 (B)。外幣現金及旅行支票屬於庫存現金以外之項目。

10 (D)。掛失止付：託收票據如於遞送途中遺失，應通知「委託人」，並立即向付款行辦理掛失止付手續。故選項(D)應列為缺失。

11 (A)。出納業務之範圍：
(1)辦理現金及票據之收付及保管。
(2)各種有價證券之保管。
(3)辦理票據交換事項。
(4)調撥資金：包括本單位內、本單位對聯行或同業間之資金調度。
(5)券幣及破損券之兌換。
(6)其他與現金出納有關事項。
選項(A)傳票之保管非屬出納業務範圍。

12 (D)。空白單據係指空白支票、本票、匯票、存摺、領款號碼牌、金融卡、信用卡及其他有關單據。故選項(D)空白取款憑條非屬空白單據。

13 (B)。櫃員結帳後，現金如發生溢餘或短少，必須立即報告主管人員處理，並於當天列入「其他應付款」或「其他應收款」。

14 (D)。銀行若行使假扣押、假處分，而將有價證券送法院提存時，應將相關收據存卷，其**本金、息票到期者應兌領入帳**。故選項(D)錯誤。

15 (B)。票據掛失止付處理規範第7條（保付支票掛失止付之禁止）：支票經付款行庫保付者，依法不得掛失止付。

16 (D)。存款到期日至提取日期間，存款銀行活期存款牌告利率有調整者，**應按調整之牌告利率分段計息**，以避免現行定期存款逾期計息方式之不公平現象。故選項(D)錯誤。

17 (D)。到銀行辦理定存，有「整存整付」、「存本取息」，以及「零存整付」三種方式，該三種定存皆屬一年以上之定期儲蓄存款，惟計算利息方式不同有所區別：
(1)**整存整付**：一次存進一筆本金，約定定存年數，在定存年限內不得提領本金和利息，而銀行會將每月產生之利息都併入本金內，等到定存年限到期，再將本金和利息一次提領。
(2)**存本取息**：一次存進一筆本金，接下來之後每個月都領出利息。此方式適合退休族群，不但能保本，還能固定領息。
(3)**零存整付**：每個月存進一定金額本金，每個月的本金滾入利息，等到定存到期，可一次將本金和利息領出，可以強迫儲蓄，同時又賺到複利。

18 (D)。台財融(一)字第90733071號函說明六有關「金融機構於辦理客戶開戶時應注意防範歹徒以人頭或持偽變造身分證開立存款帳戶情事。「金融機構錄影機錄攝之資料應保存至少六個月」，係指金融機構於辦理客戶開戶時錄影機錄攝之影像檔，應保存至少六個月。

19 (A)。取款憑條上大寫金額誤寫或修改時，應請存戶另行開具正確之取款憑條。故選項(A)正確。

20 (A)。金融機構對於借戶提供之身分證明文件，應向內政部所設戶役政為民服務公用資料庫網站查詢核對。

21 (A)。臺灣票據交換所票據交換業務及票據信用管理補充規定：有關退票紀錄計算之方式第6點：同一票據數度提示均因存款不足理由退票時，其**存款不足退票紀錄及退票違約金均以一次計算**，並以第一次退票日期作為退票紀錄限期之起算日。

22 (A)。支票存款戶票信狀況註記須知第4條：經提存備付註記之退票，除已為備付期滿註記者外，發票人於原退票據重行提示付訖前辦理撤銷付款委託或提取備付款者，付款金融業者應於**二個營業日內**，具函通知當地本所總（分）所取消提存備付註記。

23 (B)。(A)公教人員儲蓄存款，每一職員存戶累計最高限額為新台幣**七十萬元**。(C)公教儲蓄存款每月存款金額，**教職員以10,000元為上限**，工友以5,000元為上限。(D)公教人員儲蓄存款應按存款銀行「**二年期定期儲蓄存款**」牌告利率機動計息；超過限額部份，必須改按活期儲蓄存款利率計息。

24 (A)。在臺大陸地區人民申請在臺灣地區銀行開設新臺幣帳戶規定（該法規已於民國93人10月4日廢止）。金管銀(一)字第0930026713號：在臺持有定居證或居留證之大陸地區人民，可自由開設**活期存款、活期儲蓄存款、定期存款及定期儲蓄存款帳戶**；在臺持有旅行證之大陸地區人民，應以選擇一家銀行開設活期存款與活期儲蓄存款兩種帳戶為限。

25 (B)。徵提信用機構保證為擔保品：應於規定期限內填送「移送信用保證通知單」（開發或保證開發進口信用狀於開放後7個營業日，其餘於授信後7個營業日）。

26 (A)。銀行法第12-1條：銀行辦理自用住宅放款及消費性放款，不得以任何理由要求借款人提供連帶保證人。銀行辦理自用住宅放款及消費性放款，已取得前條所定之足額擔保時，**不得要求借款人提供保證人**。故選項(A)有缺失。

27 (B)。銀行法第32條所稱之消費者貸款，係指對於房屋修繕、耐久性消費品（包括汽車）、支付學費與其他個人之小額貸款，及信用卡循環信用。故選項(B)一般營運週轉金貸款非屬消費者貸款。

28 (B)。定期存款質借及中途解約辦法第2條：定期存款存單之質借條件中提到：**申請質借人限於原存款人**，故選項(B)錯誤。

29 (B)。 依中華民國銀行公會會員授信準則第22條：銀行對擔保品之審核及估價應審慎辦理，其估價並應參照**時值、折舊率及銷售性**，覈實決定。

30 (C)。 依民法第126條規定：「利息、紅利、租金、贍養費、退職金及其他一年或不滿一年之定期給付債權，其各期給付請求權，因五年間不行使而消滅」。

31 (C)。 民事訴訟法第515條第1項：發支付命令後，三個月內不能送達於債務人者，其命令失其效力。

32 (A)。 (A)支票之執票人，對前手之追索權，**四個月**間不行使，因時效而消滅。(B)匯票之背書人對前手之追索權，**六個月**間不行使，因時效而消滅。(C)本票之背書人對前手之追索權，**六個月**間不行使，因時效而消滅。(D)本票之執票人對前手之追索權，自作成拒絕證書日起算，**一年間**不行使，因時效而消滅。
故選項(A)支票之執票人對前手之追索權時效最短。

33 (D)。 銀行資產評估損失準備提列及逾期放款催收款呆帳處理辦法第11條：逾期放款及催收款，具有下列情事之一者，應扣除估計可收回部分後轉銷為呆帳：一、**債務人因**解散、逃匿、和解、破產之宣告或其他原因，**致債權之全部或一部不能收回者**。二、擔保品及主、從債務人之財產經鑑價甚低或扣除先順位抵押權後，已無法受償，或執行費用接近或可能超過銀行可受償金額，執行無實益者。三、擔保品及主、從債務人之財產經**多次減價拍賣無人應買**，而**銀行亦無承受實益者**。故選項(B)錯誤。四、**逾期放款及催收款逾清償期二年**，經催收仍未收回者。故選項(A)錯誤。

34 (B)。 (A)辦理授信覆審，其**覆審人員不得覆審本身經辦之授信案件**，每一授信案件經辦理覆審後，應編製覆審報告。(C)放款覆審得以定期及不定期方式進行，**每一放款案件經辦理覆審後，應即列入覆審紀錄簿，並定期編製覆審報告**。其涉及特殊情形者，則應隨時提出報告。(D)放款覆審得以實地調查與書面審核等方式為之，**由營業單位指派對放款業務具有豐富經驗之人員辦理**，但覆審人員不得覆審本身經辦之放款個案。

35 (C)。 逾期放款及催收款之轉銷，應經董（理）事會之決議通過，並通知監察人；轉銷應檢附之證明文件如下：「一、解散、逃匿者，政府有關機關之證明。二、經和解者，和解筆錄或裁定書。三、受破產之宣告者，裁定書。四、**逾清償期一定期間之放款者，催收之證明文件**。五、其他原因者，依事實經過取具合適之證明。」故選項(C)錯誤。

36 (D)。 「加速條款」是貸款和購買協議中通常引用的條款，要求資金的借款人或付款人在某些條件下立

即歸還或支付全部金額。當借款人嚴重違反貸款協議時，貸款人可以援引加速條款。

銀行授信契約之「加速條款」通常有下列數項：

(1) **任何一宗債務不依約清償本金時。**

(2) **依破產法聲請和解**、聲請宣告破產、聲請公司重整或經票據交換所通知拒絕往來，或停止營業、清理債務時。

(3) 依約定原負有供擔保之義務而不提供時。

(4) 立約人死亡，而繼承人聲明限定繼承或拋棄繼承時。

(5) 因刑事而受沒收主要財產之宣告時。

(6) **任何一宗債務不依約付息時。**

(7) 擔保物被查封或擔保物滅失、價值減少或不敷擔保債權時。

(8) 立約人對銀行所負債務，其實際資金用途與銀行核定之用途不符時。

(9) 受強制執行或假扣押、假處分或其他保全處分，致銀行有不能受償之虞時。

37 **(D)**。 銀行業辦理外匯業務管理辦法第44條：

(1) 指定銀行應自行訂定新臺幣與外幣間交易總部位限額，並檢附董事會同意文件（外國銀行則為總行或區域總部核定之相關文件），報本行外匯局同意後實施。

(2) 前項總部位限額中，**無本金交割新臺幣遠期外匯及新臺幣匯率選擇權二者合計之部位限額，不得逾總部位限額五分之一。**

38 **(A)**。 指定銀行辦理外幣貸款業務，承作對象應以國內顧客為限，故選項(A)錯誤。

39 **(D)**。 開狀銀行俟接到押匯銀行送來之貨運單據正本，即將提單正本經有權簽字人簽字，並添附「擔保提貨解除通知書」後，以掛號郵遞航運公司或其代理，換回先前簽發之擔保提貨書，以解除開狀銀行之保證責任，故選項(D)正確。

40 **(A)**。 DBU（即Do-Mestic Banking Unit）係指境內獲得指定辦理外匯業務資格的銀行，服務對象主要針對國內自然人與法人。

指定銀行辦理外匯存款業務，應憑匯入匯款通知書、外幣貸款、外幣票據、外幣現鈔、新臺幣結購之外匯及存入文件辦理。**承作限制為不得以支票存款及可轉讓定期存單之方式辦理。**

41 **(B)**。 外匯收支或交易申報辦法第11條：下列外匯收支或交易，申報義務人應檢附與該筆外匯收支或交易有關合約、核准函或其他證明文件，並經銀行業確認與申報書記載事項相符後，始得辦理新臺幣結匯申報：一、公司、行號每筆結匯金額達等值**一百萬美元以上**之匯款。二、團體、個人每筆結匯金額達等值五十萬美元以上之匯款。

42 **(D)**。 銀行承銷之本票發行面額，應以新台幣十萬元為最低單位，並以十萬元之倍數為單位，但債票形

式之本票，最高發行面額不得大於**新台幣一億元**。

43 (B)。保管中有價證券之息票應按期收取並如數入帳。

44 (A)。銀行法第74條第3項：商業銀行投資非金融相關事業，對每一事業之投資金額不得超過該被投資事業實收資本總額或已發行股份總數之**百分之五**。

45 (D)。商業銀行投資有價證券之種類及限額規定（105.12.22金管銀法字第10510005390號令修正）。
銀行投資於第二點第一項各種有價證券之總餘額，除我國政府發行之公債、國庫券、中央銀行可轉讓定期存單及中央銀行儲蓄券外，不得超過該銀行所收存款總餘額及**金融債券發售額**之和百分之二十五。

46 (C)。乙方應於每月最後營業日製作截至該營業日止之甲方保管帳戶有價證券庫存明細表（含股票股利實現明細）及銀行存款餘額表，並於次月**五個營業日內**交付投資代理人。（委任契約範本）

47 (C)。信託業法第31條：（禁止承諾擔保本金或最低收益率）信託業不得承諾擔保本金或最低收益率。

48 (B)。信託是一種為他人管理、處分財產的法律關係，故信託關係的成立，須由**委託人將其財產權利移轉給受託人**，使**受託人**得以依信託本旨，為受益人（受益人可為委託人自己，亦可為委託人以外的第三人）的利益或為特定的目的，管理或處分信託財產的關係。

49 (D)。信託法第31條第2項：受託人除應於接受信託時作成信託財產目錄外，**每年至少定期一次**作成信託財產目錄，並編製收支計算表，送交委託人及受益人。

50 (D)。信託業辦理不指定營運範圍方法金錢信託運用準則第3條：信託業辦理不指定金錢信託時，其營運範圍以下列各款為限：一、**現金及銀行存款**。二、**投資公債、公司債、金融債券**。三、**投資短期票券**。四、其他經財政部核准之業務。

51 (D)。不可對商品之「保本」對客戶做承諾，故選項(D)錯誤。

52 (C)。國外財富管理部門從業人員不得以自己的財產為抵押。

53 (D)。銀行應依客戶投資屬性及風險承受等級，配合個別商品或投資組合之類別，核定適配交易類型如下：(A)綠燈交易：不需特別揭露相關資訊或踐行必要步驟。(B)黃燈交易：銷售人員與督導人員應確實討論該交易對客戶之適當性，必要時應諮詢徵信與法遵部門。(C)橘燈交易：銷售人員應獲得具權責之上級主管書面核准交易。(D)**紅燈交易：除非獲得具權責之上級主管書面核准，否則不得推薦此種交易**。

54 (D)。財富管理業務依據客戶需求作財務規劃或資產負債配置，以提供銀行全方位之金融商品及服務，舉凡客戶需要且銀行得承作之業務範圍內均屬之，其可包括：A.**銀行一般業務**，如存款、授信、投資及財務顧問、衍生性金融商品、保管、外匯、信用卡等各項業務；B.**銀行兼營信託及證券相關業務**；C.**銀行透過金控集團下保險、證券子公司之共同行銷服務**，非金融控股公司下之銀行則可透過合作推廣方式提供證券、保險服務。

55 (C)。商品或服務適合度原則：**充分瞭解商品特性及金融消費者之相關資料**，以確保該商品或服務對金融消費者之適合度。（客戶資料與商品資料之建立）告知與揭露原則：以金融消費者能充分瞭解之文字或其他方式，說明金融商品或服務之重要內容，並充分揭露風險。（根據客戶風險程度做需求商配分析）

56 (D)。臺灣證券交易所股份有限公司變更交易方法有價證券交易作業辦法第3條：**列為變更交易方法之有價證券**，證券經紀商於接受委託買賣時，應先收足款券，始得辦理買賣申報。

57 (B)。票券市場之交易工具為1年期以下短期有價證券，包括**國庫券（TB）、商業本票（CP）、可轉讓定期存單（NCD）**、銀行承兌匯票（BA）、商業承兌匯票（TA）等。

58 (A)。票券金融管理法第4條：票券金融業務：指短期票券之**簽證、承銷、經紀或自營業務**。

59 (C)。承兌匯票：匯票是指發票人委託特定付款人於到期日支付受款人約定金額的票據，接受委託的付款人如果在匯票上「承兌」以保證如期支付，這張匯票便稱為承兌匯票。承兌匯票分為「商業承兌匯票」（Trader's Acceptances, TA）與「**銀行承兌匯票**」（Banker's Acceptances, BA），前者是由一般公司擔任承兌人，後者是**由銀行擔任承兌人**。

60 (D)。透過車商、仲介或代書，或透過客戶推介，均屬於間接銷售的方式，然透過客戶推介並沒有如策略聯盟之互利效果。

61 (C)。消費金融產品規劃首先要做市場分析，以決定目標市場；再從事產品定位，最後擬定利潤模型，授信準則和作業流程。

62 (B)。銀行對於消費金融產品申貸戶之信用紀錄查詢管道有：聯合徵信中心、票據交換所、支存照會、信用卡停卡記錄、同業照會，故選項(B)錯誤。

63 (A)。特催（延滯61天以上者）一可望收回者：
(1) 軟硬兼施，動之以情，訴之以理，以達到債權回收的目的。
(2) **得採分期償還之協議及徵提保人**，以加強債權確保。

(3) 收回困難者，對申請不實之案件，得提起行事附帶民事訴訟，充分運用話術及談話技巧促使第三人代償。

64 (B)。 銀行申請房貸時，銀行會硬性規定一定要為房子投保住宅火險，以避免屆時火災造成房屋有損失時，貸款人無法賠償；後者則是屋主自行找保險公司投保，相關賠償則直接交由屋主，但每年必須主動向保險公司續保。

65 (A)。 聯合信用卡中心成立宗旨：處理信用卡業務，以配合社會公益需要，適應經濟發展，促進交易便利性。
(1) 配合政府政策，發展非現金支付工具，推動無現金社會。
(2) 促進國民支付習慣現代化。
(3) 促進國民生活品質提昇。
(4) 促進社會安全，防杜竊盜犯罪。
(5) 達到無現金社會的理想境界。

66 (C)。 收回困難者（第四類）：指授信資產經評估已無擔保部分，且授信戶積欠本金或利息超過清償期六個月至十二個月者。

67 (D)。 逾期放款比率是指過一段期限沒正常繳納本息的放款佔所有放款金額的比例，也稱為逾放比。逾放比的數據越高，代表銀行越可能收不回本息，也就是說放款品質不佳，銀行面臨較多的風險。故作好債權管理跟逾期放款比例有關，選項(D)正確。

68 (A)。 錄音系統應列入**每日**檢查項目。

69 (A)。 信用評分制度：銀行可直接查詢企業的信用評分，並逐步建立考量信用評等的相關制度，有助於提升風險管理能力。

70 (C)。 消金業務行銷策略中直接銷售通路包含：個人銷售（含交叉銷售）、電話行銷、電子商務、郵購或行錄銷售、自動販賣機、一般營業單位。**委外行銷是屬於間接銷售**。

71 (C)。 消費性金融產品的特性為：**不具自償性**、**多為中長期融資**、每筆金額小，客戶量須達一定規模才有利潤；銷售及資料處理人力需求大，且產品要不斷創新、服務要便捷。故選項(A)錯誤。

72 (C)。 網路銀行業務所稱「**約定轉帳**」，因資金移轉之稽核軌跡及資金流向十分明確，故得排除「無法否認傳遞訊息」及「無法否認接收訊息」之安全設計。

73 (D)。 網路銀行可藉由網路，利用電子郵件將帳單及銀行相關訊息寄給客戶，使客戶取得銀行相關活動最新資料，客戶可24小時與銀行往來；而客戶也可透過銀行網路系統進行個人帳戶餘額查詢、轉帳、基金下單、股票下單、匯率利率查詢、申請貸款、信用卡帳單查詢與繳納等銀行服務，其效益是**雙向**的。故選項(D)錯誤。

74 (B)。現行網路銀行的三種安全機制可區分為SSL、SET、與Non-SET等三種機制。SSL憑證，是一項資訊傳輸的加密技術，就像是網站的專屬資安保鑣，**能為伺服器與瀏覽器之間建立安全的加密連結，**確保會員密碼、信用卡等隱私資訊不被第三者攔截和篡改，目前各大瀏覽器已將「建置SSL憑證」作為網站是否安全的基本標準，每天被數以百計的網站使用，確保網站以及訪客雙方的安全保障。

75 (B)。「金融機構辦理電子銀行業務安全控管作業基準」一交易面安全控管設計六大保護措施：
(1) 訊息**隱密性**。
(2) 訊息**完整性**。
(3) 訊息來源辨識。
(4) 訊息**不可重複性**：如使用序號、時戳等機制。
(5) 無法否認傳送訊息。

76 (C)。(A)「亂碼化介面程式碼」**不可存放**於主機系統程式館內。(B)系統上線實施前，應由**其他資訊人員**（程式系統）測試或核對測試結果，並留存紀錄。(D)連線主檔資料修改需經由主管覆核。

77 (D)。結帳的意義即在每個會計期間結束後，將虛帳戶的餘額歸零（結清），而將實帳戶的金額結轉下期延續使用。結帳之動作必須作結帳分錄，並過到分類帳，此中間過程需由會計人員判斷，較可能出現人為弊端。

78 (A)。「銀行辦理衍生性金融商品業務內部作業制度及程序管理辦法」第12條：經核准辦理衍生性金融商品業務之銀行，有下列事項之一者，其辦理之衍生性金融商品以避險為限：一、**最近一季底逾期放款比率高於百分之三**。二、本國銀行自有資本與風險性資產比率低於本法規定標準。三、備抵呆帳提列不足。

79 (A)。「銀行辦理衍生性金融商品業務應注意事項」：辦理衍生性金融商品業務應視持有交易性部位多寡與市場變動情形，採即時或依每日市價評估為原則，並應**每日評估一次**；若為銀行本身業務需要辦理之避險性交易至少應每月評估二次。其評估報告應呈送董（理）事會授權之高階主管。

80 (A)。銀行應依據客戶經營或財務狀況等因素，評估其財務能力，並依銀行內部規範提供合理之衍生性金融商品信用風險額度（風險限額）。
銀行之授信、長期股權投資及非衍生性金融商品之信用曝險係以帳列投資成本或餘額衡量；衍生性商品則以**評價（正值）加未來潛在曝險額之合計數衡量**，信用衍生性商品需另加計信用標的之信用風險（以名目本金衡量）。

解答及解析

第42期 銀行內部控制與內部稽核（消費金融）

( ) **1** 內部控制對於經營風險之消除有其限制，下列限制因素何者錯誤？ (A)內部控制的設計，未能慮及所有特殊交易事項 (B)內部控制之成本不應小於其預期利益 (C)管理者可能因資訊不足而為錯誤的決策 (D)員工難免一時之疏誤。

( ) **2** 內部環境是其他所有內部控制及風險管理要素的基礎，而下列哪一項是內部環境的核心？ (A)董事會 (B)總經理與副總經理 (C)總稽核與稽核處 (D)監察人。

( ) **3** 依「金融控股公司及銀行業內部控制及稽核制度實施辦法」規定，銀行應建立下列何項制度以加強內部牽制並藉以防止弊端的發生？ (A)監察人制度 (B)風險管理制度 (C)法令遵循主管制度 (D)自行查核制度。

( ) **4** 有關專案自行查核之敘述，下列何者錯誤？ (A)每單位自行選定特定項目做專案查核 (B)每個月至少辦理一次 (C)稽核單位應派員協助完成 (D)辦理一般自行查核之月份，該月得免辦理專案自行查核。

( ) **5** 依「金融控股公司及銀行業內部控制及稽核制度實施辦法」規定，內部稽核單位對國內營業、財務、資產保管及資訊單位，每年至少應辦理一次一般查核及一次專案查核，至於對其他管理單位之查核頻率如何規定？ (A)每年至少應辦理一次專案查核 (B)每半年至少應辦理一次專案查核 (C)每年至少應辦理一次一般查核 (D)每年至少應辦理一次一般查核及一次專案查核。

( ) **6** 依「金融控股公司及銀行業內部控制及稽核制度實施辦法」規定，銀行法令遵循主管對內部控制重大缺失所提改進建議不為管理階層採納，將肇致重大損失者，應立即通報下列何者？ (A)調查局 (B)銀行公會 (C)主管機關 (D)金融聯合徵信中心。

( ) **7** 下列何者不是自行查核負責人之職責？ (A)選定查核項目及範圍 (B)選定自行查核日期 (C)分配查核工作 (D)自行查核執行情形之考核。

( )　**8** 對稽核單位而言，下列何者可輔助稽核頻次之不足？　(A)自行查核　(B)交易控制　(C)覆核控制　(D)自我控制機制。

( )　**9** 下列何者不屬庫存現金查核缺失？　(A)盤點庫存現金超過投保金額，惟與庫存現金表相符　(B)外幣現金及旅行支票均置放於金庫內　(C)私人之財務置放於金庫內　(D)每日保留之庫存現金大幅超出營業所需。

( )　**10** 有關查核託收票據之處理，下列何者應列為缺失？　(A)託收票據加蓋本行特別橫線章　(B)外埠託收票據久未收妥銷帳時，向受託行查明處理　(C)託收票據按本單位、本埠、委託聯行、委託同業及到期日之先後順序分別保管　(D)託收票據如於遞送途中遺失，立即通知委託人向本行辦理掛失止付手續。

( )　**11** 下列何者非屬出納業務之範圍？　(A)傳票之保管　(B)各種有價證券之保管　(C)幣券及破損券之兌換　(D)辦理現金及票據之收付及保管。

( )　**12** 下列何者非屬空白單據？　(A)空白支票　(B)空白本票　(C)空白存摺　(D)空白取款憑條。

( )　**13** 下列票據何者不得辦理掛失止付？　(A)支票　(B)保付支票　(C)本票　(D)匯票。

( )　**14** 定期儲蓄存款逾期息之計算，下列敘述何者錯誤？　(A)採單利給付　(B)折合日息計算　(C)到期日如為休假日，於次營業日提取時應按存單利率另給付休假日之利息　(D)存款到期日至提取日期間，如活期存款利率有調整者，仍按提取日利率計息。

( )　**15** 下列何者係存戶依約定年限及金額，將本金一次存入，按月領取利息，到期提取本金之儲蓄存款？　(A)零存整付　(B)整存整付　(C)整存零付　(D)存本取息。

( )　**16** 銀行辦理客戶存款開戶時，錄影機所錄攝之影像檔，依現行規定應至少保存多久？　(A)二個月　(B)三個月　(C)四個月　(D)六個月。

(　) **17** 銀行存戶活期儲蓄存款取款憑條之大寫金額誤寫或修改時，應如何處理？　(A)請存戶另行開具正確之取款憑條　(B)請存戶更正並加蓋原留存印鑑　(C)審核小寫金額無誤後可予付款　(D)審核所填日期在領款日前七天內可予付款。

(　) **18** 有關存款開戶作業，下列敘述何者錯誤？　(A)應向票據交換所網站查詢身分證是否遺失　(B)應實施雙重身分證明文件查核　(C)開設第二帳戶應向第一開戶營業單位照會　(D)本國公司之分公司開戶，須出具總公司授權書。

(　) **19** 同一票據四度提示均因存款不足退票時，違約金應收取幾次？(A)一次　(B)二次　(C)三次　(D)四次。

(　) **20** 金融機構受理支票存款戶之退票「清償贖回」註記時，應於幾日內核轉票據交換所？　(A)二個營業日　(B)二個日曆日　(C)七個營業日　(D)七個日曆日。

(　) **21** 依規定，銀行以中小企業信用保證基金之保證為擔保開發進口信用狀時，至遲應於開狀後多少個營業日內，填送「移送信用保證通知單」？　(A)五個　(B)七個　(C)十個　(D)十五個。

(　) **22** 銀行辦理授信業務徵提連帶保證人時，下列何種情況有缺失？(A)辦理足額擔保之消費性貸款應徵提連帶保證人　(B)由第三人提供擔保品者，徵提該提供人為連帶保證人　(C)以公司為保證人時，注意該公司章程有無得為保證之規定　(D)自用住宅放款已取得足額擔保，不得要求提供連帶保證人。

(　) **23** 依主管機關規定，下列何者非屬消費者貸款？　(A)房屋修繕貸款(B)一般營運週轉金貸款　(C)汽車貸款　(D)個人小額信用貸款。

(　) **24** 有關銀行辦理存單質借業務，下列敘述何者錯誤？　(A)借款期限不得超過原存單到期日　(B)質借人得為原存款人之親屬　(C)存單應辦妥質權設定程序　(D)存單背面應經由原存款人於背面加蓋原留印鑑並註明質權設定。

( )　**25** 銀行對擔保品之審核及估價應審慎辦理，其估價時應考慮之項目，下列何者錯誤？ (A)時價 (B)借款金額 (C)折舊率 (D)銷售性。

( )　**26** 一般借款契約所載利息請求權，自到期日之翌日起算，幾年間不行使，因時效而消滅？ (A)二年 (B)三年 (C)五年 (D)十年。

( )　**27** 發支付命令後，至遲幾個月內不能送達於債務人者，其命令失其效力？ (A)一個月 (B)二個月 (C)三個月 (D)四個月。

( )　**28** 逾期放款個案有因疏於注意請求權而致時效消滅，下列何者時效最短？ (A)支票之執票人對前手之追索權 (B)匯票之背書人對前手之追索權 (C)本票之背書人對前手之追索權 (D)本票之執票人對前手之追索權。

( )　**29** 指定銀行自行訂定並報央行同意核備之新台幣與外幣間交易總部位限額，其中無本金交割新台幣遠期外匯及新台幣匯率選擇權二者合計之部位限額，不得超過總部位限額之多少？ (A)二分之一 (B)三分之一 (C)四分之一 (D)五分之一。

( )　**30** 銀行辦理外幣貸款及保證業務，下列敘述何者錯誤？ (A)承作對象為國內外客戶 (B)外幣貸款不得兌換為新臺幣，但出口後之出口外幣貸款除外 (C)外幣貸款應憑客戶提供與國外交易之文件辦理 (D)外幣保證應憑客戶提供之有關交易文件辦理。

( )　**31** 債票形式之本票最高發行面額不得大於新台幣多少元？ (A)10萬元 (B)100萬元 (C)1,000萬元 (D)一億元。

( )　**32** 銀行保管自行買入之有價證券，下列各項措施何者有缺失？ (A)辦妥投保事項以轉嫁風險 (B)保管中有價證券之息票暫停兌領 (C)有價證券實物與保管中有價證券明細表相符 (D)有價證券實物與投資有價證券明細帳相符。

( )　**33** 商業銀行投資於非金融相關事業，對每一事業投資金額不得超過該被投資事業實收資本總額或已發行股份總數之百分之多少？ (A)5% (B)10% (C)15% (D)20%。

( ) **34** 全權委託保管銀行依規定應於每月終了幾個營業日內寄發庫存資產狀況予委任人？ (A)10個營業日 (B)7個營業日 (C)5個營業日 (D)3個營業日。

( ) **35** 依信託業法規定，信託業辦理指定用途信託，有關本金及收益率，下列敘述何者正確？ (A)可承諾擔保本金及收益率 (B)可承諾擔保本金但不擔保收益率 (C)本金及收益率皆不得承諾擔保 (D)不得承諾擔保本金但可承諾擔保收益率。

( ) **36** 於信託關係成立後，下列何者即成為信託財產所有權人，有管理、處分信託財產之權限？ (A)委託人 (B)受託人 (C)受益人 (D)信託監察人。

( ) **37** 為落實商品適合度政策，應就「個人類型」客戶審認之事項，下列何者錯誤？ (A)投資目標及期間 (B)風險承受度 (C)對商品之知識及經驗 (D)商品之保本程度。

( ) **38** 有關國外財富管理部門從業人員帳戶之管理，下列敘述何者錯誤？ (A)該等人員不可進行超過其負擔能力之舉債投資 (B)該等人員應以自身名字向外部中介機構開戶 (C)該等人員之投資不得以自己的財產為抵押 (D)該等人員投資活動所佔用的工作時間不得過度。

( ) **39** 在產品適合度政策中，下列何種交易除非獲得具權責之上級長官書面核准同意，否則不得推薦此種交易予客戶？ (A)綠燈交易 (B)黃燈交易 (C)橘燈交易 (D)紅燈交易。

( ) **40** 證券商接受客戶委託買賣股票，下列何者須預先收足款券？ (A)一般交易 (B)信用交易 (C)零股交易 (D)變更交易方法之股票交易。

( ) **41** 目前在我國票券市場買賣短期票券的交易工具中，實務上並不包括下列哪項標的物？ (A)國庫券 (B)支票 (C)商業本票與匯票 (D)銀行可轉讓定期存單。

( ) **42** 依我國「票券金融管理法」規定，票券金融業務係就短期票券辦理下列哪些業務？ (A)簽證、自營、承銷及經紀 (B)基金、代操、自營及經紀 (C)簽證、自營、承兌及保證 (D)代理、居間、保證及匯兌。

( ) **43** 有關銀行以策略聯盟方式行銷消費金融商品，下列敘述何者錯誤？ (A)透過車商推介汽車貸款 (B)透過代書推介房屋貸款 (C)透過房屋仲介業行銷房屋貸款 (D)透過既有客戶推介現金卡、信用卡。

( ) **44** 銀行消費金融產品之策略與規劃，應從下列何者開始？ (A)作業流程 (B)產品定位 (C)市場分析 (D)利潤模型。

( ) **45** 下列何者非屬銀行對於消費金融產品申貸戶之信用紀錄查詢管道？ (A)支票存款照會查詢 (B)國稅局所得及財產資料查詢 (C)票據交換所拒絕往來戶查詢 (D)金融聯合徵信中心信用資料查詢。

( ) **46** 銀行對於滯延61天以上之消費金融客戶辦理催收，下列敘述何者錯誤？ (A)對於協議分期償還客戶，不得徵提保人 (B)對於可望收回案件，動之以情、訴之以理 (C)就申請資料不實之案件，提起刑事附帶民事訴訟 (D)對收回困難之案件，設法運用話術促使第三人代償。

( ) **47** 有關消費性貸款撥貸前應徵提之文件，基於商機，下列何者可應借戶要求通融俟撥貸後限期補齊？ (A)授信約定書 (B)火險保單 (C)借據 (D)備償票據。

( ) **48** 信用卡授權單位對從事高額異常偽卡消費及從事融資變現異常消費行為之特約商店，應提報下列哪個單位？ (A)聯合信用卡中心 (B)金融聯合徵信中心 (C)收單銀行 (D)銀行公會。

( ) **49** 某客戶於日前向某銀行申貸乙筆貸款，經過一段時間後，該授信資產經評估已無擔保部分，且該客戶此時已積欠本金超過清償期七個月，該銀行應將此筆授信資產歸類為下列何者？ (A)應予注意者 (B)可望收回者 (C)收回困難者 (D)收回無望者。

( ) **50** 在銀行辦理消費金融貸款控制風險的方式中，下列何者較能讓逾期放款比例降至最低？ (A)面對面授信 (B)利用評分系統授信 (C)聯徵中心查詢 (D)作好債權管理。

( ) **51** 有關信用卡的授權控管，依規定以電話錄音紀錄所有授權交易情況，作為日後有糾紛時之依據，此錄音系統應多久檢查一次？ (A)每日 (B)每三日 (C)每週 (D)每月。

( ) **52** 為因應消費性貸款申請案件多且核貸時間短的特性，下列何者為金融機構能正確而迅速從事授信判斷的最佳措施？ (A)建立信用評分制度 (B)增加徵信照會人員 (C)停止受理新案件 (D)徵調有經驗授信主管支應。

( ) **53** 下列何者非屬消費金融產品之直接銷售行銷通路？ (A)個人銷售 (B)電話行銷 (C)委外行銷公司 (D)自動貸款機。

( ) **54** 有關消費金融產品之特性，下列敘述何者錯誤？ (A)產品要不斷創新、服務要便捷 (B)每筆金額小，相對的承作單位成本高 (C)多具自償性，多屬於中長期融資 (D)每筆交易金額較小，客戶量需達一定規模才有利潤。

( ) **55** 發卡機構風險控管人員於下列何種狀況時，不須對其持卡人之卡片加以控管？ (A)持卡人有異常消費時 (B)非本人掛失信用卡 (C)疑似偽卡消費及發現非本人用卡時 (D)持卡人因卡片銷磁無法使用，且業經剪斷寄回時。

( ) **56** 有關消費金融產品之帳戶管理，下列敘述何者錯誤？ (A)貸放款項得以現金支付 (B)借款「約定書」應由本人親簽 (C)對不熟悉的客戶，應至申貸人辦公地點或住家對保 (D)如須由本行撥款代償時，應事先照會原貸行，並設法瞭解借戶於該行履約情形。

( ) **57** 下列何者係指業務人員在促銷消費者產品或其他行員在處理核貸案時，能主動發掘其他業務機會之銷售行為？ (A)顧問行銷 (B)線上購買 (C)交叉銷售 (D)型錄銷售。

( ) **58** 有關銀行辦理借戶信用評估，下列何者係屬對申貸者所得來源、所得水準及持續性負債多寡，以及申貸金額所作的綜合考慮？ (A)信用評分　(B)穩定性　(C)償債能力　(D)還款意願。

( ) **59** 銀行對資產負債表表內及表外之授信資產，應按規定確實評估，其中第四類授信資產應按債權餘額之多少百分比提列備抵呆帳及保證責任準備？　(A)百分之二　(B)百分之十　(C)百分之五十　(D)百分之百。

( ) **60** 有關消費金融業務中「信用風險」之查核重點，下列敘述何者錯誤？　(A)是否定期辦理市場調查，以確認目標市場之風險　(B)是否定期透過MIS修訂授信準則、信用評分系統　(C)是否設立「待補事項登記簿」詳載尚未齊備之授信應徵提文件　(D)是否正確產生各項條件差異之核准數字，以期符合預估之目標客層。

( ) **61** 在信用卡延滯放款中，屬延滯等級M1者，係指延滯多久期間？ (A)一個月以內　(B)一個月至二個月　(C)二個月至三個月　(D)四個月至五個月。

( ) **62** 銀行在辦理消費金融授信審核時，對於評估申貸者償債能力之重點分析因素，不包括下列何者？　(A)消費偏好　(B)持續性所得淨額　(C)個人資產負債表之編製　(D)還款金額與可供償債之所得淨額之比率。

( ) **63** 有關銀行辦理借戶信用評估，一般而言，下列何者職業狀況之穩定性較佳？　(A)護士　(B)特種作業員工　(C)攤販　(D)自營小商店店主。

( ) **64** 對於消費金融業務之查核，稽核人員所利用之輔助報表，下列何者較不具相關性？　(A)特定客戶群資料　(B)動產設定未回報表 (C)外銷貸款到期明細表　(D)保單到期明細表。

( ) **65** 有關消費金融業務產品規劃，下列敘述何者錯誤？　(A)授信產品計畫書應涵蓋整個產品循環　(B)產品定價不應謹守成本加成原則，而應以市場需求為導向　(C)單一銀行採用少量行銷方式即可滿足市場上所有的需求　(D)目標市場可定義為一家公司計畫滿足其需求的某一明確界定的顧客群。

( ) **66** 有關消費金融業務經營成功的要素，下列敘述何者正確？ (A)國際熱錢的流動 (B)政府公共建設的品質 (C)企業資本支出的增加 (D)商品多元化。

( ) **67** 在評估消費金融貸款申貸人的信用時，下列何者非屬有關「穩定性」之主要考慮因素？ (A)居住狀況 (B)職業狀況 (C)個人狀況 (D)利率變動狀況。

( ) **68** 依「金融機構作業委託他人處理內部作業制度及程序辦法」規定，下列何者非屬信用卡業務得委外作業事項？ (A)付交郵寄作業 (B)客戶資料輸入作業 (C)開卡作業 (D)信用卡之核發。

( ) **69** 有關消費金融業務行銷策略之查核重點，下列敘述何者錯誤？ (A)應定期進行員工徵信查核 (B)委外行銷合約不需檢視是否符合主管機關之規定 (C)應請員工於任職同意書中簽署保密條款 (D)行銷推廣活動訴求中，不可有攻擊或詆毀同業之行為。

( ) **70** 有關消費金融業務之敘述，下列何者正確？ (A)信用卡爭議款項於受理後，調查期間應停止計算利息 (B)信用卡製作、裝封、寄發等作業為求成本控制，可由一人處理完成 (C)借款人未具有行為能力者，不須取得法定代理人同意 (D)債權憑證為求存取方便可交由催理案件之經辦人員保管。

( ) **71** 有關金融機構委由便利商店業代收信用卡消費帳款，下列敘述何者錯誤？ (A)持卡人消費帳款資料，不得完整列示客戶身分證字號 (B)持卡人消費帳款資料，不得完整列示信用卡卡號 (C)受委託機構每筆帳單代收金額至少為新台幣二萬元 (D)應依「金融機構作業委託他人處理應注意事項」規定辦理。

( ) **72** 依主管機關規定，請問逾期放款及催收款逾清償期幾年，經催收仍未收回者，應扣除估計可收回部份後轉銷為呆帳？ (A)一年 (B)二年 (C)三年 (D)六年。

( ) **73** 申請人持變造他人之身分證及財產資料，向銀行申請貸款，係屬於消費金融詐冒風險中之何種詐欺模式？ (A)偽冒申請 (B)人頭貸款 (C)偽造卡 (D)取得未達卡。

( ) **74** 有關消費金融催收業務中法院保證金之處理，下列敘述何者錯誤？ (A)屆期由法院自動退回保證金 (B)向法院繳交保證金應經權責人員核准 (C)應確實辦理保證金追蹤與管理 (D)於追蹤及監督之個案，結案時應及時將保證金領回及沖帳。

( ) **75** 金融機構在提供網路銀行轉帳服務時，下列何種帳戶得排除「無法否認傳遞訊息」及「無法否認接收訊息」之安全設計？ (A)跨行帳戶 (B)自行帳戶 (C)約定帳戶 (D)非約定帳戶。

( ) **76** 下列何者非屬金融機構因提供網路銀行服務所帶來之效益？
(A)降低營運成本
(B)不受地緣限制
(C)各項業務將逐步轉到網路銀行上
(D)如同電話語音系統，僅能單向傳遞訊息。

( ) **77** 目前主管機關訂定網路銀行業務之電子轉帳及交易指示，採SSL安全機制者，其有關客戶端之安控軟體，下列何者正確？ (A)電子錢包 (B)瀏覽器（如IE） (C)自然人憑證 (D)金鑰安控程式。

( ) **78** 依「銀行辦理衍生性金融商品業務內部作業制度及程序管理辦法」規定，經核准辦理衍生性金融商品業務之銀行，其最近一季底逾期放款比率高於多少時，所辦理之衍生性金融商品，應以避險目的為限？ (A)3% (B)5% (C)6% (D)9%。

( ) **79** 銀行辦理衍生性金融商品業務，應視持有交易部位多寡與市場變動情形，採即時或依每日市價為原則，並應至少多久評估一次？
(A)每日一次 (B)每週一次 (C)隔週一次 (D)每月一次。

( ) **80** 有關銀行從事衍生性金融商品之交易，下列敘述何者錯誤？
(A)以名目本金衡量信用風險
(B)通常以收受抵押品或投保來降低信用風險
(C)應於財務報表揭露衍生性金融商品交易狀況
(D)衍生性金融商品較為複雜且不易衡量，故其潛在風險遠大於傳統金融業務。

解答及解析　（答案標示為#者，表官方曾公告更正該題答案。）

1 (B)。基於成本效益的考慮，內部控制的成本不可超過預期效益，故選項(B)錯誤。

2 (A)。內部環境是內部控制的基礎，一般包括治理結構、機構設定及權責分配、內部審計、人力資源政策、企業文化等。**董事會**是企業內部控制系統的核心，是約束經營者行為的有效機制。

3 (D)。金融控股公司及銀行業內部控制及稽核制度實施辦法第6條：金融控股公司及銀行業應建立自行查核制度、法令遵循制度與風險管理機制及內部稽核制度等內部控制三道防線，以維持有效適當之內部控制制度運作。

4 (C)。金融機構營業單位自行查核要點第2條：
專案查核：每一營業單位應自行選定其業務與財務之特定項目作不定期之專案查核，**每月至少辦理一次**。但**已作一般查核之月份，得免辦理專案查核**。

5 (A)。金融控股公司及銀行業內部控制及稽核制度實施辦法第15條：銀行業內部稽核單位對國內營業、財務、資產保管及資訊單位每年至少應辦理一次一般查核及一次專案查核，**對其他管理單位每年至少應辦理一次專案查核**；對各種作業中心、國外營業單位及國外子行每年至少辦理一次一般查核；對國外辦事處之查核方式可以表報稽核替代或彈性調整實地查核頻率。

6 (C)。銀行內部稽核人員及遵守法令主管，對內部控制重大缺失或違法違規情事所提改進建議不為管理階層採納，將肇致銀行重大損失者，均應立即作成報告陳核，並**通知監察人（監事）及通報主管機關**。

7 (D)。自行查核負責人之職責包含：
(1) 擬訂年度「自行查核計畫」。
(2) **決定自行查核之日期**，其日期應予保密。
(3) **決定查核項目及查核範圍**。
(4) 指定自行查核人員，而此人不應為查核項目之經辦人員。
(5) **制定工作分配表**。
(6) 監督自行查核人員之工作切實執行。
(7) 彙總並審核自行查核作底稿及自行查核報告，並送交有關單位審核。
自行查核負責人之職責不包含選項(D)。

8 (A)。自行查核之目的：
(1) 及早發現業務經營上之缺失，俾及時補正或改進，以避免可能發生之損失。
(2) 藉由查核加強內部牽制，進而產生嚇阻舞弊作用。
(3) **輔助稽核單位稽核頻次之不足，並作為稽核單位擬定稽核計畫之重要參考依據**。

9 (B)。外幣現金及旅行支票屬於庫存現金以外之項目。

10 (D)。掛失止付：託收票據如於遞送途中遺失，應通知「委託人」，並立即向付款行辦理掛失止付手續。故選項(D)應列為缺失。

11 (A)。出納業務之範圍：
(1) 辦理現金及票據之收付及保管。
(2) 各種有價證券之保管。
(3) 辦理票據交換事項。
(4) 調撥資金：包括本單位內、本單位對聯行或同業間之資金調度。
(5) 券幣及破損券之兌換。
(6) 其他與現金出納有關事項。
選項(A)傳票之保管非屬出納業務範圍。

12 (D)。空白單據係指空白支票、本票、匯票、存摺、領款號碼牌、金融卡、信用卡及其他有關單據。故選項(D)空白取款憑條非屬空白單據。

13 (B)。票據掛失止付處理規範第7條（保付支票掛失止付之禁止）：支票經付款行庫保付者，依法不得掛失止付。

14 (D)。存款到期日至提取日期間，存款銀行活期存款牌告利率有調整者，**應按調整之牌告利率分段計息**，以避免現行定期存款逾期計息方式之不公平現象。故選項(D)錯誤。

15 (D)。到銀行辦理定存，有「整存整付」、「存本取息」，以及「零存整付」三種方式，該三種定存皆屬一年以上之定期儲蓄存款，惟計算利息方式不同有所區別：

(1) **整存整付**：一次存進一筆本金，約定定存年數，在定存年限內不得提領本金和利息，而銀行會將每月產生之利息都併入本金內，等到定存年限到期，再將本金和利息一次提領。
(2) **存本取息**：一次存進一筆本金，接下來之後每個月都領出利息。此方式適合退休族群，不但能保本，還能固定領息。
(3) **零存整付**：每個月存進一定金額本金，每個月的本金滾入利息，等到定存到期，可一次將本金和利息領出，可以強迫儲蓄，同時又賺到複利。

16 (D)。台財融(一)字第90733071號函說明六有關「金融機構於辦理客戶開戶時應注意防範歹徒以人頭或持偽變造身分證開立存款帳戶情事。」金融機構錄影機錄攝之資料應保存至少**六個月**，係指金融機構於辦理客戶開戶時錄影機錄攝之影像檔，應保存至少六個月。

17 (A)。取款憑條上大寫金額誤寫或修改時，應請存戶另行開具正確之取款憑條。故選項(A)正確。

18 (A)。金融機構對於借戶提供之身分證明文件，應向內政部所設戶役政為民服務公用資料庫網站查詢核對。

19 (A)。臺灣票據交換所票據交換業務及票據信用管理補充規定：退票紀錄計算之方式第六點：同一票據數度提示均因存款不足理由退票時，

其**存款不足退票紀錄及退票違約金均以一次計算**，並以第一次退票日期作為退票紀錄限期之起算日。

20 (A)。支票存款戶票信狀況註記須知第4條：經提存備付註記之退票，除已為備付期滿註記者外，發票人於原退票據重行提示付訖前辦理撤銷付款委託或提取備付款者，付款金融業者應於**二個營業日內**，具函通知當地本所總（分）所取消提存備付註記。

21 (B)。徵提信用機構保證為擔保品：應於規定期限內填送「移送信用保證通知單」（開發或保證開發進口信用狀於開放後7個營業日，其餘於授信後7個營業日）。

22 (A)。銀行法第12-1條：銀行辦理自用住宅放款及消費性放款，不得以任何理由要求借款人提供連帶保證人。銀行辦理自用住宅放款及消費性放款，已取得前條所定之足額擔保時，**不得要求借款人提供保證人**。故選項(A)有缺失。

23 (B)。銀行法第32條所稱之消費者貸款，係指對於房屋修繕、耐久性消費品（包括汽車）、支付學費與其他個人之小額貸款，及信用卡循環信用。故選項(B)一般營運週轉金貸款非屬消費者貸款。

24 (B)。定期存款質借及中途解約辦法第2條：定期存款存單之質借條件中提到：**申請質借人限於原存款人**，故選項(B)錯誤。

25 (B)。依中華民國銀行公會會員授信準則第22條：銀行對擔保品之審核及估價應審慎辦理，其估價並應參照**時值、折舊率及銷售性**，覈實決定。

26 (C)。依民法第126條規定：「利息、紅利、租金、贍養費、退職金及其他一年或不滿一年之定期給付債權，其各期給付請求權，因五年間不行使而消滅」。

27 (C)。民事訴訟法第515條第1項：發支付命令後，三個月內不能送達於債務人者，其命令失其效力。

28 (A)。(A)支票之執票人，對前手之追索權，四個月間不行使，因時效而消滅。(B)匯票之背書人對前手之追索權，六個月間不行使，因時效而消滅。(C)本票之背書人對前手之追索權，六個月間不行使，因時效而消滅。(D)本票之執票人對前手之追索權，自作成拒絕證書日起算，一年間不行使，因時效而消滅。故選項(A)支票之執票人對前手之追索權時效最短。

29 (D)。銀行業辦理外匯業務管理辦法第44條：

(1)指定銀行應自行訂定新臺幣與外幣間交易總部位限額，並檢附董事會同意文件（外國銀行則為總行或區域總部核定之相關文件），報本行外匯局同意後實施。

(2)前項總部位限額中，**無本金交割新臺幣遠期外匯及新臺幣匯率選**

擇權二者合計之部位限額，不得
逾總部位限額五分之一。

30 (A)。指定銀行辦理外幣貸款業
務，承作對象應以**國內顧客**為限，
故選項(A)錯誤。

31 (D)。銀行承銷之本票發行面額，
應以新台幣十萬元為最低單位，並
以十萬元之倍數為單位，但債票形
式之本票，最高發行面額不得大於
新台幣一億元。

32 (B)。保管中有價證券之息票應按
期收取並如數入帳。

33 (A)。銀行法第74條第3項：商業銀
行投資非金融相關事業，對每一事
業之投資金額不得超過該被投資事
業實收資本總額或已發行股份總數
之**百分之五**。

34 (C)。乙方應於每月最後營業日製
作截至該營業日止之甲方保管帳戶
有價證券庫存明細表（含股票股利
實現明細）及銀行存款餘額表，並
於次月**五個營業日內**交付投資代理
人。（委任契約範本）

35 (C)。信託業法第31條：（禁止承
諾擔保本金或最低收益率）信託業
不得承諾擔保本金或最低收益率。

36 (B)。信託是一種為他人管理、處
分財產的法律關係，故信託關係的
成立，須由**委託人將其財產權利移
轉給受託人**，使受託人得以依信託
本旨，為受益人（受益人可為委託
人自己，亦可為委託人以外的第三

人）的利益或為特定的目的，管理
或處分信託財產的關係。

37 (D)。不可對商品之「保本」對客
戶做承諾，故選項(D)錯誤。

38 (C)。國外財富管理部門從業人員
不得以自己的財產為抵押。

39 (D)。銀行應依客戶投資屬性及風
險承受等級，配合個別商品或投資
組合之類別，核定適配交易類型如
下：(A)綠燈交易：不需特別揭露相
關資訊或踐行必要步驟。(B)黃燈交
易：銷售人員與督導人員應確實討
論該交易對客戶之適當性，必要時
應諮詢徵信與法遵部門。(C)橘燈交
易：銷售人員應獲得具權責之上級
主管書面核准交易。(D)**紅燈交易：
除非獲得具權責之上級主管書面核
准，否則不得推薦此種交易**。

40 (D)。臺灣證券交易所股份有限公
司變更交易方法有價證券交易作業
辦法第3條：**列為變更交易方法之
有價證券**，證券經紀商於接受委託
買賣時，應先收足款券，始得辦理
買賣申報。

41 (B)。票券市場之交易工具為1年
期以下短期有價證券，包括**國庫券
（TB）**、**商業本票（CP）**、**可轉讓
定期存單（NCD）**、銀行承兌匯票
（BA）、商業承兌匯票（TA）等。

42 (A)。票券金融管理法第4條：票券
金融業務：指短期票券之**簽證、承
銷、經紀或自營業務**。

43 (D)。透過車商、仲介或代書，或透過客戶推介，均屬於間接銷售的方式，然透過客戶推介並沒有如策略聯盟之互利效果。

44 (C)。消費金融產品規劃首先要做市場分析，以決定目標市場；再從事產品定位，最後擬定利潤模型，授信準則和作業流程。

45 (B)。銀行對於消費金融產品申貸戶之信用紀錄查詢管道有：聯合徵信中心、票據交換所、支存照會、信用卡停卡記錄、同業照會，故選項(B)錯誤。

46 (A)。特催（延滯61天以上者）—可望收回者：
(1)軟硬兼施，動之以情，訴之以理，以達到債權回收的目的。
(2)**得採分期償還之協議及徵提保人**，以加強債權確保。
(3)收回困難者，對申請不實之案件，得提起刑事附帶民事訴訟，充分運用話術及談話技巧促使第三人代償。

47 (B)。銀行申請房貸時，銀行會硬性規定一定要為房子投保住宅火險，以避免屆時火災造成房屋有損失時，貸款人無法賠償；後者則是屋主自行找保險公司投保，相關賠償則直接交由屋主，但每年必須主動向保險公司續保。

48 (A)。聯合信用卡中心成立宗旨：處理信用卡業務，以配合社會公益需要，適應經濟發展，促進交易便利性。

(1)配合政府政策，發展非現金支付工具，推動無現金社會。
(2)促進國民支付習慣現代化。
(3)促進國民生活品質提昇。
(4)促進社會安全，防杜竊盜犯罪。
(5)達到無現金社會的理想境界。

49 (C)。**收回困難者（第四類）**：指授信資產經評估已無擔保部分，且授信戶積欠本金或利息超過清償期**六個月至十二個月**者。

50 (D)。逾期放款比率是指過一段期限沒正常繳納本息的放款佔所有放款金額的比例，也稱為逾放比。逾放比的數據越高，代表銀行越可能收不回本息，也就是說放款品質不佳，銀行面臨較多的風險。故作好債權管理跟逾期放款比例有關，選項(D)正確。

51 (A)。錄音系統應列入**每日**檢查項目。

52 (A)。信用評分制度：銀行可直接查詢企業的信用評分，並逐步建立考量信用評等的相關制度，有助於提升風險管理能力。

53 (C)。消金業務行銷策略中直接銷售通路包含：個人銷售（含交叉銷售）、電話行銷、電子商務、郵購或行錄銷售、自動販賣機、一般營業單位。**委外行銷是屬於間接銷售**。

54 (C)。消費性金融產品的特性為：**不具自償性**、**多為中長期融資**、每筆金額小，客戶量須達一定規模才有利潤；銷售及資料處理人力需求

大，且產品要不斷創新、服務要便捷。故選項(C)錯誤。

55 (D)。卡片銷磁無法使用只需本人親自臨櫃申請換發新卡，且舊卡由銀行經辦員剪斷即可。

56 (A)。

57 (C)。交叉銷售（Cross selling）是一種向客戶銷售互補性產品的行銷方式，通常透過通路取得行銷與顧客資料，以確認哪些是具獲利性的目標顧客，並針對該目標客群，設計能滿足其需求及興趣的產品與服務，從中找出交叉銷售的契機。

58 (C)。銀行評估貸款標準5P原則：
(1) 貸款人或企業之狀況（People）：針對貸款戶的信用狀況、經營獲利能力及其與銀行往來情形等進行評估。
(2) 資金用途（Purpose）：銀行需衡量有意貸款者的資金運用計劃是否合情、合理、合法，明確且具體可行。
(3) 還款來源（Pavment）：分析借款戶是否具有還款來源。
(4) 債權確保（Protection）：任何貸款都應有兩道防線，第一為還款來源、第二則債權確保。
(5) 借款戶展望（Perspective）：銀行對借款戶企業屬性、行業別的影響，及借款戶本身將來的未來發展性加以分析，再決定是否核貸動撥。

59 (C)。銀行資產評估分類及損失準備提列工作手冊第6條：提列備抵呆帳及保證責任準備：銀行對資產負債表表內及表外之授信資產，應按上開第四點及第五點規定確實評估，並以第二類授信資產債權餘額之百分之二、第三類授信資產債權餘額之百分之十、**第四類授信資產債權餘額之百分之五十**及第五類授信資產債權餘額全部之和為最低標準，提足備抵呆帳及保證責任準備。

60 (C)。是否設立「待補事項登記簿」詳載尚未齊備之授信應徵提文件，為消金案件帳戶管理之內部稽核應注意事項，非為信用風險之查核重點，故選項(C)錯誤。

61 (B)。延滯等級M1：連續二期於繳款截止日，未繳足當期最低應繳款者，延滯1～2個月內者。

62 (A)。償債能力之分析重點包括：持續性所得淨額、個人資產負債表編製、可還款金額與可供償債之所得淨額之比率；利率變動性及潛在負擔，申貸者償債能力與消費偏好無關，故選項(A)錯誤。

63 (A)。護士多為領有固定月薪之受薪人員，特種作業員工、攤販與自營小商店店主非固定受薪階級人員，其收入多半不固定，銀行傾向貸款予領有固定月薪之人員，其金錢流入穩定性較佳。

64 (C)。銀行外銷貸款：為支應外銷廠商於接獲信用狀付款條件之國外訂單或輸出契約後，基於採購、加工、生產外銷商品需要，而向銀行辦理貸款，未來以出口押匯款或匯入匯款款項償還。（即企業拓展出口所需新台幣或外幣週轉資金）
消費金融業務之風險控制以及債權收回情形是稽核重點，選項中的外銷貸款到期明細應屬銀行存匯業務查核之項目，與消費金融業務較無關。

65 (C)。銀行應採取**多元化**金融商品較可滿足市場上需求。

66 (D)。**消費金融產品多樣化，產品種類眾多**，接觸消費者廣泛，金融業務範圍愈廣，經營成績愈出色。

67 (D)。各家銀行大致上皆會參考評估申貸者財力的項目有：**存款、資產、年齡、教育程度、有或無自用住宅、職業、任職單位年資、年薪、性別**等等的詳細個人基本資料。

68 (D)。金融機構對於涉及營業執照所載業務或客戶資訊之相關委外作業事項，以下列事項為限：(一)資料處理：包括資訊系統之資料登錄、處理、輸出，資訊系統之開發、監控、維護，及辦理業務涉及資料處理之後勤作業等。(二)信用卡之行銷業務、**客戶資料輸入作業**、表單列印作業、裝封作業、**付交郵寄作業**，及開卡、停用掛失、預借現金、緊急性服務等項目之電腦及人工授權作業。(三)委請辦理有價證券、支票、表單及現鈔運送作業及自動櫃員機裝補鈔等作業。

69 (B)。委外行銷合約仍需檢視是否符合主管機關之規定，故選項(B)錯誤。

70 (A)。(B)信用卡製作、裝封、寄發等作業為求內部控制，不可由一人處理完成。(C)借款人未具有行為能力者，必須取得法定代理人同意。(D)債權憑證為求存取方便，不可交由催理案件之經辦人員保管，應將債權憑證正本交由出納管理單位存入專戶保管，影本留由會計單位列帳。

71 (C)。電子支付機構業務管理規則第45條：與受委託機構研訂安全控管計畫，並建立支付款項帳務核對機制，於受委託機構收受使用者支付款項時，即時傳遞、確認及核對收款訊息，且除財政部就便利商店代收繳稅限額另有規定者外，受委託機構每筆代收金額**上限為等值新臺幣二萬元**。（最多為新台幣二萬元整）

72 (B)。依據「銀行逾期放款催收款及呆帳處理辦法」第6條增修規定，逾期放款及催收款除**逾清償期六個月以上二年以下者**，經催收仍未收回者，得扣除可收回部分後，轉銷為呆帳。

73 (A)。歹徒以偽造、拾得他人遺失之身分證，向銀行申請信用卡後盜刷即稱「偽冒申請」；不法的有心人士利用未具法律知識之人向銀行申貸，撥款供自己使用之詐欺模式，稱為「人頭貸款」。

取得未達卡：第三人有意或無意取得發卡行寄交申請人之新卡。

74 (A)。保證金無法退回。

75 (C)。網路銀行業務所稱「**約定轉帳**」，因資金移轉之稽核軌跡及資金流向十分明確，故得排除「無法否認傳遞訊息」及「無法否認接收訊息」之安全設計。

76 (D)。網路銀行可藉由網路，利用電子郵件將帳單及銀行相關訊息寄給客戶，使客戶取得銀行相關活動最新資料，客戶可24小時與銀行往來；而客戶也可透過銀行網路系統進行個人帳戶餘額查詢、轉帳、基金下單、股票下單、匯率利率查詢、申請貸款、信用卡帳單查詢與繳納等銀行服務，其效益是**雙向**的。故選項(D)錯誤。

77 (B)。現行網路銀行的三種安全機制可區分為SSL、SET、與Non-SET等三種機制。
SSL憑證，是一項資訊傳輸的加密技術，就像是網站的專屬資安鑣，**能為伺服器與瀏覽器之間建立安全的加密連結**，確保會員密碼、信用卡等隱私資訊不被第三者攔截和篡改，目前各大瀏覽器已將「建置SSL憑證」作為網站是否安全的基本標準，每天被數以百計的網站使用，確保網站以及訪客雙方的安全保障。

78 (A)。「銀行辦理衍生性金融商品業務內部作業制度及程序管理辦法」第12條：
經核准辦理衍生性金融商品業務之銀行，有下列事項之一者，其辦理之衍生性金融商品以避險為限：一、**最近一季底逾期放款比率高於百分之三**。二、本國銀行自有資本與風險性資產比率低於本法規定標準。三、備抵呆帳提列不足。

79 (A)。「銀行辦理衍生性金融商品業務應注意事項」：辦理衍生性金融商品業務應視持有交易性部位多寡與市場變動情形，採即時或依每日市價評估為原則，並應**每日評估一次**；若為銀行本身業務需要辦理之避險性交易至少應每月評估二次。其評估報告應呈送董（理）事會授權之高階主管。

80 (A)。銀行應依據客戶經營或財務狀況等因素，評估其財務能力，並依銀行內部規範提供合理之衍生性金融商品信用風險額度（風險限額）。
銀行之授信、長期股權投資及非衍生性金融商品之信用曝險係以帳列投資成本或餘額衡量；衍生性商品則以評價（正值）加未來潛在曝險額之合計數衡量，信用衍生性商品需另加計信用標的之信用風險（以名目本金衡量）。

解答及解析

第43期	銀行內部控制與內部稽核法規（一般金融、消費金融）

(　)　**1** 下列何者非屬銀行法所稱擔保授信之擔保品？　(A)權利質權　(B)不動產抵押權　(C)借款人營業交易所產生之應收帳款　(D)經各級政府公庫主管機關之保證。

(　)　**2** 下列何者非屬銀行法第32及33條所稱利害關係人？　(A)銀行之負責人　(B)銀行辦理授信之職員　(C)銀行負責人弟弟之配偶　(D)銀行負責人之堂兄。

(　)　**3** 依銀行法規定，同一人或同一關係人單獨、共同或合計持有同一銀行已發行有表決權股份總數超過百分之五者，自持有之日起幾日內，應向主管機關申報？　(A)五日　(B)十日　(C)十五日　(D)三十日。

(　)　**4** 依銀行法規定，銀行對下列何種放款不受三十年期限之限制？　(A)計畫型放款　(B)設備資金放款　(C)個人購置耐久消費品放款　(D)無自用住宅者購買自用住宅放款。

(　)　**5** 依「銀行業公司治理實務守則」規定，銀行業應選擇專業且具獨立性之會計師，定期查核銀行之財務狀況及內部控制，且至少每隔多久應評估聘任會計師之獨立性？　(A)半年　(B)一年　(C)二年　(D)三年。

(　)　**6** 依「金融控股公司及銀行業內部控制及稽核制度實施辦法」規定，銀行內部稽核人員每年至少應參加主管機關指定機構或其所屬銀行舉辦之金融相關業務專業訓練之時數為何？　(A)30小時以上　(B)36小時以上　(C)48小時以上　(D)60小時以上。

(　)　**7** 依「金融控股公司及銀行業內部控制及稽核制度實施辦法」規定，每年銀行年度財務報表由會計師辦理查核簽證時，應委託會計師辦理下列何項制度之查核？　(A)自行查核　(B)內部稽核　(C)綜合評等　(D)內部控制。

( ) **8** 依「金融控股公司及銀行業內部控制及稽核制度實施辦法」規定，下列何者應督導各單位審慎評估及檢討內部控制執行情形，並與董（理）事長（主席）、總稽核及總機構法令遵循主管於每會計年度終了後四個月內，聯名出具內部控制制度聲明書於主管機關指定網站辦理公告申報？ (A)總經理 (B)監察人 (C)協理 (D)副總經理。

( ) **9** 下列何項制度係由銀行業各營業、財務、資產保管及資訊單位成員辦理查核，並由各單位主管指定查核人員？ (A)內部稽核制度 (B)法令遵循主管制度 (C)自行查核制度 (D)內部控制制度。

( ) **10** 依「金融控股公司及銀行業內部控制及稽核制度實施辦法」規定，內部稽核單位之人事任用、免職、升遷、輪調及考核等，應由總稽核簽報並報經下列何者核定後辦理？ (A)董事長 (B)總經理 (C)人事單位主管 (D)監察人。

( ) **11** 依「金融控股公司及銀行業內部控制及稽核制度實施辦法」規定，銀行業遵循法令單位應訂定法令遵循之評估內容與程序，並督導各單位定期自行評估執行情形，其自評頻率為何？ (A)至少每年一次 (B)至少每半年一次 (C)至少每季一次 (D)至少每月一次。

( ) **12** 依「金融控股公司及銀行業內部控制及稽核制度實施辦法」規定，銀行業營業單位辦理自行查核，應由單位主管指定下列何者辦理並事先保密？ (A)原經辦人員 (B)非原經辦人員 (C)內部稽核人員 (D)會計師。

( ) **13** 依「金融業個人資料檔案安全維護計畫標準」規定，下列何者非屬須指定專人負責管理之項目？ (A)安全防護教育訓練 (B)電腦或自動化設備 (C)儲藏個人資料檔案之磁碟磁帶等媒體 (D)個人資料之建檔更新更正或刪除。

( ) **14** 依「金融機構安全維護注意要點」規定，金融機構營業廳及重要處所應裝置報警系統，並配合警方測試及檢查，其頻率為何？ (A)每月二次 (B)每季二次 (C)每半年二次 (D)每年二次。

( ) **15** 金融機構應設置安全維護執行小組，並應指定下列何者為召集
人？ (A)營業部經理 (B)副總經理 (C)總經理 (D)董事長。

( ) **16** 依「金融機構作業委託他人處理內部作業制度及程序辦法」規
定，金融機構作業委外事項，不包括下列何者？ (A)鑑價作業
(B)代客開票作業 (C)應收債權之催收作業 (D)委託其財務簽證
會計師辦理內部稽核作業。

( ) **17** 依「銀行資產評估損失準備提列及逾期放款催收款呆帳處理辦
法」規定，銀行逾期放款及催收款應積極清理，如國外債權因外
國政府變更外匯法令而無法如期清償者，應如何處理？ (A)由總
經理逕行處理 (B)專案報經常務董（理）事會核准後辦理 (C)
報由董事長處理 (D)專案報經主管機關備查後辦理。

( ) **18** 依「信用卡業務機構管理辦法」規定，發卡機構提列信用卡備抵
呆帳為墊款金額百分之二，係指當期應繳最低付款金額超過指定
繳款期限多久？ (A)一個月至三個月 (B)三個月至六個月 (C)
六個月至一年 (D)一年以上。

( ) **19** 依「金融同業間遭歹徒詐騙案件通報要點」規定，通報系統分為
幾部分通報圈？ (A)金融機構洗錢防制中心與聯合徵信中心，兩
部分通報圈 (B)各金融機構與聯合徵信中心之通報圈與各金融機
構總管理機構與其所屬分支機構之內部通報圈 (C)各金融機構總
管理機構與其所屬分支機構之內部通報圈與洗錢防制中心，兩部
分通報圈 (D)金融機構洗錢防制中心、經濟犯罪防護中心及聯合
徵信中心三部分通報圈。

( ) **20** 有關銀行出售信用卡不良債權予資產管理公司，下列敘述何者錯
誤？ (A)公開標售不良債權應依主管機關規定之作業程序 (B)
出售時應電話通知債務人，告知受讓債權之公司、催收金額等
(C)應約定資產管理公司之催收標準與銀行一致 (D)資產管理公
司不得再轉售予第三人。

( ) **21** 信用卡發卡機構對爭議款項至遲應於受理後幾日內回覆持卡人處
理狀況或進度？ (A)七日 (B)十日 (C)十四日 (D)二十日。

( ) **22** 依規定，信用卡發卡機構辦理信用卡申請徵信作業，下列敘述何者錯誤？ (A)如申請人係當面申請，應詳細核閱申請人身份證件原本 (B)如申請人係郵寄或傳真申請，則各信用卡機構應依銀行公會制定之確認申請人身分替代徵信程序辦理 (C)若發卡機構委請第三人辦理信用卡發卡業務之行銷業務，其徵信作業應比照申請人當面申請之徵信程序辦理 (D)倘因未妥慎辦理發卡徵信作業而發生偽冒申請案件時，發卡機構應負偽冒損失之責任。

( ) **23** 依「信用卡業務機構管理辦法」有關信用卡之業務規定，下列敘述何者錯誤？ (A)得辦理預借現金業務 (B)得授權使用信用卡之服務標章 (C)得簽訂特約商店 (D)得辦理存放款業務。

( ) **24** 銀行已取得辦理衍生性金融商品業務之核准者，除應經金管會核准始得辦理之商品者外，依規定開辦衍生性金融商品後，15日內須檢附資料呈報金管會，下述何者非屬規定呈報之資料？ (A)風險預告書 (B)法規遵循聲明書 (C)變更事項登記表 (D)商品特性說明書。

( ) **25** 依「中華民國銀行公會會員徵信準則」規定，下列何者不是企業短期授信案件之徵信範圍？ (A)企業之組織沿革 (B)企業之財務狀況 (C)企業之擴充計畫 (D)企業之設備規模概況。

( ) **26** 已依「證券交易法」發行股票之公司，得依章程規定設置獨立董事，但主管機關應視公司規模、股東結構、業務性質及其他必要情況，要求其設置獨立董事，人數不得少於二人，且不得少於董事席次之若干比例？ (A)五分之一 (B)四分之一 (C)三分之一 (D)二分之一。

( ) **27** 依「票券金融管理法」規定，票券商業務人員須向下列何者登記，否則不得執行職務？ (A)證期會 (B)金管會 (C)證券商同業公會 (D)票券金融商業同業公會。

( ) **28** 依「票券金融管理法」規定，下列何者係屬票券商不得簽證、承銷、經紀或買賣之短期票券？ (A)國庫券 (B)基於商品交易而產生，且經受款人背書之本票 (C)未經金融機構保證發行之融資性商業本票 (D)基於勞務提供而產生，且經受款人背書之匯票。

( ) **29** 依國際清算銀行巴塞爾監理委員會所訂「內部控制制度評估原則」，下列何者應執行董事會所核准之營運策略及政策？ (A)稽核委員會 (B)高階管理階層 (C)監理機關 (D)外部董事。

( ) **30** 依「金融控股公司及銀行業內部控制及稽核制度實施辦法」規定，有效的銀行內部制度應包括之原則，下列敘述何者錯誤？ (A)適切的控制架構 (B)適當的職務分工 (C)建立有效的溝通管道 (D)員工可擔任責任相互衝突工作。

( ) **31** 有關強化銀行內部控制制度之措施，下列敘述何者錯誤？ (A)確實施行行員職務輪調 (B)確實施行行員休假制度 (C)加強對員工各項體能之訓練 (D)嚴格執行對員工品德之考核。

( ) **32** 為防止金融弊端發生，下列何者不宜兼辦出納或經理財物之事務？ (A)存款業務主管 (B)放款業務主管 (C)匯兌業務主管 (D)會計業務主管。

( ) **33** 為維護業務持續運作，並降低意外因素對業務運作之影響程度，有關銀行之海外分行應注意事項，下列何者錯誤？ (A)對重要系統應有妥善之備援措施 (B)辦公場所應與其他國內銀行儘量集中設於同一地點，以利照應 (C)辦公場所應避免與其他本國銀行集中設於同一地點 (D)對重要資料應有妥善之備援措施。

( ) **34** 金融機構辦理有價證券買賣交易，下列敘述何者錯誤？ (A)應確認有價證券交易之真實性 (B)付款支票應以交易對手為受款人 (C)各筆交易款項之支付均經主管核准 (D)應嚴格禁止開立有抬頭人之禁止背書轉讓支票。

( ) **35** 金融機構遇有存戶未及時領回存摺時，下列措施何者錯誤？ (A)設簿登記 (B)交指定主管人員集中保管 (C)定期查核 (D)予以銷燬。

( ) **36** 有關單據、有價證券之交易及管理，下列敘述何者錯誤？ (A)庫存有價證券應設簿登記 (B)有價證券之保管應注意是否符合牽制原則 (C)空白單據非屬有價證券，毋須定期清點 (D)辦理實體公債轉換作業應切實核對債券之真偽。

( ) **37** 為防範內部人員舞弊，有關銀行經營票券業務應注意事項，下列敘述何者錯誤？ (A)買賣成交單應與管理性報表相互勾稽 (B)營業時間外空白商業本票應由各經辦人員妥為保管 (C)公司保證章及簽證鋼戳妥善保管且足以防止任何未經授權之使用 (D)對於以無抬頭支票付款者，應嚴予限制及控管。

( ) **38** 金融機構對於借戶提供之身分證明文件，應向下列何者所設戶役政為民服務公用資料庫網站查詢核對？ (A)經濟部 (B)財政部 (C)金管會 (D)內政部。

( ) **39** 金融機構委託第三人為消費性貸款行銷業務之相關內部控制措施，下列敘述何者錯誤？ (A)應定期評估受託機構內控之妥適性 (B)應定期稽核並列入內部稽核查核重點 (C)委外事項毋需辦理自行查核 (D)應建立健全徵授信制度及追蹤考核制度。

( ) **40** 金融機構為加強其安全維護，下列敘述何者錯誤？ (A)應加強員工自衛編組 (B)應加強各項應變措施演練 (C)應於各總行資訊室電腦主機上加裝警報系統 (D)加強管理營業廳等重要處所、運鈔之安全維護措施。

( ) **41** 銀行應向客戶宣導，金融卡於某台自動提款機進行交易如有明顯異常時，應如何處理？ (A)即刻銷毀該金融卡 (B)即刻至另一台自動提款機上變更密碼 (C)即刻通知主管機關 (D)即刻通知財金資訊（股）公司。

( ) **42** 金融機構作業委外處理時，有關「受委託機構」執行銀行委託處理之作業，下列敘述何者正確？ (A)應表明為該金融機構人員 (B)得以金融機構名義執行業務 (C)營業處所張掛該金融機構名義之招牌 (D)營業處所不得張掛該金融機構名義之招牌，且人員不得自稱為該金融機構人員。

( ) **43** 為防制經濟犯罪，金融機構對於職員以輸入錯誤為由而更正電腦資料交易者，其處理方式，下列敘述何者正確？ (A)如屬故意者，無須嚴格控管電腦資料之更正流程 (B)無論是否為故意均議處失職人員 (C)如屬故意者應議處失職人員 (D)加強員工之保密訓練。

( ) **44** 為確保客戶資料安全無虞，依規定應切實辦理事項，下列何者錯誤？ (A)應檢視客戶資料維護之內部管理機制是否安全妥適 (B)應有效落實自行查核工作 (C)風險管理單位應加強對客戶資料保密安全機制之稽核 (D)委外作業部分，應確實監督受委託機構落實執行客戶資料保密及安全之維護。

( ) **45** 金融機構受理警察機關查詢客戶存放款資料，其來文除應表明係為偵辦刑事案件需要，註明案由外，並須經下列何種職級判行？ (A)內政部警政署署長 (B)警察局局長（副局長） (C)法務部調查局局長（副局長） (D)國稅局局長。

( ) **46** 依主管機關規定，金融機構為發還滯留於「警示帳戶」內剩餘款項，應依開戶資料聯絡開戶人，與其協商發還「警示帳戶」內剩餘款項事宜；如經通知無法聯絡者，應洽請警方協尋多久？ (A)半個月 (B)一個月 (C)二個月 (D)三個月。

( ) **47** 有關信用卡發卡機構於核給預借現金額度時應考慮之條件，下列敘述何者錯誤？ (A)持卡人持卡時間 (B)持卡人所得水準 (C)持卡人之聯絡人信用紀錄 (D)持卡人國外之消費狀態。

( ) **48** 銀行辦理自用住宅放款及消費性放款徵提連帶保證人時，下列何者錯誤？ (A)「足額擔保」時，免徵提保證人 (B)擔保品價值貶落時，得要求補提擔保品或徵提保證人 (C)保證人所保證金額僅限主債務金額，不得約定包括其他從屬於主債務之負擔 (D)保證人所保證之債權應限定於由特定法律關係所生債權或基於票據所生之權利。

( ) **49** 銀行法第32條所稱之消費者貸款授信限額，其中每一消費者信用卡循環信用金額之計算，下列何者正確？ (A)餘額最高二十萬元 (B)額度最高二十萬元 (C)以信用卡循環信用餘額計算，由銀行在不超過新臺幣一百萬元範圍內自行控管額度 (D)以信用卡循環信用額度計算，由銀行在不超過新臺幣二百萬元範圍內自行控管額度。

( ) **50** 信託業運用信託財產從事交易後，除法令另有規定或信託契約另有約定外，應交付委託人及受益人交易報告書，並應至少每隔多久編製對帳單交付委託人及受益人？ (A)每月 (B)每季 (C)每半年 (D)每年。

解答及解析 （答案標示為#者，表官方曾公告更正該題答案。）

1 (C)。 依銀行法第12條規定，本法稱擔保授信，謂對銀行之授信，提供下列之一為擔保者：一、**不動產或動產抵押權**。二、動產或**權利質權**。三、借款人營業交易所發生之**應收票據**。四、各級政府公庫主管機關、銀行或經政府核准設立之信用保證機構之保證。

2 (D)。 有利害關係者，謂有下列情形之一而言：一、**銀行負責人**或**辦理授信之職員之配偶、三親等以內之血親或二親等以內之姻親**。二、**銀行負責人、辦理授信之職員**或前款有利害關係者獨資、合夥經營之事業。三、銀行負責人、辦理授信之職員或第一款有利害關係者單獨或合計持有超過公司已發行股份總數或資本總額百分之十之企業。四、銀行負責人、辦理授信之職員或第一款有利害關係者為董事、監察人或經理人之企業。但其董事、監察人或經理人係因投資關係，經中央主管機關核准而兼任者，不在此限。五、銀行負責人、辦理授信之職員或第一款有利害關係者為代表人、管理人之法人或其他團體。

3 (B)。 銀行法第25條：同一人或同一關係人單獨、共同或合計持有同一銀行已發行有表決權股份總數超過百分之五者，**自持有之日起十日內**，應向主管機關申報；持股超過百分之五後累積增減逾一個百分點者，亦同。

4 (D)。 銀行法第38條：銀行對購買或建造住宅或企業用建築，得辦理中、長期放款，其最長期限不得超過三十年。**但對於無自用住宅者購買自用住宅之放款，不在此限。**

5 (B)。 **銀行業應定期（至少一年一次）評估聘任會計師之獨立性及適任性**；公司連續七年未更換會計師或其受有處分或有損及獨立性之情事者，應考量有無更換會計師之必要，並就結果提報董事會。

6 (A)。 內部稽核人員每年應參加主管機關指定機構所舉辦或金融控股公司或稽核人員所屬銀行自行舉辦之金融相關業務專業訓練達三十小時以上。

7 (D)。 金融控股公司及銀行業內部控制及稽核制度實施辦法第28條第1項：銀行業年度財務報表由會

計師辦理查核簽證時，應**委託會計師辦理內部控制制度之查核**，並對銀行業申報主管機關表報資料正確性、內部控制制度及法令遵循制度執行情形、備抵呆帳提列政策之妥適性表示意見，其範圍應包括國外營業單位。

8 (A)。金融控股公司及銀行業內部控制及稽核制度實施辦法第27條：金融控股公司及銀行業總經理應督導各單位（金融控股公司含子公司）審慎評估及檢討內部控制制度執行情形，由董（理）事長（主席）、總經理、總稽核及總機構法令遵循主管聯名出具內部控制制度聲明書（附表），並提報董（理）事會通過，於每會計年度終了後三個月內將內部控制制度聲明書內容揭露於金融控股公司及銀行業網站，並於主管機關指定網站辦理公告申報。

9 (C)。金融控股公司及銀行業內部控制及稽核制度實施辦法第25條：**銀行業應建立自行查核制度**。各營業、財務、資產保管、資訊單位及國外營業單位應每半年至少辦理一次一般自行查核，每月至少辦理一次專案自行查核。但已辦理一般自行查核、內部稽核單位（含母公司內部稽核單位）已辦理一般業務查核、金融檢查機關已辦理一般業務檢查或法令遵循事項自行評估之月份，該月得免辦理專案自行查核。

10 (A)。金融控股公司及銀行業內部控制及稽核制度實施辦法第10條：內部稽核單位之人事任用、免職、升遷、獎懲、輪調及考核等，應由總稽核簽報，**報經董（理）事長（主席）核定**後辦理。但涉及其他管理、營業單位人事者，應事先洽商人事單位轉報總經理同意後，再行簽報董（理）事長（主）核定。

11 (B)。金融控股公司及銀行業內部控制及稽核制度實施辦法第34條第4項：金融控股公司及銀行業法令遵循自行評估作業，**每半年至少須辦理一次**，其辦理結果應送法令遵循單位備查。各單位辦理自行評估作業，應由該單位主管指定專人辦理。

12 (B)。各金融機構營業單位自行查核，應由主管指定**非原經辦人員**辦理之，事先必須絕對保密。

13 (A)。安全防護教育訓練是金融業者應定期或不定期實施的，非屬須定專人負責管理之項目，故選項(A)錯誤。

14 (A)。報警系統**每月至少配合警方測試並檢查二次**，其餘各項設施平時應注意保養及維護（修），以發揮良好功能。

15 (B)。金融機構安全維護注意要點（086.01.22台財融字第86601348號函修正）。
為維護各金融機構經管財務之安全，提高金融從業人員之警覺，各金融機構應設置安全維護執行小

組，指定**副總經理一人為召集人**，全面加強安全維護措施與安全維護教育及加強操作演練，並提高員工應變能力，以維安全，特頒安全本要點。

16 **(D)**。金融機構作業委託他人處理內部作業制度及程序辦法第3條：金融機構對於涉及營業執照所載業務項目或客戶資訊之相關作業委外，以下列事項範圍為限：一、資料處理：包括資訊系統之資料登錄、處理、輸出，資訊系統之開發、監控、維護，及辦理業務涉及資料處理之後勤作業。二、表單、憑證等資料保存之作業。三、**代客開票作業**，包括支票、匯票。四、貿易金融業務之後勤處理作業。但以信用狀開發、讓購、及進出口託收為限。五、代收消費性貸款、信用卡帳款作業，但受委託機構以經主管機關核准者為限。六、提供信用額度之往來授信客戶之信用分析報告編製。七、信用卡發卡業務之行銷業務、客戶資料輸入作業、表單列印作業、裝封作業、付交郵寄作業，及開卡、停用掛失、預借現金、緊急性服務等事項之電腦及人工授權作業。八、電子通路客戶服務業務，包括電話自動語音系統服務、電話行銷業務、客戶電子郵件之回覆與處理作業、電子銀行客戶及電子商務之相關諮詢及協助，及電話銀行專員服務。九、車輛貸款業務之行銷、貸放作業管理及服務

諮詢作業，但不含該項業務授信審核之准駁。十、消費性貸款行銷，但不含該項業務授信審核之准駁。十一、房屋貸款行銷業務，但不含該項業務授信審核之准駁。十二、**應收債權之催收作業**。十三、委託代書處理之事項，及委託其他機構處理因債權承受之擔保品等事項。十四、車輛貸款逾期繳款之尋車及車輛拍賣，但不含拍賣底價之決定。十五、**鑑價作業**。十六、內部稽核作業，但禁止委託其財務簽證會計師辦理。十七、不良債權之評價、分類、組合及銷售。但應於委外契約中訂定受委託機構參與作業合約之工作人員，於合約服務期間或合約終止後一定合理期間內，不得從事與委外事項有利益衝突之工作或提供有利益衝突之顧問或諮詢服務。十八、有價證券、支票、表單及現鈔運送作業及自動櫃員機裝補鈔作業。十九、金塊、銀塊、白金條塊等貴金屬之報關、存放、運送及交付。二十、其他經主管機關核定得委外之作業項目。

17 **(B)**。「銀行資產評估損失準備提列及逾期放款催收款呆帳處理辦法」第8條：國外債權因國外政府變更外匯法令而無法如期清償者，得**專案報經常務董（理）事會**核准後辦理。

18 **(A)**。信用卡業務機構管理辦法第32條：備抵呆帳之提列：當月應繳最低付款金額超過指定繳款期限一

個月至三個月者，應提列全部墊款金額百分之二之備抵呆帳；超過三個月至六個月者，應提列全部墊款金額百分之五十之備抵呆帳；超過六個月者，應將全部墊款金額提列備抵呆帳。

19 (B)。 金融同業間遭歹徒詐騙案件通報要點第3條：本通報系統由下列兩部分通報圈構成：(一)各金融機構與財團法人金融聯合徵信中心之通報圈。(二)各金融機構總管理機構與其所屬分支機構間之內部通報圈。

20 (B)。 信用卡業務機構管理辦法第29條第4項：出售後，應**以書面或電子文件通知債務人**，告知受讓債權之公司名稱、債權金額、信用卡業務機構之檢舉電話。

21 (C)。 信用卡業務自律公約之重要內容其中之一：發卡機構對爭議款項應於受理後**十四日內**告知持卡人處理狀況及進度，調查期間應該停止計算利息。當確定為持卡人責任時，方得收取爭議款項處理期間之利息。

22 (C)。 金融機構在內稽內控制度健全之前提下，如符合一定條件，得委外辦理信用卡行銷作業，且金融機構應事先審核該委外行銷公司之內部控制制度及作業程序，並報經本會核准後始得辦理。
　　前述所稱一定條件，包括下列各項：一、該行銷公司僅單獨辦理信用卡行銷業務一項；二、該行銷公司只接受單一發卡機構委託，且不得再委外或轉包其他事業或個人；三、金融機構應檢視過去委託該公司辦理信用卡行銷收件之品質良好；四、**金融機構應每季提出對該行銷公司之實地查核報告，並應包含對該公司送件品質之評估**。

23 (D)。 信用卡業務機構管理辦法第26條：信用卡業務指下列業務之一：
(1) 發行信用卡及辦理相關事宜。
(2) 辦理信用卡循環信用、預借現金業務。
(3) 簽訂特約商店及辦理相關事宜。
(4) 代理收付特約商店信用卡消費帳款。
(5) 授權使用信用卡之商標或服務標章。
(6) 提供信用卡交易授權或清算服務。
不包含選項(D)存放款業務。

24 (C)。 銀行辦理衍生性金融商品業務內部作業制度及程序管理辦法第7條第1項：銀行已取得辦理衍生性金融商品業務之核准者（其中屬辦理期貨商業務者，並應依期貨交易法之規定取得許可），得開辦各種衍生性金融商品及其商品之組合，並於開辦後十五日內檢附**商品特性說明書**、**法規遵循聲明書**及**風險預告書**報本會備查。

25 (C)。 「中華民國銀行公會會員徵信準則」第22條：企業授信案件之徵信範圍：(1)**企業之組織沿革**。(2)企業及其主要負責人一般信譽（含票信及債信紀錄）。(3)**企業之設備規模概況**。(4)業務概況（附產銷量

值表）。(5)存款及授信往來情形
（含本行及他行）。

26 (A)。證交法第14-2條：已依本法
發行股票之公司，得依章程規定設
置獨立董事。但主管機關應視公司
規模、股東結構、業務性質及其他
必要情況，要求其設置獨立董事，
人數不得少於二人，且不得少於董
事席次**五分之一**。

27 (D)。票券商負責人及業務人員管
理規則第14條第1項：票券商業務
人員於執行職務前，應由所屬**票券
商向票券商公會**辦理登記，非經登
記不得執行職務。

28 (C)。票券金融管理法第5條（不得
簽證承銷之票券及其除外規定）：
票券商不得簽證、承銷、經紀或買
賣發行人未經信用評等機構評等之
短期票券。但下列票券不在此限：
一、國庫券。二、基於商品交易或
勞務提供而產生，且經受款人背書
之本票或匯票。三、**經金融機構保
證**，且該金融機構經信用評等機構
評等之短期票券。

29 (B)。**高階管理階層**應該負責：**執
行董事會所核准之營運策略及政
策**；研訂作業程序以辨識、衡量、
監視及控管風險；維持權責劃分及
報告系統明確之組織架構；確保授
權辦法得以有效執行；制訂妥善之
內部控制政策；監控內部控制制度
之適足性及有效運作。

30 (D)。員工不可擔任責任相互衝突
工作，應有適當之職務分工。故選
項(D)錯誤。

31 (C)。銀行內部控制與員工體能無
相關。

32 (D)。會計主管不宜兼辦出納或經
理財物之事務。

33 (B)。銀行之海外分行辦公場所應
與其他國內銀行盡量避免集中設於
同一地點，以發揮良性競爭與營運
綜效。

34 (D)。應嚴格禁止**無抬頭人**之禁止
背書轉讓支票。故選項(D)錯誤。

35 (D)。櫃員嚴禁代存戶保管存摺，
若遇有存戶未及時領回存摺時，應
立即登記於「存戶未即時領回存摺
暫行保管登記簿」，**登記簿由經辦
人員保管**，存摺則交由信用部主任
（或指定專人）**集中保管**。

36 (C)。空白單據之保管及領用均予
以嚴格控管，且需設簿登記，並定
期清點、核對剩餘及使用情形。故
選項(C)錯誤。

37 (B)。各項空白單據應設簿控管，
其領入及發放應逐筆登記，並經主
管人員核章。嚴禁自行保管空白單
據之領用、保管及簽發等應符合內
部牽制，經辦人員於營業時間外不
得進行保管。故選項(B)錯誤。

38 (D)。金融機構對於借戶提供之身分
證明文件，應向內政部所設戶役政為
民服務公用資料庫網站查詢核對。

解答及解析

39 (C)。金融機構委託第三人為消費性貸款行銷業務,其委外事項仍需辦理自行查核。

40 (C)。應於各金融機構於總行資訊室電腦主機上應加裝**安全監控系統**,而非警報系統,故選項(C)錯誤。

41 (B)。台財融(六)字第0916000087號函:客戶使用金融卡於某台自動提款機進行提款、轉帳或查詢交易,如發現明顯異常時,**應即刻至另外一台自動提款機上變更密碼**,並通知該發生異常情形之自動提款機所屬金融機構;如有金融卡被自動提款機扣住情形,應即刻通知所屬銀行,並於取回金融卡後,即刻變更密碼。

42 (D)。銀行作業委託他人處理,受委託機構執行業務**不得以銀行名義**為之,應向客戶表明係受銀行委託處理特定事務之獨立受託機構,且其**營業處所不得張掛銀行名義之招牌使民眾誤認為銀行之分支機構**,其人員亦不得自稱為銀行人員。

43 (C)。職員如屬故意,應議處相關失職人員。

44 (C)。**稽核單位**應加強對客戶資料保密安全機制之稽核,若發現缺失,應立即要求改善。故選項(C)錯誤。

45 (B)。金管銀(一)字第09510002020號令:警察機關查詢時,應表明係為偵辦刑事案件需要,註明案由,並須經由**警察局局長(副局長)**或警察總隊總隊長(副總隊長)判行。但警察機關查察人頭帳戶犯罪案件,依警示通報機制請銀行列為警示帳戶(終止該帳號使用提款卡、語音轉帳、網路轉帳及其他電子支付轉帳功能)者,得由警察分局分局長(刑警大隊長)判行後,逕行發文向銀行查詢該帳戶資金流向之資料。

46 (B)。銀行警示帳戶餘款之返還:存款帳戶經通報為警示帳戶,銀行經確認通報原因屬詐財案件,且該帳戶中尚有被害人匯(轉)入之款項未被提領者,應依開戶資料聯絡開戶人,與其協商發還警示帳戶內剩餘款項事宜,如無法連絡者,得洽詢警察機關協尋**一個月**。

47 (C)。(台財融(四)字第0928011654號函)
發卡機構應審慎核給信用卡預借現金額度:按信用卡預借現金功能係提供持卡人有急需現金或於商店未能提供刷卡服務時,提現消費之用,爰發卡機構於核給預借現金額度時,應依持卡人**持卡時間、所得水準、國內外消費狀態及還款狀況**審慎核給。

48 (C)。民法第740條:保證債務,除契約另有訂定外,**包含主債務之利息、違約金、損害賠償及其他從屬於主債務之負擔**。即所保證之債權,應限定於由特定法律關係所生債權或基於票據所生之權利,而所指

「一定金額」，除具體約定之特定金額或主債務金額外，**另得約定包括民法第七百四十條規定之主債務利息、違約金、損害賠償及其他從屬於主債務之負擔**。故選項(C)錯誤。

49 (C)。銀行法第32條所稱之消費者貸款：該條第二項消費者貸款額度，合計以每一消費者**不超過新台幣一百萬元為限**，其中信用卡循環信用，係以信用卡循環信用餘額計算，銀行並應注意上述額度之控管。

50 (B)。「信託業營運範圍受益權轉讓限制風險揭露及行銷訂約管理辦法」第12條：信託業運用信託財產從事交易後，除法令另有規定或信託契約另有約定外，應交付委託人及受益人交易報告書，並應至少每季編製對帳單交付委託人及受益人。

解答及解析

第43期　銀行內部控制與稽核（一般金融）

(　) **1** 有關內部控制之定義，下列敘述何者錯誤？　(A)係企業為保護資產安全及帳簿紀錄正確之手段　(B)為合理達成組織目標而設立之政策與程序　(C)內部控制包括「會計控制」與「管理控制」　(D)內部控制係基層員工為偵錯防弊而設計之工作流程。

(　) **2** 下列何項不是美國國會「崔德威委員會」（COSO）報告中強調之內部控制要素？　(A)內部環境　(B)風險評估　(C)資訊與溝通　(D)內部稽核功能評估。

(　) **3** 下列何者為金融控股公司及銀行業設計及執行內部控制制度之基礎？　(A)風險評估　(B)監督作業　(C)控制環境　(D)資訊與溝通。

(　) **4** 下列何種情況營業單位得免辦理專案自行查核乙次？　(A)金融檢查機關辦理專案業務檢查之月份　(B)稽核單位辦理專案業務內部稽核之月份　(C)辦理法令遵循事項自行評估之月份　(D)會計師辦理查核之月份。

(　) **5** 銀行總機構之法令遵循主管，至少每隔多久應向董（理）事會及監察人（監事）報告？　(A)每一個月　(B)每三個月　(C)每六個月　(D)每十二個月。

(　) **6** 下列何者應就各營業單位自行查核之執行情形制訂標準，作為年終考核之參考？　(A)業務管理單位　(B)內部稽核單位　(C)法令遵循主管　(D)各營業單位經理。

(　) **7** 有關自行查核制度，下列敘述何者錯誤？　(A)自行查核係由稽核單位指派非經辦人員辦理查核　(B)自行查核之目的之一，在於及早發現業務經營缺失，使管理階層得以及時補正或改進　(C)自行查核制度可對意圖舞弊之從業人員產生嚇阻作用　(D)自行查核得以輔助內部稽核查核頻率之不足。

( ) **8** 會計師審查金融機構出具之內部控制制度聲明書所聲明之事項，其審查報告依審查意見分為幾類？ (A)三類 (B)四類 (C)五類 (D)六類。

( ) **9** 有關銀行對待交換票據之處理，下列何者有缺失？ (A)待交換票據張數及金額與明細表及帳載相符 (B)收妥之待交換票據依規定存入提示人帳戶 (C)待交換票據均加蓋特別橫線章 (D)提出之交換票據遭付款行庫退票後，即存檔備查。

( ) **10** 有關客戶委託保管有價證券，下列敘述何者錯誤？ (A)經辦人員核符後蓋章核發保管憑條 (B)依規定收取保管手續費並即時入帳 (C)經常不定期盤點有價證券並作成紀錄 (D)保管有價證券之送存與提領，經主管人員核准後依規定辦理。

( ) **11** 下列何者非屬金融機構出納業務之範圍？ (A)辦理開發信用狀業務 (B)幣券及破損券之兌換 (C)各種有價證券之保管 (D)辦理現金及票據之收付及保管。

( ) **12** 有關空白單據之領用及核發，下列控管程序何者正確？ (A)應每週結出庫存數量 (B)應經常作不定期盤點，並作成紀錄 (C)為符業務需要，空白存摺應由主管預為簽章 (D)應將每日領出數以一筆合計數登記於登記簿。

( ) **13** 銀行櫃員結帳後，現金如發生溢餘時，應以下列何項會計科目列帳？ (A)其他應收款 (B)其他應付款 (C)雜項收入 (D)其他收入。

( ) **14** 櫃員與櫃員主任（大出納）間之調撥現金，應填製內部領、繳款憑單，並由何人簽章？ (A)櫃員單簽 (B)大出納單簽 (C)襄理單簽 (D)櫃員及大出納。

( ) **15** 定期儲蓄存款逾期幾個月內，辦理轉期續存或轉存一年期以上之定期存款，得自原到期日起息？ (A)一個月 (B)二個月 (C)三個月 (D)六個月。

( ) **16** 辦理現金新台幣10萬元之匯出匯款業務，如為代理人辦理者，下列敘述何者錯誤？　(A)申請書應加註代理人姓名及身分證統一編號　(B)僅須核對代理人身分　(C)如代理人為本金融機構的客戶，免辦理核對身分紀錄　(D)未出示匯款人身分證明文件亦可受理。

( ) **17** 依票據法規定，支票上之記載除下列何者之外，得由原記載人於交付前改寫之，但應於改寫處簽名？　(A)發票日　(B)發票地　(C)付款地　(D)文字金額。

( ) **18** 存單設質後存戶始申請自動轉期者，下列敘述何者正確？　(A)應經質權人同意　(B)應由存款人承諾不辦理中途解約　(C)應由質權人於存單背面簽章　(D)因不影響質權人權益，故不須經質權人同意。

( ) **19** 有關可轉讓定期存單，下列敘述何者正確？　(A)得按月領取利息　(B)存期最長為三年　(C)分為記名式及無記名式　(D)逾期提取本金時，其逾期部份按活期存款利率計付利息。

( ) **20** 銀行辦理支票存款戶存款不足退票後之清償贖回註記，應於受理幾日內將有關單據核轉票據交換所？　(A)當日　(B)二個營業日　(C)五個營業日　(D)七個營業日。

( ) **21** 受理下列何種機構之存款，銀行不得帳列「同業存款」？　(A)一般本國銀行　(B)外國銀行在臺分行　(C)信用合作社　(D)票券金融公司。

( ) **22** 對退票備付款自退票日起算留存至少滿幾年，而原退票據仍未重行提示時，銀行即應填具「備付期滿註記申請單」核轉票據交換所辦理註記，並將備付款轉回發票人帳戶？　(A)一　(B)二　(C)三　(D)四。

( ) **23** 銀行代為扣繳非中華民國境內居住之個人存戶之利息所得稅款，應於何時將稅款解繳國庫？　(A)代扣日次月五日前　(B)代扣日次月十日前　(C)代扣日起十日內　(D)代扣日起一個月內。

( ) **24** 有關銀行印鑑卡之管理，下列敘述何者錯誤？　(A)印鑑卡應經各級人員核章後啟用　(B)留存印鑑之使用方式，須經存戶簽章註明　(C)留存印鑑蓋不清楚時，須請存戶在其旁空白處重蓋　(D)印鑑卡在營業終了須收妥並上鎖。

( ) **25** 依銀行法規定，借款人提供下列何者為擔保之授信，非屬擔保授信？ (A)不動產抵押權 (B)權利質權 (C)借款人開立之遠期支票 (D)經政府核准設立之信用保證機構保證。

( ) **26** 對中小企業專案送保，其第一筆授信應在保證書簽發後幾個月內核准並動用？ (A)一個月 (B)二個月 (C)三個月 (D)六個月。

( ) **27** 下列何者非屬不良資產評估之主要考量因素？ (A)借款期間之長短 (B)擔保品之可能變現價值 (C)主、從債務人之償還能力 (D)信用保證機構保證案件有無不代位清償之情事。

( ) **28** 依票據法規定，支票之背書人對前手之追索權，其時效為多久？ (A)三年 (B)一年 (C)四個月 (D)二個月。

( ) **29** 銀行就借款人因國內外商品交易或勞務提供所取得之債權先予墊付，俟借款人收回該項債權時償還墊款之融通方式，係指下列何者？ (A)透支 (B)貼現 (C)一般營運週轉金貸款 (D)墊付國內外應收款項。

( ) **30** 依「中華民國銀行公會會員授信準則」規定，有關授信業務之分類，下列敘述何者錯誤？ (A)進口押匯屬企業貸款 (B)墊付國內外應收款項屬企業貸款 (C)貼現、透支屬消費者貸款 (D)開發國內外信用狀屬間接授信。

( ) **31** 有關金融機構各類不良授信資產之定義，下列敘述何者錯誤？
(A)授信資產經評估已無擔保部分，且積欠本金超過清償期六個月或利息超過清償期十二個月者，屬於第五類不良授信資產
(B)授信資產經評估已無擔保部分，且積欠本金或利息超過清償期六至十二個月者，屬於第四類不良授信資產
(C)授信資產經評估有足額擔保部分，且積欠本金或利息超過清償期十二個月者，屬於第三類不良授信資產
(D)符合協議分期償還授信資產，於另訂契約六個月以內，銀行得依授信戶之還款能力及債權之擔保情形予以評估分類，惟不得列為第一類。

(　) **32** 銀行辦理無追索權應收帳款承購業務，其授信對象，下列何者正確？ (A)借戶 (B)應收帳款讓與者 (C)應收帳款還款者 (D)賣方。

(　) **33** 銀行對債務人進行強制執行無效果，經法院發給債權憑證，其本金與利息之請求權時效期間各為幾年？ (A)本金五年、利息二年 (B)本金十年、利息五年 (C)本金十五年、利息五年 (D)本金十五年、利息十年。

(　) **34** 下列何者為民事保全程序？ (A)假扣押或假執行 (B)假扣押或假處分 (C)假執行或假處分 (D)聲請參與分配。

(　) **35** 辦理下列何項貸款，雖已取得足額擔保，仍得徵提連帶保證人？ (A)汽車貸款 (B)房屋修繕貸款 (C)自用住宅貸款 (D)第三人提供擔保品。

(　) **36** 依「中華民國銀行公會會員授信準則」規定，下列何者為直接授信？ (A)保證 (B)承兌 (C)開發國內外信用狀 (D)一般營運週轉金貸款。

(　) **37** 國外匯入匯款以新臺幣結售者，依外匯收支或交易申報辦法，應摯發下列何種單據交客戶收執？ (A)賣匯水單 (B)買匯水單 (C)其他交易憑證 (D)結匯證實書。

(　) **38** 指定銀行辦理新臺幣與外幣間遠期外匯交易之相關規定，下列敘述何者錯誤？ (A)與顧客訂約及交割時，均應查核其相關交易文件或主管機關核准文件 (B)遠期外匯交易契約之期限依實際外匯收支需要訂定 (C)同筆交易不得在其他銀行重複簽約 (D)展期時可選擇依當時市場匯率或原價格重訂展期價格。

(　) **39** 銀行業受理上市（櫃）公司辦理海外外籍員工匯入認購公司股票股款，每名海外外籍員工每筆匯入結匯金額逾多少美元者，應經由銀行業向中央銀行申請核准後辦理結匯？ (A)十萬美元 (B)二十萬美元 (C)五十萬美元 (D)一百萬美元。

( ) **40** 銀行受理出口押匯出口商開發之匯票，其匯票期限應在信用狀有
效期限內，且應符合下列何者？ (A)早於出口押匯日期 (B)不
早於出口押匯日期 (C)早於相關單據之簽發日期 (D)不早於相
關單據之簽發日期。

( ) **41** 外匯指定銀行辦理進口業務，對賣方付息之遠期信用狀於匯票承
兌時，應以下列何種會計科目列帳？ (A)進口押匯 (B)短期放
款 (C)應收保證款項 (D)應收承兌票款。

( ) **42** 依主管機關規定，商業銀行投資於每一公司之股票、新股權利證
書及債券換股權利證書之股份總額之上限為何？ (A)不得超過該
公司淨值百分之三 (B)不得超過該公司已發行股份總數百分之三
(C)不得超過該公司淨值百分之五 (D)不得超過該公司已發行股
份總數百分之五。

( ) **43** 有關債券市場之敘述，下列何者正確？ (A)債券在店頭市場是以競
價方式撮合 (B)債券發行期限均在一年以上 (C)債券市場交易工
具不包括無實體公債 (D)債券在集中市場是以議價方式交易。

( ) **44** 短期票券利息所得所採之分離課稅稅率為下列何者？ (A)10%
(B)15% (C)20% (D)25%。

( ) **45** 依主管機關規定，對於商業銀行投資於下列何種有價證券，訂有
總額限制？ (A)我國政府發行之公債 (B)國庫券 (C)金融債券
(D)中央銀行可轉讓定存單。

( ) **46** 下列何者非屬經主管機關核准開辦有價證券保管業務之金融機構
之服務項目？ (A)投資交易之決定 (B)買賣交割 (C)過戶登記
(D)收益領取。

( ) **47** 信託業不得以信託財產借入款項，但以開發為目的之土地信託，
經下列何人同意者，不在此限？ (A)全體委託人 (B)全體受託
人 (C)全體受益人 (D)法院。

( ) **48** 信託業與他人簽訂重要契約或改變業務計畫之重要內容，應於事
實發生之翌日起幾個營業日內向主管機關申報？ (A)一個 (B)
二個 (C)五個 (D)七個。

(　) **49** 下列何者得為境外華僑及外國人投資國內有價證券之保管人？
(A)交易所　(B)具行為能力自然人　(C)任一法人　(D)得經營保管
業務之銀行。

(　) **50** 依信託法規定，受託人每年應至少一次作成信託財產目錄及編製
收支計算表並送交下列何者？　(A)委託人　(B)監察人　(C)代理
人　(D)信託公會。

(　) **51** 依主管機關規定，有關得以書面向銀行申請成為辦理衍生性金融
商品業務之專業自然人客戶之必要條件，下列何者非屬之？　(A)
提供新臺幣三千萬元以上之財力證明　(B)提供總資產超過新臺幣
一千五百萬元以上之財力聲明書　(C)客戶具備充分之金融商品專
業知識或交易經驗　(D)充分了解銀行與專業客戶進行衍生性金融
商品得免除之責任並同意簽署為專業客戶。

(　) **52** 在產品適合度政策中，下列何種交易銀行應以書面方式，揭露在
採用合理假設於不同情境下，該交易可能產生的結果？　(A)綠燈
交易　(B)黃燈交易　(C)橘燈交易　(D)紅燈交易。

(　) **53** 有關財富管理業務法令之遵循，下列敘述何者錯誤？　(A)應具備
向管理階層單獨呈報之管道　(B)應建立制式化之處理程序　(C)
查核頻率一般而言至少應每二年一次　(D)業務部門之銷售功能與
遵循功能應相互獨立。

(　) **54** 小蔡預計二年後退休，目前有300萬銀行存款，該存款為支應其
退休後之生活資金，理財業務人員應建議其投資下列何種商品為
佳？　(A)新興市場股票型基金　(B)對沖基金　(C)債券型基金
(D)十年期保本連動債。

(　) **55** 銀行辦理財富管理業務時，在考慮客戶某項商品轉換交易之應注
意事項，下列何因素不需納入？　(A)客戶有無因此就原商品之結
清遭到處罰　(B)新商品之佣金手續費收入　(C)客戶有無因此負
擔交易成本，卻無實質利益之獲得　(D)新商品是否適合該客戶。

(　) **56** 票券商經接受客戶之委託，以行紀或居間買賣短期票券之行為，
稱為下列何者？　(A)簽證　(B)承銷　(C)經紀　(D)自營。

( ) **57** 證券商辦理有價證券買賣融資融券交易時，其對客戶融資總金額不得超過多少？ (A)總資產的150% (B)總負債的200% (C)淨值的250% (D)總股本的300%。

( ) **58** 下列何種情形證券經紀商不得接受委託人之委託開戶？ (A)受破產宣告已經復權者 (B)未成年人已經法定代理人代理者 (C)證券交易所職員雇員開戶買賣上市股票 (D)受禁治產宣告已經法定代理人代理者。

( ) **59** 票券商以附買回或附賣回條件方式辦理交易，應以何種方式約定交易條件？ (A)口頭約定 (B)書面約定 (C)口頭或書面約定均可 (D)無須特別約定。

( ) **60** 消費金融業務之查核範圍應涵蓋整個產品自產品規劃至債權收回之循環，惟不包括下列何者？ (A)客戶行為規範 (B)授信評估 (C)帳戶管理 (D)風險控制。

( ) **61** 有關影響消費金融業務之因素，下列敘述何者錯誤？ (A)利率水準高，自然減少消費者貸款之需求 (B)一般較年輕之家庭，藉消費性融資購置耐久財之需求較強 (C)所得較高者，消費需求及償債能力高，故較敢於舉借較多貸款 (D)未來物價水準若預期上漲，將因而減少目前之消費及消費性貸款需求。

( ) **62** 有關消費性貸款之債權催收，下列敘述何者錯誤？ (A)對於M0級之延滯戶，著重提醒及客戶服務 (B)圈存金額小於存款金額時，不以實際欠款金額為限 (C)客戶經強制停用或遭加速條款處分者，應掌握存款圈存、抵銷時機 (D)逾期放款未轉入催收款前應計之應收利息，仍未收清者，應連同本金一併轉入催收款。

( ) **63** 有關消費金融商品規劃之查核，下列何者有缺失？ (A)目標市場明確 (B)「例外管理」之彈性大，差異條件比率高 (C)授信準則配合環境變化適時修訂 (D)產品定價謹守成本加成原則，並以市場需求為導向。

( ) **64** 信用卡發卡機構發現持卡人卡片停用、掛失後，仍有國外消費之請款紀錄時，應登錄至下列何種名單？ (A)國際黑名單 (B)國內黑名單 (C)逾期名單 (D)催收名單。

( ) **65** 有關消費金融產品的特性,下列敘述何者錯誤? (A)客戶量須達一定規模才有利潤 (B)每筆承作成本高 (C)多屬於中長期融資,且不具自償性 (D)風險程度低是首要原則,收益相對可不予考量。

( ) **66** 有關逾期放款定義,下列敘述何者錯誤? (A)積欠本金超過清償期三個月者 (B)積欠利息超過清償期三個月者 (C)逾期放款未逾三個月,但已向主、從債務人訴追者 (D)逾期放款未逾清償期三個月,但已抵銷主、從債務人之存款。

( ) **67** 有關消費金融的行銷通路策略中,下列何者屬於「直接銷售」的一種? (A)由客戶再推介客戶 (B)設置自動貸款機(ALM) (C)委託外界公司行銷 (D)請有合作關係的車商行銷。

( ) **68** 金融機構所核給信用卡之信用額度應與申請人申請時之還款能力相當,且核給可動用額度加計申請人於全體金融機構之無擔保債務歸戶後總餘額除以最近一年平均月收入,不宜超過幾倍? (A)10 (B)18 (C)20 (D)22。

( ) **69** 依主管機關規定,不良授信資產中,下列何者應列為第三類? (A)應予注意者 (B)可望收回者 (C)收回困難者 (D)收回無望者。

( ) **70** 信用卡持卡人信用資料及特約商店信用卡交易異常資料,發卡機構應依規定時間向下列何者申報? (A)聯合信用卡中心 (B)銀行公會 (C)金融聯合徵信中心 (D)銀行局。

( ) **71** 有關消金業務之行銷推廣,下列敘述何者錯誤? (A)在行銷推廣活動訴求中,不得有攻擊或詆毀同業之行為 (B)行銷活動贈送之贈品,不須明訂贈送條件 (C)業務代表推廣產品前,應施予對相關法令規章適當之訓練課程 (D)業務代表推廣產品時,應注意服裝儀容、配帶名牌及名片,並明確標示銀行名稱。

( ) **72** 有關網路銀行SET安全機制,下列敘述何者錯誤? (A)採身分電子憑證 (B)他人無法假冒登入系統 (C)客戶端須安裝電子錢包 (D)較SSL機制安全性高。

( ) **73** 電腦程式變更後之換版作業宜由下列何種人員辦理較符內部控制
原則？ (A)程式設計人員 (B)資料管制人員 (C)連線管理人員
(D)主管人員。

( ) **74** 辦理程式變更作業，留存下列何種稽核軌跡最值得信賴？ (A)於
程式變更申請書載明變更內容 (B)列印變更前後整個程式內容
(C)僅列印變更部分內容 (D)利用電腦作比對的報表。

( ) **75** 有關電腦主機之操作及作業處理，下列敘述何者錯誤？ (A)電腦
機房每班輪值人員至少二人 (B)非例行作業之處理應經主管核可
(C)控制台及週邊設備僅限程式設計人員操作 (D)機房內應設置
機房操作日誌，記載電腦軟、硬體系統之開關機紀錄。

( ) **76** 對重要程式及資料檔案之備份媒體，須存放於何處？ (A)機房
(B)其他營業場所 (C)稽核單位 (D)異地安全場所。

( ) **77** 有關銀行網路安全作業，下列敘述何者正確？ (A)對已公布之電
腦系統最新修補程式（patch），應擇期或視情形安裝，以彌補安
全漏洞 (B)電腦公司系統工程師使用之預設密碼於上線後始可刪
除或變更 (C)內部網路與網際網路應予以合併，以利控管 (D)
機密性資料不應存放於網路或網際網路平台。

( ) **78** 依主管機關規定，最近一季底逾期放款比率高於若干百分比時，
銀行所辦理的衍生性金融商品以避險為限？ (A)2% (B)3%
(C)4% (D)5%。

( ) **79** 下列何者係屬標的資產之市場價格發生變動，而對衍生性金融商
品市價造成變動之風險？ (A)市場風險 (B)流動性風險 (C)信
用風險 (D)作業風險。

( ) **80** 有關銀行辦理衍生性金融商品業務之基本資格規定，下列敘述何
者錯誤？ (A)銀行自有資本與風險性資產比率需符合銀行法規定
標準 (B)銀行無備抵呆帳提列不足之情事 (C)銀行申請日上一
季底逾放比率為百分之三以下 (D)銀行申請日上一季底放款覆蓋
率為百分之一以上。

解答及解析 （答案標示為#者，表官方曾公告更正該題答案。）

1 (D)。內部控制是一種管理過程，由機關內部各單位設計、建置，並由機關所有員工共同遵循，**兼顧興利與防弊**，但無法偵錯，故選項(D)錯誤。

2 (D)。美國COSO委員會所提出「企業風險管理－整合架構」（COSO ERM）的四大目標－策略、營運、報告、遵循；八大構成要素－**內部環境**、目標設定、事件辨識、**風險評估**、風險因應、控制活動、資訊與溝通、監督；風險偏好、風險容忍度等概念。

3 (C)。**控制環境：係金融控股公司及銀行業設計及執行內部控制制度之基礎**。控制環境包括金融控股公司及銀行業之誠信與道德價值、董（理）事會及監察人（監事、監事會）或審計委員會治理監督責任、組織結構、權責分派、人力資源政策、績效衡量及獎懲等。董事會與經理人應建立內部行為準則，包括訂定董事行為準則、員工行為準則等事項。

4 (C)。銀行業應建立自行查核制度。各營業、財務、資產保管、資訊單位及國外營業單位應每半年至少辦理一次一般自行查核，每月至少辦理一次專案自行查核。但已辦理一般自行查核、內部稽核單位（含母公司內部稽核單位）**已辦理**一般業務查核、金融檢查機關已辦理一般業務檢查或法令遵循事項自行評估之月份，該月得免辦理專案自行查核。

5 (C)。金融控股公司及銀行業內部控制及稽核制度實施辦法第32條：金融控股公司及銀行業之總機構應設立一隸屬於總經理之法令遵循單位，負責法令遵循制度之規劃、管理及執行，並指派高階主管一人擔任總機構法令遵循主管，綜理法令遵循事務，**至少每半年向董（理）事會及監察人（監事、監事會）或審計委員會報告**，如發現有重大違反法令或遭金融主管機關調降評等時，應即時通報董（理）事及監察人（監事、監事會），並就法令遵循事項，提報董（理）事會。

6 (B)。「金融控股公司及銀行業內部控制及稽核制度實施辦法」第14條第1項第2款明定：內部稽核單位應督導業務管理單位訂定自行查核內容與程序，旨在考量業務管理單位對其業務之風險特性及控制點較為瞭解，爰責其訂定自行查核內容與程序，並由內部稽核督導，俾符合內部控制三道防線之精神。

7 (A)。各業務及財務單位辦理自行查核時，應**由單位主管指派非原經辦人員**依指定查核內容，辦理定期或專案自行查核。

8 (C)。 會計師審查受查公開發行公司內部控制之設計與執行及其所出具之內部控制制度聲明書所聲明之事項，其審查報告依審查意見分為下列五種：(1)無保留意見。(2)否定意見。(3)否定意見。(4)保留意見。(5)無法表示意見。

9 (D)。 提回交換票據在提出交換前客戶申請領回原存入之票據或**提出之交換票據遭付款行庫退票時，應請客戶填具「領回票據申請書」並蓋章留印鑑**。待交換票據應加蓋特別橫線章，票據背面受款人之帳號、戶名等應填載清楚。

10 (A)。 客戶委託保管之有價證券，銀行應製發保管憑條，此保管憑條應經「有權人員」簽章核發。

11 (A)。 出納業務係辦理銀行一切有關現金、有價證券、各項單據、託收及交換票據等之收付及保管，其範圍包括：
(1) **辦理現金及票據之收付及保管**。
(2) **各種有價證券之保管**。
(3) 辦理票據交換事項：
(4) 包括交換票據之核算登記、交換差額之清算、退票交換等。
(5) 調撥資金：包括本單位內及本單位對聯行或同業間之資金調撥。
(6) **幣券及破損券之兌換**（兌換各種面額之零鈔或新鈔）。
(7) 其他與現金出納有關事項。

12 (B)。 (A)空白單據應**不定期**盤點。(C)空白單據之領用、簽發應設簿逐筆依序登記，應經主管簽章，**尚未領用之空白單據不得由主管預為簽章，以為備用**。(D)空白單據之領用、簽發應**設簿逐筆依序登記**。

13 (B)。 櫃員結帳後，現金如發生溢餘或短少，必須立即報告主管人員處理，並於當天列入「其他應付款」或「其他應收款」。

14 (D)。 櫃員與櫃員主任（大出納）間之調撥現金，必須填製內部領、繳款憑單，並由櫃員及大出納分別簽章。

15 (B)。 定期儲蓄存款逾期處理辦法第2條：定期儲蓄存款逾期轉期續存或逾期轉存一年期以上之定期存款如**逾二個月以內**者得自原到期日起息，其到期未領之利息，得併同本金轉存，新存款利息，以原存款轉存日之存款銀行牌告利率為準。

16 (C)。 代理人為本金融機構的客戶，仍需辦理核對身分紀錄，故選項(C)錯誤。

17 (D)。 票據法第11條第3項：票據上之記載，**除金額外**，得由原記載人於交付前改寫之。但應於改寫處簽名。

18 (A)。 (B)中途解約，八折計息：定期存款中途解約應按實際存款期間（含不足月之零星日數）依存入當

日之牌告利率單利並打八折計息，或依銀行與存戶所訂之約定計息。(C)定期存單經設質後存戶始申請自動轉期者，必須經質權人之同意。質權人不須於存單背面簽章。(D)定期存單經設質後存戶始申請自動轉期者，**必須經質權人之同意**。

19 (C)。(A)以存滿一個月計息一次，零星天數部份則以本金金額按規定之利率計算。單利計息，**利息於到期解約時一次計給**。(B)可轉讓定期存單存期最短一個月，**最長一年**，並可依客戶資金調度需要指定到期日。(D)可轉讓定期存單**超過期限而未辦理展期或提取本金**，銀行是**不會額外加計給存戶存款利息**。

20 (B)。支票存款戶票信狀況註記須知第4條：經提存備付註記之退票，除已為備付期滿註記者外，發票人於原退票據重行提示付訖前辦理撤銷付款委託或提取備付款者，付款金融業者應於**二個營業日內**，具函通知當地本所總（分）所取消提存備付註記。

21 (D)。同業存款是指對各商業銀行、證券公司、信用合作社、信託公司等非銀行金融機構開辦的存款業務。不包含選項(D)票券金融公司。

22 (C)。對退票備付款留存已滿三年，而原退票據仍未重行提示者，必須填具「備付期滿註記申請單」核轉票據交換所辦理註記，並持將付款轉回發票人帳戶。

23 (C)。所得稅法第92條：非中華民國境內居住之個人，或在中華民國境內無固定營業場所之營利事業，有第八十八條規定各類所得時，扣繳義務人應於**代扣稅款之日起十日內**，將所扣稅款向國庫繳清，並開具扣繳憑單，向該管稽徵機關申報核驗後，發給納稅義務人。

24 (C)。重新換一張印鑑卡重蓋。

25 (C)。銀行法第12條：本法稱擔保授信，謂對銀行之授信，提供左列之一為擔保者：一、**不動產或動產抵押權**。二、動產或**權利質權**。三、借款人營業交易所發生之應收票據。四、各級政府公庫主管機關、銀行或**經政府核准設立之信用保證機構之保證**。

26 (C)。首筆授信應在保證書簽發後**三個月內**辦妥授信。申請展期之案件應於屆期滿二個月以前提出續約申請。

27 (A)。企業的不良資產是指企業尚未處理的資產淨損失和潛虧（資金）掛帳，以及按財務會計制度規定應提而未提資產減值準備的各類有問題資產預計損失金額。銀行的不良資產主要是指不良貸款即俗稱壞帳。借款期間長短和不良資產評估無關。

28 (D)。支票之背書人，對前手之追索權，**二個月間不行使，因時效而消滅**。票據上之債權，雖依本法因時效或手續之欠缺而消滅，執票人對於發票人或承兌人，於其所受利益之限度，得請求償還。

29 **(D)**。**透支**：提供企業於支票存款帳戶存款餘額不足支付票款時，得在約定期限及額度內支用款項。

貼現：提供企業可將在國內銷貨、出租或提供勞務所得之未到期本票或匯票，申請短期融通資金，以支應營運週轉之需。

30 **(C)**。貼現及透支是以未到期本票、匯票或支票存款戶（餘額不足墊付）融通短期資金，輕鬆調度資金，其屬於企業貸款。

31 **(A)**。**第四類收回困難者**：指授信資產經評估已無擔保部分，且授信戶積欠本金或利息超過清償期六個月至十二個月者。

32 **(C)**。銀行辦理有追索權及無追索權應收帳款承購業務，係屬授信業務，有追索權者授信對象為應收帳款讓與者即賣方，**無追索權者授信對象為應收帳款還款者**即買方。

33 **(C)**。**一般請求權時效為十五年**：民法第125條，「請求權，因十五年間不行使而消滅。但法律所定期間較短者，依其規定。」

五年短期時效，民法第126條，「**利息**、紅利、租金、贍養費、退職金及其他一年或不及一年之定期給付債權，其各期給付請求權，因**五年**間不行使而消滅。」

34 **(B)**。保全程序，指以保全強制執行之實現，兼及避免權利被侵害或防止急迫危險行為，暫時維持法律關係現狀為目的之特別訴訟程序。保全程序係**假扣押**程序、**假處分**程序之總稱。

35 **(D)**。「連帶保證」係就民法之規定說明之，惟銀行辦理「自用住宅放款」及「消費性放款」，不得要求借款人提供連帶保證人，如已取得足額擔保時，不得要求借款人提供保證人。

36 **(D)**。直接授信：銀行以直接撥貸資金之方式，貸放予借款人之融資業務。（授信準則§11）

間接授信：銀行以受託擔任客戶之**債務保證人、匯票承兌人、開發國內外信用狀**或其他方式，授予信用，承擔風險，而不直接撥貸資金之授信行為。

37 **(B)**。掣發單證：匯入款項結售為新臺幣者，應掣發**買匯水單**；其未結售為新臺幣者，應掣發其他交易憑證。

38 **(D)**。銀行業辦理外匯業務管理辦法第31條：展期時應依當時市場匯率重訂價格，**不得依原價格展期**。

39 **(A)**。銀行業輔導客戶申報外匯收支或交易應注意事項：銀行業受理上市（櫃）公司辦理外籍員工（不含大陸籍員工）匯入認購公司股票股款，或匯出出售公司股票價款及受配現金股利，每名外籍員工每筆匯入（出）結匯金額未逾十萬美元者，於確認上市（櫃）公司填報之

解答及解析

申報書及結匯清冊（內容包括員工姓名、國籍、身分證照號碼、認購（出售）股數、現金股利金額及結匯金額）無誤後辦理結匯。但每名外籍員工每筆匯入（出）結匯金額**逾十萬美元**者，應經由銀行業向本行外匯局申請核准後辦理結匯。

40 (D)。出口押匯方式須視買賣雙方交易時之付款條件而定。信用狀為最普遍之出口方式，指定銀行開發不可撤銷信用狀後，即通知信用狀受益人（多為出口廠商），並準備貨物辦理出口簽證（屬限制輸出貨品表內之貨品），待貨物報驗裝運出口後，憑海關驗放之「輸出許可證」第二聯（即海關回單聯），連同信用狀全套正本及有關單據，向指定銀行申請押匯。

41 (D)。應收承兌票款：依約代客承兌匯票，應於匯票到期前向客戶收取之支票款項。

42 (D)。商業銀行投資有價證券之種類及限額規定第3點：商業銀行投資境內及境外有價證券之限額：商業銀行投資於每一公司之股票、新股權利證書及債券換股權利證書之股份總額，**不得超過該公司已發行股份總數百分之五**。

43 (B)。(A)債券在店頭市場以議價方式進行交易。但因為在場外交易，其價格不一定是為公眾公佈的。(C)台灣債券市場自1997年和2000年分別實施無實體公債及電子交易平台制度，交場交易效率大幅提升，交易風險相對降低。(D)債券在集中市場以競價方式買賣。

44 (A)。稅負：個人票券利息所得採分離課稅（目前稅率為10%）不須再併入綜合所得稅申報。營利事業票券利息所得應計入營利事業所得額課稅，該扣繳稅款（預扣稅率為10%）得自營利事業所得稅結算申報應納稅額中減除。又具備免稅資格的財團法人或機構，仍可依法免稅或退稅。

45 (C)。銀行投資於第二點第一項各種有價證券之總餘額，除我國政府發行之公債、國庫券、中央銀行可轉讓定期存單及中央銀行儲蓄券外，不得超過該銀行所收存款總餘額及**金融債券**發售額之和百分之二十五。

46 (A)。保管銀行：任何經核准開辦有價證券保管業務之金融機構。我國銀行信託部之服務項目包括：資產保管、**買賣交割**、**過戶登記**、**收益收取**、資料申報、公司重大資訊提供及其他相關資訊。

47 (C)。信託法第26條：信託業不得以信託財產借入款項。但以開發為目的之土地信託，依信託契約之約定、**經全體受益人同意**或受益人會議決議者，不在此限。

48 (B)。信託法第41條：信託業有下列情事之一者，應於**事實發生之翌日起二個營業日內**，向主管機關申報，並應於本公司所在地之日報或依主管機關指定之方式公告：一、存款不足之退票、拒絕往來或其他喪失債信情事者。二、因訴訟、非訟、行政處分或行政爭訟事件，對公司財務或業務有重大影響者。三、有公司法第一百八十五條第一項規定各款情事之一者。四、董事長（理事主席）、總經理（局長）或三分之一以上董（理）事發生變動者。五、**簽訂重要契約或改變業務計畫之重要內容**。六、信託財產對信託事務處理之費用，有支付不能之情事者。七、其他足以影響信託業營運或股東或受益人權益之重大情事者。

49 (D)

50 (A)。信託法第31條第2項：受託人除應於接受信託時作成信託財產目錄外，每年至少定期一次作成信託財產目錄，並編製收支計算表，送交**委託人及受益人**。

51 (B)。同時符合下列條件，並以書面向銀行申請為專業客戶之自然人：提供新臺幣三千萬元以上之財力證明；或單筆交易金額逾新臺幣三百萬元，且於該銀行之存款及投資往來總資產逾新臺幣一千五百萬元，並**提供總資產超過新臺幣三千萬元以上之財力聲明書**。

52 (C)。銀行應依客戶投資屬性及風險承受等級，配合個別商品或投資組合之類別，核定適配交易類型如下：(A)綠燈交易：不需特別揭露相關資訊或踐行必要步驟。(B)黃燈交易：銷售人員與督導人員應確實討論該交易對客戶之適當性，必要時應諮詢徵信與法遵部門。(C)橘燈交易：銷售人員應獲得具權責之上級主管書面核准交易。(D)紅燈交易：除非獲得具權責之上級主管書面核准，否則不得推薦此種交易。

53 (C)。銀行辦理財富管理應遵循相關法令，對於法令遵循之查核，一般而言至少應每年一次，但亦應依其規模及風險狀況進行適當調整。

54 (C)。債券型基金因為有穩定配息，較不容易受市場衝擊，是屬於穩健型基金，較適合退休人士族群。

55 (B)。銀行辦理財富管理業務，應建立一套商品適合度政策，其內容至少應包括**客戶風險等級**、**產品風險等級**之分類，俾依據**客戶風險之承受度提供客戶適當之商品**，並應建立監控機制，以避免理財業務人員不當銷售或推介之行為。該商品適合度政策之揭示內容得彈性調整，但應遵循本準則所訂之基本原則。

56 (C)

57 (C)。證券商辦理有價證券買賣融資融券管理辦法第14條第1項：

證券商辦理有價證券買賣融資融券，對客戶融資總金額或融券加計辦理第二十二條第一項第五款至第七款之出借有價證券總金額，分別不得超過其淨值百分之二百五十。

58 (C)。臺灣證券交易所股份有限公司證券經紀商受託契約準則第2條：**委託人有下列各款情事之一者，證券經紀商不得接受委託開戶，已開戶者應拒絕接受委託買賣或申購有價證券**：一、無行為能力人或限制行為能力人未經法定代理人之代理者。二、主管機關之證券期貨局員工未檢具其機關同意書者。三、本公司員工未檢具本公司同意書者。四、受破產之宣告未經復權者。五、受監護宣告未經撤銷者。但監護人為受監護人之利益而處分有價證券者，不在此限。六、受輔助宣告未經撤銷者。但受輔助宣告之人經輔助人同意或法院許可者，不在此限。七、法人委託開戶未能提出該法人授權開戶之證明者。八、證券商未經主管機關許可者。九、委託證券商之董事、監察人及受僱人，代理其在該證券商開戶。十、委託人申請將原開立之全權委託投資帳戶，轉換為自行買賣之委託買賣帳戶者。

59 (B)。票券商管理辦法第27條：票券商以附買回或賣回條件方式所辦理之交易，應以**書面約定交易條件**，並訂定買回或賣回之日期。前項以附買回條件方式辦理之交易餘額，財政部得會商中央銀行限制之。

60 (A)。消金產品的信用循環包括：產品規劃、行銷策略、授信評估、帳戶管理、風險控管、績效評估及債權收回。
客戶行為規範不屬於消費金融業務之查核範圍。

61 (D)。未來物價水準若預期上漲，將因而**增加目前消費**以因應未來會減少消費。
未來物價水準若預期上漲，則貸款利率因而上升，將因而**增加目前消費性貨款**以因應未來減少消費性貸款需求。故選項(D)錯誤。

62 (B)。「圈存金額」指的是一筆單方面被銀行圈住，不能動用的錢。
圈存金額小於存款金額時，**應以實際欠款金額**為限。故選項(B)錯誤。

63 (B)。例外管理的規範應周延，差異條件比率不宜過高。

64 (A)。信用卡發卡機構發現持卡人卡片停用、掛失後，仍有國外消費之請款紀錄時，應登錄至國際黑名單。黑名單登錄清冊應存檔，並依據登錄期限定期追蹤。

65 (D)。消費金融產品應以金融消費者風險承受等級及金融商品或服務風險等級來分類，確認金融消費者足以承擔該金融商品或服務之程度，故風險及收益均應考量。

66 (D)。銀行業逾期放款之定義：逾期放款之定義為「積欠本金或利息超過清償期三個月，或**雖未超過三個月，但已向主、從債務人訴追或處分擔保品者**」，亦即將原先列報財團法人金融聯合徵信中心之逾期放款（修正後為甲類逾期放款）及免予列報之應予觀察放款（修正後為乙類逾期放款）皆予納入逾期放款之定義中。

67 (B)。消金業務行銷策略中直接銷售通路包含：個人銷售（含交叉銷售）、電話行銷、電子商務、郵購或行錄銷售、**自動販賣機**、一般營業單位。委外行銷是屬於間接銷售。

68 (D)。金融機構辦理現金卡業務應注意事項第5條：所核給之信用額度應與申請人申請時之還款能力相當，且核給可動用額度加計申請人於全體金融機構之無擔保債務（含信用卡）歸戶總餘額後，**不得超過申請人最近一年平均月收入之二十二倍**。

69 (B)。**第三類可望收回者**：指授信資產經評估有足額擔保部分，且授信戶積欠本金或利息超過清償期十二個月者；或授信資產經評估已無擔保部分，且授信戶積欠本金或利息超過清償期三個月至六個月者。

70 (C)。財團法人金融聯合徵信中心是國內唯一跨金融機構間信用報告機構，兼具公營與民營特色的財團法人，同時蒐集個人與企業信用報告，並發展個人與企業信用評分、建置全國信用資料庫，以提供經濟主體信用紀錄及營運財務資訊予會員機構查詢利用；進而確保信用交易安全，提升全國信用制度健全發展；並提供主管機關金融監理或政府金融政策擬訂所需資訊。

71 (B)。發卡機構發卡行銷活動贈送之贈品，**需明訂贈送條件**（例如為申請、核准或發卡時贈送）和寄送日期等規定，以減少糾紛，已送出之贈品不應追回。

72 (A)。現行網路銀行的三種安全機制可區分為SSL、SET、與Non-SET等三種機制。
SSL：客戶可憑身份證字號、網路代碼、網路密碼為權限進入網路銀行系統，可用於查詢及低風險性的小額轉帳交易,在轉帳額度上,除非是指定帳戶,否則每筆轉出不得超過5萬、每日最高10萬、每月最高20萬。
優點：
(1)是目前線上交易最普及使用的安全協定。
(2)不需事先取得認證,使用較方便。
缺點：
(1)消費者無法確認電子商務網站是否是正派、穩當的在經營,店家也無法知道消費者的真實身份,也無法防範盜刷的問題。
(2)購物網站仍可取得消費者的信用卡資料,若保管不當,亦可能讓資料外洩被盜刷。

SET：**客戶申請以銀行帳號作為認證基礎的電子憑證並安裝電子錢包**使用，須同時使用電子錢包及密碼進入網路銀行系統，可查詢、轉帳，轉帳額度由銀行業者自訂，**安全性比SSL高**，但不同帳號須申請多張憑證，管理上較麻煩。

優點：
(1) 每個人必須拿身份證明的文件到認證中心取得認證。
(2) 購物網站無法取得消費者的信用卡資料，不用擔心被盜刷的問題。
(3) 付款銀行看不到消費者的購物內容，保障了消費者的隱私權。

缺點：需向認證中心取得認證，手續較麻煩。

73 (C)。程式修改後須由換版人員利用電腦與原程式作比對，產生報表供主管覆核。

74 (D)。程式修改後須由換版人員**利用電腦與原程式作比對**，產生報表供主管覆核。

75 (C)。控制台及週邊設備（ex.印表機）僅限**輪值操作員**操作。

76 (D)。為避免原始資料與備份資料同時損壞的風險，將備份資料存放在不同的機器上。「**異地備份**」是利用各種媒體或其他方式，將備份資料攜至與原始資料有一定距離的位置存放。對一般使用者來說，分別將備份資料分存家中及工作地點，即已達成基本的異地備份。

77 (D)。(A)對已公布之電腦系統最新修補程式（patch），應立即安裝以彌補安全漏洞。(B)預設密碼通常每30天一次才可變更電腦帳戶密碼。(C)內部網路和網際網路應分開各別管理。

78 (B)。經核准辦理衍生性金融商品業務之銀行，有下列事項之一者，其辦理之衍生性金融商品以避險為限：(一)**最近一季底逾期放款比率高於百分之三**。(二)本國銀行自有資本與風險性資產比率低於銀行法規定標準。(三)備抵呆帳提列不足。

79 (A)。(B)**流動性風險**：係指金融資產之變現能力或指無法以合理價格軋平部位所產生之風險。一般而言店頭市場多係配合買賣雙方需要，而設計之非規格的產品，其交易較不活絡，流動性較低，故其流動性風險亦較大。(C)**信用風險**：係指交易之一方因無法履行交易契約義務，而導致另一方發生損失之風險。信用風險之衡量通常以「重置成本」來預測，並以收受抵押品或保證金來降低風險。(D)**作業風險**：係指內部制度設計不當、人謀不臧或控管不周所造成損失之風險。通常此類風險可藉由有效的內部控制予以降低。

80 (D)。銀行辦理衍生性金融商品業務內部作業制度及程序管理辦法第5條：銀行辦理衍生性金融商品業務，

應檢具本會規定之申請書件，向本會申請核准，並符合下列規定：一、銀行自有資本與風險性資產比率符合本法規定標準。二、無備抵呆帳提列不足情事。三、**申請日上一季底逾放比率為百分之三以下**。四、申請日上一年度無因違反銀行法令而遭罰鍰處分情事，或其違法情事已具體改善，經本會認可。

解答及解析

第43期 銀行內部控制與稽核（消費金融）

( ) **1** 有關內部控制之定義，下列敘述何者錯誤？ (A)係企業為保護資產安全及帳簿紀錄正確之手段 (B)為合理達成組織目標而設立之政策與程序 (C)內部控制包括「會計控制」與「管理控制」 (D)內部控制係基層員工為偵錯防弊而設計之工作流程。

( ) **2** 下列何項不是美國國會「崔德威委員會」（COSO）報告中強調之內部控制要素？ (A)內部環境 (B)風險評估 (C)資訊與溝通 (D)內部稽核功能評估。

( ) **3** 下列何者為金融控股公司及銀行業設計及執行內部控制制度之基礎？ (A)風險評估 (B)監督作業 (C)控制環境 (D)資訊與溝通。

( ) **4** 下列何種情況營業單位得免辦理專案自行查核乙次？ (A)金融檢查機關辦理專案業務檢查之月份 (B)稽核單位辦理專案業務內部稽核之月份 (C)辦理法令遵循事項自行評估之月份 (D)會計師辦理查核之月份。

( ) **5** 銀行總機構之法令遵循主管，至少每隔多久應向董（理）事會及監察人（監事）報告？ (A)每一個月 (B)每三個月 (C)每六個月 (D)每十二個月。

( ) **6** 下列何者應就各營業單位自行查核之執行情形制訂標準，作為年終考核之參考？ (A)業務管理單位 (B)內部稽核單位 (C)法令遵循主管 (D)各營業單位經理。

( ) **7** 有關自行查核制度，下列敘述何者錯誤？ (A)自行查核係由稽核單位指派非經辦人員辦理查核 (B)自行查核之目的之一，在於及早發現業務經營缺失，使管理階層得以及時補正或改進 (C)自行查核制度可對意圖舞弊之從業人員產生嚇阻作用 (D)自行查核得以輔助內部稽核查核頻率之不足。

( ) **8** 會計師審查金融機構出具之內部控制制度聲明書所聲明之事項，其審查報告依審查意見分為幾類？ (A)三類 (B)四類 (C)五類 (D)六類。

( ) **9** 有關銀行對待交換票據之處理，下列何者有缺失？ (A)待交換票據張數及金額與明細表及帳載相符 (B)收妥之待交換票據依規定存入提示人帳戶 (C)待交換票據均加蓋特別橫線章 (D)提出之交換票據遭付款行庫退票後，即存檔備查。

( ) **10** 有關客戶委託保管有價證券，下列敘述何者錯誤？ (A)經辦人員核符後蓋章核發保管憑條 (B)依規定收取保管手續費並即時入帳 (C)經常不定期盤點有價證券並作成紀錄 (D)保管有價證券之送存與提領，經主管人員核准後依規定辦理。

( ) **11** 下列何者非屬金融機構出納業務之範圍？ (A)辦理開發信用狀業務 (B)幣券及破損券之兌換 (C)各種有價證券之保管 (D)辦理現金及票據之收付及保管。

( ) **12** 有關空白單據之領用及核發，下列控管程序何者正確？ (A)應每週結出庫存數量 (B)應經常作不定期盤點，並作成紀錄 (C)為符業務需要，空白存摺應由主管預為簽章 (D)應將每日領出數以一筆合計數登記於登記簿。

( ) **13** 定期儲蓄存款逾期幾個月內，辦理轉期續存或轉存一年期以上之定期存款，得自原到期日起息？ (A)一個月 (B)二個月 (C)三個月 (D)六個月。

( ) **14** 辦理現金新台幣10萬元之匯出匯款業務，如為代理人辦理者，下列敘述何者錯誤？ (A)申請書應加註代理人姓名及身分證統一編號 (B)僅須核對代理人身分 (C)如代理人為本金融機構的客戶，免辦理核對身分紀錄 (D)未出示匯款人身分證明文件亦可受理。

( ) **15** 依票據法規定，支票上之記載除下列何者之外，得由原記載人於交付前改寫之，但應於改寫處簽名？ (A)發票日 (B)發票地 (C)付款地 (D)文字金額。

(　　) **16** 存單設質後存戶始申請自動轉期者，下列敘述何者正確？　(A)應經質權人同意　(B)應由存款人承諾不辦理中途解約　(C)應由質權人於存單背面簽章　(D)因不影響質權人權益，故不須經質權人同意。

(　　) **17** 有關可轉讓定期存單，下列敘述何者正確？　(A)得按月領取利息　(B)存期最長為三年　(C)分為記名式及無記名式　(D)逾期提取本金時，其逾期部份按活期存款利率計付利息。

(　　) **18** 銀行辦理支票存款戶存款不足退票後之清償贖回註記，應於受理幾日內將有關單據核轉票據交換所？　(A)當日　(B)二個營業日　(C)五個營業日　(D)七個營業日。

(　　) **19** 受理下列何種機構之存款，銀行不得帳列「同業存款」？　(A)一般本國銀行　(B)外國銀行在臺分行　(C)信用合作社　(D)票券金融公司。

(　　) **20** 對退票備付款自退票日起算留存至少滿幾年，而原退票據仍未重行提示時，銀行即應填具「備付期滿註記申請單」核轉票據交換所辦理註記，並將備付款轉回發票人帳戶？　(A)一　(B)二　(C)三　(D)四。

(　　) **21** 依銀行法規定，借款人提供下列何者為擔保之授信，非屬擔保授信？　(A)不動產抵押權　(B)權利質權　(C)借款人開立之遠期支票　(D)經政府核准設立之信用保證機構保證。

(　　) **22** 對中小企業專案送保，其第一筆授信應在保證書簽發後幾個月內核准並動用？　(A)一個月　(B)二個月　(C)三個月　(D)六個月。

(　　) **23** 下列何者非屬不良資產評估之主要考量因素？　(A)借款期間之長短　(B)擔保品之可能變現價值　(C)主、從債務人之償還能力　(D)信用保證機構保證案件有無不代位清償之情事。

(　　) **24** 依票據法規定，支票之背書人對前手之追索權，其時效為多久？　(A)三年　(B)一年　(C)四個月　(D)二個月。

( ) **25** 銀行就借款人因國內外商品交易或勞務提供所取得之債權先予墊
付，俟借款人收回該項債權時償還墊款之融通方式，係指下列何
者？ (A)透支 (B)貼現 (C)一般營運週轉金貸款 (D)墊付國內
外應收款項。

( ) **26** 依「中華民國銀行公會會員授信準則」規定，有關授信業務之分
類，下列敘述何者錯誤？ (A)進口押匯屬企業貸款 (B)墊付國
內外應收款項屬企業貸款 (C)貼現、透支屬消費者貸款 (D)開
發國內外信用狀屬間接授信。

( ) **27** 有關金融機構各類不良授信資產之定義，下列敘述何者錯誤？
(A)授信資產經評估已無擔保部分，且積欠本金超過清償期六個月
或利息超過清償期十二個月者，屬於第五類不良授信資產
(B)授信資產經評估已無擔保部分，且積欠本金或利息超過清償期
六至十二個月者，屬於第四類不良授信資產
(C)授信資產經評估有足額擔保部分，且積欠本金或利息超過清償
期十二個月者，屬於第三類不良授信資產
(D)符合協議分期償還授信資產，於另訂契約六個月以內，銀行得
依授信戶之還款能力及債權之擔保情形予以評估分類，惟不得
列為第一類。

( ) **28** 銀行辦理無追索權應收帳款承購業務，其授信對象，下列何者正確？
(A)借戶 (B)應收帳款讓與者
(C)應收帳款還款者 (D)賣方。

( ) **29** 國外匯入匯款以新臺幣結售者，依外匯收支或交易申報辦法，應
摯發下列何種單據交客戶收執？ (A)賣匯水單 (B)買匯水單
(C)其他交易憑證 (D)結匯證實書。

( ) **30** 指定銀行辦理新臺幣與外幣間遠期外匯交易之相關規定，下列敘
述何者錯誤？ (A)與顧客訂約及交割時，均應查核其相關交易文
件或主管機關核准文件 (B)遠期外匯交易契約之期限依實際外匯
收支需要訂定 (C)同筆交易不得在其他銀行重複簽約 (D)展期
時可選擇依當時市場匯率或原價格重訂展期價格。

( ) **31** 依主管機關規定，商業銀行投資於每一公司之股票、新股權利證書及債券換股權利證書之股份總額之上限為何？ (A)不得超過該公司淨值百分之三 (B)不得超過該公司已發行股份總數百分之三 (C)不得超過該公司淨值百分之五 (D)不得超過該公司已發行股份總數百分之五。

( ) **32** 有關債券市場之敘述，下列何者正確？ (A)債券在店頭市場是以競價方式撮合 (B)債券發行期限均在一年以上 (C)債券市場交易工具不包括無實體公債 (D)債券在集中市場是以議價方式交易。

( ) **33** 短期票券利息所得所採之分離課稅稅率為下列何者？ (A)10% (B)15% (C)20% (D)25%。

( ) **34** 下列何者非屬經主管機關核准開辦有價證券保管業務之金融機構之服務項目？ (A)投資交易之決定 (B)買賣交割 (C)過戶登記 (D)收益領取。

( ) **35** 信託業不得以信託財產借入款項，但以開發為目的之土地信託，經下列何人同意者，不在此限？ (A)全體委託人 (B)全體受託人 (C)全體受益人 (D)法院。

( ) **36** 信託業與他人簽訂重要契約或改變業務計畫之重要內容，應於事實發生之翌日起幾個營業日內向主管機關申報？ (A)一個 (B)二個 (C)五個 (D)七個。

( ) **37** 依主管機關規定，有關得以書面向銀行申請成為辦理衍生性金融商品業務之專業自然人客戶之必要條件，下列何者非屬之？ (A)提供新臺幣三千萬元以上之財力證明 (B)提供總資產超過新臺幣一千五百萬元以上之財力聲明書 (C)客戶具備充分之金融商品專業知識或交易經驗 (D)充分了解銀行與專業客戶進行衍生性金融商品得免除之責任並同意簽署為專業客戶。

( ) **38** 在產品適合度政策中，下列何種交易銀行應以書面方式，揭露在採用合理假設於不同情境下，該交易可能產生的結果？ (A)綠燈交易 (B)黃燈交易 (C)橘燈交易 (D)紅燈交易。

( ) **39** 有關財富管理業務法令之遵循，下列敘述何者錯誤？ (A)應具備向管理階層單獨呈報之管道 (B)應建立制式化之處理程序 (C)查核頻率一般而言至少應每二年一次 (D)業務部門之銷售功能與遵循功能應相互獨立。

( ) **40** 票券商經接受客戶之委託，以行紀或居間買賣短期票券之行為，稱為下列何者？ (A)簽證 (B)承銷 (C)經紀 (D)自營。

( ) **41** 證券商辦理有價證券買賣融資融券交易時，其對客戶融資總金額不得超過多少？ (A)總資產的150% (B)總負債的200% (C)淨值的250% (D)總股本的300%。

( ) **42** 下列何種情形證券經紀商不得接受委託人之委託開戶？ (A)受破產宣告已經復權者 (B)未成年人已經法定代理人代理者 (C)證券交易所職員雇員開戶買賣上市股票 (D)受禁治產宣告已經法定代理人代理者。

( ) **43** 消費金融業務之查核範圍應涵蓋整個產品自產品規劃至債權收回之循環，惟不包括下列何者？ (A)客戶行為規範 (B)授信評估 (C)帳戶管理 (D)風險控制。

( ) **44** 有關影響消費金融業務之因素，下列敘述何者錯誤？ (A)利率水準高，自然減少消費者貸款之需求 (B)一般較年輕之家庭，藉消費性融資購置耐久財之需求較強 (C)所得較高者，消費需求及償債能力高，故較敢於舉借較多貸款 (D)未來物價水準若預期上漲，將因而減少目前之消費及消費性貸款需求。

( ) **45** 有關消費性貸款之債權催收，下列敘述何者錯誤？ (A)對於M0級之延滯戶，著重提醒及客戶服務 (B)圈存金額小於存款金額時，不以實際欠款金額為限 (C)客戶經強制停用或遭加速條款處分者，應掌握存款圈存、抵銷時機 (D)逾期放款未轉入催收款前應計之應收利息，仍未收清者，應連同本金一併轉入催收款。

( ) **46** 有關消費金融商品規劃之查核，下列何者有缺失？ (A)目標市場明確 (B)「例外管理」之彈性大，差異條件比率高 (C)授信準則配合環境變化適時修訂 (D)產品定價謹守成本加成原則，並以市場需求為導向。

（　　）**47** 信用卡發卡機構發現持卡人卡片停用、掛失後，仍有國外消費之請款紀錄時，應登錄至下列何種名單？
(A)國際黑名單　　　　　　　　(B)國內黑名單
(C)逾期名單　　　　　　　　　(D)催收名單。

（　　）**48** 有關消費金融產品的特性，下列敘述何者錯誤？
(A)客戶量須達一定規模才有利潤
(B)每筆承作成本高
(C)多屬於中長期融資，且不具自償性
(D)風險程度低是首要原則，收益相對可不予考量。

（　　）**49** 有關逾期放款定義，下列敘述何者錯誤？
(A)積欠本金超過清償期三個月者
(B)積欠利息超過清償期三個月者
(C)逾期放款未逾三個月，但已向主、從債務人訴追者
(D)逾期放款未逾清償期三個月，但已抵銷主、從債務人之存款。

（　　）**50** 有關消費金融的行銷通路策略中，下列何者屬於「直接銷售」的一種？　(A)由客戶再推介客戶　(B)設置自動貸款機(ALM)　(C)委託外界公司行銷　(D)請有合作關係的車商行銷。

（　　）**51** 金融機構所核給信用卡之信用額度應與申請人申請時之還款能力相當，且核給可動用額度加計申請人於全體金融機構之無擔保債務歸戶後總餘額除以最近一年平均月收入，不宜超過幾倍？
(A)10　　　　　　　　　　　　(B)18
(C)20　　　　　　　　　　　　(D)22。

（　　）**52** 依主管機關規定，不良授信資產中，下列何者應列為第三類？
(A)應予注意者　　　　　　　　(B)可望收回者
(C)收回困難者　　　　　　　　(D)收回無望者。

（　　）**53** 信用卡持卡人信用資料及特約商店信用卡交易異常資料，發卡機構應依規定時間向下列何者申報？
(A)聯合信用卡中心　　　　　　(B)銀行公會
(C)金融聯合徵信中心　　　　　(D)銀行局。

( )　**54** 有關消金業務之行銷推廣，下列敘述何者錯誤？　(A)在行銷推廣活動訴求中，不得有攻擊或詆毀同業之行為　(B)行銷活動贈送之贈品，不須明訂贈送條件　(C)業務代表推廣產品前，應施予對相關法令規章適當之訓練課程　(D)業務代表推廣產品時，應注意服裝儀容、配帶名牌及名片，並明確標示銀行名稱。

( )　**55** 有關信用卡帳務處理，下列敘述何者正確？　(A)發卡機構對持卡人之爭議款項，至遲應於受理後七日內回覆持卡人處理狀況及進度　(B)爭議款項於調查期間仍應計息　(C)發卡機構不得委由便利商店業代收信用卡帳款　(D)應訂定適用信用卡業務之逾期墊款、催收款及呆帳處理制度。

( )　**56** 下列何者係指業務人員在促銷消費者產品或其他行員在處理核貸案時，能隨時主動發掘其他業務機會之銷售行為？
(A)顧問行銷　　　　　　　　　(B)電話行銷
(C)交叉銷售　　　　　　　　　(D)型錄銷售。

( )　**57** 下列何者乃因發卡機構有意願負擔掛失前24小時冒用責任，致為不法之持卡人所乘？　(A)假消費真刷卡　(B)取得未達卡　(C)未印錄卡號　(D)信用卡假掛失。

( )　**58** 依「銀行資產評估損失準備提列及逾期放款催收款呆帳處理辦法」規定，銀行對資產負債表表內及表外之授信資產，應按規定確實評估，提足備抵呆帳及保證責任準備，第三類授信資產應按其債權餘額至少提列多少？　(A)百分之二　(B)百分之十　(C)百分之五十　(D)百分之一百。

( )　**59** 為了降低消費金融產品承作之單位成本，下列何者非為各金融機構使用之方法？　(A)嚴格逐案核貸以控制風險　(B)將部份流程外包由專業機構辦理　(C)大量使用資訊設備處理交易　(D)成立區域中心統一處理徵信對保等工作。

( )　**60** 要做好消費者貸款之產品行銷，下列何者非屬有效的銷售管理策略？
(A)後勤支援系統　　　　　　　(B)績效考核
(C)激勵措施　　　　　　　　　(D)保證核貸。

( )　**61** 下列何者可作為還款意願良好的指標？
(A)負債佔所得比例　　　　　(B)服務年資及職位
(C)信用評分　　　　　　　　(D)過去的還款記錄。

( )　**62** 金融機構委由便利商店業者代收持卡人應繳納信用卡消費帳款，
每筆帳單代收金額上限為新臺幣多少元？
(A)1萬元　　　　　　　　　　(B)2萬元
(C)3萬元　　　　　　　　　　(D)5萬元。

( )　**63** 有關金融機構外訪催收應注意事項，下列敘述何者錯誤？
(A)賭場或堂口應避免為之
(B)債務人情緒失控時應設法離開
(C)債務人家庭糾紛時應避免介入
(D)應選擇債務人家中有聚會、酒敘時拜訪。

( )　**64** 有關消費金融業務之帳戶管理作業，下列敘述何者錯誤？
(A)約定書立約定書人簽章處應請借款人親自簽名蓋章
(B)擔保物之抵押及質權設定應於撥貸後辦理
(C)放款不得以現金支付，必須轉存入借戶設於本行之存款帳戶內
　　或依委託轉入指定帳戶
(D)對保作業應確實將對保地點及時間登載於契約書上之對保欄。

( )　**65** 有關消費金融業務會計資料之查核重點，下列敘述何者錯誤？
(A)應收帳款掛帳應經適當層級核准
(B)確認應收利息之提列正確無誤
(C)久懸未銷帳之款項應做適當處置
(D)應收帳款、應付帳款等會計科目應一筆銷帳。

( )　**66** 下列何者非屬法催程序？
(A)起訴　　　　　　　　　　　(B)聲請假扣押
(C)聲請本票裁定　　　　　　　(D)寄發催繳信函。

( )　**67** 依金融監督管理委員會94年8月15日對「消費者信用交易範圍」之
定義，下列敘述何者錯誤？
(A)包括支付學費貸款　　　　　(B)包括購屋貸款
(C)包括房屋修繕貸款　　　　　(D)包括廠房設備汰舊貸款。

(　) **68** 有關消費金融貸款案件申貸管理作業，下列敘述何者正確？
(A)對不熟悉客戶以電話對保確認其身分
(B)放款須以現金支付，並於借據蓋妥「付訖」戳記
(C)至少每年定期辦理覆審一次
(D)延長授信期間應通知保證人。

(　) **69** 下列何者非屬消費金融業務查核之輔助工具？
(A)消費基金管理日結報表　　　　(B)逾期放款明細表
(C)稽核程式　　　　　　　　　　(D)保單到期明細表。

(　) **70** 下列何者非屬消費金融業務經營成功之要素？
(A)銀行的風險管理與作業技術　　(B)優良之組織體系
(C)滿足客戶需求　　　　　　　　(D)單一商品化。

(　) **71** 有關「消費者貸款」之敘述，下列何者錯誤？
(A)屬於消費性需要之融資
(B)應婉拒已貸戶之利害關係人提出申請
(C)消費金融一般可分為直接授信與間接授信
(D)狹義之消費金融包含耐久性消費財貸款、消費者信用貸款、信用卡三種。

(　) **72** 金融機構於受理信用卡爭議款項後，應限期回覆持卡人處理狀況或進度，調查期間其利息應如何處理？
(A)繼續計算利息　　　　　　　　(B)加倍計算利息
(C)停止計算利息　　　　　　　　(D)由銀行自行決定。

(　) **73** 有關消費金融業務之帳戶管理，下列敘述何者正確？
(A)金庫及製卡室之控管應符合牽制原則，所以庫房的密碼鎖及鑰匙應統一保管
(B)借款人如未具有行為能力，不得提出申請
(C)汽車貸款動產抵押設定文件，應於取得牌照登記書後盡速取得
(D)「信用卡使用應注意事項」由業務員口頭清楚告知客戶即可。

( ) **74** 金融機構對於准貸由本行撥款代償之授信案件,下列敘述何者錯誤? (A)開立無記名支票 (B)應事先照會原貸行 (C)設法瞭解借戶於他行履約情形 (D)原則上應於代償當日取得清償證明並立即送地政機關辦理塗銷登記。

( ) **75** 有關網路銀行SET安全機制,下列敘述何者錯誤? (A)採身分電子憑證 (B)他人無法假冒登入系統 (C)客戶端須安裝電子錢包 (D)較SSL機制安全性高。

( ) **76** 電腦程式變更後之換版作業宜由下列何種人員辦理較符內部控制原則? (A)程式設計人員 (B)資料管制人員 (C)連線管理人員 (D)主管人員。

( ) **77** 辦理程式變更作業,留存下列何種稽核軌跡最值得信賴? (A)於程式變更申請書載明變更內容 (B)列印變更前後整個程式內容 (C)僅列印變更部分內容 (D)利用電腦作比對的報表。

( ) **78** 依主管機關規定,最近一季底逾期放款比率高於若干百分比時,銀行所辦理的衍生性金融商品以避險為限? (A)2% (B)3% (C)4% (D)5%。

( ) **79** 下列何者係屬標的資產之市場價格發生變動,而對衍生性金融商品市價造成變動之風險? (A)市場風險 (B)流動性風險 (C)信用風險 (D)作業風險。

( ) **80** 有關銀行辦理衍生性金融商品業務之基本資格規定,下列敘述何者錯誤? (A)銀行自有資本與風險性資產比率需符合銀行法規定標準 (B)銀行無備抵呆帳提列不足之情事 (C)銀行申請日上一季底逾放比率為百分之三以下 (D)銀行申請日上一季底放款覆蓋率為百分之一以上。

解答及解析 （答案標示為#者，表官方曾公告更正該題答案。）

1 (D)。內部控制是一種管理過程，由機關內部各單位設計、建置，並由機關所有員工共同遵循，**兼顧興利與防弊**，但無法偵錯，故選項(D)錯誤。

2 (D)。美國COSO委員會所提出「企業風險管理─整合架構」（COSO ERM）的四大目標─策略、營運、報告、遵循；八大構成要素─**內部環境**、目標設定、事件辨識、**風險評估**、風險因應、控制活動、**資訊與溝通**、監督；風險偏好、風險容忍度等概念。

3 (C)。**控制環境：係金融控股公司及銀行業設計及執行內部控制制度之基礎**。控制環境包括金融控股公司及銀行業之誠信與道德價值、董（理）事會及監察人（監事、監事會）或審計委員會治理監督責任、組織結構、權責分派、人力資源政策、績效衡量及獎懲等。董事會與經理人應建立內部行為準則，包括訂定董事行為準則、員工行為準則等事項。

4 (C)。銀行業應建立自行查核制度。各營業、財務、資產保管、資訊單位及國外營業單位應每半年至少辦理一次一般自行查核，每月至少辦理一次專案自行查核。但已辦理一般自行查核、內部稽核單位（含母公司內部稽核單位）**已辦理一般業務查核、金融檢查機關已辦理一般業務檢查或法令遵循事項自行評估之月份，該月得免辦理專案自行查核。**

5 (C)。金融控股公司及銀行業內部控制及稽核制度實施辦法第32條：金融控股公司及銀行業之總機構應設立一隸屬於總經理之法令遵循單位，負責法令遵循制度之規劃、管理及執行，並指派高階主管一人擔任總機構法令遵循主管，綜理法令遵循事務，**至少每半年向董（理）事會及監察人（監事、監事會）或審計委員會報告**，如發現有重大違反法令或遭金融主管機關調降評等時，應即時通報董（理）事及監察人（監事、監事會），並就法令遵循事項，提報董（理）事會。

6 (B)。「金融控股公司及銀行業內部控制及稽核制度實施辦法」第14條第1項第2款明定：內部稽核單位應督導業務管理單位訂定自行查核內容與程序，旨在考量業務管理單位對其業務之風險特性及控制點較為瞭解，爰責其訂定自行查核內容與程序，並由內部稽核督導，俾符合內部控制三道防線之精神。

7 (A)。各業務及財務單位辦理自行查核時，應**由單位主管指派非原經辦人員**依指定查核內容，辦理定期或專案自行查核。

解答及解析

8 (C)。會計師審查受查公開發行公司內部控制之設計與執行及其所出具之內部控制制度聲明書所聲明之事項，其審查報告依審查意見分為下列五種：(1)無保留意見。(2)否定意見。(3)否定意見。(4)保留意見。(5)無法表示意見。

9 (D)。提回交換票據在提出交換前客戶申請領回原存入之票據或**提出之交換票遭付款行庫退票時，應請客戶填具「領回票據申請書」並蓋章留印鑑**。待交換票據應加蓋特別橫線章，票據背面受款人之帳號、戶名等應填載清楚。

10 (A)。客戶委託保管之有價證券，銀行應製發保管憑條，此保管憑條應經「有權人員」簽章核發。

11 (A)。出納業務係辦理銀行一切有關現金、有價證券、各項單據、託收及交換票據等之收付及保管，其範圍包括：
(1) **辦理現金及票據之收付及保管**。
(2) **各種有價證券之保管**。
(3) 辦理票據交換事項：
(4) 包括交換票據之核算登記、交換差額之清算、退票交換等。
(5) 調撥資金：包括本單位內及本單位對聯行或同業間之資金調撥。
(6) **幣券及破損券之兌換**（兌換各種面額之零鈔或新鈔）。
(7) 其他與現金出納有關事項。

12 (B)。(A)空白單據應**不定期**盤點。(C)空白單據之領用、簽發應設簿逐

筆依序登記，應經主管簽章，**尚未領用之空白單據不得由主管預為簽章，以為備用**。(D)空白單據之領用、簽發應**設簿逐筆依序登記**。

13 (B)。定期儲蓄存款逾期處理辦法第2條：定期儲蓄存款逾期轉期續存或逾期轉存一年期以上之定期存款如**逾二個月以內**者得自原到期日起息，其到期未領之利息，得併同本金轉存，新存款利息，以原存款轉存日之存款銀行牌告利率為準。

14 (C)。代理人為本金融機構的客戶，仍需辦理核對身分紀錄，故選項(C)錯誤。

15 (D)。票據法第11條第3項：票據上之記載，**除金額外**，得由原記載人於交付前改寫之。但應於改寫處簽名。

16 (A)。(B)中途解約，八折計息：定期存款中途解約應按實際存款期間（含不足月之零星日數）依存入當日之牌告利率單利並打八折計息，或依銀行與存戶所訂之約定計息。(C)定期存單經設質後存戶始申請自動轉期者，必須經質權人之同意。質權人不須於存單背面簽章。(D)定期存單經設質後存戶始申請自動轉期者，**必須經質權人之同意**。

17 (C)。(A)以存滿一個月計息一次，零星天數部份則以本金金額按規定之利率計算。單利計息，**利息於到期解約時一次計給**。(B)可轉讓定期存單存期最短一個月，**最長一年**，並可依客戶資金調度需要指定到期

日。(D)可轉讓定期存單**超過期限而未辦理展期或提取本金**，銀行是**不會額外加計給存戶存款利息。**

18 (B)。支票存款戶票信狀況註記須知第4條：經提存備付註記之退票，除已為備付期滿註記者外，發票人於原退票據重行提示付訖前辦理撤銷付款委託或提取備付款者，付款金融業者應於**二個營業日內**，具函通知當地本所總（分）所取消提存備付註記。

19 (D)。同業存款是指對各商業銀行、證券公司、信用合作社、信託公司等非銀行金融機構開辦的存款業務。不包含選項(D)票券金融公司。

20 (C)。對退票備付款留存已滿三年，而原退票據仍未重行提示者，必須填具「備付期滿註記申請單」核轉票據交換所辦理註記，並持將付款轉回發票人帳戶。

21 (C)。銀行法第12條：本法稱擔保授信，謂對銀行之授信，提供左列之一為擔保者：一、**不動產或動產抵押權**。二、動產或**權利質權**。三、借款人營業交易所發生之應收票據。四、各級政府公庫主管機關、銀行或**經政府核准設立之信用保證機構之保證**。

22 (C)。首筆授信應在保證書簽發後**三個月內**辦妥授信。申請展期之案件應於屆期滿二個月以前提出續約申請。

23 (A)。企業的不良資產是指企業尚未處理的資產淨損失和潛虧（資金）掛帳，以及按財務會計制度規定應提而未提資產減值準備的各類有問題資產預計損失金額。銀行的不良資產主要是指不良貸款即俗稱壞賬。借款期間長短和不良資產評估無關。

24 (D)。支票之背書人，對前手之追索權，**二個月間不行使，因時效而消滅**。票據上之債權，雖依本法因時效或手續之欠缺而消滅，執票人對於發票人或承兌人，於其所受利益之限度，得請求償還。

25 (D)。**透支**：提供企業於支票存款帳戶存款餘額不足支付票款時，得在約定期限及額度內支用款項。**貼現**：提供企業可將在國內銷貨、出租或提供勞務所得之未到期本票或匯票，申請短期融通資金，以支應營運週轉之需。

26 (C)。貼現及透支是以未到期本票、匯票或支票存款戶（餘額不足墊付）融通短期資金，輕鬆調度資金，其屬於企業貸款。

27 (A)。**第四類收回困難者**：指授信資產經評估已無擔保部分，且授信戶積欠本金或利息超過清償期六個月至十二個月者。

28 (C)。銀行辦理有追索權及無追索權應收帳款承購業務，係屬授信業務，有追索權者授信對象為應收帳款讓與者即賣方，**無追索權者授信對象為應收帳款還款者**即買方。

解答及解析

29 (B)。掣發單證：匯入款項結售為新臺幣者，應掣發**買匯水單**；其未結售為新臺幣者，應掣發其他交易憑證。

30 (D)。銀行業辦理外匯業務管理辦法第31條：展期時應依當時市場匯率重訂價格，**不得依原價格展期**。

31 (D)。商業銀行投資有價證券之種類及限額規定第3點：商業銀行投資境內及境外有價證券之限額：商業銀行投資於每一公司之股票、新股權利證書及債券換股權利證書之股份總額，**不得超過該公司已發行股份總數百分之五**。

32 (B)。(A)債券在店頭市場以議價方式進行交易。但因為在場外交易，其價格不一定是為公眾公佈的。(C)台灣債券市場自1997年和2000年分別實施無實體公債及電子交易平台制度，交場交易效率大幅提升，交易風險相對降低。(D)債券在集中市場以**競價**方式買賣。

33 (A)。稅負：個人票券利息所得採分離課稅（目前稅率為10%）不須再併入綜合所得稅申報。營利事業票券利息所得應計入營利事業所得額課稅，該扣繳稅款（預扣稅率為10%）得自營利事業所得稅結算申報應納稅額中減除。又具備免稅資格的財團法人或機構，仍可依法免稅或退稅。

34 (A)。保管銀行：任何經核准開辦有價證券保管業務之金融機構。我國銀行信託部之服務項目包括：資產保管、**買賣交割**、**過戶登記**、**收益收取**、資料申報、公司重大資訊提供及其他相關資訊。

35 (C)。信託法第26條：信託業不得以信託財產借入款項。但以開發為目的之土地信託，依信託契約之約定、**經全體受益人同意**或受益人會議決議者，不在此限。

36 (B)。信託法第41條：信託業有下列情事之一者，應於**事實發生之翌日起二個營業日內**，向主管機關申報，並應於本公司所在地之日報或依主管機關指定之方式公告：一、存款不足之退票、拒絕往來或其他喪失債信情事者。二、因訴訟、非訟、行政處分或行政爭訟事件，對公司財務或業務有重大影響者。三、有公司法第一百八十五條第一項規定各款情事之一者。四、董事長（理事主席）、總經理（局長）或三分之一以上董（理）事發生變動者。五、**簽訂重要契約或改變業務計畫之重要內容**。六、信託財產對信託事務處理之費用，有支付不能之情事者。七、其他足以影響信託業營運或股東或受益人權益之重大情事者。

37 (B)。同時符合下列條件，並以書面向銀行申請為專業客戶之自然人：提供新臺幣三千萬元以上之財力證明；或單筆交易金額逾新臺幣三百萬元，且於該銀行之存款及投

資往來總資產逾新臺幣一千五百萬元，**並提供總資產超過新臺幣三千萬元以上之財力聲明書。**

38 (C)。銀行應依客戶投資屬性及風險承受等級，配合個別商品或投資組合之類別，核定適配交易類型如下：(A)綠燈交易：不需特別揭露相關資訊或踐行必要步驟。(B)黃燈交易：銷售人員與督導人員應確實討論該交易對客戶之適當性，必要時應諮詢徵信與法遵部門。(C)橘燈交易：銷售人員應獲得具權責之上級主管書面核准交易。(D)紅燈交易：除非獲得具權責之上級主管書面核准，否則不得推薦此種交易。

39 (C)。銀行辦理財富管理應遵循相關法令，對於法令遵循之查核，一般而言至少應每年一次，但亦應依其規模及風險狀況進行適當調整。

40 (C)。(A)**簽證**：指票券商接受發行人之委託，對於其發行之短期票券、債券，核對簽章，並對應記載事項加以審核，簽章證明之行為。(B)**承銷**：指票券商接受發行人之委託，依約定包銷或代銷其發行之短期票券、債券之行為。(C)**經紀**：指票券商接受客戶之委託，以行紀或居間買賣短期票券、債券之行為。

41 (C)。證券商辦理有價證券買賣融資融券管理辦法第14條第1項：證券商辦理有價證券買賣融資融券，對客戶融資總金額或融券加計辦理第二十二條第一項第五款至第七款

之出借有價證券總金額，分別不得超過其淨值百分之二百五十。

42 (C)。臺灣證券交易所股份有限公司證券經紀商受託契約準則第2條：**委託人有下列各款情事之一者，證券經紀商不得接受委託開戶，已開戶者應拒絕接受委託買賣或申購有價證券**：一、無行為能力人或限制行為能力人未經法定代理人之代理者。二、主管機關之證券期貨局員工未檢具其機關同意書者。三、本公司員工未檢具本公司同意書者。四、受破產之宣告未經復權者。五、受監護宣告未經撤銷者。但監護人為受監護人之利益而處分有價證券者，不在此限。六、受輔助宣告未經撤銷者。但受輔助宣告之人經輔助人同意或法院許可者，不在此限。七、法人委託開戶未能提出該法人授權開戶之證明者。八、證券商未經主管機關許可者。九、委託證券商之董事、監察人及受僱人，代理其在該證券商開戶。十、委託人申請將原開立之全權委託投資帳戶，轉換為自行買賣之委託買賣帳戶者。

43 (A)。消金產品的信用循環包括：產品規劃、行銷策略、授信評估、帳戶管理、風險控管、績效評估及債權收回。客戶行為規範不屬於消費金融業務之查核範圍。

44 (D)。未來物價水準若預期上漲，將因而**增加目前消費**以因應未來會

減少消費。未來物價水準若預期上漲，則貸款利率因而上升，將因而**增加目前消費性貨款**以因應未來減少消費性貸款需求。故選項(D)錯誤。

45 (B)。「圈存金額」指的是一筆單方面被銀行圈住，不能動用的錢。圈存金額小於存款金額時，**應以實際欠款金額**為限。故選項(B)錯誤。

46 (B)。例外管理的規範應周延，差異條件比率不宜過高。

47 (A)。信用卡發卡機構發現持卡人卡片停用、掛失後，仍有國外消費之請款紀錄時，應登錄至國際黑名單。黑名單登錄清冊應存檔，並依據登錄期限定期追蹤。

48 (D)。消費金融產品應以金融消費者風險承受等級及金融商品或服務風險等級來分類，確認金融消費者足以承擔該金融商品或服務之程度，故風險及收益均應考量。

49 (D)。銀行業逾期放款之定義：逾期放款之定義為「積欠本金或利息超過清償期三個月，或**雖未超過三個月，但已向主、從債務人訴追或處分擔保品者**」，亦即將原先列報財團法人金融聯合徵信中心之逾期放款（修正後為甲類逾期放款）及免予列報之應予觀察放款（修正後為乙類逾期放款）皆予納入逾期放款之定義中。

50 (B)。消金業務行銷策略中直接銷售通路包含：個人銷售（含交叉銷售）、電話行銷、電子商務、郵購或行錄銷售、**自動販賣機**、一般營業單位。委外行銷是屬於間接銷售。

51 (D)。金融機構辦理現金卡業務應注意事項第5條：所核給之信用額度應與申請人申請時之還款能力相當，且核給可動用額度加計申請人於全體金融機構之無擔保債務（含信用卡）歸戶總餘額後，**不得超過申請人最近一年平均月收入之二十二倍**。

52 (B)。**第三類可望收回者**：指授信資產經評估有足額擔保部分，且授信戶積欠本金或利息超過清償期十二個月者；或授信資產經評估已無擔保部分，且授信戶積欠本金或利息超過清償期三個月至六個月者。

53 (C)。財團法人金融聯合徵信中心是國內唯一跨金融機構間信用報告機構，兼具公營與民營特色的財團法人，同時蒐集個人與企業信用報告，並發展個人與企業信用評分、建置全國信用資料庫，以提供經濟主體信用紀錄及營運財務資訊予會員機構查詢利用；進而確保信用交易安全，提升全國信用制度健全發展；並提供主管機關金融監理或政府金融政策擬訂所需資訊。

54 (B)。發卡機構發卡行銷活動贈送之贈品，**需明訂贈送條件**（例如為申請、核准或發卡時贈送）和寄送日期等規定，以減少糾紛，已送出之贈品不應追回。

55 (D)。 (A)發卡機構對爭議款項應於受理後**十四日內**告知持卡人處理狀況及進度，調查期間應該停止計算利息。(B)當確定爭議款項為持卡人責任時，方得收取爭議款項處理期間之利息。(C)發卡機構得委由便利商店業代收信用卡帳款。

56 (C)。 交叉銷售（Cross selling）是一種向客戶銷售互補性產品的行銷方式，通常透過通路取得行銷與顧客資料，以確認哪些是具獲利性的目標顧客，並針對該目標客群，設計能滿足其需求及興趣的產品與服務，從中找出交叉銷售的契機。

57 (D)。 (A)**假消費真刷卡**：持卡人持信用卡前往從事融資業務特約商店（地下錢莊）借錢，特約商店再經由刷卡之交易程序與金額填寫，以便向發卡銀行請款，但實際上特約商店並未出售任何商品給持卡人，純粹將錢借予持卡人。(B)**取得未達卡**：第三人有意或無意取得發卡行寄交申請人之新卡。(C)**未印錄卡號**：不法人士冒用持卡人之卡號及基本資料透過網路交易或郵購交易騙得勞務或貨物，而真正的持卡人於收到帳單時，才知已遭冒用。

58 (B)。 提列備抵呆帳及保證責任準備：(一)銀行對資產負債表表內及表外之授信資產，應按上開第四點及第五點規定確實評估，並以第二類授信資產債權餘額之百分之二、**第三類授信資產債權餘額之百分之**

十、第四類授信資產債權餘額之百分之五十及第五類授信資產債權餘額全部之和為最低標準，提足備抵呆帳及保證責任準備。

59 (A)。 應運用數量化核貸程序，取代傳統逐案核貸程序。

60 (D)。 (A)後勤支援系統：有效的售後管理有助於讓客戶再次重新購買，並且提升企業形象。(B)銷售業績考核：考核內容主要包括銷售額、銷售任務完成情況、銷售帳款回收情況、銷售增長情況等內容。(C)激勵措施：如帶員工外出，一同享用平價的午餐，並公開讚揚員工，此舉有引領和凝聚作用。

61 (D)。 正常還款＝還款能力＋還款意願其中還款意願的評估會以借款人以往的信用記錄為參考指標，例如借款人是否按期支付上游客戶款項、是否按期支付水電費、是否按期支付員工工資等事項進行核實，透過個人或企業的誠實、守信、是否遵紀守法等「歷史表現」來對借款人的人品進行判斷。

62 (B)。 發卡機構應與受委託機構研訂安全控管計畫，且受委託機構每筆帳單代收金額上限為**新台幣貳萬元**。

63 (D)。 客戶家中有婚喪喜慶時或家中有聚會時應避免拜訪。故選項(D)錯誤。

64 (B)。 擔保物之抵押及質權設定應於**撥貸前**辦理。

65 (D)。應收帳款、應付帳款等會計科目應確實**逐筆銷帳**。

66 (D)。寄發催繳信函只是要讓還款人有所警惕，若欠款人仍舊不還款，才會進入法催程序，法院的催收程序也有階段性：支付命令→本票裁定→強制扣薪（法扣）。

67 (D)。消費者信用交易範圍，包括**購屋貸款**、**房屋修繕**、耐久性消費財、**支付學費**及其他個人之貸款交易，以及信用卡、現金卡之循環信用交易。不包括選項(D)廠房設備汰舊貸款。

68 (D)。(A)對不熟悉客戶需確認其身份，以可靠來源之文件或資料予以辨識及驗證客戶身分，並予以保存。(C)放款覆審得以定期及不定期方式進行，每一放款案件經辦理覆審後，應即列入覆審紀錄簿，並定期編製覆審報告。其涉及特殊情形者，則應隨時提出報告。對重要金融貸款案件至少應每半年實地調查一次。

69 (A)。消費基金管理日結報表可知道每日基金淨值，和消費金融業務查核並無相關。

70 (D)。**消費金融產品多樣化**，**產品種類眾多**，接觸消費者廣泛，金融業務範圍愈廣，經營成績愈出色。

71 (B)。若貸款對象過去無信用不良記錄，債信正常，也有足夠財力證明及還款能力，任何消費者皆可向銀行提出消費者貸款。

72 (C)。信用卡爭議款項於受理後，調查期間應停止計算利息。

73 (C)。(A)庫房鑰匙應**由檔案管理專責人員妥善保管**，並複製鑰匙置放「總務科備用鑰匙箱」統一管理，於遭遇緊急狀況時（如火災、地震、非法入侵等）。戒護科值勤人員得請督勤官開啟備用鑰匙箱，進入庫房作必要之處置。(B)借款人以具有行為能力者為原則。(D)申辦信用卡需填寫申請表格，表格上均詳細記載費用及還款相關約定，申請人需簽名，表示已了解並同意所列權利及義務，業務員除了需口頭解釋告知外，還提供信用卡申請表（定型化契約）供申請人留存。

74 (A)。如須由本行撥款代償時，應事先照會原貸行，並設法瞭解借戶於該行履約情形（如向借戶徵提繳息明細、有無其他保證債務及結欠本金餘額等）。另**放款不得以開立無記名支票支付**，必須轉帳存入借戶設於本行之存款帳戶內或依委託轉入指定帳戶。

75 (A)。現行網路銀行的三種安全機制可區分為SSL、SET、與Non-SET等三種機制。
SSL：客戶可憑身份證字號、網路代碼、網路密碼為權限進入網路銀行系統，可用於查詢及低風險性的小額轉帳交易，在轉帳額度上，除非是指定帳戶，否則每筆轉出不得超過5萬、每日最高10萬、每月最高20萬。
優點：

(1) 是目前線上交易最普及使用的安全協定。

(2) 不需事先取得認證，使用較方便。

缺點：

(1) 消費者無法確認電子商務網站是否是正派、穩當的在經營，店家也無法知道消費者的真實身份，也無法防範盜刷的問題。

(2) 購物網站仍可取得消費者的信用卡資料，若保管不當，亦可能讓資料外洩被盜刷。

SET：**客戶申請以銀行帳號作為認證基礎的電子憑證**並**安裝電子錢包**使用，須同時使用電子錢包及密碼進入網路銀行系統，可查詢、轉帳，轉帳額度由銀行業者自訂，**安全性比SSL高**，但不同帳號須申請多張憑證，管理上較麻煩。

優點：

(1) 每個人必須拿身份證明的文件到認證中心取得認證。

(2) 購物網站無法取得消費者的信用卡資料，不用擔心被盜刷的問題。

(3) 付款銀行看不到消費者的購物內容，保障了消費者的隱私權。

缺點：需向認證中心取得認證，手續較麻煩。

76 (C)。 程式修改後須由換版人員利用電腦與原程式作比對，產生報表供主管覆核。

77 (D)

78 (B)。 經核准辦理衍生性金融商品業務之銀行，有下列事項之一者，其辦理之衍生性金融商品以避險為限：(一)**最近一季底逾期放款比率高於百分之三**。(二)本國銀行自有資本與風險性資產比率低於銀行法規定標準。(三)備抵呆帳提列不足。

79 (A)。 (B)**流動性風險**：係指金融資產之變現能力或指無法以合理價格軋平部位所產生之風險。一般而言店頭市場多係配合買賣雙方需要，而設計之非規格的產品，其交易較不活絡，流動性較低，故其流動性風險亦較大。(C)**信用風險**：係指交易之一方因無法履行交易契約義務，而導致另一方發生損失之風險。信用風險之衡量通常以「重置成本」來預測，並以收受抵押品或保證金來降低風險。(D)**作業風險**：係指內部制度設計不當、人謀不臧或控管不周所造成損失之風險。通常此類風險可藉由有效的內部控制予以降低。

80 (D)。 銀行辦理衍生性金融商品業務內部作業制度及程序管理辦法第5條：銀行辦理衍生性金融商品業務，應檢具本會規定之申請書件，向本會申請核准，並符合下列規定：一、銀行自有資本與風險性資產比率符合本法規定標準。二、無備抵呆帳提列不足情事。三、**申請日上一季底逾放比率為百分之三以下**。四、申請日上一年度無因違反銀行法令而遭罰鍰處分情事，或其違法情事已具體改善，經本會認可。

解答及解析

第44期	銀行內部控制與內部稽核法規（一般金融、消費金融）

( )　**1** 依銀行法規定，銀行原則上僅能對下列何者為無擔保授信？
(A)銀行之負責人
(B)銀行之職員
(C)銀行之主要股東
(D)銀行對其持有實收資本總額百分之二之企業。

( )　**2** 依銀行法規定，下列何者為銀行辦理貼現之票據？　(A)遠期支票　(B)未載明到期日之本票或匯票　(C)遠期匯票或本票　(D)即期支票。

( )　**3** 依金融控股公司法所定罰鍰，經主管機關限期繳納而屆期不繳納者，自逾期之日起，每日加收滯納金為百分之多少？
(A)1%　(B)2%
(C)3%　(D)4%。

( )　**4** 依「金融控股公司法」規定，金融控股公司之銀行子公司經董事會決議通過，與該金融控股公司負責人、大股東及該金融控股公司之關係企業等對象，為授信以外之交易時，其與單一關係人交易金額及與所有利害關係人之交易總額，其上限分別為該銀行子公司淨值之多少百分比？　(A)百分之十、百分之二十　(B)百分之十、百分之三十　(C)百分之十五、百分之三十　(D)百分之十五、百分之四十。

( )　**5** 依「金融控股公司及銀行業內部控制及稽核制度實施辦法」規定，銀行辦理一般查核，下列何者不是其內部稽核報告內容應揭露項目？　(A)經營績效　(B)財務狀況　(C)資訊管理　(D)薪資結構。

( )　**6** 依「金融控股公司及銀行業內部控制及稽核制度實施辦法」規定，下列何者對於確保建立並維持適當有效之內部控制制度負有最終之責任？　(A)董（理）事會　(B)董事長　(C)總經理　(D)總稽核。

( ) **7** 依「金融控股公司及銀行業內部控制及稽核制度實施辦法」規定，會計師辦理銀行年度財務報表查核簽證時，受查銀行有下列何項情況時可不立即通報主管機關？ (A)財務狀況顯著惡化者 (B)遲未建立法令遵循主管制度者 (C)會計或其他紀錄有缺漏，情節重大者 (D)有證據顯示銀行之交易對其淨資產有重大減損之虞者。

( ) **8** 依「金融控股公司及銀行業內部控制及稽核制度實施辦法」規定，各銀行營業單位一般自行查核應多久至少辦理乙次？ (A)每月 (B)每季 (C)每半年 (D)每年。

( ) **9** 依「金融控股公司及銀行業內部控制及稽核制度實施辦法」規定，銀行總經理應督導各單位審慎評估及檢討內部控制制度執行情形，並與相關人員聯名出具聲明書，於主管機關指定網站辦理公告申報，下列何者為聯名人之一？ (A)董事 (B)監察人 (C)總機構遵行法令主管 (D)副總經理。

( ) **10** 依「金融控股公司及銀行業內部控制及稽核制度實施辦法」規定，金融控股公司及銀行業總機構法令遵循主管，每年應至少參加主管機關認定機構所舉辦或所屬金融控股公司（含子公司）或銀行業（含子公司）自行舉辦幾小時之教育訓練？ (A)四十五小時 (B)三十小時 (C)二十小時 (D)十五小時。

( ) **11** 依「金融控股公司及銀行業內部控制及稽核制度實施辦法」規定，各銀行營業、財務保管及資訊單位辦理自行查核時，應由下列何者指定非原經辦人員辦理？ (A)單位主管 (B)業務主管 (C)法令遵循主管 (D)內部稽核。

( ) **12** 國外金融監理機關檢查本國銀行海外分支單位之檢查報告，應函報本國金融檢查機構之期限，為國外金融檢查機構規定函覆期限後之多少時間內？ (A)二星期內 (B)三星期內 (C)一個月內 (D)二個月內。

(　) 　**13** 依「中華民國銀行公會會員安全維護執行規範」規定，銀行營業處所應設置自動報案系統直通警局，有關該系統之測試規定，下列敘述何者正確？　(A)每週應查核測試一次　(B)每十天應查核測試一次　(C)每月至少查核測試一次　(D)每月至少查核測試二次。

(　) 　**14** 依「中華民國銀行公會會員安全維護執行規範」規定，對疑有客戶金融卡及信用卡資料遭盜錄或自動櫃員機吐鈔處異常，致客戶提領之現鈔遭盜取情形者，須查明辦理之事項，下列何者錯誤？　(A)應即通報轄區警察機關處理　(B)對可能被盜錄之金融卡或信用卡資料，應儘速銷毀　(C)屬本行客戶者，應即以電腦控管辦理停卡並通知客戶換卡　(D)屬跨行客戶者，應即通知所屬金融機構及通報財金資訊公司轉知所屬金融機構辦理停卡及換卡作業。

(　) 　**15** 依「金融機構安全維護注意要點」規定，已委請合格保全業服務之金融單位，取消例假日及夜間值班後，有關偶突發事件之聯絡處理及每日設定交付保全之責任歸屬，應由下列何單位妥為規劃？　(A)保全單位　(B)委保單位　(C)總行管理單位　(D)轄區警察單位。

(　) 　**16** 依「金融機構安全設施設置基準」規定，一般代用運鈔車可不具備下列何項安全設備？　(A)滅火器　(B)警報揚聲器　(C)防彈玻璃　(D)自動熄火開關。

(　) 　**17** 依「金融機構辦理電子銀行業務安全控管作業基準」規定，透過金融機構專屬網路傳輸高風險性之「電子轉帳及交易指示類」交易，下列何項安全防護措施非屬必要？　(A)訊息完整性　(B)訊息隱密性　(C)訊息來源辨識　(D)無法否認傳送訊息。

(　) 　**18** 金融同業競爭激烈，但為發揮同業互助精神，共同防範歹徒詐騙事件，以維護社會信用交易，主管機關曾規範訂立什麼要點？　(A)金融機構安全維護注意要點　(B)金融同業間遭歹徒詐騙案件通報要點　(C)金融機構與聯合徵信中心徵信要點　(D)金融同業機構共同合作要點。

( ) **19** 依「信用卡業務機構管理辦法」規定，專營信用卡業務機構辦理發卡或收單業務時，有下列何種情形者，應即將財務報表及虧損原因函報主管機關？ (A)累積虧損逾實收資本額、捐助基金及其孳息之五分之一 (B)累積虧損逾實收資本額、捐助基金及其孳息之四分之一 (C)淨值低於專撥營運資金之三分之一 (D)淨值低於專撥營運資金之三分之二。

( ) **20** 依「信用卡業務機構管理辦法」規定，信用卡發卡機構對當期應繳最低金額超過指定繳款期限一個月至三個月者，應依全部墊款金額提列至少多少比例之備抵呆帳？ (A)百分之一 (B)百分之二 (C)百分之三 (D)百分之五。

( ) **21** 下列何者非屬信用卡收單機構之業務？ (A)審核特約商店 (B)核准持卡人額度 (C)特約商店請款查詢 (D)客戶爭議帳款處理。

( ) **22** 依「信用卡業務機構管理辦法」規定，信用卡公司應自主管機關許可設立之日起，除有正當理由經申請核准展延者外，至遲多久內辦妥公司設立登記？ (A)二個月 (B)六個月 (C)九個月 (D)一年。

( ) **23** 依銀行公會會員徵信準則規定，中小企業總授信金額在新台幣一千五百萬元以下且具有十足擔保者，短期授信得免辦理下列何種徵信項目？ (A)企業之組織沿革 (B)企業及其主要負責人一般信譽 (C)企業之設備規模概況 (D)存款及授信往來情形。

( ) **24** 辦理無追索權應收帳款承購業務，其授信對象為下列何者？ (A)應收帳款讓與者 (B)應收帳款還款者 (C)出口商 (D)分期付款銷售業者。

( ) **25** 依「中華民國銀行公會會員徵信準則」規定，徵信單位辦理徵信，除另有規定外，應以下列何種調查為主？ (A)直接調查 (B)間接調查 (C)內部調查 (D)外部調查。

( ) **26** 依「銀行辦理衍生性金融商品業務內部作業制度及程序管理辦法」規定，關於衍生性金融商品部位之評價頻率，銀行應依照部位性質分別訂定；其為交易部位者，應以即時或每日市價評估為原則；其為銀行本身業務需要辦理之避險性交易者，至少多久評估一次？ (A)每週 (B)每月 (C)每季 (D)每半年。

( )　**27** 依主管機關規定，商業銀行不得投資於該銀行負責人擔任董事之公司所發行之下列何種商品？　(A)金融債券　(B)基金受益憑證　(C)經其他銀行保證之公司債　(D)銀行發行之可轉讓定期存單。

( )　**28** 證券承銷商代銷有價證券，其承銷期間最長不得超過幾日？
(A)十日　　　　　　　　　　　(B)二十日
(C)三十日　　　　　　　　　　(D)六十日。

( )　**29** 依國際清算銀行巴塞爾監理委員會所訂「內部控制制度評估原則」，監理機關應要求所有銀行須建立適合其資產負債表內及表外業務性質之有效內部控制制度，並應如何調整？　(A)總經理更換時調整　(B)隨著經營環境及情勢變化作調整　(C)每日調整　(D)每月調整。

( )　**30** 依「國際清算銀行巴塞爾監理委員會所訂內部控制制度評估原則」規定，建立權責劃分明確及報告系統完整之組織架構，為何者之責任？　(A)董事會　(B)監察人　(C)高階管理階層　(D)股東會。

( )　**31** 有關金融機構辦理保管及有價證券買賣業務，應加強辦理之事項，下列何者錯誤？　(A)與交易對手及交易內容之確認　(B)辦理交割時，應確認有價證券之真實性　(C)對客戶異常性之鉅額交易作必要之查證　(D)發現有價證券遭偽變造時，應即通報銀行公會。

( )　**32** 為加強本國銀行總行對其海外分行之監督管理，以落實其海外分行內部控制制度之執行，應確實辦理檢討改善之事項，下列敘述何者錯誤？　(A)切實檢討現行國內分行各項業務之作業政策及流程是否符合內部牽制原則　(B)慎選海外分行主管，並落實職務輪調及強迫休假制度　(C)對有不適任之主管應立即處理　(D)確實建立海外分行與總行之通報系統，以確保內部控制有效運作。

( )　**33** 為落實金融機構內部控制制度、強化內部稽核功能，以有效杜絕金融弊端，各金融機構應納入訓練課程之項目，下列何者錯誤？
(A)內部控制相關規定　(B)金融舞弊案例分析　(C)董事會議事規則　(D)各項業務操作方式。

（　）**34** 會計業務主管得否兼辦有關經理財務之事務？　(A)必須兼辦　(B)不宜兼辦　(C)並無限制　(D)只能做不能說。

（　）**35** 依主管機關規定，有關金融機構核發存款餘額證明應注意事項，下列敘述何者錯誤？　(A)應注意客戶存款資金來源去向及其真實性　(B)對客戶以暫借頭寸申請存款餘額證明者應予拒絕　(C)對存款開戶未滿一年者不得核發存款餘額證明　(D)核發存款餘額證明情形應列為內部稽核及自行查核重點項目。

（　）**36** 依主管機關規定，金融機構不得與客戶概括約定將活期存款轉入下列何者存款帳戶？　(A)同一金融機構之活期存款　(B)同一金融機構之定期存款　(C)同一金融機構之支票存款　(D)其他金融機構之活期存款。

（　）**37** 有關金融機構對於以不實資料詐騙冒貸消費性貸款之防範措施，下列敘述何者錯誤？　(A)對於委外事項應定期稽核　(B)金融機構應評估受託機構內部控制制度之妥適性　(C)辦理消費性放款相關資料之查證及注意事項應列為內部稽核重點　(D)如發現委外之受託人有以人頭戶申請貸款者，俟委託契約到期應終止之。

（　）**38** 有關金融機構委託第三人為消費性放款之行銷時，下列敘述何者錯誤？　(A)應依照「金融機構作業委託他人處理內部作業制度及程序辦法」辦理　(B)應由受委託機構依徵信及授信程序妥為查證　(C)如受託人有以偽造不實資料申請貸款者應即終止契約　(D)受託人如涉有違法情事應移送法辦。

（　）**39** 金融機構買入商業本票到期，向票載付款行庫提示兌償，下列程序何者正確？　(A)自行提示兌償　(B)委託票券經紀商　(C)委託同業代兌　(D)委託他人代兌。

（　）**40** 金融機構對自動櫃員機錄影監視系統之管理，依規定指定人員觀看監視錄影帶之頻率為何？　(A)每日　(B)每週　(C)每月　(D)每季。

( ) **41** 有關銀行辦理委外作業，下列敘述何者正確？ (A)受委託機構執行業務得以銀行名義為之 (B)委外事項包括辦理消費信用貸款衍生之開戶作業客戶身分及親筆簽名之核對 (C)受託機構或其僱傭人員之疏失，損害消費者權益，金融機構應先依委外契約書向受委託機構追償，再對消費者負責 (D)若受託機構有違法情事致銀行客戶權益受損，銀行仍應依銀行法、個人資料保護法及民法等相關規定對客戶負責。

( ) **42** 有關主管機關核准金融機構可委外辦理之事項，下列何者錯誤？ (A)鑑價作業 (B)應收債權之催收作業 (C)便利商店代收信用卡帳款 (D)車輛貸款業務授信審核之准駁。

( ) **43** 有關金融機構派員赴證券商辦理收付款項，下列敘述何者錯誤？ (A)限於證券商客戶交易款項之收付 (B)得以活期存款方式辦理 (C)得以活期儲蓄存款方式辦理 (D)得以定期存款方式辦理。

( ) **44** 警察機關因偵辦刑事案件需要，行文查詢與該案有關金融機構客戶之存放款資料，下列敘述何者正確？ (A)金融機構先提供資料再陳報主管機關 (B)由規定層級以上人員核准，逕行行文金融機構，毋需報主管機關核准 (C)報請主管機關核准後，金融機構再提供資料 (D)報請銀行公會核准後，金融機構再提供資料。

( ) **45** 各金融機構發生重大偶發舞弊事件時，須將詳細資料或後續處理情形於多久期限內函報主管機關備查？ (A)七個營業日 (B)三個營業日 (C)二個營業日 (D)當日。

( ) **46** 為確保資料之即時性，金融聯合徵信中心接獲通報「警示帳戶」資料，應多久之內將資料轉入「信用資料庫」？ (A)每半小時 (B)每一小時 (C)每二小時 (D)每三小時。

( ) **47** 有關發卡機構辦理信用卡業務，下列敘述何者錯誤？ (A)各發卡機構於核給信用卡信用額度時，應確認申請人身分之真實性 (B)信用卡預借現金功能係提供持卡人有急需現金之用 (C)發卡機構不得對信用卡預借現金功能進行行銷 (D)發卡機構對已核發之信用卡至少每年應定期辦理覆審。

( )　**48** 依主管機關規定，下列何者應計入銀行法第 33 條規定之授信限額及授信總餘額內？　(A)配合政府政策，經主管機關專案核准之專案授信　(B)對政府機關或公營事業之授信　(C)以非屬授信銀行之存單為擔保品之授信　(D)經中央銀行專案轉融通之授信。

( )　**49** 下列何者非屬「金融機構出售不良債權應注意事項」之適用對象？　(A)郵局　(B)銀行　(C)信用合作社　(D)票券金融公司。

( )　**50** 金融機構出售不良債權，下列何者非屬其標售公告應揭露之事項？　(A)得標後之付款條件　(B)出售標的如含現金卡及信用卡債權時，應公告持卡人之信用資料　(C)出售標的如為消費性信用貸款債權，且出售機構指定催收機構時，應公告委託催收之契約內容　(D)如保留不予決標之權利，應敘明不予決標之特定事由。

解答及解析 （答案標示為#者，表官方曾公告更正該題答案。）

1 (D)。銀行不得對其持有實收資本總額百分之三以上之企業，或本行負責人、職員或主要股東，或對與本行負責人或辦理授信之職員有利害關係者，為無擔保授信。本法所稱主要股東係指持有銀行已發行股份總數百分之一以上者；主要股東為自然人時，本人之配偶與其未成年子女之持股應計入本人之持股。

2 (C)。根據銀行法第3條第1項第6款規定，銀行可承辦「辦理票據貼現」的服務項目是指銀行票貼的業務。銀行票貼在銀行的服務項目中通常稱為「墊付國內票款」或「應收客票貸款」。其可憑到期之承兌匯票或本票提示付款償還。

3 (A)。金控法第66條：本法所定罰鍰，經主管機關限期繳納而屆期不繳納者，自逾期之日起，每日加收滯納金百分之一；屆三十日仍不繳納者，移送強制執行。

4 (A)。金控法第45條第4項：金融控股公司之銀行子公司與第一項各款對象為第二項之交易時，其與單一關係人交易金額不得超過銀行子公司淨值之百分之十，與所有利害關係人之交易總額不得超過銀行子公司淨值之百分之二十。

5 (D)。內部稽核單位辦理一般查核，其內部稽核報告內容應依受檢單位之性質，分別應揭露下列項目：查核範圍、綜合評述、財務狀況、資本適足性、經營績效、資產品質、股權管理、董（理）事會及審計委員會議事運作之管理、法令遵循、內部控制、利害關係人交

易、各項業務作業控制與內部管理、客戶資料保密管理、資訊管理、員工保密教育、消費者及投資人權益保護措施及自行查核辦理情形，並加以評估。

6 (A)。銀行業應建立完備之內部控制制度並有效執行，董事會對於確保建立並維持適當有效之內部控制制度負有最終之責任；高階管理階層應受董事會的指導和監督，並遵循董事會通過的業務策略、風險偏好、薪酬及其他政策，發展足以辨識、衡量、監督及控制銀行風險之程序，訂定適當有效之內部控制制度。

7 (B)。第30條：會計師辦理第二十八條規定之查核時，若遇受查銀行業有下列情況應立即通報主管機關：一、查核過程中，未提供會計師所需要之報表、憑證、帳冊及會議紀錄或對會計師之詢問事項拒絕提出說明，或受其他客觀環境限制，致使會計師無法繼續辦理查核工作。二、在會計或其他紀錄有虛偽、造假或缺漏，情節重大者。三、資產不足以抵償負債或財務狀況顯著惡化。四、有證據顯示交易對淨資產有重大減損之虞。受查銀行業有前項第二款至第四款情事者，會計師並應就查核結果先行向主管機關提出摘要報告。

8 (C)。銀行業應建立自行查核制度。各營業、財務、資產保管、資訊單位及國外營業單位應每半年

至少辦理一次一般自行查核，每月至少辦理一次專案自行查核。但已辦理一般自行查核、內部稽核單位（含母公司內部稽核單位）已辦理一般業務查核、金融檢查機關已辦理一般業務檢查或法令遵循事項自行評估之月份，該月得免辦理專案自行查核。

9 (C)。銀行總經理應督導各單位審慎評估及檢討內部控制制度執行情形，由董（理）事長、總經理、總稽核及總機構遵守法令主管聯名出具內部控制制度聲明書，並提報董（理）事會通過，於每會計年度終了後四個月內將內部控制制度聲明書內容揭露於銀行網站，並於主管機關指定網站辦理公告申報。

10 (D)。金融控股公司及銀行業內部控制及稽核制度實施辦法第32條第6項：金融控股公司及銀行業總機構法令遵循主管、法令遵循單位主管及所屬人員、國內營業單位、資訊單位、財務保管單位及其他管理單位之法令遵循主管，每年應至少參加主管機關或其認定機構所舉辦或所屬金融控股公司（含子公司）或銀行業（含母公司）自行舉辦十五小時之在職教育訓練，訓練內容應至少包含新修正法令、新種業務或新種金融商品。

11 (A)。各銀行營業、財務保管及資訊單位辦理自行查核，應由該單位主管指定非原經辦人員辦理並事先保密。

12 (D)。行政令函－發文字號：中央銀行金融業務檢查處89.04.08.（89）臺央檢柒字第060008323號函：有關金融合併監理資訊蒐集應配合部分：國外金融監理機關檢查海外分支單位之檢查報告與檢查意見改善情形，應於國外金融監理機關規定函覆期限後兩個月內檢附原文及中文譯本函送本處。

13 (D)。營業廳及重要處所（包括營業廳外設置自動化服務機器之場所）應裝置安全維護自動警報、報警系統、自動錄影監視統及檢討充實各項防護器材，並應指定專人負責操作、監控，切實掌握狀況。報警系統每月至少配合警方測試並檢查二次，其餘各項設施平時應注意保養及維護（修），以發揮良好功能。

14 (B)。〈中華民國銀行公會會員安全維護執行規範〉：平日應經常派員巡查行內外自動櫃員機使用情形，防範歹徒安裝側錄器等盜錄客戶資料或破壞自動櫃員機吐鈔處盜取客戶提領之現鈔，如發現自動櫃員機、門禁或相關防護措施及其週遭裝置不明物體或側錄器材等異常情形，應即調閱監視錄影帶等查明客戶金融卡及信用卡資料有否遭盜錄，如查明疑有客戶金融卡及信用卡資料遭盜錄或自動櫃員機吐鈔處異常致客戶提領之現鈔遭盜取情形，應即通報轄區警察機關處理，並對可能被盜錄之金融卡或信用卡資料，屬本行客戶者，應即以電腦控管辦理停卡並通知客戶換卡；屬跨行客戶者，應即通知所屬金融機構及通報財金資訊公司轉知所屬金融機構辦理停卡及換卡作業，以避免客戶金融卡遭偽造盜領。

15 (B)。非營業時間：凡已委請合格保全業服務之金融單位，例假日及夜間值班得予取消（惟取消後有關偶突發事件之聯絡處理及每日設定交付保全之責任歸屬，由各委保單位自行妥為規劃）；仍維持值班單位，其值班處所應裝設警報、報警器，或視實際需要設置閉路電視監視器，並將按鈕（開關）設於隨手可及之處，值班人員應加強內部查察，作成紀錄，如有異常徵候立即報警，採取必要安全措施。

16 (C)。一般代用運鈔車至少應備有牢固密碼鐵櫃或防盜運鈔箱、警報揚聲器、自動熄火開關（可直接控制或遙控熄火）、滅火器、通信設備。

17 (B)。透過金融機構專屬網路傳輸高風險性之「電子轉帳及交易指示類」交易，訊息隱密性非屬必要之防護措施，但訊息完整性、訊息來源辨識、訊息不可重複性、無法否認傳送訊息皆屬必要之防護措施。

18 (B)。「金融同業遭歹徒詐騙案件通報」是同業間為發揮互助精神，建立通報圈共同防範歹徒詐騙案件，通報的內容包括存款類、存款儲值支付帳戶類、票據類、授信類、外匯類、身分證詐騙等類通報。

解答及解析

19 (D)。專營信用卡業務機構有下列情形之一者，應立即將財務報表、虧損原因及改善計畫，函報主管機關：
(1) 累積虧損逾實收資本額、捐助基金及其孳息之三分之一。
(2) 淨值低於專撥營運資金之三分之二。

20 (B)。信用卡業務機構管理辦法第32條第1項：
備抵呆帳之提列：當月應繳最低付款金額超過指定繳款期限一個月至三個月者，應提列全部墊款金額百分之二之備抵呆帳；超過三個月至六個月者，應提列全部墊款金額百分之五十之備抵呆帳；超過六個月者，應將全部墊款金額提列備抵呆帳。

21 (B)。收單業務是指收單機構向特約商店提供的信用卡交易清算服務。持卡人在特約商店刷卡消費，收單機構從特約商店得到交易單據和交易資料，扣除手續費後付款給特約商店。選項(B)核准持卡人額度是發卡機構之業務。

22 (B)。信用卡公司及外國信用卡公司應自主管機關許可設立之日起，六個月內辦妥公司設立登記，並檢同書件，向主管機關申請核發營業執照。

23 (C)。中華民國銀行公會會員徵信準則第二十二條：
中小企業總授信金額在新台幣六百萬元以下；或新台幣一千五百萬元以下且具有十足擔保者，其徵信範圍簡化如下：

短期授信：A.企業之組織沿革。B.企業及其主要負責人一般信譽（含票信及債信紀錄）。C.產銷及損益概況。D.存款及授信往來情形（含本行及他行）。E.保證人一般信譽（含票信及債信紀錄）。

24 (B)。銀行辦理有追索權及無追索權應收帳款承購業務，係屬授信業務，有追索權者授信對象為應收帳款讓與者即賣方，無追索權者授信對象為應收帳款還款者即買方。

25 (A)。中華民國銀行公會會員徵信準則第12條：徵信單位辦理徵信，除另有規定外，應以直接調查為主，間接調查為輔。

26 (B)。銀行辦理衍生性金融商品業務內部作業制度及程序管理辦法第11條：關於衍生性金融商品部位之評價頻率，銀行應依照部位性質分別訂定；其為交易部位者，應以即時或每日市價評估為原則；其為銀行本身業務需要辦理之避險性交易者，至少每月評估一次。

27 (B)。商業銀行投資有價證券之種類及限額規定第五點：（金管銀法字第10510005390號令）
商業銀行不得投資於該銀行負責人擔任董事、監察人或經理人之公司所發行之股票、新股權利證書、債券換股權利證書、公司債、短期票券及基金受益憑證。但下列情形不在此限：(一)金融債券（含次順位金融債券）。(二)經其他銀行保證

之公司債。(三)經其他銀行保證或承兌之短期票券且經其他票券商承銷或買賣者。(四)銀行發行之可轉讓定期存單。(五)發行期限在一年以內之受益證券及資產基礎證券。(六)銀行因依銀行法第七十四條規定之投資關係，經主管機關核准派任其負責人擔任董事、監察人或經理人之公司所發行之股票、新股權利證書及債券換股權利證書。

28 (#)。 本題官方公告一律給分。

29 (B)。 巴塞爾銀行監理委員會所訂內部控制制度評估原則：
六、監理機關對內部控制制度之評估原則十三：監理機關應要求所有銀行，不論其規模大小均必須建立適合其資產負債表內、表外業務性質、複雜性及風險性的有效內部控制制度，並隨著經營環境及情勢變化而作調整。監理機關若判定某一定銀行的內部控制制度不足以或未能有效控管風險。

30 (C)。 高階管理階層責任（巴塞爾內控評估原則§2）
高階管理階層應該負責：執行董事會所核准之營運策略及政策；研訂作業程序以辨識、衡量、監視及控管風險；維持權責劃分及報告系統明確之組織架構；確保授權辦法得以有效執行；制訂妥善之內部控制政策；監控內部控制制度之適足性及有效運作。

31 (D)。 發現有價證券有疑似偽變造情事時，應立即送請發行機構（或其證券過戶機構）鑑定確認。

32 (A)。 請切實檢討現行海外分行各項業務之作業政策及流程是否符合內部牽制原則。

33 (C)。 公開發行公司應訂定董事會議事規範；其主要議事內容、作業程序、議事錄應載明事項、公告及其他應遵行事項，應依本辦法規定辦理。其與金融機構杜絕金融弊端應納入之訓練課程無關。

34 (B)。 會計事務設有專員辦理者，不得兼辦出納或經理財物之事務。會計人員不得兼營會計師、律師業務，除法律另有規定外，不得兼任公務機關、公私營業機構之職務。

35 (C)。 存戶不管開戶多久,銀行均應審慎核發存款餘額證明,對於客戶以不實存款資金或暫借頭寸申請存款餘額證明情事者,應嚴予禁止。

36 (C)。 依「銀行法第七條有關活期存款依約定方式提取存款之規範」規定,金融機構得與客戶約定由金融機構將活期存款轉入同一或其他金融機構之帳戶,惟不得有概括授權將活期存款轉入支票存款帳戶之情事。

37 (D)。 如發現委外之受託人有以人頭戶申請貸款者,應報請銀行高限主管處理,了解相關交易有無涉及不法情形,委託契約免於俟到期,即可終止。

38 (B)。金融機構委託第三人為消費性放款之行銷或客戶身分及親筆簽名之核對業務，不得簡化徵信及授信程序。

39 (A)。買入商業本票到期時，依正常程序自行向票載付款行庫提示兌償，而非交由他人代兌。

40 (A)。監視錄影系統應指定專人負責操作、監控及管理等工作，並設簿登記管制；所錄影像檔案應至少保存二個月（新開戶櫃檯、自動櫃員機及其周遭部分應至少保存六個月），標示錄影日期，並妥適保管備查。影像檔案內容有涉及交易糾紛或民刑事案件者，於案件未結前，應繼續保存。

41 (D)。
(1)銀行作業委託他人處理，受委託機構執行業務不得以銀行名義為之，應向客戶表明係受銀行委託處理特定事務之獨立受託機構，且其營業處所不得張掛銀行名義之招牌使民眾誤認為銀行之分支機構，其人員亦不得自稱為銀行人員。
(2)金融機構委外作業核定之項目不包括因辦理消費性信用貸款衍生開立存款帳戶作業客戶身分及親筆簽名之核對。
(3)金融機構作業委外如因受委託機構或其僱用人員之疏失致客戶權益受損，仍應對客戶負責。

42 (D)。金融機構作業委託他人處理內部作業制度及程序辦法第3條第1項：

金融機構對於涉及營業執照所載業務項目或客戶資訊之相關作業委外，以下列事項範圍為限：一、資料處理：包括資訊系統之資料登錄、處理、輸出，資訊系統之開發、監控、維護，及辦理業務涉及資料處理之後勤作業。二、表單、憑證等資料保存之作業。三、代客開票作業，包括支票、匯票。四、貿易金融業務之後勤處理作業。但以信用狀開發、讓購、及進出口託收為限。五、代收消費性貸款、信用卡帳款作業，但受委託機構以經主管機關核准者為限。六、提供信用額度之往來授信客戶之信用分析報告編製。七、信用卡發卡業務之行銷業務、客戶資料輸入作業、表單列印作業、裝封作業、付交郵寄作業，及開卡、停用掛失、預借現金、緊急性服務等事項之電腦及人工授權作業。八、電子通路客戶服務業務，包括電話自動語音系統服務、電話行銷業務、客戶電子郵件之回覆與處理作業、電子銀行客戶及電子商務之相關諮詢及協助，及電話銀行專員服務。九、車輛貸款業務之行銷、貸放作業管理及服務諮詢作業，但不含該項業務授信審核之准駁。

43 (D)。「金融機構派員辦理收付款項有關規定」第3條第2項規定：「金融機構派員赴證券商辦理收付款項應切實依下列原則辦理……」其中第2項為：「辦理業務項目，

限於證券商客戶交易款項之收付，並以活期性存款方式辦理為限。」

44 (B)。財政部台財融（一）字第90727360號函：警察機關因偵查犯罪需要，得逕由各警察局行文查詢與該案有關之前揭客戶往來、交易資料，並副知內政部警政署，不需報經本部核准，以簡化行文流程；惟應表明係為偵辦刑事案件需要，註明案由，並須由警察局局長（副局長）判行。

45 (A)。涉嫌舞弊案件或重大偶發事件，未依法令規定之方式盡速向主管機關報告，並於一週內函報詳細資料或後續處理情形。

46 (A)。金融聯合徵信中心接獲刑事警察局及金融機構總行（含金融聯合徵信中心會員及非金融聯合徵信中心會員）所通報「警示帳戶」資料，應每半小時將資料轉入「信用資料庫」。

47 (D)。發卡機構對已核發之信用卡至少每半年應定期辦理覆審。

48 (C)。下列授信得不計入本辦法所稱授信總餘額：(一)配合政府政策，經主管機關專案核准之專案授信或經中央銀行專案轉融通之授信。(二)對政府機關之授信。(三)以公債、國庫券、中央銀行儲蓄券、中央銀行可轉讓定期存單、本行存單或本行金融債券為擔保品授信。(四)依加強推動銀行辦理小額放款業務要點辦理之新臺幣一百萬元以下之授信。

49 (A)。金融機構出售不良債權應注意事項一：
金融機構出售不良債權時，除依其他法令規定外，並應依本注意事項辦理。前項之金融機構係指銀行、信用合作社、票券金融公司及信用卡業務機構。

50 (B)。金融機構出售不良債權應注意事項六：標售公告內容或投標須知，應符合公平合理原則，並應揭露下列各項內容：(一)得標後之付款條件。(二)金融機構如指定催收機構時，應公告委託催收之契約內容、指定之催收機構名單以及相關催收費用之計算。(三)如保留不予決標之權利則應敘明不予決標之特定事由。

解答及解析

第44期　銀行內部控制與內部稽核（一般金融類）

(　) **1** 有關金融控股公司及銀行內部控制及稽核制度之敘述，下列何者錯誤？　(A)應指派高階主管一人擔任法令遵循主管　(B)風險控管單位應附屬於業務部門以利內部控管　(C)內部稽核報告應於查核結束日起二個月內報主管機關　(D)總稽核應定期考核子公司內部稽核作業之成效。

(　) **2** 金融機構的內部控制係一管理過程，由下列何者以外之成員共同實踐以合理保證內控目標之達成？　(A)股東會　(B)董事會　(C)管理階層　(D)全體員工。

(　) **3** 下列何者為控制過程中之第一關卡，且是主要控制？　(A)交易控管　(B)覆核控管　(C)自行查核　(D)內部及外部稽核。

(　) **4** 銀行內部稽核單位執行稽核業務，至少每隔多久應向董事會及監察人報告？　(A)每一個月　(B)每三個月　(C)每六個月　(D)每十二個月。

(　) **5** 會計師審查金融機構出具之內部控制制度聲明書，在辦理查核時，下列何者不須立即通報主管機關？　(A)受查金融機構，財務狀況顯著惡化　(B)發現行員挪用存戶存款達五位數中　(C)在會計或其他紀錄有虛偽造假或缺漏，情節重大者　(D)無法並拒絕提供所需報表、憑證、帳冊及會議記錄。

(　) **6** 託收票據如於遞送途中遺失，應如何處理最為妥適？　(A)通知發票人應向付款行辦理掛失止付　(B)通知委託人並向票據交換所辦理掛失止付　(C)通知委託人並向付款行辦理掛失止付　(D)通知發票人並向票據交換所辦理掛失止付。

(　) **7** 下列何人應負作成自行查核報告之責？　(A)自行查核人員　(B)自行查核負責人　(C)單位負責人　(D)總稽核。

( ) **8** 自行查核負責人對於年度查核計畫之擬定，下列敘述何者錯誤？
(A)應在年度開始前，作成「自行查核年度計畫表」 (B)「自行查核年度計畫表」逐送稽核單位核定 (C)「自行查核年度計畫表」先密陳單位主管核定後，再函報稽核單位備查 (D)自行查核年度計畫之內容須包括查核年度月份、種類、項目及內容等。

( ) **9** 銀行收到次日入帳之待交換票據，應以下列何種會計科目入帳？
(A)借「待交換票據」貸「其他應收款」 (B)借「待交換票據」貸「其他應付款」 (C)借「其他應收款」貸「待交換票據」 (D)借「其他應付款」貸「待交換票據」。

( ) **10** 有關有價證券保管作業，下列敘述何者錯誤？ (A)應經常不定期盤點並作成紀錄 (B)有價證券送法院提存後，應將相關收據存卷或列帳 (C)送法院提存後，其本金、息票於到期時應辦理續存手續 (D)有價證券種類、面額、號碼及張數等內容應在保管袋上標示。

( ) **11** 銀行內外金庫之監視錄影帶依規定應至少保存多久？ (A)二個月 (B)三個月 (C)六個月 (D)一年。

( ) **12** 營業時間外收受之託收票據除設簿登記外，應如何保管？ (A)經辦自行保管 (B)交主管保管 (C)置放金庫內保管 (D)交專人保管。

( ) **13** 依「金融控股公司及銀行業內部控制及稽核制度實施辦法」規定，下列敘述何者錯誤？ (A)銀行之內部控制制度應涵蓋所有營運活動 (B)銀行不論其業務性質及規模，應有一體適用之內部控制制度 (C)銀行應訂定適當之政策及作業程序、相關業務規範及處理手冊 (D)銀行之內部控制制度應適時檢討，必要時應有遵守法令單位、內部稽核單位等相關單位之參與。

( ) **14** 有關金融機構運鈔作業，下列敘述何者錯誤？ (A)運鈔車不准搭載非工作人員 (B)運鈔車運行中，非不得已，絕不停車 (C)運鈔路線與時間不可經常改變 (D)運鈔工作得視實際需要委由合格保全業服務。

( )　**15** 定期儲蓄存款逾期轉期續存或逾期轉存一年期以上之定期存款時，在最長不逾原存單到期日多久期間內，得自原到期日起息？ (A)一個月　(B)二個月　(C)三個月　(D)四個月。

( )　**16** 金融機構支票存款戶因拒絕往來以外原因終止往來後，若再有票據提示，應以何種理由辦理退票？　(A)僅「存款不足」　(B)僅「終止契約結清戶」　(C)僅「終止擔當付款契約」　(D)存款不足及終止契約結清戶。

( )　**17** 金融機構代為扣繳中華民國境內居住之個人之利息所得稅款，至遲應於何時解繳國庫？　(A)次月五日前　(B)次月十日前　(C)代扣日起算五日內　(D)代扣日起算十日內。

( )　**18** 受理票據掛失止付，「掛失止付通知書」影本應於幾日內之退票交換時間前送達票據交換所？　(A)當日　(B)二日　(C)三日　(D)五日。

( )　**19** 票據掛失止付通知人未於規定期限內提出已為聲請公示催告之證明時，原提存之止付票款應如何處理？　(A)轉列「暫收款」　(B)轉列「應收款項」　(C)轉列「其他應付款」　(D)轉回發票人帳戶。

( )　**20** 下列何種公司存入之存款屬「同業存款」？　(A)人壽保險公司　(B)票券金融公司　(C)中華郵政公司　(D)證券金融公司。

( )　**21** 公教人員儲蓄存款，係依承辦銀行下列何種存款利率機動計息？ (A)活期儲蓄存款　(B)薪資轉帳活期儲蓄存款　(C)一年期定期儲蓄存款　(D)二年期定期儲蓄存款。

( )　**22** 受理已到期票據之掛失止付，應立即辦理止付金額留存，並轉列下列何種會計科目？　(A)應付代收款－止付票款　(B)暫收款－止付票款　(C)其他應付款－止付票款　(D)其他應收款－止付票款。

( )　**23** 有關存款印鑑卡管理作業，下列敘述何者錯誤？　(A)印鑑卡應經存戶親簽，並經各級人員核章後啟用　(B)存戶印鑑不得有塗改重蓋之情形　(C)兩人以上聯名開戶時，得由其中一人親簽即可 (D)印鑑卡應填寫啟用日期。

( )　**24** 持有台灣地區居留證之在台大陸地區人民可開設下列何種存款帳
戶？　A.活期存款；B.活期儲蓄存款；C.定期存款；D.支票存款
(A)僅A.B.C　(B)僅A.B.D　(C)僅A.C.D　(D)A.B.C.D。

( )　**25** 甲以空地在乙銀行承作一筆抵押貸款，有關貸放後管理，下列
何者錯誤？　(A)土地價值貶落，應請甲部分償還或補足擔保品
(B)應留存定期檢視土地之書面紀錄　(C)應檢視是否投保足額之
火險保單　(D)應追蹤是否履行原核貸條件。

( )　**26** 受理以本銀行存單為擔保之授信，有關其設定等作業，下列敘述
何者正確？　(A)應出具拋棄抵銷權書面同意書予出質人　(B)由
原存款人於存單背面加蓋原留印鑑並由原存款人加註質權設定情
形　(C)定期儲蓄存款之質借人須為原存款人　(D)借款期限須在
存單到期後一個月內。

( )　**27** 查核信用狀融資時，對於借戶以關係企業為受益人之案件，除授信
五原則外，下列何者為必要查證事項？　(A)關係企業的授信總額
(B)關係企業的授信狀況　(C)有無實際交易　(D)借戶往來情形。

( )　**28** 銀行聲請法院裁定准予實施假扣押，至遲應於收到裁定後幾日內
聲請執行查封？　(A)七日內　(B)十日內　(C)二十日內　(D)三十
日內。

( )　**29** 票據上之權利，對支票發票人自發票日起算，至遲多久期間不行
使，因時效而消滅？　(A)六個月　(B)一年　(C)二年　(D)三年。

( )　**30** 逾期放款個案有因疏於注意請求權而致時效消滅，下列何者時效
最短？　(A)支票之執票人對前手之追索權　(B)匯票之背書人對
前手之追索權　(C)本票之背書人對前手之追索權　(D)本票之執
票人對前手之追索權。

( )　**31** 查核擔保提存物常發現有逾期未領回者，下列敘述何者正確？
(A)所稱逾期指超逾三年　(B)該提存物歸屬法院　(C)期間自供擔
保之原因消滅後起算　(D)提存物若為公債，息票不得領取。

( ) **32** 銀行定存單經設定質權予他人，倘質權人來行使質權，而銀行對該存款人有借款債權存在之處理方式，下列敘述何者正確？　(A)一定可主張抵銷　(B)一定不可抵銷　(C)經債務人同意後可主張抵銷　(D)未放棄抵銷權利者可主張抵銷。

( ) **33** 依民法規定，請求權之時效期間，下列敘述何者錯誤？　(A)借據本金十五年　(B)墊款十五年　(C)利息五年　(D)違約金十年。

( ) **34** 有關辦理授信覆審追蹤工作，下列敘述何者錯誤？　(A)約定分期償還之企業授信戶，應隨時查核存貨及折舊情形　(B)配合交易行為之週轉金貸款，應查核其交易行為是否實在　(C)直接授信應查核其資金實際用途，是否與申貸用途相符　(D)經核准轉期之授信戶，應責成其就財務業務及原計畫之進度，按期填報並作必要查核。

( ) **35** 「貼現」係指銀行以下列何種方式先予墊付，俟本票或匯票到期時收取票款並償還墊款之融通方式？　(A)預收利息　(B)預收本金　(C)預收違約金　(D)預收簽證費。

( ) **36** 依銀行法三十三條授權規定，對銀行之利害關係人為擔保授信，其對同一授信客戶之每筆或累計金額超過新臺幣多少金額或各該銀行淨值百分之一孰低者，應經一定比例董事之出席及同意？　(A)一億元　(B)二億元　(C)三千萬元　(D)一千萬元。

( ) **37** 銀行業受理駐華外交機構辦理新臺幣結匯案件，其結匯金額為下列何者？　(A)不得逾十萬美元　(B)不得逾二十萬美元　(C)不得逾一百萬美元　(D)無結匯金額限制。

( ) **38** 銀行業受理對大陸地區匯出匯款，下列敘述何者錯誤？　(A)得接受分攤兩岸通信費用之匯款　(B)得接受赴大陸地區觀光旅行之匯款　(C)不得接受對大陸地區出口貨款退回之匯款　(D)不得接受大陸子公司匯回盈餘再匯出之金額大於匯回金額。

( ) **39** 外匯指定銀行辦理新臺幣與外幣間遠期外匯交易，依規定得展期時，應依下列何種匯率重訂展期價格？　(A)依原訂契約之匯率辦理　(B)依展期日當時市場之匯率辦理　(C)依原交易日銀行掛牌之匯率辦理　(D)依展期前二個營業日銀行掛牌之平均匯率辦理。

( )　**40** 銀行（DBU）辦理外幣貸款，下列敘述何者錯誤？ (A)國內外顧客均可承作 (B)須先徵信 (C)應查核交易文件 (D)除出口後之出口外幣貸款外，不得兌換新臺幣。

( )　**41** 承作出口押匯對客戶辦理徵信作業，無須徵取之文件為何？ (A)出口押匯約定書 (B)出口結匯申請書 (C)印鑑登記卡 (D)授信約定書。

( )　**42** 銀行承作債券附條件買賣交易，下列措施何者有缺失？ (A)各級人員依分層授權限額劃分標準辦理 (B)於交易紀錄單上詳實記載交易明細及經辦人員 (C)承作附賣回交易，應掣發保管憑證給客戶 (D)到期收回之保管憑條，均由客戶簽章或蓋原留存印鑑。

( )　**43** 銀行兼營證券商依證券交易法第七十一條規定所購入之有價證券（係指包銷購入者），於購入至遲多少時間後仍未賣出者，須計入銀行投資國內外有價證券之限額？ (A)六個月 (B)一年 (C)二年 (D)三年。

( )　**44** 依主管機關規定，銀行轉投資企業總額，至多不得超過投資時銀行淨值之多少？ (A)15% (B)40% (C)100% (D)150%。

( )　**45** 票券商承銷之本票最低發行面額為新臺幣多少？ (A)一萬元 (B)十萬元 (C)五十萬元 (D)一百萬元。

( )　**46** 銀行稽核人員對「信託財產評審委員會」查核時，下列敘述何者錯誤？ (A)信託財產每三個月評審一次 (B)信託財產評審報告定期報告董事會 (C)該委員會主席由督導信託部之主管擔任 (D)該委員會主席由督導授信之副總經理等級人員擔任。

( )　**47** 信託業受託持有「每一員工福利儲蓄（或持股）信託」分別所投資股票合計數達該企業已發行股數至少多少百分比以上時，即應申報主管機關備查？ (A)百分之三 (B)百分之五 (C)百分之七 (D)百分之十。

( )　**48** 依信託法規定，受託人每年應至少定期幾次作成信託財產目錄及編製收支計算表，送交委託人？ (A)一次 (B)二次 (C)三次 (D)四次。

( )　**49** 有關來臺之大陸地區人民，下列何者不可為信託業務之委託人？ (A)具臺灣戶籍之大陸地區人民　(B)在臺已開立新臺幣存款帳戶者　(C)在臺已開立外匯存款帳戶者　(D)配偶具臺灣戶籍而本人不具者。

( )　**50** 受託銀行不得對信託資金運用作何種承諾？　(A)保本保息　(B)盡善良管理人之注意　(C)與自有財產分別管理　(D)依信託契約本旨管理。

( )　**51** 銀行辦理財富管理業務應訂定內線交易及利益衝突之防範機制，下列何者錯誤？　(A)員工接受禮品或招待時應申報　(B)推介商品不得以佣金多寡為考量　(C)薪酬制度應以佣金多寡為唯一考量　(D)理財業務人員不得要求期約或收受不當金錢。

( )　**52** 財富管理業務係以諮詢意見之提供為中心，服務範圍可包括下列何者？　A.所有銀行業務；B.兼營信託業務；C.其他保險、證券相關業務　(A)僅AB　(B)僅BC　(C)僅AC　(D)ABC。

( )　**53** 有關理財業務人員之人事管理辦法範疇，不包括下列何者？　(A)薪資獎酬與考核制度　(B)專業訓練及資格　(C)職業道德規範　(D)投資風險之評估與分類。

( )　**54** 有關商品適合度之規定，可簡約幾個步驟，包括：　A.客戶資料之審視更新；B.需求偏離之監視；C.商品資料之建立分析；D.客戶資料之建立分析；E.客戶部位之重新調整；F.需求適配之分析，下列順序何者合乎邏輯推導？　(A)DCAEFB　(B)FBDCAE　(C)DCFBAE　(D)DFACBE。

( )　**55** 若銀行辦理財富管理業務涉及有價證券投資之顧問行為時，下列何者屬於理財業務人員應遵守之規範？　(A)經手人員取得與業務相關之初次上市（櫃）股票，三十天內不得再行賣出　(B)可利用所獲得之未公開、具價格敏感性之相關資訊從事證券之交易　(C)任何交易利益之優先順序為銀行、客戶、理財人員　(D)經手人員為個人帳戶買入某種股票後三十日內，原則上不得再行賣出。

( ) **56** 證券商辦理有價證券買賣融資融券，對每種證券之融資總金額，最高不得超過其淨值之多少比率？ (A)5% (B)10% (C)15% (D)20%。

( ) **57** 有關證券商在辦理證券承銷案件時，除先行保留自行認購部分外，其配售方式種類，下列敘述何者錯誤？ (A)員工認購 (B)競價拍賣 (C)詢價圈購 (D)公開申購配售。

( ) **58** 票券商辦理商業本票承銷業務，下列敘述何者錯誤？ (A)應對發行公司詳實辦理徵信調查 (B)應查證發行公司發行計畫與償還財源 (C)應取具發行公司自行編制之財務報表，以決定承銷金額 (D)承銷之商業本票經其他金融機構保證者，得免徵信調查。

( ) **59** 下列何種短期票券必須經信用評等機構進行信用評等，方能於票券市場流通買賣？ (A)交易性商業本票 (B)融資性商業本票 (C)商業承兌匯票 (D)銀行承兌匯票。

( ) **60** 有關消費金融商品行銷人員之銷售訓練，下列敘述何者錯誤？ (A)認識產品與市場特性 (B)傳授適當之銷售技巧 (C)瞭解獲得「例外」核准之訣竅 (D)強化行銷人員正確的銷售態度與觀念。

( ) **61** 稽核人員對於消費金融業務之查核，可利用之輔助工具，下列何者較不具相關性？ (A)定期存款明細表 (B)逾期放款明細表 (C)動產設定未回報表 (D)信用相關之管理資訊系統。

( ) **62** 有關銀行以策略聯盟方式行銷消費金融商品，下列敘述何者錯誤？ (A)透過車商推介汽車貸款 (B)透過代書推介房屋貸款 (C)透過房屋仲介業行銷房屋貸款 (D)透過既有客戶推介現金卡、信用卡。

( ) **63** 銀行消費金融產品之策略與規劃，應從下列何者開始？ (A)作業流程 (B)產品定位 (C)市場分析 (D)利潤模型。

( ) **64** 依主管機關規定，除已向主、從債務人訴追或處分擔保品者外，所謂逾期放款是指積欠本金或利息超過清償期多久？ (A)一個月 (B)二個月 (C)三個月 (D)六個月。

(　) **65** 依「信用卡業務機構管理辦法」規定，當月應繳最低付款金額超過指定繳款期限一個月至三個月者，發卡機構應提列全部墊款金額多少比率之備抵呆帳？　(A)2%　(B)10%　(C)50%　(D)100%。

(　) **66** 依主管機關規定，信用卡發卡機構對從事高額異常偽卡消費及從事融資變現異常消費行為之特約商店，應提報予下列何者？　(A)金融聯合徵信中心　(B)聯合信用卡中心　(C)警察局　(D)金融監督管理委員會。

(　) **67** 有關銀行辦理借戶信用評估，下列何者係屬對申貸者的職業特性、在職期間及個人本身的特質，諸如名聲、付款習慣、持有資產等所作的考慮？　(A)信用評等　(B)償債能力　(C)穩定性　(D)還款意願。

(　) **68** 下列何者不是消費金融產品？　(A)信用卡　(B)有價證券質押貸款　(C)汽車貸款　(D)企業週轉資金貸款。

(　) **69** 銀行辦理消費金融業務之績效評估查核，下列何者有缺失？　(A)應收帳款掛帳經適當層級核准　(B)應收、應付帳款設簿控管，且確實逐筆銷帳　(C)已轉銷呆帳之案件，其應收延展利息列為資產　(D)已結案之客戶爭議款項，於電腦系統登錄結案並還款給客戶。

(　) **70** 有關消費金融產品之特性，下列敘述何者錯誤？　(A)多屬具自償性的中短期融資　(B)龐大的銷售及資料處理人員　(C)產品需要不斷創新　(D)承作單位成本高。

(　) **71** 下列何者並非屬銀行辦理「消費者貸款」之業務範疇？　(A)購屋貸款　(B)週轉型房貸　(C)墊付國內票款　(D)信用卡循環信用。

(　) **72** 下列何者非屬金融機構因提供網路銀行服務所帶來之效益？　(A)降低營運成本　(B)不受地緣限制　(C)各項業務將逐步轉到網路銀行上　(D)如同電話語音系統，僅能單向傳遞訊息。

(　) **73** 有關網路銀行之安全控管機制，下列何機制未採用電子憑證，使用者憑身分證號碼、使用者代碼及個人密碼即可進入網路銀行？　(A)SSL機制　(B)SET機制　(C)Non-SET機制　(D)FXML機制。

(　)　**74**　網路銀行業務所稱「約定轉帳」，因資金移轉之稽核軌跡及資金流向十分明確，得排除下列何項安全設計？　(A)訊息隱密性、完整性　(B)來源辨識性、不可重覆性　(C)訊息隱密性、不可重覆性　(D)無法否認傳遞訊息、無法否認接收訊息。

(　)　**75**　下列何者非屬金融機構營業單位與電腦作業有關之電腦犯罪手法？　(A)騙取主管卡進行非法交易　(B)趁他人未簽退時非法輸入交易資料　(C)偽造憑證擅自進行轉帳交易　(D)結帳後輸出報表。

(　)　**76**　有關金融機構電腦主機操作，其每班作業至少應有多少操作員輪值？　(A)一人　(B)二人　(C)三人　(D)四人。

(　)　**77**　有關金融機構電腦系統之開發、維護，下列敘述何者有缺失？　(A)作業轉換計畫視需要包含關聯作業之調整　(B)系統實施前，未經原設計人員以外人員測試或核對測試結果　(C)各種程式文件均指定專人保管，存取時並予以登記控管　(D)已正式實施之作業，其程式之修改均須經申請、核可、驗收程序，並留存紀錄。

(　)　**78**　依據「銀行辦理衍生性金融商品業務內部作業制度及程序管理辦法」，下列何者不屬於衍生性金融商品之範圍？　(A)指數股票型基金(ETF)　(B)新臺幣遠期利率協定(FRA)　(C)新臺幣利率選擇權(IRO)　(D)新臺幣利率交換(IRS)。

(　)　**79**　有關衍生性金融商品之評價作業管理，下列敘述何者錯誤？　(A)交易部位應以即時或每日市價評估為原則　(B)交易員負責評價或提供評價資料　(C)市價評估報告應公允表達部位之公平價值　(D)評估報告應呈報董事會授權之高階主管。

(　)　**80**　有關衍生性金融商品之交易對手信用風險管理，下列敘述何者錯誤？　(A)交易部門應善盡交易對手信用額度之控管責任　(B)銀行應建立定期檢討信用額度妥適性之機制　(C)同一客戶所有業務（含衍生性金融商品交易、傳統授信）之信用風險應合併考量　(D)銀行提供專業客戶之衍生性金融商品交易，應簽訂 ISDA 主合約，規範彼此權利義務。

解答及解析　（答案標示為#者，表官方曾公告更正該題答案。）

1 (B)。 金融控股公司應設置獨立之專責風險控管單位，並定期向董事會提出風險控管報告，若發現重大暴險，危及財務或業務狀況或法令遵循者，應立即採取適當措施並向董事會報告。

2 (A)。 金融控股公司及銀行業內部控制及稽核制度實施辦法第4條第1項：內部控制之基本目的在於促進金融控股公司及銀行業健全經營，並應由其董（理）事會、管理階層及所有從業人員共同遵行，以合理確保達成下列目標：一、營運之效果及效率。二、報導具可靠性、及時性、透明性及符合相關規範。三、相關法令規章之遵循。

3 (A)。 商業銀行內部控制的重點部位為：會計、出納、儲蓄、信貸、電腦、信用卡、資金清算等；商業銀行內部控制的重要環節是：往來帳務、保管箱管理、票據交換、重要單證、印章及操作口令、貸款審批、信用卡授信、抵債資產處置等。上述重點大多與交易相關，故交易控管為銀行內部控制的主要控制。

4 (C)。 金融控股公司及銀行業內部控制及稽核制度實施辦法第10條：金融控股公司及銀行業應設立隸屬董（理）事會之內部稽核單位，以獨立超然之精神，執行稽核業務，並應至少每半年向董（理）事會及

監察人（監事、監事會）或審計委員會報告稽核業務。

5 (B)。 金融控股公司及銀行業內部控制及稽核制度實施辦法第30條：會計師辦理第二十八條規定之查核時，若遇受查銀行業有下列情況應立即通報主管機關：一、查核過程中，未提供會計師所需要之報表、憑證、帳冊及會議紀錄或對會計師之詢問事項拒絕提出說明，或受其他客觀環境限制，致使會計師無法繼續辦理查核工作。二、在會計或其他紀錄有虛偽、造假或缺漏，情節重大者。三、資產不足以抵償負債或財務狀況顯著惡化。四、有證據顯示交易對淨資產有重大減損之虞。

6 (C)。 掛失止付：託收票據如於遞送途中遺失，應通知「委託人」，並立即向付款行辦理掛失止付手續。

7 (A)。 自行查核人員應對自行查核工作底稿及查核報告所提意見之真實性負責。

8 (B)。 「自行查核年度計畫表」先密陳單位主管核定後，再函報稽核單位備查。

9 (B)。 待交換票據：交換後存入之及其票據，應依規定以「借：待交換票據」，「貸：其他應付款」入帳。

10 (C)。 有價證券之本金、息票應完整無缺，到期者應「兌領入帳」。

11 **(A)**。監視錄影系統應指定專人負責操作、監控及管理等工作，並設簿登記管制；所錄影像檔案應至少保存二個月（新開戶櫃檯、自動櫃員機及其周遭部分應至少保存六個月），標示錄影日期，並妥適保管備查。

12 **(C)**。營業時間外所收現金、票據等必須設簿登記，並入庫保管。

13 **(B)**。銀行應依其業務性質及規模有適切之內部控制制度。

14 **(C)**。運鈔路線與時間應經常改變，臨時彈性選用，不可固定，並予保密。

15 **(B)**。定期儲蓄存款逾期處理辦法第2條：定期儲蓄存款逾期轉期續存或逾期轉存一年期以上之定期存款如逾二個月以內者得自原到期日起息，其到期未領之利息，得併同本金轉存，新存款利息，以原存款轉存日之存款銀行牌告利率為準。

16 **(D)**。解釋函令（84）台央業字第877號
支票存款戶與金融業者之往來關係因拒絕往來以外之原因而終止者，往來之金融業應參照「中央銀行管理票據交換業務辦法」第33條及第34條規定，要求存戶繳回剩餘空白票據，對已簽發未經提示付款之票據，支票存款戶并得填具「支票存款戶終止往來後申請兌付票據申請書」連同請兌票據等額現金送交往來之金融業列收「其他應付款」科

目備付。至若再有其他票據經提示者，依本局69年6月12日（69）台央業字第0765號函規定，應填具四聯式「存款不足」退票理由單，附帶「此戶已結清」理由辦理退票。

17 **(B)**。銀行代為扣繳之非中華民國境內居住之個人利息所得稅款，應於代扣之日起十日內將稅款解繳國庫。

18 **(A)**。台灣票據交換所票據交換參加規約第26條：交換單位於受理存戶票據止付通知或撤銷付款委託申請時，除應依照票據掛失止付或撤銷付款委託之相關規定辦理外，並應於當日退票交換時間前，將票據掛失止付通知書或撤銷付款委託申請書之影本送交本所總所或當地分所。

19 **(D)**。對退票備付款留存已滿三年，而原退票據仍未重行提示者，必須填具「備付期滿註記申請單」核轉票據交換所辦理註記，並持將付款轉回發票人帳戶。

20 **(C)**。同業存款是指對各商業銀行、證券公司、信用合作社、信託公司等非銀行金融機構開辦的存款業務。

21 **(D)**。公教人員儲蓄存款應按存款銀行「二年期定期儲蓄存款」牌告利率機動計息；超過限額部份，必須改按活期儲蓄存款利率計息。

22 **(C)**。一、掛失止付：銀行受理掛失止付之通知時，應請票據權利人填具掛失止付通知書及遺失票據申報

書。二、公示催告：通知止付人應於止付通知後五日內提出已為聲請公示催告之證明。三、止付票款：銀行受理已到期票據之掛失止付，應立即辦理止付金額之留存，並轉列其他應付款－止付票款；受理未到期票據之掛失止付，應俟票據到期日再辦理止付金額之留存備付。

23 (C)。聯名開戶應由聯名存戶共同簽立印鑑卡及「聯名帳戶約定事項切結書」，將存款所有權與利息所得歸屬，以及利息所得稅與補充保險費扣繳等問題，訂定處理條款，做為日後處理依據。該切結書應併同開戶約定書或印鑑卡保管。

24 (A)。在臺大陸地區人民申請在臺灣地區銀行開設新臺幣帳戶規定（該法規已於民國93年10月4日廢止）
金管銀(一)字第0930026713號：在臺持有定居證或居留證之大陸地區人民，可自由開設活期存款、活期儲蓄存款、定期存款及定期儲蓄存款帳戶；在臺持有旅行證之大陸地區人民，應以選擇一家銀行開設活期存款與活期儲蓄存款兩種帳戶為限。

25 (C)。由於火災導致房子全損機率不高，為鼓勵民眾提高投保金額，住宅火險設有60%「共保條款」，規定保險金額只要達到重置成本的60%即可視同「足額投保」，損失金額在保額內（部分損失）採實損實賠；但若損失金額超過保額，保額就是最高理賠上限。

26 (C)。存單質押之質借人必須為原存款人；借款期限不得超過原存單到期日，存單背面須由原存款人加蓋原印鑑章、註明質權設定，並應辦妥質權設定程序。以非貸款銀行之定存單為授信擔保者，必須由存單簽發銀行出具拋棄抵押權之書面同意。

27 (C)。辦理國內信用狀融資，有下列異常情形者，應查證其實際交易行為：
(1) 授信案下作為交易憑證之進貨統一發票金額，已逾借款戶當期向稅捐機關申報「營業人銷售額與稅額申報書」所列進貨金額者。
(2) 集團企業相互買賣，透過銀行開發國內信用狀方式進行，並支付開狀費用及存入一至三成之定存單或客票為質，提高關係人購貨成本。
(3) 集團企業間相互買賣，惟買賣標的並非買方或賣方營業項目之產品，且交易發票對象集中，但卻非借款戶自填資料表中主要進、銷貨對象。
(4) 進口商或總代理商頻頻反向下游中、小盤商或主要銷貨廠商鉅額購貨，同一貨品先由關係企業銷售對方，在同一時期又再向對方購回。
(5) 集團企業當期進貨多隨即出售，在各期「營業人銷售額與稅額申報書」所列銷貨及進貨金額相近，致帳上幾無存貨。

28 (D)。債權人於收到法院假扣押、假處分裁定書後，應於三十天內聲請執行查封或處分行為。

29 (B)。票據上之權利，對匯票承兌人及本票發票人，自到期日起算；見票即付之本票，自發票日起算；三年間不行使，因時效而消滅。對支票發票人自發票日起算，一年間不行使，因時效而消滅。

30 (A)。
(1) 支票之執票人，對前手之追索權，四個月間不行使，因時效而消滅。
(2) 匯票之背書人對前手之追索權，六個月間不行使，因時效而消滅。
(3) 本票之背書人對前手之追索權，六個月間不行使，因時效而消滅。
(4) 本票之執票人對前手之追索權，自作成拒絕證書日起算，一年間不行使，因時效而消滅。
故選項(A)支票之執票人對前手之追索權時效最短。

31 (C)。(A)清償提存之提存人聲請取回提存物，應自提存之翌日起10年內為之。(B)逾期其提存物屬於國庫。(C)擔保提存之提存人聲請取回提存物，應於供擔保之原因消滅後10年內為之。(D)代庫機構辦理國庫保管品收付作業要點第十二條：取回或領取部分保管品或已到期公債息票者，應憑法院之公函或相關證明文件辦理。

32 (D)。銀行基於專門職業責任及利益權衡原則，金融機構具有告知得行使抵銷權之義務。銀行對於是否得行使抵銷權早已知之甚詳，對於告知質權人其得行使抵銷權之情事，所費成本極低，亦具有期待可能。相對的，若不予告知，將使債權人因不知抵銷權得行使而遭受不測損害，且債權人幾乎無法探詢抵銷權之資訊，僅能信賴銀行自我揭露。

33 (D)。各種債權請求權之時效為：
(1) 一般借款契約、墊款或借據本金及違約金請求權之時效為「十五年」。
(2) 一般借款契約、墊款「利息」請求權之時效為「五年」。

34 (A)。對約定分期償還之企業放款，應隨時查核其產銷情形及獲利能力。

35 (A)。貼現：提供企業可將在國內銷貨、出租或提供勞務所得之未到期本票或匯票，申請短期融通資金，以支應營運週轉之需。而貼現業務中，利息的取得是在業務發生時即從票據面額中扣除，為預先扣除利息。

36 (A)。銀行法第三十三條授權規定事項辦法第二條：
央主管機關規定金額者，係指銀行對其持有實收資本總額百分之五以上之企業，或本行負責人、職員或主要股東，或對與本行負責人或辦理授信之職員有利害關係者為擔保授信，其對同一授信客戶之每筆或累計金額達新臺幣一億元或各該銀行淨值百分之一孰低者。

解答及解析

37 (D)。銀行業受理駐華外交機構辦理新臺幣結匯申報案件，不論結匯性質，均無結匯金額限制。會計師事務所、律師事務所及診所等事業之結匯金額，按照團體之規定辦理。

38 (C)。為因應兩岸經貿往來之需求，落實「區域金融服務中心推動方案」，行政院金融監督管理委員會（以下簡稱金管會）已修正發布「臺灣地區與大陸地區金融業務往來許可辦法」。（民國94年）
循序放寬外匯指定銀行辦理對大陸地區匯出款項目，因應民間對大陸地區匯款需求，並完善企業資金匯回可循環運用機制，以引導資金回流。有關新增之對大陸地區匯出款項目包括：
(1) 經許可赴海外及大陸地區投資之廠商，其海外及大陸地區之子公司匯回股利、盈餘之再匯出款。但其匯出金額不得大於匯回金額。
(2) 對大陸地區出口貨款退回之匯款。
(3) 經許可赴大陸地區設立辦事處之辦公費用匯款。
(4) 赴大陸地區觀光旅行之匯款。
(5) 大陸地區人民及未領有臺灣地區居留證、外僑居留證或領有相關居留證有效期限未滿一年之個人在臺灣地區所得及未用完資金之匯款。但每筆結購金額不得逾10萬美元。

39 (B)。銀行業辦理外匯業務管理辦法第32條第2項：辦理外幣間遠期外匯及換匯交易，展期時應依當時市場匯率重訂展期價格，不得依原價格展期。

40 (A)。銀行（DBU）辦理外幣貸款以國內顧客為限。

41 (B)

42 (C)。承作附買回交易，應掣發保管憑證給客戶。

43 (B)。商業銀行投資有價證券之種類及限額規定（金管銀法字第10510005390號令）銀行兼營證券商依證券交易法第七十一條規定所購入之有價證券，於購入一年後仍未賣出者，應計入前三款投資有價證券之限額內。

44 (B)。商業銀行轉投資應遵守事項準則第74條第3項：投資總額不得超過投資時銀行淨值之百分之四十，其中投資非金融相關事業之總額不得超過投資時淨值之百分之十。

45 (B)。票券商承銷之本票發行面額，以新台幣十萬元為最低單位，並以十萬元之倍數為發行單位，但債票形式之本票，最高發行面額不得大於新台幣一億元。

46 (C)。信託財產評審委員會之組織及評審規範第5條：
委員會應設召集人一人，委員會由召集人召開之。召集人由董事會或總經理於委員會委員中指定，如由總經理指定者並應提報董事會備查。委員會開會時由召集人擔任主席，召集人因故缺席時，由出席委

員互推之。委員會之決議應有過半數之委員出席，出席委員過半數之同意行之。

47 (B)。受託持有「每一員工福利儲蓄（或持股）信託」分別所持有股票合計數達該企業已發行股數5%以上者，應申報金管會備查。

48 (A)。信託法第31條第2項：受託人除應於接受信託時作成信託財產目錄外，每年至少定期一次作成信託財產目錄，並編製收支計算表，送交委託人及受益人。

49 (D)。銀行業辦理外匯業務作業規範第九點：

經許可辦理新臺幣特定金錢信託投資外幣有價證券業務之指定銀行，應依下列規定辦理：

該信託資金之委託人以下列為限：

(1) 本國自然人、領有臺灣地區相關居留證、外僑居留證或外交部核發相關身分證件之外國自然人及大陸地區人民。

(2) 本國法人、經我國政府認許或依我國公司法及有限合夥法辦理分公司及分支機構登記之外國法人。

(3) 其他經金融監督管理委員會（以下簡稱金管會）或本行核准者。

50 (A)。各受託銀行辦理指定用途信託資金投資國內外基金業務應行注意事項第七項：受託銀行禁止行為：一、全權委託（代客操作）及擅自以委託人名義為交易之禁止。二、推薦基金禁止及禁止任何易引起委託人誤解推薦基金行為。三、禁止選擇特定基金為標的物作投資組合之推薦。四、保本保息約定之禁止。五、禁止受託銀行以外之第三人（如：基金公司或投顧公司之職員）在受託銀行總行或分支機構從事推薦基金之行為。六、受託銀行就委託人及受益人之個人資料應予保密，禁止受託銀行及其職員向受託銀行以外之第三人提供委託人或受益人相關資料。

51 (C)。薪酬制度，應衡平考量佣金、客戶委託規劃資產之成長及其他因素，並不得以收取佣金多寡為考量推介商品，亦不得以特定利益或不實廣告，利誘客戶買賣特定商品。

52 (D)。財富管理業務依據客戶需求作財務規劃或資產負債配置，以提供銀行全方位之金融商品及服務，舉凡客戶需要且銀行得承作之業務範圍內均屬之，其可包括：A.銀行一般業務，如存款、授信、投資及財務顧問、衍生性金融商品、保管、外匯、信用卡等各項業務；B.銀行兼營信託及證券相關業務；C.銀行透過金控集團下保險、證券子公司之共同行銷服務，非金融控股公司下之銀行則可透過合作推廣方式提供證券、保險服務。

53 (D)。所稱理財業務人員之人事管理辦法，內容應包括理財業務人員之資格條件、專業訓練、職業道德規範、薪資獎酬及考核制度等。

解答及解析

54 (C)。商品或服務適合度原則：充分瞭解商品特性及金融消費者之相關資料，以確保該商品或服務對金融消費者之適合度。（客戶資料與商品資料之建立）
告知與揭露原則：以金融消費者能充分瞭解之文字或其他方式，說明金融商品或服務之重要內容，並充分揭露風險。（根據客戶風險程度做需求商配分析）

55 (D)。中華民國證券投資信託暨顧問商業同業公會證券投資顧問事業從業人員行為準則第十一條：經手人員為其個人帳戶買入某種股票後三十日內不得再行賣出，或賣出某種股票後三十日內不得再行買入。但有正當理由並事先以書面報經督察主管或其他由高階管理階層所指定之人允許者，不在此限。

56 (B)。證券商辦理有價證券買賣融資融券管理辦法第15條：證券商辦理有價證券買賣融資融券，對每種證券之融資總金額，不得超過其淨值百分之十。

57 (A)。中華民國證券商業同業公會證券商承銷或再行銷售有價證券處理辦法承銷總數、預計過額配售數量、證券承銷商先行保留自行認購數量、對外公開銷售部分及提出詢價圈購數量占對外公開銷售部分之比例。

58 (C)。票券金融管理法第29條：票券商辦理本票之承銷、保證或背書時，應對發行本票之公司詳實辦理徵信調查，查證其發行計畫及償還財源，並取得經會計師查核簽證之財務報表及查核報告書，以決定承銷、保證或背書金額。但承銷之本票經其他金融機構保證者，不在此限。

59 (B)。商業本票分為「交易性商業本票」（或稱第一類商業本票，簡稱CP1）與「融資性商業本票」（或稱第二類商業本票，簡稱CP2）。交易性商業本票是有實際的商品或勞務交易而產生的商業本票，故具有自償性，融資性商業本票是一般公司為籌措短期資金而發行的商業本票。融資性商業本票的發行人，必須取得信用評等機構評等，或者由經信用評等機構評等的金融機構（包括銀行及票券金融公司）保證。

60 (C)。銀行特殊情況之例外核准，限於銀行子行於國外管轄權下，因主管機關之實施決策，致銀行無法符合該條件時採用。並非消費金融行銷人員之銷售訓練的重點。

61 (A)。消費金融業務之風險控制以及債權收回情形是稽核重點，選項中的定期存款明細應屬銀行存匯業務查核之項目，與消費金融業務較無關。

62 (D)。透過車商、仲介或代書，或透過客戶推介，均屬於間接銷售的方式，然透過客戶推介並沒有如策略聯盟之互利效果。

63 **(C)**。消費金融產品規劃首先要做市場分析，以決定目標市場；再從事產品定位，最後擬定利潤模型，授信準則和作業流程。

64 **(C)**。逾期放款之定義為「積欠本金或利息超過清償期三個月，或雖未超過三個月，但已向主、從債務人訴追或處分擔保品者」，亦即將原先列報財團法人金融聯合徵信中心之逾期放款（修正後為甲類逾期放款）及免予列報之應予觀察放款（修正後為乙類逾期放款）皆予納入逾期放款之定義中。

65 **(A)**。信用卡業務機構管理辦法第32條：
發卡機構應依下列規定辦理逾期帳款之備抵呆帳提列及轉銷事宜：
一、備抵呆帳之提列：當月應繳最低付款金額超過指定繳款期限一個月至三個月者，應提列全部墊款金額百分之二之備抵呆帳；超過三個月至六個月者，應提列全部墊款金額百分之五十之備抵呆帳；超過六個月者，應將全部墊款金額提列備抵呆帳。

66 **(B)**。信用卡發卡機構對從事高額異常偽卡消費及從事融資變現異常消費行為之特約商店，應提報予聯合信用卡中心。
信用卡發卡機構發現持卡人卡片停用、掛失後，仍有國外消費之請款紀錄時，應登錄至國際黑名單。黑名單登錄清冊應存檔，並依據登錄

期限定期追蹤。

67 **(C)**。消費金融業務以借款人之薪資收入作為還款來源較具穩定性。

68 **(D)**。企業營運需要投入相當多成本，例如生產、人事成本以及租金和其他應付帳款等，即為「企業週轉金」。若企業原本要收取的資金無法立即入帳，而若有其他費用需立即付款，容易造成入不敷出的窘境，便需要企業週轉金貸款，以維持正常營運，此筆貸款屬大額貸款，非為消費金融。

69 **(C)**。已轉銷呆帳如有回復正常放款或收回者，應調整備抵呆帳餘額或呆帳費用。

70 **(A)**。消費性金融產品的特性為：不具自償性、多為中長期融資、每筆金額小，客戶量須達一定規模才有利潤；銷售及資料處理人力需求大，且產品要不斷創新、服務要便捷。

71 **(C)**。銀行法第32條所稱之消費者貸款，係指對於房屋修繕、耐久性消費品（包括汽車）、支付學費與其他個人之小額貸款，及信用卡循環信用。

72 **(D)**。網路銀行可藉由網路，利用電子郵件將帳單及銀行相關訊息寄給客戶，使客戶取得銀行相關活動最新資料，客戶可24小時與銀行往來；而客戶也可透過銀行網路系統進行個人帳戶餘額查詢、轉帳、基金下單、股票下單、匯率利率查

詢、申請貸款、信用卡帳單查詢與繳納等銀行服務，其效益是雙向的。故選項(D)錯誤。

73 (A)。現行網路銀行的三種安全機制可區分為SSL、SET與Non-SET等三種機制。
SSL：客戶可憑身份證字號、網路代碼、網路密碼為權限進入網路銀行系統，可用於查詢及低風險性的小額轉帳交易，在轉帳額度上，除非是指定帳戶，否則每筆轉出不得超過5萬、每日最高10萬、每月最高20萬。
優點：
(1) 是目前線上交易最普及使用的安全協定。
(2) 不需事先取得認證，使用較方便。

74 (D)。網路銀行業務所稱「約定轉帳」，因資金移轉之稽核軌跡及資金流向十分明確，故得排除「無法否認傳遞訊息」及「無法否認接收訊息」之安全設計。

75 (D)。結帳的意義即在每個會計期間結束後，將虛帳戶的餘額歸零（結清），而將實帳戶的金額結轉下期延續使用。結帳之動作必須作結帳分錄，並過到分類帳，此中間過程需由會計人員判斷，較可能出現人為弊端。

76 (B)。主機操作及作業處理：
(1) 電腦作業系統運作紀錄（SYSTEM LOG）或控制台操作紀錄（CONSOLE LOG）等有關工作處理之紀錄，應保存適當期間並指定專人負責查核，且對例外情況必須加以追蹤處理。
(2) 控制台及周邊設備（ex.印表機）僅限輪值操作員操作。
(3) 例行工作應依預定排程處理，非例行工作之處理應經核准。
(4) 操作異常狀況應予紀錄。
(5) 發生嚴重問題時，應依規定之程序，立即通知主管。
(6) 每班作業應至少有二名操作員輪班。

77 (B)。系統實施前，應由非原設計人員測試。

78 (A)。基本的衍生性金融商品包含遠期（Forwards）、期貨（Futures）、交換（Swap）及選擇權（Options）等四種。選項(A)皆不屬於以上四種。

79 (B)。辦理衍生性金融商品業務之交易及交割人員不得互相兼任，銀行應設立獨立於交易部門以外之風險管理單位，執行風險辨識、衡量及監控等作業，並定期向高階管理階層報告部位風險及評價損益。

80 (A)。對交易對手信用額度之控管，應由非交易部門負責，並定期適時檢討該額度是否恰當。

第**44**期 銀行內部控制與內部稽核（消費金融）

( )　**1** 有關金融控股公司及銀行內部控制及稽核制度之敘述，下列何者錯誤？　(A)應指派高階主管一人擔任法令遵循主管　(B)風險控管單位應附屬於業務部門以利內部控管　(C)內部稽核報告應於查核結束日起二個月內報主管機關　(D)總稽核應定期考核子公司內部稽核作業之成效。

( )　**2** 金融機構的內部控制係一管理過程，由下列何者以外之成員共同實踐以合理保證內控目標之達成？　(A)股東會　(B)董事會　(C)管理階層　(D)全體員工。

( )　**3** 下列何者為控制過程中之第一關卡，且是主要控制？
(A)交易控管　　　　　　　　　　(B)覆核控管
(C)自行查核　　　　　　　　　　(D)內部及外部稽核。

( )　**4** 銀行內部稽核單位執行稽核業務，至少每隔多久應向董事會及監察人報告？　(A)每一個月　(B)每三個月　(C)每六個月　(D)每十二個月。

( )　**5** 會計師審查金融機構出具之內部控制制度聲明書，在辦理查核時，下列何者不須立即通報主管機關？
(A)受查金融機構，財務狀況顯著惡化
(B)發現行員挪用存戶存款達五位數中
(C)在會計或其他紀錄有虛偽造假或缺漏，情節重大者
(D)無法並拒絕提供所需報表、憑證、帳冊及會議記錄。

( )　**6** 託收票據如於遞送途中遺失，應如何處理最為妥適？　(A)通知發票人應向付款行辦理掛失止付　(B)通知委託人並向票據交換所辦理掛失止付　(C)通知委託人並向付款行辦理掛失止付　(D)通知發票人並向票據交換所辦理掛失止付。

( )　**7** 下列何人應負作成自行查核報告之責？
(A)自行查核人員　　　　　　　　(B)自行查核負責人
(C)單位負責人　　　　　　　　　(D)總稽核。

( )　**8** 自行查核負責人對於年度查核計畫之擬定，下列敘述何者錯誤？
(A)應在年度開始前，作成「自行查核年度計畫表」　(B)「自行
查核年度計畫表」逐送稽核單位核定　(C)「自行查核年度計畫
表」先密陳單位主管核定後，再函報稽核單位備查　(D)自行查核
年度計畫之內容須包括查核年度月份、種類、項目及內容等。

( )　**9** 銀行收到次日入帳之待交換票據，應以下列何種會計科目入帳？
(A)借「待交換票據」貸「其他應收款」　(B)借「待交換票據」
貸「其他應付款」　(C)借「其他應收款」貸「待交換票據」
(D)借「其他應付款」貸「待交換票據」。

( )　**10** 有關有價證券保管作業，下列敘述何者錯誤？　(A)應經常不定期
盤點並作成紀錄　(B)有價證券送法院提存後，應將相關收據存
卷或列帳　(C)送法院提存後，其本金、息票於到期時應辦理續
存手續　(D)有價證券種類、面額、號碼及張數等內容應在保管
袋上標示。

( )　**11** 銀行內外金庫之監視錄影帶依規定應至少保存多久？　(A)二個月
(B)三個月　(C)六個月　(D)一年。

( )　**12** 營業時間外收受之託收票據除設簿登記外，應如何保管？　(A)經辦
自行保管　(B)交主管保管　(C)置放金庫內保管　(D)交專人保管。

( )　**13** 定期儲蓄存款逾期轉期續存或逾期轉存一年期以上之定期存款
時，在最長不逾原存單到期日多久期間內，得自原到期日起息？
(A)一個月　(B)二個月　(C)三個月　(D)四個月。

( )　**14** 金融機構支票存款戶因拒絕往來以外原因終止往來後，若再有票
據提示，應以何種理由辦理退票？　(A)僅「存款不足」　(B)僅
「終止契約結清戶」　(C)僅「終止擔當付款契約」　(D)存款不
足及終止契約結清戶。

( )　**15** 金融機構代為扣繳中華民國境內居住之個人之利息所得稅款，至
遲應於何時解繳國庫？　(A)次月五日前　(B)次月十日前　(C)代
扣日起算五日內　(D)代扣日起算十日內。

( ) **16** 受理票據掛失止付，「掛失止付通知書」影本應於幾日內之退票交換時間前送達票據交換所？ (A)當日 (B)二日 (C)三日 (D)五日。

( ) **17** 票據掛失止付通知人未於規定期限內提出已為聲請公示催告之證明時，原提存之止付票款應如何處理？ (A)轉列「暫收款」 (B)轉列「應收款項」 (C)轉列「其他應付款」 (D)轉回發票人帳戶。

( ) **18** 下列何種公司存入之存款屬「同業存款」？ (A)人壽保險公司 (B)票券金融公司 (C)中華郵政公司 (D)證券金融公司。

( ) **19** 公教人員儲蓄存款，係依承辦銀行下列何種存款利率機動計息？ (A)活期儲蓄存款 (B)薪資轉帳活期儲蓄存款 (C)一年期定期儲蓄存款 (D)二年期定期儲蓄存款。

( ) **20** 受理已到期票據之掛失止付，應立即辦理止付金額留存，並轉列下列何種會計科目？ (A)應付代收款－止付票款 (B)暫收款－止付票款 (C)其他應付款－止付票款 (D)其他應收款－止付票款。

( ) **21** 甲以空地在乙銀行承作一筆抵押貸款，有關貸放後管理，下列何者錯誤？ (A)土地價值貶落，應請甲部分償還或補足擔保品 (B)應留存定期檢視土地之書面紀錄 (C)應檢視是否投保足額之火險保單 (D)應追蹤是否履行原核貸條件。

( ) **22** 受理以本銀行存單為擔保之授信，有關其設定等作業，下列敘述何者正確？ (A)應出具拋棄抵銷權書面同意書予出質人 (B)由原存款人於存單背面加蓋原留印鑑並由原存款人加註質權設定情形 (C)定期儲蓄存款之質借人須為原存款人 (D)借款期限須在存單到期後一個月內。

( ) **23** 查核信用狀融資時，對於借戶以關係企業為受益人之案件，除授信五原則外，下列何者為必要查證事項？ (A)關係企業的授信總額 (B)關係企業的授信狀況 (C)有無實際交易 (D)借戶往來情形。

( ) **24** 銀行聲請法院裁定准予實施假扣押，至遲應於收到裁定後幾日內聲請執行查封？ (A)七日內 (B)十日內 (C)二十日內 (D)三十日內。

( ) **25** 票據上之權利，對支票發票人自發票日起算，至遲多久期間不行使，因時效而消滅？ (A)六個月 (B)一年 (C)二年 (D)三年。

( ) **26** 逾期放款個案有因疏於注意請求權而致時效消滅，下列何者時效最短？ (A)支票之執票人對前手之追索權 (B)匯票之背書人對前手之追索權 (C)本票之背書人對前手之追索權 (D)本票之執票人對前手之追索權。

( ) **27** 查核擔保提存物常發現有逾期未領回者，下列敘述何者正確？ (A)所稱逾期指超逾三年 (B)該提存物歸屬法院 (C)期間自供擔保之原因消滅後起算 (D)提存物若為公債，息票不得領取。

( ) **28** 銀行定存單經設定質權予他人，倘質權人來行使質權，而銀行對該存款人有借款債權存在之處理方式，下列敘述何者正確？ (A)一定可主張抵銷 (B)一定不可抵銷 (C)經債務人同意後可主張抵銷 (D)未放棄抵銷權利者可主張抵銷。

( ) **29** 銀行業受理駐華外交機構辦理新臺幣結匯案件，其結匯金額為下列何者？ (A)不得逾十萬美元 (B)不得逾二十萬美元 (C)不得逾一百萬美元 (D)無結匯金額限制。

( ) **30** 銀行業受理對大陸地區匯出匯款，下列敘述何者錯誤？ (A)得接受分攤兩岸通信費用之匯款 (B)得接受赴大陸地區觀光旅行之匯款 (C)不得接受對大陸地區出口貨款退回之匯款 (D)不得接受大陸子公司匯回盈餘再匯出之金額大於匯回金額。

( ) **31** 銀行承作債券附條件買賣交易，下列措施何者有缺失？ (A)各級人員依分層授權限額劃分標準辦理 (B)於交易紀錄單上詳實記載交易明細及經辦人員 (C)承作附賣回交易，應掣發保管憑證給客戶 (D)到期收回之保管憑條，均由客戶簽章或蓋原留存印鑑。

( ) **32** 銀行兼營證券商依證券交易法第七十一條規定所購入之有價證券（係指包銷購入者），於購入至遲多少時間後仍未賣出者，須計入銀行投資國內外有價證券之限額？ (A)六個月 (B)一年 (C)二年 (D)三年。

( ) **33** 依主管機關規定，銀行轉投資企業總額，至多不得超過投資時銀行淨值之多少？ (A)15% (B)40% (C)100% (D)150%。

( ) **34** 銀行稽核人員對「信託財產評審委員會」查核時，下列敘述何者錯誤？ (A)信託財產每三個月評審一次 (B)信託財產評審報告定期報告董事會 (C)該委員會主席由督導信託部之主管擔任 (D)該委員會主席由督導授信之副總經理等級人員擔任。

( ) **35** 信託業受託持有「每一員工福利儲蓄（或持股）信託」分別所投資股票合計數達該企業已發行股數至少多少百分比以上時，即應申報主管機關備查？ (A)百分之三 (B)百分之五 (C)百分之七 (D)百分之十。

( ) **36** 依信託法規定，受託人每年應至少定期幾次作成信託財產目錄及編製收支計算表，送交委託人？ (A)一次 (B)二次 (C)三次 (D)四次。

( ) **37** 銀行辦理財富管理業務應訂定內線交易及利益衝突之防範機制，下列何者錯誤？ (A)員工接受禮品或招待時應申報 (B)推介商品不得以佣金多寡為考量 (C)薪酬制度應以佣金多寡為唯一考量 (D)理財業務人員不得要求期約或收受不當金錢。

( ) **38** 財富管理業務係以諮詢意見之提供為中心，服務範圍可包括下列何者？ A.所有銀行業務；B.兼營信託業務；C.其他保險、證券相關業務 (A)僅AB (B)僅BC (C)僅AC (D)ABC。

( ) **39** 有關理財業務人員之人事管理辦法範疇，不包括下列何者？ (A)薪資獎酬與考核制度 (B)專業訓練及資格 (C)職業道德規範 (D)投資風險之評估與分類。

( ) **40** 證券商辦理有價證券買賣融資融券，對每種證券之融資總金額，最高不得超過其淨值之多少比率？ (A)5% (B)10% (C)15% (D)20%。

( ) **41** 有關證券商在辦理證券承銷案件時，除先行保留自行認購部分外，其配售方式種類，下列敘述何者錯誤？ (A)員工認購 (B)競價拍賣 (C)詢價圈購 (D)公開申購配售。

( ) **42** 票券商辦理商業本票承銷業務，下列敘述何者錯誤？ (A)應對發行公司詳實辦理徵信調查 (B)應查證發行公司發行計畫與償還財源 (C)應取具發行公司自行編制之財務報表，以決定承銷金額 (D)承銷之商業本票經其他金融機構保證者，得免徵信調查。

( ) **43** 有關消費金融商品行銷人員之銷售訓練，下列敘述何者錯誤？ (A)認識產品與市場特性 (B)傳授適當之銷售技巧 (C)瞭解獲得「例外」核准之訣竅 (D)強化行銷人員正確的銷售態度與觀念。

( ) **44** 稽核人員對於消費金融業務之查核，可利用之輔助工具，下列何者較不具相關性？ (A)定期存款明細表 (B)逾期放款明細表 (C)動產設定未回報表 (D)信用相關之管理資訊系統。

( ) **45** 有關銀行以策略聯盟方式行銷消費金融商品，下列敘述何者錯誤？ (A)透過車商推介汽車貸款 (B)透過代書推介房屋貸款 (C)透過房屋仲介業行銷房屋貸款 (D)透過既有客戶推介現金卡、信用卡。

( ) **46** 銀行消費金融產品之策略與規劃，應從下列何者開始？ (A)作業流程 (B)產品定位 (C)市場分析 (D)利潤模型。

( ) **47** 依主管機關規定，除已向主、從債務人訴追或處分擔保品者外，所謂逾期放款是指積欠本金或利息超過清償期多久？ (A)一個月 (B)二個月 (C)三個月 (D)六個月。

( ) **48** 依「信用卡業務機構管理辦法」規定，當月應繳最低付款金額超過指定繳款期限一個月至三個月者，發卡機構應提列全部墊款金額多少比率之備抵呆帳？ (A)2% (B)10% (C)50% (D)100%。

( ) **49** 依主管機關規定，信用卡發卡機構對從事高額異常偽卡消費及從事融資變現異常消費行為之特約商店，應提報予下列何者？ (A)金融聯合徵信中心 (B)聯合信用卡中心 (C)警察局 (D)金融監督管理委員會。

( ) **50** 有關銀行辦理借戶信用評估，下列何者係屬對申貸者的職業特性、在職期間及個人本身的特質，諸如名聲、付款習慣、持有資產等所作的考慮？ (A)信用評等 (B)償債能力 (C)穩定性 (D)還款意願。

( ) **51** 下列何者不是消費金融產品？ (A)信用卡 (B)有價證券質押貸款 (C)汽車貸款 (D)企業週轉資金貸款。

( ) **52** 銀行辦理消費金融業務之績效評估查核，下列何者有缺失？ (A)應收帳款掛帳經適當層級核准 (B)應收、應付帳款設簿控管，且確實逐筆銷帳 (C)已轉銷呆帳之案件，其應收延展利息列為資產 (D)已結案之客戶爭議款項，於電腦系統登錄結案並還款給客戶。

( ) **53** 有關消費金融產品之特性，下列敘述何者錯誤？ (A)多屬具自償性的中短期融資 (B)龐大的銷售及資料處理人員 (C)產品需要不斷創新 (D)承作單位成本高。

( ) **54** 下列何者並非屬銀行辦理「消費者貸款」之業務範疇？ (A)購屋貸款 (B)週轉型房貸 (C)墊付國內票券 (D)信用卡循環信用。

( ) **55** 依「金融控股公司及銀行業內部控制及稽核制度實施辦法」規定，首次擔任國內營業單位之經理，除曾任內部稽核單位之稽核人員實際辦理內部稽核工作一年以上者，應於就任前或就任後半年內參與稽核單位之查核實習次數應達幾次以上？ (A)一次 (B)二次 (C)三次 (D)四次。

( ) **56** 某甲向銀行申貸之消費性貸款已連續四期於繳款截止日前，未繳（足）當期（最低）應繳款者，屬於下列哪一項延滯等級？ (A)M2 (B)M3 (C)M4 (D)M5。

( ) **57** 有關消費金融業務，下列敘述何者錯誤？ (A)債權憑證由指定之主管人員負責保管 (B)提高信用額度，應事先通知保證人並獲其書面同意 (C)對借款人、保證人應分別徵取有關契約文件 (D)信用卡爭議款項於受理後，調查期間仍可繼續計算利息。

( ) **58** 銀行對於消費者貸款之風險管理，不包含下列何者？ (A)申貸案件數量 (B)書面審查 (C)聯徵查詢 (D)帳戶管理。

( ) **59** 依「金融機構作業委託他人處理內部作業制度及程序辦法」規定，下列何者非屬信用卡業務得委外作業事項？ (A)付交郵寄作業 (B)客戶資料輸入作業 (C)開卡作業 (D)信用卡之核發。

( ) **60** 下列何者非屬銀行對於消費金融產品申貸戶之信用紀錄查詢管道？ (A)支票存款照會查詢 (B)國稅局所得及財產資料查詢 (C)票據交換所拒絕往來戶查詢 (D)金融聯合徵信中心信用資料查詢。

( ) **61** 下列何者非屬消費金融業務之產品（信用）循環(Credit Cycle)？ (A)風險控制 (B)專業訓練 (C)績效評估 (D)行銷策略。

( ) **62** 有關消費金融業務帳戶管理之查核重點，下列敘述何者錯誤？ (A)汽車貸款動產抵押設定文件，應於取得牌照登記書前取得 (B)信用卡正卡申請人須年滿十八歲，附卡申請人須年滿十五歲 (C)接受借戶申請變更授信條件，應由其本人為之 (D)尚未齊備之授信應徵提文件，應設簿登記並限期補正。

( ) **63** 有關消金業務銀行業務代表之管理，下列敘述何者有缺失？ (A)業務代表推廣產品時，應注意服裝儀容 (B)處置不良業務代表，不必互相通報同業以尊重隱私 (C)業務代表推廣產品前，已辦理相關法令規章之訓練 (D)業務代表在行銷推廣活動訴求中，無攻擊或詆毀同業之行為。

( ) **64** 有關消費性貸款撥貸前應徵提之文件，基於商機，下列何者可應借戶要求通融俟撥貸後限期補齊？ (A)授信約定書 (B)火險保單 (C)借據 (D)備償票據。

( ) **65** 客戶主動來行申請消費者貸款時，若其主動提供之財力、資歷、在職證明等資料相當齊全完整時，銀行人員應該有何反應？ (A)婉拒申請 (B)禮貌性的收下即可 (C)特別注意詳核文件之真實性 (D)堅持留下文件正本附卷送審。

( ) **66** 有關消費金融業務風險控制之查核要點，下列敘述何者正確？ (A)客戶若不方便時，可僅提供身分證影本核對 (B)對於非銀行委任之代辦公司推介之案件，均得接受 (C)信用（現金）卡授權單位已錄製之錄音帶應上鎖，並由專人負責保管 (D)非持卡人本人掛失信用卡時，得不予設控。

( ) **67** 下列何者非屬消費金融業務經營成功之要素？ (A)商品多元化 (B)延滯後催收之時機要快 (C)贈品多寡 (D)銀行的風險管理與作業技術。

( ) **68** 有關影響消費金融業務的因素，下列敘述何者錯誤？ (A)景氣循環 (B)政府公共建設預算比重的增減 (C)家庭中賺取所得的年齡 (D)對未來利率的預期。

( ) **69** 金融機構從業人員在處理核貸案時主動發掘銷售其他商品之機會，係屬下列何者？ (A)顧問行銷 (B)間接行銷 (C)例外行銷 (D)交叉行銷。

( ) **70** 有關消費金融業務的「行銷通路策略」，下列敘述何者正確？ (A)廣告預算多寡影響產品的銷售金額 (B)個人銷售可協助處理產品不合需要現場技術服務的問題 (C)消費者貸款無法經由自動化機器進行 (D)車商推介車貸屬於直接銷售。

( ) **71** 下列何者非屬查核消費金融業務之「授信評估」常見缺失？ (A)未確認借款人檢具財力證明之真實性 (B)徵審流程未於時限內作業完成，損及銀行信譽 (C)債權憑證未由指定之主管人員負責保管 (D)未依規查詢內部電腦系統及金融聯合徵信中心等信用資料庫。

( ) **72** 有關信用卡之風險控管,下列何者錯誤? (A)發現異常融資消費時,即變更持卡人等級 (B)發現非本人用卡時,即加以控管 (C)收到已過期但未註明剪卡原因之信用卡時,即加以控管 (D)對設控之卡片,值班人員可隨意解控。

( ) **73** 有關消費金融業務之帳戶管理,下列敘述何者錯誤? (A)借款人以具有行為能力者為原則 (B)債權憑證應由指定之主管人員負責保管 (C)若保證人於借據上簽名蓋章,則不須徵提約定書 (D)嗣後有關授信往來之借(票)據及文件之簽章,均應與約定書留存簽章相符。

( ) **74** 下列何者非屬銀行辦理消費金融業務授信評估時常見缺失? (A)房屋貸款所徵之擔保品不良 (B)客戶資料建檔不正確 (C)經由核准授權不足之人員核准 (D)發現有冒名申貸時,立即通報聯徵中心及聯合信用卡處理中心。

( ) **75** 下列何者非屬金融機構因提供網路銀行服務所帶來之效益? (A)降低營運成本 (B)不受地緣限制 (C)各項業務將逐步轉到網路銀行上 (D)如同電話語音系統,僅能單向傳遞訊息。

( ) **76** 有關網路銀行之安全控管機制,下列何機制未採用電子憑證,使用者憑身分證號碼、使用者代碼及個人密碼即可進入網路銀行? (A)SSL機制 (B)SET機制 (C)Non-SET機制 (D)FXML機制。

( ) **77** 網路銀行業務所稱「約定轉帳」,因資金移轉之稽核軌跡及資金流向十分明確,得排除下列何項安全設計? (A)訊息隱密性、完整性 (B)來源辨識性、不可重覆性 (C)訊息隱密性、不可重覆性 (D)無法否認傳遞訊息、無法否認接收訊息。

( ) **78** 依據「銀行辦理衍生性金融商品業務內部作業制度及程序管理辦法」,下列何者不屬於衍生性金融商品之範圍? (A)指數股票型基金(ETF) (B)新臺幣遠期利率協定(FRA) (C)新臺幣利率選擇權(IRO) (D)新臺幣利率交換(IRS)。

( ) **79** 有關衍生性金融商品之評價作業管理，下列敘述何者錯誤？ (A)交易部位應以即時或每日市價評估為原則 (B)交易員負責評價或提供評價資料 (C)市價評估報告應公允表達部位之公平價值 (D)評估報告應呈報董事會授權之高階主管。

( ) **80** 有關衍生性金融商品之交易對手信用風險管理，下列敘述何者錯誤？ (A)交易部門應善盡交易對手信用額度之控管責任 (B)銀行應建立定期檢討信用額度妥適性之機制 (C)同一客戶所有業務（含衍生性金融商品交易、傳統授信）之信用風險應合併考量 (D)銀行提供專業客戶之衍生性金融商品交易，應簽訂ISDA主合約，規範彼此權利義務。

解答及解析　（答案標示為#者，表官方曾公告更正該題答案。）

1 (B)。 金融控股公司及銀行業應設置獨立之專責風險控管單位，並定期向董（理）事會提出風險控管報告，若發現重大暴險，危及財務或業務狀況或法令遵循者，應立即採取適當措施並向董（理）事會報告。

2 (A)。 金融控股公司及銀行業內部控制及稽核制度實施辦法第4條第1項：內部控制之基本目的在於促進金融控股公司及銀行業健全經營，並應由其董（理）事會、管理階層及所有從業人員共同遵行，以合理確保達成下列目標：一、營運之效果及效率。二、報導具可靠性、及時性、透明性及符合相關規範。三、相關法令規章之遵循。

3 (A)。 商業銀行內部控制的重點部位為：會計、出納、儲蓄、信貸、電腦、信用卡、資金清算等；商業銀行內部控制的重要環節是：往來帳務、保管箱管理、票據交換、重要單證、印章及操作口令、貸款審批、信用卡授信、抵債資產處置等。上述重點大多與交易相關，故交易控管為銀行內部控制的主要控制。

4 (C)。 金融控股公司及銀行業內部控制及稽核制度實施辦法第10條：金融控股公司及銀行業應設立隸屬董（理）事會之內部稽核單位，以獨立超然之精神，執行稽核業務，並應至少每半年向董（理）事會及監察人（監事、監事會）或審計委員會報告稽核業務。

5 (B)。 金融控股公司及銀行業內部控制及稽核制度實施辦法第30條：會計師辦理第二十八條規定之查核時，若遇受查銀行業有下列情況應立即通報主管機關：一、查核過程中，未提供會計師所需要之報表、憑證、帳冊及會議紀錄或對會計師之

詢問事項拒絕提出説明，或受其他客觀環境限制，致使會計師無法繼續辦理查核工作。二、在會計或其他紀錄有虛偽、造假或缺漏，情節重大者。三、資產不足以抵償負債或財務狀況顯著惡化。四、有證據顯示交易對淨資產有重大減損之虞。

6 (C)。掛失止付：託收票據如於遞送途中遺失，應通知「委託人」，並立即向付款行辦理掛失止付手續。

7 (A)。自行查核人員應對自行查核工作底稿及查核報告所提意見之真實性負責。

8 (B)。「自行查核年度計畫表」先密陳單位主管核定後，再函報稽核單位備查。

9 (B)。待交換票據：交換後存入之及其票據，應依規定以「借：待交換票據」，「貸：其他應付款」入帳。

10 (C)。有價證券之本金、息票應完整無缺，到期者應「兌領入帳」。

11 (A)。監視錄影系統應指定專人負責操作、監控及管理等工作，並設簿登記管制；所錄影像檔案應至少保存二個月（新開戶櫃檯、自動櫃員機及其周遭部分應至少保存六個月），標示錄影日期，並妥適保管備查。

12 (C)。營業時間外所收現金、票據等必須設簿登記，並入庫保管。

13 (B)。定期儲蓄存款逾期處理辦法第2條：定期儲蓄存款逾期轉期續存或逾期轉存一年期以上之定期存款如逾二個月以內者得自原到期日起息，其到期未領之利息，得併同本金轉存，新存款利息，以原存款轉存日之存款銀行牌告利率為準。

14 (D)。解釋函令（84）台央業字第877號：支票存款戶與金融業者之往來關係因拒絕往來以外之原因而終止者，往來之金融業應參照「中央銀行管理票據交換業務辦法」第33條及第34條規定，要求存戶繳回剩餘空白票據，對已簽發未經提示付款之票據，支票存款戶并得填具「支票存款戶終止往來後申請兌付票據申請書」連同請兌票據等額現金送交往來之金融業列收「其他應付款」科目備付。至若再有其他票據經提示者，依本局69年6月12日（69）台央業字第0765號函規定，應填具四聯式「存款不足」退票理由單，附帶「此戶已結清」理由辦理退票。

15 (B)。銀行代為扣繳之非中華民國境內居住之個人利息所得稅款，應於代扣之日起十日內將稅款解繳國庫。

16 (A)。台灣票據交換所票據交換參加規約第26條：交換單位於受理存戶票據止付通知或撤銷付款委託申請時，除應依照票據掛失止付或撤銷付款委託之相關規定辦理外，並應於當日退票交換時間前，將票據掛失止付通知書或撤銷付款委託申請書之影本送交本所總所或當地分所。

17 (D)。對退票備付款留存已滿三年，而原退票據仍未重行提示者，必須填具「備付期滿註記申請單」核轉票據交換所辦理註記，並持將付款轉回發票人帳戶。

18 (C)。同業存款是指對各商業銀行、證券公司、信用合作社、信託公司等非銀行金融機構開辦的存款業務。

19 (D)。公教人員儲蓄存款應按存款銀行「二年期定期儲蓄存款」牌告利率機動計息；超過限額部份，必須改按活期儲蓄存款利率計息。

20 (C)。票據掛失止付：一、掛失止付：銀行受理掛失止付之通知時，應請票據權利人填具掛失止付通知書及遺失票據申報書。二、公示催告：通知止付人應於止付通知後五日內提出已為聲請公示催告之證明。三、止付票款：銀行受理已到期票據之掛失止付，應立即辦理止付金額之留存，並轉列其他應付款 —— 止付票款；受理未到期票據之掛失止付，應俟票據到期日再辦理止付金額之留存備付。

21 (C)。由於火災導致房子全損機率不高，為鼓勵民眾提高投保金額，住宅火險設有60%「共保條款」，規定保險金額只要達到重置成本的60%即可視同「足額投保」，損失金額在保額內（部分損失）採實損實賠；但若損失金額超過保額，保額就是最高理賠上限。

22 (C)。存單質押之質借人必須為原存款人；借款期限不得超過原存單到期日，存單背面須由原存款人加蓋原印鑑章、註明質權設定，並應辦妥質權設定程序。以非貸款銀行之定存單為授信擔保者，必須由存單簽發銀行出具拋棄抵押權之書面同意。

23 (C)。辦理國內信用狀融資，有下列異常情形者，應查證其實際交易行為：
(1) 授信案下作為交易憑證之進貨統一發票金額，已逾借款戶當期向稅捐機關申報「營業人銷售額與稅額申報書」所列進貨金額者。
(2) 集團企業相互買賣，透過銀行開發國內信用狀方式進行，並支付開狀費用及存入一至三成之定存單或客票為質，提高關係人購貨成本。
(3) 集團企業間相互買賣，惟買賣標的並非買方或賣方營業項目之產品，且交易發票對象集中，但卻非借款戶自填資料表中主要進、銷貨對象。
(4) 進口商或總代理商頻頻反向下游中、小盤商或主要銷貨廠商鉅額購貨，同一貨品先由關係企業銷售對方，在同一時期又再向對方購回。
(5) 集團企業當期進貨多隨即出售，在各期「營業人銷售額與稅額申報書」所列銷貨及進貨金額相近，致帳上幾無存貨。

24 (D)。債權人於收到法院假扣押、假處分裁定書後,應於三十天內聲請執行查封或處分行為。

25 (B)。票據上之權利,對匯票承兌人及本票發票人,自到期日起算;見票即付之本票,自發票日起算;三年間不行使,因時效而消滅。對支票發票人自發票日起算,一年間不行使,因時效而消滅。

26 (A)。
(1)支票之執票人,對前手之追索權,四個月間不行使,因時效而消滅。
(2)匯票之背書人對前手之追索權,六個月間不行使,因時效而消滅。
(3)本票之背書人對前手之追索權,六個月間不行使,因時效而消滅。
(4)本票之執票人對前手之追索權,自作成拒絕證書日起算,一年間不行使,因時效而消滅。
故選項(A)支票之執票人對前手之追索權時效最短。

27 (C)。(A)清償提存之提存人聲請取回提存物,應自提存之翌日起10年內為之。(B)逾期其提存物屬於國庫。(C)擔保提存之提存人聲請取回提存物,應於供擔保之原因消滅後10年內為之。(D)代庫機構辦理國庫保管品收付作業要點第十二條:取回或領取部分保管品或已到期公債息票者,應憑法院之公函或相關證明文件辦理。

28 (D)。銀行基於專門職業責任及利益權衡原則,金融機構具有告知得行使抵銷權之義務。銀行對於是否得行使抵銷權早已知之甚詳,對於告知質權人其得行使抵銷權之情事,所費成本極低,亦具有期待可能。相對的,若不予告知,將使債權人因不知抵銷權得行使而遭受不測損害,且債權人幾乎無法探詢抵銷權之資訊,僅能信賴銀行自我揭露。

29 (D)。銀行業受理駐華外交機構辦理新臺幣結匯申報案件,不論結匯性質,均無結匯金額限制。會計師事務所、律師事務所及診所等事業之結匯金額,按照團體之規定辦理。

30 (C)。為因應兩岸經貿往來之需求,落實「區域金融服務中心推動方案」,行政院金融監督管理委員會(以下簡稱金管會)已修正發布「臺灣地區與大陸地區金融業務往來許可辦法」。(民國94年)
循序放寬外匯指定銀行辦理對大陸地區匯出款項目,因應民間對大陸地區匯款需求,並完善企業資金匯回可循環運用機制,以引導資金回流。有關新增之對大陸地區匯出款項目包括:
(1)經許可赴海外及大陸地區投資之廠商,其海外及大陸地區之子公司匯回股利、盈餘之再匯出款。但其匯出金額不得大於匯回金額。
(2)對大陸地區出口貨款退回之匯款。
(3)經許可赴大陸地區設立辦事處之辦公費用匯款。

(4)赴大陸地區觀光旅行之匯款。

(5)大陸地區人民及未領有臺灣地區居留證、外僑居留證或領有相關居留證有效期限未滿一年之個人在臺灣地區所得及未用完資金之匯款。但每筆結購金額不得逾10萬美元。

31 (C)。承作附買回交易，應掣發保管憑證給客戶。

32 (B)。商業銀行投資有價證券之種類及限額規定（金管銀法字第10510005390號令）銀行兼營證券商依證券交易法第七十一條規定所購入之有價證券，於購入一年後仍未賣出者，應計入前三款投資有價證券之限額內。

33 (B)。商業銀行轉投資應遵守事項準則第74條第3項：投資總額不得超過投資時銀行淨值之百分之四十，其中投資非金融相關事業之總額不得超過投資時淨值之百分之十。

34 (C)。信託財產評審委員會之組織及評審規範第5條：委員會應設召集人一人，委員會由召集人召開之。召集人由董事會或總經理於委員會委員中指定，如由總經理指定者並應提報董事會備查。委員會開會時由召集人擔任主席，召集人因故缺席時，由出席委員互推之。委員會之決議應有過半數之委員出席，出席委員過半數之同意行之。

35 (B)。受託持有「每一員工福利儲蓄（或持股）信託」分別所持有股票合計數達該企業已發行股數5%以上者，應申報金管會備查。

36 (A)。信託法第31條第2項：受託人除應於接受信託時作成信託財產目錄外，每年至少定期一次作成信託財產目錄，並編製收支計算表，送交委託人及受益人。

37 (C)。薪酬制度，應衡平考量佣金、客戶委託規劃資產之成長及其他因素，並不得以收取佣金多寡為考量推介商品，亦不得以特定利益或不實廣告，利誘客戶買賣特定商品。

38 (D)。財富管理業務依據客戶需求作財務規劃或資產負債配置，以提供銀行全方位之金融商品及服務，舉凡客戶需要且銀行得承作之業務範圍內均屬之，其可包括：(1)銀行一般業務，如存款、授信、投資及財務顧問、衍生性金融商品、保管、外匯、信用卡等各項業務；(2)銀行兼營信託及證券相關業務；(3)銀行透過金控集團下保險、證券子公司之共同行銷服務，非金融控股公司下之銀行則可透過合作推廣方式提供證券、保險服務。

39 (D)。所稱理財業務人員之人事管理辦法，內容應包括理財業務人員之資格條件、專業訓練、職業道德規範、薪資獎酬及考核制度等。

解答及解析

40 (B)。 證券商辦理有價證券買賣融資融券管理辦法第15條：證券商辦理有價證券買賣融資融券，對每種證券之融資總金額，不得超過其淨值百分之十。

41 (A)。 中華民國證券商業同業公會證券商承銷或再行銷售有價證券處理辦法承銷總數、預計過額配售數量、證券承銷商先行保留自行認購數量、對外公開銷售部分及提出詢價圈購數量占對外公開銷售部分之比例。

42 (C)。 票券金融管理法第29條：票券商辦理本票之承銷、保證或背書時，應對發行本票之公司詳實辦理徵信調查，查證其發行計畫及償還財源，並取得經會計師查核簽證之財務報表及查核報告書，以決定承銷、保證或背書金額。但承銷之本票經其他金融機構保證者，不在此限。

43 (C)。 銀行特殊情況之例外核准，限於銀行子行於國外管轄權下，因主管機關之實施決策，致銀行無法符合該條件時採用。並非消費金融行銷人員之銷售訓練的重點。

44 (A)。 消費金融業務之風險控制以及債權收回情形是稽核重點，選項中的定期存款明細應屬銀行存匯業務查核之項目，與消費金融業務較無關。

45 (D)。 透過車商、仲介或代書，或透過客戶推介，均屬於間接銷售的方式，然透過客戶推介並沒有如策略聯盟之互利效果。

46 (C)。 消費金融產品規劃首先要做市場分析，以決定目標市場；再從事產品定位，最後擬定利潤模型，授信準則和作業流程。

47 (C)。 逾期放款之定義為「積欠本金或利息超過清償期三個月，或雖未超過三個月，但已向主、從債務人訴追或處分擔保品者」，亦即將原先列報財團法人金融聯合徵信中心之逾期放款（修正後為甲類逾期放款）及免予列報之應予觀察放款（修正後為乙類逾期放款）皆予納入逾期放款之定義中。

48 (A)。 信用卡業務機構管理辦法第32條：發卡機構應依下列規定辦理逾期帳款之備抵呆帳提列及轉銷事宜：一、備抵呆帳之提列：當月應繳最低付款金額超過指定繳款期限一個月至三個月者，應提列全部墊款金額百分之二之備抵呆帳；超過三個月至六個月者，應提列全部墊款金額百分之五十之備抵呆帳；超過六個月者，應將全部墊款金額提列備抵呆帳。

49 (B)。 信用卡發卡機構對從事高額異常偽卡消費及從事融資變現異常消費行為之特約商店，應提報予聯合信用卡中心。
信用卡發卡機構發現持卡人卡片停用、掛失後，仍有國外消費之請款紀錄時，應登錄至國際黑名單。黑名單登錄清冊應存檔，並依據登錄期限定期追蹤。

50 (C)。消費金融業務以借款人之薪資收入作為還款來源較具穩定性。

51 (D)。企業營運需要投入相當多成本，例如生產、人事成本以及租金和其他應付帳款等，即為「企業週轉金」。若企業原本要收取的資金無法立即入帳，而若有其他費用需立即付款，容易造成入不敷出的窘境，便需要企業週轉金貸款，以維持正常營運，此筆貸款屬大額貸款，非為消費金融。

52 (C)。已轉銷呆帳如有回復正常放款或收回者，應調整備抵呆帳餘額或呆帳費用。

53 (A)。消費性金融產品的特性為：不具自償性、多為中長期融資、每筆金額小，客戶量須達一定規模才有利潤；銷售及資料處理人力需求大，且產品要不斷創新、服務要便捷。

54 (C)。根據銀行法第3條第1項第6款規定，銀行可承辦「辦理票據貼現」的服務項目，就是指銀行票貼的業務。銀行票貼在銀行的服務項目中通常稱為「墊付國內票款」或「應收客票貸款」。其可憑到期之承兌匯票或本票提示付款償還。

55 (D)。「金融控股公司及銀行業內部控制及稽核制度實施辦法」第24條第3項：
首次擔任銀行國內營業單位之經理，除應符合第一項之規定外，其中符合第一項第二款或第三款者，並應於半年內參與內部稽核單位之

查核實習四次以上，每次查核項目至少乙項，查核實習累計應至少查核四項以上，並應撰寫實習查核心得報告，呈報總稽核核可後，由總稽核出具證明書併同留卷備查。

56 (B)。M0逾當期繳款截止日，未繳足當期最低應繳款者。延滯1個月以內者。
M1連續二期於繳款截止日，未繳足當期最低應繳款者。延滯1～2個月內者。M2連續三期於繳款截止日，未繳足當期最低應繳款者。延滯2～3個月內者。
M3連續四期於繳款截止日，未繳足當期最低應繳款者。延滯3～4個月內者。M4連續五期於繳款截止日，未繳足當期最低應繳款者。延滯4～5個月內者。M5連續六期於繳款截止日，未繳足當期最低應繳款者。延滯5～6個月內者。

57 (D)。提高客戶信用卡額度，需先向發卡機構提供財力證明，如綜所稅扣繳憑單、薪資單等證明。
申請書填載學生身分者，發卡機構應將其發卡情事函知其學校校長。
信用卡爭議款項於受理後，調查期間應停企可計算利息。

58 (A)。消費者貸款的風險管理強調個人信用狀況評估及違約風險的衡量，主要是透過有效辨識顧客違約風險程度給予不同風險屬性的顧客適當的授信調整，以降低銀行業者的違約損失。選項(A)申貸案件的數量和風險管理並無直接關係。

59 (D)。 金融機構對於涉及營業執照所載業務或客戶資訊之相關委外作業事項，以下列事項為限：(一)資料處理：包括資訊系統之資料登錄、處理、輸出，資訊系統之 開發、監控、維護，及辦理業務涉及資料處理之後勤作業等。(二)信用卡之行銷業務、客戶資料輸入作業、表單列印作業、裝封作業、付交郵寄作業，及開卡、停用掛失、預借現金、緊急性服務等項目之電腦及人工授權作業。(三)委請辦理有價證券、支票、表單及現鈔運送作業及自動櫃員機裝補鈔等作業。

60 (B)。 銀行對於消費金融產品申貸戶之信用紀錄查詢管道有：聯合徵信中心、票據交換所、支存照會、信用卡停卡記錄、同業照會，故選項(B)錯誤。

61 (B)。 消費金融查核範圍，應涵蓋整個信用循環，包括：產品規劃→行銷策略→授信評估→帳戶管理→風險控制→績效評估→債權收回。

62 (A)。 汽車貸款動產抵押設定文件應於取得牌照登記書後盡速取得。

63 (B)。 處置不良信用卡業務代表後應互相通報以供同業參考。

64 (B)。 銀行申請房貸時，銀行會硬性規定一定要為房子投保住宅火險，以避免屆時火災造成房屋有損失時，貸款人無法賠償；後者則是屋主自行找保險公司投保，相關賠償則直接交由屋主，但每年必須主動向保險公司續保。

65 (C)。 客戶主動提供證明資料想要申請消費者貸款，準備文件應當齊全完整，且銀行人員應特別注意詳核文件之真實性。

66 (C)。
(1) 銀行受理客戶開戶應實施雙重身分證明文件查核，除國民身分證正本外，另需提供第二身分證明文件正本，如健保卡、護照、駕照、學生證、戶口名簿或戶口謄本等。
(2) 非銀行委任之代辦公司推介之案件應予拒絕。

67 (C)。 消費金融產品多樣化，產品種類眾多，接觸消費者廣泛，金融業務範圍愈廣，經營成績愈出色，和贈品多寡無關。

68 (B)。 政府公共陣設設預算和消費金融無關，應屬於企業金融。

69 (D)。 交叉銷售：藉助CRM（客戶關係管理），發現有顧客的多種需求，並透過滿足其需求而銷售多種相關服務或產品的一種新興行銷方式。交叉銷售是一種發現顧客多種需求，並滿足其多種需求的行銷方式。

70 (B)。 行銷策略4P為Product（產品）、Price（價格）、Place（通路）、Promotion（推廣）。
銀行可以決定要把消費金融產品放在哪個通路（金融產品通路規劃），但若金融產品特性不符合消費者需要，而有產品技術性服務的問題需要改善，此非消費金融服務人員可處理的問題。

71 (C)。債權憑證應由各業管單位指派人員負責保管及作業管理。

72 (D)。對被設控之卡片解控，應經授權單位確認。

73 (C)。若保證人於借據上簽名蓋章，仍須徵提約定書，且有關授信往來之借（票）據及文件之簽章應與約定書留存簽章相符。

74 (D)。發卡機構在徵信作業過程中或接獲被害人反映，發現有冒名申請信用卡案件時，無論是否造成損失均必需於三日內主動通報金融聯合徵信中心建檔管制，避免損害擴大。

75 (D)。網路銀行可藉由網路，利用電子郵件將帳單及銀行相關訊息寄給客戶，使客戶取得銀行相關活動最新資料，客戶可24小時與銀行往來；而客戶也可透過銀行網路系統進行個人帳戶餘額查詢、轉帳、基金下單、股票下單、匯率利率查詢、申請貸款、信用卡帳單查詢與繳納等銀行服務，其效益是雙向的。故選項(D)錯誤。

76 (A)。現行網路銀行的三種安全機制可區分為SSL、SET、與Non-SET等三種機制。
SSL：客戶可憑身份證字號、網路代碼、網路密碼為權限進入網路銀行系統，可用於查詢及低風險性的小額轉帳交易，在轉帳額度上，除非是指定帳戶，否則每筆轉出不得超過5萬、每日最高10萬、每月最高20萬。
優點：
(1) 是目前線上交易最普及使用的安全協定。
(2) 不需事先取得認證，使用較方便。

77 (D)。網路銀行業務所稱「約定轉帳」，因資金移轉之稽核軌跡及資金流向十分明確，故得排除「無法否認傳遞訊息」及「無法否認接收訊息」之安全設計。

78 (A)。基本的衍生性金融商品包含遠期（Forwards）、期貨（Futures）、交換（Swap）及選擇權（Options）等四種。選項(A)皆不屬於以上四種。

79 (B)。辦理衍生性金融商品業務之交易及交割人員不得互相兼任，銀行應設立獨立於交易部門以外之風險管理單位，執行風險辨識、衡量及監控等作業，並定期向高階管理階層報告部位風險及評價損益。

80 (A)。對交易對手信用額度之控管，應由非交易部門負責，並定期適時檢討該額度是否恰當。

解答及解析

信託業務｜銀行內控｜
初階授信｜初階外匯｜
理財規劃｜保險人員推薦用書

暢銷上榜好書

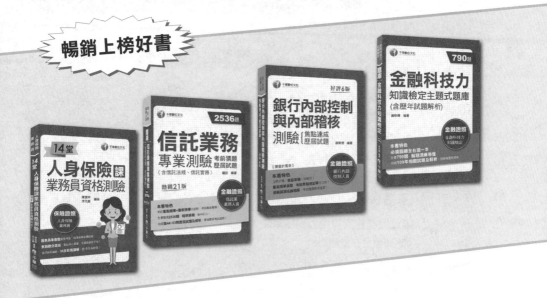

2F021121	初階外匯人員專業測驗重點整理+模擬試題	蘇育群	510元
2F031111	債權委外催收人員專業能力測驗重點整理+模擬試題 👑 榮登金石堂暢銷榜	王文宏 邱雯瑄	470元
2F041101	外幣保單證照 7日速成	陳宣仲	430元
2F051131	無形資產評價管理師(初級、中級)能力鑑定速成(含無形資產評價概論、智慧財產概論及評價職業道德) 👑 榮登博客來、金石堂暢銷榜	陳善	550元
2F061131	證券商高級業務員(重點整理+試題演練)	蘇育群	670元
2F071121	證券商業務員(重點整理+試題演練) 👑 榮登金石堂暢銷榜	金永瑩	590元
2F081101	金融科技力知識檢定(重點整理+模擬試題)	李宗翰	390元
2F091121	風險管理基本能力測驗一次過關	金善英	470元
2F101121	理財規劃人員專業證照10日速成	楊昊軒	390元
2F111101	外匯交易專業能力測驗一次過關	蘇育群	390元

2F141121	防制洗錢與打擊資恐(重點整理+試題演練)	成琳	630元
2F151121	金融科技力知識檢定主題式題庫(含歷年試題解析) 👑榮登博客來、金石堂暢銷榜	黃秋樺	470元
2F161121	防制洗錢與打擊資恐7日速成　👑榮登金石堂暢銷榜	艾辰	550元
2F171131	14堂人身保險業務員資格測驗課 👑榮登博客來、金石堂暢銷榜	陳宣仲 李元富	490元
2F181111	證券交易相關法規與實務	尹安	590元
2F191121	投資學與財務分析　👑榮登金石堂暢銷榜	王志成	570元
2F201121	證券投資與財務分析	王志成	460元
2F211121	高齡金融規劃顧問師資格測驗一次過關 👑榮登博客來暢銷榜	黃素慧	450元
2F621131	信託業務專業測驗考前猜題及歷屆試題 👑榮登金石堂暢銷榜	龍田	590元
2F791131	圖解式金融市場常識與職業道德 👑榮登博客來、金石堂暢銷榜	金融編輯小組	530元
2F811131	銀行內部控制與內部稽核測驗焦點速成+歷屆試題 👑榮登金石堂暢銷榜	薛常湧	590元
2F851121	信託業務人員專業測驗一次過關	蔡季霖	670元
2F861121	衍生性金融商品銷售人員資格測驗一次過關 👑榮登金石堂暢銷榜	可樂	470元
2F881121	理財規劃人員專業能力測驗一次過關 👑榮登金石堂暢銷榜	可樂	600元
2F901131	初階授信人員專業能力測驗重點整理+歷年試題解析 二合一過關寶典　　👑榮登金石堂暢銷榜	艾帕斯	590元
2F911131	投信投顧相關法規(含自律規範)重點統整+歷年試題 解析二合一過關寶典	陳怡如	480元
2F951131	財產保險業務員資格測驗(重點整理+試題演練)	楊昊軒	530元
2F121121	投資型保險商品第一科7日速成	葉佳洺	590元
2F131121	投資型保險商品第二科7日速成	葉佳洺	570元
2F991081	企業內部控制基本能力測驗(重點統整+歷年試題) 👑榮登金石堂暢銷榜	高瀅	450元

千華數位文化股份有限公司

■新北市中和區中山路三段136巷10弄17號　■千華公職資訊網 http://www.chienhua.com.tw
■TEL: 02-22289070　FAX: 02-22289076

國家圖書館出版品預行編目(CIP)資料

(金融證照)銀行內部控制與內部稽核測驗焦點速成+歷屆
試題 / 薛常湧編著. -- 第七版. -- 新北市：千華數
位文化股份有限公司, 2024.01
　　面；　公分
ISBN 978-626-380-232-2 (平裝)

1.CST: 銀行法規　2.CST: 內部控制　3.CST: 內部稽
核

562.12　　　　　　　　　　　112022094

[金融證照]

銀行內部控制與內部稽核測驗
焦點速成＋歷屆試題

編 著 者：薛 常 湧

發 行 人：廖 雪 鳳
登 記 證：行政院新聞局局版台業字第 3388 號
出 版 者：千華數位文化股份有限公司
地址／新北市中和區中山路三段 136 巷 10 弄 17 號
電話／ (02)2228-9070　　傳真／ (02)2228-9076
郵撥／第 19924628 號　千華數位文化公司帳戶
千華公職資訊網：http://www.chienhua.com.tw
千華網路書店：http://www.chienhua.com.tw/bookstore
網路客服信箱：chienhua@chienhua.com.tw

法律顧問：永然聯合法律事務所
編輯經理：甯開遠
主　　編：甯開遠
執行編輯：陳資穎
校　　對：千華資深編輯群
排版主任：陳春花
排　　版：翁以健

出版日期：2024 年 1 月 25 日　　　第七版／第一刷

本書如有勘誤或其他補充資料，
將刊於千華公職資訊網　http://www.chienhua.com.tw
歡迎上網下載。